# SIGM. FREUD

# GESAMMELTE WERKE

CHRONOLOGISCH GEORDNET

VIERZEHNTER BAND
WERKE AUS DEN
JAHREN 1925—1931

FISCHER TASCHENBUCH VERLAG

Unter Mitwirkung von Marie Bonaparte,
Prinzessin Georg von Griechenland,
herausgegeben von
Anna Freud
E. Bibring   W. Hoffer   E. Kris   O. Isakower

Veröffentlicht im Fischer Taschenbuch Verlag GmbH
Frankfurt am Main 1999, November 1999

© 1948 Imago Publishing Co., Ltd., London
Alle Rechte, insbesondere die der Übersetzung, vorbehalten
durch S. Fischer Verlag, Frankfurt am Main
Druck und Bindung: Clausen & Bosse, Leck
Printed in Germany
ISBN 3-596-50300-0 (Kassette)

# NOTIZ ÜBER DEN
»WUNDERBLOCK«

# NOTIZ ÜBER DEN »WUNDERBLOCK«

Wenn ich meinem Gedächtnis mißtraue, — der Neurotiker tut dies bekanntlich in auffälligem Ausmaße, aber auch der Normale hat allen Grund dazu — so kann ich dessen Funktion ergänzen und versichern, indem ich mir eine schriftliche Aufzeichnung mache. Die Fläche, welche diese Aufzeichnung bewahrt, die Schreibtafel oder das Blatt Papier, ist dann gleichsam ein materialisiertes Stück des Erinnerungsapparates, den ich sonst unsichtbar in mir trage. Wenn ich mir nur den Ort merke, an dem die so fixierte „Erinnerung" untergebracht ist, so kann ich sie jederzeit nach Belieben „reproduzieren" und bin sicher, daß sie unverändert geblieben, also den Entstellungen entgangen ist, die sie vielleicht in meinem Gedächtnis erfahren hätte.

Wenn ich mich dieser Technik zur Verbesserung meiner Gedächtnisfunktion in ausgiebiger Weise bedienen will, bemerke ich, daß mir zwei verschiedene Verfahren zu Gebote stehen. Ich kann erstens eine Schreibfläche wählen, welche die ihr anvertraute Notiz unbestimmt lange unversehrt bewahrt, also ein Blatt Papier, das ich mit Tinte beschreibe. Ich erhalte dann eine „dauerhafte Erinnerungsspur". Der Nachteil dieses Verfahrens besteht darin, daß die Aufnahmsfähigkeit der Schreibfläche sich bald erschöpft. Das Blatt ist vollgeschrieben, hat keinen Raum für neue Aufzeichnungen und ich sehe mich genötigt, ein anderes noch unbeschriebenes Blatt in Verwendung zu nehmen. Auch kann der Vorzug dieses Verfahrens, das eine „Dauerspur" liefert, seinen Wert für mich verlieren, nämlich wenn mein Interesse an der

Notiz nach einiger Zeit erloschen ist und ich sie nicht mehr „im Gedächtnis behalten" will. Das andere Verfahren ist von beiden Mängeln frei. Wenn ich zum Beispiel mit Kreide auf eine Schiefertafel schreibe, so habe ich eine Aufnahmsfläche, die unbegrenzt lange aufnahmsfähig bleibt und deren Aufzeichnungen ich zerstören kann, sobald sie mich nicht mehr interessieren, ohne die Schreibfläche selbst verwerfen zu müssen. Der Nachteil ist hier, daß ich eine Dauerspur nicht erhalten kann. Will ich neue Notizen auf die Tafel bringen, so muß ich die, mit denen sie bereits bedeckt ist, wegwischen. Unbegrenzte Aufnahmsfähigkeit und Erhaltung von Dauerspuren scheinen sich also für die Vorrichtungen, mit denen wir unser Gedächtnis substituieren, auszuschließen, es muß entweder die aufnehmende Fläche erneut oder die Aufzeichnung vernichtet werden.

Die Hilfsapparate, welche wir zur Verbesserung oder Verstärkung unserer Sinnesfunktionen erfunden haben, sind alle so gebaut wie das Sinnesorgan selbst oder Teile desselben (Brille, photographische Kamera, Höhrrohr usw.). An diesem Maß gemessen, scheinen die Hilfsvorrichtungen für unser Gedächtnis besonders mangelhaft zu sein, denn unser seelischer Apparat leistet gerade das, was diese nicht können; er ist in unbegrenzter Weise aufnahmsfähig für immer neue Wahrnehmungen und schafft doch dauerhafte — wenn auch nicht unveränderliche — Erinnerungsspuren von ihnen. Ich habe schon in der „Traumdeutung" 1900 die Vermutung ausgesprochen, daß diese ungewöhnliche Fähigkeit auf die Leistung zweier verschiedener Systeme (Organe des seelischen Apparates) aufzuteilen sei. Wir besäßen ein System $W$-$Bw$, welches die Wahrnehmungen aufnimmt, aber keine Dauerspur von ihnen bewahrt, so daß es sich gegen jede neue Wahrnehmung wie ein unbeschriebenes Blatt verhalten kann. Die Dauerspuren der aufgenommenen Erregungen kämen in dahinter gelegenen „Erinnerungssystemen" zustande. Später („Jenseits des Lustprinzips") habe ich die Bemerkung hinzugefügt, das unerklärliche Phänomen des Bewußtseins entstehe im Wahrnehmungssystem an Stelle der Dauerspuren.

Vor einiger Zeit ist nun unter dem Namen Wunderblock ein kleines Gerät in den Handel gekommen, das mehr zu leisten verspricht als das Blatt Papier oder die Schiefertafel. Es will nicht mehr sein als eine Schreibtafel, von der man die Aufzeichnungen mit einer bequemen Hantierung entfernen kann. Untersucht man es aber näher, so findet man in seiner Konstruktion eine bemerkenswerte Übereinstimmung mit dem von mir supponierten Bau unseres Wahrnehmungsapparats und überzeugt sich, daß es wirklich beides liefern kann, eine immer bereite Aufnahmsfläche und Dauerspuren der aufgenommenen Aufzeichnungen.

Der Wunderblock ist eine in einen Papierrand gefaßte Tafel aus dunkelbräunlicher Harz- oder Wachsmasse, über welche ein dünnes, durchscheinendes Blatt gelegt ist, am oberen Ende an der Wachstafel fest haftend, am unteren ihr frei anliegend. Dieses Blatt ist der interessantere Anteil des kleinen Apparats. Es besteht selbst aus zwei Schichten, die außer an den beiden queren Rändern von einander abgehoben werden können. Die obere Schicht ist eine durchsichtige Zelluloidplatte, die untere ein dünnes, also durchscheinendes Wachspapier. Wenn der Apparat nicht gebraucht wird, klebt die untere Fläche des Wachspapiers der oberen Fläche der Wachstafel leicht an.

Man gebraucht diesen Wunderblock, indem man die Aufschreibung auf der Zelluloidplatte des die Wachstafel deckenden Blattes ausführt. Dazu bedarf es keines Bleistifts oder einer Kreide, denn das Schreiben beruht nicht darauf, daß Material an die aufnehmende Fläche abgegeben wird. Es ist eine Rückkehr zur Art, wie die Alten auf Ton- und Wachstäfelchen schrieben. Ein spitzer Stilus ritzt die Oberfläche, deren Vertiefungen die „Schrift" ergeben. Beim Wunderblock geschieht dieses Ritzen nicht direkt, sondern unter Vermittlung des darüber liegenden Deckblattes. Der Stilus drückt an den von ihm berührten Stellen die Unterfläche des Wachspapiers an die Wachstafel an und diese Furchen werden an der sonst glatten weißlichgrauen Oberfläche des Zelluloids als dunkle Schrift sichtbar. Will man die Aufschreibung zerstören, so genügt es, das zusammengesetzte Deckblatt von seinem freien unteren Rand her mit leichtem Griff von der Wachstafel abzuheben. Der innige Kontakt zwischen Wachspapier und Wachstafel an den geritzten Stellen, auf dem das Sichtbarwerden der Schrift beruhte, wird damit gelöst und stellt sich auch nicht her, wenn die beiden einander wieder berühren. Der Wunderblock ist nun schriftfrei und bereit, neue Aufzeichnungen aufzunehmen.

Die kleinen Unvollkommenheiten des Geräts haben für uns natürlich kein Interesse, da wir nur dessen Annäherung an die Struktur des seelischen Wahrnehmungsapparats verfolgen wollen.

Wenn man, während der Wunderblock beschrieben ist, die Zelluloidplatte vorsichtig vom Wachspapier abhebt, so sieht man die Schrift ebenso deutlich auf der Oberfläche des letzteren und kann die Frage stellen, wozu die Zelluloidplatte des Deckblattes überhaupt notwendig ist. Der Versuch zeigt dann, daß das dünne Papier sehr leicht in Falten gezogen oder zerrissen werden würde, wenn man es direkt mit dem Stilus beschriebe. Das Zelluloidblatt ist also eine schützende Hülle für das Wachspapier, die schädigende Einwirkungen von außen abhalten soll. Das Zelluloid ist ein „Reizschutz"; die eigentlich reizaufnehmende Schicht ist das Papier. Ich darf nun darauf hinweisen, daß ich im „Jenseits des Lustprinzips" ausgeführt habe, unser seelischer Wahrnehmungsapparat bestehe aus zwei Schichten, einem äußeren Reizschutz, der die Größe der ankommenden Erregungen herabsetzen soll, und aus der reizaufnehmenden Oberfläche dahinter, dem System $W$-$Bw$.

Die Analogie hätte nicht viel Wert, wenn sie sich nicht weiter verfolgen ließe. Hebt man das ganze Deckblatt — Zelluloid und Wachspapier — von der Wachstafel ab, so verschwindet die

Schrift und stellt sich, wie erwähnt, auch später nicht wieder her. Die Oberfläche des Wunderblocks ist schriftfrei und von neuem aufnahmsfähig. Es ist aber leicht festzustellen, daß die Dauerspur des Geschriebenen auf der Wachstafel selbst erhalten bleibt und bei geeigneter Belichtung lesbar ist. Der Block liefert also nicht nur eine immer von neuem verwendbare Aufnahmsfläche wie die Schiefertafel, sondern auch Dauerspuren der Aufschreibung wie der gewöhnliche Papierblock; er löst das Problem, die beiden Leistungen zu vereinigen, indem er sie auf zwei gesonderte, mit einander verbundene Bestandteile — Systeme — verteilt. Das ist aber ganz die gleiche Art, wie nach meiner oben erwähnten Annahme unser seelischer Apparat die Wahrnehmungsfunktion erledigt. Die reizaufnehmende Schicht — das System $W\text{-}Bw$ — bildet keine Dauerspuren, die Grundlagen der Erinnerung kommen in anderen, anstoßenden Systemen zustande.

Es braucht uns dabei nicht zu stören, daß die Dauerspuren der empfangenen Aufzeichnungen beim Wunderblock nicht verwertet werden; es genügt, daß sie vorhanden sind. Irgendwo muß ja die Analogie eines solchen Hilfsapparats mit dem vorbildlichen Organ ein Ende finden. Der Wunderblock kann ja auch nicht die einmal verlöschte Schrift von innen her wieder „reproduzieren"; er wäre wirklich ein Wunderblock, wenn er das wie unser Gedächtnis vollbringen könnte. Immerhin erscheint es mir jetzt nicht allzu gewagt, das aus Zelluloid und Wachspapier bestehende Deckblatt mit dem System $W\text{-}Bw$ und seinem Reizschutz, die Wachstafel mit dem Unbewußten dahinter, das Sichtbarwerden der Schrift und ihr Verschwinden mit dem Aufleuchten und Vergehen des Bewußtseins bei der Wahrnehmung gleichzustellen. Ich gestehe aber, daß ich geneigt bin, die Vergleichung noch weiter zu treiben.

Beim Wunderblock verschwindet die Schrift jedesmal, wenn der innige Kontakt zwischen dem den Reiz empfangenden Papier und der den Eindruck bewahrenden Wachstafel aufgehoben wird. Das trifft mit einer Vorstellung zusammen, die ich mir längst über die Funktionsweise des seelischen Wahrnehmungsapparats gemacht, aber bisher für mich behalten habe. Ich habe angenommen, daß Besetzungsinnervationen in raschen periodischen Stößen aus dem Inneren in das völlig durchlässige System *W-Bw* geschickt und wieder zurückgezogen werden. Solange das System in solcher Weise besetzt ist, empfängt es die von Bewußtsein begleiteten Wahrnehmungen und leitet die Erregung weiter in die unbewußten Erinnerungssysteme; sobald die Besetzung zurückgezogen wird, erlischt das Bewußtsein und die Leistung des Systems ist sistiert. Es wäre so, als ob das Unbewußte mittels des Systems *W-Bw* der Außenwelt Fühler entgegenstrecken würde, die rasch zurückgezogen werden, nachdem sie deren Erregungen verkostet haben. Ich ließ also die Unterbrechungen, die beim Wunderblock von außen her geschehen, durch die Diskontinuität der Innervationsströmung zustande kommen, und an Stelle einer wirklichen Kontaktaufhebung stand in meiner Annahme die periodisch eintretende Unerregbarkeit des Wahrnehmungssystems. Ich vermutete ferner, daß diese diskontinuierliche Arbeitsweise des Systems *W-Bw* der Entstehung der Zeitvorstellung zugrunde liegt.

Denkt man sich, daß während eine Hand die Oberfläche des Wunderblocks beschreibt, eine andere periodisch das Deckblatt desselben von der Wachstafel abhebt, so wäre das eine Versinnlichung der Art, wie ich mir die Funktion unseres seelischen Wahrnehmungsapparats vorstellen wollte.

# DIE VERNEINUNG

# DIE VERNEINUNG

Die Art, wie unsere Patienten ihre Einfälle während der analytischen Arbeit vorbringen, gibt uns Anlaß zu einigen interessanten Beobachtungen. „Sie werden jetzt denken, ich will etwas Beleidigendes sagen, aber ich habe wirklich nicht diese Absicht." Wir verstehen, das ist die Abweisung eines eben auftauchenden Einfalles durch Projektion. Oder „Sie fragen, wer diese Person im Traum sein kann. Die Mutter ist es nicht." Wir berichtigen: Also ist es die Mutter. Wir nehmen uns die Freiheit, bei der Deutung von der Verneinung abzusehen und den reinen Inhalt des Einfalls herauszugreifen. Es ist so, als ob der Patient gesagt hätte: „Mir ist zwar die Mutter zu dieser Person eingefallen, aber ich habe keine Lust, diesen Einfall gelten zu lassen."

Gelegentlich kann man sich eine gesuchte Aufklärung über das unbewußte Verdrängte auf eine sehr bequeme Weise verschaffen. Man fragt: Was halten Sie wohl für das Allerunwahrscheinlichste in jener Situation? Was, meinen Sie, ist Ihnen damals am fernsten gelegen? Geht der Patient in die Falle und nennt das, woran er am wenigsten glauben kann, so hat er damit fast immer das Richtige zugestanden. Ein hübsches Gegenstück zu diesem Versuch stellt sich oft beim Zwangsneurotiker her, der bereits in das Verständnis seiner Symptome eingeführt worden ist. „Ich habe eine neue Zwangsvorstellung bekommen. Mir ist sofort dazu eingefallen, sie könnte dies Bestimmte bedeuten. Aber nein, das kann ja nicht wahr sein, sonst hätte es mir nicht einfallen können." Was er mit dieser der Kur abgelauschten Begründung verwirft, ist natürlich der richtige Sinn der neuen Zwangsvorstellung.

Ein verdrängter Vorstellungs- oder Gedankeninhalt kann also zum Bewußtsein durchdringen, unter der Bedingung, daß er sich **verneinen** läßt. Die Verneinung ist eine Art, das Verdrängte zur Kenntnis zu nehmen, eigentlich schon eine Aufhebung der Verdrängung, aber freilich keine Annahme des Verdrängten. Man sieht, wie sich hier die intellektuelle Funktion vom affektiven Vorgang scheidet. Mit Hilfe der Verneinung wird nur die eine Folge des Verdrängungsvorganges rückgängig gemacht, daß dessen Vorstellungsinhalt nicht zum Bewußtsein gelangt. Es resultiert daraus eine Art von intellektueller Annahme des Verdrängten bei Fortbestand des Wesentlichen an der Verdrängung.[1] Im Verlauf der analytischen Arbeit schaffen wir oft eine andere, sehr wichtige und ziemlich befremdende Abänderung derselben Situation. Es gelingt uns, auch die Verneinung zu besiegen und die volle intellektuelle Annahme des Verdrängten durchzusetzen, — der Verdrängungsvorgang selbst ist damit noch nicht aufgehoben.

Da es die Aufgabe der intellektuellen Urteilsfunktion ist, Gedankeninhalte zu bejahen oder zu verneinen, haben uns die vorstehenden Bemerkungen zum psychologischen Ursprung dieser Funktion geführt. Etwas im Urteil verneinen, heißt im Grunde: das ist etwas, was ich am liebsten verdrängen möchte. Die Verurteilung ist der intellektuelle Ersatz der Verdrängung, ihr Nein ein Merkzeichen derselben, ein Ursprungszertifikat etwa wie das „made in Germany". Vermittels des Verneinungssymbols macht

---

[1] Derselbe Vorgang liegt dem bekannten Vorgang des „Berufens" zugrunde. „Wie schön, daß ich meine Migräne so lange nicht gehabt habe!" Das ist aber die erste Ankündigung des Anfalls, dessen Herannahen man bereits verspürt, aber noch nicht glauben will.

sich das Denken von den Einschränkungen der Verdrängung frei und bereichert sich um Inhalte, deren es für seine Leistung nicht entbehren kann.

Die Urteilsfunktion hat im wesentlichen zwei Entscheidungen zu treffen. Sie soll einem Ding eine Eigenschaft zu- oder absprechen, und sie soll einer Vorstellung die Existenz in der Realität zugestehen oder bestreiten. Die Eigenschaft, über die entschieden werden soll, könnte ursprünglich gut oder schlecht, nützlich oder schädlich gewesen sein. In der Sprache der ältesten, oralen Triebregungen ausgedrückt: das will ich essen oder will es ausspucken, und in weitergehender Übertragung: das will ich in mich einführen und das aus mir ausschließen. Also: es soll in mir oder außer mir sein. Das ursprüngliche Lust-Ich will, wie ich an anderer Stelle ausgeführt habe, alles Gute sich introjizieren, alles Schlechte von sich werfen. Das Schlechte, das dem Ich Fremde, das Außenbefindliche, ist ihm zunächst identisch.[1]

Die andere der Entscheidungen der Urteilsfunktion, die über die reale Existenz eines vorgestellten Dinges, ist ein Interesse des endgültigen Real-Ichs, das sich aus dem anfänglichen Lust-Ich entwickelt. (Realitätsprüfung.) Nun handelt es sich nicht mehr darum, ob etwas Wahrgenommenes (ein Ding) ins Ich aufgenommen werden soll oder nicht, sondern ob etwas im Ich als Vorstellung Vorhandenes auch in der Wahrnehmung (Realität) wiedergefunden werden kann. Es ist, wie man sieht, wieder eine Frage des Außen und Innen. Das Nichtreale, bloß Vorgestellte, Subjektive, ist nur innen; das andere, Reale, auch im Draußen vorhanden. In dieser Entwicklung ist die Rücksicht auf das Lustprinzip beiseite gesetzt worden. Die Erfahrung hat gelehrt, es ist nicht nur wichtig, ob ein Ding (Befriedigungsobjekt) die „gute" Eigenschaft besitzt, also die Aufnahme ins Ich verdient, sondern auch, ob es in der Außenwelt da ist, so daß man sich seiner

---

[1] Vgl. hiezu die Ausführungen in „Triebe und Triebschicksale". [Bd. X dieser Gesamtausgabe.]

nach Bedürfnis bemächtigen kann. Um diesen Fortschritt zu verstehen, muß man sich daran erinnern, daß alle Vorstellungen von Wahrnehmungen stammen, Wiederholungen derselben sind. Ursprünglich ist also schon die Existenz der Vorstellung eine Bürgschaft für die Realität des Vorgestellten. Der Gegensatz zwischen Subjektivem und Objektivem besteht nicht von Anfang an. Er stellt sich erst dadurch her, daß das Denken die Fähigkeit besitzt, etwas einmal Wahrgenommenes durch Reproduktion in der Vorstellung wieder gegenwärtig zu machen, während das Objekt draußen nicht mehr vorhanden zu sein braucht. Der erste und nächste Zweck der Realitätsprüfung ist also nicht, ein dem Vorgestellten entsprechendes Objekt in der realen Wahrnehmung zu finden, sondern es wiederzufinden, sich zu überzeugen, daß es noch vorhanden ist. Ein weiterer Beitrag zur Entfremdung zwischen dem Subjektiven und dem Objektiven rührt von einer anderen Fähigkeit des Denkvermögens her. Die Reproduktion der Wahrnehmung in der Vorstellung ist nicht immer deren getreue Wiederholung; sie kann durch Weglassungen modifiziert, durch Verschmelzungen verschiedener Elemente verändert sein. Die Realitätsprüfung hat dann zu kontrollieren, wie weit diese Entstellungen reichen. Man erkennt aber als Bedingung für die Einsetzung der Realitätsprüfung, daß Objekte verloren gegangen sind, die einst reale Befriedigung gebracht hatten.

Das Urteilen ist die intellektuelle Aktion, die über die Wahl der motorischen Aktion entscheidet, dem Denkaufschub ein Ende setzt und vom Denken zum Handeln überleitet. Auch über den Denkaufschub habe ich bereits an anderer Stelle gehandelt. Er ist als eine Probeaktion zu betrachten, ein motorisches Tasten mit geringen Abfuhraufwänden. Besinnen wir uns: wo hatte das Ich ein solches Tasten vorher geübt, an welcher Stelle die Technik erlernt, die es jetzt bei den Denkvorgängen anwendet? Dies geschah am sensorischen Ende des seelischen Apparats, bei den Sinneswahrnehmungen. Nach unserer Annahme ist ja die Wahrnehmung kein rein passiver Vorgang, sondern das Ich schickt periodisch kleine Besetzungsmengen in das Wahrnehmungssystem, mittels deren es die äußeren Reize verkostet, um sich nach jedem solchen tastenden Vorstoß wieder zurückzuziehen.

Das Studium des Urteils eröffnet uns vielleicht zum erstenmal die Einsicht in die Entstehung einer intellektuellen Funktion aus dem Spiel der primären Triebregungen. Das Urteilen ist die zweckmäßige Fortentwicklung der ursprünglich nach dem Lustprinzip erfolgten Einbeziehung ins Ich oder Ausstoßung aus dem Ich. Seine Polarität scheint der Gegensätzlichkeit der beiden von uns angenommenen Triebgruppen zu entsprechen. Die Bejahung — als Ersatz der Vereinigung — gehört dem Eros an, die Verneinung — Nachfolge der Ausstoßung — dem Destruktionstrieb. Die allgemeine Verneinungslust, der Negativismus mancher Psychotiker ist wahrscheinlich als Anzeichen der Triebentmischung durch Abzug der libidinösen Komponenten zu verstehen. Die Leistung der Urteilsfunktion wird aber erst dadurch ermöglicht, daß die Schöpfung des Verneinungssymbols dem Denken einen ersten Grad von Unabhängigkeit von den Erfolgen der Verdrängung und somit auch vom Zwang des Lustprinzips gestattet hat.

Zu dieser Auffassung der Verneinung stimmt es sehr gut, daß man in der Analyse kein „Nein" aus dem Unbewußten auffindet, und daß die Anerkennung des Unbewußten von seiten des Ichs sich in einer negativen Formel ausdrückt. Kein stärkerer Beweis für die gelungene Aufdeckung des Unbewußten, als wenn der Analysierte mit dem Satze: Das habe ich nicht gedacht, oder: Daran habe ich nicht (nie) gedacht, darauf reagiert.

# EINIGE PSYCHISCHE FOLGEN DES ANATOMISCHEN GESCHLECHTSUNTERSCHIEDS

# EINIGE PSYCHISCHE FOLGEN DES ANATOMISCHEN GESCHLECHTSUNTERSCHIEDS

Meine und meiner Schüler Arbeiten vertreten mit stetig wachsender Entschiedenheit die Forderung, daß die Analyse der Neurotiker auch die erste Kindheitsperiode, die Zeit der Frühblüte des Sexuallebens, durchdringen müsse. Nur wenn man die ersten Äußerungen der mitgebrachten Triebkonstitution und die Wirkungen der frühesten Lebenseindrücke erforscht, kann man die Triebkräfte der späteren Neurose richtig erkennen und ist gesichert gegen die Irrtümer, zu denen man durch die Umbildungen und Überlagerungen der Reifezeit verlockt würde. Diese Forderung ist nicht nur theoretisch bedeutsam, sie hat auch praktische Wichtigkeit, denn sie scheidet unsere Bemühungen von der Arbeit solcher Ärzte, die, nur therapeutisch orientiert, sich eine Strecke weit analytischer Methoden bedienen. Solch eine Frühzeitanalyse ist langwierig, mühselig und stellt Ansprüche an Arzt und Patient, deren Erfüllung die Praxis nicht immer entgegenkommt. Sie führt ferner in Dunkelheiten, durch welche uns noch immer die Wegweiser fehlen. Ja, ich meine, man darf den Analytikern die Versicherung geben, daß ihrer wissenschaftlichen Arbeit die Gefahr, mechanisiert und damit uninteressant zu werden, auch für die nächsten Jahrzehnte nicht droht.

Im folgenden teile ich ein Ergebnis der analytischen Forschung mit, das sehr wichtig wäre, wenn es sich als allgemein gültig erweisen ließe. Warum schiebe ich die Veröffentlichung nicht auf, bis mir eine reichere Erfahrung diesen Nachweis, wenn er zu erbringen ist, geliefert hat? Weil in meinen Arbeitsbedingungen eine Veränderung eingetreten ist, deren Folgen ich nicht verleugnen kann. Früher einmal gehörte ich nicht zu denen, die eine vermeintliche Neuheit nicht eine Weile bei sich behalten können, bis sie Bekräftigung oder Berichtigung gefunden hat. Die „Traumdeutung" und das „Bruchstück einer Hysterieanalyse" (der Fall Dora) sind, wenn nicht durch neun Jahre nach dem Horazischen Rezept, so doch durch vier bis fünf Jahre von mir unterdrückt worden, ehe ich sie der Öffentlichkeit preisgab. Aber damals dehnte sich die Zeit unabsehbar vor mir aus — *oceans of time*, wie ein liebenswürdiger Dichter sagt — und das Material strömte mir so reichlich zu, daß ich mich der Erfahrungen kaum erwehren konnte. Auch war ich der einzige Arbeiter auf einem neuen Gebiet, meine Zurückhaltung brachte mir keine Gefahr und anderen keinen Schaden.

Das ist nun alles anders geworden. Die Zeit vor mir ist begrenzt, sie wird nicht mehr vollständig von der Arbeit ausgenützt; die Gelegenheiten, neue Erfahrungen zu machen, kommen also nicht so reichlich. Wenn ich etwas Neues zu sehen glaube, bleibt es mir unsicher, ob ich die Bestätigung abwarten kann. Auch ist alles bereits abgeschöpft, was an der Oberfläche dahintrieb; das übrige muß in langsamer Bemühung aus der Tiefe geholt werden. Endlich bin ich nicht mehr allein, eine Schar von eifrigen Mitarbeitern ist bereit, sich auch das Unfertige, unsicher Erkannte zunutze zu machen, ich darf ihnen den Anteil der Arbeit überlassen, den ich sonst selbst besorgt hätte. So fühle ich mich gerechtfertigt, diesmal etwas mitzuteilen, was dringend der Nachprüfung bedarf, ehe es in seinem Wert oder Unwert erkannt werden kann.

Wenn wir die ersten psychischen Gestaltungen des Sexuallebens beim Kinde untersuchten, nahmen wir regelmäßig das männliche Kind, den kleinen Knaben, zum Objekt. Beim kleinen Mädchen, meinten wir, müsse es ähnlich zugehen, aber doch in irgendeiner Weise anders. An welcher Stelle des Entwicklungsganges diese Verschiedenheit zu finden ist, das wollte sich nicht klar ergeben. Die Situation des Ödipus-Komplexes ist die erste Station, die wir beim Knaben mit Sicherheit erkennen. Sie ist uns leicht verständlich, weil in ihr das Kind an demselben Objekt festhält, das es bereits in der vorhergehenden Säuglings- und Pflegeperiode mit seiner noch nicht genitalen Libido besetzt hatte. Auch daß es dabei den Vater als störenden Rivalen empfindet, den es beseitigen und ersetzen möchte, leitet sich glatt aus den realen Verhältnissen ab. Daß die Ödipus-Einstellung des Knaben der phallischen Phase angehört und an der Kastrationsangst, also am narzißtischen Interesse für das Genitale, zugrunde geht, habe ich an anderer Stelle[1] ausgeführt. Eine Erschwerung des Verständnisses ergibt sich aus der Komplikation, daß der Ödipus-Komplex selbst beim Knaben doppelsinnig angelegt ist, aktiv und passiv, der bisexuellen Anlage entsprechend. Der Knabe will auch als Liebesobjekt des Vaters die Mutter ersetzen, was wir als feminine Einstellung bezeichnen.

An der Vorgeschichte des Ödipus-Komplexes beim Knaben ist uns noch lange nicht alles klar. Wir kennen aus ihr eine Identifizierung mit dem Vater zärtlicher Natur, welcher der Sinn der Rivalität bei der Mutter noch abgeht. Ein anderes Element dieser Vorzeit ist die, wie ich meine, nie ausbleibende masturbatorische Betätigung am Genitale, die frühkindliche Onanie, deren mehr oder minder gewalttätige Unterdrückung von seiten der Pflegepersonen den Kastrationskomplex aktiviert. Wir nehmen an, daß diese Onanie am Ödipus-Komplex hängt und die Abfuhr seiner Sexualerregung bedeutet. Ob sie von Anfang an diese Beziehung

---

1) Der Untergang des Ödipuskomplexes. [Bd. XIII dieser Gesamtausgabe.]

hat oder nicht vielmehr spontan als Organbetätigung auftritt und erst später den Anschluß an den Ödipuskomplex gewinnt, ist unsicher; die letztere Möglichkeit ist die weitaus wahrscheinlichere. Fraglich ist auch noch die Rolle des Bettnässens und seiner Abgewöhnung durch die Eingriffe der Erziehung. Wir bevorzugen die einfache Synthese, das fortgesetzte Bettnässen sei der Erfolg der Onanie, seine Unterdrückung werde vom Knaben wie eine Hemmung der Genitaltätigkeit, also im Sinne einer Kastrationsdrohung gewertet, aber ob wir damit jedesmal recht haben, steht dahin. Endlich läßt uns die Analyse schattenhaft erkennen, wie eine Belauschung des elterlichen Koitus in sehr früher Kinderzeit die erste sexuelle Erregung setzen und durch ihre nachträglichen Wirkungen der Ausgangspunkt für die ganze Sexualentwicklung werden kann. Die Onanie sowie die beiden Einstellungen des Ödipus-Komplexes knüpfen späterhin an den in der Folge gedeuteten Eindruck an. Allein wir können nicht annehmen, daß solche Koitusbeobachtungen ein regelmäßiges Vorkommnis sind, und stoßen hier mit dem Problem der „Urphantasien" zusammen. So vieles ist also auch in der Vorgeschichte des Ödipus-Komplexes beim Knaben noch ungeklärt, harrt der Sichtung und der Entscheidung, ob immer der nämliche Hergang anzunehmen ist, oder ob nicht sehr verschiedenartige Vorstadien zum Treffpunkt der gleichen Endsituation führen.

Der Ödipus-Komplex des kleinen Mädchens birgt ein Problem mehr als der des Knaben. Die Mutter war anfänglich beiden das erste Objekt, wir haben uns nicht zu verwundern, wenn der Knabe es für den Ödipus-Komplex beibehält. Aber wie kommt das Mädchen dazu, es aufzugeben und dafür den Vater zum Objekt zu nehmen? In der Verfolgung dieser Frage habe ich einige Feststellungen machen können, die gerade auf die Vorgeschichte der Ödipus-Relation beim Mädchen Licht werfen können.

Jeder Analytiker hat die Frauen kennengelernt, die mit besonderer Intensität und Zähigkeit an ihrer Vaterbindung festhalten und an dem Wunsch, vom Vater ein Kind zu bekommen, in dem diese gipfelt. Man hat guten Grund anzunehmen, daß diese Wunschphantasie auch die Triebkraft ihrer infantilen Onanie war, und gewinnt leicht den Eindruck, hier vor einer elementaren, nicht weiter auflösbaren Tatsache des kindlichen Sexuallebens zu stehen. Eingehende Analyse gerade dieser Fälle zeigt aber etwas anderes, nämlich daß der Ödipus-Komplex hier eine lange Vorgeschichte hat und eine gewissermaßen sekundäre Bildung ist.

Nach einer Bemerkung des alten Kinderarztes Lindner[1] entdeckt das Kind die lustspendende Genitalzone — Penis oder Klitoris — während des Wonnesaugens (Lutschens). Ich will es dahingestellt sein lassen, ob das Kind diese neugewonnene Lustquelle wirklich zum Ersatz für die kürzlich verlorene Brustwarze der Mutter nimmt, worauf spätere Phantasien (Fellatio) deuten mögen. Kurz, die Genitalzone wird irgendeinmal entdeckt und es scheint unberechtigt, den ersten Betätigungen an ihr einen psychischen Inhalt unterzulegen. Der nächste Schritt in der so beginnenden phallischen Phase ist aber nicht die Verknüpfung dieser Onanie mit den Objektbesetzungen des Ödipus-Komplexes, sondern eine folgenschwere Entdeckung, die dem kleinen Mädchen beschieden ist. Es bemerkt den auffällig sichtbaren, groß angelegten Penis eines Bruders oder Gespielen, erkennt ihn sofort als überlegenes Gegenstück seines eigenen, kleinen und versteckten Organs und ist von da an dem Penisneid verfallen.

Ein interessanter Gegensatz im Verhalten der beiden Geschlechter: Im analogen Falle, wenn der kleine Knabe die Genitalgegend des Mädchens zuerst erblickt, benimmt er sich unschlüssig, zunächst wenig interessiert; er sieht nichts, oder er verleugnet seine Wahrnehmung, schwächt sie ab, sucht nach Auskünften, um sie mit seiner Erwartung in Einklang zu bringen. Erst später, wenn eine Kastrationsdrohung auf ihn Einfluß gewonnen hat, wird diese Beobachtung für ihn bedeutungsvoll werden; ihre Erinnerung oder

---

1) Siehe: Drei Abhandlungen zur Sexualtheorie. (Bd. V dieser Gesamtausgabe.)

Erneuerung regt einen fürchterlichen Affektsturm in ihm an und unterwirft ihn dem Glauben an die Wirklichkeit der bisher verlachten Androhung. Zwei Reaktionen werden aus diesem Zusammentreffen hervorgehen, die sich fixieren können und dann jede einzeln oder beide vereint oder zusammen mit anderen Momenten sein Verhältnis zum Weib dauernd bestimmen werden: Abscheu vor dem verstümmelten Geschöpf oder triumphierende Geringschätzung desselben. Aber diese Entwicklungen gehören einer, wenn auch nicht weit entfernten Zukunft an.

Anders das kleine Mädchen. Sie ist im Nu fertig mit ihrem Urteil und ihrem Entschluß. Sie hat es gesehen, weiß, daß sie es nicht hat, und will es haben.[1]

An dieser Stelle zweigt der sogenannte Männlichkeitskomplex des Weibes ab, welcher der vorgezeichneten Entwicklung zur Weiblichkeit eventuell große Schwierigkeiten bereiten wird, wenn es nicht gelingt, ihn bald zu überwinden. Die Hoffnung, doch noch einmal einen Penis zu bekommen und dadurch dem Manne gleich zu werden, kann sich bis in unwahrscheinlich späte Zeiten erhalten und zum Motiv für sonderbare, sonst unverständliche Handlungen werden. Oder es tritt der Vorgang ein, den ich als Verleugnung bezeichnen möchte, der im kindlichen Seelenleben weder selten noch sehr gefährlich zu sein scheint, der aber beim Erwachsenen eine Psychose einleiten würde. Das Mädchen verweigert es, die Tatsache ihrer Kastration anzunehmen, versteift sich in der Überzeugung, daß sie doch einen Penis besitzt, und ist gezwungen, sich in der Folge so zu benehmen, als ob sie ein Mann wäre.

---

1) Hier ist der Anlaß, eine Behauptung zu berichtigen, die ich vor Jahren aufgestellt habe. Ich meinte, das Sexualinteresse der Kinder werde nicht wie das der Heranreifenden durch den Geschlechtsunterschied geweckt, sondern entzünde sich an dem Problem, woher die Kinder kommen. Das trifft also wenigstens für das Mädchen gewiß nicht zu. Beim Knaben wird es wohl das eine Mal so, das andere Mal anders zugehen können, oder bei beiden Geschlechtern werden die zufälligen Anlässe des Lebens darüber entscheiden.

Die psychischen Folgen des Penisneides, so weit er nicht in der Reaktionsbildung des Männlichkeitskomplexes aufgeht, sind vielfältige und weittragende. Mit der Anerkennung seiner narzißtischen Wunde stellt sich — gleichsam als Narbe — ein Minderwertigkeitsgefühl beim Weibe her. Nachdem es den ersten Versuch, seinen Penismangel als persönliche Strafe zu erklären, überwunden und die Allgemeinheit dieses Geschlechtscharakters erfaßt hat, beginnt es, die Geringschätzung des Mannes für das in einem entscheidenden Punkt verkürzte Geschlecht zu teilen und hält wenigstens in diesem Urteil an der eigenen Gleichstellung mit dem Manne fest.[1]

Auch wenn der Penisneid auf sein eigentliches Objekt verzichtet hat, hört er nicht auf zu existieren, er lebt in der Charaktereigenschaft der Eifersucht mit leichter Verschiebung fort. Gewiß ist die Eifersucht nicht allein einem Geschlecht eigen und begründet sich auf einer breiteren Basis, aber ich meine, daß sie doch im Seelenleben des Weibes eine weitaus größere Rolle spielt, weil sie aus der Quelle des abgelenkten Penisneides eine ungeheure Verstärkung bezieht. Ehe ich noch diese Ableitung der Eifersucht kannte, hatte ich für die bei Mädchen so häufige Onaniephantasie „Ein Kind wird geschlagen" eine erste Phase konstruiert, in der sie die Bedeutung hat, ein anderes Kind, auf das man als Rivalen eifersüchtig ist, soll geschlagen werden.[2] Diese Phantasie scheint ein Relikt aus der phallischen Periode der Mädchen; die eigen-

---

[1] Ich habe schon in meiner ersten kritischen Äußerung „Zur Geschichte der psychoanalytischen Bewegung" (1913) erkannt, daß dies der Wahrheitskern der Adlerschen Lehre ist, die kein Bedenken trägt, die ganze Welt aus diesem einen Punkte (Organminderwertigkeit — männlicher Protest — Abrücken von der weiblichen Linie) zu erklären und sich dabei rühmt, die Sexualität zugunsten des Machtstrebens ihrer Bedeutung beraubt zu haben! Das einzige „minderwertige" Organ, das ohne Zweideutigkeit diesen Namen verdient, wäre also die Klitoris. Anderseits hört man, daß Analytiker sich rühmen, trotz jahrzehntelanger Bemühung nichts von der Existenz eines Kastrationskomplexes wahrgenommen zu haben. Man muß sich vor der Größe dieser Leistung in Bewunderung beugen, wenn es auch nur eine negative Leistung, ein Kunststück im Übersehen und Verkennen ist. Die beiden Lehren ergeben ein interessantes Gegensatzpaar: Hier keine Spur von einem Kastrationskomplex, dort nichts anderes als Folgen desselben.

[2] „Ein Kind wird geschlagen." (Bd. XII dieser Gesamtausgabe.)

tümliche Starrheit, die mir an der monotonen Formel: Ein Kind wird geschlagen, auffiel, läßt wahrscheinlich noch eine besondere Deutung zu. Das Kind, das da geschlagen — geliebkost wird, mag im Grunde nichts anderes sein, als die Klitoris selbst, so daß die Aussage zu allertiefst das Eingeständnis der Masturbation enthält, die sich vom Anfang in der phallischen Phase bis in späte Zeiten an den Inhalt der Formel knüpft.

Eine dritte Abfolge des Penisneides scheint die Lockerung des zärtlichen Verhältnisses zum Mutterobjekt. Man versteht den Zusammenhang nicht sehr gut, überzeugt sich aber, daß am Ende fast immer die Mutter für den Penismangel verantwortlich gemacht wird, die das Kind mit so ungenügender Ausrüstung in die Welt geschickt hat. Der historische Hergang ist oft der, daß bald nach der Entdeckung der Benachteiligung am Genitale Eifersucht gegen ein anderes Kind auftritt, das von der Mutter angeblich mehr geliebt wird, wodurch eine Motivierung für die Lösung von der Mutterbindung gewonnen ist. Dazu stimmt es dann, wenn dies von der Mutter bevorzugte Kind das erste Objekt der in Masturbation auslaufenden Schlagephantasie wird.

Eine andere überraschende Wirkung des Penisneides — oder der Entdeckung der Minderwertigkeit der Klitoris — ist gewiß die wichtigste von allen. Ich hatte oftmals vorher den Eindruck gewonnen, daß das Weib im allgemeinen die Masturbation schlechter verträgt als der Mann, sich öfter gegen sie sträubt und außerstande ist, sich ihrer zu bedienen, wo der Mann unter gleichen Verhältnissen unbedenklich zu diesem Auskunftsmittel gegriffen hätte. Es ist begreiflich, daß die Erfahrung ungezählte Ausnahmen von diesem Satz aufweisen würde, wenn man ihn als Regel aufstellen wollte. Die Reaktionen der menschlichen Individuen beiderlei Geschlechts sind ja aus männlichen und weiblichen Zügen gemengt. Aber es blieb doch der Anschein übrig, daß der Natur des Weibes die Masturbation ferner liege, und man konnte zur Lösung des angenommenen Problems die Erwägung heranziehen, daß wenigstens die Masturbation an der Klitoris eine männliche Betätigung sei, und daß die Entfaltung der Weiblichkeit die Wegschaffung der Klitorissexualität zur Bedingung habe. Die Analysen der phallischen Vorzeit haben mich nun gelehrt, daß beim Mädchen bald nach den Anzeichen des Penisneides eine intensive Gegenströmung gegen die Onanie auftritt, die nicht allein auf den Einfluß der erziehenden Pflegeperson zurückgeführt werden kann. Diese Regung ist offenbar ein Vorbote jenes Verdrängungsschubes, der zur Zeit der Pubertät ein großes Stück der männlichen Sexualität beseitigen wird, um Raum für die Entwicklung der Weiblichkeit zu schaffen. Es mag sein, daß diese erste Opposition gegen die autoerotische Betätigung ihr Ziel nicht erreicht. So war es auch in den von mir analysierten Fällen. Der Konflikt setzte sich dann fort und das Mädchen tat damals wie später alles, um sich vom Zwang zur Onanie zu befreien. Manche späteren Äußerungen des Sexuallebens beim Weibe bleiben unverständlich, wenn man dies starke Motiv nicht erkennt.

Ich kann mir diese Auflehnung des kleinen Mädchens gegen die phallische Onanie nicht anders als durch die Annahme erklären, daß ihm diese lustbringende Betätigung durch ein nebenher gehendes Moment arg verleidet wird. Dieses Moment brauchte man dann nicht weit weg zu suchen; es müßte die mit dem Penisneid verknüpfte narzißtische Kränkung sein, die Mahnung, daß man es in diesem Punkte doch nicht mit dem Knaben aufnehmen kann und darum die Konkurrenz mit ihm am besten unterläßt. In solcher Weise drängt die Erkenntnis des anatomischen Geschlechtsunterschieds das kleine Mädchen von der Männlichkeit und von der männlichen Onanie weg in neue Bahnen, die zur Entfaltung der Weiblichkeit führen.

Vom Ödipus-Komplex war bisher nicht die Rede, er hatte auch soweit keine Rolle gespielt. Nun aber gleitet die Libido des Mädchens — man kann nur sagen: längs der vorgezeichneten symbolischen Gleichung Penis = Kind — in eine neue Position. Es gibt den Wunsch nach dem Penis auf, um den Wunsch nach einem Kinde an die Stelle zu setzen, und nimmt in dieser Absicht den Vater zum Liebesobjekt. Die Mutter wird zum Objekt der Eifersucht, aus dem Mädchen ist ein kleines Weib geworden. Wenn ich einer vereinzelten analytischen Erhebung glauben darf, kann es in dieser neuen Situation zu körperlichen Sensationen kommen, die als vorzeitiges Erwachen des weiblichen Genitalapparates zu beurteilen sind. Wenn diese Vaterbindung später als verunglückt aufgegeben werden muß, kann sie einer Vateridentifizierung weichen, mit der das Mädchen zum Männlichkeitskomplex zurückkehrt und sich eventuell an ihm fixiert.

Ich habe nun das Wesentliche gesagt, das ich zu sagen hatte, und mache halt, um das Ergebnis zu überblicken. Wir haben Einsicht in die Vorgeschichte des Ödipus-Komplexes beim Mädchen bekommen. Das Entsprechende beim Knaben ist ziemlich unbekannt. Beim Mädchen ist der Ödipus-Komplex eine sekundäre Bildung. Die Auswirkungen des Kastrationskomplexes gehen ihm vorher und bereiten ihn vor. Für das Verhältnis zwischen Ödipus- und Kastrationskomplex stellt sich ein fundamentaler Gegensatz der beiden Geschlechter her. Während der Ödipus-Komplex des Knaben am Kastrationskomplex zugrunde geht,[1] wird der des Mädchens durch den Kastrationskomplex ermöglicht und eingeleitet. Dieser Widerspruch erhält seine Aufklärung, wenn man erwägt, daß der Kastrationskomplex dabei immer im Sinne seines Inhaltes wirkt, hemmend und einschränkend für die Männlichkeit, befördernd auf die Weiblichkeit. Die Differenz in diesem Stück der Sexualentwicklung beim Mann und Weib ist eine begreifliche Folge der anatomischen Verschiedenheit der Genitalien und der damit verknüpften psychischen Situation, sie entspricht dem Unterschied von vollzogener und bloß angedrohter Kastration. Unser Ergebnis ist also im Grunde eine Selbstverständlichkeit, die man hätte vorhersehen können.

---

1) Siehe: Der Untergang des Ödipus-Komplexes.

Indes der Ödipus-Komplex ist etwas so Bedeutsames, daß es auch nicht folgenlos bleiben kann, auf welche Weise man in ihn hineingeraten und von ihm losgekommen ist. Beim Knaben — so habe ich in der letzterwähnten Publikation ausgeführt, an die ich hier überhaupt anknüpfe — wird der Komplex nicht einfach verdrängt, er zerschellt förmlich unter dem Schock der Kastrationsdrohung. Seine libidinösen Besetzungen werden aufgegeben, desexualisiert und zum Teil sublimiert, seine Objekte dem Ich einverleibt, wo sie den Kern des Über-Ichs bilden und dieser Neuformation charakteristische Eigenschaften verleihen. Im normalen, besser gesagt: im idealen Falle besteht dann auch im Unbewußten kein Ödipus-Komplex mehr, das Über-Ich ist sein Erbe geworden. Da der Penis — im Sinne Ferenczis — seine außerordentlich hohe narzißtische Besetzung seiner organischen Bedeutung für die Fortsetzung der Art verdankt, kann man die Katastrophe des Ödipus-Komplexes — die Abwendung vom Inzest, die Einsetzung von Gewissen und Moral — als einen Sieg der Generation über das Individuum auffassen. Ein interessanter Gesichtspunkt, wenn man erwägt, daß die Neurose auf einem Sträuben des Ichs gegen den Anspruch der Sexualfunktion beruht. Aber das Verlassen des Standpunktes der individuellen Psychologie führt zunächst nicht zur Klärung der verschlungenen Beziehungen.

Beim Mädchen entfällt das Motiv für die Zertrümmerung des Ödipus-Komplexes. Die Kastration hat ihre Wirkung bereits früher getan und diese bestand darin, das Kind in die Situation des Ödipus-Komplexes zu drängen. Dieser entgeht darum dem Schicksal, das ihm beim Knaben bereitet wird, er kann langsam verlassen, durch Verdrängung erledigt werden, seine Wirkungen weit in das für das Weib normale Seelenleben verschieben. Man zögert es auszusprechen, kann sich aber doch der Idee nicht erwehren, daß das Niveau des sittlich Normalen für das Weib ein anderes wird. Das Über-Ich wird niemals so unerbittlich, so unpersönlich, so unabhängig von seinen affektiven Ursprüngen, wie wir es vom Manne fordern. Charakterzüge, die die Kritik seit jeher dem Weibe vorgehalten hat, daß es weniger Rechtsgefühl zeigt als der Mann, weniger Neigung zur Unterwerfung unter die großen Notwendigkeiten des Lebens, sich öfter in seinen Entscheidungen von zärtlichen und feindseligen Gefühlen leiten läßt, fänden in der oben abgeleiteten Modifikation der Über-Ichbildung eine ausreichende Begründung. Durch den Widerspruch der Feministen, die uns eine völlige Gleichstellung und Gleichschätzung der Geschlechter aufdrängen wollen, wird man sich in solchen Urteilen nicht beirren lassen, wohl aber bereitwillig zugestehen, daß auch die Mehrzahl der Männer weit hinter dem männlichen Ideal zurückbleibt, und daß alle menschlichen Individuen infolge ihrer bisexuellen Anlage und der gekreuzten Vererbung männliche und weibliche Charaktere in sich vereinigen, so daß die reine Männlichkeit und Weiblichkeit theoretische Konstruktionen bleiben mit ungesichertem Inhalt.

Ich bin geneigt, den hier vorgebrachten Ausführungen über die psychischen Folgen des anatomischen Geschlechtsunterschieds Wert beizulegen, aber ich weiß, daß diese Schätzung nur aufrechtzuhalten ist, wenn sich die an einer Handvoll Fällen gemachten Funde allgemein bestätigen und als typisch herausstellen. Sonst bliebe es eben ein Beitrag zur Kenntnis der mannigfaltigen Wege in der Entwicklung des Sexuallebens.

In den schätzenswerten und inhaltreichen Arbeiten über den Männlichkeits- und Kastrationskomplex des Weibes von Abraham (Äußerungsformen des weiblichen Kastrationskomplexes, Int. Zschr. f. PsA., Bd. VII), Horney (Zur Genese des weiblichen Kastrationskomplexes, ebendort, Bd. IX), Helene Deutsch (Psychoanalyse der weiblichen Sexualfunktionen, Neue Arb. z. ärztl. PsA., Nr. V) findet sich vieles, was nahe an meine Darstellung rührt, nichts, was sich ganz mit ihr deckt, so daß ich diese Veröffentlichung auch in dieser Hinsicht rechtfertigen möchte.

# »SELBSTDARSTELLUNG«

I

Mehrere der Mitarbeiter an dieser Sammlung von „Selbstdarstellungen" leiten ihren Beitrag mit einigen nachdenklichen Bemerkungen über die Besonderheit und Schwere der übernommenen Aufgabe ein. Ich meine, ich darf sagen, daß meine Aufgabe noch um ein Stück mehr erschwert ist, denn ich habe Bearbeitungen, wie die hier erforderte, schon wiederholt veröffentlicht und aus der Natur des Gegenstandes ergab sich, daß in ihnen von meiner persönlichen Rolle mehr die Rede war, als sonst üblich ist oder notwendig erscheint.

Die erste Darstellung der Entwicklung und des Inhalts der Psychoanalyse gab ich 1909 in fünf Vorlesungen an der Clark University in Worcester, Mass., wohin ich zur zwanzigjährigen Gründungsfeier der Institution berufen worden war.[1] Vor kurzem erst gab ich der Versuchung nach, einem amerikanischen Sammelwerk einen Beitrag ähnlichen Inhalts zu leisten, weil diese Publikation „Über die Anfänge des zwanzigsten Jahrhunderts" die Bedeutung der Psychoanalyse durch das Zugeständnis eines besonderen Kapitels anerkannt hatte.[2] Zwischen beiden liegt eine Schrift „Zur Geschichte

---

[1] Englisch erschienen im American Journal of Psychology, 1910, deutsch unter dem Titel „Über Psychoanalyse" bei F. Deuticke, Wien, 7. Aufl. 1924. [Enthalten in Bd. VIII dieser Gesamtausgabe.]

[2] These eventful years. The twentieth Century in the making as told by many of its makers. Two volumes. London and New York, The Encyclopaedia Britannica Company. Mein Aufsatz, übersetzt von Dr. A. A. Brill, bildet Cap. LXXIII des zweiten Bandes. [Deutsch in Ges. Werke, Bd. XIII, S. 403 ff.]

der psychoanalytischen Bewegung", 1914,[1] welche eigentlich alles Wesentliche bringt, das ich an gegenwärtiger Stelle mitzuteilen hätte. Da ich mir nicht widersprechen darf und mich nicht ohne Abänderung wiederholen möchte, muß ich versuchen, nun ein neues Mengungsverhältnis zwischen subjektiver und objektiver Darstellung, zwischen biographischem und historischem Interesse zu finden.

Ich bin am 6. Mai 1856 zu Freiberg in Mähren geboren, einem kleinen Städtchen der heutigen Tschechoslowakei. Meine Eltern waren Juden, auch ich bin Jude geblieben. Von meiner väterlichen Familie glaube ich zu wissen, daß sie lange Zeiten am Rhein (in Köln) gelebt hat, aus Anlaß einer Judenverfolgung im vierzehnten oder fünfzehnten Jahrhundert nach dem Osten floh und im Laufe des neunzehnten Jahrhunderts die Rückwanderung von Litauen über Galizien nach dem deutschen Österreich antrat. Als Kind von vier Jahren kam ich nach Wien, wo ich alle Schulen durchmachte. Auf dem Gymnasium war ich durch sieben Jahre Primus, hatte eine bevorzugte Stellung, wurde kaum je geprüft. Obwohl wir in sehr beengten Verhältnissen lebten, verlangte mein Vater, daß ich in der Berufswahl nur meinen Neigungen folgen sollte. Eine besondere Vorliebe für die Stellung und Tätigkeit des Arztes habe ich in jenen Jugendjahren nicht verspürt, übrigens auch später nicht. Eher bewegte mich eine Art von Wißbegierde, die sich aber mehr auf menschliche Verhältnisse als auf natürliche Objekte bezog und auch den Wert der Beobachtung als eines Hauptmittels zu ihrer Befriedigung nicht erkannt hatte. Indes, die damals aktuelle Lehre Darwins zog mich mächtig an, weil sie eine außerordentliche Förderung des Weltverständnisses versprach, und ich weiß, daß der Vortrag von Goethes schönem Aufsatz „Die Natur" in einer populären Vorlesung kurz vor der Reifeprüfung die Entscheidung gab, daß ich Medizin inskribierte.

Die Universität, die ich 1873 bezog, brachte mir zunächst einige fühlbare Enttäuschungen. Vor allem traf mich die Zumutung, daß ich mich als minderwertig und nicht volkszugehörig fühlen sollte, weil ich Jude war. Das erstere lehnte ich mit aller Entschiedenheit ab. Ich habe nie begriffen, warum ich mich meiner Abkunft, oder wie man zu sagen begann: Rasse, schämen sollte. Auf die mir verweigerte Volksgemeinschaft verzichtete ich ohne viel Bedauern. Ich meinte, daß sich für einen eifrigen Mitarbeiter

---

[1]) Erschienen im Jahrbuch der Psychoanalyse Bd. VI (Bd. X dieser Gesamtausgabe).

ein Plätzchen innerhalb des Rahmens des Menschtums auch ohne solche Einreihung finden müsse. Aber eine für später wichtige Folge dieser ersten Eindrücke von der Universität war, daß ich so frühzeitig mit dem Lose vertraut wurde, in der Opposition zu stehen und von der „kompakten Majorität" in Bann getan zu werden. Eine gewisse Unabhängigkeit des Urteils wurde so vorbereitet.

Außerdem mußte ich in den ersten Universitätsjahren die Erfahrung machen, daß Eigenheit und Enge meiner Begabungen mir in mehreren wissenschaftlichen Fächern, auf die ich mich in jugendlichem Übereifer gestürzt hatte, jeden Erfolg versagten. Ich lernte so die Wahrheit der Mahnung Mephistos erkennen:

Vergebens, daß ihr ringsum wissenschaftlich schweift,
Ein jeder lernt nur, was er lernen kann.

Im physiologischen Laboratorium von Ernst Brücke fand ich endlich Ruhe und volle Befriedigung, auch die Personen, die ich respektieren und zu Vorbildern nehmen konnte. Brücke stellte mir eine Aufgabe aus der Histologie des Nervensystems, die ich zu seiner Zufriedenheit lösen und selbständig weiterführen konnte. Ich arbeitete in diesem Institut von 1876—1882 mit kurzen Unterbrechungen und galt allgemein als designiert für die nächste sich dort ergebende Assistentenstelle. Die eigentlich medizinischen Fächer zogen mich — mit Ausnahme der Psychiatrie — nicht an. Ich betrieb das medizinische Studium recht nachlässig, wurde auch erst 1881, mit ziemlicher Verspätung also, zum Doktor der gesamten Heilkunde promoviert.

Die Wendung kam 1882, als mein über alles verehrter Lehrer den großmütigen Leichtsinn meines Vaters korrigierte, indem er mich mit Rücksicht auf meine schlechte materielle Lage dringend mahnte, die theoretische Laufbahn aufzugeben. Ich folgte seinem Rate, verließ das physiologische Laboratorium und trat als Aspirant in das Allgemeine Krankenhaus ein. Dort wurde ich nach einiger Zeit zum Sekundararzt (Interne) befördert und diente an verschiedenen Abteilungen, auch länger als ein halbes Jahr bei Meynert, dessen Werk und Persönlichkeit mich schon als Studenten gefesselt hatten.

In gewissem Sinne blieb ich doch der zuerst eingeschlagenen Arbeitsrichtung treu. Brücke hatte mich an das Rückenmark eines der niedrigsten Fische (Ammocoetes-Petromyzon) als Untersuchungsobjekt gewiesen, ich ging nun zum menschlichen Zentralnervensystem über, auf dessen verwickelte Faserung die Flechsigschen Funde der ungleichzeitigen Markscheidenbildung damals gerade ein helles Licht warfen. Auch daß ich mir zunächst einzig und allein die Medulla oblongata zum Objekt wählte, war eine Fortwirkung meiner Anfänge. Recht im Gegensatz zur diffusen Natur meiner Studien in den ersten Universitätsjahren entwickelte ich nun eine Neigung zur ausschließenden Konzentration der Arbeit auf einen Stoff oder ein Problem. Diese Neigung ist mir verblieben und hat mir später den Vorwurf der Einseitigkeit eingetragen.

Ich war nun ein ebenso eifriger Arbeiter im gehirnanatomischen Institut wie früher im physiologischen. Kleine Arbeiten über Faserverlauf und Kernursprünge in der Oblongata sind in diesen Spitalsjahren entstanden und immerhin von Edinger vermerkt worden. Eines Tages machte mir Meynert, der mir das Laboratorium eröffnet hatte, auch als ich nicht bei ihm diente, den Vorschlag, ich solle mich endgiltig der Gehirnanatomie zuwenden, er verspreche, mir seine Vorlesung abzutreten, denn er fühle sich zu alt, um die neueren Methoden zu handhaben. Ich lehnte, erschreckt durch die Größe der Aufgabe, ab; auch mochte ich damals schon erraten haben, daß der geniale Mann mir keineswegs wohlwollend gesinnt sei.

Die Gehirnanatomie war in praktischer Hinsicht gewiß kein Fortschritt gegen die Physiologie. Den materiellen Anforderungen trug ich Rechnung, indem ich das Studium der Nervenkrankheiten begann. Dieses Spezialfach wurde damals in Wien wenig gepflegt, das Material war auf verschiedenen internen Abteilungen verstreut, es gab keine gute Gelegenheit sich auszubilden, man mußte sein eigener Lehrer sein. Auch Nothnagel, den man kurz vorher auf Grund seines Buches über die Gehirnlokalisation berufen hatte, zeichnete die Neuropathologie nicht vor anderen Teilgebieten der internen Medizin aus. In der Ferne leuchtete der große Name Charcots und so machte ich mir den Plan, hier die Dozentur für Nervenkrankheiten zu erwerben und dann zur weiteren Ausbildung nach Paris zu gehen.

In den nun folgenden Jahren sekundarärztlichen Dienstes veröffentlichte ich mehrere kasuistische Beobachtungen über organische Krankheiten des Nervensystems. Ich wurde allmählich mit dem Gebiet vertraut; ich verstand es, einen Herd in der Oblongata so genau zu lokalisieren, daß der pathologische Anatom nichts hinzuzusetzen hatte, ich war der erste in Wien, der einen Fall mit der Diagnose Polyneuritis acuta zur Sektion schickte. Der Ruf meiner durch die Autopsie bestätigten Diagnosen trug mir den Zulauf amerikanischer Ärzte ein, denen ich in einer Art von Pidgin-English Kurse an den Kranken meiner Abteilung las. Von den Neurosen verstand ich nichts. Als ich einmal meinen Hörern einen Neurotiker mit fixiertem Kopfschmerz als Fall von chronischer zirkumskripter Meningitis vorstellte, fielen sie alle

in berechtigter kritischer Auflehnung von mir ab und meine vorzeitige
Lehrtätigkeit hatte ein Ende. Zu meiner Entschuldigung sei bemerkt, es
war die Zeit, da auch größere Autoritäten in Wien die Neurasthenie als
Hirntumor zu diagnostizieren pflegten.

Im Frühjahr 1885 erhielt ich die Dozentur für Neuropathologie auf
Grund meiner histologischen und klinischen Arbeiten. Bald darauf wurde
mir infolge des warmen Fürspruchs Brückes ein größeres Reisestipendium
zugeteilt. Im Herbst dieses Jahres reiste ich nach Paris.

Ich trat als Eleve in die Salpêtrière ein, fand aber anfangs als einer
der vielen Mitläufer aus der Fremde wenig Beachtung. Eines Tages hörte
ich Charcot sein Bedauern darüber äußern, daß der deutsche Übersetzer
seiner Vorlesungen seit dem Kriege nichts von sich habe hören lassen. Es
wäre ihm lieb, wenn jemand die deutsche Übersetzung seiner „Neuen
Vorlesungen" übernehmen würde. Ich bot mich schriftlich dazu an; ich
weiß noch, daß der Brief die Wendung enthielt, ich sei bloß mit der
Aphasie motrice, aber nicht mit der Aphasie sensorielle du français behaftet. Charcot akzeptierte mich, zog mich in seinen Privatverkehr und
von da an hatte ich meinen vollen Anteil an allem, was auf der Klinik
vorging.

Während ich dies schreibe, erhalte ich zahlreiche Aufsätze und Zeitungsartikel aus Frankreich, die von dem heftigen Sträuben gegen die Aufnahme
der Psychoanalyse zeugen und oft die unzutreffendsten Behauptungen über
mein Verhältnis zur französischen Schule aufstellen. So lese ich z. B., daß
ich meinen Aufenthalt in Paris dazu benützt, mich mit den Lehren von
P. Janet vertraut zu machen, und dann mit meinem Raube die Flucht
ergriffen habe. Ich will darum ausdrücklich erwähnen, daß der Name
Janets während meines Verweilens an der Salpêtrière überhaupt nicht
genannt wurde.

Von allem, was ich bei Charcot sah, machten mir den größten Eindruck seine letzten Untersuchungen über die Hysterie, die zum Teil noch
unter meinen Augen ausgeführt wurden. Also der Nachweis der Echtheit
und Gesetzmäßigkeit der hysterischen Phänomene *(„Introite et hic dii
sunt"),* des häufigen Vorkommens der Hysterie bei Männern, die Erzeugung hysterischer Lähmungen und Kontrakturen durch hypnotische Suggestion, das Ergebnis, daß diese Kunstprodukte dieselben Charaktere bis
ins einzelnste zeigen wie die spontanen, oft durch Trauma hervorgerufenen
Zufälle. Manche von Charcots Demonstrationen hatten bei mir wie bei
anderen Gästen zunächst Befremden und Neigung zum Widerspruch erzeugt,

den wir durch Berufung auf eine der herrschenden Theorien zu stützen versuchten. Er erledigte solche Bedenken immer freundlich und geduldig, aber auch sehr bestimmt; in einer dieser Diskussionen fiel das Wort: *Ça n'empêche pas d'exister*, das sich mir unvergeßlich eingeprägt hat.

Bekanntlich ist heute nicht mehr alles aufrecht geblieben, was uns Charcot damals lehrte. Einiges ist unsicher geworden, anderes hat die Probe der Zeit offenbar nicht bestanden. Aber es ist genug davon übrig geblieben, was als dauernder Besitz der Wissenschaft gewertet wird. Ehe ich Paris verließ, verabredete ich mit dem Meister den Plan einer Arbeit zur Vergleichung der hysterischen mit den organischen Lähmungen. Ich wollte den Satz durchführen, daß bei der Hysterie Lähmungen und Anästhesien einzelner Körperteile sich so abgrenzen, wie es der gemeinen (nicht anatomischen) Vorstellung des Menschen entspricht. Er war damit einverstanden, aber es war leicht zu sehen, daß er im Grunde keine besondere Vorliebe für ein tieferes Eingehen in die Psychologie der Neurose hatte. Er war doch von der pathologischen Anatomie her gekommen.

Ehe ich nach Wien zurückkehrte, hielt ich mich einige Wochen in Berlin auf, um mir einige Kenntnisse über die allgemeinen Erkrankungen des Kindesalters zu holen. Kassowitz in Wien, der ein öffentliches Kinderkrankeninstitut leitete, hatte versprochen, mir dort eine Abteilung für Nervenkrankheiten der Kinder einzurichten. Ich fand in Berlin bei Ad. Baginsky freundliche Aufnahme und Förderung. Aus dem Kassowitzschen Institut habe ich im Laufe der nächsten Jahre mehrere größere Arbeiten über die einseitigen und doppelseitigen Gehirnlähmungen der Kinder veröffentlicht. Demzufolge übertrug mir auch später 1897 Nothnagel die Bearbeitung des entsprechenden Stoffes in seinem großen „Handbuch der allgemeinen und speziellen Therapie".

Im Herbst 1886 ließ ich mich in Wien als Arzt nieder und heiratete das Mädchen, das seit länger als vier Jahren in einer fernen Stadt auf mich gewartet hatte. Ich kann hier rückgreifend erzählen, daß es die Schuld meiner Braut war, wenn ich nicht schon in jenen jungen Jahren berühmt geworden bin. Ein abseitiges, aber tiefgehendes Interesse hatte mich 1884 veranlaßt, mir das damals wenig bekannte Alkaloid Kokain von Merck kommen zu lassen und dessen physiologische Wirkungen zu studieren. Mitten in dieser Arbeit eröffnete sich mir die Aussicht einer Reise, um meine Verlobte wiederzusehen, von der ich zwei Jahre getrennt gewesen war. Ich schloß die Untersuchung über das Kokain rasch ab und nahm in meine Publikation die Vorhersage auf, daß sich bald weitere Verwendungen des Mittels ergeben würden. Meinem Freunde, dem Augenarzt L. Königstein, legte ich aber nahe, zu prüfen, inwieweit sich die anästhesierenden Eigenschaften des Kokains am kranken Auge verwerten ließen. Als ich vom Urlaub zurückkam, fand ich, daß nicht er, sondern ein anderer Freund, Carl Koller (jetzt in New York), dem ich auch vom Kokain erzählt, die entscheidenden Versuche am Tierauge angestellt und sie auf dem Ophthalmologenkongreß zu Heidelberg demonstriert hatte. Koller gilt darum mit Recht als der Entdecker der Lokalanästhesie durch Kokain, die für die kleine Chirurgie so wichtig geworden ist; ich aber habe mein damaliges Versäumnis meiner Braut nicht nachgetragen.

Ich wende mich nun wieder zu meiner Niederlassung als Nervenarzt in Wien 1886. Es lag mir die Verpflichtung ob, in der „Gesellschaft der Ärzte" Bericht über das zu erstatten, was ich bei Charcot gesehen und gelernt hatte. Allein ich fand eine üble Aufnahme. Maßgebende Personen wie der Vorsitzende, der Internist Bamberger, erklärten das, was ich erzählte, für unglaubwürdig. Meynert forderte mich auf, Fälle, wie die von mir geschilderten, doch in Wien aufzusuchen und der Gesellschaft vorzustellen. Dies versuchte ich auch, aber die Primarärzte, auf deren Abteilung ich solche Fälle fand, verweigerten es mir, sie zu beobachten oder zu bearbeiten. Einer von ihnen, ein alter Chirurg, brach direkt in den Ausruf aus: „Aber Herr Kollege, wie können Sie solchen Unsinn reden! Hysteron (sic!) heißt doch der Uterus. Wie kann denn ein Mann hysterisch sein?" Ich wendete vergebens ein, daß ich nur die Verfügung über den Krankheitsfall brauchte und nicht die Genehmigung meiner Diagnose. Endlich trieb ich außerhalb des Spitals einen Fall von klassischer hysterischer Hemianästhesie bei einem Manne auf, den ich in der „Gesellschaft der Ärzte" demonstrierte. Diesmal klatschte man mir Beifall, nahm aber weiter kein Interesse an mir. Der Eindruck, daß die großen Autoritäten meine Neuigkeiten abgelehnt hätten, blieb unerschüttert; ich fand mich mit der männlichen Hysterie und der suggestiven Erzeugung hysterischer Lähmungen in die Opposition gedrängt. Als mir bald darauf das hirnanatomische Laboratorium versperrt wurde und ich durch Semester kein Lokal hatte, in dem ich meine Vorlesung abhalten konnte, zog ich mich aus dem akademischen und Vereinsleben zurück. Ich habe die „Gesellschaft der Ärzte" seit einem Menschenalter nicht mehr besucht.

Wenn man von der Behandlung Nervenkranker leben wollte, mußte man offenbar ihnen etwas leisten können. Mein therapeutisches Arsenal umfaßte nur zwei Waffen, die Elektrotherapie und die Hypnose, denn die

Versendung in die Wasserheilanstalt nach einmaliger Konsultation war keine zureichende Erwerbsquelle. In der Elektrotherapie vertraute ich mich dem Handbuch von W. Erb an, welches detaillierte Vorschriften für die Behandlung aller Symptome der Nervenleiden zur Verfügung stellte. Leider mußte ich bald erfahren, daß die Befolgung dieser Vorschriften niemals half, daß, was ich für den Niederschlag exakter Beobachtung gehalten hatte, eine phantastische Konstruktion war. Die Einsicht, daß das Werk des ersten Namens der deutschen Neuropathologie nicht mehr Beziehung zur Realität habe als etwa ein „ägyptisches" Traumbuch, wie es in unseren Volksbuchhandlungen verkauft wird, war schmerzlich, aber sie verhalf dazu, wieder ein Stück des naiven Autoritätsglaubens abzutragen, von dem ich noch nicht frei war. So schob ich denn den elektrischen Apparat beiseite, noch ehe Möbius das erlösende Wort gesprochen hatte, die Erfolge der elektrischen Behandlung bei Nervenkranken seien — wo sie sich überhaupt ergeben — eine Wirkung der ärztlichen Suggestion.

Mit der Hypnose stand es besser. Noch als Student hatte ich einer öffentlichen Vorstellung des „Magnetiseurs" Hansen beigewohnt und bemerkt, daß eine der Versuchspersonen totenbleich wurde, als sie in kataleptische Starre geriet und während der ganzen Dauer des Zustandes so verharrte. Damit war meine Überzeugung von der Echtheit der hypnotischen Phänomene fest begründet. Bald nachher fand diese Auffassung in Heidenhain ihren wissenschaftlichen Vertreter, was aber die Professoren der Psychiatrie nicht abhielt, noch auf lange hinaus die Hypnose für etwas Schwindelhaftes und überdies Gefährliches zu erklären und auf die Hypnotiseure geringschätzig herabzuschauen. In Paris hatte ich gesehen, daß man sich der Hypnose unbedenklich als Methode bediente, um bei den Kranken Symptome zu schaffen und wieder aufzuheben. Dann drang die Kunde zu uns, daß in Nancy eine Schule entstanden war, welche die Suggestion mit oder ohne Hypnose im großen Ausmaße und mit besonderem Erfolg zu therapeutischen Zwecken verwendete. Es machte sich so ganz natürlich, daß in den ersten Jahren meiner ärztlichen Tätigkeit, von den mehr zufälligen und nicht systematischen psychotherapeutischen Methoden abgesehen, die hypnotische Suggestion mein hauptsächliches Arbeitsmittel wurde.

Damit war zwar der Verzicht auf die Behandlung der organischen Nervenkrankheiten gegeben, aber das verschlug wenig. Denn einerseits gab die Therapie dieser Zustände überhaupt keine erfreuliche Aussicht und anderseits verschwand in der Stadtpraxis des Privatarztes die geringe Anzahl der an ihnen Leidenden gegen die Menge von Nervösen, die sich überdies dadurch vervielfältigten, daß sie unerlöst von einem Arzt zum anderen liefen. Sonst aber war die Arbeit mit der Hypnose wirklich verführerisch. Man hatte zum erstenmal das Gefühl seiner Ohnmacht überwunden, der Ruf des Wundertäters war sehr schmeichelhaft. Welches die Mängel des Verfahrens waren, sollte ich später entdecken. Vorläufig konnte ich mich nur über zwei Punkte beklagen, erstens, daß es nicht gelang, alle Kranken zu hypnotisieren; zweitens, daß man es nicht in der Hand hatte, den einzelnen in so tiefe Hypnose zu versetzen, als man gewünscht hätte. In der Absicht, meine hypnotische Technik zu vervollkommnen, reiste ich im Sommer 1889 nach Nancy, wo ich mehrere Wochen zubrachte. Ich sah den rührenden alten Liébault bei seiner Arbeit an den armen Frauen und Kindern der Arbeiterbevölkerung, wurde Zeuge der erstaunlichen Experimente Bernheims an seinen Spitalspatienten und holte mir die stärksten Eindrücke von der Möglichkeit mächtiger seelischer Vorgänge, die doch dem Bewußtsein des Menschen verhüllt bleiben. Zum Zwecke der Belehrung hatte ich eine meiner Patientinnen bewogen, nach Nancy nachzukommen. Es war eine vornehme, genial begabte Hysterika, die mir überlassen worden war, weil man nichts mit ihr anzufangen wußte. Ich hatte ihr durch hypnotische Beeinflussung eine menschenwürdige Existenz ermöglicht und konnte sie immer wieder aus dem Elend ihrer Zustände herausheben. Daß sie jedesmal nach einiger Zeit rückfällig wurde, schob ich in meiner damaligen Unkenntnis darauf, daß ihre Hypnose niemals den Grad von Somnambulismus mit Amnesie erreicht hatte. Bernheim versuchte es nun mit ihr wiederholte Male, brachte es aber auch nicht weiter. Er gestand mir freimütig, daß er die großen therapeutischen Erfolge durch die Suggestion nur in seiner Spitalspraxis, nicht auch an seinen Privatpatienten erziele. Ich hatte viele anregende Unterhaltungen mit ihm und übernahm es, seine beiden Werke über die Suggestion und ihre Heilwirkungen ins Deutsche zu übersetzen.

Im Zeitraum von 1886—1891 habe ich wenig wissenschaftlich gearbeitet und kaum etwas publiziert. Ich war davon in Anspruch genommen, mich in den neuen Beruf zu finden und meine materielle Existenz sowie die meiner rasch anwachsenden Familie zu sichern. 1891 erschien die erste der Arbeiten über die Gehirnlähmungen der Kinder, in Gemeinschaft mit meinem Freunde und Assistenten Dr. Oskar Rie abgefaßt. In demselben Jahre veranlaßte mich ein Auftrag der Mitarbeiterschaft an einem Handwörterbuch der Medizin, die Lehre von der Aphasie zu erörtern, die damals von den rein lokalisatorischen Gesichtspunkten Wernicke-Lichtheims beherrscht war. Ein kleines kritisch-spekulatives Buch „Zur Auffassung der Aphasien" war die Frucht dieser Bemühung. Ich habe nun aber zu verfolgen, wie es kam, daß die wissenschaftliche Forschung wieder zum Hauptinteresse meines Lebens wurde.

## II

Meine frühere Darstellung ergänzend, muß ich angeben, daß ich von Anfang an außer der hypnotischen Suggestion eine andere Verwendung der Hypnose übte. Ich bediente mich ihrer zur Ausforschung des Kranken über die Entstehungsgeschichte seines Symptoms, die er im Wachzustand oft gar nicht oder nur sehr unvollkommen mitteilen konnte. Dies Verfahren schien nicht nur wirksamer als das bloß suggestive Gebot oder Verbot, es befriedigte auch die Wißbegierde des Arztes, der doch ein Recht hatte, etwas von der Herkunft des Phänomens zu erfahren, das er durch die monotone suggestive Prozedur aufzuheben strebte.

Zu diesem anderen Verfahren war ich aber auf folgende Weise gekommen. Noch im Brückeschen Laboratorium wurde ich mit Dr. Josef Breuer bekannt, einem der angesehensten Familienärzte Wiens, der aber auch eine wissenschaftliche Vergangenheit hatte, da mehrere Arbeiten von bleibendem Werte über die Physiologie der Atmung und über das Gleichgewichtsorgan von ihm herrührten. Er war ein Mann von überragender Intelligenz, vierzehn Jahre älter als ich; unsere Beziehungen wurden bald intimer, er wurde mein Freund und Helfer in schwierigen Lebenslagen. Wir hatten uns daran gewöhnt, alle wissenschaftlichen Interessen miteinander zu teilen. Natürlich war ich der gewinnende Teil in diesem Verhältnis. Die Entwicklung der Psychoanalyse hat mich dann seine

Freundschaft gekostet. Es wurde mir nicht leicht, diesen Preis dafür zu zahlen, aber es war unausweichlich.

Breuer hatte mir, schon ehe ich nach Paris ging, Mitteilungen über einen Fall von Hysterie gemacht, den er in den Jahren 1880 bis 1882 auf eine besondere Art behandelt, wobei er tiefe Einblicke in die Verursachung und Bedeutung der hysterischen Symptome gewinnen konnte. Das war also zu einer Zeit geschehen, als die Arbeiten Janets noch der Zukunft angehörten. Er las mir wiederholt Stücke der Krankengeschichte vor, von denen ich den Eindruck empfing, hier sei mehr für das Verständnis der Neurose geleistet worden als je zuvor. Ich beschloß bei mir, Charcot von diesen Funden Kunde zu geben, wenn ich nach Paris käme, und tat dies dann auch. Aber der Meister zeigte für meine ersten Andeutungen kein Interesse, so daß ich nicht mehr auf die Sache zurückkam und sie auch bei mir fallen ließ.

Nach Wien zurückgekehrt, wandte ich mich wieder der Breuerschen Beobachtung zu und ließ mir mehr von ihr erzählen. Die Patientin war ein junges Mädchen von ungewöhnlicher Bildung und Begabung gewesen, die während der Pflege ihres zärtlich geliebten Vaters erkrankt war. Als Breuer sie übernahm, bot sie ein buntes Bild von Lähmungen mit Kontrakturen, Hemmungen und Zuständen von psychischer Verworrenheit. Eine zufällige Beobachtung ließ den Arzt erkennen, daß sie von einer solchen Bewußtseinstrübung befreit werden konnte, wenn man sie veranlaßte, in Worten der affektiven Phantasie Ausdruck zu geben, von der sie eben beherrscht wurde. Breuer gewann aus dieser Erfahrung eine Methode der Behandlung. Er versetzte sie in tiefe Hypnose und ließ sie jedesmal von dem erzählen, was ihr Gemüt bedrückte. Nachdem die Anfälle von depressiver Verworrenheit auf diese Weise überwunden waren, verwendete er dasselbe Verfahren zur Aufhebung ihrer Hemmungen und körperlichen Störungen. Im wachen Zustande wußte das Mädchen so wenig wie andere Kranke zu sagen, wie ihre Symptome entstanden waren, und fand kein Band zwischen ihnen und irgendwelchen Eindrücken ihres Lebens. In der Hypnose entdeckte sie sofort den gesuchten Zusammenhang. Es ergab sich, daß alle ihre Symptome auf eindrucksvolle Erlebnisse während der Pflege des kranken Vaters zurückgingen, also sinnvoll waren, und Resten oder Reminiszenzen dieser affektiven Situationen entsprachen. Gewöhnlich war es so zugegangen, daß sie am Krankenbett des Vaters einen Gedanken oder Impuls hatte unterdrücken müssen; an dessen Stelle, in seiner Vertretung, war dann später das Symptom erschienen. In der Regel war aber das Symptom nicht der Niederschlag einer einzigen „traumatischen" Szene, sondern das Ergebnis der Summation von zahlreichen ähnlichen Situationen. Wenn nun die Kranke in der Hypnose eine solche Situation halluzinatorisch wieder erinnerte und den damals unterdrückten seelischen Akt nachträglich unter freier Affektentfaltung zu Ende führte, war das Symptom weggewischt und trat nicht wieder auf. Durch dies Verfahren gelang es Breuer in langer und mühevoller Arbeit, seine Kranke von all ihren Symptomen zu befreien.

Die Kranke war genesen und seither gesund geblieben, ja bedeutsamer Leistungen fähig geworden. Aber über dem Ausgang der hypnotischen Behandlung lastete ein Dunkel, das Breuer mir niemals aufhellte; auch konnte ich nicht verstehen, warum er seine, wie mir schien, unschätzbare Erkenntnis so lange geheim gehalten hatte, anstatt die Wissenschaft durch sie zu bereichern. Die nächste Frage aber war, ob man verallgemeinern dürfe, was er an einem einzigen Krankheitsfalle gefunden. Die von ihm aufgedeckten Verhältnisse erschienen mir so fundamentaler Natur, daß ich nicht glauben konnte, sie würden bei irgendeinem Falle von Hysterie vermißt werden können, wenn sie einmal bei einem einzigen nachgewiesen waren. Doch konnte nur die Erfahrung darüber entscheiden. Ich begann also die Breuerschen Untersuchungen an meinen Kranken zu wiederholen und tat, besonders nachdem mir der Besuch bei Bernheim 1889 die Begrenzung in der Leistungsfähigkeit der hypnotischen Suggestion gezeigt hatte, überhaupt nichts anderes mehr. Als ich mehrere Jahre hindurch immer nur Bestätigungen gefunden hatte, bei jedem Falle von Hysterie, der solcher Behandlung zugänglich war, auch bereits über ein stattliches Material von Beobachtungen verfügte, die der seinigen analog waren, schlug ich ihm eine gemeinsame Publikation vor, gegen die er sich anfangs heftig sträubte. Er gab endlich nach, zumal da unterdes Janets Arbeiten einen Teil seiner Ergebnisse, die Zurückführung hysterischer Symptome auf Lebenseindrücke und deren Aufhebung durch hypnotische Reproduktion *in statu nascendi* vorweggenommen hatten. Wir ließen 1893 eine vorläufige Mitteilung erscheinen: „Über den psychischen Mechanismus hysterischer Phänomene." 1895 folgte unser Buch „Studien über Hysterie".

Wenn die bisherige Darstellung beim Leser die Erwartung erweckt hat, die „Studien über Hysterie" würden in allem Wesentlichen ihres materiellen Inhalts Breuers geistiges Eigentum sein, so ist das genau dasjenige, was ich immer vertreten habe und auch diesmal aussagen wollte. An der Theorie, welche das Buch versucht, habe ich in heute nicht mehr bestimmbarem Ausmaße mitgearbeitet. Diese ist bescheiden, geht nicht weit über den unmittelbaren Ausdruck der Beobachtungen hinaus. Sie will nicht die Natur der Hysterie ergründen, sondern bloß die Entstehung ihrer Symptome beleuchten. Dabei betont sie die Bedeutung des Affektlebens, die Wichtigkeit der Unterscheidung zwischen unbewußten und bewußten (besser: bewußtseinsfähigen) seelischen Akten, führt einen dynamischen Faktor ein, indem sie das Symptom durch die Aufstauung eines Affekts entstehen läßt, und einen ökonomischen, indem sie dasselbe Symptom als das Ergebnis der Umsetzung einer sonst anderswie verwendeten Energiemenge betrachtet (sog. Konversion). Breuer nannte unser Verfahren das kathartische; als dessen therapeutische Absicht wurde angegeben, den zur Erhaltung des Symptoms verwendeten Affektbetrag, der auf falsche Bahnen geraten und dort gleichsam eingeklemmt war, auf die normalen Wege zu leiten, wo er zur Abfuhr gelangen konnte (abreagieren). Der praktische Erfolg der kathartischen Prozedur war ausgezeichnet. Die Mängel, die sich später herausstellten, waren die einer jeden hypnotischen Behandlung. Noch jetzt gibt es eine Anzahl von Psychotherapeuten, die bei der Katharsis im Sinne Breuers stehen geblieben sind und sie zu loben wissen. In der Behandlung der Kriegsneurotiker des deutschen Heeres während des Weltkriegs hat sie sich als abkürzendes Heilverfahren unter den Händen von E. Simmel von neuem bewährt. Von der Sexualität ist in der Theorie der Katharsis nicht viel die Rede. In den Krankengeschichten, die ich zu den „Studien" beigesteuert, spielen Momente aus dem Sexualleben eine gewisse Rolle, werden aber kaum anders gewertet als sonstige affektive Erregungen. Von seiner berühmt gewordenen ersten Patientin erzählt Breuer, das Sexuale sei bei ihr erstaunlich unentwickelt gewesen. Aus den „Studien über Hysterie" hätte man nicht leicht erraten können, welche Bedeutung die Sexualität für die Ätiologie der Neurosen hat.

Das nun folgende Stück der Entwicklung, den Übergang von der Katharsis zur eigentlichen Psychoanalyse, habe ich bereits mehrmals so eingehend beschrieben, daß es mir schwer fallen wird, hier etwas Neues vorzubringen. Das Ereignis, welches diese Zeit einleitete, war der Rücktritt Breuers von unserer Arbeitsgemeinschaft, so daß ich sein Erbe allein zu verwalten hatte. Es hatte schon frühzeitig Meinungsverschiedenheiten zwischen uns gegeben, die aber keine Entzweiung begründeten. In der Frage, wann ein seelischer Ablauf pathogen, d. h. von der normalen Erledigung ausgeschlossen werde, bevorzugte Breuer eine sozusagen physiologische Theorie; er meinte, solche Vorgänge entzögen sich dem normalen Schicksal, die in außergewöhnlichen — hypnoiden — Seelenzuständen entstanden seien. Damit war eine neue Frage, die nach der Herkunft solcher Hypnoide, aufgeworfen. Ich hingegen vermutete eher ein Kräftespiel, die Wirkung von Absichten und Tendenzen, wie sie im normalen Leben zu beobachten sind. So stand „Hypnoidhysterie" gegen „Abwehrneurose". Aber dieser und ähnliche Gegensätze hätten ihn wohl der Sache nicht abwendig gemacht, wenn nicht andere Momente hinzugetreten wären. Das eine derselben war gewiß, daß er als Internist und Familienarzt stark in Anspruch genommen war und nicht wie ich seine ganze Kraft der kathartischen Arbeit widmen konnte. Ferner wurde er durch die Aufnahme beeinflußt, welche unser Buch in Wien wie im Reiche draußen gefunden hatte. Sein Selbstvertrauen und seine Widerstandsfähigkeit standen nicht auf der Höhe seiner sonstigen geistigen Organisation. Als z. B. die „Studien" von Strümpell eine harte Abweisung erfuhren, konnte ich über die verständnislose Kritik lachen, er aber kränkte sich und wurde entmutigt. Am meisten trug aber zu seinem Entschluß bei, daß meine eigenen weiteren Arbeiten eine Richtung einschlugen, mit der er sich vergeblich zu befreunden versuchte.

Die Theorie, die wir in den „Studien" aufzubauen versucht hatten, war ja noch sehr unvollständig gewesen, insbesondere das Problem der Ätiologie, die Frage, auf welchem Boden der pathogene Vorgang entstehe, hatten wir kaum berührt. Nun zeigte mir eine rasch sich steigernde Erfahrung, daß nicht beliebige Affekterregungen hinter den Erscheinungen der Neurose wirksam waren, sondern regelmäßig solche sexueller Natur, entweder aktuelle sexuelle Konflikte oder Nachwirkungen früherer sexueller Erlebnisse. Ich war auf dieses Resultat nicht vorbereitet, meine Erwartung hatte keinen Anteil daran, ich war vollkommen arglos an die Untersuchung der Neurotiker herangetreten. Als ich 1914 die „Geschichte der psychoanalytischen Bewegung" schrieb, tauchte in mir die Erinnerung an einige Aussprüche von Breuer, Charcot und Chrobak auf, aus denen ich eine solche Erkenntnis hätte frühzeitig gewinnen können. Allein ich verstand damals nicht, was diese Autoritäten meinten; sie hatten mir mehr gesagt, als sie selbst wußten und zu vertreten bereit waren. Was ich von ihnen gehört hatte, schlummerte unwirksam in mir, bis es bei Gelegenheit der kathartischen Untersuchungen als anscheinend originelle

Erkenntnis hervorbrach. Auch wußte ich damals noch nicht, daß ich mit der Zurückführung der Hysterie auf Sexualität bis auf die ältesten Zeiten der Medizin zurückgegriffen und an Plato angeknüpft hatte. Ich erfuhr es erst später aus einem Aufsatz von Havelock Ellis.

Unter dem Einfluß meines überraschenden Fundes machte ich nun einen folgenschweren Schritt. Ich ging über die Hysterie hinaus und begann, das Sexualleben der sogenannten Neurastheniker zu erforschen, die sich zahlreich in meiner Sprechstunde einzufinden pflegten. Dieses Experiment kostete mich zwar meine Beliebtheit als Arzt, aber es trug mir Überzeugungen ein, die sich heute, fast dreißig Jahre später, noch nicht abgeschwächt haben. Man hatte viel Verlogenheit und Geheimtuerei zu überwinden, aber wenn das gelungen war, fand man, daß bei all diesen Kranken schwere Mißbräuche der Sexualfunktion bestanden. Bei der großen Häufigkeit solcher Mißbräuche einerseits, der Neurasthenie anderseits, hatte ein häufiges Zusammentreffen beider natürlich nicht viel Beweiskraft, aber es blieb auch nicht bei dieser einen groben Tatsache. Schärfere Beobachtung legte mir nahe, aus dem bunten Gewirre von Krankheitsbildern, die man mit dem Namen Neurasthenie deckte, zwei grundverschiedene Typen herauszugreifen, die in beliebiger Vermengung vorkommen konnten, aber doch in reiner Ausprägung zu beobachten waren. Bei dem einen Typus war der Angstanfall das zentrale Phänomen mit seinen Äquivalenten, rudimentären Formen und chronischen Ersatzsymptomen; ich hieß ihn. darum auch Angstneurose. Auf den anderen Typus beschränkte ich die Bezeichnung Neurasthenie. Nun war es leicht festzustellen, daß jedem dieser Typen eine andere Abnormität des Sexuallebens als ätiologisches Moment entsprach (Coitus interruptus, frustrane Erregung, sexuelle Enthaltung hier, exzessive Masturbation, gehäufte Pollutionen dort). Für einige besonders instruktive Fälle, in denen eine überraschende Wendung des Krankheitsbildes von dem einen Typus zum anderen stattgefunden hatte, gelang es auch nachzuweisen, daß ein entsprechender Wechsel des sexuellen Regimes zugrunde lag. Konnte man den Mißbrauch abstellen und durch normale Sexualtätigkeit ersetzen, so lohnte sich dies durch eine auffällige Besserung des Zustandes. So wurde ich dazu geführt, die Neurosen ganz allgemein als Störungen der Sexualfunktion zu erkennen, und zwar die sogenannten Aktualneurosen als direkten toxischen Ausdruck, die Psychoneurosen als psychischen Ausdruck dieser Störungen. Mein ärztliches Gewissen fühlte sich durch diese Aufstellung befriedigt. Ich hoffte, eine Lücke in der Medizin ausgefüllt zu haben, die bei einer biologisch so wichtigen Funktion keine anderen Schädigungen als durch Infektion oder grobe anatomische Läsion in Betracht ziehen wollte. Außerdem kam der ärztlichen Auffassung zugute, daß die Sexualität ja keine bloß psychische Sache war. Sie hatte auch ihre somatische Seite, man durfte ihr einen besonderen Chemismus zuschreiben und die Sexualerregung von der Anwesenheit bestimmter, wenn auch noch unbekannter Stoffe ableiten. Es mußte auch seinen guten Grund haben, daß die echten, spontanen Neurosen mit keiner anderen Krankheitsgruppe so viel Ähnlichkeit zeigen wie mit den Intoxikations- und Abstinenzerscheinungen, hervorgerufen durch die Einführung und die Entbehrung gewisser toxisch wirkender Stoffe oder mit dem M. Basedowii, dessen Abhängigkeit vom Produkt der Schilddrüse bekannt ist.

Ich habe später keine Gelegenheit mehr gehabt, auf die Untersuchungen über die Aktualneurosen zurückzukommen. Auch von anderen ist dieses Stück meiner Arbeit nicht fortgesetzt worden. Blicke ich heute auf meine damaligen Ergebnisse zurück, so kann ich sie als erste, rohe Schematisierungen erkennen an einem wahrscheinlich weit komplizierteren Sachverhalt. Aber sie scheinen mir im ganzen heute noch richtig zu sein. Gern hätte ich später noch Fälle von reiner juveniler Neurasthenie dem psychoanalytischen Examen unterzogen; es hat sich leider nicht gefügt. Um mißverständlichen Auffassungen zu begegnen, will ich betonen, daß es mir ferne liegt, die Existenz des psychischen Konflikts und der neurotischen Komplexe bei der Neurasthenie zu leugnen. Die Behauptung geht nur dahin, daß die Symptome dieser Kranken nicht psychisch determiniert und analytisch auflösbar sind, sondern als direkte toxische Folgen des gestörten Sexualchemismus aufgefaßt werden müssen.

Als ich in den nächsten Jahren nach den „Studien" diese Ansichten über die ätiologische Rolle der Sexualität bei den Neurosen gewonnen hatte, hielt ich über sie einige Vorträge in ärztlichen Vereinen, fand aber nur Unglauben und Widerspruch. Breuer versuchte noch einige Male, das große Gewicht seines persönlichen Ansehens zu meinen Gunsten in die Wagschale zu werfen, aber er erreichte nichts, und es war leicht zu sehen, daß die Anerkennung der sexuellen Ätiologie auch gegen seine Neigungen ging. Er hätte mich durch den Hinweis auf seine eigene erste Patientin schlagen oder irre machen können, bei der sexuelle Momente angeblich gar keine Rolle gespielt hatten. Er tat es aber nie; ich verstand es lange nicht, bis ich gelernt hatte, mir diesen Fall richtig zu deuten und nach einigen früheren Bemerkungen von ihm den Ausgang seiner Behandlung zu rekonstruieren. Nachdem die kathartische Arbeit erledigt schien, hatte sich bei dem Mädchen plötzlich ein Zustand von „Übertragungsliebe" eingestellt, den er nicht mehr mit ihrem Kranksein in Beziehung brachte, so daß er sich bestürzt von ihr zurückzog. Es war ihm offenbar peinlich, an dieses anscheinende Mißgeschick erinnert zu werden. Im Benehmen gegen mich schwankte er eine Weile zwischen Anerkennung und herber Kritik, dann traten Zufälligkeiten hinzu, wie sie in gespannten Situationen niemals ausbleiben, und wir trennten uns voneinander.

Nun hatte meine Beschäftigung mit den Formen allgemeiner Nervosität die weitere Folge, daß ich die Technik der Katharsis abänderte. Ich gab die Hypnose auf und suchte sie durch eine andere Methode zu ersetzen, weil ich die Einschränkung der Behandlung auf hysteriforme Zustände überwinden wollte. Auch hatten sich mir mit zunehmender Erfahrung zwei schwere Bedenken gegen die Anwendung der Hypnose selbst im Dienste der Katharsis ergeben. Das erste war, daß selbst die schönsten Resultate plötzlich wie weggewischt waren, wenn sich das persönliche Verhältnis zum Patienten getrübt hatte. Sie stellten sich zwar wieder her, wenn man den Weg zur Versöhnung fand, aber man wurde belehrt, daß die persönliche affektive Beziehung doch mächtiger war als alle kathartische Arbeit, und gerade dieses Moment entzog sich der Beherrschung. Sodann machte ich eines Tages eine Erfahrung, die mir in grellem Lichte zeigte, was ich längst vermutet hatte. Als ich einmal eine meiner gefügigsten Patientinnen, bei der die Hypnose die merkwürdigsten Kunststücke ermöglicht hatte, durch die Zurückführung ihres Schmerzanfalls auf seine Veranlassung von ihrem Leiden befreite, schlug sie beim Erwachen ihre Arme um meinen Hals. Der unvermutete Eintritt einer dienenden Person enthob uns einer peinlichen Auseinandersetzung, aber wir verzichteten von da an in stillschweigender Übereinkunft auf die Fortsetzung der hypnotischen Behandlung. Ich war nüchtern genug, diesen Zufall nicht auf die Rechnung meiner persönlichen Unwiderstehlichkeit zu setzen und meinte, jetzt die Natur des mystischen Elements, welches hinter der Hypnose wirkte, erfaßt zu haben. Um es auszuschalten oder wenigstens zu isolieren, mußte ich die Hypnose aufgeben.

Die Hypnose hatte aber der kathartischen Behandlung außerordentliche Dienste geleistet, indem sie das Bewußtseinsfeld der Patienten erweiterte und ihnen ein Wissen zur Verfügung stellte, über das sie im Wachen nicht verfügten. Es schien nicht leicht, sie darin zu ersetzen. In dieser Verlegenheit kam mir die Erinnerung an ein Experiment zu Hilfe, das ich oft bei Bernheim mitangesehen hatte. Wenn die Versuchsperson aus dem Somnambulismus erwachte, schien sie jede Erinnerung an die Vorfälle während dieses Zustands verloren zu haben. Aber Bernheim behauptete, sie wisse es doch, und wenn er sie aufforderte, sich zu erinnern, wenn er beteuerte, sie wisse alles, sie solle es doch nur sagen, und ihr dabei noch die Hand auf die Stirne legte, so kamen die vergessenen Erinnerungen wirklich wieder, zuerst nur zögernd, und dann im Strome und in voller Klarheit. Ich beschloß, es ebenso zu machen. Meine Patienten mußten ja auch all das „wissen", was ihnen sonst erst die Hypnose zugänglich machte, und mein Versichern und Antreiben, etwa unterstützt durch Handauflegen, sollte die Macht haben, die vergessenen Tatsachen und Zusammenhänge ins Bewußtsein zu drängen. Das schien freilich mühseliger zu sein als die Versetzung in die Hypnose, aber es war vielleicht sehr lehrreich. Ich gab also die Hypnose auf und behielt von ihr nur die Lagerung des Patienten auf einem Ruhebett bei, hinter dem ich saß, so daß ich ihn sah, aber nicht selbst gesehen wurde.

## III

Meine Erwartung erfüllte sich, ich wurde von der Hypnose frei, aber mit dem Wechsel der Technik änderte auch die kathartische Arbeit ihr Gesicht. Die Hypnose hatte ein Kräftespiel verdeckt, welches sich nun enthüllte, dessen Erfassung der Theorie eine sichere Begründung gab. Woher kam es nur, daß die Kranken so viel Tatsachen des äußeren und inneren Erlebens vergessen hatten, und diese doch erinnern konnten, wenn man die beschriebene Technik auf sie anwendete? Auf diese Fragen erteilte die Beobachtung erschöpfende Antwort. All das Vergessene war irgendwie peinlich gewesen, entweder schreckhaft oder schmerzlich oder beschämend für die Ansprüche der Persönlichkeit. Es drängte sich von selbst der Gedanke auf: gerade darum sei es vergessen worden, d. h. nicht bewußt geblieben. Um es doch wieder bewußt zu machen, mußte man etwas in dem Kranken überwinden, was sich sträubte, mußte man eigene Anstrengung aufwenden, um ihn zu drängen und zu nötigen. Die vom Arzt erforderte Anstrengung war verschieden groß für verschiedene Fälle, sie wuchs im geraden Verhältnis zur Schwere des zu Erinnernden. Der Kraftaufwand des Arztes war offenbar das Maß für einen Widerstand des Kranken. Man brauchte jetzt nur in Worte zu übersetzen, was man selbst verspürt hatte, und man war im Besitz der Theorie der ,Verdrängung.

Der pathogene Vorgang ließ sich jetzt leicht rekonstruieren. Um beim einfachsten Beispiel zu bleiben, es war im Seelenleben eine einzelne Strebung aufgetreten, der aber mächtige andere widerstrebten. Der nun entstehende seelische Konflikt sollte nach unserer Erwartung so verlaufen, daß die beiden dynamischen Größen — heißen wir sie für unsere Zwecke: Trieb und Widerstand — eine Weile unter stärkster Anteilnahme des Bewußtseins miteinander rangen, bis der Trieb abgewiesen, seiner Strebung die Energiebesetzung entzogen war. Das wäre die normale Erledigung. Bei der Neurose hatte aber — aus noch unbekannten Gründen — der Konflikt einen anderen Ausgang gefunden. Das Ich hatte sich sozusagen beim ersten Zusammenstoß von der anstößigen Triebregung zurückgezogen, ihr den Zugang zum Bewußtsein und zur direkten motorischen Abfuhr versperrt, dabei hatte sie aber ihre volle Energiebesetzung behalten. Diesen Vorgang nannte ich Verdrängung; er war eine Neuheit, nichts ihm Ähnliches war je im Seelenleben erkannt worden. Er war offenbar ein primärer Abwehrmechanismus, einem Fluchtversuch vergleichbar, erst ein Vorläufer der späteren normalen Urteilserledigung. An den ersten Akt der Verdrängung knüpften weitere Folgen an. Erstens mußte sich das Ich gegen den immer bereiten Andrang der verdrängten Regung durch einen permanenten Aufwand, eine Gegenbesetzung, schützen und verarmte dabei, anderseits konnte sich das Verdrängte, das nun unbewußt war, Abfuhr und Ersatzbefriedigung auf Umwegen schaffen und solcherart die Absicht der Verdrängung zum Scheitern bringen. Bei der Konversionshysterie führte dieser Umweg in die Körperinnervation, die verdrängte Regung brach an irgendeiner Stelle durch und schuf sich die Symptome, die also Kompromißergebnisse waren, zwar Ersatzbefriedigungen, aber doch entstellt und von ihrem Ziele abgelenkt durch den Widerstand des Ichs.

Die Lehre von der Verdrängung wurde zum Grundpfeiler des Verständnisses der Neurosen. Die therapeutische Aufgabe mußte nun anders gefaßt werden, ihr Ziel war nicht mehr das „Abreagieren" des auf falsche Bahnen geratenen Affekts, sondern die Aufdeckung der Verdrängungen und deren Ablösung durch Urteilsleistungen, die in Annahme oder Verwerfung des damals Abgewiesenen ausgehen konnten. Ich trug der neuen Sachlage Rechnung, indem ich das Verfahren zur Untersuchung und Heilung nicht mehr Katharsis, sondern Psychoanalyse benannte.

Man kann von der Verdrängung wie von einem Zentrum ausgehen und alle Stücke der psychoanalytischen Lehre mit ihr in Verbindung bringen. Vorher will ich aber noch eine Bemerkung polemischen Inhalts machen. Nach der Meinung Janets war die Hysterika eine arme Person, die infolge einer konstitutionellen Schwäche ihre seelischen Akte nicht zusammenhalten konnte. Darum verfiel sie der seelischen Spaltung und der Einengung des Bewußtseins. Nach den Ergebnissen der psychoanalytischen Untersuchungen waren diese Phänomene aber Erfolg dynamischer Faktoren, des seelischen Konflikts und der vollzogenen Verdrängung. Ich meine, dieser Unterschied ist weittragend genug und sollte dem immer wiederholten Gerede ein Ende machen, was an der Psychoanalyse wertvoll sei, schränke sich auf eine Entlehnung Janetscher Gedanken ein. Meine Darstellung muß dem Leser gezeigt haben, daß die Psychoanalyse von den Janetschen Funden in historischer Hinsicht völlig unabhängig ist, wie sie auch inhaltlich von ihnen abweicht und weit über sie hinausgreift. Niemals wären auch von den Arbeiten Janets die Folgerungen ausgegangen, welche die Psychoanalyse so wichtig für die Geisteswissenschaften gemacht und ihr das allgemeinste Interesse zugewendet haben. Janet selbst habe ich immer respektvoll behandelt, weil seine Entdeckungen ein ganzes Stück weit mit denen Breuers zusammentrafen, die früher gemacht und später veröffentlicht worden waren. Aber als die Psychoanalyse Gegenstand der Diskussion auch in Frankreich wurde, hat Janet sich schlecht benommen, geringe Sachkenntnis gezeigt und unschöne Argumente gebraucht. Endlich hat er sich in meinen Augen bloßgestellt und sein Werk selbst entwertet, indem er verkündete, wenn er von „unbewußten" seelischen Akten gesprochen, so habe er nichts damit gemeint, es sei bloß „une manière de parler" gewesen.

Die Psychoanalyse wurde aber durch das Studium der pathogenen Verdrängungen und anderer noch zu erwähnender Phänomene gezwungen, den Begriff des „Unbewußten" ernst zu nehmen. Für sie war alles Psychische zunächst unbewußt, die Bewußtseinsqualität konnte dann dazukommen oder auch wegbleiben. Dabei stieß man freilich mit dem Widerspruch der Philosophen zusammen, für die „bewußt" und „psychisch" identisch war, und die beteuerten, sie könnten sich so ein Unding wie das „unbewußte Seelische" nicht vorstellen. Es half aber nichts, man mußte sich achselzuckend über diese Idiosynkrasie der Philosophen hinaussetzen. Die Erfahrungen am pathologischen Material, das die Philosophen nicht kannten, über die Häufigkeit und Mächtigkeit solcher Regungen, von denen man nichts wußte und die man wie irgendeine Tatsache der Außenwelt erschließen mußte, ließen keine Wahl. Man konnte dann geltend machen, daß man nur am eigenen Seelenleben tat, was man immer schon für das anderer getan hatte. Man schrieb doch auch der anderen Person psychische Akte zu, obwohl man kein unmittelbares Bewußtsein von diesen hatte und sie aus Äußerungen und Handlungen erraten mußte. Was aber beim anderen recht ist, das muß auch für die eigene Person billig sein. Will man dies Argument weiter treiben und daraus ableiten, daß die eigenen verborgenen Akte eben einem zweiten Bewußtsein angehören, so steht man vor der Konzeption eines Bewußtseins, von dem man nichts weiß, eines unbewußten Bewußtseins, was doch kaum ein Vorteil gegen die Annahme eines unbewußten Psychischen ist. Sagt man aber mit anderen Philosophen, man würdige die pathologischen Vorkommnisse, nur sollten die diesen zugrunde liegenden Akte nicht psychisch, sondern psychoid geheißen werden, so läuft die Differenz auf einen unfruchtbaren Wortstreit hinaus, in dem man sich doch am zweckmäßigsten für die Beibehaltung des Ausdrucks „unbewußt psychisch" entscheidet. Die Frage, was dies Unbewußte an sich sei, ist dann nicht klüger und aussichtsreicher als die andere, frühere, was das Bewußte sei.

Schwieriger wäre es, in kurzem darzustellen, wie die Psychoanalyse dazu gekommen ist, das von ihr anerkannte Unbewußte noch zu gliedern, es in ein Vorbewußtes und in ein eigentlich Unbewußtes zu zerlegen. Es mag die Bemerkung genügen, daß es legitim erschien, die Theorien, welche direkter Ausdruck der Erfahrung sind, durch Hypothesen zu ergänzen, welche zur Bewältigung des Stoffes zweckdienlich sind und sich auf Verhältnisse beziehen, die nicht Gegenstand unmittelbarer Beobachtung werden können. Man pflegt auch in älteren Wissenschaften nicht anders zu verfahren. Die Gliederung des Unbewußten hängt mit dem Versuch zusammen, sich den seelischen Apparat aus einer Anzahl von Instanzen oder Systemen aufgebaut zu denken, von deren Beziehung zueinander man in räumlicher Ausdrucksweise spricht, wobei aber ein Anschluß an die reale Hirnanatomie nicht gesucht wird. (Der sogenannte topische Gesichtspunkt.) Solche und ähnliche Vorstellungen gehören zu einem spekulativen Überbau der Psychoanalyse, von dem jedes Stück ohne Schaden und Bedauern geopfert oder ausgetauscht werden kann, sobald eine Unzulänglichkeit erwiesen ist. Es bleibt genug zu berichten übrig, was der Beobachtung näher steht.

Ich habe schon erwähnt, daß die Forschung nach den Veranlassungen und Begründungen der Neurose mit immer steigender Häufigkeit auf Konflikte zwischen den sexuellen Regungen der Person und den Widerständen gegen die Sexualität führte. Bei der Suche nach den pathogenen Situationen, in denen die Verdrängungen der Sexualität eingetreten waren, und aus denen die Symptome als Ersatzbildungen des Verdrängten stammten, wurde man in immer frühere Lebenszeiten des Kranken zurückgeleitet und langte endlich in dessen ersten Kindheitsjahren an. Es ergab sich, was Dichter und Menschenkenner immer behauptet hatten, daß die Eindrücke dieser frühen Lebensperiode, obwohl sie meist der Amnesie verfallen, unvertilgbare Spuren in der Entwicklung des Individuums zurücklassen, insbesondere daß sie die Disposition für spätere neurotische Erkrankungen festlegen. Da es sich aber in diesen Kindererlebnissen immer um sexuelle Erregungen und um Reaktion gegen dieselben handelte, stand man vor der Tatsache der infantilen Sexualität, die wiederum eine Neuheit und einen Widerspruch gegen eines

SIGM. FREUD

*Medaille von C. M. Schwerdtner jun.*

(1906)

der stärksten Vorurteile der Menschen bedeutete. Die Kindheit sollte ja „unschuldig" sein, frei von geschlechtlichen Gelüsten, und der Kampf mit dem Dämon „Sinnlichkeit" erst mit dem Sturm und Drang der Pubertät einsetzen. Was man von sexuellen Betätigungen gelegentlich an Kindern hatte wahrnehmen müssen, faßte man als Zeichen von Degeneration, vorzeitiger Verderbtheit oder als kuriose Laune der Natur auf. Wenige der Ermittlungen der Psychoanalyse haben eine so allgemeine Ablehnung gefunden, einen solchen Ausbruch von Entrüstung hervorgerufen wie die Behauptung, daß die Sexualfunktion vom Anfang des Lebens an beginne und schon in der Kindheit sich in wichtigen Erscheinungen äußere. Und doch ist kein anderer analytischer Fund so leicht und so vollständig zu erweisen.

Ehe ich weiter in die Würdigung der infantilen Sexualität eingehe, muß ich eines Irrtums gedenken, dem ich eine Weile verfallen war und der bald für meine ganze Arbeit verhängnisvoll geworden wäre. Unter dem Drängen meines damaligen technischen Verfahrens reproduzierten die meisten meiner Patienten Szenen aus ihrer Kindheit, deren Inhalt die sexuelle Verführung durch einen Erwachsenen war. Bei den weiblichen Personen war die Rolle des Verführers fast immer dem Vater zugeteilt. Ich schenkte diesen Mitteilungen Glauben und nahm also an, daß ich in diesen Erlebnissen sexueller Verführung in der Kindheit die Quellen der späteren Neurose aufgefunden hatte. Einige Fälle, in denen sich solche Beziehungen zum Vater, Oheim oder älteren Bruder bis in die Jahre sicherer Erinnerung fortgesetzt hatten, bestärkten mich in meinem Zutrauen. Wenn jemand über meine Leichtgläubigkeit mißtrauisch den Kopf schütteln wollte, so kann ich ihm nicht ganz unrecht geben, will aber vorbringen, daß es die Zeit war, wo ich meiner Kritik absichtlich Zwang antat, um unparteiisch und aufnahmsfähig für die vielen Neuheiten zu bleiben, die mir täglich entgegentraten. Als ich dann doch erkennen mußte, diese Verführungsszenen seien niemals vorgefallen, seien nur Phantasien, die meine

Patienten erdichtet, die ich ihnen vielleicht selbst aufgedrängt hatte, war ich eine Zeitlang ratlos. Mein Vertrauen in meine Technik wie in ihre Ergebnisse erlitt einen harten Stoß; ich hatte doch diese Szenen auf einem technischen Wege, den ich für korrekt hielt, gewonnen und ihr Inhalt stand in unverkennbarer Beziehung zu den Symptomen, von denen meine Untersuchung ausgegangen war. Als ich mich gefaßt hatte, zog ich aus meiner Erfahrung die richtigen Schlüsse, daß die neurotischen Symptome nicht direkt an wirkliche Erlebnisse anknüpften, sondern an Wunschphantasien, und daß für die Neurose die psychische Realität mehr bedeute als die materielle. Ich glaube auch heute nicht, daß ich meinen Patienten jene Verführungsphantasien aufgedrängt, „suggeriert" habe. Ich war da zum erstenmal mit dem Ödipus-Komplex zusammengetroffen, der späterhin eine so überragende Bedeutung gewinnen sollte, den ich aber in solch phantastischer Verkleidung noch nicht erkannte. Auch blieb der Verführung im Kindesalter ihr Anteil an der Ätiologie, wenngleich in bescheidenerem Ausmaß, gewahrt. Die Verführer waren aber zumeist ältere Kinder gewesen.

Mein Irrtum war also der nämliche gewesen, wie wenn jemand die Sagengeschichte der römischen Königszeit nach der Erzählung des Livius für historische Wahrheit nehmen würde, anstatt für das, was sie ist, eine Reaktionsbildung gegen die Erinnerung armseliger, wahrscheinlich nicht immer rühmlicher Zeiten und Verhältnisse. Nach der Aufhellung des Irrtums war der Weg zum Studium des infantilen Sexuallebens frei. Man kam da in die Lage, die Psychoanalyse auf ein anderes Wissensgebiet anzuwenden, aus ihren Daten ein bisher unbekanntes Stück des biologischen Geschehens zu erraten.

Die Sexualfunktion war von Anfang an vorhanden, lehnte sich zunächst an die anderen lebenswichtigen Funktionen an und machte sich dann von ihnen unabhängig; sie hatte eine lange und komplizierte Entwicklung durchzumachen, bis aus ihr das wurde, was als das normale Sexualleben des Erwachsenen bekannt war. Sie äußerte sich zuerst als Tätigkeit einer ganzen Reihe von Triebkomponenten, welche von erogenen Körperzonen abhängig waren, zum Teil in Gegensatzpaaren auftraten (Sadismus — Masochismus, Schautrieb — Exhibitionslust), unabhängig voneinander auf Lustgewinn ausgingen und ihr Objekt zumeist am eigenen Körper fanden. Sie war also zuerst nicht zentriert und vorwiegend autoerotisch. Später traten Zusammenfassungen in ihr auf; eine erste Organisationsstufe stand unter der Vorherrschaft der oralen Komponenten, dann folgte eine sadistisch-anale Phase und erst die spät erreichte dritte Phase brachte den Primat der Genitalien, womit die Sexualfunktion in den Dienst der Fortpflanzung trat. Während dieser Entwicklung wurden manche Triebanteile als für diesen Endzweck unbrauchbar beiseite gelassen oder anderen Verwendungen zugeführt, andere von ihren Zielen abgelenkt und in die genitale Organisation übergeleitet. Ich nannte die Energie der Sexualtriebe — und nur diese — Libido. Ich mußte nun annehmen, daß die Libido die beschriebene Entwicklung nicht immer tadellos durchmacht. Infolge der Überstärke einzelner Komponenten oder frühzeitiger Befriedigungserlebnisse kommt es zu Fixierungen der Libido an gewissen Stellen des Entwicklungsweges. Zu diesen Stellen strebt dann die Libido im Falle einer späteren Verdrängung zurück (Regression) und von ihnen aus wird auch der Durchbruch zum Symptom erfolgen. Eine spätere Einsicht fügte hinzu, daß die Lokalisation der Fixierungsstelle auch entscheidend ist für die Neurosenwahl, für die Form, in der die spätere Erkrankung auftritt.

Neben der Organisation der Libido geht der Prozeß der Objektfindung einher, dem eine große Rolle im Seelenleben vorbehalten ist. Das erste Liebesobjekt nach dem Stadium des Autoerotismus wird für beide Geschlechter die Mutter, deren nährendes Organ wahrscheinlich anfänglich vom eigenen Körper nicht unterschieden wurde. Später, aber noch in den ersten Kinderjahren, stellt sich die Relation des Ödipus-Komplexes her, in welcher der Knabe seine sexuellen

Wünsche auf die Person der Mutter konzentriert und feindselige Regungen gegen den Vater als Rivalen entwickelt. In analoger Weise stellt sich das kleine Mädchen ein,[1] alle Variationen und Abfolgen des Ödipus-Komplexes werden bedeutungsvoll, die angeborene bisexuelle Konstitution macht sich geltend und vermehrt die Anzahl der gleichzeitig vorhandenen Strebungen. Es dauert eine ganze Weile, bis das Kind über die Unterschiede der Geschlechter Klarheit gewinnt; in dieser Zeit der Sexualforschung schafft es sich typische Sexualtheorien, die, abhängig von der Unvollkommenheit der eigenen körperlichen Organisation, Richtiges und Falsches vermengen und die Probleme des Geschlechtslebens (das Rätsel der Sphinx: woher die Kinder kommen) nicht lösen können. Die erste Objektwahl des Kindes ist also eine inzestuöse. Die ganze hier beschriebene Entwicklung wird rasch durchlaufen. Der merkwürdigste Charakter des menschlichen Sexuallebens ist sein zweizeitiger Ansatz mit dazwischenliegender Pause. Im vierten und fünften Lebensjahr erreicht es einen ersten Höhepunkt, dann aber vergeht diese Frühblüte der Sexualität, die bisher lebhaften Strebungen verfallen der Verdrängung und es tritt die bis zur Pubertät dauernde Latenzzeit ein, während welcher die Reaktionsbildungen der Moral, der Scham, des Ekels aufgerichtet weden.[2] Die Zweizeitigkeit der Sexualentwicklung scheint von allen Lebewesen allein dem Menschen zuzukommen, sie ist vielleicht die biologische Bedingung seiner Disposition zur Neurose. Mit der Pubertät werden die Strebungen und Objektbesetzungen der Frühzeit wieder belebt, auch die Gefühlsbindungen des Ödipus-Komplexes. Im Sexualleben der Pubertät ringen miteinander die Anregungen der Frühzeit und die Hemmungen der Latenzperiode. Noch auf der Höhe der infantilen Sexualentwicklung hatte sich eine Art von genitaler Organisation hergestellt, in der aber nur das männliche Genitale eine Rolle spielte, das weibliche unentdeckt geblieben war (der sogenannte phallische Primat). Der Gegensatz der Geschlechter hieß damals noch nicht männlich oder weiblich, sondern: im Besitze eines

[1]) und [2]) Siehe Fußnoten Seite 64.

Penis oder kastriert. Der hier anschließende Kastrationskomplex wird überaus bedeutsam für die Bildung von Charakter und Neurose.

In dieser verkürzten Darstellung meiner Befunde über das menschliche Sexualleben habe ich dem Verständnis zuliebe vielfach zusammengetragen, was zu verschiedenen Zeiten entstand und als Ergänzung oder Berichtigung in die aufeinanderfolgenden Auflagen meiner „Drei Abhandlungen zur Sexualtheorie" Aufnahme fand. Ich hoffe, es läßt sich aus ihr leicht entnehmen, worin die oft betonte und beanstandete Erweiterung des Begriffes Sexualität besteht. Diese Erweiterung ist eine zweifache. Erstens wird die Sexualität aus ihren allzu engen Beziehungen zu den Genitalien gelöst und als eine umfassendere, nach Lust strebende Körperfunktion hingestellt, welche erst sekundär in den Dienst der Fortpflanzung tritt; zweitens werden zu den sexuellen Regungen alle die bloß zärtlichen und freundschaftlichen gerechnet, für welche unser Sprachgebrauch das vieldeutige Wort „Liebe" verwendet. Allein ich meine, diese Erweiterungen sind nicht Neuerungen, sondern Wiederherstellungen, sie bedeuten die Aufhebung von unzweckmäßigen Einengungen des Begriffes, zu denen wir uns haben bewegen lassen. Die Loslösung der Sexualität von den Genitalien hat den Vorteil, daß sie uns gestattet, die Sexualbetätigung der Kinder und der Perversen unter dieselben Gesichtspunkte zu bringen wie die der normalen Erwachsenen, während die erstere bisher völlig vernachlässigt, die andere zwar mit moralischer Entrüstung, aber ohne Verständnis aufgenommen wurde. Der psychoanalytischen Auffassung erklären sich auch die absonderlichsten und abstoßendsten Perversionen als Äußerung von sexuellen Partialtrieben, die sich dem Genitalprimat entzogen haben und wie in den Urzeiten der Libidoentwicklung selbständig dem Lusterwerb nachgehen. Die wichtigste dieser Perversionen, die Homosexualität, verdient kaum diesen Namen. Sie führt sich auf die konstitutionelle Bisexualität und auf die Nachwirkung des phallischen Primats zurück; durch Psychoanalyse kann man bei jedermann ein Stück homosexueller Objektwahl nachweisen. Wenn man die Kinder „polymorph pervers" genannt hat, so war das nur eine Beschreibung in allgemein gebräuchlichen Ausdrücken; eine moralische Wertung sollte damit nicht ausgesprochen werden. Solche Werturteile liegen der Psychoanalyse überhaupt fern.

Die andere der angeblichen Erweiterungen rechtfertigt sich durch den Hinweis auf die psychoanalytische Untersuchung, welche zeigt, daß all diese zärtlichen Gefühlsregungen ursprünglich vollsexuelle Strebungen waren, die dann „zielgehemmt" oder „sublimiert" worden sind. Auf dieser Beeinflußbarkeit und Ablenkbarkeit der Sexualtriebe beruht auch ihre Verwendbarkeit für mannigfache kulturelle Leistungen, zu denen sie die bedeutsamsten Beiträge stellen.

Die überraschenden Ermittlungen über die Sexualität des Kindes wurden zunächst durch die Analyse Erwachsener gewonnen, konnten aber später, etwa von 1908 an, durch direkte Beobachtungen an Kindern bis in alle Einzelheiten und in beliebigem Ausmaße bestätigt werden. Es ist wirklich so leicht, sich von den regulären sexuellen Betätigungen der Kinder zu überzeugen, daß man sich verwundert fragen muß, wie es die Menschen zustande gebracht haben, diese Tatsachen zu übersehen und die Wunschlegende von der asexuellen Kindheit solange aufrecht zu halten. Dies muß mit der Amnesie der meisten Erwachsenen für ihre eigene Kindheit zusammenhängen.

---

Fußnoten zu Seite 62:

[1]) Zusatz aus dem Jahre 1935: Die Ermittlungen über die infantile Sexualität waren am Mann gewonnen und die aus ihnen abgeleitete Theorie für das männliche Kind zugerichtet worden. Die Erwartung eines durchgehenden Parallelismus zwischen den beiden Geschlechtern war natürlich genug, aber sie erwies sich als unzutreffend. Weitere Untersuchungen und Erwägungen deckten tiefgehende Unterschiede in der Geschlechtsentwicklung zwischen Mann und Weib auf. Auch für das kleine Mädchen ist die Mutter das erste Sexualobjekt, aber um das Ziel der normalen Entwicklung zu erreichen, soll das Weib nicht nur das Sexualobjekt, sondern auch die leitende Genitalzone wechseln. Daraus ergeben sich Schwierigkeiten und mögliche Hemmungen, die für den Mann entfallen.
[2]) Zusatz aus dem Jahre 1935: Die Latenzzeit ist ein physiologisches Phänomen. Eine völlige Unterbrechung des Sexuallebens kann sie aber nur in jenen kulturellen Organisationen hervorrufen, die eine Unterdrückung der infantilen Sexualität in ihren Plan aufgenommen haben. Dies ist bei den meisten Primitiven nicht der Fall.

## IV

Die Lehren vom Widerstand und von der Verdrängung, vom Unbewußten, von der ätiologischen Bedeutung des Sexuallebens und der Wichtigkeit der Kindheitserlebnisse sind die Hauptbestandteile des psychoanalytischen Lehrgebäudes. Ich bedauere, daß ich hier nur die einzelnen Stücke beschreiben konnte und nicht auch, wie sie sich zusammensetzen und ineinander greifen. Es ist jetzt an der Zeit, sich zu den Veränderungen zu wenden, die sich allmählich an der Technik des analytischen Verfahrens vollzogen.

Die zuerst geübte Überwindung des Widerstandes durch Drängen und Versichern war unentbehrlich gewesen, um dem Arzt die ersten Orientierungen in dem, was er zu erwarten hatte, zu verschaffen. Auf die Dauer war sie aber für beide Teile zu anstrengend und schien nicht frei von gewissen naheliegenden Bedenken. Sie wurde also von einer anderen Methode abgelöst, welche in gewissem Sinne ihr Gegensatz war. Anstatt den Patienten anzutreiben, etwas zu einem bestimmten Thema zu sagen, forderte man ihn jetzt auf, sich der freien „Assoziation" zu überlassen, d. h. zu sagen, was immer ihm in den Sinn kam, wenn er sich jeder bewußten Zielvorstellung enthielt. Nur mußte er sich dazu verpflichten, auch wirklich alles mitzuteilen, was ihm seine Selbstwahrnehmung ergab, und den kritischen Einwendungen nicht nachzugeben, die einzelne Einfälle mit den Motivierungen beseitigen wollten, sie seien nicht wichtig genug, gehörten nicht dazu oder seien überhaupt ganz unsinnig.

Die Forderung nach Aufrichtigkeit in der Mitteilung brauchte man nicht ausdrücklich zu wiederholen, sie war ja die Voraussetzung der analytischen Kur.

Daß dies Verfahren der freien Assoziation unter Einhaltung der psychoanalytischen Grundregel leisten sollte, was man von ihm erwartete, nämlich das verdrängte und durch Widerstände ferngehaltene Material dem Bewußtsein zuzuführen, mag befremdend erscheinen. Allein man muß bedenken, daß die freie Assoziation nicht wirklich frei ist. Der Patient bleibt unter dem Einfluß der analytischen Situation, auch wenn er seine Denktätigkeit nicht auf ein bestimmtes Thema richtet. Man hat das Recht anzunehmen, daß ihm nichts anderes einfallen wird, als was zu dieser Situation in Beziehung steht. Sein Widerstand gegen die Reproduktion des Verdrängten wird sich jetzt auf zweierlei Weise äußern. Erstens durch jene kritischen Einwendungen, auf welche die psychoanalytische Grundregel gemünzt ist. Überwindet er aber in Befolgung der Regel diese Abhaltungen, so findet der Widerstand einen anderen Ausdruck. Er wird es durchsetzen, daß dem Analysierten niemals das Verdrängte selbst einfällt, sondern nur etwas, was diesem nach Art einer Anspielung nahe kommt, und je größer der Widerstand ist, desto weiter wird sich der mitzuteilende Ersatzeinfall von dem Eigentlichen, das man sucht, entfernen. Der Analytiker, der in Sammlung, aber ohne Anstrengung zuhört und der durch seine Erfahrung im allgemeinen auf das Kommende vorbereitet ist, kann nun das Material, das der Patient zutage fördert, nach zwei Möglichkeiten verwerten. Entweder gelingt es ihm, bei geringem Widerstand, aus den Andeutungen das Verdrängte selbst zu erraten, oder er kann, bei stärkerem Widerstand, an den Einfällen, die sich vom Thema zu entfernen scheinen, die Beschaffenheit dieses Widerstandes erkennen, den er dann dem Patienten mitteilt. Die Aufdeckung des Widerstandes ist aber der erste Schritt zu seiner Überwindung. So ergibt sich im Rahmen der analytischen Arbeit eine Deutungskunst, deren erfolgreiche Handhabung zwar Takt und Übung erfordert, die aber unschwer zu erlernen ist. Die Methode der freien Assoziation hat große Vorzüge vor der früheren, nicht nur den der Ersparung an Mühe. Sie setzt den Analysierten dem geringsten Maß von Zwang aus, verliert nie den Kontakt mit der realen Gegenwart, gewährt weitgehende Garantien dafür, daß man kein Moment in der Struktur der Neurose übersieht und nichts aus eigener Erwartung in sie einträgt. Man überläßt es bei ihr wesentlich dem Patienten, den Gang der Analyse und die Anordnung des Stoffes zu bestimmen, daher wird die systematische Bearbeitung der einzelnen Symptome und Komplexe unmöglich. Recht im Gegensatz zum Hergang beim hypnotischen oder antreibenden Verfahren erfährt man das Zusammengehörige zu verschiedenen Zeiten und an verschiedenen Stellen der Behandlung. Für einen Zuhörer — den es in Wirklichkeit nicht geben darf — würde die analytische Kur daher ganz undurchsichtig sein.

Ein anderer Vorteil der Methode ist, daß sie eigentlich nie zu versagen braucht. Es muß theoretisch immer möglich sein, einen Einfall zu haben, wenn man seine Ansprüche an die Art desselben fallen läßt. Doch tritt solches Versagen ganz regelmäßig in einem Falle auf, aber gerade durch seine Vereinzelung wird auch dieser Fall deutbar.

Ich nähere mich nun der Beschreibung eines Moments, welches einen wesentlichen Zug zum Bilde der Analyse hinzufügt und technisch wie theoretisch die größte Bedeutung beanspruchen darf. In jeder analytischen Behandlung stellt sich ohne Dazutun des Arztes eine intensive Gefühlsbeziehung des Patienten zur Person des Analytikers her, die in den realen Verhältnissen keine Erklärung finden kann. Sie ist positiver oder negativer Natur, variiert von leidenschaftlicher, vollsinnlicher Verliebtheit bis zum extremen Ausdruck von Auflehnung, Erbitterung und Haß. Diese abkürzend sogenannte „Übertragung" setzt sich beim Patienten bald an die Stelle des Wunsches nach Genesung und wird, solange sie zärtlich und gemäßigt ist, zum Träger des ärztlichen Einflusses und zur eigentlichen Triebfeder der gemeinsamen analytischen Arbeit. Später, wenn sie leidenschaftlich geworden ist oder ins Feindselige umgeschlagen hat, wird sie das Hauptwerkzeug des Widerstandes. Dann geschieht es auch, daß sie die Einfallstätigkeit des Patienten lahm legt und den Erfolg der Behandlung gefährdet. Es wäre aber unsinnig, ihr ausweichen zu wollen; eine Analyse ohne Übertragung ist eine Unmöglichkeit. Man darf nicht glauben, daß die Analyse die Übertragung schafft und daß diese nur bei ihr vorkommt. Die Übertragung wird von der Analyse nur aufgedeckt und isoliert. Sie ist ein allgemein menschliches Phänomen, entscheidet über den Erfolg bei jeder ärztlichen Beeinflussung, ja sie beherrscht überhaupt die Beziehungen einer Person zu ihrer menschlichen Umwelt. Unschwer erkennt man in ihr denselben dynamischen Faktor, den die Hypnotiker Suggerierbarkeit genannt haben, der der Träger des hypnotischen Rapports ist, über dessen Unberechenbarkeit auch die kathartische Methode zu klagen hatte. Wo diese Neigung zur Gefühlsübertragung fehlt oder durchaus negativ geworden ist, wie bei der Dementia praecox und der Paranoia, da entfällt auch die Möglichkeit einer psychischen Beeinflussung des Kranken.

Es ist ganz richtig, daß auch die Psychoanalyse mit dem Mittel der Suggestion arbeitet wie andere psychotherapeutische Methoden. Der Unterschied ist aber, daß ihr — der Suggestion oder der Übertragung — hier nicht die Entscheidung über den therapeutischen Erfolg überlassen wird. Sie wird vielmehr dazu verwendet, den Kranken zur Leistung einer psychischen Arbeit zu bewegen, — zur Überwindung seiner Übertragungswiderstände, — die eine dauernde Veränderung seiner seelischen Ökonomie bedeutet. Die Übertragung wird vom Analytiker dem Kranken bewußt gemacht, sie wird aufgelöst, indem man ihn davon überzeugt, daß er in seinem Übertragungsverhalten Gefühlsrelationen wiedererlebt, die von seinen frühesten Objektbesetzungen, aus der verdrängten Periode seiner Kindheit, herstammen. Durch solche Wendung wird die Übertragung aus der stärksten Waffe des Widerstandes zum besten

Instrument der analytischen Kur. Immerhin bleibt ihre Handhabung das schwierigste wie das wichtigste Stück der analytischen Technik. Mit Hilfe des Verfahrens der freien Assoziation und der an sie anschließenden Deutungskunst gelang der Psychoanalyse eine Leistung, die anscheinend nicht praktisch bedeutsam war, aber in Wirklichkeit zu einer völlig neuen Stellung und Geltung im wissenschaftlichen Betrieb führen mußte. Es wurde möglich nachzuweisen, daß Träume sinnvoll sind, und den Sinn derselben zu erraten. Träume waren noch im klassischen Altertum als Verkündigungen der Zukunft hochgeschätzt worden; die moderne Wissenschaft wollte vom Traum nichts wissen, überließ ihn dem Aberglauben, erklärte ihn für einen bloß „körperlichen" Akt, für eine Art Zuckung des sonst schlafenden Seelenlebens. Daß jemand, der ernste wissenschaftliche Arbeit geleistet hatte, als „Traumdeuter" auftreten könnte, schien doch ausgeschlossen. Wenn man sich aber um eine solche Verdammung des Traumes nicht kümmerte, ihn behandelte wie ein unverstandenes neurotisches Symptom, eine Wahn- oder Zwangsidee, von seinem scheinbaren Inhalt absah und seine einzelnen Bilder zu Objekten der freien Assoziation machte, so kam man zu einem anderen Ergebnis. Man gewann durch die zahlreichen Einfälle des Träumers Kenntnis von einem Gedankengebilde, das nicht mehr absurd oder verworren genannt werden konnte, das einer vollwertigen psychischen Leistung entsprach und von dem der manifeste Traum nur eine entstellte, verkürzte und mißverstandene Übersetzung war, zumeist eine Übersetzung in visuelle Bilder. Diese latenten Traumgedanken enthielten den Sinn des Traumes, der manifeste Trauminhalt war nur eine Täuschung, eine Fassade, an welche zwar die Assoziation anknüpfen konnte, aber nicht die Deutung.

Man stand nun vor der Beantwortung einer ganzen Reihe von Fragen, die wichtigsten darunter, ob es denn ein Motiv für die Traumbildung gebe, unter welchen Bedingungen sie sich vollziehen könne, auf welchen Wegen die Überführung der immer sinnreichen Traumgedanken in den oft sinnlosen Traum vor sich geht u. a.

In meiner 1900 veröffentlichten „Traumdeutung" habe ich versucht, alle diese Probleme zu erledigen. Nur der kürzeste Auszug aus dieser Untersuchung kann hier Raum finden: Wenn man die latenten Traumgedanken, die man aus der Analyse des Traumes erfahren hat, untersucht, findet man einen unter ihnen, der sich von den anderen, verständigen und dem Träumer wohlbekannten, scharf abhebt. Diese anderen sind Reste des Wachlebens (Tagesreste); in dem vereinzelten aber erkennt man eine oft sehr anstößige Wunschregung, die dem Wachleben des Träumers fremd ist, die er dementsprechend auch verwundert oder entrüstet verleugnet. Diese Regung ist der eigentliche Traumbildner, sie hat die Energie für die Produktion des Traumes aufgebracht und sich der Tagesreste als Material bedient; der so entstandene Traum stellt eine Befriedigungssituation für sie vor, ist ihre **Wunscherfüllung**. Dieser Vorgang wäre nicht möglich geworden, wenn nicht etwas in der Natur des Schlafzustandes ihn begünstigt hätte. Die psychische Voraussetzung des Schlafens ist die Einstellung des Ichs auf den Schlafwunsch und die Abziehung der Besetzungen von allen Interessen des Lebens; da gleichzeitig die Zugänge zur Motilität gesperrt werden, kann das Ich auch den Aufwand herabsetzen, mit dem es sonst die Verdrängungen aufrecht hält. Diesen nächtlichen Nachlaß der Verdrängung macht sich die unbewußte Regung zunutze, um mit dem Traum zum Bewußtsein vorzudringen. Der Verdrängungswiderstand des Ichs ist aber auch im Schlafe nicht aufgehoben, sondern bloß herabgesetzt worden. Ein Rest von ihm ist als **Traumzensur** verblieben und verbietet nun der unbewußten Wunschregung, sich in den Formen zu äußern, die ihr eigentlich angemessen wären. Infolge der Strenge der Traumzensur müssen sich die latenten Traumgedanken Abänderungen und Abschwächungen gefallen lassen, die den verpönten Sinn des Traumes unkenntlich machen. Dies ist die Erklärung der **Traumentstellung**, welcher der manifeste Traum seine auffälligsten Charaktere verdankt. Daher die Berechtigung des Satzes: der **Traum sei die (verkappte)**

Erfüllung eines (verdrängten) Wunsches. Wir erkennen schon jetzt, daß der Traum gebaut ist wie ein neurotisches Symptom, er ist eine Kompromißbildung zwischen dem Anspruch einer verdrängten Triebregung und dem Widerstand einer zensurierenden Macht im Ich. Infolge der gleichen Genese ist er auch ebenso unverständlich wie das Symptom und in gleicher Weise der Deutung bedürftig.

Die allgemeine Funktion des Träumens ist leicht aufzufinden. Es dient dazu, um äußere oder innere Reize, welche zum Erwachen auffordern würden, durch eine Art von Beschwichtigung abzuwehren und so den Schlaf gegen Störung zu versichern. Der äußere Reiz wird abgewehrt, indem er umgedeutet und in irgendeine harmlose Situation verwoben wird; den inneren Reiz des Triebanspruchs läßt der Schläfer gewähren und gestattet ihm die Befriedigung durch die Traumbildung, solange sich die latenten Traumgedanken der Bändigung durch die Zensur nicht entziehen. Droht aber diese Gefahr und wird der Traum allzu deutlich, so bricht der Schläfer den Traum ab und wacht erschreckt auf (Angsttraum). Dasselbe Versagen der Traumfunktion tritt ein, wenn der äußere Reiz so stark wird, daß er sich nicht mehr abweisen läßt (Wecktraum). Den Prozeß, welcher unter Mitwirkung der Traumzensur die latenten Gedanken in den manifesten Trauminhalt überführt, habe ich die Traumarbeit genannt. Er besteht in einer eigenartigen Behandlung des vorbewußten Gedankenmaterials, bei welcher dessen Bestandteile verdichtet, seine psychischen Akzente verschoben, das Ganze dann in visuelle Bilder umgesetzt, dramatisiert, und durch eine mißverständliche sekundäre Bearbeitung ergänzt wird. Die Traumarbeit ist ein ausgezeichnetes Muster der Vorgänge in den tieferen, unbewußten Schichten des Seelenlebens, welche sich von den uns bekannten normalen Denkvorgängen erheblich unterscheiden. Sie bringt auch eine Anzahl archaischer Züge zum Vorschein, z. B. die Verwendung einer hier vorwiegend sexuellen Symbolik, die man dann auf anderen Gebieten geistiger Tätigkeit wiedergefunden hat.

Indem sich die unbewußte Triebregung des Traumes mit einem Tagesrest, einem unerledigten Interesse des Wachlebens, in Verbindung setzt, verschafft sie dem von ihr gebildeten Traume einen zweifachen Wert für die analytische Arbeit. Der gedeutete Traum erweist sich ja einerseits als die Erfüllung eines verdrängten Wunsches, anderseits kann er die vorbewußte Denktätigkeit des Tages fortgesetzt und sich mit beliebigem Inhalt erfüllt haben, einem Vorsatz, einer Warnung, Überlegung und wiederum einer Wunscherfüllung Ausdruck geben. Die Analyse verwertet ihn nach beiden Richtungen, sowohl für die Kenntnis der bewußten wie der unbewußten Vorgänge beim Analysierten. Auch zieht sie aus dem Umstande Vorteil, daß dem Traume der vergessene Stoff des Kindheitslebens zugänglich ist, so daß die infantile Amnesie zumeist im Anschluß an die Deutung von Träumen überwunden wird. Der Traum leistet hier ein Stück von dem, was früher der Hypnose auferlegt war. Dagegen habe ich nie die mir oft zugeschriebene Behauptung aufgestellt, die Traumdeutung ergebe, daß alle Träume sexuellen Inhalt haben oder auf sexuelle Triebkräfte zurückgehen. Es ist leicht zu sehen, daß Hunger, Durst und Exkretionsdrang ebensogut Befriedigungsträume erzeugen wie irgendeine verdrängte sexuelle oder egoistische Regung. Bei kleinen Kindern stellt sich eine bequeme Probe auf die Richtigkeit unserer Traumtheorie zur Verfügung. Hier, wo die verschiedenen psychischen Systeme noch nicht scharf gesondert, die Verdrängungen noch nicht tiefer ausgebildet sind, erfährt man häufig von Träumen, die nichts anderes sind als unverhüllte Erfüllungen irgendwelcher vom Tage erübrigten Wunschregungen. Unter dem Einfluß imperativer Bedürfnisse können auch Erwachsene solche Träume vom infantilen Typus produzieren.[1]

In ähnlicher Weise wie der Traumdeutung bedient sich die Analyse des Studiums der so häufigen kleinen Fehlleistungen und Symptomhandlungen der Menschen, denen ich eine 1904 zuerst als Buch veröffentlichte Untersuchung „Zur Psychopathologie des

[1] Siehe Fußnote Seite 73.

Alltagslebens" gewidmet habe. Den Inhalt dieses vielgelesenen Werkes bildet der Nachweis, daß diese Phänomene nichts Zufälliges sind, daß sie über physiologische Erklärungen hinausgehen, sinnvoll und deutbar sind und zum Schluß auf zurückgehaltene oder verdrängte Regungen und Intentionen berechtigen. Der überragende Wert der Traumdeutung wie dieser Studie liegt aber nicht in der Unterstützung, die sie der analytischen Arbeit leihen, sondern in einer anderen Eigenschaft derselben. Bisher hatte die Psychoanalyse sich nur mit der Auflösung pathologischer Phänomene beschäftigt und zu deren Erklärung oft Annahmen machen müssen, deren Tragweite außer Verhältnis zur Wichtigkeit des behandelten Stoffes stand. Der Traum aber, den sie dann in Angriff nahm, war kein krankhaftes Symptom, er war ein Phänomen des normalen Seelenlebens, konnte sich bei jedem gesunden Menschen ereignen. Wenn der Traum so gebaut ist wie ein Symptom, wenn seine Erklärung die nämlichen Annahmen erfordert, die der Verdrängung von Triebregungen, der Ersatz- und Kompromißbildung, der verschiedenen psychischen Systeme zur Unterbringung des Bewußten und Unbewußten, dann ist die Psychoanalyse nicht mehr eine Hilfswissenschaft der Psychopathologie, dann ist sie vielmehr der Ansatz zu einer neuen und gründlicheren Seelenkunde, die auch für das Verständnis des Normalen unentbehrlich wird. Man darf ihre Voraussetzungen und Ergebnisse auf andere Gebiete des seelischen und geistigen Geschehens übertragen; der Weg ins Weite, zum Weltinteresse, ist ihr eröffnet.

---

[1]) Fußnote zu Seite 72: Zusatz aus dem Jahre 1935: Wenn man das so häufige Mißlingen der Traumfunktion berücksichtigt, kann man den Traum zutreffend charakterisieren als einen V e r s u c h zur Wunscherfüllung. Unbestritten bleibt die alte Definition des Traums durch A r i s t o t e l e s als das Seelenleben während des Schlafes. Es ist nicht ohne Sinn, daß ich mein Buch nicht den „Traum" betitelt habe, sondern die „Traumdeutung".

## V

Ich unterbreche die Darstellung vom inneren Wachstum der Psychoanalyse und wende mich ihren äußeren Schicksalen zu. Was ich von ihrem Erwerb bisher mitgeteilt habe, war in großen Zügen der Erfolg meiner Arbeit, ich habe aber in den Zusammenhang auch spätere Ergebnisse eingetragen und die Beiträge meiner Schüler und Anhänger nicht von den eigenen gesondert. Durch mehr als ein Jahrzehnt nach der Trennung von Breuer hatte ich keine Anhänger. Ich stand völlig isoliert. In Wien wurde ich gemieden, das Ausland nahm von mir keine Kenntnis. Die „Traumdeutung", 1900, wurde in den Fachzeitschriften kaum referiert. Im Aufsatz „Zur Geschichte der psychoanalytischen Bewegung" habe ich als Beispiel für die Einstellung der psychiatrischen Kreise in Wien ein Gespräch mit einem Assistenten mitgeteilt, der ein Buch gegen meine Lehren geschrieben, aber die „Traumdeutung" nicht gelesen hatte. Man hatte ihm auf der Klinik gesagt, es lohne nicht der Mühe. Der Betreffende, seither Extraordinarius geworden, hat sich gestattet, den Inhalt jener Unterredung zu verleugnen und überhaupt die Treue meiner Erinnerung anzuzweifeln. Ich halte jedes Wort meines damaligen Berichts aufrecht.

Als ich verstanden hatte, mit welchen Notwendigkeiten ich zusammengestoßen war, ließ meine Empfindlichkeit sehr nach. Allmählich fand auch die Isolierung ein Ende. Zuerst sammelte sich in Wien ein kleiner Kreis von Schülern um mich; nach 1906 erfuhr man, daß sich die Psychiater in Zürich, E. Bleuler, sein Assistent C. G. Jung und andere lebhaft für die Psychoanalyse interessierten. Persönliche Beziehungen knüpften sich an, zu Ostern 1908 trafen sich die Freunde der jungen Wissenschaft in Salzburg, verabredeten die regelmäßige Wiederholung solcher Privatkongresse und die Herausgabe einer Zeitschrift, die unter dem Titel „Jahrbuch für psychoanalytische und psychopathologische Forschungen" von Jung redigiert wurde. Herausgeber waren Bleuler und ich; sie wurde dann mit Beginn des Weltkrieges eingestellt. Gleichzeitig mit dem Anschluß der Schweizer war auch überall in Deutschland das Interesse für die Psychoanalyse erwacht, sie wurde der Gegenstand zahlreicher literarischer Äußerungen und lebhafter Diskussion auf wissenschaftlichen Kongressen. Die Aufnahme war nirgends eine freundliche oder wohlwollend zuwartende. Nach kürzester Bekanntschaft mit der Psychoanalyse war die deutsche Wissenschaft in ihrer Verwerfung einig.

Ich kann natürlich auch heute nicht wissen, welches das endgültige Urteil der Nachwelt über den Wert der Psychoanalyse für Psychiatrie, Psychologie und die Geisteswissenschaften überhaupt sein wird. Aber ich meine, wenn die Phase, die wir durchlebt haben, einmal ihren Geschichtsschreiber findet, wird dieser zugestehen müssen, daß das Verhalten ihrer damaligen Vertreter nicht rühmlich für die deutsche Wissenschaft war. Ich beziehe mich dabei nicht auf die Tatsache der Ablehnung oder auf die Entschiedenheit, mit der sie geschah; beides war leicht zu verstehen, entsprach nur der Erwartung und konnte wenigstens keinen Schatten auf den Charakter der Gegner werfen. Aber für das Ausmaß von Hochmut und gewissenloser Verschmähung der Logik, für die Roheit und Geschmacklosigkeit der Angriffe gibt es keine Entschuldigung. Man kann mir vorhalten, es sei kindisch, noch nach fünfzehn Jahren solcher Empfindlichkeit freien Lauf zu geben; ich würde es auch nicht tun, wenn ich nicht noch etwas anderes hinzuzufügen hätte. Jahre später, als während des Weltkrieges ein Chor von Feinden gegen die deutsche Nation den Vorwurf der Barbarei erhob, in dem all das Erwähnte zusammentrifft, schmerzte es doch tief, daß man aus eigener Erfahrung dem nicht widersprechen konnte.

Einer der Gegner rühmte sich laut, daß er seinen Patienten den Mund verbiete, wenn sie von sexuellen Dingen zu sprechen beginnen, und leitete aus dieser Technik offenbar ein Recht ab, über die ätiologische Rolle der Sexualität bei den Neurosen zu urteilen. Abgesehen von den affektiven Widerständen, die sich nach der psychoanalytischen Theorie so leicht erklärten, daß sie uns nicht irre machen konnten, schien mir das Haupthindernis der Verständigung in dem Umstand zu liegen, daß die Gegner in der Psychoanalyse ein Produkt meiner spekulativen Phantasie sahen und nicht an die lange, geduldige, voraussetzungslose Arbeit glauben wollten, die zu ihrem Aufbau aufgewendet worden war. Da nach ihrer Meinung die Analyse nichts mit Beobachtung und Erfahrung zu tun hatte, hielten sie sich auch für berechtigt, sie ohne eigene Erfahrung zu verwerfen. Andere, die sich solcher Überzeugung nicht so sicher fühlten, wiederholten das klassische Widerstandsmanöver, nicht ins Mikroskop zu gucken, um das nicht zu sehen, was sie bestritten hatten. Es ist überhaupt merkwürdig, wie inkorrekt sich die meisten Menschen benehmen, wenn sie in einer neuen Sache auf ihr eigenes Urteil gestellt sind. Durch viele Jahre und auch heute noch bekam ich von „wohlwollenden" Kritikern zu hören, so und so weit habe die Psychoanalyse Recht, aber an dem Punkte beginne ihr Übermaß, ihre unberechtigte Verallgemeinerung. Dabei weiß ich, daß nichts schwieriger ist als über eine solche Abgrenzung zu entscheiden, und daß die Kritiker selbst bis vor wenigen Tagen oder Wochen in voller Unkenntnis der Sache gewesen waren.

Das offizielle Anathema gegen die Psychoanalyse hatte zur Folge, daß sich die Analytiker enger zusammenschlossen. Auf dem zweiten Kongreß zu Nürnberg 1910 organisierten sie sich auf Vorschlag von S. Ferenczi zu einer „Internationalen Psychoanalytischen Vereinigung", die in Ortsgruppen zerfiel und unter der Leitung eines Präsidenten stand. Diese Vereinigung hat den Weltkrieg überstanden, sie besteht heute noch und umfaßt die Ortsgruppen Wien, Berlin, Budapest, Zürich London, Holland, New York, Pan-Amerika, Moskau und Kalkutta. Zum ersten Präsidenten ließ ich C. G. Jung wählen, ein recht unglücklicher Schritt, wie sich später herausstellte. Die Psychoanalyse erwarb damals ein zweites Journal, das „Zentralblatt für Psychoanalyse", redigiert von Adler und Stekel und bald darauf ein drittes, die „Imago", von den Nichtärzten H. Sachs und O. Rank für die Anwendungen der Analyse auf die Geisteswissenschaften bestimmt. Bald darauf veröffentlichte Bleuler seine Schrift zur Verteidigung der Psychoanalyse („Die Psychoanalyse Freuds" 1910). So erfreulich es war, daß in dem Streit einmal auch Gerechtigkeit und ehrliche Logik zu Worte kamen, so konnte mich die Arbeit Bleulers doch nicht völlig befriedigen. Sie strebte zu sehr nach dem Anschein der Unparteilichkeit; es war kein Zufall, daß man gerade ihrem Autor die Einführung des wertvollen Begriffes der Ambivalenz in unsere Wissenschaft zu danken hatte. In späteren Aufsätzen hat Bleuler sich so ablehnend gegen das analytische Lehrgebäude verhalten, so wesentliche Stücke desselben bezweifelt oder verworfen, daß ich mich verwundert fragen konnte, was für seine Anerkennung davon erübrige. Und doch hat er auch später nicht nur die herzhaftesten Äußerungen zugunsten der „Tiefenpsychologie" getan, sondern auch seine großangelegte Darstellung der Schizophrenien auf sie begründet. Bleuler verblieb übrigens nicht lange in der „Internationalen Psychoanalytischen Vereinigung", er verließ sie infolge von Mißhelligkeiten mit Jung und das „Burghölzli" ging der Analyse verloren.

Der offizielle Widerspruch konnte die Ausbreitung der Psychoanalyse weder in Deutschland noch in den anderen Ländern aufhalten. Ich habe an anderer Stelle („Zur Geschichte der psychoanalytischen Bewegung") die Etappen ihres Fortschrittes verfolgt und dort auch die Männer genannt, die sich als ihre Vertreter hervortaten. Im Jahre 1909 waren Jung und ich von G. Stanley Hall nach Amerika berufen worden, um dort an der Clark University, Worcester, Mass., deren Präsident er war, zur zwanzigjährigen Gründungsfeier des Instituts eine Woche lang Vorlesungen (in deutscher Sprache) zu halten. Hall war ein mit Recht angesehener

Psycholog und Pädagog, der die Psychoanalyse schon seit Jahren in seinen Unterricht einbezogen hatte; es war etwas vom „Königsmacher" in ihm, dem es gefiel, Autoritäten ein- und wieder abzusetzen. Wir trafen dort auch James J. Putnam, den Neurologen von Harvard, der sich trotz seines Alters für die Psychoanalyse begeisterte und mit dem ganzen Gewicht seiner allgemein respektierten Persönlichkeit für ihren kulturellen Wert und die Reinheit ihrer Absichten eintrat. An dem ausgezeichneten Manne, der in Reaktion auf eine zwangsneurotische Anlage vorwiegend ethisch orientiert war, störte uns nur die Zumutung, die Psychoanalyse an ein bestimmtes philosophisches System anzuschließen und in den Dienst moralischer Bestrebungen zu stellen. Auch eine Zusammenkunft mit dem Philosophen William James hinterließ mir einen bleibenden Eindruck. Ich kann nicht die kleine Szene vergessen, wie er auf einem Spaziergang plötzlich stehen blieb, mir seine Handtasche übergab und mich bat vorauszugehen, er werde nachkommen, sobald er den herannahenden Anfall von Angina pectoris abgemacht habe. Er starb ein Jahr später am Herzen; ich habe mir seither immer eine ähnliche Furchtlosigkeit angesichts des nahen Lebensendes gewünscht.

Damals war ich erst 53 Jahre alt, fühlte mich jugendlich und gesund, der kurze Aufenthalt in der Neuen Welt tat meinem Selbstgefühl überhaupt wohl; in Europa fühlte ich mich wie geächtet, hier sah ich mich von den Besten wie ein Gleichwertiger aufgenommen. Es war wie die Verwirklichung eines unglaubwürdigen Tagtraumes, als ich in Worcester den Katheder bestieg, um meine „Fünf Vorlesungen über Psychoanalyse" abzuhalten. Die Psychoanalyse war also kein Wahngebilde mehr, sie war zu einem wertvollen Stück der Realität geworden. Sie hat auch den Boden in Amerika seit unserem Besuch nicht mehr verloren, sie ist unter den Laien ungemein populär und wird von vielen offiziellen Psychiatern als wichtiger Bestandteil des medizinischen Unterrichts anerkannt. Leider hat sie dort auch viel Verwässerung erfahren. Mancher

Mißbrauch, der nichts mit ihr zu tun hat, deckt sich mit ihrem Namen, es fehlt an Gelegenheiten zu gründlicher Ausbildung in Technik und Theorie. Auch stößt sie in Amerika mit dem Behaviourism zusammen, der sich in seiner Naivität rühmt, das psychologische Problem überhaupt ausgeschaltet zu haben. In Europa vollzogen sich in den Jahren 1911—1913 zwei Abfallsbewegungen von der Psychoanalyse, eingeleitet von Personen, die bisher eine ansehnliche Rolle in der jungen Wissenschaft gespielt hatten, die von Alfred Adler und von C. G. Jung. Beide sahen recht gefährlich aus und gewannen rasch eine große Anhängerschaft. Ihre Stärke dankten sie aber nicht dem eigenen Gehalt, sondern der Verlockung, von den anstößig empfundenen Resultaten der Psychoanalyse frei zu kommen, auch wenn man ihr tatsächliches Material nicht mehr verleugnete. Jung versuchte eine Umdeutung der analytischen Tatsachen ins Abstrakte, Unpersönliche und Unhistorische, wodurch er sich die Würdigung der infantilen Sexualität und des Ödipus-Komplexes sowie die Notwendigkeit der Kindheitsanalyse zu ersparen hoffte. Adler schien sich noch weiter von der Psychoanalyse zu entfernen, er verwarf die Bedeutung der Sexualität überhaupt, führte Charakter- wie Neurosenbildung ausschließlich auf das Machtstreben der Menschen und ihr Bedürfnis nach Kompensation ihrer konstitutionellen Minderwertigkeiten zurück und schlug alle psychologischen Neuerwerbungen der Psychoanalyse in den Wind. Doch hat das von ihm Verworfene sich unter geändertem Namen die Aufnahme in sein geschlossenes System erzwungen; sein „männlicher Protest" ist nichts anderes als die zu Unrecht sexualisierte Verdrängung. Die Kritik begegnete beiden Häretikern mit großer Milde; ich konnte nur erreichen, daß Adler wie Jung darauf verzichteten, ihre Lehren „Psychoanalyse" zu heißen. Man kann heute, nach einem Jahrzehnt, feststellen, daß beide Versuche an der Psychoanalyse schadlos vorübergegangen sind.

Wenn eine Gemeinschaft auf Übereinstimmung in einigen kardinalen Punkten begründet ist, wird es selbstverständlich, daß diejenigen aus ihr ausscheiden, welche diesen gemeinsamen Boden aufgegeben haben. Doch hat man häufig den Abfall früherer Schüler als Zeichen meiner Intoleranz mir zur Schuld angerechnet oder den Ausdruck eines besonderen auf mir lastenden Verhängnisses darin gesehen. Es genüge dagegen, darauf hinzuweisen, daß denen, die mich verlassen haben, wie Jung, Adler, Stekel und wenige andere, eine große Anzahl von Personen gegenübersteht, die, wie Abraham, Eitingon, Ferenczi, Rank, Jones, Brill, Sachs, Pfarrer Pfister, van Emden, Reik u. a. seit etwa fünfzehn Jahren mir in treuer Mitarbeiterschaft, meist auch in ungetrübter Freundschaft anhängen. Ich habe nur die ältesten meiner Schüler hier genannt, die sich bereits einen rühmlichen Namen in der Literatur der Psychoanalyse geschaffen haben, die Übergehung anderer soll keine Zurücksetzung bedeuten und gerade unter den jungen und spät hinzugekommenen befinden sich Talente, auf die man große Hoffnungen setzen darf. Aber ich darf wohl für mich geltend machen, daß ein intoleranter und vom Unfehlbarkeitsdünkel beherrschter Mensch niemals eine so große Schar geistig bedeutender Personen an sich hätte fesseln können, zumal wenn er über nicht mehr praktische Verlockungen verfügte als ich.

Der Weltkrieg, der so viel andere Organisationen zerstört hat, konnte unserer „Internationalen" nichts anhaben. Die erste Zusammenkunft nach dem Kriege fand 1920 im Haag statt, auf neutralem Boden. Es war rührend, wie holländische Gastfreundschaft sich der verhungerten und verarmten Mitteleuropäer annahm, es geschah auch meines Wissens damals zum ersten Male in einer zerstörten Welt, daß Engländer und Deutsche sich wegen wissenschaftlicher Interessen freundschaftlich an denselben Tisch setzten. Der Krieg hatte sogar in Deutschland wie in den westlichen Ländern das Interesse an der Psychoanalyse gesteigert. Die Beobachtung der Kriegsneurotiker hatte den Ärzten endlich die Augen über die Bedeutung der Psychogenese für neurotische Störungen geöffnet, einige unserer psychologischen Konzeptionen, der „Krankheitsgewinn", die „Flucht in die Krankheit" wurden rasch populär. Zum letzten Kongreß vor dem Zusammenbruch, Budapest 1918, hatten die verbündeten Regierungen der Mittelmächte offizielle Vertreter geschickt, welche die Einrichtung psychoanalytischer Stationen zur Behandlung der Kriegsneurotiker zusagten. Es kam nicht mehr dazu. Auch weitausgreifende Pläne eines unserer besten Mitglieder, des Dr. Anton von Freund, welche in Budapest eine Zentrale für analytische Lehre und Therapie schaffen wollten, scheiterten an den bald darauf erfolgenden politischen Umwälzungen und dem frühen Tod des unersetzlichen Mannes. Einen Teil seiner Anregungen verwirklichte später Max Eitingon, indem er 1920 in Berlin eine psychoanalytische Poliklinik schuf. Während der kurzen Dauer der bolschewistischen Herrschaft in Ungarn konnte Ferenczi noch eine erfolgreiche Lehrtätigkeit als offizieller Vertreter der Psychoanalyse an der Universität entfalten. Nach dem Kriege gefiel es unseren Gegnern zu verkünden, daß die Erfahrung ein schlagendes Argument gegen die Richtigkeit der analytischen Behauptungen ergeben habe. Die Kriegsneurosen hätten den Beweis für die Überflüssigkeit sexueller Momente in der Ätiologie neurotischer Affektionen geliefert. Allein das war ein leichtfertiger und voreiliger Triumph. Denn einerseits hatte niemand die gründliche Analyse eines Falles von Kriegsneurose durchführen können, man wußte also einfach nichts Sicheres über deren Motivierung und durfte doch aus solcher Unwissenheit keinen Schluß ziehen. Anderseits aber hatte die Psychoanalyse längst den Begriff des Narzißmus und der narzißtischen Neurose gewonnen, der die Anheftung der Libido an das eigene Ich, an Stelle eines Objekts, zum Inhalt hatte. Das heißt also, man machte sonst der Psychoanalyse zum Vorwurf, daß sie den Begriff der Sexualität ungebührlich erweitert habe; wenn man es aber in der Polemik bequem fand, vergaß man an dieses ihr Vergehen und hielt ihr wiederum die Sexualität im engsten Sinne vor.

Die Geschichte der Psychoanalyse zerfällt für mich in zwei Abschnitte, von der kathartischen Vorgeschichte abgesehen. Im ersten stand ich allein und hatte alle Arbeit selbst zu tun, so war es von 1895/96 an bis 1906 oder 1907. Im zweiten Abschnitt, von da an bis zum heutigen Tage, haben die Beiträge meiner Schüler und Mitarbeiter immer mehr an Bedeutung gewonnen, so daß ich jetzt, durch schwere Erkrankung an das nahe Ende gemahnt, mit innerer Ruhe an das Aufhören meiner eigenen Leistung denken kann. Gerade dadurch schließt es sich aber aus, daß ich in dieser „Selbstdarstellung" die Fortschritte der Psychoanalyse im zweiten Zeitabschnitt mit solcher Ausführlichkeit behandle wie deren allmählichen Aufbau im ersten, der allein von meiner Tätigkeit ausgefüllt ist. Ich fühle mich nur berechtigt, hier jene Neuerwerbungen zu erwähnen, an denen ich noch einen hervorragenden Anteil hatte, also vor allem die auf dem Gebiet des Narzißmus, der Trieblehre und der Anwendung auf die Psychosen.

Ich habe nachzutragen, daß mit zunehmender Erfahrung der Ödipus-Komplex sich immer deutlicher als der Kern der Neurose herausstellte. Er war sowohl der Höhepunkt des infantilen Sexuallebens wie auch der Knotenpunkt, von dem alle späteren Entwicklungen ausgingen. Damit schwand aber die Erwartung, durch die Analyse ein für die Neurose spezifisches Moment aufzudecken. Man mußte sich sagen, wie es Jung in seiner analytischen Frühzeit treffend auszudrücken verstand, daß die Neurose keinen besonderen, ihr ausschließlich eigenen Inhalt habe, und daß die Neurotiker an den nämlichen Dingen scheitern, welche von den Normalen glücklich bewältigt werden. Diese Einsicht bedeutete durchaus keine Enttäuschung. Sie stand im besten Einklang mit jener anderen, daß die durch die Psychoanalyse gefundene Tiefenpsychologie eben die Psychologie des normalen Seelenlebens war. Es war uns ebenso ergangen wie den Chemikern; die großen qualitativen Verschiedenheiten der Produkte führten sich auf quantitative Abänderungen in den Kombinationsverhältnissen der nämlichen Elemente zurück.

Im Ödipus-Komplex zeigte sich die Libido an die Vorstellung der elterlichen Personen gebunden. Aber es hatte vorher eine Zeit ohne alle solche Objekte gegeben. Daraus ergab sich die für eine Libidotheorie grundlegende Konzeption eines Zustandes, in dem die Libido das eigene Ich erfüllt, dieses selbst zum Objekt genommen hat. Diesen Zustand konnte man „Narzißmus" oder Selbstliebe nennen. Die nächsten Überlegungen sagten, daß er eigentlich nie völlig aufgehoben wird; für die ganze Lebenszeit bleibt das Ich das große Libidoreservoir, aus welchem Objektbesetzungen ausgeschickt werden, in welches die Libido von den Objekten wieder zurückströmen kann. Narzißtische Libido setzt sich also fortwährend in Objektlibido um und umgekehrt. Ein ausgezeichnetes Beispiel davon, welches Ausmaß diese Umsetzung erreichen kann, zeigt uns die bis zur Selbstaufopferung reichende sexuelle oder sublimierte Verliebtheit. Während man bisher im Verdrängungsprozeß nur dem Verdrängten Aufmerksamkeit geschenkt hatte, ermöglichten diese Vorstellungen, auch das Verdrängende richtig zu würdigen. Man hatte gesagt, die Verdrängung werde von den im Ich wirksamen Selbsterhaltungstrieben („Ichtrieben") ins Werk gesetzt und an den libidinösen Trieben vollzogen. Nun, da man die Selbsterhaltungstriebe auch als libidinöser Natur, als narzißtische Libido, erkannte, erschien der Verdrängungsvorgang als ein Prozeß innerhalb der Libido selbst; narzißtische Libido stand gegen Objektlibido, das Interesse der Selbsterhaltung wehrte sich gegen den Anspruch der Objektliebe, also auch gegen den der engeren Sexualität.

Kein Bedürfnis wird in der Psychologie dringender empfunden, als nach einer tragfähigen Trieblehre, auf welcher man weiterbauen kann. Allein nichts dergleichen ist vorhanden, die Psychoanalyse muß sich in tastenden Versuchen um eine Trieblehre bemühen. Sie stellte zuerst den Gegensatz von Ichtrieben (Selbsterhaltung, Hunger) und von libidinösen Trieben (Liebe) auf, ersetzte ihn dann durch den neuen von narzißtischer und Objektlibido. Damit war offenbar das letzte Wort nicht gesprochen; biologische

Erwägungen schienen zu verbieten, daß man sich mit der Annahme einer einzigen Art von Trieben begnüge.

In den Arbeiten meiner letzten Jahre („Jenseits des Lustprinzips", „Massenpsychologie und Ich-Analyse", „Das Ich und das Es") habe ich der lange niedergehaltenen Neigung zur Spekulation freien Lauf gelassen und dort auch eine neue Lösung des Triebproblems ins Auge gefaßt. Ich habe Selbst- und Arterhaltung unter den Begriff des Eros zusammengefaßt und ihm den geräuschlos arbeitenden Todes- oder Destruktionstrieb gegenübergestellt. Der Trieb wird ganz allgemein erfaßt als eine Art Elastizität des Lebenden, als ein Drang nach Wiederherstellung einer Situation, die einmal bestanden hatte und durch eine äußere Störung aufgehoben worden war. Diese im Wesen konservative Natur der Triebe wird durch die Erscheinungen des Wiederholungszwanges erläutert. Das Zusammen- und Gegeneinanderwirken von Eros und Todestrieb ergibt für uns das Bild des Lebens.

Es steht dahin, ob sich diese Konstruktion als brauchbar erproben wird. Sie ist zwar von dem Bestreben geleitet worden, einige der wichtigsten theoretischen Vorstellungen der Psychoanalyse zu fixieren, aber sie geht weit über die Psychoanalyse hinaus. Ich habe wiederholt die geringschätzige Äußerung gehört, man könne nichts von einer Wissenschaft halten, deren oberste Begriffe so unscharf wären wie die der Libido und des Triebes in der Psychoanalyse. Aber diesem Vorwurf liegt eine völlige Verkennung des Sachverhalts zugrunde. Klare Grundbegriffe und scharf umrissene Definitionen sind nur in den Geisteswissenschaften möglich, soweit diese ein Tatsachengebiet in den Rahmen einer intellektuellen Systembildung fassen wollen. In den Naturwissenschaften, zu denen die Psychologie gehört, ist solche Klarheit der Oberbegriffe überflüssig, ja unmöglich. Zoologie und Botanik haben nicht mit korrekten und zureichenden Definitionen von Tier und Pflanze begonnen, die Biologie weiß noch heute den Begriff des Lebenden nicht mit sicherem Inhalt zu erfüllen. Ja, selbst die Physik hätte ihre ganze Entwicklung versäumt, wenn sie hätte abwarten müssen, bis ihre Begriffe von Stoff, Kraft, Gravitation und andere die wünschenswerte Klarheit und Präzision erreichten. Die Grundvorstellungen oder obersten Begriffe der naturwissenschaftlichen Disziplinen werden immer zunächst unbestimmt gelassen, vorläufig nur durch den Hinweis auf das Erscheinungsgebiet erläutert, dem sie entstammen, und können erst durch die fortschreitende Analyse des Beobachtungsmaterials klar, inhaltsreich und widerspruchsfrei werden.

Ich habe schon in früheren Phasen meiner Produktion den Versuch gemacht, von der psychoanalytischen Beobachtung aus allgemeinere Gesichtspunkte zu erreichen. 1911 betonte ich in einem kleinen Aufsatz „Formulierungen über die zwei Prinzipien des psychischen Geschehens" in gewiß nicht origineller Weise die Vorherrschaft des Lust-Unlustprinzips für das Seelenleben und dessen Ablösung durch das sogenannte „Realitätsprinzip". Später wagte ich den Versuch einer „Metapsychologie". Ich nannte so eine Weise der Betrachtung, in der jeder seelische Vorgang nach den drei Koordinaten der Dynamik, Topik und Ökonomie gewürdigt wird, und sah in ihr das äußerste Ziel, das der Psychologie erreichbar ist. Der Versuch blieb ein Torso, ich brach nach wenigen Abhandlungen (Triebe und Triebschicksale — Verdrängung — Das Unbewußte — Trauer und Melancholie usw.) ab und tat gewiß wohl daran, denn die Zeit für solche theoretische Festlegung war noch nicht gekommen. In meinen letzten spekulativen Arbeiten habe ich es unternommen, unseren seelischen Apparat auf Grund analytischer Verwertung der pathologischen Tatsachen zu gliedern und habe ihn in ein Ich, ein Es und ein Über-Ich zerlegt. („Das Ich und das Es", 1922.) Das Über-Ich ist der Erbe des Ödipus-Komplexes und der Vertreter der ethischen Anforderungen des Menschen.

Es soll nicht der Eindruck erweckt werden, als hätte ich in dieser letzten Periode meiner Arbeit der geduldigen Beobachtung den Rücken gewendet und mich durchaus der Spekulation überlassen. Ich bin vielmehr immer in inniger Berührung mit dem analytischen Material geblieben und habe die Bearbeitung spezieller, klinischer oder technischer Themata nie eingestellt. Auch wo ich mich von der Beobachtung entfernte, habe ich die Annäherung an die eigentliche Philosophie sorgfältig vermieden. Konstitutionelle Unfähigkeit hat mir solche Enthaltung sehr erleichtert. Ich war immer für die Ideen G. Th. Fechners zugänglich und habe mich auch in wichtigen Punkten an diesen Denker angelehnt. Die weitgehenden Übereinstimmungen der Psychoanalyse mit der Philosophie Schopenhauers — er hat nicht nur den Primat der Affektivität und die überragende Bedeutung der Sexualität vertreten, sondern selbst den Mechanismus der Verdrängung gekannt — lassen sich nicht auf meine Bekanntschaft mit seiner Lehre zurückführen. Ich habe Schopenhauer sehr spät im Leben gelesen. Nietzsche, den anderen Philosophen, dessen Ahnungen und Einsichten sich oft in der erstaunlichsten Weise mit den mühsamen Ergebnissen der Psychoanalyse decken, habe ich gerade darum lange gemieden; an der Priorität lag mir ja weniger als an der Erhaltung meiner Unbefangenheit.

Die Neurosen waren das erste, lange Zeit auch das einzige, Objekt der Analyse gewesen. Keinem Analytiker blieb es zweifelhaft, daß die medizinische Praxis unrecht hat, welche diese Affektionen von den Psychosen fern hält und an die organischen Nervenleiden anschließt. Die Neurosenlehre gehört zur Psychiatrie, ist unentbehrlich zur Einführung in dieselbe. Nun scheint das analytische Studium der Psychosen durch die therapeutische Aussichtslosigkeit einer solchen Bemühung ausgeschlossen. Den psychisch Kranken fehlt im allgemeinen die Fähigkeit zur positiven Übertragung, so daß das Hauptmittel der analytischen Technik unanwendbar ist. Aber es ergeben sich doch mancherlei Zugänge. Die Übertragung ist oft nicht so völlig abwesend, daß man nicht ein Stück weit mit ihr kommen könnte, bei zyklischen Verstimmungen, leichter paranoischer Veränderung, partieller Schizophrenie hat man unzweifelhafte Erfolge mit der Analyse erzielt. Es war auch wenigstens für die Wissenschaft ein Vorteil, daß in vielen Fällen die Diagnose längere Zeit zwischen der Annahme einer Psychoneurose und der einer Dementia praecox schwanken kann; der angestellte therapeutische Versuch konnte so wichtige Aufschlüsse bringen, ehe er abgebrochen werden mußte. Am meisten kommt aber in Betracht, daß in den Psychosen so vieles für jedermann sichtbar an die Oberfläche gebracht wird, was man bei den Neurosen in mühsamer Arbeit aus der Tiefe heraufholt. Für viele analytische Behauptungen ergibt darum die psychiatrische Klinik die besten Demonstrationsobjekte. Es konnte also nicht ausbleiben, daß die Analyse bald den Weg zu den Objekten der psychiatrischen Beobachtung fand. Sehr frühzeitig (1896) habe ich an einem Fall von paranoider Demenz die gleichen ätiologischen Momente und das Vorhandensein der nämlichen affektiven Komplexe wie bei den Neurosen feststellen können. Jung hat rätselhafte Stereotypien bei Dementen durch Rückbeziehung auf die Lebensgeschichte der Kranken aufgeklärt; Bleuler bei verschiedenen Psychosen Mechanismen aufgezeigt, wie die durch Analyse bei den Neurotikern eruierten. Seither haben die Bemühungen der Analytiker um das Verständnis der Psychosen nicht mehr aufgehört. Besonders seitdem man mit dem Begriff des Narzißmus arbeitete, gelang es bald an dieser, bald an jener Stelle einen Blick über die Mauer zu tun. Am weitesten hat es wohl Abraham in der Aufklärung der Melancholien gebracht. Auf diesem Gebiet setzt sich zwar gegenwärtig nicht alles Wissen in therapeutische Macht um; aber auch der bloß theoretische Gewinn ist nicht gering anzuschlagen und mag gern auf seine praktische Verwendung warten. Auf die Dauer können auch die Psychiater der Beweiskraft ihres Krankenmaterials nicht widerstehen. Es vollzieht sich jetzt in der deutschen Psychiatrie eine Art von *pénétration pacifique* mit analytischen Gesichtspunkten. Unter unausgesetzten Beteuerungen, daß sie keine Psychoanalytiker sein wollen, nicht der „orthodoxen" Schule angehören, deren Übertreibungen nicht mitmachen, insbesondere aber an das übermächtige sexuelle Moment nicht glauben, machen doch die meisten der jüngeren Forscher dies oder jenes Stück der analytischen Lehre zu ihrem Eigen und wenden es in ihrer Weise auf das Material an. Alle Anzeichen deuten auf das Bevorstehen weiterer Entwicklungen nach dieser Richtung.

## VI

Ich verfolge jetzt aus der Ferne, unter welchen Reaktionssymptomen sich der Einzug der Psychoanalyse in das lange refraktäre Frankreich vollzieht. Es wirkt wie eine Reproduktion von früher Erlebtem, hat aber doch auch seine besonderen Züge. Einwendungen von unglaublicher Einfalt werden laut, wie der, das französische Feingefühl nehme Anstoß an der Pedanterie und Plumpheit der psychoanalytischen Namengebungen (man muß dabei doch an Lessings unsterblichen Chevalier Riccaut de la Marliniere denken!). Eine andere Äußerung klingt ernsthafter; sie ist selbst einem Professor der Psychologie an der Sorbonne nicht unwürdig erschienen: das *Génie latin* vertrage überhaupt nicht die Denkungsart der Psychoanalyse. Dabei werden die anglosächsischen Alliierten, die als ihre Anhänger gelten, ausdrücklich preisgegeben. Wer das hört, muß natürlich glauben, das *Génie teutonique* habe die Psychoanalyse gleich nach ihrer Geburt als sein liebstes Kind ans Herz gedrückt.

In Frankreich ist das Interesse an der Psychoanalyse von den Männern der schönen Literatur ausgegangen. Um das zu verstehen, muß man sich erinnern, daß die Psychoanalyse mit der Traumdeutung die Grenzen einer rein ärztlichen Angelegenheit überschritten hat. Zwischen ihrem Auftreten in Deutschland und nun in Frankreich liegen ihre mannigfachen Anwendungen auf Gebiete der Literatur und Kunstwissenschaft, auf Religionsgeschichte und Prähistorie, auf Mythologie, Volkskunde, Pädagogik usw. Alle diese Dinge haben mit der Medizin wenig zu tun, sind mit ihr eben nur durch die Vermittlung der Psychoanalyse verknüpft. Ich habe darum kein Anrecht, sie an dieser Stelle eingehend zu behandeln. Ich kann sie aber auch nicht ganz vernachlässigen, denn einerseits sind sie unerläßlich, um die richtige Vorstellung vom Wert und Wesen der Psychoanalyse zu geben, anderseits habe ich mich ja der Aufgabe unterzogen, mein eigenes Lebenswerk darzustellen. Von den meisten dieser Anwendungen gehen die Anfänge auf meine Arbeiten zurück. Hier und da habe ich wohl auch einen Schritt vom Wege getan, um ein solches außerärztliches Interesse zu befriedigen. Andere, nicht nur Ärzte, sondern auch Fachmänner, sind dann meiner Wegspur nachgefolgt und weit in die betreffenden Gebiete eingedrungen. Da ich mich aber meinem Programm gemäß auf den Bericht über meine eigenen Beiträge zur Anwendung der Psychoanalyse beschränken werde, kann ich dem Leser nur ein ganz unzureichendes Bild von deren Ausdehnung und Bedeutung ermöglichen.

Eine Reihe von Anregungen ging für mich vom Ödipus-Komplex aus, dessen Ubiquität ich allmählich erkannte. War schon immer die Wahl, ja die Schöpfung des grauenhaften Stoffes rätselhaft gewesen, die erschütternde Wirkung seiner poetischen Darstellung und das Wesen der Schicksalstragödie überhaupt, so erklärte sich dies alles durch die Einsicht, daß hier eine Gesetzmäßigkeit des seelischen Geschehens in ihrer vollen affektiven Bedeutung erfaßt worden war. Verhängnis und Orakel waren nur die Materialisationen der inneren Notwendigkeit; daß der Held ohne sein Wissen und gegen seine Absicht sündigte, verstand sich als der richtige Ausdruck der unbewußten Natur seiner verbrecherischen Strebungen. Vom Verständnis dieser Schicksalstragödie war dann nur ein Schritt bis zur Aufhellung der Charaktertragödie des Hamlet, die man seit dreihundert Jahren bewunderte, ohne ihren Sinn angeben und die Motive des Dichters erraten zu können. Es war doch merkwürdig, daß dieser vom Dichter erschaffene Neurotiker am Ödipus-Komplex scheitert wie seine zahlreichen Gefährten in der realen Welt, denn Hamlet ist vor die Aufgabe gestellt, an einem anderen die beiden Taten zu rächen, die den Inhalt des Ödipusstrebens bilden, wobei ihm sein eigenes dunkles Schuldgefühl lähmend in den Arm fallen darf. Der Hamlet ist von Shakespeare sehr bald nach dem Tode seines Vaters geschrieben worden.[1] Meine Andeutungen zur Analyse dieses Trauerspiels haben später durch Ernest Jones eine gründliche Ausarbeitung erfahren. Dasselbe Beispiel nahm dann Otto Rank zum Ausgangspunkt seiner Untersuchungen über die Stoffwahl der dramatischen Dichter. In seinem großen Buche über das „Inzest-Motiv" konnte er zeigen, wie häufig die Dichter gerade die Motive der Ödipussituation zur Darstellung wählen und die Wandlungen, Abänderungen und Milderungen des Stoffes durch die Weltliteratur verfolgen.

Es lag nahe, von da aus die Analyse des dichterischen und künstlerischen Schaffens überhaupt in Angriff zu nehmen. Man erkannte, daß das Reich der Phantasie eine „Schonung" war, die beim schmerzlich empfundenen Übergang vom Lust- zum Realitätsprinzip eingerichtet wurde, um einen Ersatz für Triebbefriedigung zu gestatten, auf die man im wirklichen Leben hatte verzichten müssen. Der Künstler hatte sich wie der Neurotiker von der unbefriedigenden Wirklichkeit in diese Phantasiewelt zurückgezogen, aber anders als der Neurotiker verstand er den Rückweg aus ihr zu finden und in der Wirklichkeit wieder festen Fuß zu fassen. Seine Schöpfungen, die Kunstwerke, waren Phantasiebefriedigungen unbewußter Wünsche, ganz wie die Träume, mit denen sie auch den Charakter des Kompromisses gemein hatten, denn auch sie mußten den offenen Konflikt mit den Mächten der Verdrängung vermeiden. Aber zum Unterschied von den asozialen, narzißtischen Traumproduktionen waren sie auf die Anteilnahme anderer Menschen berechnet, konnten bei diesen die nämlichen unbewußten Wunschregungen beleben und befriedigen. Überdies bedienten sie sich der Wahrnehmungslust der Formschönheit als „Verlockungsprämie".

[1]) Siehe Fußnote Seite 96.

### SIGM. FREUD
*Nach einer Zeichnung von Prof. Ferdinand Schmutzer*

(1926)

Was die Psychoanalyse leisten konnte, war, aus der Aufeinanderbeziehung der Lebenseindrücke, zufälligen Schicksale, und der Werke des Künstlers seine Konstitution und die in ihr wirksamen Triebregungen, also das allgemein Menschliche an ihm, zu konstruieren. In solcher Absicht habe ich z. B. Leonardo da Vinci zum Gegenstand einer Studie genommen, die auf einer einzigen, von ihm mitgeteilten Kindheitserinnerung ruht und im wesentlichen auf die Erklärung seines Bildes „Die heilige Anna selbdritt" hinzielt. Meine Freunde und Schüler haben dann zahlreiche ähnliche Analysen an Künstlern und ihren Werken unternommen. Es ist nicht eingetroffen, daß der Genuß am Kunstwerk durch das so gewonnene analytische Verständnis geschädigt wird. Dem Laien, der aber hier vielleicht von der Analyse zu viel erwartet, muß eingestanden werden, daß sie auf zwei Probleme kein Licht wirft, die ihn wahrscheinlich am meisten interessieren. Die Analyse kann nichts zur Aufklärung der künstlerischen Begabung sagen und auch die Aufdeckung der Mittel, mit denen der Künstler arbeitet, der künstlerischen Technik, fällt ihr nicht zu.

An einer kleinen, an sich nicht besonders wertvollen Novelle, der „Gradiva" von W. Jensen, konnte ich nachweisen, daß erdichtete Träume dieselben Deutungen zulassen wie reale, daß also in der Produktion des Dichters die uns aus der Traumarbeit bekannten Mechanismen des Unbewußten wirksam sind.

Mein Buch über den „Witz und seine Beziehung zum Unbewußten" ist direkt ein Seitensprung von der „Traumdeutung" her. Der einzige Freund, der damals an meinen Arbeiten Anteil nahm, hatte mir bemerkt, daß meine Traumdeutungen häufig einen „witzigen" Eindruck machten. Um diesen Eindruck aufzuklären, nahm ich die Untersuchung der Witze vor und fand, das Wesen des Witzes liege in seinen technischen Mitteln. diese seien aber dieselben wie die Arbeitsweisen der „Traumarbeit", also Verdichtung, Verschiebung, Darstellung durch das Gegenteil, durch ein Kleinstes usw. Daran schloß sich die ökonomische Untersuchung, wie der hohe Lustgewinn beim Hörer des Witzes zustande komme. Die Antwort war: durch momentane Aufhebung von Verdrängungsaufwand nach der Verlockung durch eine dargebotene Lustprämie (Vorlust).

Höher schätze ich selbst meine Beiträge zur Religionspsychologie ein, die 1907 mit der Feststellung einer überraschenden Ähnlichkeit zwischen Zwangshandlungen und Religionsübungen (Ritus) begannen. Ohne noch die tieferen Zusammenhänge zu kennen, bezeichnete ich die Zwangsneurose als eine verzerrte Privatreligion, die Religion sozusagen als eine universelle Zwangsneurose. Später, 1912, wurde der nachdrückliche Hinweis von Jung auf die weitgehenden Analogien zwischen den geistigen Produktionen der Neurotiker und der Primitiven mir zum Anlaß, meine Aufmerksamkeit diesem Thema zuzuwenden. In den vier Aufsätzen, welche zu einem Buch mit dem Titel „Totem und Tabu" zusammengefaßt wurden, führte ich aus, daß bei den Primitiven die Inzestscheu noch stärker ausgeprägt ist als bei den Kultivierten und ganz besondere Abwehrmaßregeln hervorgerufen hat, untersuchte die Beziehungen der Tabuverbote, in welcher Form die ersten Moraleinschränkungen auftreten, zur Gefühlsambivalenz, und deckte im primitiven Weltsystem des Animismus das Prinzip der Überschätzung der seelischen Realität, der „Allmacht der Gedanken" auf, welches auch der Magie zugrunde liegt. Überall wurde die Vergleichung mit der Zwangsneurose durchgeführt und gezeigt, wie viel von den Voraussetzungen des primitiven Geisteslebens bei dieser merkwürdigen Affektion noch in Kraft ist. Vor allem zog mich aber der Totemismus an, dies erste Organisationssystem primitiver Stämme, in dem die Anfänge sozialer Ordnung mit einer rudimentären Religion und der unerbittlichen Herrschaft einiger weniger Tabuverbote vereinigt sind. Das „verehrte" Wesen ist hier ursprünglich immer ein Tier, von dem der Clan auch abzustammen behauptet. Aus verschiedenen Anzeichen wird erschlossen, daß alle, auch die höchststehenden Völker, einst dieses Stadium des Totemismus durchgemacht haben.

Meine literarische Hauptquelle für die Arbeiten auf diesem Gebiete waren die bekannten Werke von J. G. Frazer („Totemism and Exogamy", „The Golden Bough"), eine Fundgrube wertvoller Tatsachen und Gesichtspunkte. Aber zur Aufklärung der Probleme des Totemismus leistete Frazer wenig; er hatte seine Ansicht über diesen Gegenstand mehrmals grundstürzend verändert und die anderen Ethnologen und Prähistoriker schienen ebenso unsicher als uneinig in diesen Dingen. Mein Ausgangspunkt war die auffällige Übereinstimmung der beiden Tabusatzungen des Totemismus, den Totem nicht zu töten und kein Weib des gleichen Totemclans geschlechtlich zu gebrauchen, mit den beiden Inhalten des Ödipus-Komplexes, den Vater zu beseitigen und die Mutter zum Weibe zu nehmen. Es ergab sich so die Versuchung, das Totemtier dem Vater gleichzustellen, wie es die Primitiven ohnedies ausdrücklich taten, indem sie es als den Ahnherrn des Clans verehrten. Von psychoanalytischer Seite kamen mir dann zwei Tatsachen zu Hilfe, eine glückliche Beobachtung Ferenczis am Kinde, welche gestattete, von einer infantilen Wiederkehr des Totemismus zu sprechen, und die Analyse der frühen Tierphobien der Kinder, welche so oft zeigte, daß dies Tier ein Vaterersatz war, auf welchen die im Ödipus-Komplex begründete Furcht vor dem Vater verschoben wurde. Es fehlte nun nicht mehr viel, um die Vatertötung als Kern des Totemismus und als Ausgangspunkt der Religionsbildung zu erkennen.

Dies fehlende Stück kam durch die Kenntnisnahme von W. Robertson Smith's Werk „The Religion of the Semites" hinzu — der geniale Mann, Physiker und Bibelforscher, hatte als ein wesentliches Stück der Totemreligion die sogenannte Totemmahlzeit hingestellt. Einmal im Jahre wurde das sonst heilig gehaltene Totemtier feierlich unter Beteiligung aller Stammesgenossen getötet, verzehrt und dann betrauert. An diese Trauer schloß sich ein großes Fest an. Nahm ich die Darwinsche Vermutung hinzu, daß die Menschen ursprünglich in Horden lebten, deren jede unter der Herrschaft eines einzigen, starken, gewalttätigen und eifersüchtigen Männchens stand, so gestaltete sich mir aus all diesen Komponenten die Hypothese, oder ich möchte lieber sagen: die Vision, des folgenden Hergangs: Der Vater der Urhorde hatte als unumschränkter Despot alle Frauen für sich in Anspruch genommen, die als Rivalen gefährlichen Söhne getötet oder verjagt. Eines Tages aber taten sich diese Söhne zusammen, überwältigten, töteten und verzehrten ihn gemeinsam, der ihr Feind, aber auch ihr Ideal gewesen war. Nach der Tat waren sie außerstande, sein Erbe anzutreten, da einer dem anderen im Wege stand. Unter dem Einfluß des Mißerfolges und der Reue lernten sie, sich miteinander zu vertragen, banden sich zu einem Brüderclan durch die Satzungen des Totemismus, welche die Wiederholung einer solchen Tat ausschließen sollten, und verzichteten insgesamt auf den Besitz der Frauen, um welche sie den Vater getötet hatten. Sie waren nun auf fremde Frauen angewiesen; dies der Ursprung der mit dem Totemismus eng verknüpften Exogamie. Die Totemmahlzeit war die Gedächtnisfeier der ungeheuerlichen Tat, von der das Schuldbewußtsein der Menschheit (die Erbsünde) herrührte, mit der soziale Organisation, Religion und sittliche Beschränkung gleichzeitig ihren Anfang nahmen.

Ob nun eine solche Möglichkeit als historisch anzunehmen ist oder nicht, die Religionsbildung war hiemit auf den Boden des Vaterkomplexes gestellt und über der Ambivalenz aufgebaut, welche diesen beherrscht. Nachdem der Vaterersatz durch das Totemtier verlassen war, wurde der gefürchtete und gehaßte, verehrte und beneidete Urvater selbst das Vorbild Gottes. Der Sohnestrotz und seine Vatersehnsucht rangen miteinander in immer neuen Kompromißbildungen, durch welche einerseits die Tat des Vatermordes gesühnt, anderseits deren Gewinn behauptet werden sollte. Ein besonders helles Licht wirft diese Auffassung der Religion auf die psychologische Fundierung des Christentums, in dem ja die Zeremonie der Totemmahlzeit noch wenig entstellt als K o m m u n i o n fortlebt. Ich will ausdrücklich bemerken, daß diese letztere Agnoszierung nicht von mir herrührt, sondern sich bereits bei R o b e r t s o n  S m i t h und F r a z e r findet.

Th. R e i k und der Ethnologe G. R ó h e i m haben in zahlreichen beachtenswerten Arbeiten an die Gedankengänge von „Totem und Tabu" angeknüpft, sie fortgeführt, vertieft oder berichtigt. Ich selbst bin später noch einige Male auf sie zurückgekommen, bei Untersuchungen über das „unbewußte Schuldgefühl", dem auch unter den Motiven des neurotischen Leidens eine so große Bedeutung zukommt, und bei Bemühungen, die soziale Psychologie enger an die Psychologie des Individuums zu binden („Das Ich und das Es" — „Massenpsychologie und Ich-Analyse"). Auch zur Erklärung der

Hypnotisierbarkeit habe ich die archaische Erbschaft aus der Urhordenzeit der Menschen herangezogen.

Gering ist mein direkter Anteil an anderen Anwendungen der Psychoanalyse, die doch des allgemeinsten Interesses würdig sind. Von den Phantasien des einzelnen Neurotikers führt ein breiter Weg zu den Phantasieschöpfungen der Massen und Völker, wie sie in den Mythen, Sagen und Märchen zutage liegen. Die Mythologie ist das Arbeitsgebiet von Otto Rank geworden, die Deutung der Mythen, ihre Zurückführung auf die bekannten unbewußten Kindheitskomplexe, der Ersatz astraler Erklärungen durch menschliche Motivierung war in vielen Fällen der Erfolg seiner analytischen Bemühung. Auch das Thema der Symbolik hat zahlreiche Bearbeiter in meinen Kreisen gefunden. Die Symbolik hat der Psychoanalyse viel Feindschaften eingetragen; manche allzu nüchterne Forscher haben ihr die Anerkennung der Symbolik, wie sie sich aus der Deutung der Träume ergab, niemals verzeihen können. Aber die Analyse ist an der Entdeckung der Symbolik unschuldig, sie war auf anderen Gebieten längst bekannt und spielt dort (Folklore, Sage, Mythus) selbst eine größere Rolle als in der „Sprache des Traumes".

Zur Anwendung der Analyse auf die Pädagogik habe ich persönlich nichts beigetragen; aber es war natürlich, daß die analytischen Ermittlungen über das Sexualleben und die seelische Entwicklung der Kinder die Aufmerksamkeit der Erzieher auf sich zogen und sie ihre Aufgaben in einem neuen Lichte sehen ließen. Als unermüdlicher Vorkämpfer dieser Richtung in der Pädagogik hat sich der protestantische Pfarrer O. Pfister in Zürich hervorgetan, der die Pflege der Analyse auch mit dem Festhalten an einer allerdings sublimierten Religiosität vereinbar fand; neben ihm Frau Dr. Hug-Hellmuth und Dr. S. Bernfeld in Wien sowie viele andere.[1] Aus der Verwendung der Analyse zur vorbeugenden Erziehung des gesunden und zur Korrektur des noch nicht neurotischen, aber in seiner Entwicklung entgleisten Kindes hat sich eine

[1] Siehe Fußnote Seite 96.

praktisch wichtige Folge ergeben. Es ist nicht mehr möglich, die Ausübung der Psychoanalyse den Ärzten vorzubehalten und die Laien von ihr auszuschließen. In der Tat ist der Arzt, der nicht eine besondere Ausbildung erfahren hat, trotz seines Diploms ein Laie in der Analyse und der Nichtarzt kann bei entsprechender Vorbereitung und gelegentlicher Anlehnung an einen Arzt auch die Aufgabe der analytischen Behandlung von Neurosen erfüllen.

Durch eine jener Entwicklungen, gegen deren Erfolg man sich vergebens sträuben würde, ist das Wort Psychoanalyse selbst mehrdeutig geworden. Ursprünglich die Bezeichnung eines bestimmten therapeutischen Verfahrens, ist es jetzt auch der Name einer Wissenschaft geworden, der vom Unbewußt-Seelischen. Diese Wissenschaft kann nur selten für sich allein ein Problem voll erledigen; aber sie scheint berufen, zu den verschiedensten Wissensgebieten wichtige Beiträge zu liefern. Das Anwendungsgebiet der Psychoanalyse reicht ebensoweit wie das der Psychologie, zu der sie eine Ergänzung von mächtiger Tragweite hinzufügt.

So kann ich denn, rückschauend auf das Stückwerk meiner Lebensarbeit, sagen, daß ich vielerlei Anfänge gemacht und manche Anregungen ausgeteilt habe, woraus dann in der Zukunft etwas werden soll. Ich kann selbst nicht wissen, ob es viel sein wird oder wenig. Aber ich darf die Hoffnung aussprechen, daß ich für einen wichtigen Fortschritt in unserer Erkenntnis den Weg eröffnet habe.

*‚Nachschrift 1935' zur Selbstdarstellung ist im Band XVI enthalten. Anm. d. Herausgeber.*

---

[1]) Fußnote zu Seite 90 aus dem Jahre 1935: Dies ist eine Konstruktion, die ich ausdrücklich zurücknehmen möchte. Ich glaube nicht mehr, daß der Schauspieler W i l l i a m S h a k e s p e a r e aus Stratford der Verfasser der Werke ist, die ihm so lange zugeschrieben wurden. Seit der Veröffentlichung des Buches „Shakespeare Identified" von I. Th. L o o n e y bin ich nahezu überzeugt davon, daß sich hinter diesem Decknamen tatsächlich E d w a r d d e V e r e , E a r l o f O x f o r d , verbirgt.

[2]) Fußnote zu Seite 95 aus dem Jahre 1935: Seither hat gerade die Kinderanalyse durch die Arbeiten von Frau M e l a n i e K l e i n und meiner Tochter A n n a F r e u d einen mächtigen Aufschwung gewonnen.

# DIE WIDERSTÄNDE GEGEN DIE PSYCHOANALYSE

# DIE WIDERSTÄNDE GEGEN DIE PSYCHOANALYSE

Wenn sich der Säugling auf dem Arm der Pflegerin schreiend von einem fremden Gesicht abwendet, der Fromme den neuen Zeitabschnitt mit einem Gebet eröffnet, aber auch die Erstlingsfrucht des Jahres mit einem Segensspruch begrüßt, wenn der Bauer eine Sense zu kaufen verweigert, welche nicht die seinen Eltern vertraute Fabriksmarke trägt, so ist die Verschiedenheit dieser Situationen augenfällig und der Versuch scheint berechtigt, jede derselben auf ein anderes Motiv zurückzuführen. Doch wäre es unrecht, das ihnen Gemeinsame zu verkennen. In allen Fällen handelt es sich um die nämliche Unlust, die beim Kinde elementaren Ausdruck findet, beim Frommen kunstvoll beschwichtigt, beim Bauern zum Motiv einer Entscheidung gemacht wird. Die Quelle dieser Unlust aber ist der Anspruch, den das Neue an das Seelenleben stellt, der psychische Aufwand, den es fordert, die bis zur angstvollen Erwartung gesteigerte Unsicherheit, die es mit sich bringt. Es wäre reizvoll, die seelische Reaktion auf das Neue an sich zum Gegenstand einer Studie zu machen, denn unter gewissen, nicht mehr primären Bedingungen wird auch das gegenteilige Verhalten beobachtet, ein Reizhunger, der sich auf alles Neue stürzt, und darum, weil es neu ist.

Im wissenschaftlichen Betrieb sollte für die Scheu vor dem Neuen kein Raum sein. In ihrer ewigen Unvollständigkeit und Unzulänglichkeit ist die Wissenschaft darauf angewiesen, ihr Heil von neuen Entdeckungen und neuen Auffassungen zu erhoffen. Um nicht zu leicht getäuscht zu werden, tut sie gut daran, sich mit Skepsis zu wappnen, nichts Neues anzunehmen, das nicht eine strenge Prüfung bestanden hat. Allein gelegentlich zeigt dieser Skeptizismus zwei unvermutete Charaktere. Er richtet sich scharf gegen das Neuankommende, während er das bereits Bekannte und Geglaubte respektvoll verschont und er begnügt sich damit zu verwerfen, auch ehe er untersucht hat. Dann enthüllt er sich aber als die Fortsetzung jener primitiven Reaktion gegen das Neue, als ein Deckmantel für deren Erhaltung. Es ist allgemein bekannt, wie oft es sich in der Geschichte der wissenschaftlichen Forschung zugetragen hat, daß Neuerungen von einem intensiven und hartnäckigen Widerstand empfangen wurden, wo dann der weitere Verlauf zeigte, daß der Widerstand unrecht hatte und daß die Neuheit wertvoll und bedeutsam war. In der Regel waren es gewisse inhaltliche Momente des Neuen, die den Widerstand provozierten, und auf der anderen Seite mußten mehrere Momente zusammenwirken, um den Durchbruch der primitiven Reaktion zu ermöglichen.

Einen besonders übeln Empfang hat die Psychoanalyse gefunden, die der Autor vor nahezu dreißig Jahren aus den Funden von Josef Breuer in Wien über die Entstehung neurotischer Symptome zu entwickeln begann. Ihr Charakter als Neuheit ist unbestreitbar, wenngleich sie außer diesen Entdeckungen reichliches Material verarbeitete, das anderswoher bekannt war, Ergebnisse der Lehren des großen Neuropathologen Charcot und Eindrücke aus der Welt der hypnotischen Phänomene. Ihre Bedeutung war ursprünglich eine rein therapeutische, sie wollte eine neue wirksame Behandlung der neurotischen Erkrankungen schaffen. Aber Zusammenhänge, die man zunächst nicht ahnen konnte, ließen die Psychoanalyse weit über ihr anfängliches Ziel hinausgreifen. Sie erhob endlich den Anspruch, unsere Auffassung des Seelenlebens überhaupt auf eine neue Basis gestellt zu haben und darum für alle Wissensgebiete wichtig zu sein, die auf Psychologie gegründet sind. Nach einem Jahrzehnt völliger Vernachlässigung wurde sie plötzlich Gegenstand des allgemeinsten Interesses und — entfesselte einen Sturm von entrüsteter Ablehnung.

In welchen Formen der Widerstand gegen die Psychoanalyse Ausdruck gefunden hat, sei hier beiseite gelassen. Es genüge die Bemerkung, daß der Kampf um diese Neuerung noch keineswegs zu Ende gekommen ist. Doch ist bereits zu erkennen, welche Richtung er nehmen wird. Es ist der Gegnerschaft nicht gelungen, die Bewegung zu unterdrücken. Die Psychoanalyse, deren einziger Vertreter ich vor zwanzig Jahren war, hat seither zahlreiche bedeutende und eifrig arbeitende Anhänger gefunden, Ärzte und Nichtärzte, die sie als Verfahren der Behandlung von nervös Kranken ausüben, als Methode der psychologischen Forschung pflegen und als Hilfsmittel der wissenschaftlichen Arbeit auf den mannigfaltigsten Gebieten des geistigen Lebens anwenden. Unser Interesse soll sich hier nur auf die Motivierung des Widerstandes gegen die Psychoanalyse richten, die Zusammengesetztheit desselben und die verschiedene Wertigkeit seiner Komponenten besonders beachten.

Die klinische Betrachtung muß die Neurosen in die Nähe der Intoxikationen oder solcher Leiden wie die Basedowsche Krankheit rücken. Das sind Zustände, die durch den Überschuß oder relativen Mangel an bestimmten sehr wirksamen Stoffen entstehen, ob sie nun im Körper selbst gebildet oder von außen eingeführt werden, also eigentlich Störungen des Chemismus, Toxikosen. Gelänge es jemand, den oder die hypothetischen Stoffe, die für die Neurosen in Betracht kommen, zu isolieren und aufzuzeigen, so hätte sein Fund keinen Einspruch von Seite der Ärzte zu besorgen. Allein dazu führt vorläufig noch kein Weg. Wir können zunächst nur vom Symptombild der Neurose ausgehen, das z. B. im Falle der Hysterie aus körperlichen und seelischen Störungen zusammengesetzt ist. Nun lehrten die Experimente von Charcot sowie die Krankenbeobachtungen von Breuer, daß auch die körperlichen Symptome der Hysterie psychogen, d. h. Niederschläge abgelaufener seelischer Prozesse sind. Durch das Mittel der Versetzung in den hypnotischen Zustand war man imstande, die somatischen Symptome der Hysterie nach Willkür künstlich zu erzeugen.

Diese neue Erkenntnis griff die Psychoanalyse auf und begann damit, sich die Frage vorzulegen, welches die Natur jener psychischen Prozesse sei, die so ungewöhnliche Folgen hinterlassen. Aber diese Forschungsrichtung war nicht nach dem Sinn der lebenden Ärztegeneration. Die Mediziner waren in der alleinigen Hochschätzung anatomischer, physikalischer und chemischer Momente erzogen worden. Für die Würdigung des Psychischen waren sie nicht vorbereitet, also brachten sie diesem Gleichgültigkeit und Abneigung entgegen. Offenbar bezweifelten sie, daß psychische Dinge überhaupt eine exakte wissenschaftliche Behandlung zulassen. In übermäßiger Reaktion auf eine überwundene Phase, in der die Medizin von den Anschauungen der sogenannten Naturphilosophie beherrscht wurde, erschienen ihnen Abstraktionen, wie die, mit denen die Psychologie arbeiten muß, als nebelhaft, phantastisch, mystisch; merkwürdigen Phänomenen aber, an welche die Forschung hätte anknüpfen können, versagten sie einfach den Glauben. Die Symptome der hysterischen Neurose galten als Erfolg der Simulation, die Erscheinungen des Hypnotismus als Schwindel. Selbst die Psychiater, zu deren Beobachtung sich doch die ungewöhnlichsten und verwunderlichsten seelischen Phänomene drängten, zeigten keine Neigung, deren Details zu beachten und ihren Zusammenhängen nachzuspüren. Sie begnügten sich damit, die Buntheit der Krankheitserscheinungen zu klassifizieren und sie, wo immer es nur anging, auf somatische, anatomische oder chemische Störungsursachen zurückzuführen. In dieser materialistischen oder besser: mechanistischen Periode hat die Medizin großartige Fortschritte gemacht, aber auch das vornehmste und schwierigste unter den Problemen des Lebens in kurzsichtiger Weise verkannt.

Es ist begreiflich, daß die Mediziner bei solcher Einstellung zum Psychischen keinen Gefallen an der Psychoanalyse fanden und ihre Aufforderung, in vielen Stücken umzulernen und manche Dinge anders zu sehen, nicht erfüllen wollten. Aber dafür, sollte man meinen, hätte die neue Lehre um so leichter den Beifall der Philosophen finden müssen. Die waren ja gewohnt, abstrakte Begriffe — böse Zungen sagten allerdings: unbestimmbare Worte — zu oberst in ihre Welterklärungen einzusetzen und konnten an der Ausdehnung des Bereichs der Psychologie, welche die Psychoanalyse anbahnte, unmöglich Anstoß nehmen. Aber da traf sich ein anderes Hindernis. Das Psychische der Philosophen war nicht das der Psychoanalyse. Die Philosophen heißen in ihrer überwiegenden Mehrzahl psychisch nur das, was ein Bewußtseinsphänomen ist. Die Welt des Bewußten deckt sich ihnen mit dem Umfang des Psychischen. Was sonst noch in der schwer zu erfassenden „Seele" vorgehen mag, das schlagen sie zu den organischen Vorbedingungen oder Parallelvorgängen des Psychischen. Oder strenger ausgedrückt, die Seele hat keinen anderen Inhalt als die Bewußtseinsphänomene, die Wissenschaft von der Seele, die Psychologie, also auch kein anderes Objekt. Auch der Laie denkt nicht anders.

Was kann der Philosoph also zu einer Lehre sagen, die wie die Psychoanalyse behauptet, das Seelische sei vielmehr an sich unbewußt, die Bewußtheit nur eine Qualität, die zum einzelnen seelischen Akt hinzutreten kann oder auch nicht und die eventuell an diesem nichts anderes ändert, wenn sie ausbleibt? Er sagt natürlich, ein unbewußtes Seelisches ist ein Unding, eine *contradictio in adjecto*, und will nicht bemerken, daß er mit diesem Urteil nur seine eigene — vielleicht zu enge — Definition des Seelischen wiederholt. Dem Philosophen wird diese Sicherheit leicht gemacht, denn er kennt das Material nicht, dessen Studium den Analytiker genötigt hat, an unbewußte Seelenakte zu glauben. Er hat die Hypnose nicht beachtet, sich nicht um die Deutung von Träumen bemüht, — Träume hält er vielmehr ebenso wie der Arzt für sinnlose Produkte der während des Schlafes herabgesetzten Geistestätigkeit, — er ahnt kaum, daß es solche Dinge gibt wie Zwangsvorstellungen und Wahnideen, und wäre in arger Verlegenheit, wenn man ihm zumutete, sie aus seinen psychologischen Voraussetzungen zu erklären. Auch der Analytiker lehnt es ab zu sagen, was das Unbewußte ist, aber er kann auf das Erscheinungsgebiet hinweisen, dessen Beobachtung ihm die Annahme des Unbewußten aufgedrängt hat. Der Philosoph, der keine andere Art der Beobachtung kennt als die Selbstbeobachtung, vermag ihm dahin nicht zu folgen. So erwachsen der Psychoanalyse aus ihrer Mittelstellung zwischen Medizin und Philosophie nur Nachteile. Der Mediziner hält sie für ein spekulatives System und will nicht glauben, daß sie wie jede andere Naturwissenschaft auf geduldiger und mühevoller Bearbeitung von Tatsachen der Wahrnehmungswelt beruht; der Philosoph, der sie an dem Maßstab seiner eigenen kunstvoll aufgebauten Systembildungen mißt, findet, daß sie von unmöglichen Voraussetzungen ausgeht, und wirft ihr vor, daß ihre — erst in Entwicklung befindlichen — obersten Begriffe der Klarheit und Präzision entbehren.

Die erörterten Verhältnisse reichen hin, um einen unwilligen und zögernden Empfang der Analyse in wissenschaftlichen Kreisen zu erklären. Sie lassen aber nicht verstehen, wie es zu jenen Ausbrüchen von Entrüstung, von Spott und Hohn, zur Hinwegsetzung über alle Vorschriften der Logik und des guten Geschmacks in der Polemik kommen konnte. Eine solche Reaktion läßt erraten, daß andere als bloß intellektuelle Widerstände rege geworden sind, daß starke affektive Mächte wachgerufen wurden, und wirklich ist im Inhalt der psychoanalytischen Lehre genug zu finden, dem man eine solche Wirkung auf die Leidenschaften der Menschen, nicht der Wissenschaftler allein, zuschreiben darf.

Da ist vor allem die große Bedeutung, welche die Psychoanalyse den sogenannten Sexualtrieben im menschlichen Seelenleben einräumt. Nach der psychoanalytischen Theorie sind die Symptome der Neurosen entstellte Ersatzbefriedigungen von sexuellen Triebkräften, denen eine direkte Befriedigung durch innere Widerstände versagt worden ist. Später, als die Analyse über ihr ursprüngliches Arbeitsgebiet hinausgriff und sich auf das normale Seelenleben anwenden ließ, versuchte sie zu zeigen, daß dieselben Sexualkomponenten, die sich von ihren nächsten Zielen ablenken und auf anderes hinleiten lassen, die wichtigsten Beiträge zu den kulturellen Leistungen des Einzelnen und der Gemeinschaft stellen. Diese Behauptungen waren nicht völlig neu. Der Philosoph Schopenhauer hatte die unvergleichliche Bedeutung des Sexuallebens in Worten von unvergeßlichem Nachdruck betont, auch deckte sich, was die Psychoanalyse Sexualität nannte, keineswegs mit dem Drang nach Vereinigung der geschiedenen Geschlechter oder nach Erzeugung von Lustempfindung an den Genitalien, sondern weit eher mit dem allumfassenden und alles erhaltenden Eros des Symposions Platos.

Allein die Gegner vergaßen an diese erlauchten Vorgänger; sie fielen über die Psychoanalyse her, als hätte sie ein Attentat auf die Würde des Menschengeschlechtes verübt. Sie warfen ihr „Pansexualismus" vor, obwohl die psychoanalytische Trieblehre immer streng dualistisch gewesen war und zu keiner Zeit versäumt hatte, neben den Sexualtrieben andere anzuerkennen, denen sie ja die Kraft zur Unterdrückung der Sexualtriebe zuschrieb. Der Gegensatz hatte zuerst geheißen: Sexual- und Ichtriebe, in späterer Wendung der Theorie lautet er: Eros und Todes- oder Destruktionstrieb. Die partielle Ableitung der Kunst, Religion, sozialer Ordnung von der Mitwirkung sexueller Triebkräfte wurde als eine Erniedrigung der höchsten Kulturgüter hingestellt und mit Emphase verkündet, daß der Mensch noch andere Interessen habe als immer nur sexuelle. Wobei man im Eifer übersah, daß auch das Tier andere Interessen hat, — es ist ja der Sexualität nur anfallsweise zu gewissen Zeiten und nicht wie der Mensch permanent unterworfen, — daß diese anderen Interessen beim Menschen niemals bestritten wurden, und daß der Nachweis der Herkunft aus elementaren animalischen Triebquellen an dem Wert einer kulturellen Errungenschaft nichts zu ändern vermag.

Soviel Unlogik und Ungerechtigkeit ruft nach einer Erklärung. Ihr Ansatz ist nicht schwer zu finden. Die menschliche Kultur ruht auf zwei Stützen, die eine ist die Beherrschung der Naturkräfte, die andere die Beschränkung unserer Triebe. Gefesselte Sklaven tragen den Thron der Herrscherin. Unter den so dienstbar gemachten Triebkomponenten ragen die der Sexualtriebe — im engeren Sinne — durch Stärke und Wildheit hervor. Wehe, wenn sie befreit würden; der Thron würde umgeworfen, die Herrin mit Füßen getreten werden. Die Gesellschaft weiß dies und — will nicht, daß davon gesprochen wird.

Aber warum nicht? Was könnte die Erörterung schaden? Die Psychoanalyse hat ja niemals der Entfesselung unserer gemeinschädlichen Triebe das Wort geredet; im Gegenteil gewarnt und zur Besserung geraten. Aber die Gesellschaft will von einer Aufdeckung dieser Verhältnisse nichts hören, weil sie nach mehr als einer Richtung ein schlechtes Gewissen hat. Sie hat erstens ein hohes Ideal von Sittlichkeit aufgestellt, — Sittlichkeit ist Triebeinschränkung, — dessen Erfüllung sie von allen ihren Mitgliedern fordert, und kümmert sich nicht darum, wie schwer dem Einzelnen dieser Gehorsam fallen mag. Sie ist aber auch nicht so reich oder so gut organisiert, daß sie den Einzelnen für sein Ausmaß an Triebverzicht entsprechend entschädigen kann. Es bleibt also dem Individuum überlassen, auf welchem Wege es sich genügende Kompensation für das ihm auferlegte Opfer verschaffen kann, um sein seelisches Gleichgewicht zu bewahren. Im ganzen ist er aber genötigt, psychologisch über seinen Stand zu leben, während ihn seine unbefriedigten Triebansprüche die Kulturanforderungen als ständigen Druck empfinden lassen. Somit unterhält die Gesellschaft einen Zustand von **Kulturheuchelei**, dem ein Gefühl von Unsicherheit und ein Bedürfnis zur Seite gehen muß, die unleugbare Labilität durch das Verbot der Kritik und Diskussion zu schützen. Diese Betrachtung gilt für alle Triebregungen, also auch für die egoistischen; inwiefern sie auf alle möglichen Kulturen Anwendung findet, nicht nur auf die bis jetzt entwickelten, soll hier nicht untersucht werden. Und nun kommt noch für die im engeren Sinne sexuellen Triebe hinzu, daß sie bei den meisten Menschen in unzureichender und psychologisch inkorrekter Weise gebändigt sind, so daß sie am ehesten bereit sind loszubrechen. Die Psychoanalyse deckt die Schwächen dieses Systems auf und rät zur Änderung desselben. Sie schlägt vor, mit der Strenge der Triebverdrängung nachzulassen und dafür der Wahrhaftigkeit mehr Raum zu geben. Gewisse Triebregungen, in deren Unterdrückung die Gesellschaft zu weit gegangen ist, sollen zu einem größeren Maß von Befriedigung zugelassen werden, bei anderen soll die unzweckmäßige Methode der Unterdrückung auf dem Wege der Verdrängung durch ein besseres und gesichertes Verfahren ersetzt werden. Infolge dieser Kritik ist die Psychoanalyse als „kulturfeindlich" empfunden und als „soziale Gefahr" in den Bann getan worden. Diesem Widerstand kann keine ewige Dauer beschieden sein; auf die Länge kann sich keine menschliche Institution der Einwirkung gerechtfertigter kritischer Einsicht entziehen, aber bis jetzt wird die Einstellung der Menschen zur Psychoanalyse noch immer durch diese Angst beherrscht, welche die Leidenschaften entfesselt und die Ansprüche an die logische Argumentation herabsetzt.

Durch ihre Trieblehre hatte die Psychoanalyse das Individuum beleidigt, insofern es sich als Mitglied der sozialen Gemeinschaft fühlte; ein anderes Stück ihrer Theorie konnte jeden Einzelnen an der empfindlichsten Stelle seiner eigenen psychischen Entwicklung verletzen. Die Psychoanalyse machte dem Märchen von der asexuellen Kindheit ein Ende, wies nach, daß sexuelle Interessen und Betätigungen bei den kleinen Kindern vom Anfang des Lebens an bestehen, zeigte, welche Umwandlungen sie erfahren, wie sie etwa mit dem fünften Jahr einer Hemmung unterliegen und dann von der Pubertät an in den Dienst der Fortpflanzungsfunktion treten. Sie erkannte, daß das frühinfantile Sexualleben im sogenannten Ödipus-Komplex gipfelt, in der Gefühlsbindung an den gegengeschlechtlichen Elternteil mit Rivalitätseinstellung zum gleichgeschlechtlichen, eine Strebung, die sich in dieser Lebenszeit noch ungehemmt in direkt sexuelles Begehren fortsetzt. Das ist so leicht zu bestätigen, daß es wirklich nur einer großen Kraftanspannung gelingen konnte, es zu übersehen. In der Tat hatte jeder Einzelne diese Phase durchgemacht, ihren Inhalt aber dann in energischer Anstrengung verdrängt und zum Vergessen gebracht. Der Abscheu vor dem Inzest und ein mächtiges Schuldbewußtsein waren aus dieser individuellen Vorzeit erübrigt worden. Vielleicht war es in der generellen Vorzeit der Menschenart ganz ähnlich zugegangen und die Anfänge der Sittlichkeit, der Religion und der sozialen Ordnung waren mit der Überwindung dieser Urzeit auf das innigste verknüpft. An diese Vorgeschichte, die ihm später so unrühmlich erschien, durfte der Erwachsene dann nicht gemahnt werden; er begann zu toben, wenn die Psychoanalyse den Schleier der Amnesie von seinen Kinderjahren lüften wollte. So blieb nur ein Ausweg: was die Psychoanalyse behauptete, mußte falsch sein und diese angebliche neue Wissenschaft ein Gewebe von Phantasterei und Entstellungen.

Die starken Widerstände gegen die Psychoanalyse waren also nicht intellektueller Natur, sondern stammten aus affektiven Quellen. Daraus erklärten sich ihre Leidenschaftlichkeit wie ihre logische Genügsamkeit. Die Situation folgte einer einfachen Formel: die Menschen benahmen sich gegen die Psychoanalyse als Masse genau wie der einzelne Neurotiker, den man wegen seiner Beschwerden in Behandlung genommen hatte, dem man aber in geduldiger Arbeit nachweisen konnte, daß alles so vorgefallen war, wie man es behauptete. Man hatte es ja auch nicht selbst erfunden, sondern aus dem Studium anderer Neurotiker durch die Bemühung von mehreren Dezennien erfahren.

Diese Situation hatte gleichzeitig etwas Schreckhaftes und etwas Tröstliches; das erstere, weil es keine Kleinigkeit war, das ganze Menschengeschlecht zum Patienten zu haben, das andere, weil schließlich sich alles so abspielte, wie es nach den Voraussetzungen der Psychoanalyse geschehen mußte.

Überschaut man nochmals die beschriebenen Widerstände gegen die Psychoanalyse, so muß man sagen, nur ihr kleinerer Anteil ist von der Art, wie er sich gegen die meisten wissenschaftlichen Neuerungen von einigem Belang zu erheben pflegt. Der größere Anteil rührt davon her, daß durch den Inhalt der Lehre starke Gefühle der Menschheit verletzt worden sind. Dasselbe erfuhr ja auch die Darwinsche Deszendenztheorie, welche die vom Hochmut geschaffene Scheidewand zwischen Mensch und Tier niederriß. Ich habe auf diese Analogie in einem früheren kurzen Aufsatz („Eine Schwierigkeit der Psychoanalyse", Imago 1917[1]) hingewiesen. Ich betonte dort, daß die psychoanalytische Auffassung vom Verhältnis des bewußten Ichs zum übermächtigen Unbewußten eine schwere Kränkung der menschlichen Eigenliebe bedeute, die ich die psychologische nannte und an die biologische Kränkung durch die Deszendenzlehre und die frühere kosmologische durch die Entdeckung des Kopernikus anreihte.

Auch rein äußerliche Schwierigkeiten haben dazu beigetragen, den Widerstand gegen die Psychoanalyse zu verstärken. Es ist nicht leicht, ein selbständiges Urteil in Sachen der Analyse zu gewinnen, wenn man sie nicht an sich selbst erfahren oder an einem anderen ausgeübt hat. Letzteres kann man nicht, ohne eine bestimmte, recht heikle Technik erlernt zu haben, und bis vor kurzem gab es keine bequem zugängliche Gelegenheit, die Psychoanalyse und ihre Technik zu erlernen. Das hat sich jetzt durch die Gründung

---

[1] Bd. XII dieser Gesamtausgabe.

der Berliner Psychoanalytischen Poliklinik und Lehranstalt (1920) zum Besseren gewendet. Bald nachher (1922) ist in Wien ein ganz ähnliches Institut ins Leben gerufen worden.

Endlich darf der Autor in aller Zurückhaltung die Frage aufwerfen, ob nicht seine eigene Persönlichkeit als Jude, der sein Judentum nie verbergen wollte, an der Antipathie der Umwelt gegen die Psychoanalyse Anteil gehabt hat. Ein Argument dieser Art ist nur selten laut geäußert worden, wir sind leider so argwöhnisch geworden, daß wir nicht umhin können, zu vermuten, der Umstand sei nicht ganz ohne Wirkung geblieben. Es ist vielleicht auch kein bloßer Zufall, daß der erste Vertreter der Psychoanalyse ein Jude war. Um sich zu ihr zu bekennen, brauchte es ein ziemliches Maß von Bereitwilligkeit, das Schicksal der Vereinsamung in der Opposition auf sich zu nehmen, ein Schicksal, das dem Juden vertrauter ist als einem anderen.

# HEMMUNG, SYMPTOM UND ANGST

# I

Unser Sprachgebrauch läßt uns in der Beschreibung pathologischer Phänomene Symptome und Hemmungen unterscheiden, aber er legt diesem Unterschied nicht viel Wert bei. Kämen uns nicht Krankheitsfälle vor, von denen wir aussagen müssen, daß sie nur Hemmungen und keine Symptome zeigen, und wollten wir nicht wissen, was dafür die Bedingung ist, so brächten wir kaum das Interesse auf, die Begriffe Hemmung und Symptom gegeneinander abzugrenzen. Die beiden sind nicht auf dem nämlichen Boden erwachsen. Hemmung hat eine besondere Beziehung zur Funktion und bedeutet nicht notwendig etwas Pathologisches, man kann auch eine normale Einschränkung einer Funktion eine Hemmung derselben nennen. Symptom hingegen heißt soviel wie Anzeichen eines krankhaften Vorganges. Es kann also auch eine Hemmung ein Symptom sein. Der Sprachgebrauch verfährt dann so, daß er von Hemmung spricht, wo eine einfache Herabsetzung der Funktion vorliegt, von Symptom, wo es sich um eine ungewöhnliche Abänderung derselben oder um eine neue Leistung handelt. In vielen Fällen scheint es der Willkür überlassen, ob man die positive oder die negative Seite des pathologischen Vorgangs betonen, seinen Erfolg als Symptom oder als Hemmung bezeichnen will. Das alles ist wirklich nicht interessant und die Fragestellung, von der wir ausgingen, erweist sich als wenig fruchtbar.

Da die Hemmung begrifflich so innig an die Funktion geknüpft ist, kann man auf die Idee kommen, die verschiedenen Ichfunktionen daraufhin zu untersuchen, in welchen Formen sich deren Störung bei den einzelnen neurotischen Affektionen äußert. Wir wählen für diese vergleichende Studie: die Sexualfunktion, das Essen, die Lokomotion und die Berufsarbeit.

*a)* Die Sexualfunktion unterliegt sehr mannigfaltigen Störungen, von denen die meisten den Charakter einfacher Hemmungen zeigen. Diese werden als psychische Impotenz zusammengefaßt. Das Zustandekommen der normalen Sexualleistung setzt einen sehr komplizierten Ablauf voraus, die Störung kann an jeder Stelle desselben eingreifen. Die Hauptstationen der Hemmung sind beim Manne: die Abwendung der Libido zur Einleitung des Vorgangs (psychische Unlust), das Ausbleiben der physischen Vorbereitung (Erektionslosigkeit), die Abkürzung des Aktes (Ejaculatio praecox), die ebensowohl als positives Symptom beschrieben werden kann, die Aufhaltung desselben vor dem natürlichen Ausgang (Ejakulationsmangel), das Nichtzustandekommen des psychischen Effekts (der Lustempfindung des Orgasmus). Andere Störungen erfolgen durch die Verknüpfung der Funktion mit besonderen Bedingungen, perverser oder fetischistischer Natur.

Eine Beziehung der Hemmung zur Angst kann uns nicht lange entgehen. Manche Hemmungen sind offenbar Verzichte auf Funktion, weil bei deren Ausübung Angst entwickelt werden würde. Direkte Angst vor der Sexualfunktion ist beim Weibe häufig; wir ordnen sie der Hysterie zu, ebenso das Abwehrsymptom des Ekels, das sich ursprünglich als nachträgliche Reaktion auf den passiv erlebten Sexualakt einstellt, später bei der Vorstellung desselben auftritt. Auch eine große Anzahl von Zwangshandlungen erweisen sich als Vorsichten und Versicherungen gegen sexuelles Erleben, sind also phobischer Natur.

Man kommt da im Verständnis nicht sehr weit; man merkt nur, daß sehr verschiedene Verfahren verwendet werden, um die

Funktion zu stören: *1)* die bloße Abwendung der Libido, die am ehesten zu ergeben scheint, was wir eine reine Hemmung heißen, *2)* die Verschlechterung in der Ausführung der Funktion, *3)* die Erschwerung derselben durch besondere Bedingungen und ihre Modifikation durch Ablenkung auf andere Ziele, *4)* ihre Vorbeugung durch Sicherungsmaßregeln, *5)* ihre Unterbrechung durch Angstentwicklung, sowie sich ihr Ansatz nicht mehr verhindern läßt, endlich *6)* eine nachträgliche Reaktion, die dagegen protestiert und das Geschehene rückgängig machen will, wenn die Funktion doch durchgeführt wurde.

*b)* Die häufigste Störung der Nahrungsfunktion ist die Eßunlust durch Abziehung der Libido. Auch Steigerungen der Eßlust sind nicht selten; ein Eßzwang motiviert sich durch Angst vor dem Verhungern, ist wenig untersucht. Als hysterische Abwehr des Essens kennen wir das Symptom des Erbrechens. Die Nahrungsverweigerung infolge von Angst gehört psychotischen Zuständen an (Vergiftungswahn).

*c)* Die Lokomotion wird bei manchen neurotischen Zuständen durch Gehunlust und Gehschwäche gehemmt, die hysterische Behinderung bedient sich der motorischen Lähmung des Bewegungsapparates oder schafft eine spezialisierte Aufhebung dieser einen Funktion desselben (Abasie). Besonders charakteristisch sind die Erschwerungen der Lokomotion durch Einschaltung bestimmter Bedingungen, bei deren Nichterfüllung Angst auftritt (Phobie).

*d)* Die Arbeitshemmung, die so oft als isoliertes Symptom Gegenstand der Behandlung wird, zeigt uns verminderte Lust oder schlechtere Ausführung oder Reaktionserscheinungen wie Müdigkeit (Schwindel, Erbrechen), wenn die Fortsetzung der Arbeit erzwungen wird. Die Hysterie erzwingt die Einstellung der Arbeit durch Erzeugung von Organ- und Funktionslähmungen, deren Bestand mit der Ausführung der Arbeit unvereinbar ist. Die Zwangsneurose stört die Arbeit durch fortgesetzte Ablenkung und durch den Zeitverlust bei eingeschobenen Verweilungen und Wiederholungen.

Wir könnten diese Übersicht noch auf andere Funktionen ausdehnen, aber wir dürfen nicht erwarten, dabei mehr zu erreichen. Wir kämen nicht über die Oberfläche der Erscheinungen hinaus. Entschließen wir uns darum zu einer Auffassung, die dem Begriff der Hemmung nicht mehr viel Rätselhaftes beläßt. Die Hemmung ist der Ausdruck einer **Funktionseinschränkung des Ichs**, die selbst sehr verschiedene Ursachen haben kann. Manche der Mechanismen dieses Verzichts auf Funktion und eine allgemeine Tendenz desselben sind uns wohlbekannt.

An den spezialisierten Hemmungen ist die Tendenz leichter zu erkennen. Wenn das Klavierspielen, Schreiben und selbst das Gehen neurotischen Hemmungen unterliegen, so zeigt uns die Analyse den Grund hiefür in einer überstarken Erotisierung der bei diesen Funktionen in Anspruch genommenen Organe, der Finger und der Füße. Wir haben ganz allgemein die Einsicht gewonnen, daß die Ichfunktion eines Organes geschädigt wird, wenn seine Erogeneität, seine sexuelle Bedeutung, zunimmt. Es benimmt sich dann, wenn man den einigermaßen skurrilen Vergleich wagen darf, wie eine Köchin, die nicht mehr am Herd arbeiten will, weil der Herr des Hauses Liebesbeziehungen zu ihr angeknüpft hat. Wenn das Schreiben, das darin besteht, aus einem Rohr Flüssigkeit auf ein Stück weißes Papier fließen zu lassen, die symbolische Bedeutung des Koitus angenommen hat, oder wenn das Gehen zum symbolischen Ersatz des Stampfens auf dem Leib der Mutter Erde geworden ist, dann wird beides, Schreiben und Gehen, unterlassen, weil es so ist, als ob man die verbotene sexuelle Handlung ausführen würde. Das Ich verzichtet auf diese ihm zustehenden Funktionen, um nicht eine neuerliche Verdrängung vornehmen zu müssen, um einem Konflikt mit dem Es auszuweichen.

Andere Hemmungen erfolgen offenbar im Dienste der Selbstbestrafung, wie nicht selten die der beruflichen Tätigkeiten. Das Ich darf diese Dinge nicht tun, weil sie ihm Nutzen und Erfolg bringen würden, was das gestrenge Über-Ich versagt hat. Dann verzichtet das Ich auch auf diese Leistungen, um nicht in Konflikt mit dem Über-Ich zu geraten.

Die allgemeineren Hemmungen des Ichs folgen einem anderen, einfachen, Mechanismus. Wenn das Ich durch eine psychische Aufgabe von besonderer Schwere in Anspruch genommen ist, wie z. B. durch eine Trauer, eine großartige Affektunterdrückung, durch die Nötigung, beständig aufsteigende sexuelle Phantasien niederzuhalten, dann verarmt es so sehr an der ihm verfügbaren Energie, daß es seinen Aufwand an vielen Stellen zugleich einschränken muß, wie ein Spekulant, der seine Gelder in seinen Unternehmungen immobilisiert hat. Ein lehrreiches Beispiel einer solchen intensiven Allgemeinhemmung von kurzer Dauer konnte ich an einem Zwangskranken beobachten, der in eine lähmende Müdigkeit von ein- bis mehrtägiger Dauer bei Anlässen verfiel, die offenbar einen Wutausbruch hätten herbeiführen sollen. Von hier aus muß auch ein Weg zum Verständnis der Allgemeinhemmung zu finden sein, durch die sich die Depressionszustände und der schwerste derselben, die Melancholie, kennzeichnen.

Man kann also abschließend über die Hemmungen sagen, sie seien Einschränkungen der Ichfunktionen, entweder aus Vorsicht oder infolge von Energieverarmung. Es ist nun leicht zu erkennen, worin sich die Hemmung vom Symptom unterscheidet. Das Symptom kann nicht mehr als ein Vorgang im oder am Ich beschrieben werden.

## II

Die Grundzüge der Symptombildung sind längst studiert und in hoffentlich unanfechtbarer Weise ausgesprochen worden. Das Symptom sei Anzeichen und Ersatz einer unterbliebenen Triebbefriedigung, ein Erfolg des Verdrängungsvorganges. Die Verdrängung geht vom Ich aus, das, eventuell im Auftrage des Über-Ichs, eine im Es angeregte Triebbesetzung nicht mitmachen will. Das Ich erreicht durch die Verdrängung, daß die Vorstellung, welche der Träger der unliebsamen Regung war, vom Bewußtwerden abgehalten wird. Die Analyse weist oftmals nach, daß sie als unbewußte Formation erhalten geblieben ist. So weit wäre es klar, aber bald beginnen die unerledigten Schwierigkeiten.

Unsere bisherigen Beschreibungen des Vorganges bei der Verdrängung haben den Erfolg der Abhaltung vom Bewußtsein nachdrücklich betont, aber in anderen Punkten Zweifel offen gelassen. Es entsteht die Frage, was ist das Schicksal der im Es aktivierten Triebregung, die auf Befriedigung abzielt? Die Antwort war eine indirekte, sie lautete, durch den Vorgang der Verdrängung werde die zu erwartende Befriedigungslust in Unlust verwandelt, und dann stand man vor dem Problem, wie Unlust das Ergebnis einer Triebbefriedigung sein könne. Wir hoffen, den Sachverhalt zu klären, wenn wir die bestimmte Aussage machen, der im Es beabsichtigte Erregungsablauf komme infolge der Verdrängung überhaupt nicht zustande, es gelinge dem Ich, ihn zu inhibieren oder abzulenken. Dann entfällt das Rätsel der „Affektverwandlung" bei der Verdrängung. Wir haben aber damit dem Ich das Zugeständnis gemacht, daß es einen so weitgehenden Einfluß auf die Vorgänge im Es äußern kann, und sollen verstehen lernen, auf welchem Wege ihm diese überraschende Machtentfaltung möglich wird.

Ich glaube, dieser Einfluß fällt dem Ich zu infolge seiner innigen Beziehungen zum Wahrnehmungssystem, die ja sein Wesen ausmachen und der Grund seiner Differenzierung vom Es geworden sind. Die Funktion dieses Systems, das wir *W-Bw* genannt haben, ist mit dem Phänomen des Bewußtseins verbunden; es empfängt Erregungen nicht nur von außen, sondern auch von innen her und mittels der Lust-Unlustempfindungen, die es von daher erreichen, versucht es, alle Abläufe des seelischen Geschehens im Sinne des Lustprinzips zu lenken. Wir stellen uns das Ich so gerne als ohnmächtig gegen das Es vor, aber wenn es sich gegen einen Triebvorgang im Es sträubt, so braucht es bloß ein Unlustsignal zu geben, um seine Absicht durch die Hilfe der beinahe allmächtigen Instanz des Lustprinzips zu erreichen. Wenn wir diese Situation für einen Augenblick isoliert betrachten, können wir sie durch ein Beispiel aus einer anderen Sphäre illustrieren. In einem Staate wehre sich eine gewisse Clique gegen eine Maßregel, deren Beschluß den Neigungen der Masse entsprechen würde. Diese Minderzahl bemächtigt sich dann der Presse, bearbeitet durch sie die souveräne „öffentliche Meinung" und setzt es so durch, daß der geplante Beschluß unterbleibt.

An die eine Beantwortung knüpfen weitere Fragestellungen an. Woher rührt die Energie, die zur Erzeugung des Unlustsignals verwendet wird? Hier weist uns die Idee den Weg, daß die Abwehr eines unerwünschten Vorganges im Inneren nach dem Muster der Abwehr gegen einen äußeren Reiz geschehen dürfte, daß das Ich den gleichen Weg der Verteidigung gegen die innere wie gegen die äußere Gefahr einschlägt. Bei äußerer Gefahr unternimmt das organische Wesen einen Fluchtversuch, es zieht zunächst die Besetzung von der Wahrnehmung des Gefährlichen ab; später erkennt es als das wirksamere Mittel, solche Muskelaktionen vorzunehmen, daß die Wahrnehmung der Gefahr, auch wenn man sie nicht verweigert, unmöglich wird, also sich dem Wirkungsbereich der Gefahr zu entziehen. Einem solchen Fluchtversuch gleichwertig ist auch die Verdrängung. Das Ich zieht die (vorbewußte) Besetzung von der zu verdrängenden Triebrepräsentanz ab und verwendet sie für die Unlust- (Angst-) Entbindung. Das Problem, wie bei der Verdrängung die Angst entsteht, mag kein einfaches sein; immerhin hat man das Recht, an der Idee festzuhalten, daß das Ich die eigentliche Angststätte ist, und die frühere Auffassung zurückzuweisen, die Besetzungsenergie der verdrängten Regung werde automatisch in Angst verwandelt. Wenn ich mich früher einmal so geäußert habe, so gab ich eine phänomenologische Beschreibung, nicht eine metapsychologische Darstellung.

Aus dem Gesagten leitet sich die neue Frage ab, wie es ökonomisch möglich ist, daß ein bloßer Abziehungs- und Abfuhrvorgang wie beim Rückzug der vorbewußten Ichbesetzung Unlust oder Angst erzeugen könne, die nach unseren Voraussetzungen nur Folge gesteigerter Besetzung sein kann. Ich antworte, diese Verursachung soll nicht ökonomisch erklärt werden, die Angst wird bei der Verdrängung nicht neu erzeugt, sondern als Affektzustand nach einem vorhandenen Erinnerungsbild reproduziert. Mit der weiteren Frage nach der Herkunft dieser Angst — wie der Affekte überhaupt — verlassen wir aber den unbestritten psychologischen Boden und betreten das Grenzgebiet der Physiologie. Die Affektzustände sind dem Seelenleben als Niederschläge uralter traumatischer Erlebnisse einverleibt und werden in ähnlichen Situationen wie Erinnerungssymbole wachgerufen. Ich meine, ich hatte nicht Unrecht, sie den spät und individuell erworbenen hysterischen Anfällen gleichzusetzen und als deren Normalvorbilder zu betrachten. Beim Menschen und ihm verwandten Geschöpfen scheint der Geburtsakt als das erste individuelle Angsterlebnis dem Ausdruck des Angstaffekts charakteristische Züge geliehen zu haben. Wir sollen aber diesen Zusammenhang nicht überschätzen und in seiner Anerkennung nicht übersehen, daß ein Affektsymbol für die Situation der Gefahr eine biologische Notwendigkeit ist und auf jeden Fall geschaffen worden wäre. Ich halte es auch für unberechtigt anzunehmen, daß bei jedem Angstausbruch etwas im Seelenleben vor sich geht, was einer Reproduktion der Geburtssituation gleichkommt. Es ist nicht einmal sicher, ob die hysterischen Anfälle, die ursprünglich solche traumatische Reproduktionen sind, diesen Charakter dauernd bewahren.

Ich habe an anderer Stelle ausgeführt, daß die meisten Verdrängungen, mit denen wir bei der therapeutischen Arbeit zu tun bekommen, Fälle von **Nachdrängen** sind. Sie setzen früher erfolgte **Urverdrängungen** voraus, die auf die neuere Situation ihren anziehenden Einfluß ausüben. Von diesen Hintergründen und Vorstufen der Verdrängung ist noch viel zu wenig bekannt. Man kommt leicht in Gefahr, die Rolle des Über-Ichs bei der Verdrängung zu überschätzen. Man kann es derzeit nicht beurteilen, ob etwa das Auftreten des Über-Ichs die Abgrenzung zwischen Urverdrängung und Nachdrängen schafft. Die ersten — sehr intensiven — Angstausbrüche erfolgen jedenfalls vor der Differenzierung des Über-Ichs. Es ist durchaus plausibel, daß quantitative Momente, wie die übergroße Stärke der Erregung und der Durchbruch des Reizschutzes, die nächsten Anlässe der Urverdrängungen sind.

Die Erwähnung des Reizschutzes mahnt uns wie ein Stichwort, daß die Verdrängungen in zwei unterschiedenen Situationen auftreten, nämlich wenn eine unliebsame Triebregung durch eine äußere Wahrnehmung wachgerufen wird, und wenn sie ohne solche Provokation im Innern auftaucht. Wir werden später auf diese Verschiedenheit zurückkommen. Reizschutz gibt es aber nur gegen äußere Reize, nicht gegen innere Triebansprüche.

Solange wir den Fluchtversuch des Ichs studieren, bleiben wir der Symptombildung ferne. Das Symptom entsteht aus der durch die Verdrängung beeinträchtigten Triebregung. Wenn das Ich durch die Inanspruchnahme des Unlustsignals seine Absicht erreicht, die Triebregung völlig zu unterdrücken, erfahren wir nichts darüber, wie das geschieht. Wir lernen nur aus den Fällen, die als mehr oder minder mißglückte Verdrängungen zu bezeichnen sind.

Dann stellt es sich im allgemeinen so dar, daß die Triebregung zwar trotz der Verdrängung einen Ersatz gefunden hat, aber einen stark verkümmerten, verschobenen, gehemmten. Er ist auch als Befriedigung nicht mehr kenntlich. Wenn er vollzogen wird, kommt keine Lustempfindung zustande, dafür hat dieser Vollzug den Charakter des Zwanges angenommen. Aber bei dieser Erniedrigung des Befriedigungsablaufes zum Symptom zeigt die Verdrängung ihre Macht noch in einem anderen Punkte. Der Ersatzvorgang wird womöglich von der Abfuhr durch die Motilität ferngehalten; auch wo dies nicht gelingt, muß er sich in der Veränderung des eigenen Körpers erschöpfen und darf nicht auf die Außenwelt übergreifen; es wird ihm verwehrt, sich in Handlung umzusetzen. Wir verstehen, bei der Verdrängung arbeitet das Ich unter dem Einfluß der äußeren Realität und schließt darum den Erfolg des Ersatzvorganges von dieser Realität ab.

Das Ich beherrscht den Zugang zum Bewußtsein wie den Übergang zur Handlung gegen die Außenwelt; in der Verdrängung betätigt es seine Macht nach beiden Richtungen. Die Triebrepräsentanz bekommt die eine, die Triebregung selbst die andere Seite seiner Kraftäußerung zu spüren. Da ist es denn am Platze, sich zu fragen, wie diese Anerkennung der Mächtigkeit des Ichs mit der Beschreibung zusammenkommt, die wir in der Studie „Das Ich und das Es" von der Stellung desselben Ichs entworfen haben. Wir haben dort die Abhängigkeit des Ichs vom Es wie vom Über-Ich geschildert, seine Ohnmacht und Angstbereitschaft gegen beide, seine mühsam aufrecht erhaltene Überheblichkeit entlarvt. Dieses Urteil hat seither einen starken Widerhall in der psychoanalytischen Literatur gefunden. Zahlreiche Stimmen betonen eindringlich die Schwäche des Ichs gegen das Es, des Rationellen gegen das Dämonische in uns, und schicken sich an, diesen Satz zu einem Grundpfeiler einer psychoanalytischen „Weltanschauung" zu machen. Sollte nicht die Einsicht in die Wirkungsweise der Verdrängung gerade den Analytiker von so extremer Parteinahme zurückhalten? Ich bin überhaupt nicht für die Fabrikation von Weltanschauungen. Die überlasse man den Philosophen, die eingestandenermaßen die Lebensreise ohne einen solchen Baedeker, der über alles Auskunft gibt, nicht ausführbar finden. Nehmen wir demütig die Verachtung auf uns, mit der die Philosophen vom Standpunkt ihrer höheren Bedürftigkeit auf uns herabschauen. Da auch wir unseren narzißtischen Stolz nicht verleugnen können, wollen wir unseren Trost in der Erwägung suchen, daß alle diese „Lebensführer" rasch veralten, daß es gerade unsere kurzsichtig beschränkte Kleinarbeit ist, welche deren Neuauflagen notwendig macht, und daß selbst die modernsten dieser Baedeker Versuche sind, den alten, so bequemen und so vollständigen Katechismus zu ersetzen. Wir wissen genau, wie wenig Licht die Wissenschaft bisher über die Rätsel dieser Welt verbreiten konnte; alles Poltern der Philosophen kann daran nichts ändern, nur geduldige Fortsetzung der Arbeit, die alles der einen Forderung nach Gewißheit unterordnet, kann langsam Wandel schaffen. Wenn der Wanderer in der Dunkelheit singt, verleugnet er seine Ängstlichkeit, aber er sieht darum um nichts heller.

III

Um zum Problem des Ichs zurückzukehren: Der Anschein des Widerspruchs kommt daher, daß wir Abstraktionen zu starr nehmen und aus einem komplizierten Sachverhalt bald die eine, bald die andere Seite allein herausgreifen. Die Scheidung des Ichs vom Es scheint gerechtfertigt, sie wird uns durch bestimmte Verhältnisse aufgedrängt. Aber anderseits ist das Ich mit dem Es identisch, nur ein besonders differenzierter Anteil desselben. Stellen wir dieses Stück in Gedanken dem Ganzen gegenüber, oder hat sich ein wirklicher Zwiespalt zwischen den beiden ergeben, so wird uns die Schwäche dieses Ichs offenbar. Bleibt das Ich aber mit dem Es verbunden, von ihm nicht unterscheidbar, so zeigt sich seine Stärke. Ähnlich ist das Verhältnis des Ichs zum Über-Ich; für viele Situationen fließen uns die beiden zusammen, meistens können wir sie nur unterscheiden, wenn sich eine Spannung, ein Konflikt zwischen ihnen hergestellt hat. Für den Fall der Verdrängung wird die Tatsache entscheidend, daß das Ich eine Organisation ist, das Es aber keine; das Ich ist eben der organisierte Anteil des Es. Es wäre ganz ungerechtfertigt, wenn man sich vorstellte, Ich und Es seien wie zwei verschiedene Heerlager; durch die Verdrängung suche das Ich ein Stück des Es zu unterdrücken, nun komme das übrige Es dem Angegriffenen zu Hilfe und messe seine Stärke mit der des Ichs. Das mag oft zustande kommen, aber es ist gewiß nicht die Eingangssituation der Verdrängung; in der Regel bleibt die zu verdrängende Triebregung isoliert. Hat der Akt der Verdrängung uns die Stärke des Ichs gezeigt, so legt er doch in einem auch Zeugnis ab für dessen Ohnmacht und für die Unbeeinflußbarkeit der einzelnen Triebregung des Es. Denn der Vorgang, der durch die Verdrängung zum Symptom geworden ist, behauptet nun seine Existenz außerhalb der Ichorganisation und unabhängig von ihr. Und nicht er allein, auch alle seine Abkömmlinge genießen dasselbe Vorrecht, man möchte sagen: der Exterritorialität, und wo sie mit Anteilen der Ichorganisation assoziativ zusammentreffen, wird es fraglich, ob sie diese nicht zu sich herüberziehen und sich mit diesem Gewinn auf Kosten des Ichs ausbreiten werden. Ein uns längst vertrauter Vergleich betrachtet das Symptom als einen Fremdkörper, der unaufhörlich Reiz- und Reaktionserscheinungen in dem Gewebe unterhält, in das er sich eingebettet hat. Es kommt zwar vor, daß der Abwehrkampf gegen die unliebsame Triebregung durch die Symptombildung abgeschlossen wird; soweit wir sehen, ist dies am ehesten bei der hysterischen Konversion möglich, aber in der Regel ist der Verlauf ein anderer; nach dem ersten Akt der Verdrängung folgt ein langwieriges oder nie zu beendendes Nachspiel, der Kampf gegen die Triebregung findet seine Fortsetzung in dem Kampf gegen das Symptom.

Dieser sekundäre Abwehrkampf zeigt uns zwei Gesichter — mit widersprechendem Ausdruck. Einerseits wird das Ich durch seine Natur genötigt, etwas zu unternehmen, was wir als Herstellungs- oder Versöhnungsversuch beurteilen müssen. Das Ich ist eine Organisation, es beruht auf dem freien Verkehr und der Möglichkeit gegenseitiger Beeinflussung unter all seinen Bestandteilen, seine desexualisierte Energie bekundet ihre Herkunft noch in dem Streben nach Bindung und Vereinheitlichung, und dieser Zwang zur Synthese nimmt immer mehr zu, je kräftiger sich das Ich entwickelt. So wird es verständlich, daß das Ich auch versucht, die Fremdheit und Isolierung des Symptoms aufzuheben, indem es alle Möglichkeiten ausnützt, es irgendwie an sich zu binden und durch solche Bande seiner Organisation einzuverleiben. Wir wissen, daß ein solches Bestreben bereits den Akt der Symptombildung beeinflußt. Ein klassisches Beispiel dafür sind jene hysterischen Symptome, die uns als Kompromiß zwischen Befriedigungs- und Strafbedürfnis durchsichtig geworden sind. Als Erfüllungen einer Forderung des Über-Ichs haben solche Symptome von vornherein Anteil am Ich, während sie anderseits Positionen des Verdrängten und Einbruchsstellen desselben in die Ichorganisation bedeuten; sie sind sozusagen Grenzstationen mit gemischter Besetzung. Ob alle primären hysterischen Symptome so gebaut sind, verdiente eine sorgfältige Untersuchung. Im weiteren Verlaufe benimmt sich das Ich so, als ob es von der Erwägung geleitet würde: das Symptom ist einmal da und kann nicht beseitigt werden; nun heißt es, sich mit dieser Situation befreunden und den größtmöglichen Vorteil aus ihr ziehen. Es findet eine Anpassung an das ichfremde Stück der Innenwelt statt, das durch das Symptom repräsentiert wird, wie sie das Ich sonst normalerweise gegen die reale Außenwelt zustande bringt. An Anlässen hiezu fehlt es nie. Die Existenz des Symptoms mag eine gewisse Behinderung der Leistung mit sich bringen, mit der man eine Anforderung des Über-Ichs beschwichtigen oder einen Anspruch der Außenwelt zurückweisen kann. So wird das Symptom allmählich mit der Vertretung wichtiger Interessen betraut, es erhält einen Wert für die Selbstbehauptung, verwächst immer inniger mit dem Ich, wird ihm immer unentbehrlicher. Nur in ganz seltenen Fällen kann der Prozeß der Einheilung eines Fremdkörpers etwas ähnliches wiederholen. Man kann die Bedeutung dieser sekundären Anpassung an das Symptom auch übertreiben, indem man aussagt, das Ich habe sich das Symptom überhaupt nur angeschafft, um dessen Vorteile zu genießen. Das ist dann so richtig oder so falsch, wie wenn man die Ansicht vertritt, der Kriegsverletzte habe sich das Bein nur abschießen lassen, um dann arbeitsfrei von seiner Invalidenrente zu leben.

Andere Symptomgestaltungen, die der Zwangsneurose und der
Paranoia, bekommen einen hohen Wert für das Ich, nicht weil
sie ihm Vorteile, sondern weil sie ihm eine sonst entbehrte narzißtische Befriedigung bringen. Die Systembildungen der Zwangsneurotiker schmeicheln ihrer Eigenliebe durch die Vorspiegelung,
sie seien als besonders reinliche oder gewissenhafte Menschen besser
als andere; die Wahnbildungen der Paranoia eröffnen dem Scharf-
sinn und der Phantasie dieser Kranken ein Feld zur Betätigung,
das ihnen nicht leicht ersetzt werden kann. Aus all den erwähnten
Beziehungen resultiert, was uns als der (sekundäre) Krankheitsgewinn der Neurose bekannt ist. Er kommt dem Bestreben des
Ichs, sich das Symptom einzuverleiben, zu Hilfe und verstärkt die
Fixierung des letzteren. Wenn wir dann den Versuch machen, dem
Ich in seinem Kampf gegen das Symptom analytischen Beistand
zu leisten, finden wir diese versöhnlichen Bindungen zwischen Ich
und Symptom auf der Seite der Widerstände wirksam. Es wird
uns nicht leicht gemacht, sie zu lösen. Die beiden Verfahren, die
das Ich gegen das Symptom anwendet, stehen wirklich in Widerspruch zueinander.

Das andere Verfahren hat weniger freundlichen Charakter, es
setzt die Richtung der Verdrängung fort. Aber es scheint, daß wir
das Ich nicht mit dem Vorwurf der Inkonsequenz belasten dürfen.
Das Ich ist friedfertig und möchte sich das Symptom einverleiben,
es in sein Ensemble aufnehmen. Die Störung geht vom Symptom
aus, das als richtiger Ersatz und Abkömmling der verdrängten
Regung deren Rolle weiterspielt, deren Befriedigungsanspruch
immer wieder erneuert und so das Ich nötigt, wiederum das
Unlustsignal zu geben und sich zur Wehre zu setzen.

Der sekundäre Abwehrkampf gegen das Symptom ist vielgestaltig,
spielt sich auf verschiedenen Schauplätzen ab und bedient sich
mannigfaltiger Mittel. Wir werden nicht viel über ihn aussagen
können, wenn wir nicht die einzelnen Fälle der Symptombildung
zum Gegenstand der Untersuchung nehmen. Dabei werden wir

Anlaß finden, auf das Problem der Angst einzugehen, das wir längst wie im Hintergrunde lauernd verspüren. Es empfiehlt sich, von den Symptomen, welche die hysterische Neurose schafft, auszugehen; auf die Voraussetzungen der Symptombildung bei der Zwangsneurose, Paranoia und anderen Neurosen sind wir noch nicht vorbereitet.

## IV

Der erste Fall, den wir betrachten, sei der einer infantilen hysterischen Tierphobie, also z. B. der gewiß in allen Hauptzügen typische Fall der Pferdephobie des „Kleinen Hans".[1] Schon der erste Blick läßt uns erkennen, daß die Verhältnisse eines realen Falles von neurotischer Erkrankung weit komplizierter sind als unsere Erwartung, solange wir mit Abstraktionen arbeiten, sich vorstellt. Es gehört einige Arbeit dazu, sich zu orientieren, welches die verdrängte Regung, was ihr Symptomersatz ist, wo das Motiv der Verdrängung kenntlich wird.

Der kleine Hans weigert sich, auf die Straße zu gehen, weil er Angst vor dem Pferd hat. Dies ist der Rohstoff. Was ist nun daran das Symptom: die Angstentwicklung, die Wahl des Angstobjekts, oder der Verzicht auf die freie Beweglichkeit, oder mehreres davon zugleich? Wo ist die Befriedigung, die er sich versagt? Warum muß er sich diese versagen?

Es liegt nahe zu antworten, an dem Falle sei nicht so viel rätselhaft. Die unverständliche Angst vor dem Pferd ist das Symptom, die Unfähigkeit, auf die Straße zu gehen, ist eine Hemmungserscheinung, eine Einschränkung, die sich das Ich auferlegt, um nicht das Angstsymptom zu wecken. Man sieht ohneweiters die Richtigkeit der Erklärung des letzten Punktes ein und wird nun

---

[1] Siehe: Analyse der Phobie eines fünfjährigen Knaben. [Bd. VII dieser Gesamtausgabe.]

diese Hemmung bei der weiteren Diskussion außer Betracht lassen. Aber die erste flüchtige Bekanntschaft mit dem Falle lehrt uns nicht einmal den wirklichen Ausdruck des vermeintlichen Symptoms kennen. Es handelt sich, wie wir bei genauerem Verhör erfahren, gar nicht um eine unbestimmte Angst vor dem Pferd, sondern um die bestimmte ängstliche Erwartung: das Pferd werde ihn beißen. Allerdings sucht sich dieser Inhalt dem Bewußtsein zu entziehen und sich durch die unbestimmte Phobie, in der nur noch die Angst und ihr Objekt vorkommen, zu ersetzen. Ist nun etwa dieser Inhalt der Kern des Symptoms?

Wir kommen keinen Schritt weiter, solange wir nicht die ganze psychische Situation des Kleinen in Betracht ziehen, wie sie uns während der analytischen Arbeit enthüllt wird. Er befindet sich in der eifersüchtigen und feindseligen Ödipus-Einstellung zu seinem Vater, den er doch, soweit die Mutter nicht als Ursache der Entzweiung in Betracht kommt, herzlich liebt. Also ein Ambivalenzkonflikt, gut begründete Liebe und nicht minder berechtigter Haß, beide auf dieselbe Person gerichtet. Seine Phobie muß ein Versuch zur Lösung dieses Konflikts sein. Solche Ambivalenzkonflikte sind sehr häufig, wir kennen einen anderen typischen Ausgang derselben. Bei diesem wird die eine der beiden miteinander ringenden Regungen, in der Regel die zärtliche, enorm verstärkt, die andere verschwindet. Nur das Übermaß und das Zwangsmäßige der Zärtlichkeit verrät uns, daß diese Einstellung nicht die einzig vorhandene ist, daß sie ständig auf der Hut ist, ihr Gegenteil in Unterdrückung zu halten, und läßt uns einen Hergang konstruieren, den wir als Verdrängung durch Reaktionsbildung (im Ich) beschreiben. Fälle wie der kleine Hans zeigen nichts von solcher Reaktionsbildung; es gibt offenbar verschiedene Wege, die aus einem Ambivalenzkonflikt herausführen.

Etwas anderes haben wir unterdes mit Sicherheit erkannt. Die Triebregung, die der Verdrängung unterliegt, ist ein feindseliger Impuls gegen den Vater. Die Analyse lieferte uns den Beweis hiefür, während sie der Herkunft der Idee des beißenden Pferdes nachspürte. Hans hat ein Pferd fallen gesehen, einen Spielkameraden fallen und sich verletzen, mit dem er „Pferdl" gespielt hatte. Sie hat uns das Recht gegeben, bei Hans eine Wunschregung zu konstruieren, die gelautet hat, der Vater möge hinfallen, sich beschädigen wie das Pferd und der Kamerad. Beziehungen zu einer beobachteten Abreise lassen vermuten, daß der Wunsch nach der Beseitigung des Vaters auch minder zaghaften Ausdruck gefunden hat. Ein solcher Wunsch ist aber gleichwertig mit der Absicht, ihn selbst zu beseitigen, mit der mörderischen Regung des Ödipus-Komplexes.

Von dieser verdrängten Triebregung führt bis jetzt kein Weg zu dem Ersatz für sie, den wir in der Pferdephobie vermuten. Vereinfachen wir nun die psychische Situation des kleinen Hans, indem wir das infantile Moment und die Ambivalenz wegräumen; er sei etwa ein jüngerer Diener in einem Haushalt, der in die Herrin verliebt ist und sich gewisser Gunstbezeugungen von ihrer Seite erfreue. Erhalten bleibt, daß er den stärkeren Hausherrn haßt und ihn beseitigt wissen möchte; dann ist es die natürlichste Folge dieser Situation, daß er die Rache dieses Herrn fürchtet, daß sich bei ihm ein Zustand von Angst vor diesem einstellt — ganz ähnlich wie die Phobie des kleinen Hans vor dem Pferd. Das heißt, wir können die Angst dieser Phobie nicht als Symptom bezeichnen; wenn der kleine Hans, der in seine Mutter verliebt ist, Angst vor dem Vater zeigen würde, hätten wir kein Recht, ihm eine Neurose, eine Phobie, zuzuschreiben. Wir hätten eine durchaus begreifliche affektive Reaktion vor uns. Was diese zur Neurose macht, ist einzig und allein ein anderer Zug, die Ersetzung des Vaters durch das Pferd. Diese Verschiebung stellt also das her, was auf den Namen eines Symptoms Anspruch hat. Sie ist jener andere Mechanismus, der die Erledigung des Ambivalenzkonflikts ohne die Hilfe der Reaktionsbildung gestattet. Ermöglicht oder erleichtert wird sie durch den Umstand, daß die mitgeborenen Spuren totemistischer

Denkweise in diesem zarten Alter noch leicht zu beleben sind. Die Kluft zwischen Mensch und Tier ist noch nicht anerkannt, gewiß nicht so überbetont wie später. Der erwachsene, bewunderte, aber auch gefürchtete Mann steht noch in einer Reihe mit dem großen Tier, das man um so vielerlei beneidet, vor dem man aber auch gewarnt worden ist, weil es gefährlich werden kann. Der Ambivalenzkonflikt wird also nicht an derselben Person erledigt, sondern gleichsam umgangen, indem man einer seiner Regungen eine andere Person als Ersatzobjekt unterschiebt.

Soweit sehen wir ja klar, aber in einem anderen Punkte hat uns die Analyse der Phobie des kleinen Hans eine volle Enttäuschung gebracht. Die Entstellung, in der die Symptombildung besteht, wird gar nicht an der Repräsentanz (dem Vorstellungsinhalt) der zu verdrängenden Triebregung vorgenommen, sondern an einer davon ganz verschiedenen, die nur einer Reaktion auf das eigentlich Unliebsame entspricht. Unsere Erwartung fände eher Befriedigung, wenn der kleine Hans an Stelle seiner Angst vor dem Pferd eine Neigung entwickelt hätte, Pferde zu mißhandeln, sie zu schlagen, oder deutlich seinen Wunsch kundgegeben hätte, zu sehen, wie sie hinfallen, zu Schaden kommen, eventuell unter Zuckungen verenden (das Krawallmachen mit den Beinen). Etwas der Art tritt auch wirklich während seiner Analyse auf, aber es steht lange nicht voran in der Neurose und — sonderbar — wenn er wirklich solche Feindseligkeit, nur gegen das Pferd anstatt gegen den Vater gerichtet, als Hauptsymptom entwickelt hätte, würden wir gar nicht geurteilt haben, er befinde sich in einer Neurose. Etwas ist also da nicht in Ordnung, entweder an unserer Auffassung der Verdrängung oder in unserer Definition eines Symptoms. Eines fällt uns natürlich sofort auf: Wenn der kleine Hans wirklich ein solches Verhalten gegen Pferde gezeigt hätte, so wäre ja der Charakter der anstößigen, aggressiven Triebregung durch die Verdrängung gar nicht verändert, nur deren Objekt gewandelt worden.

Es ist ganz sicher, daß es Fälle von Verdrängung gibt, die nicht mehr leisten als dies; bei der Genese der Phobie des kleinen Hans ist aber mehr geschehen. Um wieviel mehr, erraten wir aus einem anderen Stück Analyse.

Wir haben bereits gehört, daß der kleine Hans als den Inhalt seiner Phobie die Vorstellung angab, vom Pferd gebissen zu werden. Nun haben wir später Einblick in die Genese eines anderen Falles von Tierphobie bekommen, in der der Wolf das Angsttier war, aber gleichfalls die Bedeutung eines Vaterersatzes hatte.[1] Im Anschluß an einen Traum, den die Analyse durchsichtig machen konnte, entwickelte sich bei diesem Knaben die Angst, vom Wolf gefressen zu werden, wie eines der sieben Geißlein im Märchen. Daß der Vater des kleinen Hans nachweisbar „Pferdl" mit ihm gespielt hatte, war gewiß bestimmend für die Wahl des Angsttieres geworden; ebenso ließ sich wenigstens sehr wahrscheinlich machen, daß der Vater meines erst im dritten Jahrzehnt analysierten Russen in den Spielen mit dem Kleinen den Wolf gemimt und scherzend mit dem Auffressen gedroht hatte. Seither habe ich als dritten Fall einen jungen Amerikaner gefunden, bei dem sich zwar keine Tierphobie ausbildete, der aber gerade durch diesen Ausfall die anderen Fälle verstehen hilft. Seine sexuelle Erregung hatte sich an einer phantastischen Kindergeschichte entzündet, die man ihm vorlas, von einem arabischen Häuptling, der einer aus eßbarer Substanz bestehenden Person (dem *Gingerbreadman*), nachjagt, um ihn zu verzehren. Mit diesem eßbaren Menschen identifizierte er sich selbst, der Häuptling war als Vaterersatz leicht kenntlich und diese Phantasie wurde die erste Unterlage seiner autoerotischen Betätigung. Die Vorstellung, vom Vater gefressen zu werden, ist aber typisches uraltes Kindergut; die Analogien aus der Mythologie (Kronos) und dem Tierleben sind allgemein bekannt.

Trotz solcher Erleichterungen ist dieser Vorstellungsinhalt uns so fremdartig, daß wir ihn dem Kinde nur ungläubig zugestehen

---

[1] Aus der Geschichte einer infantilen Neurose. [Bd. XII dieser Gesamtausgabe.]

können. Wir wissen auch nicht, ob er wirklich das bedeutet, was er auszusagen scheint, und verstehen nicht, wie er Gegenstand einer Phobie werden kann. Die analytische Erfahrung gibt uns allerdings die erforderlichen Auskünfte. Sie lehrt uns, daß die Vorstellung, vom Vater gefressen zu werden, der regressiv erniedrigte Ausdruck für eine passive zärtliche Regung ist, die vom Vater als Objekt im Sinne der Genitalerotik geliebt zu werden begehrt. Die Verfolgung der Geschichte des Falles läßt keinen Zweifel an der Richtigkeit dieser Deutung aufkommen. Die genitale Regung verrät freilich nichts mehr von ihrer zärtlichen Absicht, wenn sie in der Sprache der überwundenen Übergangsphase von der oralen zur sadistischen Libidoorganisation ausgedrückt wird. Handelt es sich übrigens nur um eine Ersetzung der Repräsentanz durch einen regressiven Ausdruck oder um eine wirkliche regressive Erniedrigung der genitalgerichteten Regung im Es? Das scheint gar nicht so leicht zu entscheiden. Die Krankengeschichte des russischen „Wolfsmannes" spricht ganz entschieden für die letztere ernstere Möglichkeit, denn er benimmt sich von dem entscheidenden Traum an „schlimm", quälerisch, sadistisch und entwickelt bald darauf eine richtige Zwangsneurose. Jedenfalls gewinnen wir die Einsicht, daß die Verdrängung nicht das einzige Mittel ist, das dem Ich zur Abwehr einer unliebsamen Triebregung zu Gebote steht. Wenn es ihm gelingt, den Trieb zur Regression zu bringen, so hat es ihn im Grunde energischer beeinträchtigt, als durch die Verdrängung möglich wäre. Allerdings läßt es manchmal der zuerst erzwungenen Regression die Verdrängung folgen.

Der Sachverhalt beim Wolfsmann und der etwas einfachere beim kleinen Hans regen noch mancherlei andere Überlegungen an, aber zwei unerwartete Einsichten gewinnen wir schon jetzt. Kein Zweifel, die bei diesen Phobien verdrängte Triebregung ist eine feindselige gegen den Vater. Man kann sagen, sie wird verdrängt durch den Prozeß der Verwandlung ins Gegenteil; an Stelle der Aggression gegen den Vater tritt die Aggression — die Rache — des Vaters gegen die eigene Person. Da eine solche Aggression ohnedies in der sadistischen Libidophase wurzelt, bedarf sie nur noch einer gewissen Erniedrigung zur oralen Stufe, die bei Hans durch das Gebissenwerden angedeutet, beim Russen aber im Gefressenwerden grell ausgeführt ist. Aber außerdem läßt ja die Analyse über jeden Zweifel gesichert feststellen, daß gleichzeitig noch eine andere Triebregung der Verdrängung erlegen ist, die gegensinnige einer zärtlichen passiven Regung für den Vater, die bereits das Niveau der genitalen (phallischen) Libidoorganisation erreicht hatte. Die letztere scheint sogar die für das Endergebnis des Verdrängungsvorganges bedeutsamere zu sein, sie erfährt die weitergehende Regression, sie erhält den bestimmenden Einfluß auf den Inhalt der Phobie. Wo wir also nur einer Triebverdrängung nachgespürt haben, müssen wir das Zusammentreffen von zwei solchen Vorgängen anerkennen; die beiden betroffenen Triebregungen — sadistische Aggression gegen den Vater und zärtlich passive Einstellung zu ihm — bilden ein Gegensatzpaar, ja noch mehr: wenn wir die Geschichte des kleinen Hans richtig würdigen, erkennen wir, daß durch die Bildung seiner Phobie auch die zärtliche Objektbesetzung der Mutter aufgehoben worden ist, wovon der Inhalt der Phobie nichts verrät. Es handelt sich bei Hans — beim Russen ist das weit weniger deutlich — um einen Verdrängungsvorgang, der fast alle Komponenten des Ödipus-Komplexes betrifft, die feindliche wie die zärtliche Regung gegen den Vater und die zärtliche für die Mutter.

Das sind unerwünschte Komplikationen für uns, die wir nur einfache Fälle von Symptombildung infolge von Verdrängung studieren wollten und uns in dieser Absicht an die frühesten und anscheinend durchsichtigsten Neurosen der Kindheit gewendet hatten. Anstatt einer einzigen Verdrängung fanden wir eine Häufung von solchen vor und überdies bekamen wir es mit der Regression zu tun. Vielleicht haben wir die Verwirrung dadurch gesteigert, daß wir die beiden verfügbaren Analysen von Tierphobien — die des kleinen Hans und des Wolfsmannes — durchaus auf denselben Leisten schlagen wollten. Nun fallen uns gewisse Unterschiede der beiden auf. Nur vom kleinen Hans kann man mit Bestimmtheit aussagen, daß er durch seine Phobie die beiden Hauptregungen des Ödipus-Komplexes, die aggressive gegen den Vater und die überzärtliche gegen die Mutter, erledigt; die zärtliche für den Vater ist gewiß auch vorhanden, sie spielt ihre Rolle bei der Verdrängung ihres Gegensatzes, aber es ist weder nachweisbar, daß sie stark genug war, um eine Verdrängung zu provozieren, noch daß sie nachher aufgehoben ist. Hans scheint eben ein normaler Junge mit sogenanntem „positiven" Ödipus-Komplex gewesen zu sein. Möglich, daß die Momente, die wir vermissen, auch bei ihm mittätig waren, aber wir können sie nicht aufzeigen, das Material selbst unserer eingehendsten Analysen ist eben lückenhaft, unsere Dokumentierung unvollständig. Beim Russen ist der Defekt an anderer Stelle; seine Beziehung zum weiblichen Objekt ist durch eine frühzeitige Verführung gestört worden, die passive, feminine Seite ist bei ihm stark ausgebildet und die Analyse seines Wolfstraumes enthüllt wenig von beabsichtigter Aggression gegen den Vater, erbringt dafür die unzweideutigsten Beweise, daß die Verdrängung die passive, zärtliche Einstellung zum Vater betrifft. Auch hier mögen die anderen Faktoren beteiligt gewesen sein, sie treten aber nicht vor. Wenn trotz dieser Unterschiede der beiden Fälle, die sich nahezu einer Gegensätzlichkeit nähern, der Enderfolg der Phobie nahezu der nämliche ist, so muß uns die Erklärung dafür von anderer Seite kommen; sie kommt von dem zweiten Ergebnis unserer kleinen vergleichenden Untersuchung. Wir glauben den Motor der Verdrängung in beiden Fällen zu kennen und sehen seine Rolle durch den Verlauf bestätigt, den die Entwicklung der zwei Kinder nimmt. Er ist in beiden Fällen der nämliche, die Angst vor einer drohenden Kastration. Aus Kastrationsangst gibt der kleine Hans die Aggression gegen den Vater auf; seine Angst, das Pferd werde ihn beißen, kann zwanglos vervollständigt werden, das Pferd werde ihm das Genitale abbeißen, ihn kastrieren. Aber aus Kastrationsangst verzichtet auch der kleine Russe auf den Wunsch, vom Vater als Sexualobjekt geliebt zu werden, denn er hat verstanden, eine solche Beziehung hätte zur Voraussetzung, daß er sein Genitale aufopfert, das, was ihn vom Weib unterscheidet. Beide Gestaltungen des Ödipus-Komplexes, die normale, aktive, wie die invertierte, scheitern ja am Kastrationskomplex. Die Angstidee des Russen, vom Wolf gefressen zu werden, enthält zwar keine Andeutung der Kastration, sie hat sich durch orale Regression zu weit von der phallischen Phase entfernt, aber die Analyse seines Traumes macht jeden anderen Beweis überflüssig. Es ist auch ein voller Triumph der Verdrängung, daß im Wortlaut der Phobie nichts mehr auf die Kastration hindeutet.

Hier nun das unerwartete Ergebnis: In beiden Fällen ist der Motor der Verdrängung die Kastrationsangst; die Angstinhalte, vom Pferd gebissen und vom Wolf gefressen zu werden, sind Entstellungsersatz für den Inhalt, vom Vater kastriert zu werden. Dieser Inhalt ist es eigentlich, der die Verdrängung an sich erfahren hat. Beim Russen war er Ausdruck eines Wunsches, der gegen die Auflehnung der Männlichkeit nicht bestehen konnte, bei Hans Ausdruck einer Reaktion, welche die Aggression in ihr Gegenteil umwandelte. Aber der Angstaffekt der Phobie, der ihr Wesen ausmacht, stammt nicht aus dem Verdrängungsvorgang, nicht aus den libidinösen Besetzungen der verdrängten Regungen, sondern aus dem Verdrängenden selbst; die Angst der Tierphobie ist die unverwandelte Kastrationsangst, also eine Realangst, Angst vor einer wirklich drohenden oder als real beurteilten Gefahr. Hier macht die Angst die Verdrängung, nicht, wie ich früher gemeint habe, die Verdrängung die Angst.

Es ist nicht angenehm, daran zu denken, aber es hilft nichts, es zu verleugnen, ich habe oftmals den Satz vertreten, durch die Verdrängung werde die Triebrepräsentanz entstellt, verschoben u. dgl., die Libido der Triebregung aber in Angst verwandelt. Die Untersuchung der Phobien, die vor allem berufen sein sollte, diesen Satz zu erweisen, bestätigt ihn also nicht, sie scheint ihm vielmehr direkt zu widersprechen. Die Angst der Tierphobien ist die

Kastrationsangst des Ichs, die der weniger gründlich studierten Agoraphobie scheint Versuchungsangst zu sein, die ja genetisch mit der Kastrationsangst zusammenhängen muß. Die meisten Phobien gehen, so weit wir es heute übersehen, auf eine solche Angst des Ichs vor den Ansprüchen der Libido zurück. Immer ist dabei die Angsteinstellung des Ichs das Primäre und der Antrieb zur Verdrängung. Niemals geht die Angst aus der verdrängten Libido hervor. Wenn ich mich früher begnügt hätte zu sagen, nach der Verdrängung erscheint an Stelle der zu erwartenden Äußerung von Libido ein Maß von Angst, so hätte ich heute nichts zurückzunehmen. Die Beschreibung ist richtig und zwischen der Stärke der zu verdrängenden Regung und der Intensität der resultierenden Angst besteht wohl die behauptete Entsprechung. Aber ich gestehe, ich glaubte mehr als eine bloße Beschreibung zu geben, ich nahm an, daß ich den metapsychologischen Vorgang einer direkten Umsetzung der Libido in Angst erkannt hatte; das kann ich also heute nicht mehr festhalten. Ich konnte auch früher nicht angeben, wie sich eine solche Umwandlung vollzieht.

Woher schöpfte ich überhaupt die Idee dieser Umsetzung? Zur Zeit, als es uns noch sehr ferne lag, zwischen Vorgängen im Ich und Vorgängen im Es zu unterscheiden, aus dem Studium der Aktualneurosen. Ich fand, daß bestimmte sexuelle Praktiken wie Coitus interruptus, frustrane Erregung, erzwungene Abstinenz Angstausbrüche und eine allgemeine Angstbereitschaft erzeugen, also immer, wenn die Sexualerregung in ihrem Ablauf zur Befriedigung gehemmt, aufgehalten oder abgelenkt wird. Da die Sexualerregung der Ausdruck libidinöser Triebregungen ist, schien es nicht gewagt anzunehmen, daß die Libido sich durch die Einwirkung solcher Störungen in Angst verwandelt. Nun ist diese Beobachtung auch heute noch giltig; anderseits ist nicht abzuweisen, daß die Libido der Es-Vorgänge durch die Anregung der Verdrängung eine Störung erfährt; es kann also noch immer richtig sein, daß sich bei der Verdrängung Angst aus der Libidobesetzung der Triebregungen bildet. Aber wie soll man dieses Ergebnis mit dem anderen zusammenbringen, daß die Angst der Phobien eine Ich-Angst ist, im Ich entsteht, nicht aus der Verdrängung hervorgeht, sondern die Verdrängung hervorruft? Das scheint ein Widerspruch und nicht einfach zu lösen. Die Reduktion der beiden Ursprünge der Angst auf einen einzigen läßt sich nicht leicht durchsetzen. Man kann es mit der Annahme versuchen, daß das Ich in der Situation des gestörten Koitus, der unterbrochenen Erregung, der Abstinenz, Gefahren wittert, auf die es mit Angst reagiert, aber es ist nichts damit zu machen. Anderseits scheint die Analyse der Phobien, die wir vorgenommen haben, eine Berichtigung nicht zuzulassen. *Non liquet!*

## V

Wir wollten die Symptombildung und den sekundären Kampf des Ichs gegen das Symptom studieren, aber wir haben offenbar mit der Wahl der Phobien keinen glücklichen Griff getan. Die Angst, welche im Bild dieser Affektionen vorherrscht, erscheint uns nun als eine den Sachverhalt verhüllende Komplikation. Es gibt reichlich Neurosen, bei denen sich nichts von Angst zeigt. Die echte Konversionshysterie ist von solcher Art, deren schwerste Symptome ohne Beimengung von Angst gefunden werden. Schon diese Tatsache müßte uns warnen, die Beziehungen zwischen Angst und Symptombildung nicht allzu fest zu knüpfen. Den Konversionshysterien stehen die Phobien sonst so nahe, daß ich mich für berechtigt gehalten habe, ihnen diese als „Angsthysterie" anzureihen. Aber niemand hat noch die Bedingung angeben können, die darüber entscheidet, ob ein Fall die Form einer Konversionshysterie oder einer Phobie annimmt, niemand also die Bedingung der Angstentwicklung bei der Hysterie ergründet.

Die häufigsten Symptome der Konversionshysterie, eine motorische Lähmung, Kontraktur oder unwillkürliche Aktion oder Entladung, ein Schmerz, eine Halluzination, sind entweder permanent festgehaltene oder intermittierende Besetzungsvorgänge, was der Erklärung neue Schwierigkeiten bereitet. Man weiß eigentlich nicht viel über solche Symptome zu sagen. Durch die Analyse kann man erfahren, welchen gestörten Erregungsablauf sie ersetzen. Zumeist ergibt sich, daß sie selbst einen Anteil an diesem haben, so als ob sich die gesamte Energie desselben auf dies eine Stück konzentriert hätte. Der Schmerz war in der Situation, in welcher die Verdrängung vorfiel, vorhanden; die Halluzination war damals Wahrnehmung, die motorische Lähmung ist die Abwehr einer Aktion, die in jener Situation hätte ausgeführt werden sollen, aber gehemmt wurde, die Kontraktur gewöhnlich eine Verschiebung für eine damals intendierte Muskelinnervation an anderer Stelle, der Krampfanfall Ausdruck eines Affektausbruches, der sich der normalen Kontrolle des Ichs entzogen hat. In ganz auffälligem Maße wechselnd ist die Unlustempfindung, die das Auftreten der Symptome begleitet. Bei den permanenten, auf die Motilität verschobenen Symptomen, wie Lähmungen und Kontrakturen, fehlt sie meistens gänzlich, das Ich verhält sich gegen sie wie unbeteiligt; bei den intermittierenden und den Symptomen der sensorischen Sphäre werden in der Regel deutliche Unlustempfindungen verspürt, die sich im Falle des Schmerzsymptoms zu exzessiver Höhe steigern können. Es ist sehr schwer, in dieser Mannigfaltigkeit das Moment herauszufinden, das solche Differenzen ermöglicht und sie doch einheitlich erklären läßt. Auch vom Kampf des Ichs gegen das einmal gebildete Symptom ist bei der Konversionshysterie wenig zu merken. Nur wenn die Schmerzempfindlichkeit einer Körperstelle zum Symptom geworden ist, wird diese in den Stand gesetzt, eine Doppelrolle zu spielen. Das Schmerzsymptom tritt ebenso sicher auf, wenn diese Stelle von außen berührt wird, wie wenn die von ihr vertretene pathogene Situation von innen her assoziativ aktiviert wird, und das Ich ergreift Vorsichtsmaßregeln, um die Erweckung des Symptoms durch äußere Wahrnehmung hintanzuhalten. Woher die besondere Undurchsichtigkeit der Symptombildung bei der Konversionshysterie rührt, können wir nicht erraten, aber sie gibt uns ein Motiv, das unfruchtbare Gebiet bald zu verlassen.

Wir wenden uns zur Zwangsneurose in der Erwartung, hier mehr über die Symptombildung zu erfahren. Die Symptome der

Zwangsneurose sind im allgemeinen von zweierlei Art und entgegengesetzter Tendenz. Es sind entweder Verbote, Vorsichtsmaßregeln, Bußen, also negativer Natur, oder im Gegenteil Ersatzbefriedigungen, sehr häufig in symbolischer Verkleidung. Von diesen zwei Gruppen ist die negative, abwehrende, strafende, die ältere; mit der Dauer des Krankseins nehmen aber die aller Abwehr spottenden Befriedigungen überhand. Es ist ein Triumph der Symptombildung, wenn es gelingt, das Verbot mit der Befriedigung zu verquicken, so daß das ursprünglich abwehrende Gebot oder Verbot auch die Bedeutung einer Befriedigung bekommt, wozu oft sehr künstliche Verbindungswege in Anspruch genommen werden. In dieser Leistung zeigt sich die Neigung zur Synthese, die wir dem Ich bereits zuerkannt haben. In extremen Fällen bringt es der Kranke zustande, daß die meisten seiner Symptome zu ihrer ursprünglichen Bedeutung auch die des direkten Gegensatzes erworben haben, ein Zeugnis für die Macht der Ambivalenz, die, wir wissen nicht warum, in der Zwangsneurose eine so große Rolle spielt. Im rohesten Fall ist das Symptom zweizeitig, d. h. auf die Handlung, die eine gewisse Vorschrift ausführt, folgt unmittelbar eine zweite, die sie aufhebt oder rückgängig macht, wenngleich sie noch nicht wagt, ihr Gegenteil auszuführen.

Zwei Eindrücke ergeben sich sofort aus dieser flüchtigen Überschau der Zwangssymptome. Der erste, daß hier ein fortgesetzter Kampf gegen das Verdrängte unterhalten wird, der sich immer mehr zu Ungunsten der verdrängenden Kräfte wendet, und zweitens, daß Ich und Über-Ich hier einen besonders großen Anteil an der Symptombildung nehmen.

Die Zwangsneurose ist wohl das interessanteste und dankbarste Objekt der analytischen Untersuchung, aber noch immer als Problem unbezwungen. Wollen wir in ihr Wesen tiefer eindringen, so müssen wir eingestehen, daß unsichere Annahmen und unbewiesene Vermutungen noch nicht entbehrt werden können. Die Ausgangssituation der Zwangsneurose ist wohl keine andere als die der

Hysterie, die notwendige Abwehr der libidinösen Ansprüche des
Ödipus-Komplexes. Auch scheint sich bei jeder Zwangsneurose eine
unterste Schicht sehr früh gebildeter hysterischer Symptome zu
finden. Dann aber wird die weitere Gestaltung durch einen konstitutionellen Faktor entscheidend verändert. Die genitale Organisation der Libido erweist sich als schwächlich und zu wenig resistent.
Wenn das Ich sein Abwehrstreben beginnt, so erzielt es als ersten
Erfolg, daß die Genitalorganisation (der phallischen Phase) ganz
oder teilweise auf die frühere sadistisch-anale Stufe zurückgeworfen
wird. Diese Tatsache der Regression bleibt für alles folgende
bestimmend.

Man kann noch eine andere Möglichkeit in Erwägung ziehen.
Vielleicht ist die Regression nicht die Folge eines konstitutionellen,
sondern eines zeitlichen Faktors. Sie wird nicht darum ermöglicht
werden, weil die Genitalorganisation der Libido zu schwächlich
geraten, sondern weil das Sträuben des Ichs zu frühzeitig, noch
während der Blüte der sadistischen Phase eingesetzt hat. Einer
sicheren Entscheidung getraue ich mich auch in diesem Punkte
nicht, aber die analytische Beobachtung begünstigt diese Annahme
nicht. Sie zeigt eher, daß bei der Wendung zur Zwangsneurose
die phallische Stufe bereits erreicht ist. Auch ist das Lebensalter
für den Ausbruch dieser Neurose ein späteres als das der Hysterie
(die zweite Kindheitsperiode, nach dem Termin der Latenzzeit),
und in einem Fall von sehr später Entwicklung dieser Affektion,
den ich studieren konnte, ergab es sich klar, daß eine reale Entwertung des bis dahin intakten Genitallebens die Bedingung für die
Regression und die Entstehung der Zwangsneurose schuf.[1]

Die metapsychologische Erklärung der Regression suche ich in
einer „Triebentmischung", in der Absonderung der erotischen Komponenten, die mit Beginn der genitalen Phase zu den destruktiven
Besetzungen der sadistischen Phase hinzugetreten waren.

---

1) Siehe: Die Disposition zur Zwangsneurose. [Bd. VIII dieser Gesamtausgabe.]

Die Erzwingung der Regression bedeutet den ersten Erfolg des Ichs im Abwehrkampf gegen den Anspruch der Libido. Wir unterscheiden hier zweckmäßig die allgemeinere Tendenz der „Abwehr" von der „Verdrängung", die nur einer der Mechanismen ist, deren sich die Abwehr bedient. Vielleicht noch klarer als bei normalen und hysterischen Fällen erkennt man bei der Zwangsneurose als den Motor der Abwehr den Kastrationskomplex, als das Abgewehrte die Strebungen des Ödipus-Komplexes. Wir befinden uns nun zu Beginn der Latenzzeit, die durch den Untergang des Ödipus-Komplexes, die Schöpfung oder Konsolidierung des Über-Ichs und die Aufrichtung der ethischen und ästhetischen Schranken im Ich gekennzeichnet ist. Diese Vorgänge gehen bei der Zwangsneurose über das normale Maß hinaus; zur Zerstörung des Ödipus-Komplexes tritt die regressive Erniedrigung der Libido hinzu, das Über-Ich wird besonders strenge und lieblos, das Ich entwickelt im Gehorsam gegen das Über-Ich hohe Reaktionsbildungen von Gewissenhaftigkeit, Mitleid, Reinlichkeit. Mit unerbittlicher, darum nicht immer erfolgreicher Strenge wird die Versuchung zur Fortsetzung der frühinfantilen Onanie verpönt, die sich nun an regressive (sadistisch-anale) Vorstellungen anlehnt, aber doch den unbezwungenen Anteil der phallischen Organisation repräsentiert. Es liegt ein innerer Widerspruch darin, daß gerade im Interesse der Erhaltung der Männlichkeit (Kastrationsangst) jede Betätigung dieser Männlichkeit verhindert wird, aber auch dieser Widerspruch wird bei der Zwangsneurose nur übertrieben, er haftet bereits an der normalen Art der Beseitigung des Ödipus-Komplexes. Wie jedes Übermaß den Keim zu seiner Selbstaufhebung in sich trägt, wird sich auch an der Zwangsneurose bewähren, indem gerade die unterdrückte Onanie sich in der Form der Zwangshandlungen eine immer weiter gehende Annäherung an die Befriedigung erzwingt.

Die Reaktionsbildungen im Ich der Zwangsneurotiker, die wir als Übertreibungen der normalen Charakterbildung erkennen, dürfen wir als einen neuen Mechanismus der Abwehr neben die Regression und die Verdrängung hinstellen. Sie scheinen bei der Hysterie zu fehlen oder weit schwächer zu sein. Rückschauend gewinnen wir so eine Vermutung, wodurch der Abwehrvorgang der Hysterie ausgezeichnet ist. Es scheint, daß er sich auf die Verdrängung einschränkt, indem das Ich sich von der unliebsamen Triebregung abwendet, sie dem Ablauf im Unbewußten überläßt und an ihren Schicksalen keinen weiteren Anteil nimmt. So ganz ausschließend richtig kann das zwar nicht sein, denn wir kennen ja den Fall, daß das hysterische Symptom gleichzeitig die Erfüllung einer Strafanforderung des Über-Ichs bedeutet, aber es mag einen allgemeinen Charakter im Verhalten des Ichs bei der Hysterie beschreiben.

Man kann es einfach als Tatsache hinnehmen, daß sich bei der Zwangsneurose ein so strenges Über-Ich bildet, oder man kann daran denken, daß der fundamentale Zug dieser Affektion die Libidoregression ist, und versuchen, auch den Charakter des Über-Ichs mit ihr zu verknüpfen. In der Tat kann ja das Über-Ich, das aus dem Es stammt, sich der dort eingetretenen Regression und Triebentmischung nicht entziehen. Es wäre nicht zu verwundern, wenn es seinerseits härter, quälerischer, lebloser würde als bei normaler Entwicklung.

Während der Latenzzeit scheint die Abwehr der Onanieversuchung als Hauptaufgabe behandelt zu werden. Dieser Kampf erzeugt eine Reihe von Symptomen, die bei den verschiedensten Personen in typischer Weise wiederkehren und im allgemeinen den Charakter des Zeremoniells tragen. Es ist sehr zu bedauern, daß sie noch nicht gesammelt und systematisch analysiert worden sind; als früheste Leistungen der Neurose würden sie über den hier verwendeten Mechanismus der Symptombildung am ehesten Licht verbreiten. Sie zeigen bereits die Züge, welche in einer späteren schweren Erkrankung so verhängnisvoll hervortreten werden: die Unterbringung an den Verrichtungen, die später wie automatisch ausgeführt werden sollen, am Schlafengehen, Waschen und Ankleiden, an der Lokomotion, die Neigung zur Wiederholung und zum Zeitaufwand. Warum das so geschieht, ist noch keineswegs verständlich; die Sublimierung analerotischer Komponenten spielt dabei eine deutliche Rolle.

Die Pubertät macht in der Entwicklung der Zwangsneurose einen entscheidenden Abschnitt. Die in der Kindheit abgebrochene Genitalorganisation setzt nun mit großer Kraft wieder ein. Wir wissen aber, daß die Sexualentwicklung der Kinderzeit auch für den Neubeginn der Pubertätsjahre die Richtung vorschreibt. Es werden also einerseits die aggressiven Regungen der Frühzeit wieder erwachen, anderseits muß ein mehr oder minder großer Anteil der neuen libidinösen Regungen — in bösen Fällen deren Ganzes — die durch die Regression vorgezeichneten Bahnen einschlagen und als aggressive und destruktive Absichten auftreten. Infolge dieser Verkleidung der erotischen Strebungen und der starken Reaktionsbildungen im Ich, wird nun der Kampf gegen die Sexualität unter ethischer Flagge weitergeführt. Das Ich sträubt sich verwundert gegen grausame und gewalttätige Zumutungen, die ihm vom Es her ins Bewußtsein geschickt werden, und ahnt nicht, daß es dabei erotische Wünsche bekämpft, darunter auch solche, die sonst seinem Einspruch entgangen wären. Das überstrenge Über-Ich besteht um so energischer auf der Unterdrückung der Sexualität, da sie so abstoßende Formen angenommen hat. So zeigt sich der Konflikt bei der Zwangsneurose nach zwei Richtungen verschärft, das Abwehrende ist intoleranter, das Abzuwehrende unerträglicher geworden; beides durch den Einfluß des einen Moments, der Libidoregression.

Man könnte einen Widerspruch gegen manche unserer Voraussetzungen darin finden, daß die unliebsame Zwangsvorstellung überhaupt bewußt wird. Allein es ist kein Zweifel, daß sie vorher den Prozeß der Verdrängung durchgemacht hat. In den meisten Fällen ist der eigentliche Wortlaut der aggressiven Triebregung dem Ich überhaupt nicht bekannt. Es gehört ein gutes Stück analytischer Arbeit dazu, um ihn bewußt zu machen. Was zum Bewußtsein durchdringt, ist in der Regel nur ein entstellter Ersatz, entweder von einer verschwommenen, traumhaften Unbestimmtheit, oder unkenntlich gemacht durch eine absurde Verkleidung. Wenn die Verdrängung nicht den Inhalt der aggressiven Triebregung angenagt hat, so hat sie doch gewiß den sie begleitenden Affektcharakter beseitigt. So erscheint die Aggression dem Ich nicht als ein Impuls, sondern, wie die Kranken sagen, als ein bloßer „Gedankeninhalt", der einen kalt lassen sollte. Das Merkwürdigste ist, daß dies doch nicht der Fall ist.

Der bei der Wahrnehmung der Zwangsvorstellung ersparte Affekt kommt nämlich an anderer Stelle zum Vorschein. Das Über-Ich benimmt sich so, als hätte keine Verdrängung stattgefunden, als wäre ihm die aggressive Regung in ihrem richtigen Wortlaut und mit ihrem vollen Affektcharakter bekannt, und behandelt das Ich auf Grund dieser Voraussetzung. Das Ich, das sich einerseits schuldlos weiß, muß anderseits ein Schuldgefühl verspüren und eine Verantwortlichkeit tragen, die es sich nicht zu erklären weiß. Das Rätsel, das uns hiemit aufgegeben wird, ist aber nicht so groß, als es zuerst erscheint. Das Verhalten des Über-Ichs ist durchaus verständlich, der Widerspruch im Ich beweist uns nur, daß es sich mittels der Verdrängung gegen das Es verschlossen hat, während es den Einflüssen aus dem Über-Ich voll zugänglich geblieben ist.[1] Der weiteren Frage, warum das Ich sich nicht auch der peinigenden Kritik des Über-Ichs zu entziehen sucht, macht die Nachricht ein Ende, daß dies wirklich in einer großen Reihe von Fällen so geschieht. Es gibt auch Zwangsneurosen ganz ohne Schuldbewußtsein; soweit wir es verstehen, hat sich das Ich die Wahrnehmung desselben durch eine neue Reihe von Symptomen, Bußhandlungen, Einschränkungen zur Selbstbestrafung, erspart. Diese Symptome bedeuten aber gleichzeitig Befriedigungen masochistischer Triebregungen, die ebenfalls aus der Regression eine Verstärkung bezogen haben.

---

1) Vgl. Reik: Geständniszwang und Strafbedürfnis. 1925. S. 51.

Die Mannigfaltigkeit in den Erscheinungen der Zwangsneurose ist eine so großartige, daß es noch keiner Bemühung gelungen ist, eine zusammenhängende Synthese aller ihrer Variationen zu geben. Man ist bestrebt, typische Beziehungen herauszuheben und dabei immer in Sorge, andere nicht minder wichtige Regelmäßigkeiten zu übersehen.

Die allgemeine Tendenz der Symptombildung bei der Zwangsneurose habe ich bereits beschrieben. Sie geht dahin, der Ersatzbefriedigung immer mehr Raum auf Kosten der Versagung zu schaffen. Dieselben Symptome, die ursprünglich Einschränkungen des Ichs bedeuteten, nehmen dank der Neigung des Ichs zur Synthese später auch die von Befriedigungen an, und es ist unverkennbar, daß die letztere Bedeutung allmählich die wirksamere wird. Ein äußerst eingeschränktes Ich, das darauf angewiesen ist, seine Befriedigungen in den Symptomen zu suchen, wird das Ergebnis dieses Prozesses, der sich immer mehr dem völligen Fehlschlagen des anfänglichen Abwehrstrebens nähert. Die Verschiebung des Kräfteverhältnisses zugunsten der Befriedigung kann zu dem gefürchteten Endausgang der Willenslähmung des Ichs führen, das für jede Entscheidung beinahe ebenso starke Antriebe von der einen wie von der anderen Seite findet. Der überscharfe Konflikt zwischen Es und Über-Ich, der die Affektion von Anfang an beherrscht, kann sich so sehr ausbreiten, daß keine der Verrichtungen des zur Vermittlung unfähigen Ichs der Einbeziehung in diesen Konflikt entgehen kann.

# VI

Während dieser Kämpfe kann man zwei symptombildende Tätigkeiten des Ichs beobachten, die ein besonderes Interesse verdienen, weil sie offenbare Surrogate der Verdrängung sind und darum deren Tendenz und Technik schön erläutern können. Vielleicht dürfen wir auch das Hervortreten dieser Hilfs- und Ersatztechniken als einen Beweis dafür auffassen, daß die Durchführung der regelrechten Verdrängung auf Schwierigkeiten stößt. Wenn wir erwägen, daß bei der Zwangsneurose das Ich soviel mehr Schauplatz der Symptombildung ist als bei der Hysterie, daß dieses Ich zähe an seiner Beziehung zur Realität und zum Bewußtsein festhält und dabei alle seine intellektuellen Mittel aufbietet, ja, daß die Denktätigkeit überbesetzt, erotisiert, erscheint, werden uns solche Variationen der Verdrängung vielleicht näher gebracht.

Die beiden angedeuteten Techniken sind das Ungeschehenmachen und das Isolieren. Die erstere hat ein großes Anwendungsgebiet und reicht weit zurück. Sie ist sozusagen negative Magie, sie will durch motorische Symbolik nicht die Folgen eines Ereignisses (Eindruckes, Erlebnisses), sondern dieses selbst „wegblasen". Mit der Wahl dieses letzten Ausdruckes ist darauf hingewiesen, welche Rolle diese Technik nicht nur in der Neurose, sondern auch in den Zauberhandlungen, Volksgebräuchen und im religiösen Zeremoniell spielt. In der Zwangsneurose begegnet man dem Ungeschehenmachen zuerst bei den zweizeitigen Symptomen, wo der zweite Akt den ersten aufhebt, so, als ob nichts geschehen wäre, wo in Wirklichkeit beides geschehen ist. Das zwangsneurotische Zeremoniell hat in der Absicht des Ungeschehenmachens seine zweite Wurzel. Die erste ist die Verhütung, die Vorsicht, damit etwas Bestimmtes nicht geschehe, sich nicht wiederhole. Der Unterschied ist leicht zu fassen; die Vorsichtsmaßregeln sind rationell, die „Aufhebungen" durch Ungeschehenmachen irrationell, magischer Natur. Natürlich muß man vermuten, daß diese zweite Wurzel die ältere, aus der animistischen Einstellung zur Umwelt stammende ist. Seine Abschattung zum Normalen findet das Streben zum Ungeschehenmachen in dem Entschluß ein Ereignis als *„non arrivé"* zu behandeln, aber dann unternimmt man nichts dagegen, kümmert sich weder um das Ereignis noch um seine Folgen, während man in der Neurose die Vergangenheit selbst aufzuheben, motorisch zu verdrängen sucht. Dieselbe Tendenz kann auch die Erklärung des in der Neurose so häufigen Zwanges zur Wiederholung geben, bei dessen Ausführung sich dann mancherlei einander widerstreitende Absichten zusammenfinden. Was nicht in solcher Weise geschehen ist, wie es dem Wunsch gemäß hätte geschehen sollen, wird durch die Wiederholung in anderer Weise ungeschehen gemacht, wozu nun alle die Motive hinzutreten, bei diesen Wiederholungen zu verweilen. Im weiteren Verlauf der Neurose enthüllt sich oft die Tendenz, ein traumatisches Erlebnis ungeschehen zu machen, als ein symptombildendes Motiv von erstem Range. Wir erhalten so unerwarteten Einblick in eine neue, motorische Technik der Abwehr oder, wie wir hier mit geringerer Ungenauigkeit sagen können, der Verdrängung.

Die andere der neu zu beschreibenden Techniken ist das der Zwangsneurose eigentümlich zukommende Isolieren. Es bezieht sich gleichfalls auf die motorische Sphäre, besteht darin, daß nach einem unliebsamen Ereignis, ebenso nach einer im Sinne der Neurose bedeutsamen eigenen Tätigkeit, eine Pause eingeschoben wird, in der sich nichts mehr ereignen darf, keine Wahrnehmung gemacht und keine Aktion ausgeführt wird. Dies zunächst sonderbare Verhalten verrät uns bald seine Beziehung zur Verdrängung. Wir wissen, bei Hysterie ist es möglich, einen traumatischen Eindruck der Amnesie verfallen zu lassen; bei der Zwangsneurose ist dies oft nicht gelungen, das Erlebnis ist nicht vergessen, aber es ist von seinem Affekt entblößt und seine assoziativen Beziehungen sind unterdrückt oder unterbrochen, so daß es wie isoliert dasteht und auch nicht im Verlaufe der Denktätigkeit reproduziert wird. Der Effekt dieser Isolierung ist dann der nämliche wie bei der Verdrängung mit Amnesie. Diese Technik wird also in den Isolierungen der Zwangsneurose reproduziert, aber dabei auch in magischer Absicht motorisch verstärkt. Was so auseinandergehalten wird, ist gerade das, was assoziativ zusammengehört, die motorische Isolierung soll eine Garantie für die Unterbrechung des Zusammenhanges im Denken geben. Einen Vorwand für dies Verfahren der Neurose gibt der normale Vorgang der Konzentration. Was uns bedeutsam als Eindruck, als Aufgabe erscheint, soll nicht durch die gleichzeitigen Ansprüche anderer Denkverrichtungen oder Tätigkeiten gestört werden. Aber schon im Normalen wird die Konzentration dazu verwendet, nicht nur das Gleichgültige, nicht Dazugehörige, sondern vor allem das unpassende Gegensätzliche fernzuhalten. Als das Störendste wird empfunden, was ursprünglich zusammengehört hat und durch den Fortschritt der Entwicklung auseinandergerissen wurde, z. B. die Äußerungen der Ambivalenz des Vaterkomplexes in der Beziehung zu Gott oder die Regungen der Exkretionsorgane in den Liebeserregungen. So hat das Ich normalerweise eine große Isolierungsarbeit bei der Lenkung des Gedankenablaufes zu leisten, und wir wissen, in der Ausübung der analytischen Technik müssen wir das Ich dazu erziehen, auf diese sonst durchaus gerechtfertigte Funktion zeitweilig zu verzichten.

Wir haben alle die Erfahrung gemacht, daß es dem Zwangsneurotiker besonders schwer wird, die psychoanalytische Grundregel zu befolgen. Wahrscheinlich infolge der hohen Konfliktspannung zwischen seinem Über-Ich und seinem Es ist sein Ich wachsamer, dessen Isolierungen schärfer. Es hat während seiner Denkarbeit zuviel abzuwehren, die Einmengung unbewußter Phantasien, die Äußerung der ambivalenten Strebungen. Es darf sich nicht gehen lassen, befindet sich fortwährend in Kampfbereitschaft. Diesen Zwang zur Konzentration und Isolierung unterstüzt es dann durch die magischen Isolierungsaktionen, die als Symptome so auffällig und praktisch so bedeutsam werden, an sich natürlich nutzlos sind und den Charakter des Zeremoniells haben.

Indem es aber Assoziationen, Verbindung in Gedanken, zu verhindern sucht, befolgt es eines der ältesten und fundamentalsten Gebote der Zwangsneurose, das Tabu der Berührung. Wenn man sich die Frage vorlegt, warum die Vermeidung von Berührung, Kontakt, Ansteckung in der Neurose eine so große Rolle spielt und zum Inhalt so komplizierter Systeme gemacht wird, so findet man die Antwort, daß die Berührung, der körperliche Kontakt, das nächste Ziel sowohl der aggressiven wie der zärtlichen Objektbesetzung ist. Der Eros will die Berührung, denn er strebt nach Vereinigung, Aufhebung der Raumgrenzen zwischen Ich und geliebtem Objekt. Aber auch die Destruktion, die vor der Erfindung der Fernwaffe nur aus der Nähe erfolgen konnte, muß die körperliche Berührung, das Handanlegen voraussetzen. Eine Frau berühren ist im Sprachgebrauch ein Euphemismus für ihre Benützung als Sexualobjekt geworden. Das Glied nicht berühren ist der Wortlaut des Verbotes der autoerotischen Befriedigung. Da die Zwangsneurose zu Anfang die erotische Berührung, dann nach der Regression die als Aggression maskierte Berührung verfolgte, ist nichts anderes für sie in so hohem Grade verpönt worden, nichts so geeignet, zum Mittelpunkt eines Verbotsystems zu werden. Die Isolierung ist aber Aufhebung der Kontaktmöglichkeit, Mittel, ein Ding jeder Berührung zu entziehen, und wenn der Neurotiker auch einen Eindruck oder eine Tätigkeit durch eine Pause isoliert, gibt er uns symbolisch zu verstehen, daß er die Gedanken an sie nicht in assoziative Berührung mit anderen kommen lassen will.

So weit reichen unsere Untersuchungen über die Symptombildung. Es verlohnt sich kaum, sie zu resumieren, sie sind ergebnisarm und unvollständig geblieben, haben auch wenig gebracht, was nicht schon früher bekannt gewesen wäre. Die Symptombildung bei anderen Affektionen als bei den Phobien, der Konversionshysterie und der Zwangsneurose in Betracht zu ziehen, wäre aussichtslos; es ist zu wenig darüber bekannt. Aber auch schon aus der Zusammenstellung dieser drei Neurosen erhebt sich ein schwerwiegendes, nicht mehr aufzuschiebendes Problem. Für alle drei ist die Zerstörung des Ödipus-Komplexes der Ausgang, in allen, nehmen wir an, die Kastrationsangst der Motor des Ichsträubens. Aber nur in den Phobien kommt solche Angst zum Vorschein, wird sie eingestanden. Was ist bei den zwei anderen Formen aus ihr geworden, wie hat das Ich sich solche Angst erspart? Das Problem verschärft sich noch, wenn wir an die vorhin erwähnte Möglichkeit denken, daß die Angst durch eine Art Vergärung aus der im Ablauf gestörten Libidobesetzung selbst hervorgeht, und weiters: steht es fest, daß die Kastrationsangst der einzige Motor der Verdrängung (oder Abwehr) ist? Wenn man an die Neurosen der Frauen denkt, muß man das bezweifeln, denn so sicher sich der Kastrationskomplex bei ihnen konstatieren läßt, von einer Kastrationsangst im richtigen Sinne kann man bei bereits vollzogener Kastration doch nicht sprechen.

## VII

Kehren wir zu den infantilen Tierphobien zurück, wir verstehen diese Fälle doch besser als alle anderen. Das Ich muß also hier gegen eine libidinöse Objektbesetzung des Es (die des positiven oder des negativen Ödipus-Komplexes) einschreiten, weil es verstanden hat, ihr nachzugeben brächte die Gefahr der Kastration mit sich. Wir haben das schon erörtert und finden noch Anlaß, uns einen Zweifel klar zu machen, der von dieser ersten Diskussion erübrigt ist. Sollen wir beim kleinen Hans (also im Falle des positiven Ödipus-Komplexes) annehmen, daß es die zärtliche Regung für die Mutter oder die aggressive gegen den Vater ist, welche die Abwehr des Ichs herausfordert? Praktisch schiene das gleichgültig, besonders da die beiden Regungen einander bedingen, aber ein theoretisches Interesse knüpft sich an die Frage, weil nur die zärtliche Strömung für die Mutter als eine rein erotische gelten kann. Die aggressive ist wesentlich vom Destruktionstrieb abhängig, und wir haben immer geglaubt, bei der Neurose wehre sich das Ich gegen Ansprüche der Libido, nicht der anderen Triebe. In der Tat sehen wir, daß nach der Bildung der Phobie die zärtliche Mutterbindung wie verschwunden ist, sie ist durch die Verdrängung gründlich erledigt worden, an der aggressiven Regung hat sich aber die Symptom- (Ersatz-) Bildung vollzogen. Im Falle des Wolfsmannes liegt es einfacher, die verdrängte Regung ist wirklich eine erotische, die feminine Einstellung zum Vater, und an ihr vollzieht sich auch die Symptombildung.

Es ist fast beschämend, daß wir nach so langer Arbeit noch immer Schwierigkeiten in der Auffassung der fundamentalsten Verhältnisse finden, aber wir haben uns vorgenommen, nichts zu vereinfachen und nichts zu verheimlichen. Wenn wir nicht klar sehen können, wollen wir wenigstens die Unklarheiten scharf sehen. Was uns hier im Wege steht, ist offenbar eine Unebenheit in der Entwicklung unserer Trieblehre. Wir hatten zuerst die Organisationen der Libido von der oralen über die sadistisch-anale zur genitalen Stufe verfolgt und dabei alle Komponenten des Sexualtriebs einander gleichgestellt. Später erschien uns der Sadismus als der Vertreter eines andern, dem Eros gegensätzlichen Triebes. Die neue Auffassung von den zwei Triebgruppen scheint die frühere Konstruktion von sukzessiven Phasen der Libidoorganisation zu sprengen. Die hilfreiche Auskunft aus dieser Schwierigkeit brauchen wir aber nicht neu zu erfinden. Sie hat sich uns längst geboten und lautet, daß wir es kaum jemals mit reinen Triebregungen zu tun haben, sondern durchweg mit Legierungen beider Triebe in verschiedenen Mengenverhältnissen. Die sadistische Objektbesetzung hat also auch ein Anrecht, als eine libidinöse behandelt zu werden, die Organisationen der Libido brauchen nicht revidiert zu werden, die aggressive Regung gegen den Vater kann mit demselben Anrecht Objekt der Verdrängung werden wie die zärtliche für die Mutter. Immerhin setzen wir als Stoff für spätere Überlegung die Möglichkeit beiseite, daß die Verdrängung ein Prozeß ist, der eine besondere Beziehung zur Genitalorganisation der Libido hat, daß das Ich zu anderen Methoden der Abwehr greift, wenn es sich der Libido auf anderen Stufen der Organisation zu erwehren hat, und setzen wir fort: Ein Fall wie der des kleinen Hans gestattet uns keine Entscheidung; hier wird zwar eine aggressive Regung durch Verdrängung erledigt, aber nachdem die Genitalorganisation bereits erreicht ist.

Wir wollen diesmal die Beziehung zur Angst nicht aus den Augen lassen. Wir sagten, so wie das Ich die Kastrationsgefahr erkannt hat, gibt es das Angstsignal und inhibiert mittels der Lust-Unlust-Instanz auf eine weiter nicht einsichtliche Weise den bedrohlichen Besetzungsvorgang im Es. Gleichzeitig vollzieht sich die Bildung der Phobie. Die Kastrationsangst erhält ein anderes Objekt und einen entstellten Ausdruck: vom Pferd gebissen (vom Wolf gefressen), anstatt vom Vater kastriert zu werden. Die Ersatzbildung hat zwei offenkundige Vorteile, erstens, daß sie einem Ambivalenzkonflikt ausweicht, denn der Vater ist ein gleichzeitig geliebtes Objekt, und zweitens, daß sie dem Ich gestattet, die Angstentwicklung einzustellen. Die Angst der Phobie ist nämlich eine fakultative, sie tritt nur auf, wenn ihr Objekt Gegenstand der Wahrnehmung wird. Das ist ganz korrekt; nur dann ist nämlich die Gefahrsituation vorhanden. Von einem abwesenden Vater braucht man auch die Kastration nicht zu befürchten. Nun kann man den Vater nicht wegschaffen, er zeigt sich immer, wann er will. Ist er aber durch das Tier ersetzt, so braucht man nur den Anblick, d. h. die Gegenwart des Tieres zu vermeiden, um frei von Gefahr und Angst zu sein. Der kleine Hans legt seinem Ich also eine Einschränkung auf, er produziert die Hemmung nicht auszugehen, um nicht mit Pferden zusammenzutreffen. Der kleine Russe hat es noch bequemer, es ist kaum ein Verzicht für ihn, daß er ein gewisses Bilderbuch nicht mehr zur Hand nimmt. Wenn die schlimme Schwester ihm nicht immer wieder das Bild des aufrechtstehenden Wolfes in diesem Buch vor Augen halten würde, dürfte er sich vor seiner Angst gesichert fühlen.

Ich habe früher einmal der Phobie den Charakter einer Projektion zugeschrieben, indem sie eine innere Triebgefahr durch eine äußere Wahrnehmungsgefahr ersetzt. Das bringt den Vorteil, daß man sich gegen die äußere Gefahr durch Flucht und Vermeidung der Wahrnehmung schützen kann, während gegen die Gefahr von innen keine Flucht nützt. Meine Bemerkung ist nicht unrichtig, aber sie bleibt an der Oberfläche. Der Triebanspruch ist ja nicht an sich eine Gefahr, sondern nur darum, weil er eine richtige äußere Gefahr, die der Kastration, mit sich bringt. So ist im Grunde bei der Phobie doch nur eine äußere Gefahr durch eine andere ersetzt. Daß das Ich sich bei der Phobie durch eine Vermeidung oder ein Hemmungssymptom der Angst entziehen kann, stimmt sehr gut zur Auffassung, diese Angst sei nur ein Affektsignal und an der ökonomischen Situation sei nichts geändert worden.

Die Angst der Tierphobien ist also eine Affektreaktion des Ichs auf die Gefahr; die Gefahr, die hier signalisiert wird, die der Kastration. Kein anderer Unterschied von der Realangst, die das Ich normalerweise in Gefahrsituationen äußert, als daß der Inhalt der Angst unbewußt bleibt und nur in einer Entstellung bewußt wird.

Dieselbe Auffassung wird sich uns, glaube ich, auch für die Phobien Erwachsener giltig erweisen, wenngleich das Material, das die Neurose verarbeitet, hier sehr viel reichhaltiger ist und einige Momente zur Symptombildung hinzukommen. Im Grunde ist es das nämliche. Der Agoraphobe legt seinem Ich eine Beschränkung auf, um einer Triebgefahr zu entgehen. Die Triebgefahr ist die Versuchung, seinen erotischen Gelüsten nachzugeben, wodurch er wieder wie in der Kindheit die Gefahr der Kastration, oder eine ihr analoge, heraufbeschwören würde. Als einfaches Beispiel führe ich den Fall eines jungen Mannes an, der agoraphob wurde, weil er befürchtete, den Lockungen von Prostituierten nachzugeben und sich zur Strafe Syphilis zu holen.

Ich weiß wohl, daß viele Fälle eine kompliziertere Struktur zeigen, und daß viele andere verdrängte Triebregungen in die Phobie einmünden können, aber diese sind nur auxiliär und haben sich meist nachträglich mit dem Kern der Neurose in Verbindung gesetzt. Die Symptomatik der Agoraphobie wird dadurch kompliziert, daß das Ich sich nicht damit begnügt, auf etwas zu verzichten; es tut noch etwas hinzu, um der Situation ihre Gefahr zu benehmen. Diese Zutat ist gewöhnlich eine zeitliche Regression in die Kinderjahre (im extremen Fall bis in den Mutterleib, in

Zeiten, in denen man gegen die heute drohenden Gefahren geschützt war) und tritt als die Bedingung auf, unter der der Verzicht unterbleiben kann. So kann der Agoraphobe auf die Straße gehen, wenn er wie ein kleines Kind von einer Person seines Vertrauens begleitet wird. Dieselbe Rücksicht mag ihm auch gestatten, allein auszugehen, wenn er sich nur nicht über eine bestimmte Strecke von seinem Haus entfernt, nicht in Gegenden geht, die er nicht gut kennt und wo er den Leuten nicht bekannt ist. In der Auswahl dieser Bestimmungen zeigt sich der Einfluß der infantilen Momente, die ihn durch seine Neurose beherrschen. Ganz eindeutig, auch ohne solche infantile Regression, ist die Phobie vor dem Alleinsein, die im Grunde der Versuchung zur einsamen Onanie ausweichen will. Die Bedingung dieser infantilen Regression ist natürlich die zeitliche Entfernung von der Kindheit.

Die Phobie stellt sich in der Regel her, nachdem unter gewissen Umständen — auf der Straße, auf der Eisenbahn, im Alleinsein — ein erster Angstanfall erlebt worden ist. Dann ist die Angst gebannt, tritt aber jedesmal wieder auf, wenn die schützende Bedingung nicht eingehalten werden kann. Der Mechanismus der Phobie tut als Abwehrmittel gute Dienste und zeigt eine große Neigung zur Stabilität. Eine Fortsetzung des Abwehrkampfes, der sich jetzt gegen das Symptom richtet, tritt häufig, aber nicht notwendig, ein.

Was wir über die Angst bei den Phobien erfahren haben, bleibt noch für die Zwangsneurose verwertbar. Es ist nicht schwierig, die Situation der Zwangsneurose auf die der Phobie zu reduzieren. Der Motor aller späteren Symptombildung ist hier offenbar die Angst des Ichs vor seinem Über-Ich. Die Feindseligkeit des Über-Ichs ist die Gefahrsituation, der sich das Ich entziehen muß. Hier fehlt jeder Anschein einer Projektion, die Gefahr ist durchaus verinnerlicht. Aber wenn wir uns fragen, was das Ich von seiten des Über-Ichs befürchtet, so drängt sich die Auffassung auf, daß die Strafe des Über-Ichs eine Fortbildung der Kastrationsstrafe ist. Wie das Über-Ich der unpersönlich gewordene Vater ist, so hat sich die

Angst vor der durch ihn drohenden Kastration zur unbestimmten sozialen oder Gewissensangst umgewandelt. Aber diese Angst ist gedeckt, das Ich entzieht sich ihr, indem es die ihm auferlegten Gebote, Vorschriften und Bußhandlungen gehorsam ausführt. Wenn es daran gehindert wird, dann tritt sofort ein äußerst peinliches Unbehagen auf, in dem wir das Äquivalent der Angst erblicken dürfen, das die Kranken selbst der Angst gleichstellen. Unser Ergebnis lautet also: Die Angst ist die Reaktion auf die Gefahrsituation; sie wird dadurch erspart, daß das Ich etwas tut, um die Situation zu vermeiden oder sich ihr zu entziehen. Man könnte nun sagen, die Symptome werden geschaffen, um die Angstentwicklung zu vermeiden, aber das läßt nicht tief blicken. Es ist richtiger zu sagen, die Symptome werden geschaffen, um die Gefahrsituation zu vermeiden, die durch die Angstentwicklung signalisiert wird. Diese Gefahr war aber in den bisher betrachteten Fällen die Kastration oder etwas von ihr Abgeleitetes.

Wenn die Angst die Reaktion des Ichs auf die Gefahr ist, so liegt es nahe, die traumatische Neurose, welche sich so häufig an überstandene Lebensgefahr anschließt, als direkte Folge der Lebens- oder Todesangst mit Beiseitesetzung der Abhängigkeiten des Ichs und der Kastration aufzufassen. Das ist auch von den meisten Beobachtern der traumatischen Neurosen des letzten Krieges geschehen, und es ist triumphierend verkündet worden, nun sei der Beweis erbracht, daß eine Gefährdung des Selbsterhaltungstriebes eine Neurose erzeugen könne ohne jede Beteiligung der Sexualität und ohne Rücksicht auf die komplizierten Annahmen der Psychoanalyse. Es ist in der Tat außerordentlich zu bedauern, daß nicht eine einzige verwertbare Analyse einer traumatischen Neurose vorliegt. Nicht wegen des Widerspruches gegen die ätiologische Bedeutung der Sexualität, denn dieser ist längst durch die Einführung des Narzißmus aufgehoben worden, der die libidinöse Besetzung des Ichs in eine Reihe mit den Objektbesetzungen bringt und die libidinöse Natur des Selbsterhaltungstriebes betont, sondern weil wir durch den Ausfall dieser Analysen die kostbarste Gelegenheit zu entscheidenden Aufschlüssen über das Verhältnis zwischen Angst und Symptombildung versäumt haben. Es ist nach allem, was wir von der Struktur der simpleren Neurosen des täglichen Lebens wissen, sehr unwahrscheinlich, daß eine Neurose nur durch die objektive Tatsache der Gefährdung ohne Beteiligung der tieferen unbewußten Schichten des seelischen Apparats zustande kommen sollte. Im Unbewußten ist aber nichts vorhanden, was unserem Begriff der Lebensvernichtung Inhalt geben kann. Die Kastration wird sozusagen vorstellbar durch die tägliche Erfahrung der Trennung vom Darminhalt und durch den bei der Entwöhnung erlebten Verlust der mütterlichen Brust; etwas dem Tod Ähnliches ist aber nie erlebt worden oder hat wie die Ohnmacht keine nachweisbare Spur hinterlassen. Ich halte darum an der Vermutung fest, daß die Todesangst als Analogon der Kastrationsangst aufzufassen ist, und daß die Situation, auf welche das Ich reagiert, das Verlassensein vom schützenden Über-Ich — den Schicksalsmächten — ist, womit die Sicherung gegen alle Gefahren ein Ende hat. Außerdem kommt in Betracht, daß bei den Erlebnissen, die zur traumatischen Neurose führen, äußerer Reizschutz durchbrochen wird und übergroße Erregungsmengen an den seelischen Apparat herantreten, so daß hier die zweite Möglichkeit vorliegt, daß Angst nicht nur als Affekt signalisiert, sondern auch aus den ökonomischen Bedingungen der Situation neu erzeugt wird.

Durch die letzte Bemerkung, das Ich sei durch regelmäßig wiederholte Objektverluste auf die Kastration vorbereitet worden, haben wir eine neue Auffassung der Angst gewonnen. Betrachteten wir sie bisher als Affektsignal der Gefahr, so erscheint sie uns nun, da es sich so oft um die Gefahr der Kastration handelt, als die Reaktion auf einen Verlust, eine Trennung. Mag auch mancherlei, was sich sofort ergibt, gegen diesen Schluß sprechen, so muß uns doch eine sehr merkwürdige Übereinstimmung auffallen. Das erste Angsterlebnis des Menschen wenigstens ist die

Geburt und diese bedeutet objektiv die Trennung von der Mutter, könnte einer Kastration der Mutter (nach der Gleichung Kind= Penis) verglichen werden. Nun wäre es sehr befriedigend, wenn die Angst als Symbol einer Trennung bei jeder späteren Trennung wiederholt würde, aber leider steht einer Verwertung dieses Zusammenstimmens im Wege, daß ja die Geburt subjektiv nicht als Trennung von der Mutter erlebt wird, da diese als Objekt dem durchaus narzißtischen Fötus völlig unbekannt ist. Ein anderes Bedenken wird lauten, daß uns die Affektreaktionen auf eine Trennung bekannt sind, und daß wir sie als Schmerz und Trauer, nicht als Angst empfinden. Allerdings erinnern wir uns, wir haben bei der Diskussion der Trauer auch nicht verstehen können, warum sie so schmerzhaft ist.

## VIII

Es ist Zeit, sich zu besinnen. Wir suchen offenbar nach einer Einsicht, die uns das Wesen der Angst erschließt, nach einem Entweder—Oder, das die Wahrheit über sie vom Irrtum scheidet. Aber das ist schwer zu haben, die Angst ist nicht einfach zu erfassen. Bisher haben wir nichts erreicht als Widersprüche, zwischen denen ohne Vorurteil keine Wahl möglich war. Ich schlage jetzt vor, es anders zu machen; wir wollen unparteiisch alles zusammentragen, was wir von der Angst aussagen können, und dabei auf die Erwartung einer neuen Synthese verzichten.

Die Angst ist also in erster Linie etwas Empfundenes. Wir heißen sie einen Affektzustand, obwohl wir auch nicht wissen, was ein Affekt ist. Sie hat als Empfindung offenbarsten Unlustcharakter, aber das erschöpft nicht ihre Qualität; nicht jede Unlust können wir Angst heißen. Es gibt andere Empfindungen mit Unlustcharakter (Spannungen, Schmerz, Trauer) und die Angst muß außer dieser Unlustqualität andere Besonderheiten haben. Eine Frage: Werden wir es dazu bringen, die Unterschiede zwischen diesen verschiedenen Unlustaffekten zu verstehen?

Aus der Empfindung der Angst können wir immerhin etwas entnehmen. Ihr Unlustcharakter scheint eine besondere Note zu haben; das ist schwer zu beweisen, aber wahrscheinlich; es wäre nichts Auffälliges. Aber außer diesem schwer isolierbaren Eigencharakter nehmen wir an der Angst bestimmtere körperliche Sensationen wahr, die wir auf bestimmte Organe beziehen. Da uns die Physiologie der Angst hier nicht interessiert, genügt es uns, einzelne Repräsentanten dieser Sensationen hervorzuheben, also die häufigsten und deutlichsten an den Atmungsorganen und am Herzen. Sie sind uns Beweise dafür, daß motorische Innervationen, also Abfuhrvorgänge an dem Ganzen der Angst Anteil haben. Die Analyse des Angstzustandes ergibt also 1) einen spezifischen Unlustcharakter, 2) Abfuhraktionen, 3) Wahrnehmungen derselben.

Die Punkte 2 und 3 ergeben uns bereits einen Unterschied gegen die ähnlichen Zustände, z. B. der Trauer und des Schmerzes. Bei diesen gehören die motorischen Äußerungen nicht dazu; wo sie vorhanden sind, sondern sie sich deutlich nicht als Bestandteile des Ganzen, sondern als Konsequenzen oder Reaktionen darauf. Die Angst ist also ein besonderer Unlustzustand mit Abfuhraktionen auf bestimmte Bahnen. Nach unseren allgemeinen Anschauungen werden wir glauben, daß der Angst eine Steigerung der Erregung zugrunde liegt, die einerseits den Unlustcharakter schafft, anderseits sie durch die genannten Abfuhren erleichtert. Diese rein physiologische Zusammenfassung wird uns aber kaum genügen; wir sind versucht, anzunehmen, daß ein historisches Moment da ist, welches die Sensationen und Innervationen der Angst fest aneinander bindet. Mit anderen Worten, daß der Angstzustand die Reproduktion eines Erlebnisses ist, das die Bedingungen einer solchen Reizsteigerung und der Abfuhr auf bestimmte Bahnen enthielt, wodurch also die Unlust der Angst ihren spezifischen Charakter erhält. Als solches vorbildliches Erlebnis bietet sich uns für den Menschen die Geburt, und darum sind wir geneigt, im Angstzustand eine Reproduktion des Geburtstraumas zu sehen.

Wir haben damit nichts behauptet, was der Angst eine Ausnahmsstellung unter den Affektzuständen einräumen würde. Wir meinen, auch die anderen Affekte sind Reproduktionen alter, lebenswichtiger, eventuell vorindividueller Ereignisse und wir bringen sie als allgemeine, typische, mitgeborene hysterische Anfälle in Vergleich mit den spät und individuell erworbenen Attacken der hysterischen Neurose, deren Genese und Bedeutung als Erinnerungssymbole uns durch die Analyse deutlich geworden ist. Natürlich wäre es sehr wünschenswert, diese Auffassung für eine Reihe anderer Affekte beweisend durchführen zu können, wovon wir heute weit entfernt sind.

Die Zurückführung der Angst auf das Geburtsereignis hat sich gegen naheliegende Einwände zu verteidigen. Die Angst ist eine wahrscheinlich allen Organismen, jedenfalls allen höheren zukommende Reaktion, die Geburt wird nur von den Säugetieren erlebt, und es ist fraglich, ob sie bei allen diesen die Bedeutung eines Traumas hat. Es gibt also Angst ohne Geburtsvorbild. Aber dieser Einwand setzt sich über die Schranken zwischen Biologie und Psychologie hinaus. Gerade weil die Angst eine biologisch unentbehrliche Funktion zu erfüllen hat, als Reaktion auf den Zustand der Gefahr, mag sie bei verschiedenen Lebewesen auf verschiedene Art eingerichtet worden sein. Wir wissen auch nicht, ob sie bei dem Menschen fernerstehenden Lebewesen denselben Inhalt an Sensationen und Innervationen hat wie beim Menschen. Das hindert also nicht, daß die Angst beim Menschen den Geburtsvorgang zum Vorbild nimmt.

Wenn dies die Struktur und die Herkunft der Angst ist, so lautet die weitere Frage: Was ist ihre Funktion? Bei welchen Gelegenheiten wird sie reproduziert? Die Antwort scheint naheliegend und zwingend zu sein. Die Angst entstand als Reaktion auf einen Zustand der Gefahr, sie wird nun regelmäßig reproduziert, wenn sich ein solcher Zustand wieder einstellt.

Dazu ist aber einiges zu bemerken. Die Innervationen des ursprünglichen Angstzustandes waren wahrscheinlich auch sinnvoll und zweckmäßig, ganz so wie die Muskelaktionen des ersten hysterischen Anfalls. Wenn man den hysterischen Anfall erklären will, braucht man ja nur die Situation zu suchen, in der die betreffenden Bewegungen Anteile einer berechtigten Handlung waren. So hat wahrscheinlich während der Geburt die Richtung der Innervation auf die Atmungsorgane die Tätigkeit der Lungen vorbereitet, die Beschleunigung des Herzschlags gegen die Vergiftung des Blutes arbeiten wollen. Diese Zweckmäßigkeit entfällt natürlich bei der späteren Reproduktion des Angstzustandes als Affekt, wie sie auch beim wiederholten hysterischen Anfall vermißt wird. Wenn also das Individuum in eine neue Gefahrsituation gerät, so kann es leicht unzweckmäßig werden, daß es mit dem Angstzustand, der Reaktion auf eine frühere Gefahr, antwortet, anstatt die der jetzigen adäquaten Reaktion einzuschlagen. Die Zweckmäßigkeit tritt aber wieder hervor, wenn die Gefahrsituation als herannahend erkannt und durch den Angstausbruch signalisiert wird. Die Angst kann dann sofort durch geeignetere Maßnahmen abgelöst werden. Es sondern sich also sofort zwei Möglichkeiten des Auftretens der Angst: die eine, unzweckmäßige, in einer neuen Gefahrsituation, die andere, zweckmäßige, zur Signalisierung und Verhütung einer solchen.

Was aber ist eine „Gefahr"? Im Geburtsakt besteht eine objektive Gefahr für die Erhaltung des Lebens, wir wissen, was das in der Realität bedeutet. Aber psychologisch sagt es uns gar nichts. Die Gefahr der Geburt hat noch keinen psychischen Inhalt. Sicherlich dürfen wir beim Fötus nichts voraussetzen, was sich irgendwie einer Art von Wissen um die Möglichkeit eines Ausgangs in Lebensvernichtung annähert. Der Fötus kann nichts anderes bemerken als eine großartige Störung in der Ökonomie seiner narzißtischen Libido. Große Erregungssummen dringen zu ihm, erzeugen neuartige Unlustempfindungen, manche Organe erzwingen sich erhöhte Besetzungen, was wie ein Vorspiel der bald beginnenden Objektbesetzung ist; was davon wird als Merkzeichen einer „Gefahrsituation" Verwertung finden?

Wir wissen leider viel zu wenig von der seelischen Verfassung des Neugeborenen, um diese Frage direkt zu beantworten. Ich kann nicht einmal für die Brauchbarkeit der eben gegebenen Schilderung einstehen. Es ist leicht zu sagen, das Neugeborene werde den Angstaffekt in allen Situationen wiederholen, die es an das Geburtsereignis erinnert. Der entscheidende Punkt bleibt aber, wodurch und woran es erinnert wird.

Es bleibt uns kaum etwas anderes übrig, als die Anlässe zu studieren, bei denen der Säugling oder das ein wenig ältere Kind sich zur Angstentwicklung bereit zeigt. Rank hat in seinem Buch „Das Trauma der Geburt"[1] einen sehr energischen Versuch gemacht, die Beziehungen der frühesten Phobien des Kindes zum Eindruck des Geburtsereignisses zu erweisen, allein ich kann ihn nicht für geglückt halten. Man kann ihm zweierlei vorwerfen: Erstens, daß er auf der Voraussetzung beruht, das Kind habe bestimmte Sinneseindrücke, insbesondere visueller Natur, bei seiner Geburt empfangen, deren Erneuerung die Erinnerung an das Geburtstrauma und somit die Angstreaktion hervorrufen kann. Diese Annahme ist völlig unbewiesen und sehr unwahrscheinlich; es ist nicht glaubhaft, daß das Kind andere als taktile und Allgemeinsensationen vom Geburtsvorgang bewahrt hat. Wenn es also später Angst vor kleinen Tieren zeigt, die in Löchern verschwinden oder aus diesen herauskommen, so erklärt Rank diese Reaktion durch die Wahrnehmung einer Analogie, die aber dem Kinde nicht auffällig werden kann. Zweitens, daß Rank in der Würdigung dieser späteren Angstsituationen je nach Bedürfnis die Erinnerung an die glückliche intrauterine Existenz oder an deren traumatische Störung wirksam werden läßt, womit der Willkür in der Deutung Tür und Tor geöffnet wird. Einzelne Fälle dieser Kinderangst widersetzen sich direkt der Anwendung des Rankschen Prinzips. Wenn das Kind in Dunkelheit und Einsamkeit gebracht wird, so sollten wir erwarten, daß es diese Wiederherstellung der intrauterinen Situation mit Befriedigung aufnimmt, und wenn die Tatsache, daß es gerade dann mit Angst reagiert, auf die Erinnerung an die Störung dieses Glücks durch die Geburt zurückgeführt wird, so

---

[1] Otto Rank: Das Trauma der Geburt und seine Bedeutung für die Psychoanalyse. Internationale Psychoanalytische Bibliothek XIV, 1924.

kann man das Gezwungene dieses Erklärungsversuches nicht länger verkennen.

Ich muß den Schluß ziehen, daß die frühesten Kindheitsphobien eine direkte Rückführung auf den Eindruck des Geburtsaktes nicht zulassen und sich überhaupt bis jetzt der Erklärung entzogen haben. Eine gewisse Angstbereitschaft des Säuglings ist unverkennbar. Sie ist nicht etwa unmittelbar nach der Geburt am stärksten, um dann langsam abzunehmen, sondern tritt erst später mit dem Fortschritt der seelischen Entwicklung hervor und hält über eine gewisse Periode der Kinderzeit an. Wenn sich solche Frühphobien über diese Zeit hinaus erstrecken, erwecken sie den Verdacht einer neurotischen Störung, wiewohl uns ihre Beziehung zu den späteren deutlichen Neurosen der Kindheit keineswegs einsichtlich ist.

Nur wenige Fälle der kindlichen Angstäußerung sind uns verständlich; an diese werden wir uns halten müssen. So, wenn das Kind allein, in der Dunkelheit, ist und wenn es eine fremde Person an Stelle der ihm vertrauten (der Mutter) findet. Diese drei Fälle reduzieren sich auf eine einzige Bedingung, das Vermissen der geliebten (ersehnten) Person. Von da an ist aber der Weg zum Verständnis der Angst und zur Vereinigung der Widersprüche, die sich an sie zu knüpfen scheinen, frei.

Das Erinnerungsbild der ersehnten Person wird gewiß intensiv, wahrscheinlich zunächst halluzinatorisch besetzt. Aber das hat keinen Erfolg und nun hat es den Anschein, als ob diese Sehnsucht in Angst umschlüge. Es macht geradezu den Eindruck, als wäre diese Angst ein Ausdruck der Ratlosigkeit, als wüßte das noch sehr unentwickelte Wesen mit dieser sehnsüchtigen Besetzung nichts Besseres anzufangen. Die Angst erscheint so als Reaktion auf das Vermissen des Objekts und es drängen sich uns die Analogien auf, daß auch die Kastrationsangst die Trennung von einem hochgeschätzten Objekt zum Inhalt hat, und daß die ursprünglichste Angst (die „Urangst" der Geburt) bei der Trennung von der Mutter entstand.

Die nächste Überlegung führt über diese Betonung des Objektverlustes hinaus. Wenn der Säugling nach der Wahrnehmung der Mutter verlangt, so doch nur darum, weil er bereits aus Erfahrung weiß, daß sie alle seine Bedürfnisse ohne Verzug befriedigt. Die Situation, die er als „Gefahr" wertet, gegen die er versichert sein will, ist also die der Unbefriedigung, des Anwachsens der Bedürfnisspannung, gegen die er ohnmächtig ist. Ich meine, von diesem Gesichtspunkt aus ordnet sich alles ein; die Situation der Unbefriedigung, in der Reizgrößen eine unlustvolle Höhe erreichen, ohne Bewältigung durch psychische Verwendung und Abfuhr zu finden, muß für den Säugling die Analogie mit dem Geburtserlebnis, die Wiederholung der Gefahrsituation sein; das beiden Gemeinsame ist die ökonomische Störung durch das Anwachsen der Erledigung heischenden Reizgrößen, dieses Moment also der eigentliche Kern der „Gefahr". In beiden Fällen tritt die Angstreaktion auf, die sich auch noch beim Säugling als zweckmäßig erweist, indem die Richtung der Abfuhr auf Atem- und Stimmuskulatur nun die Mutter herbeiruft, wie sie früher die Lungentätigkeit zur Wegschaffung der inneren Reize anregte. Mehr als diese Kennzeichnung der Gefahr braucht das Kind von seiner Geburt nicht bewahrt zu haben.

Mit der Erfahrung, daß ein äußeres, durch Wahrnehmung erfaßbares Objekt der an die Geburt mahnenden gefährlichen Situation ein Ende machen kann, verschiebt sich nun der Inhalt der Gefahr von der ökonomischen Situation auf seine Bedingung, den Objektverlust. Das Vermissen der Mutter wird nun die Gefahr, bei deren Eintritt der Säugling das Angstsignal gibt, noch ehe die gefürchtete ökonomische Situation eingetreten ist. Diese Wandlung bedeutet einen ersten großen Fortschritt in der Fürsorge für die Selbsterhaltung, sie schließt gleichzeitig den Übergang von der automatisch ungewollten Neuentstehung der Angst zu ihrer beabsichtigten Reproduktion als Signal der Gefahr ein.

In beiden Hinsichten, sowohl als automatisches Phänomen wie als rettendes Signal, zeigt sich die Angst als Produkt der psychischen

Hilflosigkeit des Säuglings, welche das selbstverständliche Gegenstück seiner biologischen Hilflosigkeit ist. Das auffällige Zusammentreffen, daß sowohl die Geburtsangst wie die Säuglingsangst die Bedingung der Trennung von der Mutter anerkennt, bedarf keiner psychologischen Deutung; es erklärt sich biologisch einfach genug aus der Tatsache, daß die Mutter, die zuerst alle Bedürfnisse des Fötus durch die Einrichtungen ihres Leibes beschwichtigt hatte, dieselbe Funktion zum Teil mit anderen Mitteln auch nach der Geburt fortsetzt. Intrauterinleben und erste Kindheit sind weit mehr ein Kontinuum, als uns die auffällige Caesur des Geburtsaktes glauben läßt. Das psychische Mutterobjekt ersetzt dem Kinde die biologische Fötalsituation. Wir dürfen darum nicht vergessen, daß im Intrauterinleben die Mutter kein Objekt war, und daß es damals keine Objekte gab.

Es ist leicht zu sehen, daß es in diesem Zusammenhange keinen Raum für ein Abreagieren des Geburtstraumas gibt, und daß eine andere Funktion der Angst als die eines Signals zur Vermeidung der Gefahrsituation nicht aufzufinden ist. Die Angstbedingung des Objektverlustes trägt nun noch ein ganzes Stück weiter. Auch die nächste Wandlung der Angst, die in der phallischen Phase auftretende Kastrationsangst, ist eine Trennungsangst und an dieselbe Bedingung gebunden. Die Gefahr ist hier die Trennung von dem Genitale. Ein vollberechtigt scheinender Gedankengang von Ferenczi läßt uns hier die Linie des Zusammenhanges mit den früheren Inhalten der Gefahrsituation deutlich erkennen. Die hohe narzißtische Einschätzung des Penis kann sich darauf berufen, daß der Besitz dieses Organs die Gewähr für eine Wiedervereinigung mit der Mutter (dem Mutterersatz) im Akt des Koitus enthält. Die Beraubung dieses Gliedes ist soviel wie eine neuerliche Trennung von der Mutter, bedeutet also wiederum, einer unlustvollen Bedürfnisspannung (wie bei der Geburt) hilflos ausgeliefert zu sein. Das Bedürfnis, dessen Ansteigen gefürchtet wird, ist aber nun ein spezialisiertes, das der genitalen Libido, nicht mehr ein beliebiges wie in der Säuglingszeit. Ich füge hier an, daß die Phantasie der Rückkehr in den Mutterleib der Koitusersatz des Impotenten (durch die Kastrationsdrohung Gehemmten) ist. Im Sinne Ferenczis kann man sagen, das Individuum, das sich zur Rückkehr in den Mutterleib durch sein Genitalorgan vertreten lassen wollte, ersetzt nun regressiv dies Organ durch seine ganze Person.

Die Fortschritte in der Entwicklung des Kindes, die Zunahme seiner Unabhängigkeit, die schärfere Sonderung seines seelischen Apparats in mehrere Instanzen, das Auftreten neuer Bedürfnisse, können nicht ohne Einfluß auf den Inhalt der Gefahrsituation bleiben. Wir haben dessen Wandlung vom Verlust des Mutterobjekts zur Kastration verfolgt und sehen den nächsten Schritt durch die Macht des Über-Ichs verursacht. Mit dem Unpersönlichwerden der Elterninstanz, von der man die Kastration befürchtete, wird die Gefahr unbestimmter. Die Kastrationsangst entwickelt sich zur Gewissensangst, zur sozialen Angst. Es ist jetzt nicht mehr so leicht anzugeben, was die Angst befürchtet. Die Formel: „Trennung, Ausschluß aus der Horde", trifft nur jenen späteren Anteil des Über-Ichs, der sich in Anlehnung an soziale Vorbilder entwickelt hat, nicht den Kern des Über-Ichs, der der introjizierten Elterninstanz entspricht. Allgemeiner ausgedrückt, ist es der Zorn, die Strafe des Über-Ichs, der Liebesverlust von dessen Seite, den das Ich als Gefahr wertet und mit dem Angstsignal beantwortet. Als letzte Wandlung dieser Angst vor dem Über-Ich ist mir die Todes- (Lebens-) Angst, die Angst vor der Projektion des Über-Ichs in den Schicksalsmächten erschienen.

Ich habe früher einmal einen gewissen Wert auf die Darstellung gelegt, daß es die bei der Verdrängung abgezogene Besetzung ist, welche die Verwendung als Angstabfuhr erfährt. Das erscheint mir nun heute kaum wissenswert. Der Unterschied liegt darin, daß ich vormals die Angst in jedem Falle durch einen ökonomischen Vorgang automatisch entstanden glaubte, während die jetzige Auffassung der Angst als eines vom Ich beabsichtigten Signals zum

Zweck der Beeinflussung der Lust-Unlustinstanz uns von diesem ökonomischen Zwange unabhängig macht. Es ist natürlich nichts gegen die Annahme zu sagen, daß das Ich gerade die durch die Abziehung bei der Verdrängung frei gewordene Energie zur Erweckung des Affekts verwendet, aber es ist bedeutungslos geworden, mit welchem Anteil Energie dies geschieht.

Ein anderer Satz, den ich einmal ausgesprochen, verlangt nun nach Überprüfung im Lichte unserer neuen Auffassung. Es ist die Behauptung, das Ich sei die eigentliche Angststätte; ich meine, sie wird sich als zutreffend erweisen. Wir haben nämlich keinen Anlaß, dem Über-Ich irgendeine Angstäußerung zuzuteilen. Wenn aber von einer „Angst des Es" die Rede ist, so hat man nicht zu widersprechen, sondern einen ungeschickten Ausdruck zu korrigieren. Die Angst ist ein Affektzustand, der natürlich nur vom Ich verspürt werden kann. Das Es kann nicht Angst haben wie das Ich, es ist keine Organisation, kann Gefahrsituationen nicht beurteilen. Dagegen ist es ein überaus häufiges Vorkommnis, daß sich im Es Vorgänge vorbereiten oder vollziehen, die dem Ich Anlaß zur Angstentwicklung geben; in der Tat sind die wahrscheinlich frühesten Verdrängungen, wie die Mehrzahl aller späteren, durch solche Angst des Ichs vor einzelnen Vorgängen im Es motiviert. Wir unterscheiden hier wiederum mit gutem Grund die beiden Fälle, daß sich im Es etwas ereignet, was eine der Gefahrsituationen fürs Ich aktiviert und es somit bewegt, zur Inhibition das Angstsignal zu geben, und den anderen Fall, daß sich im Es die dem Geburtstrauma analoge Situation herstellt, in der es automatisch zur Angstreaktion kommt. Man bringt die beiden Fälle einander näher, wenn man hervorhebt, daß der zweite der ersten und ursprünglichen Gefahrsituation entspricht, der erste aber einer der später aus ihr abgeleiteten Angstbedingungen. Oder auf die wirklich vorkommenden Affektionen bezogen: daß der zweite Fall in der Ätiologie der Aktualneurosen verwirklicht ist, der erste für die der Psychoneurosen charakteristisch bleibt.

Wir sehen nun, daß wir frühere Ermittlungen nicht zu entwerten, sondern bloß mit den neueren Einsichten in Verbindung zu bringen brauchen. Es ist nicht abzuweisen, daß bei Abstinenz, mißbräuchlicher Störung im Ablauf der Sexualerregung, Ablenkung derselben von ihrer psychischen Verarbeitung, direkt Angst aus Libido entsteht, d. h. jener Zustand von Hilflosigkeit des Ichs gegen eine übergroße Bedürfnisspannung hergestellt wird, der wie bei der Geburt in Angstentwicklung ausgeht, wobei es wieder eine gleichgültige, aber naheliegende Möglichkeit ist, daß gerade der Überschuß an unverwendeter Libido seine Abfuhr in der Angstentwicklung findet. Wir sehen, daß sich auf dem Boden dieser Aktualneurosen besonders leicht Psychoneurosen entwickeln, d. h. wohl, daß das Ich Versuche macht, die Angst, die es eine Weile suspendiert zu erhalten gelernt hat, zu ersparen und durch Symptombildung zu binden. Wahrscheinlich würde die Analyse der traumatischen Kriegsneurosen, welcher Name allerdings sehr verschiedenartige Affektionen umfaßt, ergeben haben, daß eine Anzahl von ihnen an den Charakteren der Aktualneurosen Anteil hat.

Als wir die Entwicklung der verschiedenen Gefahrsituationen aus dem ursprünglichen Geburtsvorbild darstellten, lag es uns ferne zu behaupten, daß jede spätere Angstbedingung die frühere einfach außer Kraft setzt. Die Fortschritte der Ichentwicklung tragen allerdings dazu bei, die frühere Gefahrsituation zu entwerten und beiseite zu schieben, so daß man sagen kann, einem bestimmten Entwicklungsalter sei eine gewisse Angstbedingung wie adäquat zugeteilt. Die Gefahr der psychischen Hilflosigkeit paßt zur Lebenszeit der Unreife des Ichs, wie die Gefahr des Objektverlustes zur Unselbständigkeit der ersten Kinderjahre, die Kastrationsgefahr zur phallischen Phase, die Über-Ichangst zur Latenzzeit. Aber es können doch alle diese Gefahrsituationen und Angstbedingungen nebeneinander fortbestehen bleiben und das Ich auch zu späteren als den adäquaten Zeiten zur Angstreaktion veranlassen, oder es können mehrere von ihnen gleichzeitig in Wirksamkeit treten. Möglicherweise bestehen auch engere Beziehungen zwischen der wirksamen Gefahrsituation und der Form der auf sie folgenden Neurose.[1]

Als wir in einem früheren Stück dieser Untersuchungen auf die Bedeutung der Kastrationsgefahr bei mehr als einer neurotischen Affektion stießen, erteilten wir uns die Mahnung, dies Moment doch nicht zu überschätzen, da es bei dem gewiß mehr zur Neurose disponierten weiblichen Geschlecht doch nicht ausschlaggebend sein könnte. Wir sehen jetzt, daß wir nicht in Gefahr sind, die Kastrationsangst für den einzigen Motor der zur Neurose führenden Abwehrvorgänge zu erklären. Ich habe an anderer Stelle auseinandergesetzt, wie die Entwicklung des kleinen Mädchens durch den Kastrationskomplex zur zärtlichen Objektbesetzung gelenkt wird. Gerade beim Weibe scheint die Gefahrsituation des Objektverlustes die wirksamste geblieben zu sein. Wir dürfen an ihrer Angstbedingung die kleine Modifikation anbringen, daß es sich nicht mehr um das Vermissen oder den realen Verlust des Objekts handelt, sondern um den Liebes-

---

[1] Seit der Unterscheidung von Ich und Es mußte auch unser Interesse an den Problemen der Verdrängung eine neue Belebung erfahren. Bisher hatte es uns genügt, die dem Ich zugewendeten Seiten des Vorgangs, die Abhaltung vom Bewußtsein und von der Motilität und die Ersatz- (Symptom-) Bildung ins Auge zu fassen, von der verdrängten Triebregung selbst nahmen wir an, sie bleibe im Unbewußten unbestimmt lange unverändert bestehen. Nun wendet sich das Interesse den Schicksalen des Verdrängten zu, und wir ahnen, daß ein solcher unveränderter und unveränderlicher Fortbestand nicht selbstverständlich, vielleicht nicht einmal gewöhnlich ist. Die ursprüngliche Triebregung ist jedenfalls durch die Verdrängung gehemmt und von ihrem Ziel abgelenkt worden. Ist aber ihr Ansatz im Unbewußten erhalten geblieben und hat er sich resistent gegen die verändernden und entwertenden Einflüsse des Lebens erwiesen? Bestehen also die alten Wünsche noch, von deren früherer Existenz uns die Analyse berichtet? Die Antwort scheint naheliegend und gesichert: Die verdrängten alten Wünsche müssen im Unbewußten noch fortbestehen, da sie ihre Abkömmlinge, die Symptome, noch wirksam finden. Aber sie ist nicht zureichend, sie läßt nicht zwischen den beiden Möglichkeiten entscheiden, ob der alte Wunsch jetzt nur durch seine Abkömmlinge wirkt, denen er all seine Besetzungsenergie übertragen hat, oder ob er außerdem selbst erhalten geblieben ist. Wenn es sein Schicksal war, sich in der Besetzung seiner Abkömmlinge zu erschöpfen, so bleibt noch die dritte Möglichkeit, daß er im Verlauf der Neurose durch Regression wiederbelebt wurde, so unzeitgemäß er gegenwärtig sein mag. Man braucht diese Erwägungen nicht für müßig zu halten; vieles an den Erscheinungen des krankhaften wie des normalen Seelenlebens scheint solche Fragestellungen zu erfordern. In meiner Studie über den Untergang des Ödipus-Komplexes bin ich auf den Unterschied zwischen der bloßen Verdrängung und der wirklichen Aufhebung einer alten Wunschregung aufmerksam geworden.

verlust von seiten des Objekts. Da es sicher steht, daß die Hysterie eine größere Affinität zur Weiblichkeit hat, ebenso wie die Zwangsneurose zur Männlichkeit, so liegt die Vermutung nahe, die Angstbedingung des Liebesverlustes spiele bei Hysterie eine ähnliche Rolle wie die Kastrationsdrohung bei den Phobien, die Über-Ichangst bei der Zwangsneurose.

## IX

Was jetzt erübrigt, ist die Behandlung der Beziehungen zwischen Symptombildung und Angstentwicklung.

Zwei Meinungen darüber scheinen weit verbreitet zu sein. Die eine nennt die Angst selbst ein Symptom der Neurose, die andere glaubt an ein weit innigeres Verhältnis zwischen beiden. Ihr zufolge würde alle Symptombildung nur unternommen werden, um der Angst zu entgehen; die Symptome binden die psychische Energie, die sonst als Angst abgeführt würde, so daß die Angst das Grundphänomen und Hauptproblem der Neurose wäre.

Die zumindest partielle Berechtigung der zweiten Behauptung läßt sich durch schlagende Beispiele erweisen. Wenn man einen Agoraphoben, den man auf die Straße begleitet hat, dort sich selbst überläßt, produziert er einen Angstanfall; wenn man einen Zwangsneurotiker daran hindern läßt, sich nach einer Berührung die Hände zu waschen, wird er die Beute einer fast unerträglichen Angst. Es ist also klar, die Bedingung des Begleitetwerdens und die Zwangshandlung des Waschens hatten die Absicht und auch den Erfolg, solche Angstausbrüche zu verhüten. In diesem Sinne kann auch jede Hemmung, die sich das Ich auferlegt, Symptom genannt werden.

Da wir die Angstentwicklung auf die Gefahrsituation zurückgeführt haben, werden wir es vorziehen zu sagen, die Symptome werden geschaffen, um das Ich der Gefahrsituation zu entziehen. Wird die Symptombildung verhindert, so tritt die Gefahr wirklich ein, d. h. es stellt sich jene der Geburt analoge Situation her, in der sich das Ich hilflos gegen den stetig wachsenden Triebanspruch findet, also die erste und ursprünglichste der Angstbedingungen. Für unsere Anschauung erweisen sich die Beziehungen zwischen Angst und Symptom weniger eng als angenommen wurde, die Folge davon, daß wir zwischen beide das Moment der Gefahrsituation eingeschoben haben. Wir können auch ergänzend sagen, die Angstentwicklung leite die Symptombildung ein, ja sie sei eine notwendige Voraussetzung derselben, denn wenn das Ich nicht durch die Angstentwicklung die Lust-Unlust-Instanz wachrütteln würde, bekäme es nicht die Macht, den im Es vorbereiteten, gefahrdrohenden Vorgang aufzuhalten. Dabei ist die Tendenz unverkennbar, sich auf ein Mindestmaß von Angstentwicklung zu beschränken, die Angst nur als Signal zu verwenden, denn sonst bekäme man die Unlust, die durch den Triebvorgang droht, nur an anderer Stelle zu spüren, was kein Erfolg nach der Absicht des Lustprinzips wäre, sich aber doch bei den Neurosen häufig genug ereignet.

Die Symptombildung hat also den wirklichen Erfolg, die Gefahrsituation aufzuheben. Sie hat zwei Seiten; die eine, die uns verborgen bleibt, stellt im Es jene Abänderung her, mittels deren das Ich der Gefahr entzogen wird, die andere uns zugewendete zeigt, was sie an Stelle des beeinflußten Triebvorganges geschaffen hat, die Ersatzbildung.

Wir sollten uns aber korrekter ausdrücken, dem Abwehrvorgang zuschreiben, was wir eben von der Symptombildung ausgesagt haben, und den Namen Symptombildung selbst als synonym mit Ersatzbildung gebrauchen. Es scheint dann klar, daß der Abwehrvorgang analog der Flucht ist, durch die sich das Ich einer von außen drohenden Gefahr entzieht, daß er eben einen Fluchtversuch vor einer Triebgefahr darstellt. Die Bedenken gegen diesen Vergleich werden uns zu weiterer Klärung verhelfen. Erstens läßt sich einwenden, daß der Objektverlust (der Verlust der Liebe von seiten des Objekts) und die Kastrationsdrohung ebensowohl Gefahren sind, die von außen drohen, wie etwa ein reißendes Tier, also nicht Triebgefahren. Aber es ist doch nicht derselbe Fall. Der Wolf würde uns wahrscheinlich anfallen, gleichgiltig, wie wir uns gegen ihn benehmen; die geliebte Person würde uns aber nicht ihre Liebe entziehen, die Kastration uns nicht angedroht werden, wenn wir nicht bestimmte Gefühle und Absichten in unserem Inneren nähren würden. So werden diese Triebregungen zu Bedingungen der äußeren Gefahr und damit selbst gefährlich, wir können jetzt die äußere Gefahr durch Maßregeln gegen innere Gefahren bekämpfen. Bei den Tierphobien scheint die Gefahr noch durchaus als eine äußerliche empfunden zu werden, wie sie auch im Symptom eine äußerliche Verschiebung erfährt. Bei der Zwangsneurose ist sie weit mehr verinnerlicht, der Anteil der Angst vor dem Über-Ich, der soziale Angst ist, repräsentiert noch den innerlichen Ersatz einer äußeren Gefahr, der andere Anteil, die Gewissensangst, ist durchaus endopsychisch.

Ein zweiter Einwand sagt, beim Fluchtversuch vor einer drohenden äußeren Gefahr tun wir ja nichts anderes, als daß wir die Raumdistanz zwischen uns und dem Drohenden vergrößern. Wir setzen uns ja nicht gegen die Gefahr zur Wehr, suchen nichts an ihr selbst zu ändern, wie in dem anderen Falle, daß wir mit einem Knüttel auf den Wolf losgehen oder mit einem Gewehr auf ihn schießen. Der Abwehrvorgang scheint aber mehr zu tun, als einem Fluchtversuch entspricht. Er greift ja in den drohenden Triebablauf ein, unterdrückt ihn irgendwie, lenkt ihn von seinem Ziel ab, macht ihn dadurch ungefährlich. Dieser Einwand scheint unabweisbar, wir müssen ihm Rechnung tragen. Wir meinen, es wird wohl so sein, daß es Abwehrvorgänge gibt, die man mit gutem Recht einem Fluchtversuch vergleichen kann, während sich das Ich bei anderen weit aktiver zur Wehre setzt, energische Gegenaktionen vornimmt. Wenn der Vergleich der Abwehr mit der Flucht nicht überhaupt durch den Umstand gestört wird, daß das Ich und der Trieb im Es ja Teile derselben Organisation sind, nicht getrennte Existenzen, wie der Wolf und das Kind, so daß jede Art Verhaltens des Ichs auch abändernd auf den Triebvorgang einwirken muß.

Durch das Studium der Angstbedingungen haben wir das Verhalten des Ichs bei der Abwehr sozusagen in rationeller Verklärung erblicken müssen. Jede Gefahrsituation entspricht einer gewissen Lebenszeit oder Entwicklungsphase des seelischen Apparats und erscheint für diese berechtigt. Das frühkindliche Wesen ist wirklich nicht dafür ausgerüstet, große Erregungssummen, die von außen oder innen anlangen, psychisch zu bewältigen. Zu einer gewissen Lebenszeit ist es wirklich das wichtigste Interesse, daß die Personen, von denen man abhängt, ihre zärtliche Sorge nicht zurückziehen. Wenn der Knabe den mächtigen Vater als Rivalen bei der Mutter empfindet, seiner aggressiven Neigungen gegen ihn und seiner sexuellen Absichten auf die Mutter inne wird, hat er ein Recht dazu, sich vor ihm zu fürchten, und die Angst vor seiner Strafe kann durch phylogenetische Verstärkung sich als Kastrationsangst äußern. Mit dem Eintritt in soziale Beziehungen wird die Angst vor dem Über-Ich, das Gewissen, zur Notwendigkeit, der Wegfall dieses Moments die Quelle von schweren Konflikten und Gefahren usw. Aber gerade daran knüpft sich ein neues Problem.

Versuchen wir es, den Angstaffekt für eine Weile durch einen anderen, z. B. den Schmerzaffekt, zu ersetzen. Wir halten es für durchaus normal, daß das Mädchen von vier Jahren schmerzlich weint, wenn ihm eine Puppe zerbricht, mit sechs Jahren, wenn ihm die Lehrerin einen Verweis gibt, mit sechzehn Jahren, wenn der Geliebte sich nicht um sie bekümmert, mit fünfundzwanzig Jahren vielleicht, wenn sie ein Kind begräbt. Jede dieser Schmerzbedingungen hat ihre Zeit und erlischt mit deren Ablauf; die letzten, definitiven, erhalten sich dann durchs Leben. Es würde uns aber auffallen, wenn dies Mädchen als Frau und Mutter über die Beschädigung einer Nippsache weinen würde. So benehmen sich aber die Neurotiker. In ihrem seelischen Apparat sind längst alle Instanzen zur Reizbewältigung innerhalb weiter Grenzen ausgebildet, sie sind erwachsen genug, um die meisten ihrer Bedürfnisse selbst zu befriedigen, sie wissen längst, daß die Kastration nicht mehr als Strafe geübt wird, und doch benehmen sie sich, als bestünden die alten Gefahrsituationen noch, sie halten an allen früheren Angstbedingungen fest.

Die Antwort hierauf wird etwas weitläufig ausfallen. Sie wird vor allem den Tatbestand zu sichten haben. In einer großen Anzahl von Fällen werden die alten Angstbedingungen wirklich fallen gelassen, nachdem sie bereits neurotische Reaktionen erzeugt haben. Die Phobien der kleinsten Kinder vor Alleinsein, Dunkelheit und vor Fremden, die beinahe normal zu nennen sind, vergehen zumeist in etwas späteren Jahren, sie „wachsen sich aus", wie man von manchen anderen Kindheitsstörungen sagt. Die so häufigen Tierphobien haben das gleiche Schicksal, viele der Konversionshysterien der Kinderjahre finden später keine Fortsetzung. Zeremoniell in der Latenzzeit ist ein ungemein häufiges Vorkommnis, nur ein sehr geringer Prozentsatz dieser Fälle entwickelt sich später zur vollen Zwangsneurose. Die Kinderneurosen sind überhaupt — soweit unsere Erfahrungen an den höheren Kulturanforderungen unterworfenen Stadtkindern weißer Rasse reichen — regelmäßige Episoden der Entwicklung, wenngleich ihnen noch immer zu wenig Aufmerksamkeit geschenkt wird. Man vermißt die Zeichen der Kindheitsneurose auch nicht bei einem erwachsenen Neurotiker, während lange nicht alle Kinder, die sie zeigen, auch später Neurotiker werden. Es müssen also im Verlaufe der Reifung Angstbedingungen aufgegeben worden sein und Gefahrsituationen ihre Bedeutung verloren haben. Dazu kommt, daß einige dieser Gefahrsituationen sich dadurch in späte Zeiten hinüberretten, daß sie ihre Angstbedingung zeitgemäß modifizieren. So erhält sich z. B. die Kastrationsangst unter der Maske der Syphilisphobie, nachdem man erfahren hat, daß zwar die Kastration nicht mehr als Strafe für das Gewährenlassen der sexuellen Gelüste üblich ist, aber daß dafür der Triebfreiheit schwere Erkrankungen drohen. Andere der Angstbedingungen sind überhaupt nicht zum Untergang bestimmt, sondern sollen den Menschen durchs Leben begleiten, wie die der Angst vor dem Über-Ich. Der Neurotiker unterscheidet sich dann vor den Normalen dadurch, daß er die Reaktionen auf diese Gefahren übermäßig erhöht. Gegen die Wiederkehr der ursprünglichen traumatischen Angstsituation bietet endlich auch das Erwachsensein keinen zureichenden Schutz; es dürfte für jedermann eine Grenze geben, über die hinaus sein seelischer Apparat in der Bewältigung der Erledigung heischenden Erregungsmengen versagt.

Diese kleinen Berichtigungen können unmöglich die Bestimmung haben, an der Tatsache zu rütteln, die hier erörtert wird, der Tatsache, daß so viele Menschen in ihrem Verhalten zur Gefahr infantil bleiben und verjährte Angstbedingungen nicht überwinden; dies bestreiten, hieße die Tatsache der Neurose leugnen, denn solche Personen heißt man eben Neurotiker. Wie ist das aber möglich? Warum sind nicht alle Neurosen Episoden der Entwicklung, die mit Erreichung der nächsten Phase abgeschlossen werden? Woher das Dauermoment in diesen Reaktionen auf die Gefahr? Woher der Vorzug, den der Angstaffekt vor allen anderen Affekten zu genießen scheint, daß er allein Reaktionen hervorruft, die sich als abnorm von den anderen sondern und sich als unzweckmäßig dem Strom des Lebens entgegenstellen? Mit anderen Worten, wir finden uns unversehens wieder vor der so oft gestellten Vexierfrage, woher kommt die Neurose, was ist ihr letztes, das ihr besondere Motiv? Nach jahrzehntelangen analytischen Bemühungen erhebt sich dies Problem vor uns, unangetastet, wie zu Anfang.

# X

Die Angst ist die Reaktion auf die Gefahr. Man kann doch die Idee nicht abweisen, daß es mit dem Wesen der Gefahr zusammenhängt, wenn sich der Angstaffekt eine Ausnahmsstellung in der seelischen Ökonomie erzwingen kann. Aber die Gefahren sind allgemein menschliche, für alle Individuen die nämlichen; was wir brauchen und nicht zur Verfügung haben, ist ein Moment, das uns die Auslese der Individuen verständlich macht, die den Angstaffekt trotz seiner Besonderheit dem normalen seelischen Betrieb unterwerfen können, oder das bestimmt, wer an dieser Aufgabe scheitern muß. Ich sehe zwei Versuche vor mir, ein solches Moment aufzudecken; es ist begreiflich, daß jeder solche Versuch eine sympathische Aufnahme erwarten darf, da er einem quälenden Bedürfnis Abhilfe verspricht. Die beiden Versuche ergänzen einander, indem sie das Problem an entgegengesetzten Enden angreifen. Der erste ist vor mehr als zehn Jahren von Alfred Adler unternommen worden; er behauptet, auf seinen innersten Kern reduziert, daß diejenigen Menschen an der Bewältigung der durch die Gefahr gestellten Aufgabe scheitern, denen die Minderwertigkeit ihrer Organe zu große Schwierigkeiten bereitet. Bestünde der Satz *Simplex sigillum veri* zurecht, so müßte man eine solche Lösung wie eine Erlösung begrüßen. Aber im Gegenteile, die Kritik des abgelaufenen Jahrzehnts hat die volle Unzulänglichkeit dieser Erklärung, die sich überdies über den ganzen

Reichtum der von der Psychoanalyse aufgedeckten Tatbestände
hinaussetzt, beweisend dargetan.

Den zweiten Versuch hat Otto Rank 1923 in seinem Buch
„Das Trauma der Geburt" unternommen. Es wäre unbillig, ihn
dem Versuch von Adler in einem anderen Punkte als dem einen
hier betonten gleichzustellen, denn er bleibt auf dem Boden der
Psychoanalyse, deren Gedankengänge er fortsetzt und ist als eine
legitime Bemühung zur Lösung der analytischen Probleme anzuerkennen. In der gegebenen Relation zwischen Individuum und
Gefahr lenkt Rank von der Organschwäche des Individuums ab
und auf die veränderliche Intensität der Gefahr hin. Der Geburtsvorgang ist die erste Gefahrsituation, der von ihm produzierte
ökonomische Aufruhr wird das Vorbild der Angstreaktion; wir
haben vorhin die Entwicklungslinie verfolgt, welche diese erste
Gefahrsituation und Angstbedingung mit allen späteren verbindet,
und dabei gesehen, daß sie alle etwas Gemeinsames bewahren,
indem sie alle in gewissem Sinne eine Trennung von der Mutter
bedeuten, zuerst nur in biologischer Hinsicht, dann im Sinn eines
direkten Objektverlustes und später eines durch indirekte Wege
vermittelten. Die Aufdeckung dieses großen Zusammenhanges ist
ein unbestrittenes Verdienst der Rankschen Konstruktion. Nun
trifft das Trauma der Geburt die einzelnen Individuen in verschiedener Intensität, mit der Stärke des Traumas variiert die
Heftigkeit der Angstreaktion, und es soll nach Rank von dieser
Anfangsgröße der Angstentwicklung abhängen, ob das Individuum
jemals ihre Beherrschung erlangen kann, ob es neurotisch wird
oder normal.

Die Einzelkritik der Rankschen Aufstellungen ist nicht unsere
Aufgabe, bloß deren Prüfung, ob sie zur Lösung unseres Problems
brauchbar sind. Die Formel Ranks, Neurotiker werde der, dem es
wegen der Stärke des Geburtstraumas niemals gelinge, dieses völlig
abzureagieren, ist theoretisch höchst anfechtbar. Man weiß nicht
recht, was mit dem Abreagieren des Traumas gemeint ist. Ver-

steht man es wörtlich, so kommt man zu dem unhaltbaren Schluß, daß der Neurotiker sich um so mehr der Gesundung nähert, je häufiger und intensiver er den Angstaffekt reproduziert. Wegen dieses Widerspruches mit der Wirklichkeit hatte ich ja seinerzeit die Theorie des Abreagierens aufgegeben, die in der Katharsis eine so große Rolle spielte. Die Betonung der wechselnden Stärke des Geburtstraumas läßt keinen Raum für den berechtigten ätiologischen Anspruch der hereditären Konstitution. Sie ist ja ein organisches Moment, welches sich gegen die Konstitution wie eine Zufälligkeit verhält und selbst von vielen, zufällig zu nennenden Einflüssen, z. B. von der rechtzeitigen Hilfeleistung bei der Geburt abhängig ist. Die Ranksche Lehre hat konstitutionelle wie phylogenetische Faktoren überhaupt außer Betracht gelassen. Will man aber für die Bedeutung der Konstitution Raum schaffen, etwa durch die Modifikation, es käme vielmehr darauf an, wie ausgiebig das Individuum auf die variable Intensität des Geburtstraumas reagiere, so hat man der Theorie ihre Bedeutung geraubt und den neu eingeführten Faktor auf eine Nebenrolle eingeschränkt. Die Entscheidung über den Ausgang in Neurose liegt dann doch auf einem anderen, wiederum auf einem unbekannten Gebiet.

Die Tatsache, daß der Mensch den Geburtsvorgang mit den anderen Säugetieren gemein hat, während ihm eine besondere Disposition zur Neurose als Vorrecht vor den Tieren zukommt, wird kaum günstig für die Ranksche Lehre stimmen. Der Haupteinwand bleibt aber, daß sie in der Luft schwebt, anstatt sich auf gesicherte Beobachtung zu stützen. Es gibt keine guten Untersuchungen darüber, ob schwere und protrahierte Geburt in unverkennbarer Weise mit Entwicklung von Neurose zusammentreffen, ja, ob so geborene Kinder nur die Phänomene der frühinfantilen Ängstlichkeit länger oder stärker zeigen als andere. Macht man geltend, daß präzipitierte und für die Mutter leichte Geburten für das Kind möglicherweise die Bedeutung von schweren Traumen haben, so bleibt doch die Forderung aufrecht, daß Geburten, die zur Asphyxie führen, die behaupteten Folgen mit Sicherheit erkennen lassen müßten. Es scheint ein Vorteil der Rankschen Ätiologie, daß sie ein Moment voranstellt, das der Nachprüfung am Material der Erfahrung zugänglich ist; solange man eine solche Prüfung nicht wirklich vorgenommen hat, ist es unmöglich, ihren Wert zu beurteilen.

Dagegen kann ich mich der Meinung nicht anschließen, daß die Ranksche Lehre der bisher in der Psychoanalyse anerkannten ätiologischen Bedeutung der Sexualtriebe widerspricht; denn sie bezieht sich nur auf das Verhältnis des Individuums zur Gefahrsituation und läßt die gute Auskunft offen, daß, wer die anfänglichen Gefahren nicht bewältigen konnte, auch in den später auftauchenden Situationen sexueller Gefahr versagen muß und dadurch in die Neurose gedrängt wird.

Ich glaube also nicht, daß der Ranksche Versuch uns die Antwort auf die Frage nach der Begründung der Neurose gebracht hat, und ich meine, es läßt sich noch nicht entscheiden, einen wie großen Beitrag zur Lösung der Frage er doch enthält. Wenn die Untersuchungen über den Einfluß schwerer Geburt auf die Disposition zu Neurosen negativ ausfallen, ist dieser Beitrag gering einzuschätzen. Es ist sehr zu besorgen, daß das Bedürfnis nach einer greifbaren und einheitlichen „letzten Ursache" der Nervosität immer unbefriedigt bleiben wird. Der ideale Fall, nach dem sich der Mediziner wahrscheinlich noch heute sehnt, wäre der des Bazillus, der sich isolieren und reinzüchten läßt, und dessen Impfung bei jedem Individuum die nämliche Affektion hervorruft. Oder etwas weniger phantastisch: die Darstellung von chemischen Stoffen, deren Verabreichung bestimmte Neurosen produziert und aufhebt. Aber die Wahrscheinlichkeit spricht nicht für solche Lösungen des Problems.

Die Psychoanalyse führt zu weniger einfachen, minder befriedigenden Auskünften. Ich habe hier nur längst Bekanntes zu wiederholen, nichts Neues hinzuzufügen. Wenn es dem Ich gelungen ist, sich einer gefährlichen Triebregung zu erwehren, z. B. durch den Vorgang der Verdrängung, so hat es diesen Teil des Es zwar gehemmt und geschädigt, aber ihm gleichzeitig auch ein Stück Unabhängigkeit gegeben und auf ein Stück seiner eigenen Souveränität verzichtet. Das folgt aus der Natur der Verdrängung, die im Grunde ein Fluchtversuch ist. Das Verdrängte ist nun „vogelfrei", ausgeschlossen aus der großen Organisation des Ichs, nur den Gesetzen unterworfen, die im Bereich des Unbewußten herrschen. Ändert sich nun die Gefahrsituation, so daß das Ich kein Motiv zur Abwehr einer neuerlichen, der verdrängten analogen Triebregung hat, so werden die Folgen der Icheinschränkung manifest. Der neuerliche Triebablauf vollzieht sich unter dem Einfluß des Automatismus, — ich zöge vor zu sagen: des Wiederholungszwanges — er wandelt dieselben Wege wie der früher verdrängte, als ob die überwundene Gefahrsituation noch bestünde. Das fixierende Moment an der Verdrängung ist also der Wiederholungszwang des unbewußten Es, der normalerweise nur durch die frei bewegliche Funktion des Ichs aufgehoben wird. Nun mag es dem Ich mitunter gelingen, die Schranken der Verdrängung, die es selbst aufgerichtet, wieder einzureißen, seinen Einfluß auf die Triebregung wiederzugewinnen und den neuerlichen Triebablauf im Sinne der veränderten Gefahrsituation zu lenken. Tatsache ist, daß es ihm so oft mißlingt, und daß es seine Verdrängungen nicht rückgängig machen kann. Quantitative Relationen mögen für den Ausgang dieses Kampfes maßgebend sein. In manchen Fällen haben wir den Eindruck, daß die Entscheidung eine zwangsläufige ist, die regressive Anziehung der verdrängten Regung und die Stärke der Verdrängung sind so groß, daß die neuerliche Regung nur dem Wiederholungszwange folgen kann. In anderen Fällen nehmen wir den Beitrag eines anderen Kräftespiels wahr, die Anziehung des verdrängten Vorbilds wird verstärkt durch die Abstoßung von seiten der realen Schwierigkeiten, die sich einem anderen Ablauf der neuerlichen Triebregung entgegensetzen.

Daß dies der Hergang der Fixierung an die Verdrängung und der Erhaltung der nicht mehr aktuellen Gefahrsituation ist, findet seinen Erweis in der an sich bescheidenen, aber theoretisch kaum überschätzbaren Tatsache der analytischen Therapie. Wenn wir dem Ich in der Analyse die Hilfe leisten, die es in den Stand setzen kann, seine Verdrängungen aufzuheben, bekommt es seine Macht über das verdrängte Es wieder und kann die Triebregungen so ablaufen lassen, als ob die alten Gefahrsituationen nicht mehr bestünden. Was wir so erreichen, steht in gutem Einklang mit dem sonstigen Machtbereich unserer ärztlichen Leistung. In der Regel muß sich ja unsere Therapie damit begnügen, rascher, verläßlicher, mit weniger Aufwand den guten Ausgang herbeizuführen, der sich unter günstigen Verhältnissen spontan ergeben hätte.

Die bisherigen Erwägungen lehren uns, es sind quantitative Relationen, nicht direkt aufzuzeigen, nur auf dem Wege des Rückschlusses faßbar, die darüber entscheiden, ob die alten Gefahrsituationen festgehalten werden, ob die Verdrängungen des Ichs erhalten bleiben, ob die Kinderneurosen ihre Fortsetzung finden oder nicht. Von den Faktoren, die an der Verursachung der Neurosen beteiligt sind, die die Bedingungen geschaffen haben, unter denen sich die psychischen Kräfte miteinander messen, heben sich für unser Verständnis drei hervor, ein biologischer, ein phylogenetischer und ein rein psychologischer. Der biologische ist die lang hingezogene Hilflosigkeit und Abhängigkeit des kleinen Menschenkindes. Die Intrauterinexistenz des Menschen erscheint gegen die der meisten Tiere relativ verkürzt; es wird unfertiger als diese in die Welt geschickt. Dadurch wird der Einfluß der realen Außenwelt verstärkt, die Differenzierung des Ichs vom Es frühzeitig gefördert, die Gefahren der Außenwelt in ihrer Bedeutung erhöht und der Wert des Objekts, das allein gegen diese Gefahren schützen und das verlorene Intrauterinleben ersetzen kann, enorm gesteigert. Dies biologische Moment stellt also die ersten Gefahrsituationen her und schafft das Bedürfnis, geliebt zu werden, das den Menschen nicht mehr verlassen wird.

Der zweite, phylogenetische, Faktor ist von uns nur erschlossen worden; eine sehr merkwürdige Tatsache der Libidoentwicklung hat uns zu seiner Annahme gedrängt. Wir finden, daß das Sexualleben des Menschen sich nicht wie das der meisten ihm nahestehenden Tiere vom Anfang bis zur Reifung stetig weiter entwickelt, sondern daß es nach einer ersten Frühblüte bis zum fünften Jahr eine energische Unterbrechung erfährt, worauf es dann mit der Pubertät von neuem anhebt und an die infantilen Ansätze anknüpft. Wir meinen, es müßte in den Schicksalen der Menschenart etwas Wichtiges vorgefallen sein, was diese Unterbrechung der Sexualentwicklung als historischen Niederschlag hinterlassen hat. Die pathogene Bedeutung dieses Moments ergibt sich daraus, daß die meisten Triebansprüche dieser kindlichen Sexualität vom Ich als Gefahren behandelt und abgewehrt werden, so daß die späteren sexuellen Regungen der Pubertät, die ichgerecht sein sollten, in Gefahr sind, der Anziehung der infantilen Vorbilder zu unterliegen und ihnen in die Verdrängung zu folgen. Hier stoßen wir auf die direkteste Ätiologie der Neurosen. Es ist merkwürdig, daß der frühe Kontakt mit den Ansprüchen der Sexualität auf das Ich ähnlich wirkt, wie die vorzeitige Berührung mit der Außenwelt.

Der dritte oder psychologische Faktor ist in einer Unvollkommenheit unseres seelischen Apparates zu finden, die gerade mit seiner Differenzierung in ein Ich und ein Es zusammenhängt, also in letzter Linie auch auf den Einfluß der Außenwelt zurückgeht. Durch die Rücksicht auf die Gefahren der Realität wird das Ich genötigt, sich gegen gewisse Triebregungen des Es zur Wehre zu setzen, sie als Gefahren zu behandeln. Das Ich kann sich aber gegen innere Triebgefahren nicht in so wirksamer Weise schützen wie gegen ein Stück der ihm fremden Realität. Mit dem Es selbst innig verbunden, kann es die Triebgefahr nur abwehren, indem es seine eigene Organisation einschränkt und sich die Symptombildung als Ersatz für seine Beeinträchtigung des Triebes gefallen läßt. Erneuert sich dann der Andrang des abgewiesenen Triebes, so ergeben sich für das Ich alle die Schwierigkeiten, die wir als das neurotische Leiden kennen.

Weiter muß ich glauben, ist unsere Einsicht in das Wesen und die Verursachung der Neurosen vorläufig nicht gekommen.

# XI

## NACHTRÄGE

Im Laufe dieser Erörterungen sind verschiedene Themen berührt worden, die vorzeitig verlassen werden mußten und die jetzt gesammelt werden sollen, um den Anteil Aufmerksamkeit zu erhalten, auf den sie Anspruch haben.

### A

### MODIFIKATIONEN FRÜHER GEÄUSSERTER ANSICHTEN

#### a) *Widerstand und Gegenbesetzung*

Es ist ein wichtiges Stück der Theorie der Verdrängung, daß sie nicht einen einmaligen Vorgang darstellt, sondern einen dauernden Aufwand erfordert. Wenn dieser entfiele, würde der verdrängte Trieb, der kontinuierlich Zuflüsse aus seinen Quellen erhält, ein nächstes Mal denselben Weg einschlagen, von dem er abgedrängt wurde, die Verdrängung würde um ihren Erfolg gebracht oder sie müßte unbestimmt oft wiederholt werden. So folgt aus der kontinuierlichen Natur des Triebes die Anforderung an das Ich, seine Abwehraktion durch einen Daueraufwand zu versichern. Diese Aktion zum Schutz der Verdrängung ist es, die wir bei der therapeutischen Bemühung als Widerstand verspüren. Widerstand setzt das voraus, was ich als Gegenbesetzung bezeichnet habe. Eine solche Gegenbesetzung wird bei der Zwangsneurose greifbar. Sie erscheint hier als Ichveränderung, als Reaktionsbildung im Ich, durch Verstärkung jener Einstellung, welche der zu verdrängenden Triebrichtung gegensätzlich ist (Mitleid, Gewissenhaftigkeit, Reinlichkeit). Diese Reaktionsbildungen der Zwangsneurose sind durchweg Übertreibungen normaler, im Verlauf der Latenzzeit entwickelter Charakterzüge. Es ist weit schwieriger, die Gegenbesetzung bei der Hysterie aufzuweisen, wo sie nach der theoretischen Erwartung ebenso unentbehrlich ist. Auch hier ist ein gewisses Maß von Ichveränderung durch Reaktionsbildung unverkennbar und wird in manchen Verhältnissen so auffällig, daß es sich der Aufmerksamkeit als das Hauptsymptom des Zustandes aufdrängt. In solcher Weise wird z. B. der Ambivalenzkonflikt der Hysterie gelöst, der Haß gegen eine geliebte Person wird durch ein Übermaß von Zärtlichkeit für sie und Ängstlichkeit um sie niedergehalten. Man muß aber als Unterschiede gegen die Zwangsneurose hervorheben, daß solche Reaktionsbildungen nicht die allgemeine Natur von Charakterzügen zeigen, sondern sich auf ganz spezielle Relationen einschränken. Die Hysterika z. B., die ihre im Grunde gehaßten Kinder mit exzessiver Zärtlichkeit behandelt, wird darum nicht im ganzen liebesbereiter als andere Frauen, nicht einmal zärtlicher für andere Kinder. Die Reaktionsbildung der Hysterie hält an einem bestimmten Objekt zähe fest und erhebt sich nicht zu einer allgemeinen Disposition des Ichs. Für die Zwangsneurose ist gerade diese Verallgemeinerung, die Lockerung der Objektbeziehungen, die Erleichterung der Verschiebung in der Objektwahl charakteristisch.

Eine andere Art der Gegenbesetzung scheint der Eigenart der Hysterie gemäßer zu sein. Die verdrängte Triebregung kann von zwei Seiten her aktiviert (neu besetzt) werden, erstens von innen her durch eine Verstärkung des Triebes aus seinen inneren Erregungsquellen, zweitens von außen her durch die Wahrnehmung eines Objekts, das dem Trieb erwünscht wäre. Die hysterische Gegenbesetzung ist nun vorzugsweise nach außen gegen gefährliche Wahrnehmung gerichtet, sie nimmt die Form einer besonderen Wachsamkeit an, die durch Icheinschränkungen Situationen vermeidet, in denen die Wahrnehmung auftreten müßte, und die es zustandebringt, dieser Wahrnehmung die Aufmerksamkeit zu entziehen, wenn sie doch aufgetaucht ist. Französische Autoren (Laforgue) haben kürzlich diese Leistung der Hysterie durch den besonderen Namen „Skotomisation" ausgezeichnet. Noch auffälliger als bei Hysterie ist diese Technik der Gegenbesetzung bei den Phobien, deren Interesse sich darauf konzentriert, sich immer weiter von der Möglichkeit der gefürchteten Wahrnehmung zu entfernen. Der Gegensatz in der Richtung der Gegenbesetzung zwischen Hysterie und Phobien einerseits und Zwangsneurose anderseits scheint bedeutsam, wenn er auch kein absoluter ist. Er legt uns nahe anzunehmen, daß zwischen der Verdrängung und der äußeren Gegenbesetzung, wie zwischen der Regression und der inneren Gegenbesetzung (Ichveränderung durch Reaktionsbildung) ein innigerer Zusammenhang besteht. Die Abwehr der gefährlichen Wahrnehmung ist übrigens eine allgemeine Aufgabe der Neurosen. Verschiedene Gebote und Verbote der Zwangsneurose sollen der gleichen Absicht dienen.

Wir haben uns früher einmal klargemacht, daß der Widerstand, den wir in der Analyse zu überwinden haben, vom Ich geleistet wird, das an seinen Gegenbesetzungen festhält. Das Ich hat es schwer, seine Aufmerksamkeit Wahrnehmungen und Vorstellungen zuzuwenden, deren Vermeidung es sich bisher zur Vorschrift gemacht hatte, oder Regungen als die seinigen anzuerkennen, die den vollsten Gegensatz zu den ihm als eigen vertrauten bilden. Unsere Bekämpfung des Widerstandes in der Analyse gründet sich auf eine solche Auffassung desselben. Wir machen den Widerstand bewußt, wo er, wie so häufig, infolge des Zusammenhanges mit dem Verdrängten selbst unbewußt ist; wir setzen ihm logische Argumente entgegen, wenn oder nachdem er bewußt geworden ist, versprechen dem Ich Nutzen und Prämien, wenn es auf den Widerstand verzichtet. An dem Widerstand des Ichs ist also nichts zu bezweifeln oder zu berichtigen. Dagegen fragt es sich, ob er allein den Sachverhalt deckt, der uns in der Analyse entgegentritt. Wir machen die Erfahrung, daß das Ich noch immer Schwierigkeiten findet, die Verdrängungen rückgängig zu machen, auch nachdem es den Vorsatz gefaßt hat, seine Widerstände aufzugeben, und haben die Phase anstrengender Bemühung, die nach solchem löblichen Vorsatz folgt, als die des „Durcharbeitens" bezeichnet. Es liegt nun nahe, das dynamische Moment anzuerkennen, das ein solches Durcharbeiten notwendig und verständlich macht. Es kann kaum anders sein, als daß nach Aufhebung des Ichwiderstandes noch die Macht des Wiederholungszwanges, die Anziehung der unbewußten Vorbilder auf den verdrängten Triebvorgang, zu überwinden ist, und es ist nichts dagegen zu sagen, wenn man dies Moment als den **Widerstand des Unbewußten** bezeichnen will. Lassen wir uns solche Korrekturen nicht verdrießen; sie sind erwünscht, wenn sie unser Verständnis um ein Stück fördern, und keine Schande, wenn sie das frühere nicht widerlegen, sondern bereichern, eventuell eine Allgemeinheit einschränken, eine zu enge Auffassung erweitern.

Es ist nicht anzunehmen, daß wir durch diese Korrektur eine vollständige Übersicht über die Arten der uns in der Analyse begegnenden Widerstände gewonnen haben. Bei weiterer Vertiefung merken wir vielmehr, daß wir fünf Arten des Widerstandes zu bekämpfen haben, die von drei Seiten herstammen, nämlich vom Ich, vom Es und vom Über-Ich, wobei sich das Ich als die Quelle von drei in ihrer Dynamik unterschiedenen Formen erweist. Der erste dieser drei Ichwiderstände ist der vorhin behandelte **Verdrängungswiderstand**, über den am wenigsten Neues zu sagen ist. Von ihm sondert sich der **Übertragungswiderstand**, der von der gleichen Natur ist, aber in der Analyse andere und weit deutlichere Erscheinungen macht, da es ihm gelungen ist, eine Beziehung zur analytischen Situation oder zur Person des Analytikers herzustellen und somit eine Verdrängung, die bloß erinnert werden sollte, wieder wie frisch zu beleben. Auch ein Ichwiderstand, aber ganz anderer Natur, ist jener, der vom Krankheitsgewinn ausgeht und sich auf die Einbeziehung des Symptoms ins Ich gründet. Er entspricht dem Sträuben gegen den Verzicht auf eine Befriedigung oder Erleichterung. Die vierte Art des Widerstandes — den des Es — haben wir eben für die Notwendigkeit des Durcharbeitens verantwortlich gemacht. Der fünfte Widerstand, der des Über-Ichs, der zuletzt erkannte, dunkelste, aber nicht immer schwächste, scheint dem Schuldbewußtsein oder Strafbedürfnis zu entstammen; er widersetzt sich jedem Erfolg und demnach auch der Genesung durch die Analyse.

### b) *Angst aus Umwandlung von Libido*

Die in diesem Aufsatz vertretene Auffassung der Angst entfernt sich ein Stück weit von jener, die mir bisher berechtigt schien. Früher betrachtete ich die Angst als eine allgemeine Reaktion des Ichs unter den Bedingungen der Unlust, suchte ihr Auftreten jedesmal zu rechtfertigen und nahm an, gestützt auf die Untersuchung der Aktualneurosen, daß Libido (sexuelle Erregung), die vom Ich abgelehnt oder nicht verwendet wird, eine direkte Abfuhr in der Form der Angst findet. Man kann es nicht übersehen, daß diese verschiedenen Bestimmungen nicht gut zusammengehen, zum mindesten nicht notwendig aus einander folgen. Überdies ergab sich der Anschein einer besonders innigen Beziehung von Angst und Libido, die wiederum mit dem Allgemeincharakter der Angst als Unlustreaktion nicht harmonierte.

Der Einspruch gegen diese Auffassung ging von der Tendenz aus, das Ich zur alleinigen Angststätte zu machen, war also eine der Folgen der im „Ich und Es" versuchten Gliederung des seelischen Apparates. Der früheren Auffassung lag es nahe, die Libido der verdrängten Triebregung als die Quelle der Angst zu betrachten; nach der neueren hatte vielmehr das Ich für diese Angst aufzukommen. Also Ich-Angst oder Trieb-(Es-) Angst. Da das Ich mit desexualisierter Energie arbeitet, wurde in der Neuerung auch der intime Zusammenhang von Angst und Libido gelockert. Ich hoffe, es ist mir gelungen, wenigstens den Widerspruch klar zu machen, die Umrisse der Unsicherheit scharf zu zeichnen.

Die Ranksche Mahnung, der Angstaffekt sei, wie ich selbst zuerst behauptete, eine Folge des Geburtsvorganges und eine Wiederholung der damals durchlebten Situation, nötigte zu einer neuerlichen Prüfung des Angstproblems. Mit seiner eigenen Auffassung der Geburt als Trauma, des Angstzustandes als Abfuhrreaktion darauf, jedes neuerlichen Angstaffekts als Versuch, das Trauma immer vollständiger „abzureagieren", konnte ich nicht weiter kommen. Es ergab sich die Nötigung, von der Angstreaktion auf die Gefahrsituation hinter ihr zurückzugehen. Mit der Einführung dieses Moments ergaben sich neue Gesichtspunkte für die Betrachtung. Die Geburt wurde das Vorbild für alle späteren Gefahrsituationen, die sich unter den neuen Bedingungen der veränderten Existenzform und der fortschreitenden psychischen Entwicklung ergaben. Ihre eigene Bedeutung wurde aber auch auf diese vorbildliche Beziehung zur Gefahr eingeschränkt. Die bei der Geburt empfundene Angst wurde nun das Vorbild eines Affektzustandes, der die Schicksale anderer Affekte teilen mußte. Er reproduzierte sich entweder automatisch in Situationen, die seinen Ursprungssituationen analog waren, als unzweckmäßige Reaktionsform, nachdem er in der ersten Gefahrsituation zweckmäßig gewesen war. Oder das Ich bekam Macht über diesen Affekt und reproduzierte ihn selbst, bediente sich seiner als Warnung vor der Gefahr und als Mittel, das Eingreifen des Lust-Unlustmechanismus wachzurufen. Die biologische Bedeutung des Angstaffekts kam zu ihrem Recht, indem die Angst als die allgemeine Reaktion auf die Situation der Gefahr anerkannt wurde; die Rolle des Ichs als Angststätte wurde bestätigt, indem dem Ich die Funktion eingeräumt wurde, den Angstaffekt nach seinen Bedürfnissen zu produzieren. Der Angst wurden so im späteren Leben zweierlei Ursprungsweisen zugewiesen, die eine ungewollt, automatisch, jedesmal ökonomisch gerechtfertigt, wenn sich eine Gefahrsituation analog jener der Geburt hergestellt hatte, die andere, vom Ich produzierte, wenn eine solche Situation nur drohte, um zu ihrer Vermeidung aufzufordern. In diesem zweiten Fall unterzog sich das Ich der Angst gleichsam wie einer Impfung, um durch einen abgeschwächten Krankheitsausbruch einem ungeschwächten Anfall zu entgehen. Es stellte sich gleichsam die Gefahrsituation lebhaft vor, bei unverkennbarer Tendenz, dies peinliche Erleben auf eine Andeutung, ein Signal, zu beschränken. Wie sich dabei die verschiedenen Gefahrsituationen nacheinander entwickeln und doch genetisch miteinander verknüpft bleiben, ist bereits im einzelnen dargestellt worden. Vielleicht gelingt es uns, ein Stück weiter ins Verständnis der Angst einzudringen, wenn wir das Problem des Verhältnisses zwischen neurotischer Angst und Realangst angreifen.

Die früher behauptete direkte Umsetzung der Libido in Angst ist unserem Interesse nun weniger bedeutsam geworden. Ziehen wir sie doch in Erwägung, so haben wir mehrere Fälle zu unterscheiden. Für die Angst, die das Ich als Signal provoziert, kommt sie nicht in Betracht; also auch nicht in all den Gefahrsituationen, die das Ich zur Einleitung einer Verdrängung bewegen. Die libidinöse Besetzung der verdrängten Triebregung erfährt, wie man es am deutlichsten bei der Konversionshysterie sieht, eine andere Verwendung als die Umsetzung in und Abfuhr als Angst. Hingegen werden wir bei der weiteren Diskussion der Gefahrsituation auf jenen Fall der Angstentwicklung stoßen, der wahrscheinlich anders zu beurteilen ist.

### c) *Verdrängung und Abwehr*

Im Zusammenhange der Erörterungen über das Angstproblem habe ich einen Begriff — oder bescheidener ausgedrückt: einen Terminus — wieder aufgenommen, dessen ich mich zu Anfang meiner Studien vor dreißig Jahren ausschließend bedient und den ich späterhin fallen gelassen hatte. Ich meine den des Abwehrvorganges.[1] Ich ersetzte ihn in der Folge durch den der Verdrängung, das Verhältnis zwischen beiden blieb aber unbestimmt. Ich meine nun, es bringt einen sicheren Vorteil, auf den alten Begriff der Abwehr zurückzugreifen, wenn man dabei festsetzt, daß er die allgemeine Bezeichnung für alle die Techniken sein soll, deren sich das Ich in seinen eventuell zur Neurose führenden Konflikten bedient, während Verdrängung der Name einer bestimmten solchen Abwehrmethode bleibt, die uns infolge der Richtung unserer Untersuchungen zuerst besser bekannt worden ist.

Auch eine bloß terminologische Neuerung will gerechtfertigt werden, soll der Ausdruck einer neuen Betrachtungsweise oder einer Erweiterung unserer Einsichten sein. Die Wiederaufnahme des Begriffes Abwehr und die Einschränkung des Begriffes der Verdrängung trägt nun einer Tatsache Rechnung, die längst bekannt ist, aber durch einige neuere Funde an Bedeutung gewonnen hat. Unsere ersten Erfahrungen über Verdrängung und Symptombildung machten wir an der Hysterie; wir sahen, daß der Wahrnehmungsinhalt erregender Erlebnisse, der Vorstellungsinhalt pathogener Gedankenbildungen, vergessen und von der Reproduktion im Gedächtnis ausgeschlossen wird, und haben darum in der Abhaltung vom Bewußtsein einen Hauptcharakter der hysterischen Verdrängung erkannt. Später haben wir die Zwangsneurose studiert und gefunden, daß bei dieser Affektion die pathogenen Vorfälle nicht vergessen werden. Sie bleiben bewußt, werden aber auf eine noch nicht' vorstellbare Weise „isoliert", so daß ungefähr derselbe Erfolg erzielt wird wie durch die hysterische Amnesie. Aber die Differenz ist groß genug, um unsere Meinung zu berechtigen, der Vorgang, mittels dessen die Zwangsneurose einen Triebanspruch beseitigt, könne nicht der nämliche sein wie bei

---

[1] Siehe: Die Abwehr-Neuropsychosen [diese Gesamtausgabe, Bd. I].

Hysterie. Weitere Untersuchungen haben uns gelehrt, daß bei der Zwangsneurose unter dem Einfluß des Ichsträubens eine Regression der Triebregungen auf eine frühere Libidophase erzielt wird, die zwar eine Verdrängung nicht überflüssig macht, aber offenbar in demselben Sinne wirkt wie die Verdrängung. Wir haben ferner gesehen, daß die auch bei Hysterie anzunehmende Gegenbesetzung bei der Zwangsneurose als reaktive Ichveränderung eine besonders große Rolle beim Ichschutz spielt, wir sind auf ein Verfahren der „Isolierung" aufmerksam worden, dessen Technik wir noch nicht angeben können, das sich einen direkten symptomatischen Ausdruck schafft, und auf die magisch zu nennende Prozedur des „Ungeschehenmachens", über deren abwehrende Tendenz kein Zweifel sein kann, die aber mit dem Vorgang der „Verdrängung" keine Ähnlichkeit mehr hat. Diese Erfahrungen sind Grund genug, den alten Begriff der Abwehr wieder einzusetzen, der alle diese Vorgänge mit gleicher Tendenz — Schutz des Ichs gegen Triebansprüche — umfassen kann, und ihm die Verdrängung als einen Spezialfall zu subsumieren. Die Bedeutung einer solchen Namengebung wird erhöht, wenn man die Möglichkeit erwägt, daß eine Vertiefung unserer Studien eine innige Zusammengehörigkeit zwischen besonderen Formen der Abwehr und bestimmten Affektionen ergeben könnte, z. B. zwischen Verdrängung und Hysterie. Unsere Erwartung richtet sich ferner auf die Möglichkeit einer anderen bedeutsamen Abhängigkeit. Es kann leicht sein, daß der seelische Apparat vor der scharfen Sonderung von Ich und Es, vor der Ausbildung eines Über-Ichs, andere Methoden der Abwehr übt als nach der Erreichung dieser Organisationsstufen.

## B
### ERGÄNZUNG ZUR ANGST

Der Angstaffekt zeigt einige Züge, deren Untersuchung weitere Aufklärung verspricht. Die Angst hat eine unverkennbare Beziehung zur Erwartung; sie ist Angst vor etwas. Es haftet ihr ein

Charakter von Unbestimmtheit und Objektlosigkeit an; der korrekte Sprachgebrauch ändert selbst ihren Namen, wenn sie ein Objekt gefunden hat, und ersetzt ihn dann durch Furcht. Die Angst hat ferner außer ihrer Beziehung zur Gefahr eine andere zur Neurose, um deren Aufklärung wir uns seit langem bemühen. Es entsteht die Frage, warum nicht alle Angstreaktionen neurotisch sind, warum wir so viele als normal anerkennen; endlich verlangt der Unterschied von Realangst und neurotischer Angst nach gründlicher Würdigung.

Gehen wir von der letzteren Aufgabe aus. Unser Fortschritt bestand in dem Rückgreifen von der Reaktion der Angst auf die Situation der Gefahr. Nehmen wir dieselbe Veränderung an dem Problem der Realangst vor, so wird uns dessen Lösung leicht. Realgefahr ist eine Gefahr, die wir kennen, Realangst die Angst vor einer solchen bekannten Gefahr. Die neurotische Angst ist Angst vor einer Gefahr, die wir nicht kennen. Die neurotische Gefahr muß also erst gesucht werden; die Analyse hat uns gelehrt, sie ist eine Triebgefahr. Indem wir diese dem Ich unbekannte Gefahr zum Bewußtsein bringen, verwischen wir den Unterschied zwischen Realangst und neurotischer Angst, können wir die letztere wie die erstere behandeln.

In der Realgefahr entwickeln wir zwei Reaktionen, die affektive, den Angstausbruch, und die Schutzhandlung. Voraussichtlich wird bei der Triebgefahr dasselbe geschehen. Wir kennen den Fall des zweckmäßigen Zusammenwirkens beider Reaktionen, indem die eine das Signal für das Einsetzen der anderen gibt, aber auch den unzweckmäßigen Fall, den der Angstlähmung, daß die eine sich auf Kosten der anderen ausbreitet.

Es gibt Fälle, in denen sich die Charaktere von Realangst und neurotischer Angst vermengt zeigen. Die Gefahr ist bekannt und real, aber die Angst vor ihr übermäßig groß, größer als sie nach unserem Urteil sein dürfte. In diesem Mehr verrät sich das neurotische Element. Aber diese Fälle bringen nichts prinzipiell Neues.

Die Analyse zeigt, daß an die bekannte Realgefahr eine unerkannte Triebgefahr geknüpft ist.

Wir kommen weiter, wenn wir uns auch mit der Zurückführung der Angst auf die Gefahr nicht begnügen. Was ist der Kern, die Bedeutung der Gefahrsituation? Offenbar die Einschätzung unserer Stärke im Vergleich zu ihrer Größe, das Zugeständnis unserer Hilflosigkeit gegen sie, der materiellen Hilflosigkeit im Falle der Realgefahr, der psychischen Hilflosigkeit im Falle der Triebgefahr. Unser Urteil wird dabei von wirklich gemachten Erfahrungen geleitet werden; ob es sich in seiner Schätzung irrt, ist für den Erfolg gleichgiltig. Heißen wir eine solche erlebte Situation von Hilflosigkeit eine traumatische; wir haben dann guten Grund, die traumatische Situation von der Gefahrsituation zu trennen.

Es ist nun ein wichtiger Fortschritt in unserer Selbstbewahrung, wenn eine solche traumatische Situation von Hilflosigkeit nicht abgewartet, sondern vorhergesehen, erwartet, wird. Die Situation, in der die Bedingung für solche Erwartung enthalten ist, heiße die Gefahrsituation, in ihr wird das Angstsignal gegeben. Dies will besagen: ich erwarte, daß sich eine Situation von Hilflosigkeit ergeben wird, oder die gegenwärtige Situation erinnert mich an eines der früher erfahrenen traumatischen Erlebnisse. Daher antizipiere ich dieses Trauma, will mich benehmen, als ob es schon da wäre, solange noch Zeit ist, es abzuwenden. Die Angst ist also einerseits Erwartung des Traumas, anderseits eine gemilderte Wiederholung desselben. Die beiden Charaktere, die uns an der Angst aufgefallen sind, haben also verschiedenen Ursprung. Ihre Beziehung zur Erwartung gehört zur Gefahrsituation, ihre Unbestimmtheit und Objektlosigkeit zur traumatischen Situation der Hilflosigkeit, die in der Gefahrsituation antizipiert wird.

Nach der Entwicklung der Reihe: Angst — Gefahr — Hilflosigkeit (Trauma) können wir zusammenfassen: Die Gefahrsituation ist die erkannte, erinnerte, erwartete Situation der Hilflosigkeit. Die Angst ist die ursprüngliche Reaktion auf die Hilflosigkeit im

Trauma, die dann später in der Gefahrsituation als Hilfssignal reproduziert wird. Das Ich, welches das Trauma passiv erlebt hat, wiederholt nun aktiv eine abgeschwächte Reproduktion desselben, in der Hoffnung, deren Ablauf selbsttätig leiten zu können. Wir wissen, das Kind benimmt sich ebenso gegen alle ihm peinlichen Eindrücke, indem es sie im Spiel reproduziert; durch diese Art, von der Passivität zur Aktivität überzugehen, sucht es seine Lebenseindrücke psychisch zu bewältigen. Wenn dies der Sinn eines „Abreagierens" des Traumas sein soll, so kann man nichts mehr dagegen einwenden. Das Entscheidende ist aber die erste Verschiebung der Angstreaktion von ihrem Ursprung in der Situation der Hilflosigkeit auf deren Erwartung, die Gefahrsituation. Dann folgen die weiteren Verschiebungen von der Gefahr auf die Bedingung der Gefahr, den Objektverlust und dessen schon erwähnte Modifikationen.

Die „Verwöhnung" des kleinen Kindes hat die unerwünschte Folge, daß die Gefahr des Objektverlustes — das Objekt als Schutz gegen alle Situationen der Hilflosigkeit — gegen alle anderen Gefahren übersteigert wird. Sie begünstigt also die Zurückhaltung in der Kindheit, der die motorische wie die psychische Hilflosigkeit eigen sind.

Wir haben bisher keinen Anlaß gehabt, die Realangst anders zu betrachten als die neurotische Angst. Wir kennen den Unterschied; die Realgefahr droht von einem äußeren Objekt, die neurotische von einem Triebanspruch. Insoferne dieser Triebanspruch etwas Reales ist, kann auch die neurotische Angst als real begründet anerkannt werden. Wir haben verstanden, daß der Anschein einer besonders intimen Beziehung zwischen Angst und Neurose sich auf die Tatsache zurückführt, daß das Ich sich mit Hilfe der Angstreaktion der Triebgefahr ebenso erwehrt wie der äußeren Realgefahr, daß aber diese Richtung der Abwehrtätigkeit infolge einer Unvollkommenheit des seelischen Apparats in die Neurose ausläuft. Wir haben auch die Überzeugung gewonnen, daß der Triebanspruch oft nur darum zur (inneren) Gefahr wird, weil seine Befriedigung eine äußere Gefahr herbeiführen würde, also weil diese innere Gefahr eine äußere repräsentiert.

Anderseits muß auch die äußere (Real-) Gefahr eine Verinnerlichung gefunden haben, wenn sie für das Ich bedeutsam werden soll; sie muß in ihrer Beziehung zu einer erlebten Situation von Hilflosigkeit erkannt werden.[1] Eine instinktive Erkenntnis von außen drohender Gefahren scheint dem Menschen nicht oder nur in sehr bescheidenem Ausmaß mitgegeben worden zu sein. Kleine Kinder tun unaufhörlich Dinge, die sie in Lebensgefahr bringen, und können gerade darum das schützende Objekt nicht entbehren. In der Beziehung zur traumatischen Situation, gegen die man hilflos ist, treffen äußere und innere Gefahr, Realgefahr und Triebanspruch zusammen. Mag das Ich in dem einen Falle einen Schmerz, der nicht aufhören will, erleben, im anderen Falle eine Bedürfnisstauung, die keine Befriedigung finden kann, die ökonomische Situation ist für beide Fälle die nämliche und die motorische Hilflosigkeit findet in der psychischen Hilflosigkeit ihren Ausdruck.

Die rätselhaften Phobien der frühen Kinderzeit verdienen an dieser Stelle nochmalige Erwähnung. Die einen von ihnen — Alleinsein, Dunkelheit, fremde Personen — konnten wir als Reaktionen auf die Gefahr des Objektverlusts verstehen; für andere — kleine Tiere, Gewitter u. dgl. — bietet sich vielleicht die Auskunft, sie seien die verkümmerten Reste einer kongenitalen Vorbereitung auf die Realgefahren, die bei anderen Tieren so deutlich ausgebildet ist. Für den Menschen zweckmäßig ist allein der Anteil dieser archaischen Erbschaft, der sich auf den Objektverlust bezieht.

---

[1] Es mag oft genug vorkommen, daß in einer Gefahrsituation, die als solche richtig geschätzt wird, zur Realangst ein Stück Triebangst hinzukommt. Der Triebanspruch, vor dessen Befriedigung das Ich zurückschreckt, wäre dann der masochistische, der gegen die eigene Person gewendete Destruktionstrieb. Vielleicht erklärt diese Zutat den Fall, daß die Angstreaktion übermäßig und unzweckmäßig, lähmend, ausfällt. Die Höhenphobien (Fenster, Turm, Abgrund) könnten diese Herkunft haben; ihre geheime feminine Bedeutung steht dem Masochismus nahe.

Wenn solche Kinderphobien sich fixieren, stärker werden und bis in späte Lebensjahre anhalten, weist die Analyse nach, daß ihr Inhalt sich mit Triebansprüchen in Verbindung gesetzt hat, zur Vertretung auch innerer Gefahren geworden ist.

## C

## ANGST, SCHMERZ UND TRAUER

Zur Psychologie der Gefühlsvorgänge liegt so wenig vor, daß die nachstehenden schüchternen Bemerkungen auf die nachsichtigste Beurteilung Anspruch erheben dürfen. An folgender Stelle erhebt sich für uns das Problem. Wir mußten sagen, die Angst werde zur Reaktion auf die Gefahr des Objektverlusts. Nun kennen wir bereits eine solche Reaktion auf den Objektverlust, es ist die Trauer. Also wann kommt es zur einen, wann zur anderen? An der Trauer, mit der wir uns bereits früher beschäftigt haben,[1] blieb ein Zug völlig unverstanden, ihre besondere Schmerzlichkeit. Daß die Trennung vom Objekt schmerzlich ist, erscheint uns trotzdem selbstverständlich. Also kompliziert sich das Problem weiter: Wann macht die Trennung vom Objekt Angst, wann Trauer und wann vielleicht nur Schmerz?

Sagen wir es gleich, es ist keine Aussicht vorhanden, Antworten auf diese Fragen zu geben. Wir werden uns dabei bescheiden, einige Abgrenzungen und einige Andeutungen zu finden.

Unser Ausgangspunkt sei wiederum die eine Situation, die wir zu verstehen glauben, die des Säuglings, der anstatt seiner Mutter eine fremde Person erblickt. Er zeigt dann die Angst, die wir auf die Gefahr des Objektverlustes gedeutet haben. Aber sie ist wohl komplizierter und verdient eine eingehendere Diskussion. An der Angst des Säuglings ist zwar kein Zweifel, aber Gesichtsausdruck und die Reaktion des Weinens lassen annehmen, daß er außerdem

---

[1] Siehe: Trauer und Melancholie [Bd. X dieser Gesamtausgabe].

noch Schmerz empfindet. Es scheint, daß bei ihm einiges zusammenfließt, was später gesondert werden wird. Er kann das zeitweilige Vermissen und den dauernden Verlust noch nicht unterscheiden; wenn er die Mutter das eine Mal nicht zu Gesicht bekommen hat, benimmt er sich so, als ob er sie nie wieder sehen sollte, und es bedarf wiederholter tröstlicher Erfahrungen, bis er gelernt hat, daß auf ein solches Verschwinden der Mutter ihr Wiedererscheinen zu folgen pflegt. Die Mutter reift diese für ihn so wichtige Erkenntnis, indem sie das bekannte Spiel mit ihm aufführt, sich vor ihm das Gesicht zu verdecken und zu seiner Freude wieder zu enthüllen. Er kann dann sozusagen Sehnsucht empfinden, die nicht von Verzweiflung begleitet ist.

Die Situation, in der er die Mutter vermißt, ist infolge seines Mißverständnisses für ihn keine Gefahrsituation, sondern eine traumatische, oder richtiger, sie ist eine traumatische, wenn er in diesem Moment ein Bedürfnis verspürt, das die Mutter befriedigen soll; sie wandelt sich zur Gefahrsituation, wenn dies Bedürfnis nicht aktuell ist. Die erste Angstbedingung, die das Ich selbst einführt, ist also die des Wahrnehmungsverlustes, die der des Objektverlustes gleichgestellt wird. Ein Liebesverlust kommt noch nicht in Betracht. Später lehrt die Erfahrung, daß das Objekt vorhanden bleiben, aber auf das Kind böse geworden sein kann, und nun wird der Verlust der Liebe von seiten des Objekts zur neuen, weit beständigeren Gefahr und Angstbedingung.

Die traumatische Situation des Vermissens der Mutter weicht in einem entscheidenden Punkte von der traumatischen Situation der Geburt ab. Damals war kein Objekt vorhanden, das vermißt werden konnte. Die Angst blieb die einzige Reaktion, die zustande kam. Seither haben wiederholte Befriedigungssituationen das Objekt der Mutter geschaffen, das nun im Falle des Bedürfnisses eine intensive, „sehnsüchtig" zu nennende Besetzung erfährt. Auf diese Neuerung ist die Reaktion des Schmerzes zu beziehen. Der Schmerz ist also die eigentliche Reaktion auf den Objektverlust, die Angst

die auf die Gefahr, welche dieser Verlust mit sich bringt, in
weiterer Verschiebung auf die Gefahr des Objektverlustes selbst.
Auch vom Schmerz wissen wir sehr wenig. Den einzig sicheren
Inhalt gibt die Tatsache, daß der Schmerz — zunächst und in
der Regel — entsteht, wenn ein an der Peripherie angreifender
Reiz die Vorrichtungen des Reizschutzes durchbricht und nun wie
ein kontinuierlicher Triebreiz wirkt, gegen den die sonst wirksamen
Muskelaktionen, welche die gereizte Stelle dem Reiz entziehen,
ohnmächtig bleiben. Wenn der Schmerz nicht von einer Hautstelle,
sondern von einem inneren Organ ausgeht, so ändert das nichts
an der Situation; es ist nur ein Stück der inneren Peripherie an
die Stelle der äußeren getreten. Das Kind hat offenbar Gelegenheit, solche Schmerzerlebnisse zu machen, die unabhängig von seinen
Bedürfniserlebnissen sind. Diese Entstehungsbedingung des Schmerzes
scheint aber sehr wenig Ähnlichkeit mit einem Objektverlust zu
haben, auch ist das für den Schmerz wesentliche Moment der
peripherischen Reizung in der Sehnsuchtssituation des Kindes völlig
entfallen. Und doch kann es nicht sinnlos sein, daß die Sprache
den Begriff des inneren, des seelischen, Schmerzes geschaffen hat
und die Empfindungen des Objektverlusts durchaus dem körperlichen Schmerz gleichstellt.

Beim körperlichen Schmerz entsteht eine hohe, narzißtisch zu
nennende Besetzung der schmerzenden Körperstelle, die immer
mehr zunimmt und sozusagen entleerend auf das Ich wirkt. Es
ist bekannt, daß wir, bei Schmerzen in inneren Organen, räumliche
und andere Vorstellungen von solchen Körperteilen bekommen,
die sonst im bewußten Vorstellen gar nicht vertreten sind. Auch
die merkwürdige Tatsache, daß die intensivsten Körperschmerzen
bei psychischer Ablenkung durch ein andersartiges Interesse nicht
zustande kommen (man darf hier nicht sagen: unbewußt bleiben),
findet in der Tatsache der Konzentration der Besetzung auf die
psychische Repräsentanz der schmerzenden Körperstelle ihre Erklärung. Nun scheint in diesem Punkt die Analogie zu liegen,

die die Übertragung der Schmerzempfindung auf das seelische Gebiet gestattet hat. Die intensive, infolge ihrer Unstillbarkeit stets anwachsende Sehnsuchtsbesetzung des vermißten (verlorenen) Objekts schafft dieselben ökonomischen Bedingungen wie die Schmerzbesetzung der verletzten Körperstelle und macht es möglich, von der peripherischen Bedingtheit des Körperschmerzes abzusehen! Der Übergang vom Körperschmerz zum Seelenschmerz entspricht dem Wandel von narzißtischer zur Objektbesetzung. Die vom Bedürfnis hochbesetzte Objektvorstellung spielt die Rolle der von dem Reizzuwachs besetzten Körperstelle. Die Kontinuität und Unhemmbarkeit des Besetzungsvorganges bringen den gleichen Zustand der psychischen Hilflosigkeit hervor. Wenn die dann entstehende Unlustempfindung den spezifischen, nicht näher zu beschreibenden Charakter des Schmerzes trägt, anstatt sich in der Reaktionsform der Angst zu äußern, so liegt es nahe, dafür ein Moment verantwortlich zu machen, das sonst von der Erklärung noch zu wenig in Anspruch genommen wurde, das hohe Niveau der Besetzungs- und Bindungsverhältnisse, auf dem sich diese zur Unlustempfindung führenden Vorgänge vollziehen.

Wir kennen noch eine andere Gefühlsreaktion auf den Objektverlust, die Trauer. Ihre Erklärung bereitet aber keine Schwierigkeiten mehr. Die Trauer entsteht unter dem Einfluß der Realitätsprüfung, die kategorisch verlangt, daß man sich von dem Objekt trennen müsse, weil es nicht mehr besteht. Sie hat nun die Arbeit zu leisten, diesen Rückzug vom Objekt in all den Situationen durchzuführen, in denen das Objekt Gegenstand hoher Besetzung war. Der schmerzliche Charakter dieser Trennung fügt sich dann der eben gegebenen Erklärung durch die hohe und unerfüllbare Sehnsuchtsbesetzung des Objekts während der Reproduktion der Situationen, in denen die Bindung an das Objekt gelöst werden soll.

# DIE FRAGE DER LAIENANALYSE

UNTERREDUNGEN MIT EINEM UNPARTEIISCHEN

# DIE FRAGE DER LAIENANALYSE

### EINLEITUNG

Der Titel dieser kleinen Schrift ist nicht ohne weiteres verständlich. Ich werde ihn also erläutern: Laien = Nichtärzte und die Frage ist, ob es auch Nichtärzten erlaubt sein soll, die Analyse auszuüben. Diese Frage hat ihre zeitliche wie ihre örtliche Bedingtheit. Zeitlich insofern, als sich bisher niemand darum gekümmert hat, wer die Psychoanalyse ausübt. Ja, man hat sich viel zu wenig darum gekümmert, man war nur einig in dem Wunsch, daß niemand sie üben sollte, mit verschiedenen Begründungen, denen die gleiche Abneigung zugrunde lag. Die Forderung, daß nur Ärzte analysieren sollen, entspricht also einer neuen und anscheinend freundlicheren Einstellung zur Analyse — d. h. wenn sie dem Verdacht entgehen kann, doch nur ein etwas modifizierter Abkömmling der früheren Einstellung zu sein. Es wird zugegeben, daß eine analytische Behandlung unter Umständen vorzunehmen ist, aber wenn, dann sollen nur Ärzte sie vornehmen dürfen. Das Warum dieser Einschränkung wird dann zu untersuchen sein.

Örtlich bedingt ist diese Frage, weil sie nicht für alle Länder mit gleicher Tragweite in Betracht kommt. In Deutschland und Amerika bedeutet sie eine akademische Diskussion, denn in diesen Ländern kann sich jeder Kranke behandeln lassen, wie und von wem er will, kann jeder, der will, als „Kurpfuscher" beliebige Kranke behandeln, wenn er nur die Verantwortlichkeit für sein Tun übernimmt. Das Gesetz mengt sich nicht früher ein, als bis man es zur Sühne einer Schädigung des Kranken angerufen hat. In Österreich aber, in dem und für das ich schreibe, ist das Gesetz präventiv, es verbietet dem Nichtarzt, Behandlungen an Kranken zu unternehmen, ohne deren Ausgang abzuwarten.[1] Hier hat also die Frage, ob Laien = Nichtärzte Kranke mit Psychoanalyse behandeln dürfen, einen praktischen Sinn. Sie scheint aber auch, sobald sie aufgeworfen wird, durch den Wortlaut des Gesetzes entschieden zu sein. Nervöse sind Kranke, Laien sind Nichtärzte, die Psychoanalyse ist ein Verfahren zur Heilung oder Besserung der nervösen Leiden, alle solche Behandlungen sind den Ärzten vorbehalten; folglich ist es nicht gestattet, daß Laien die Analyse an Nervösen üben, und strafbar, wenn es doch geschieht. Bei so einfacher Sachlage wagt man es kaum, sich mit der Frage der Laienanalyse zu beschäftigen. Indes liegen einige Komplikationen vor, um die sich das Gesetz nicht kümmert, die aber darum doch Berücksichtigung verlangen. Es wird sich vielleicht ergeben, daß die Kranken in diesem Falle nicht sind wie andere Kranke, die Laien nicht eigentlich Laien und die Ärzte nicht gerade das, was man von Ärzten erwarten darf und worauf sie ihre Ansprüche gründen dürfen. Läßt sich das erweisen, so wird es eine berechtigte Forderung, das Gesetz nicht ohne Modifikation auf den vorliegenden Fall anzuwenden.

---

1) Das Gleiche in Frankreich.

## I

Ob dies geschehen wird, wird von Personen abhängen, die nicht dazu verpflichtet sind, die Besonderheiten einer analytischen Behandlung zu kennen. Es ist unsere Aufgabe, diese Unparteiischen, die wir als derzeit noch unwissend annehmen wollen, darüber zu unterrichten. Wir bedauern, daß wir sie nicht zu Zuhörern einer solchen Behandlung machen können. Die „analytische Situation" verträgt keinen Dritten. Auch sind die einzelnen Behandlungsstunden sehr ungleichwertig, ein solch — unbefugter — Zuhörer, der in eine beliebige Sitzung geriete, würde zumeist keinen verwertbaren Eindruck gewinnen, er käme in Gefahr, nicht zu verstehen, was zwischen dem Analytiker und dem Patienten verhandelt wird, oder er würde sich langweilen. Er muß sich also wohl oder übel mit unserer Information begnügen, die wir möglichst vertrauenswürdig abfassen wollen.

Der Kranke möge also an Stimmungsschwankungen leiden, die er nicht beherrscht, oder an kleinmütiger Verzagtheit, durch die er seine Energie gelähmt fühlt, da er sich nichts Rechtes zutraut, oder an ängstlicher Befangenheit unter Fremden. Er mag ohne Verständnis wahrnehmen, daß ihm die Erledigung seiner Berufsarbeit Schwierigkeiten macht, aber auch jeder ernstere Entschluß und jede Unternehmung. Er hat eines Tages — unbekannt, woher — einen peinlichen Anfall von Angstgefühlen erlitten und kann seither nicht ohne Überwindung allein über die Straße gehen oder Eisenbahn fahren, hat beides vielleicht überhaupt aufgeben müssen. Oder, was sehr merkwürdig ist, seine Gedanken gehen ihre eigenen Wege und lassen sich nicht von seinem Willen lenken. Sie verfolgen Probleme, die ihm sehr gleichgiltig sind, von denen er sich aber nicht losreißen kann. Es sind ihm auch höchst lächerliche Aufgaben auferlegt, wie die Anzahl der Fenster an den Häuserfronten zusammenzuzählen, und bei einfachen Verrichtungen, wie Briefe in ein Postfach werfen, oder eine Gasflamme abdrehen, gerät er einen Moment später in Zweifel, ob er es auch wirklich getan hat. Das ist vielleicht nur ärgerlich und lästig, aber der Zustand wird unerträglich, wenn er sich plötzlich der Idee nicht erwehren kann, daß er ein Kind unter die Räder eines Wagens gestoßen, einen Unbekannten von der Brücke ins Wasser geworfen hat, oder wenn er sich fragen muß, ob er nicht der Mörder ist, den die Polizei als den Urheber eines heute entdeckten Verbrechens sucht. Es ist ja offenbarer Unsinn, er weiß es selbst, er hat nie einem Menschen etwas Böses getan, aber wenn er wirklich der gesuchte Mörder wäre, könnte die Empfindung — das Schuldgefühl — nicht stärker sein.

Oder aber, unser Patient — sei es diesmal eine Patientin — leidet in anderer Weise und auf anderem Gebiet. Sie ist Klavierspielerin, aber ihre Finger verkrampfen sich und versagen den Dienst. Wenn sie daran denkt, in eine Gesellschaft zu gehen, stellt sich sofort ein natürliches Bedürfnis bei ihr ein, dessen Befriedigung mit der Geselligkeit unverträglich wäre. Sie hat also darauf verzichtet, Gesellschaften, Bälle, Theater, Konzerte zu besuchen. Wenn sie es am wenigsten brauchen kann, wird sie von heftigen Kopfschmerzen oder anderen Schmerzsensationen befallen. Eventuell muß sie jede Mahlzeit durch Erbrechen von sich geben, was auf die Dauer bedrohlich werden kann. Endlich ist es beklagenswert, daß sie keine Aufregungen verträgt, die sich im Leben doch nicht vermeiden lassen. Sie verfällt bei solchen Anlässen in Ohnmachten, oft mit Muskelkrämpfen, die an unheimliche Krankheitszustände erinnern.

Noch andere Kranke fühlen sich gestört in einem besonderen Gebiet, auf dem das Gefühlsleben mit Ansprüchen an den Körper zusammentrifft. Als Männer finden sie sich unfähig, den zärtlichsten Regungen gegen das andere Geschlecht körperlichen Ausdruck zu geben, während ihnen vielleicht gegen wenig geliebte Objekte alle Reaktionen zu Gebote stehen. Oder ihre Sinnlichkeit bindet sie an Personen, die sie verachten, von denen sie frei werden möchten. Oder sie stellt ihnen Bedingungen, deren Erfüllung ihnen selbst widerlich ist. Als Frauen fühlen sie sich durch Angst und Ekel oder durch unbekannte Hemmnisse verhindert, den Anforderungen des Geschlechtslebens nachzukommen, oder wenn sie der Liebe nachgegeben haben, finden sie sich um den Genuß betrogen, den die Natur als Prämie auf solche Gefügigkeit gesetzt hat.

Alle diese Personen erkennen sich als krank und suchen Ärzte auf, von denen man ja die Beseitigung solcher nervösen Störungen erwartet. Die Ärzte führen auch die Kategorien, unter denen man diese Leiden unterbringt. Sie diagnostizieren sie je nach ihren Standpunkten mit verschiedenen Namen: Neurasthenie, Psychasthenie, Phobien, Zwangsneurose, Hysterie. Sie untersuchen die Organe, welche die Symptome geben: das Herz, den Magen, den Darm, die Genitalien und finden sie gesund. Sie raten zu Unterbrechungen der gewohnten Lebensweise, Erholungen, kräftigenden Prozeduren, tonisierenden Medikamenten, erzielen dadurch vorübergehende Erleichterungen — oder auch nichts. Endlich hören die Kranken, daß es Personen gibt, die sich ganz speziell mit der Behandlung solcher Leiden beschäftigen und treten in die Analyse bei ihnen ein.

Unser Unparteiischer, den ich als gegenwärtig vorstelle, hat während der Auseinandersetzung über die Krankheitserscheinungen der Nervösen Zeichen von Ungeduld von sich gegeben. Nun wird er aufmerksam, gespannt, und äußert sich auch so: „Jetzt werden wir also erfahren, was der Analytiker mit dem Patienten vornimmt, dem der Arzt nicht helfen konnte."

Es geht nichts anderes zwischen ihnen vor, als daß sie miteinander reden. Der Analytiker verwendet weder Instrumente, nicht einmal zur Untersuchung, noch verschreibt er Medikamente. Wenn es irgend möglich ist, läßt er den Kranken sogar in seiner Umgebung und in seinen Verhältnissen, während er ihn behandelt. Das ist natürlich keine Bedingung, kann auch nicht immer so durchgeführt werden. Der Analytiker bestellt den Patienten zu einer bestimmten Stunde des Tages, läßt ihn reden, hört ihn an, spricht dann zu ihm und läßt ihn zuhören.

Die Miene unseres Unparteiischen zeugt nun von unverkennbarer Erleichterung und Entspannung, verrät aber auch deutlich eine gewisse Geringschätzung. Es ist, als ob er denken würde: Weiter nichts als das? Worte, Worte und wiederum Worte, wie Prinz Hamlet sagt. Es geht ihm gewiß auch die Spottrede Mephistos durch den Sinn, wie bequem sich mit Worten wirtschaften läßt, Verse, die kein Deutscher je vergessen wird.

Er sagt auch: „Das ist also eine Art von Zauberei, Sie reden und blasen so seine Leiden weg."

Ganz richtig, es wäre Zauberei, wenn es rascher wirken würde. Zum Zauber gehört unbedingt die Schnelligkeit, man möchte sagen: Plötzlichkeit des Erfolges. Aber die analytischen Behandlungen brauchen Monate und selbst Jahre; ein so langsamer Zauber verliert den Charakter des Wunderbaren. Wir wollen übrigens das Wort nicht verachten. Es ist doch ein mächtiges Instrument, es ist das Mittel, durch das wir einander unsere Gefühle kundgeben, der Weg, auf den anderen Einfluß zu nehmen. Worte können unsagbar wohltun und fürchterliche Verletzungen zufügen. Gewiß, zu allem Anfang war die Tat, das Wort kam später, es war unter manchen Verhältnissen ein kultureller Fortschritt, wenn sich die Tat zum Wort ermäßigte. Aber das Wort war doch ursprünglich ein Zauber, ein magischer Akt, und es hat noch viel von seiner alten Kraft bewahrt.

Der Unparteiische setzt fort: „Nehmen wir an, daß der Patient nicht besser auf das Verständnis der analytischen Behandlung vorbereitet ist als ich, wie wollen Sie ihn an den Zauber des Wortes oder der Rede glauben machen, der ihn von seinen Leiden befreien soll?"

Man muß ihm natürlich eine Vorbereitung geben, und es findet sich ein einfacher Weg dazu. Man fordert ihn auf, mit seinem Analytiker ganz aufrichtig zu sein, nichts mit Absicht zurückzuhalten, was ihm in den Sinn kommt, in weiterer Folge sich über alle Abhaltungen hinwegzusetzen, die manche Gedanken oder Erinnerungen von der Mitteilung ausschließen möchten. Jeder Mensch weiß, daß es bei ihm solche Dinge gibt, die er anderen nur sehr ungern mitteilen würde, oder deren Mitteilung er überhaupt für ausgeschlossen hält. Es sind seine „Intimitäten". Er ahnt auch, was einen großen Fortschritt in der psychologischen Selbsterkenntnis bedeutet, daß es andere Dinge gibt, die man sich selbst nicht eingestehen möchte, die man gerne vor sich selbst verbirgt, die man darum kurz abbricht und aus seinem Denken verjagt, wenn sie doch auftauchen. Vielleicht bemerkt er selbst den Ansatz eines sehr merkwürdigen psychologischen Problems in der Situation, daß ein eigener Gedanke vor dem eigenen Selbst geheim gehalten werden soll. Das ist ja, als ob sein Selbst nicht mehr die Einheit wäre, für die er es immer hält, als ob es noch etwas anderes in ihm gäbe, was sich diesem Selbst entgegenstellen kann. Etwas wie ein Gegensatz zwischen dem Selbst und einem Seelenleben im weiteren Sinne mag sich ihm dunkel anzeigen. Wenn er nun die Forderung der Analyse, alles zu sagen, annimmt, wird er leicht der Erwartung zugänglich, daß ein Verkehr und Gedankenaustausch unter so ungewöhnlichen Voraussetzungen auch zu eigenartigen Wirkungen führen könnte.

„Ich verstehe," sagt unser unparteiischer Zuhörer, „Sie nehmen an, daß jeder Nervöse etwas hat, was ihn bedrückt, ein Geheimnis, und indem Sie ihn veranlassen es auszusprechen, entlasten Sie ihn von dem Druck und tun ihm wohl. Das ist ja das Prinzip der Beichte, dessen sich die katholische Kirche seit jeher zur Versicherung ihrer Herrschaft über die Gemüter bedient hat."

Ja und nein, müssen wir antworten. Die Beichte geht wohl in die Analyse ein, als ihre Einleitung gleichsam. Aber weit davon entfernt, daß sie das Wesen der Analyse träfe oder ihre Wirkung erklärte. In der Beichte sagt der Sünder, was er weiß, in der Analyse soll der Neurotiker mehr sagen. Auch wissen wir nichts davon, daß die Beichte je die Kraft entwickelt hätte, direkte Krankheitssymptome zu beseitigen.

„Dann verstehe ich es doch nicht", ist die Entgegnung. „Was soll es wohl heißen: mehr sagen als er weiß? Ich kann mir aber vorstellen, daß Sie als Analytiker einen stärkeren Einfluß auf Ihren Patienten gewinnen als der Beichtvater auf das Beichtkind, weil Sie sich soviel länger, intensiver und auch individueller mit ihm abgeben, und daß Sie diesen gesteigerten Einfluß dazu benützen, ihn von seinen krankhaften Gedanken abzubringen, ihm seine Befürchtungen auszureden usw. Es wäre merkwürdig genug, daß es auf diese Weise gelänge, auch rein körperliche Erscheinungen wie Erbrechen, Diarrhöe, Krämpfe zu beherrschen, aber ich weiß davon, daß solche Beeinflussungen sehr wohl möglich sind, wenn man einen Menschen in den hypnotischen Zustand versetzt hat. Wahrscheinlich erzielen Sie durch Ihre Bemühung um den Patienten eine solche hypnotische Beziehung, eine suggestive Bindung an Ihre Person, auch wenn Sie es nicht beabsichtigen, und die Wunder Ihrer Therapie sind dann Wirkungen der hypnotischen Suggestion. Soviel ich weiß, arbeitet aber die hypnotische Therapie viel rascher als Ihre Analyse, die, wie Sie sagen, Monate und Jahre dauert."

Unser Unparteiischer ist weder so unwissend noch so ratlos, wie wir ihn anfangs eingeschätzt hatten. Es ist unverkennbar, daß er sich bemüht, die Psychoanalyse mit Hilfe seiner früheren Kenntnisse zu begreifen, sie an etwas anderes anzuschließen, was er schon weiß. Wir haben jetzt die schwierige Aufgabe, ihm klarzumachen, daß dies nicht gelingen wird, daß die Analyse ein Verfahren *sui generis* ist, etwas Neues und Eigenartiges, was nur mit Hilfe neuer Einsichten — oder wenn man will, Annahmen — begriffen werden kann. Aber wir sind ihm auch noch die Antwort auf seine letzten Bemerkungen schuldig.

Was Sie von dem besonderen persönlichen Einfluß des Analytikers gesagt haben, ist gewiß sehr beachtenswert. Ein solcher Einfluß existiert und spielt in der Analyse eine große Rolle. Aber nicht dieselbe wie beim Hypnotismus. Es müßte gelingen, Ihnen zu beweisen, daß die Situationen hier und dort ganz verschiedene sind. Es mag die Bemerkung genügen, daß wir diesen persönlichen Einfluß — das „suggestive" Moment — nicht dazu verwenden, um die Leidenssymptome zu unterdrücken, wie es bei der hypnotischen Suggestion geschieht. Ferner, daß es irrig wäre zu glauben, dies Moment sei durchaus der Träger und Förderer der Behandlung. Zu Anfang wohl; aber später widersetzt es sich unseren analytischen Absichten und nötigt uns zu den ausgiebigsten Gegenmaßnahmen. Auch möchte ich Ihnen an einem Beispiel zeigen, wie ferne der analytischen Technik das Ablenken und Ausreden liegt. Wenn unser Patient an einem Schuldgefühl leidet, als ob er ein schweres Verbrechen begangen hätte, so raten wir ihm nicht, sich unter Betonung seiner unzweifelhaften Schuldlosigkeit über diese Gewissensqual hinwegzusetzen; das hat er schon selbst erfolglos versucht. Sondern wir mahnen ihn daran, daß eine so starke und anhaltende Empfindung doch in etwas Wirklichem begründet sein muß, was vielleicht aufgefunden werden kann.

„Es sollte mich wundern," meint der Unparteiische, „wenn Sie durch solches Zustimmen das Schuldgefühl Ihres Patienten beschwichtigen könnten. Aber was sind denn Ihre analytischen Absichten und was nehmen Sie mit dem Patienten vor?"

## II

Wenn ich Ihnen etwas Verständliches sagen soll, so muß ich Ihnen wohl ein Stück einer psychologischen Lehre mitteilen, die außerhalb der analytischen Kreise nicht bekannt ist oder nicht gewürdigt wird. Aus dieser Theorie wird sich leicht ableiten lassen, was wir von dem Kranken wollen und auf welche Art wir es erreichen. Ich trage sie Ihnen dogmatisch vor, als ob sie ein fertiges Lehrgebäude wäre. Glauben Sie aber nicht, daß sie gleich als solches wie ein philosophisches System entstanden ist. Wir haben sie sehr langsam entwickelt, um jedes Stückchen lange gerungen, sie in stetem Kontakt mit der Beobachtung fortwährend modifiziert, bis sie endlich eine Form gewonnen hat, in der sie uns für unsere

Zwecke zu genügen scheint. Noch vor einigen Jahren hätte ich diese Lehre in andere Ausdrücke kleiden müssen. Ich kann Ihnen natürlich nicht dafür einstehen, daß die heutige Ausdrucksform die definitive bleiben wird. Sie wissen, Wissenschaft ist keine Offenbarung, sie entbehrt, lange über ihre Anfänge hinaus, der Charaktere der Bestimmtheit, Unwandelbarkeit, Unfehlbarkeit, nach denen sich das menschliche Denken so sehr sehnt. Aber so wie sie ist, ist sie alles, was wir haben können. Nehmen Sie hinzu, daß unsere Wissenschaft sehr jung ist, kaum so alt wie das Jahrhundert, und daß sie sich ungefähr mit dem schwierigsten Stoff beschäftigt, der menschlicher Forschung vorgelegt werden kann, so werden Sie sich leicht in die richtige Einstellung zu meinem Vortrag versetzen können. Unterbrechen Sie mich aber nach Ihrem Belieben jedesmal, wenn Sie mir nicht folgen können oder wenn Sie weitere Aufklärungen wünschen.

„Ich unterbreche Sie, noch ehe Sie beginnen. Sie sagen, Sie wollen mir eine neue Psychologie vortragen, aber ich sollte meinen, die Psychologie ist keine neue Wissenschaft. Es hat genug Psychologie und Psychologen gegeben, und ich habe auf der Schule von großen Leistungen auf diesem Gebiete gehört."

Die ich nicht zu bestreiten gedenke. Aber wenn Sie näher prüfen, werden Sie diese großen Leistungen eher der Sinnesphysiologie einordnen müssen. Die Lehre vom Seelenleben konnte sich nicht entwickeln, weil sie durch eine einzige wesentliche Verkennung gehemmt war. Was umfaßt sie heute, wie sie an den Schulen gelehrt wird? Außer jenen wertvollen sinnesphysiologischen Einsichten eine Anzahl von Einteilungen und Definitionen unserer seelischen Vorgänge, die dank dem Sprachgebrauch Gemeingut aller Gebildeten geworden sind. Das reicht offenbar für die Auffassung unseres Seelenlebens nicht aus. Haben Sie nicht bemerkt, daß jeder Philosoph, Dichter, Historiker und Biograph sich seine eigene Psychologie zurecht macht, seine besonderen Voraussetzungen über den Zusammenhang und die Zwecke der seelischen Akte vorbringt, alle mehr oder minder ansprechend und alle gleich unzuverlässig? Da fehlt offenbar ein gemeinsames Fundament. Und daher kommt es auch, daß es auf psychologischem Boden sozusagen keinen Respekt und keine Autorität gibt. Jedermann kann da nach Belieben „wildern". Wenn Sie eine physikalische oder chemische Frage aufwerfen, wird ein jeder schweigen, der sich nicht im Besitz von „Fachkenntnissen" weiß. Aber wenn Sie eine psychologische Behauptung wagen, müssen Sie auf Urteil und Widerspruch von jedermann gefaßt sein. Wahrscheinlich gibt es auf diesem Gebiet keine „Fachkenntnisse". Jedermann hat sein Seelenleben und darum hält sich jedermann für einen Psychologen. Aber das scheint mir kein genügender Rechtstitel zu sein. Man erzählt, daß eine Person, die sich zur „Kinderfrau" anbot, gefragt wurde, ob sie auch mit kleinen Kindern umzugehen verstehe. Gewiß, gab sie zur Antwort, ich war doch selbst einmal ein kleines Kind.

„Und dies von allen Psychologen übersehene ‚gemeinsame Fundament' des Seelenlebens wollen Sie durch Beobachtungen an Kranken entdeckt haben?"

Ich glaube nicht, daß diese Herkunft unsere Befunde entwertet. Die Embryologie z. B. verdiente kein Vertrauen, wenn sie nicht die Entstehung der angeborenen Mißbildungen glatt aufklären könnte. Aber ich habe Ihnen von Personen erzählt, deren Gedanken ihre eigenen Wege gehen, so daß sie gezwungen sind, über Probleme zu grübeln, die ihnen furchtbar gleichgiltig sind. Glauben Sie, daß die Schulpsychologie jemals den mindesten Beitrag zur Aufklärung einer solchen Anomalie leisten konnte? Und endlich geschieht es uns allen, daß nächtlicherweile unser Denken eigene Wege geht und Dinge schafft, die wir dann nicht verstehen, die uns befremden und in bedenklicher Weise an krankhafte Produkte erinnern. Ich meine unsere Träume. Das Volk hat immer an dem Glauben festgehalten, daß Träume einen Sinn, einen Wert haben, etwas bedeuten. Diesen Sinn der Träume hat die Schulpsychologie nie angeben können. Sie wußte mit dem Traum nichts anzufangen;

wenn sie Erklärungen versucht hat, waren es unpsychologische, wie Zurückführungen auf Sinnesreize, auf eine ungleiche Schlaftiefe verschiedener Hirnpartien u. dgl. Man darf aber sagen, eine Psychologie, die den Traum nicht erklären kann, ist auch für das Verständnis des normalen Seelenlebens nicht brauchbar, hat keinen Anspruch, eine Wissenschaft zu heißen.

„Sie werden aggressiv, also haben Sie wohl eine empfindliche Stelle berührt. Ich habe ja gehört, daß man in der Analyse großen Wert auf Träume legt, sie deutet, Erinnerungen an wirkliche Begebenheiten hinter ihnen sucht usw. Aber auch, daß die Deutung der Träume der Willkür der Analytiker ausgeliefert ist, und daß diese selbst mit den Streitigkeiten über die Art Träume zu deuten, über die Berechtigung, aus ihnen Schlüsse zu ziehen, nicht fertig geworden sind. Wenn das so ist, so dürfen Sie den Vorzug, den die Analyse vor der Schulpsychologie gewonnen hat, nicht so dick unterstreichen."

Sie haben da wirklich viel Richtiges gesagt. Es ist wahr, daß die Traumdeutung für die Theorie wie für die Praxis der Analyse eine unvergleichliche Wichtigkeit gewonnen hat. Wenn ich aggressiv erscheine, so ist das für mich nur ein Weg der Verteidigung. Wenn ich aber an all den Unfug denke, den manche Analytiker mit der Deutung der Träume angestellt haben, könnte ich verzagt werden und dem pessimistischen Ausspruch unseres großen Satirikers Nestroy recht geben, der lautet: Ein jeder Fortschritt ist immer nur halb so groß als er zuerst ausschaut! Aber haben Sie es je anders erfahren, als daß die Menschen alles verwirren und verzerren, was in ihre Hände fällt? Mit etwas Vorsicht und Selbstzucht kann man die meisten der Gefahren der Traumdeutung sicher vermeiden. Aber glauben Sie nicht, daß ich nie zu meinem Vortrag kommen werde, wenn wir uns so ablenken lassen?

„Ja, Sie wollten von der fundamentalen Voraussetzung der neuen Psychologie erzählen, wenn ich Sie recht verstanden habe."

Damit wollte ich nicht beginnen. Ich habe die Absicht, Sie hören zu lassen, welche Vorstellung von der Struktur des seelischen Apparats wir uns während der analytischen Studien gebildet haben.

„Was heißen Sie den seelischen Apparat und woraus ist er gebaut, darf ich fragen?"

Was der seelische Apparat ist, wird bald klar werden. Aus welchem Material er gebaut ist, danach bitte ich nicht zu fragen. Es ist kein psychologisches Interesse, kann der Psychologie ebenso gleichgiltig sein wie der Optik die Frage, ob die Wände des Fernrohrs aus Metall oder aus Pappendeckel gemacht sind. Wir werden den stofflichen Gesichtspunkt überhaupt bei Seite lassen, den räumlichen aber nicht. Wir stellen uns den unbekannten Apparat, der den seelischen Verrichtungen dient, nämlich wirklich wie ein Instrument vor, aus mehreren Teilen aufgebaut, — die wir Instanzen heißen, — die ein jeder eine besondere Funktion versehen, und die eine feste räumliche Beziehung zueinander haben, d. h. die räumliche Beziehung, das „vor" und „hinter", „oberflächlich" und „tief" hat für uns zunächst nur den Sinn einer Darstellung der regelmäßigen Aufeinanderfolge der Funktionen. Bin ich noch verständlich?

„Kaum, vielleicht verstehe ich es später, aber jedenfalls ist das eine sonderbare Anatomie der Seele, die es bei den Naturforschern doch gar nicht mehr gibt."

Was wollen Sie, es ist eine Hilfsvorstellung wie soviele in den Wissenschaften. Die allerersten sind immer ziemlich roh gewesen. *Open to revision*, kann man in solchen Fällen sagen. Ich halte es für überflüssig, mich hier auf das populär gewordene „Als ob" zu berufen. Der Wert einer solchen — „Fiktion" würde der Philosoph Vaihinger sie nennen — hängt davon ab, wieviel man mit ihr ausrichten kann.

Also um fortzusetzen: Wir stellen uns auf den Boden der Alltagsweisheit und anerkennen im Menschen eine seelische Organisation, die zwischen seine Sinnesreize und die Wahrnehmung seiner

Körperbedürfnisse einerseits, seine motorischen Akte anderseits eingeschaltet ist und in bestimmter Absicht zwischen ihnen vermittelt. Wir heißen diese Organisation sein Ich. Das ist nun keine Neuigkeit, jeder von uns macht diese Annahme, wenn er kein Philosoph ist, und einige selbst, obwohl sie Philosophen sind. Aber wir glauben nicht, damit die Beschreibung des seelischen Apparats erschöpft zu haben. Außer diesem Ich erkennen wir ein anderes seelisches Gebiet, umfangreicher, großartiger und dunkler als das Ich, und dies heißen wir das Es. Das Verhältnis zwischen den beiden soll uns zunächst beschäftigen.

Sie werden es wahrscheinlich beanständen, daß wir zur Bezeichnung unserer beiden seelischen Instanzen oder Provinzen einfache Fürwörter gewählt haben, anstatt vollautende griechische Namen für sie einzuführen. Allein wir lieben es in der Psychoanalyse, im Kontakt mit der populären Denkweise zu bleiben und ziehen es vor, deren Begriffe wissenschaftlich brauchbar zu machen, anstatt sie zu verwerfen. Es ist kein Verdienst daran, wir müssen so vorgehen, weil unsere Lehren von unseren Patienten verstanden werden sollen, die oft sehr intelligent sind, aber nicht immer gelehrt. Das unpersönliche Es schließt sich unmittelbar an gewisse Ausdrucksweisen des normalen Menschen an. „Es hat mich durchzuckt," sagt man; „es war etwas in mir, was in diesem Augenblick stärker war als ich." „C'était plus fort que moi."

In der Psychologie können wir nur mit Hilfe von Vergleichungen beschreiben. Das ist nichts Besonderes, es ist auch anderwärts so. Aber wir müssen diese Vergleiche auch immer wieder wechseln, keiner hält uns lange genug aus. Wenn ich also das Verhältnis zwischen Ich und Es deutlich machen will, so bitte ich Sie, sich vorzustellen, das Ich sei eine Art Fassade des Es, ein Vordergrund, gleichsam eine äußerliche, eine Rindenschicht desselben. Der letztere Vergleich kann festgehalten werden. Wir wissen, Rindenschichten verdanken ihre besonderen Eigenschaften dem modifizierenden Einfluß des äußeren Mediums, an das sie anstoßen. So stellen wir uns vor, das Ich sei die durch den Einfluß der Außenwelt (der Realität) modifizierte Schichte des seelischen Apparats, des Es. Sie sehen dabei, in welcher Weise wir in der Psychoanalyse mit räumlichen Auffassungen Ernst machen. Das Ich ist uns wirklich das Oberflächliche, das Es das Tiefere, von außen betrachtet natürlich. Das Ich liegt zwischen der Realität und dem Es, dem eigentlich Seelischen.

„Ich will Sie noch gar nicht fragen, woher man das alles wissen kann. Sagen Sie mir zunächst, was haben Sie von dieser Trennung eines Ich und eines Es, was nötigt Sie dazu?"

Ihre Frage weist mir den Weg zur richtigen Fortsetzung. Das Wichtige und Wertvolle ist nämlich zu wissen, daß das Ich und das Es in mehreren Punkten sehr voneinander abweichen; es gelten im Ich andere Regeln für den Ablauf seelischer Akte als im Es, das Ich verfolgt andere Absichten und mit anderen Mitteln. Darüber wäre sehr viel zu sagen, aber wollen Sie sich mit einem neuen Vergleich und einem Beispiel abfinden lassen? Denken Sie an den Unterschied zwischen der Front und dem Hinterland, wie er sich während des Krieges herausgebildet hatte. Wir haben uns damals nicht gewundert, daß an der Front manches anders vorging als im Hinterland, und daß im Hinterland vieles gestattet war, was an der Front verboten werden mußte. Der bestimmende Einfluß war natürlich die Nähe des Feindes, für das Seelenleben ist es die Nähe der Außenwelt. Draußen — fremd — feindlich waren einmal identische Begriffe. Und nun das Beispiel: im Es gibt es keine Konflikte; Widersprüche, Gegensätze bestehen unbeirrt nebeneinander und gleichen sich oft durch Kompromißbildungen ab. Das Ich empfindet in solchen Fällen einen Konflikt, der entschieden werden muß, und die Entscheidung besteht darin, daß eine Strebung zugunsten der anderen aufgegeben wird. Das Ich ist eine Organisation, ausgezeichnet durch ein sehr merkwürdiges Streben nach Vereinheitlichung, nach Synthese; dieser Charakter fehlt dem Es, es ist — sozusagen — zerfahren, seine einzelnen Strebungen verfolgen ihre Absichten unabhängig von und ohne Rücksicht aufeinander.

„Und wenn ein so wichtiges seelisches Hinterland existiert, wie können Sie mir begreiflich machen, daß es bis zur Zeit der Analyse übersehen wurde?"

Damit sind wir zu einer Ihrer früheren Fragen zurückgekehrt. Die Psychologie hatte sich den Zugang zum Gebiet des Es versperrt, indem sie an einer Voraussetzung festhielt, die nahe genug liegt, aber doch nicht haltbar ist. Nämlich, daß alle seelischen Akte uns bewußt sind, daß Bewußtsein das Kennzeichen des Seelischen ist, und daß, wenn es nichtbewußte Vorgänge in unserem Gehirn gibt, diese nicht den Namen seelischer Akte verdienen und die Psychologie nichts angehen.

„Ich meine, das ist doch selbstverständlich."

Ja, das meinen die Psychologen auch, aber es ist doch leicht zu zeigen, daß es falsch, d. h. eine ganz unzweckmäßige Sonderung ist. Die bequemste Selbstbeobachtung lehrt, daß man Einfälle haben kann, die nicht ohne Vorbereitung zustande gekommen sein können. Aber von diesen Vorstufen Ihres Gedankens, die doch wirklich auch seelischer Natur gewesen sein müssen, erfahren Sie nichts, in Ihr Bewußtsein tritt nur das fertige Resultat. Gelegentlich können Sie sich nachträglich diese vorbereitenden Gedankenbildungen wie in einer Rekonstruktion bewußt machen.

„Wahrscheinlich war die Aufmerksamkeit abgelenkt, so daß man diese Vorbereitungen nicht bemerkt hat."

Ausflüchte! Sie kommen so um die Tatsache nicht herum, daß in Ihnen Akte seelischer Natur, oft sehr komplizierte, vorgehen können, von denen Ihr Bewußtsein nichts erfährt, von denen Sie nichts wissen. Oder sind Sie zu der Annahme bereit, daß etwas mehr oder weniger von Ihrer „Aufmerksamkeit" hinreicht, um einen nicht seelischen Akt in einen seelischen zu verwandeln? Übrigens wozu der Streit? Es gibt hypnotische Experimente, in denen die Existenz solcher nicht bewußter Gedanken für jedermann, der lernen will, unwiderleglich demonstriert wird.

„Ich will nicht leugnen, aber ich glaube, ich verstehe Sie end-

lich. Was Sie Ich heißen, ist das Bewußtsein und Ihr Es ist das sogenannte Unterbewußtsein, von dem jetzt so viel die Rede ist. Aber wozu die Maskerade durch die neuen Namen?"
Es ist keine Maskerade, diese anderen Namen sind unbrauchbar. Und versuchen Sie nicht, mir Literatur anstatt Wissenschaft zu geben. Wenn jemand vom Unterbewußtsein spricht, weiß ich nicht, meint er es topisch, etwas, was in der Seele unterhalb des Bewußtseins liegt, oder qualitativ, ein anderes Bewußtsein, ein unterirdisches gleichsam. Wahrscheinlich macht er sich überhaupt nichts klar. Der einzig zulässige Gegensatz ist der zwischen bewußt und unbewußt. Aber es wäre ein folgenschwerer Irrtum zu glauben, dieser Gegensatz fiele mit der Scheidung von Ich und Es zusammen. Allerdings, es wäre wunderschön, wenn es so einfach wäre, unsere Theorie hätte dann ein leichtes Spiel, aber es ist nicht so einfach. Richtig ist nur, daß alles, was im Es vorgeht, unbewußt ist und bleibt, und daß die Vorgänge im Ich bewußt werden können, sie allein. Aber sie sind es nicht alle, nicht immer, nicht notwendig und große Anteile des Ichs können dauernd unbewußt bleiben.

Mit dem Bewußtwerden eines seelischen Vorganges ist es eine komplizierte Sache. Ich kann es mir nicht versagen, Ihnen — wiederum dogmatisch — darzustellen, was wir darüber annehmen. Sie erinnern sich, das Ich ist die äußere, peripherische Schicht des Es. Nun glauben wir, an der äußersten Oberfläche dieses Ichs befinde sich eine besondere, der Außenwelt direkt zugewendete Instanz, ein System, ein Organ, durch dessen Erregung allein das Phänomen, das wir Bewußtsein heißen, zustande kommt. Dies Organ kann ebensowohl von außen erregt werden, nimmt also mit Hilfe der Sinnesorgane die Reize der Außenwelt auf, wie auch von innen her, wo es zuerst die Sensationen im Es und dann auch die Vorgänge im Ich zur Kenntnis nehmen kann.

„Das wird immer ärger und entzieht sich immer mehr meinem Verständnis. Sie haben mich doch zu einer Unterredung über die Frage eingeladen, ob auch Laien = Nichtärzte analytische Behandlungen unternehmen sollen. Wozu dann diese Auseinandersetzungen über gewagte, dunkle Theorien, von deren Berechtigung Sie mich doch nicht überzeugen können?"

Ich weiß, daß ich Sie nicht überzeugen kann. Es liegt außerhalb jeder Möglichkeit und darum auch außerhalb meiner Absicht. Wenn wir unseren Schülern theoretischen Unterricht in der Psychoanalyse geben, so können wir beobachten, wie wenig Eindruck wir ihnen zunächst machen. Sie nehmen die analytischen Lehren mit derselben Kühle hin wie andere Abstraktionen, mit denen sie genährt wurden. Einige wollen vielleicht überzeugt werden, aber keine Spur davon, daß sie es sind. Nun verlangen wir auch, daß jeder, der die Analyse an anderen ausüben will, sich vorher selbst einer Analyse unterwerfe. Erst im Verlauf dieser „Selbstanalyse" (wie sie mißverständlich genannt wird), wenn sie die von der Analyse behaupteten Vorgänge am eigenen Leib — richtiger: an der eigenen Seele — tatsächlich erleben, erwerben sie sich die Überzeugungen, von denen sie später als Analytiker geleitet werden. Wie darf ich also erwarten, Sie, den Unparteiischen, von der Richtigkeit unserer Theorien zu überzeugen, dem ich nur eine unvollständige, verkürzte und darum undurchsichtige Darstellung derselben ohne Bekräftigung durch Ihre eigenen Erfahrungen vorlegen kann?

Ich handle in anderer Absicht. Es ist zwischen uns gar nicht die Frage, ob die Analyse klug oder unsinnig ist, ob sie in ihren Aufstellungen recht hat oder in grobe Irrtümer verfällt. Ich rolle unsere Theorien vor Ihnen auf, weil ich Ihnen so am besten klarmachen kann, welchen Gedankeninhalt die Analyse hat, von welchen Voraussetzungen sie beim einzelnen Kranken ausgeht, und was sie mit ihm vornimmt. Dadurch wird dann ein ganz bestimmtes Licht auf die Frage der Laienanalyse geworfen werden. Seien Sie übrigens ruhig, Sie haben, wenn Sie mir soweit gefolgt sind, das Ärgste überstanden, alles Folgende wird Ihnen leichter werden. Jetzt aber lassen Sie mich eine Atempause machen.

## III

„Ich erwarte, daß Sie mir aus den Theorien der Psychoanalyse ableiten wollen, wie man sich die Entstehung eines nervösen Leidens vorstellen kann."

Ich will es versuchen. Zu dem Zweck müssen wir aber unser Ich und unser Es von einem neuen Gesichtspunkt aus studieren, vom dynamischen, d. h. mit Rücksicht auf die Kräfte, die in und zwischen ihnen spielen. Vorhin hatten wir uns ja mit der Beschreibung des seelischen Apparats begnügt.

„Wenn es nur nicht wieder so unfaßbar wird!"

Ich hoffe, nicht. Sie werden sich bald zurechtfinden. Also wir nehmen an, daß die Kräfte, welche den seelischen Apparat zur Tätigkeit treiben, in den Organen des Körpers erzeugt werden als Ausdruck der großen Körperbedürfnisse. Sie erinnern sich an das Wort unseres Dichterphilosophen: Hunger und Liebe. Übrigens ein ganz respektables Kräftepaar! Wir heißen diese Körperbedürfnisse, insofern sie Anreize für seelische Tätigkeit darstellen, Triebe, ein Wort, um das uns viele moderne Sprachen beneiden. Diese Triebe erfüllen nun das Es; alle Energie im Es, können wir abkürzend sagen, stammt von ihnen. Die Kräfte im Ich haben auch keine andere Herkunft, sie sind von denen im Es abgeleitet. Was wollen nun die Triebe? Befriedigung, d. h. die Herstellung solcher Situationen, in denen die Körperbedürfnisse erlöschen können. Das Herabsinken der Bedürfnisspannung wird von unserem Bewußtseinsorgan als lustvoll empfunden, eine Steigerung derselben bald als Unlust. Aus diesen Schwankungen entsteht die Reihe von Lust-Unlustempfindungen, nach der der ganze seelische Apparat seine Tätigkeit reguliert. Wir sprechen da von einer „Herrschaft des Lustprinzips".

Es kommt zu unerträglichen Zuständen, wenn die Triebansprüche des Es keine Befriedigung finden. Die Erfahrung zeigt bald, daß solche Befriedigungssituationen nur mit Hilfe der Außenwelt hergestellt werden können. Damit tritt der der Außenwelt zugewendete Anteil des Es, das Ich, in Funktion. Wenn alle treibende Kraft, die das Fahrzeug von der Stelle bringt, vom Es aufgebracht wird, so übernimmt das Ich gleichsam die Steuerung, bei deren Ausfall ja ein Ziel nicht zu erreichen ist. Die Triebe im Es drängen auf sofortige, rücksichtslose Befriedigung, erreichen auf diese Weise nichts oder erzielen selbst fühlbare Schädigung. Es wird nun die Aufgabe des Ichs, diesen Mißerfolg zu verhüten, zwischen den Ansprüchen des Es und dem Einspruch der realen Außenwelt zu vermitteln. Es entfaltet seine Tätigkeit nun nach zwei Richtungen. Einerseits beobachtet es mit Hilfe seines Sinnesorgans, des Bewußtseinssystems, die Außenwelt, um den günstigen Moment für schadlose Befriedigung zu erhaschen, anderseits beeinflußt es das Es, zügelt dessen „Leidenschaften", veranlaßt die Triebe, ihre Befriedigung aufzuschieben, ja, wenn es als notwendig erkannt wird, ihre Ziele zu modifizieren, oder sie gegen Entschädigung aufzugeben. Indem es die Regungen des Es in solcher Weise bändigt, ersetzt es das früher allein maßgebende Lustprinzip durch das sogenannte Realitätsprinzip, das zwar dieselben Endziele verfolgt, aber den von der realen Außenwelt gesetzten Bedingungen Rechnung trägt. Später lernt das Ich, daß es noch einen anderen Weg zur Versicherung der Befriedigung gibt als die beschriebene Anpassung an die Außenwelt. Man kann auch verändernd in die Außenwelt eingreifen und in ihr absichtlich jene Bedingungen herstellen, welche die Befriedigung ermöglichen. Diese Tätigkeit wird dann zur höchsten Leistung des Ichs; die Entscheidungen, wann es zweckmäßiger ist, seine Leidenschaften zu beherrschen und sich vor der Realität zu beugen, oder deren Partei zu ergreifen und sich gegen die Außenwelt zur Wehr zu setzen, sind das Um und Auf der Lebensklugheit.

„Und läßt sich das Es eine solche Beherrschung durch das Ich gefallen, wo es doch, wenn ich Sie recht verstehe, der stärkere Teil ist?"

Ja, es geht gut, wenn das Ich seine volle Organisation und Leistungsfähigkeit besitzt, zu allen Teilen des Es Zugang hat und seinen Einfluß auf sie üben kann. Es besteht ja keine natürliche Gegnerschaft zwischen Ich und Es, sie gehören zusammen und sind im Falle der Gesundheit praktisch nicht voneinander zu scheiden.

„Das läßt sich alles hören, aber ich sehe nicht, wo sich in diesem idealen Verhältnis ein Plätzchen für die Krankheitsstörung findet."

Sie haben recht; solange das Ich und seine Beziehungen zum Es diese idealen Anforderungen erfüllen, gibt es auch keine nervöse Störung. Die Einbruchsstelle der Krankheit liegt an einem unerwarteten Ort, obwohl ein Kenner der allgemeinen Pathologie nicht überrascht sein wird, bestätigt zu finden, daß gerade die bedeutsamsten Entwicklungen und Differenzierungen den Keim zur Erkrankung, zum Versagen der Funktion, in sich tragen.

„Sie werden zu gelehrt, ich verstehe Sie nicht."

Ich muß ein bißchen weiter ausholen. Nicht wahr, das kleine Lebewesen ist ein recht armseliges, ohnmächtiges Ding gegen die übergewaltige Außenwelt, die voll ist von zerstörenden Einwirkungen. Ein primitives Lebewesen, das keine zureichende Ichorganisation entwickelt hat, ist all diesen „Traumen" ausgesetzt. Es lebt der „blinden" Befriedigung seiner Triebwünsche und geht so häufig an dieser zugrunde. Die Differenzierung eines Ichs ist vor allem ein Schritt zur Lebenserhaltung. Aus dem Untergang läßt sich zwar nichts lernen, aber wenn man ein Trauma glücklich bestanden hat, achtet man auf die Annäherung ähnlicher Situationen und signalisiert die Gefahr durch eine verkürzte Wiederholung der beim Trauma erlebten Eindrücke, durch einen Angstaffekt. Diese Reaktion auf die Wahrnehmung der Gefahr leitet nun den Fluchtversuch ein, der so lange lebensrettend wirkt, bis man genug erstarkt ist, um dem Gefährlichen in der Außenwelt in aktiverer Weise, vielleicht sogar durch Aggression zu begegnen.

„Das ist alles sehr weit weg von dem, was Sie versprochen haben."

Sie ahnen nicht, wie nah ich der Erfüllung meines Versprechens
gekommen bin. Auch bei den Lebewesen, die später eine leistungs-
fähige Ichorganisation haben, ist dieses Ich zuerst in den Jahren
der Kindheit schwächlich und vom Es wenig differenziert. Nun
stellen Sie sich vor, was geschehen wird, wenn dieses machtlose
Ich einen Triebanspruch aus dem Es erlebt, dem es bereits widerstehen möchte, weil es errät, daß dessen Befriedigung gefährlich
ist, eine traumatische Situation, einen Zusammenstoß mit der Außenwelt heraufbeschwören würde, den es aber nicht beherrschen kann,
weil es die Kraft dazu noch nicht besitzt. Das Ich behandelt dann
die Triebgefahr, als ob es eine äußere Gefahr wäre, es unternimmt
einen Fluchtversuch, zieht sich von diesem Anteil des Es zurück
und überläßt ihn seinem Schicksal, nachdem es ihm alle Beiträge,
die es sonst zu den Triebregungen stellt, verweigert hat. Wir sagen,
das Ich nimmt eine Verdrängung dieser Triebregungen vor. Das
hat für den Augenblick den Erfolg, die Gefahr abzuwehren, aber
man verwechselt nicht ungestraft das Innen und das Außen. Man
kann nicht vor sich selbst davonlaufen. Bei der Verdrängung folgt
das Ich dem Lustprinzip, welches es sonst zu korrigieren pflegt,
es hat dafür den Schaden zu tragen. Dieser besteht darin, daß das
Ich nun seinen Machtbereich dauernd eingeschränkt hat. Die verdrängte Triebregung ist jetzt isoliert, sich selbst überlassen, unzugänglich, aber auch unbeeinflußbar. Sie geht ihren eigenen Weg.
Das Ich kann zumeist auch später, wenn es erstarkt ist, die Verdrängung nicht mehr aufheben, seine Synthese ist gestört, ein Teil
des Es bleibt für das Ich verbotener Grund. Die isolierte Triebregung bleibt aber auch nicht müßig, sie weiß sich dafür, daß
ihr die normale Befriedigung versagt ist, zu entschädigen, erzeugt
psychische Abkömmlinge, die sie vertreten, setzt sich mit anderen
Vorgängen in Verknüpfung, die sie durch ihren Einfluß gleichfalls
dem Ich entreißt, und bricht endlich in einer unkenntlich entstellten Ersatzbildung ins Ich und zum Bewußtsein durch, schafft
das, was man ein Symptom nennt. Mit einem Male sehen wir

den Sachverhalt einer nervösen Störung vor uns: ein Ich, das in seiner Synthese gehemmt ist, das auf Teile des Es keinen Einfluß hat, das auf manche seiner Tätigkeiten verzichten muß, um einen neuerlichen Zusammenstoß mit dem Verdrängten zu vermeiden, das sich in meist vergeblichen Abwehraktionen gegen die Symptome, die Abkömmlinge der verdrängten Regungen, erschöpft, und ein Es, in dem sich einzelne Triebe selbständig gemacht haben, ohne Rücksicht auf die Interessen der Gesamtperson ihre Ziele verfolgen und nur mehr den Gesetzen der primitiven Psychologie gehorchen, die in den Tiefen des Es gebietet. Übersehen wir die ganze Situation, so erweist sich uns als einfache Formel für die Entstehung der Neurose, daß das Ich den Versuch gemacht hat, gewisse Anteile des Es in ungeeigneter Weise zu unterdrücken, daß dies mißlungen ist und das Es dafür seine Rache genommen hat. Die Neurose ist also die Folge eines Konflikts zwischen Ich und Es, in den das Ich eintritt, weil es, wie eingehende Untersuchung zeigt, durchaus an seiner Gefügigkeit gegen die reale Außenwelt festhalten will. Der Gegensatz läuft zwischen Außenwelt und Es, und weil das Ich, seinem innersten Wesen getreu, für die Außenwelt Partei nimmt, gerät es in Konflikt mit seinem Es. Beachten Sie aber wohl, nicht die Tatsache dieses Konflikts schafft die Bedingung des Krankseins, — denn solche Gegensätze zwischen Realität und Es sind unvermeidlich und das Ich führt unter seinen beständigen Aufgaben, in ihnen zu vermitteln, — sondern der Umstand, daß das Ich sich zur Erledigung des Konflikts des unzureichenden Mittels der Verdrängung bedient hat. Dies hat aber selbst seinen Grund darin, daß das Ich zur Zeit, als sich ihm die Aufgabe stellte, unentwickelt und ohnmächtig war. Die entscheidenden Verdrängungen fallen ja alle in früher Kindheit vor.

„Welch ein merkwürdiger Weg! Ich folge Ihrem Rat, nicht zu kritisieren, da Sie mir ja nur zeigen wollen, was die Psychoanalyse von der Entstehung der Neurose glaubt, um daran zu knüpfen, was sie zu ihrer Bekämpfung unternimmt. Ich hätte verschiedenes zu fragen, werde einiges auch später vorbringen. Zunächst verspüre ich auch einmal die Versuchung, auf Grund Ihrer Gedankengänge weiter zu bauen und selbst eine Theorie zu wagen. Sie haben die Relation Außenwelt-Ich-Es entwickelt und als die Bedingung der Neurose hingestellt, daß das Ich in seiner Abhängigkeit von der Außenwelt das Es bekämpft. Ist nicht auch der andere Fall denkbar, daß das Ich in einem solchen Konflikt sich vom Es fortreißen läßt und seine Rücksicht auf die Außenwelt verleugnet? Was geschieht in einem solchen Falle? Nach meinen laienhaften Vorstellungen von der Natur einer Geisteskrankheit könnte diese Entscheidung des Ichs die Bedingung der Geisteskrankheit sein. Solch eine Abwendung von der Wirklichkeit scheint doch das Wesentliche an der Geisteskrankheit."

Ja, daran habe ich selbst gedacht, und halte es sogar für zutreffend, wenngleich der Erweis dieser Vermutung eine Diskussion von recht komplizierten Verhältnissen erfordert. Neurose und Psychose sind offenbar innig verwandt und müssen sich doch in einem entscheidenden Punkt voneinander trennen. Dieser Punkt könnte wohl die Parteinahme des Ichs in einem solchen Konflikt sein. Das Es würde in beiden Fällen seinen Charakter von blinder Unnachgiebigkeit bewahren.

„Nun setzen Sie fort. Welche Winke gibt Ihre Theorie für die Behandlung der neurotischen Erkrankungen?"

Unser therapeutisches Ziel ist jetzt leicht zu umschreiben. Wir wollen das Ich herstellen, es von seinen Einschränkungen befreien, ihm die Herrschaft über das Es wiedergeben, die es infolge seiner frühen Verdrängungen eingebüßt hat. Nur zu diesem Zweck machen wir die Analyse, unsere ganze Technik ist auf dieses Ziel gerichtet. Wir haben die vorgefallenen Verdrängungen aufzusuchen und das Ich zu bewegen, sie nun mit unserer Hilfe zu korrigieren, die Konflikte besser als durch einen Fluchtversuch zu erledigen. Da diese Verdrängungen sehr frühen Kinderjahren angehören, führt uns auch die analytische Arbeit in diese Lebenszeit zurück. Den Weg zu den meist vergessenen Konfliktsituationen, die wir in der Erinnerung des Kranken wiederbeleben wollen, weisen uns die Symptome, Träume und freien Einfälle des Kranken, die wir allerdings erst deuten, übersetzen müssen, da sie unter dem Einfluß der Psychologie des Es für unser Verständnis fremdartige Ausdrucksformen angenommen haben. Von den Einfällen, Gedanken und Erinnerungen, die uns der Patient nicht ohne inneres Sträuben mitteilen kann, dürfen wir annehmen, daß sie irgendwie mit dem Verdrängten zusammenhängen oder Abkömmlinge desselben sind. Indem wir den Kranken dazu antreiben, sich über seine Widerstände bei der Mitteilung hinauszusetzen, erziehen wir sein Ich dazu, seine Neigung zu Fluchtversuchen zu überwinden und die Annäherung des Verdrängten zu vertragen. Am Ende, wenn es gelungen ist, die Situation der Verdrängung in seiner Erinnerung zu reproduzieren, wird seine Gefügigkeit glänzend belohnt. Der ganze Unterschied der Zeiten läuft zu seinen Gunsten, und das, wovor sein kindliches Ich erschreckt die Flucht ergriffen hatte, das erscheint dem erwachsenen und erstarkten Ich oft nur als Kinderspiel.

## IV

„Alles, was Sie mir bisher erzählt haben, war Psychologie. Es klang oft befremdlich, spröde, dunkel, aber es war doch immer, wenn ich so sagen soll: reinlich. Nun habe ich zwar bisher sehr wenig von Ihrer Psychoanalyse gewußt, aber das Gerücht ist doch zu mir gedrungen, daß sie sich vorwiegend mit Dingen beschäftigt, die auf dieses Prädikat keinen Anspruch haben. Es macht mir den Eindruck einer beabsichtigten Zurückhaltung, daß Sie bisher nichts Ähnliches berührt haben. Auch kann ich einen anderen Zweifel nicht unterdrücken. Die Neurosen sind doch, wie Sie selbst sagen, Störungen des Seelenlebens. Und so wichtige Dinge wie unsere Ethik, unser Gewissen, unsere Ideale, sollten bei diesen tiefgreifenden Störungen gar keine Rolle spielen?"

Sie vermissen also in unseren bisherigen Besprechungen die Berücksichtigung des Niedrigsten wie des Höchsten. Das kommt aber daher, daß wir von den Inhalten des Seelenlebens überhaupt noch nicht gehandelt haben. Lassen Sie mich aber jetzt einmal selbst die Rolle des Unterbrechers spielen, der den Fortschritt der Unterredung aufhält. Ich habe Ihnen soviel Psychologie erzählt, weil ich wünschte, daß Sie den Eindruck empfangen, die analytische Arbeit sei ein Stück angewandter Psychologie, und zwar einer Psychologie, die außerhalb der Analyse nicht bekannt ist. Der Analytiker muß also vor allem diese Psychologie, die Tiefenpsychologie oder Psychologie des Unbewußten, gelernt haben, wenigstens soviel als heute davon bekannt ist. Wir werden das für unsere späteren Folgerungen brauchen. Aber jetzt, was meinten Sie mit der Anspielung auf die Reinlichkeit?

„Nun, es wird allgemein erzählt, daß in den Analysen die intimsten — und garstigsten Angelegenheiten des Geschlechtslebens mit allen Details zur Sprache kommen. Wenn das so ist, — aus Ihren psychologischen Auseinandersetzungen habe ich nicht entnehmen können, daß es so sein muß, — so wäre es ein starkes Argument dafür, solche Behandlungen nur Ärzten zu gestatten. Wie kann man daran denken, anderen Personen, deren Diskretion man nicht sicher ist, für deren Charakter man keine Bürgschaft hat, so gefährliche Freiheiten einzuräumen?"

Es ist wahr, die Ärzte genießen auf sexuellem Gebiet gewisse Vorrechte; sie dürfen ja auch die Genitalien inspizieren. Obwohl sie es im Orient nicht durften; auch manche Idealreformer — Sie wissen, wen ich meine — haben diese Vorrechte bekämpft. Aber Sie wollen zunächst wissen, ob es in der Analyse so ist und warum es so sein muß? — Ja, es ist so.

Es muß aber so sein, erstens weil die Analyse überhaupt auf volle Aufrichtigkeit gebaut ist. Man behandelt in ihr z. B. Vermögensverhältnisse mit eben solcher Ausführlichkeit und Offenheit, sagt Dinge, die man jedem Mitbürger vorenthält, auch wenn er nicht Konkurrent oder Steuerbeamter ist. Daß diese Verpflichtung zur Aufrichtigkeit auch den Analytiker unter schwere moralische Verantwortlichkeit setzt, werde ich nicht bestreiten, sondern selbst energisch betonen. Zweitens muß es so sein, weil unter den Ursachen und Anlässen der nervösen Erkrankungen Momente des Geschlechtslebens eine überaus wichtige, eine überragende, vielleicht selbst eine spezifische Rolle spielen. Was kann die Analyse anderes tun, als sich ihrem Stoff, dem Material, das der Kranke bringt, anzuschmiegen? Der Analytiker lockt den Patienten niemals auf das sexuelle Gebiet, er sagt ihm nicht voraus: es wird sich um die Intimitäten Ihres Geschlechtslebens handeln! Er läßt ihn seine Mitteilungen beginnen, wo es ihm beliebt, und wartet ruhig .ab, bis der Patient selbst die geschlechtlichen Dinge anrührt. Ich pflegte meine Schüler immer zu mahnen: Unsere Gegner haben uns angekündigt, daß wir auf Fälle stoßen werden, bei denen das sexuelle Moment keine Rolle spielt; hüten wir uns davor, es in die Analyse einzuführen, verderben wir uns die Chance nicht, einen solchen Fall zu finden. Nun, bis jetzt hat niemand von uns dieses Glück gehabt.

Ich weiß natürlich, daß unsere Anerkennung der Sexualität — eingestandener oder uneingestandener Maßen — das stärkste Motiv für die Feindseligkeit der anderen gegen die Analyse geworden ist. Kann uns das irre machen? Es zeigt uns nur, wie neurotisch unser ganzes Kulturleben ist, da sich die angeblich Normalen nicht viel anders benehmen als die Nervösen. Zur Zeit als in gelehrten Gesellschaften Deutschlands feierlich Gericht über die Psychoanalyse gehalten wurde, — heute ist es wesentlich stiller geworden, — beanspruchte ein Redner besondere Autorität, weil er nach seiner Mitteilung auch die Kranken sich äußern lasse. Offenbar in diagnostischer Absicht und um die Behauptungen der Analytiker zu prüfen. Aber, setzte er hinzu, wenn sie anfangen von sexuellen Dingen zu reden, dann verschließe ich ihnen den Mund. Was denken Sie von einem solchen Beweisverfahren? Die gelehrte Gesellschaft jubelte dem Redner Beifall zu, anstatt sich gebührenderweise für ihn zu schämen. Nur die triumphierende Sicherheit, welche das Bewußtsein gemeinsamer Vorurteile verleiht, kann die logische Sorglosigkeit dieses Redners erklären. Jahre später haben einige meiner damaligen Schüler dem Bedürfnis nachgegeben, die menschliche Gesellschaft vom Joch der Sexualität, das ihr die Psychoanalyse auferlegen will, zu befreien. Der eine hat erklärt, das Sexuelle bedeute gar nicht die Sexualität, sondern etwas anderes, Abstraktes, Mystisches; ein zweiter gar, das Sexualleben sei nur eines der Gebiete, auf dem der Mensch das ihn treibende Bedürfnis nach Macht und Herrschaft betätigen wolle. Sie haben sehr viel Beifall gefunden, für die nächste Zeit wenigstens.

„Da getraue ich mich aber doch einmal Partei zu nehmen. Es scheint mir sehr gewagt, zu behaupten, daß die Sexualität kein natürliches, ursprüngliches Bedürfnis der lebenden Wesen ist, sondern der Ausdruck für etwas anderes. Man braucht sich da nur an das Beispiel der Tiere zu halten."

Das macht nichts. Es gibt keine, noch so absurde Mixtur, die die Gesellschaft nicht bereitwillig schlucken würde, wenn sie nur als Gegenmittel gegen die gefürchtete Übermacht der Sexualität ausgerufen wird.

Ich gestehe Ihnen übrigens, daß mir die Abneigung, die Sie selbst verraten haben, dem sexuellen Moment eine so große Rolle in der Verursachung der Neurosen einzuräumen, mit Ihrer Aufgabe als Unparteiischer nicht gut verträglich scheint. Fürchten Sie nicht, daß Sie durch solche Antipathie in der Fällung eines gerechten Urteils gestört sein werden?

„Es tut mir leid, daß Sie das sagen. Ihr Vertrauen zu mir scheint erschüttert. Warum haben Sie dann nicht einen anderen zum Unparteiischen gewählt?"

Weil dieser andere auch nicht anders gedacht hätte als Sie. Wenn er aber von vornherein bereit gewesen wäre, die Bedeutung des Geschlechtslebens anzuerkennen, so hätte alle Welt gerufen:

Das ist ja kein Unparteiischer, das ist ja ein Anhänger von Ihnen. Nein, ich gebe die Erwartung keineswegs auf, Einfluß auf Ihre Meinungen zu gewinnen. Ich bekenne aber, dieser Fall liegt für mich anders als der vorhin behandelte. Bei den psychologischen Erörterungen mußte es mir gleich gelten, ob Sie mir Glauben schenken oder nicht, wenn Sie nur den Eindruck bekommen, es handle sich um rein psychologische Probleme. Diesmal, bei der Frage der Sexualität, möchte ich doch, daß Sie der Einsicht zugänglich werden, Ihr stärkstes Motiv zum Widerspruch sei eben die mitgebrachte Feindseligkeit, die Sie mit so vielen anderen teilen.

„Es fehlt mir doch die Erfahrung, welche Ihnen eine so unerschütterliche Sicherheit geschaffen hat."

Gut, ich darf jetzt in meiner Darstellung fortfahren. Das Geschlechtsleben ist nicht nur eine Pikanterie, sondern auch ein ernsthaftes wissenschaftliches Problem. Es gab da viel Neues zu erfahren, viel Sonderbares zu erklären. Ich sagte Ihnen schon, daß die Analyse bis in die frühen Kindheitsjahre des Patienten zurückgehen mußte, weil in diesen Zeiten und während der Schwäche des Ichs die entscheidenden Verdrängungen vorgefallen sind. In der Kindheit gibt es aber doch gewiß kein Geschlechtsleben, das hebt erst mit der Pubertätszeit an? Im Gegenteile, wir hatten die Entdeckung zu machen, daß die sexuellen Triebregungen das Leben von der Geburt an begleiten, und daß es gerade diese Triebe sind, zu deren Abwehr das infantile Ich die Verdrängungen vornimmt. Ein merkwürdiges Zusammentreffen, nicht wahr, daß schon das kleine Kind sich gegen die Macht der Sexualität sträubt, wie später der Redner in der gelehrten Gesellschaft und noch später meine Schüler, die ihre eigenen Theorien aufstellen? Wie das zugeht? Die allgemeinste Auskunft wäre, daß unsere Kultur überhaupt auf Kosten der Sexualität aufgebaut wird, aber es ist viel anderes darüber zu sagen.

Die Entdeckung der kindlichen Sexualität gehört zu jenen Funden, deren man sich zu schämen hat. Einige Kinderärzte haben immer darum gewußt, wie es scheint, auch einige Kinderpflegerinnen. Geistreiche Männer, die sich Kinderpsychologen heißen, haben dann in vorwurfsvollem Ton von einer „Entharmlosung der Kindheit" gesprochen. Immer wieder Sentimente an Stelle von Argumenten! In unseren politischen Körperschaften sind solche Vorkommnisse alltäglich. Irgendwer von der Opposition steht auf und denunziert eine Mißwirtschaft in der Verwaltung, Armee, Justiz u. dgl. Darauf erklärt ein anderer, am liebsten einer von der Regierung, solche Konstatierungen beleidigen das staatliche, militärische, dynastische oder gar das nationale Ehrgefühl. Sie seien also so gut wie nicht wahr. Diese Gefühle vertragen keine Beleidigung.

Das Geschlechtsleben des Kindes ist natürlich ein anderes als das des Erwachsenen. Die Sexualfunktion macht von ihren Anfängen bis zu der uns so vertrauten Endgestaltung eine komplizierte Entwicklung durch. Sie wächst aus zahlreichen Partialtrieben mit besonderen Zielen zusammen, durchläuft mehrere Phasen der Organisation, bis sie sich endlich in den Dienst der Fortpflanzung stellt. Von den einzelnen Partialtrieben sind nicht alle für den Endausgang gleich brauchbar, sie müssen abgelenkt, umgemodelt, zum Teil unterdrückt werden. Eine so weitläufige Entwicklung wird nicht immer tadellos durchgemacht, es kommt zu Entwicklungshemmungen, partiellen Fixierungen auf frühen Entwicklungsstufen; wo sich später der Ausübung der Sexualfunktion Hindernisse entgegenstellen, weicht das sexuelle Streben — die Libido, wie wir sagen — gern auf solche frühere Fixierungsstellen zurück. Das Studium der kindlichen Sexualität und ihrer Umwandlungen bis zur Reife hat uns auch den Schlüssel zum Verständnis der sogenannten sexuellen Perversionen gegeben, die man immer mit allen geforderten Anzeichen des Abscheus zu beschreiben pflegte, deren Entstehung man aber nicht aufklären konnte. Das ganze Gebiet ist ungemein interessant, es hat nur für die Zwecke unserer Unterredungen nicht viel Sinn, wenn ich Ihnen mehr davon erzähle. Man braucht, um sich hier zurechtzufinden, natürlich anatomische und physiologische Kenntnisse, die leider nicht sämtlich in der medizinischen Schule zu erwerben sind, aber eine Vertrautheit mit Kulturgeschichte und Mythologie ist ebenso unerläßlich.

„Nach alledem kann ich mir vom Geschlechtsleben des Kindes doch keine Vorstellung machen."

So will ich noch länger bei dem Thema verweilen; es fällt mir ohnedies nicht leicht, mich davon loszureißen. Hören Sie, das Merkwürdigste am Geschlechtsleben des Kindes scheint mir, daß es seine ganze, sehr weitgehende Entwicklung in den ersten fünf Lebensjahren durchläuft; von da an bis zur Pubertät erstreckt sich die sogenannte Latenzzeit, in der — normalerweise — die Sexualität keine Fortschritte macht, die sexuellen Strebungen im Gegenteil an Stärke nachlassen und vieles aufgegeben und vergessen wird, was das Kind schon geübt oder gewußt hatte. In dieser Lebensperiode, nachdem die Frühblüte des Geschlechtslebens abgewelkt ist, bilden sich jene Einstellungen des Ichs heraus, die wie Scham, Ekel, Moralität dazu bestimmt sind, dem späteren Pubertätssturm standzuhalten und dem neu erwachenden sexuellen Begehren die Bahnen zu weisen. Dieser sogenannte **zweizeitige Ansatz des Sexuallebens** hat sehr viel mit der Entstehung der nervösen Erkrankungen zu tun. Er scheint sich nur beim Menschen zu finden, vielleicht ist er eine der Bedingungen des menschlichen Vorrechts, neurotisch zu werden. Die Vorzeit des Geschlechtslebens ist vor der Psychoanalyse ebenso übersehen worden, wie auf anderem Gebiete der Hintergrund des bewußten Seelenlebens. Sie werden mit Recht vermuten, daß beide auch innig zusammengehören.

Von den Inhalten, Änderungen und Leistungen dieser Frühzeit der Sexualität wäre sehr viel zu berichten, worauf die Erwartung nicht vorbereitet ist. Zum Beispiel: Sie werden gewiß erstaunt sein, zu hören, daß sich das Knäblein so häufig davor ängstigt, vom Vater aufgefressen zu werden. (Wundern Sie sich nicht auch, daß ich diese Angst unter die Äußerungen des Sexuallebens versetze?) Aber ich darf Sie an die mythologische Erzählung erinnern, die

Sie vielleicht aus Ihren Schuljahren noch nicht vergessen haben, daß auch der Gott Kronos seine Kinder verschlingt. Wie sonderbar muß Ihnen dieser Mythus erschienen sein, als Sie zuerst von ihm hörten! Aber ich glaube, wir haben uns alle damals nichts dabei gedacht. Heute können wir auch mancher Märchen gedenken, in denen ein fressendes Tier, wie der Wolf, auftritt, und werden in diesem eine Verkleidung des Vaters erkennen. Ich ergreife diese Gelegenheit, um Ihnen zu versichern, daß Mythologie und Märchenwelt überhaupt erst durch die Kenntnis des kindlichen Sexuallebens verständlich werden. Es ist das so ein Nebengewinn der analytischen Studien.

Nicht minder groß wird Ihre Überraschung sein zu hören, daß das männliche Kind unter der Angst leidet, vom Vater seines Geschlechtsgliedes beraubt zu werden, so daß diese Kastrationsangst den stärksten Einfluß auf seine Charakterentwicklung und die Entscheidung seiner geschlechtlichen Richtung nimmt. Auch hier wird Ihnen die Mythologie Mut machen, der Psychoanalyse zu glauben. Derselbe Kronos, der seine Kinder verschlingt, hatte auch seinen Vater Uranos entmannt und ist dann zur Vergeltung von seinem durch die List der Mutter geretteten Sohn Zeus entmannt worden. Wenn Sie zur Annahme geneigt haben, daß alles, was die Psychoanalyse von der frühzeitigen Sexualität der Kinder erzählt, aus der wüsten Phantasie der Analytiker stammt, so geben Sie doch wenigstens zu, daß diese Phantasie dieselben Produktionen geschaffen hat wie die Phantasietätigkeit der primitiven Menschheit, von der Mythen und Märchen der Niederschlag sind. Die andere, freundlichere und wahrscheinlich auch zutreffendere Auffassung wäre, daß im Seelenleben des Kindes noch heute dieselben archaischen Momente nachweisbar sind, die einst in den Urzeiten der menschlichen Kultur allgemein geherrscht haben. Das Kind würde in seiner seelischen Entwicklung die Stammesgeschichte in abkürzender Weise wiederholen, wie es die Embryologie längst für die körperliche Entwicklung erkannt hat.

Ein weiterer Charakter der frühkindlichen Sexualität ist, daß das eigentlich weibliche Geschlechtsglied in ihr noch keine Rolle spielt — es ist für das Kind noch nicht entdeckt. Aller Akzent fällt auf das männliche Glied, alles Interesse richtet sich darauf, ob dies vorhanden ist oder nicht. Vom Geschlechtsleben des kleinen Mädchens wissen wir weniger als von dem des Knaben. Wir brauchen uns dieser Differenz nicht zu schämen; ist doch auch das Geschlechtsleben des erwachsenen Weibes ein *dark continent* für die Psychologie. Aber wir haben erkannt, daß das Mädchen den Mangel eines dem männlichen gleichwertigen Geschlechtsgliedes schwer empfindet, sich darum für minderwertig hält, und daß dieser „Penisneid" einer ganzen Reihe charakteristisch weiblicher Reaktionen den Ursprung gibt.

Dem Kind eigen ist es auch, daß die beiden exkrementellen Bedürfnisse mit sexuellem Interesse besetzt sind. Die Erziehung setzt später eine scharfe Scheidung durch, die Praxis der Witze hebt sie wieder auf. Das mag uns unappetitlich scheinen, aber es braucht bekanntlich beim Kind eine ganze Zeit, bis sich der Ekel einstellt. Das haben auch die nicht geleugnet, die sonst für die seraphische Reinheit der Kinderseele eintreten.

Keine andere Tatsache hat aber mehr Anspruch auf unsere Beachtung, als daß das Kind seine sexuellen Wünsche regelmäßig auf die ihm verwandtschaftlich nächsten Personen richtet, also in erster Linie auf Vater und Mutter, in weiterer Folge auf seine Geschwister. Für den Knaben ist die Mutter das erste Liebesobjekt, für das Mädchen der Vater, soweit nicht eine bisexuelle Anlage auch gleichzeitig die gegenteilige Einstellung begünstigt. Der andere Elternteil wird als störender Rivale empfunden und nicht selten mit starker Feindseligkeit bedacht. Verstehen Sie mich recht, ich will nicht sagen, daß das Kind sich nur jene Art von Zärtlichkeit vom bevorzugten Elternteil wünscht, in der wir Erwachsene so gern das Wesen der Eltern-Kind-Beziehung sehen. Nein, die Analyse läßt keinen Zweifel darüber, daß die Wünsche des Kindes über diese Zärtlichkeit hinaus alles anstreben, was wir als sinnliche Befriedigung begreifen, soweit eben das Vorstellungsvermögen des Kindes reicht. Es ist leicht zu verstehen, daß das Kind den wirklichen Sachverhalt der Vereinigung der Geschlechter niemals errät, es setzt dafür andere aus seinen Erfahrungen und Empfindungen abgeleitete Vorstellungen ein. Gewöhnlich gipfeln seine Wünsche in der Absicht, ein Kind zu gebären oder — in unbestimmbarer Weise — zu zeugen. Von dem Wunsche, ein Kind zu gebären, schließt sich in seiner Unwissenheit auch der Knabe nicht aus. Diesen ganzen seelischen Aufbau heißen wir nach der bekannten griechischen Sage den Ödipuskomplex. Er soll normalerweise mit dem Ende der sexuellen Frühzeit verlassen, gründlich abgebaut und umgewandelt werden und die Ergebnisse dieser Verwandlung sind zu großen Leistungen im späteren Seelenleben bestimmt. Aber es geschieht in der Regel nicht gründlich genug und die Pubertät ruft dann eine Wiederbelebung des Komplexes hervor, die schwere Folgen haben kann.

Ich wundere mich, daß Sie noch schweigen. Das kann kaum Zustimmung bedeuten. — Wenn die Analyse behauptet, die erste Objektwahl des Kindes sei eine inzestuöse, um den technischen Namen zu gebrauchen, so hat sie gewiß wieder die heiligsten Gefühle der Menschheit gekränkt und darf auf das entsprechende Ausmaß von Unglauben, Widerspruch und Anklage gefaßt sein. Die sind ihr auch reichlich zuteil geworden. Nichts anderes hat ihr in der Gunst der Zeitgenossen mehr geschadet als die Aufstellung des Ödipuskomplexes als einer allgemein menschlichen, schicksalgebundenen Formation. Der griechische Mythus muß allerdings dasselbe gemeint haben, aber die Überzahl der heutigen Menschen, gelehrter wie ungelehrter, zieht es vor zu glauben, daß die Natur einen angeborenen Abscheu als Schutz gegen die Inzestmöglichkeit eingesetzt hat.

Zunächst soll uns die Geschichte zu Hilfe kommen. Als C. Julius Cäsar Ägypten betrat, fand er die jugendliche Königin Kleopatra, die ihm bald so bedeutungsvoll werden sollte, vermählt mit ihrem noch jüngeren Bruder Ptolemäus. Das war in der ägyptischen Dynastie nichts Besonderes; die ursprünglich griechischen Ptolemäer hatten nur den Brauch fortgesetzt, den seit einigen Jahrtausenden ihre Vorgänger, die alten Pharaonen, geübt hatten. Aber das ist ja nur Geschwisterinzest, der noch in der Jetztzeit milder beurteilt wird. Wenden wir uns darum an unsere Kronzeugin für die Verhältnisse der Urzeit, die Mythologie. Sie hat uns zu berichten, daß die Mythen aller Völker, nicht nur der Griechen, überreich sind an Liebesbeziehungen zwischen Vater und Tochter und selbst Mutter und Sohn. Die Kosmologie wie die Genealogie der königlichen Geschlechter ist auf dem Inzest begründet. In welcher Absicht, meinen Sie, sind diese Dichtungen geschaffen worden? Um Götter und Könige als Verbrecher zu brandmarken, den Abscheu des Menschengeschlechts auf sie zu lenken? Eher doch, weil die Inzestwünsche uraltes menschliches Erbgut sind und niemals völlig überwunden wurden, so daß man ihre Erfüllung den Göttern und ihren Abkömmlingen noch gönnte, als die Mehrheit der gewöhnlichen Menschenkinder bereits darauf verzichten mußte. Im vollsten Einklang mit diesen Lehren der Geschichte und der Mythologie finden wir den Inzestwunsch in der Kindheit des Einzelnen noch heute vorhanden und wirksam.

„Ich könnte es Ihnen übelnehmen, daß Sie mir all das über die kindliche Sexualität vorenthalten wollten. Es scheint mir gerade wegen seiner Beziehungen zur menschlichen Urgeschichte sehr interessant."

Ich fürchtete, es würde uns zu weit von unserer Absicht abführen. Aber vielleicht wird es doch seinen Vorteil haben.

„Nun sagen Sie mir aber, welche Sicherheit haben Sie für Ihre analytischen Resultate über das Sexualleben der Kinder zu geben? Ruht Ihre Überzeugung allein auf den Übereinstimmungen mit Mythologie und Historie?"

Oh, keineswegs. Sie ruht auf unmittelbarer Beobachtung. Es

ging so zu: Wir hatten zunächst den Inhalt der sexuellen Kindheit aus den Analysen Erwachsener, also zwanzig bis vierzig Jahre später, erschlossen. Später haben wir die Analysen an den Kindern selbst unternommen, und es war kein geringer Triumph, als sich an ihnen alles so bestätigen ließ, wie wir es trotz der Überlagerungen und Entstellungen der Zwischenzeit erraten hatten.

„Wie, Sie haben kleine Kinder in Analyse genommen, Kinder im Alter vor sechs Jahren? Geht das überhaupt und ist es nicht für diese Kinder recht bedenklich?"

Es geht sehr gut. Es ist kaum zu glauben, was in einem solchen Kind von vier bis fünf Jahren schon alles vorgeht. Die Kinder sind geistig sehr regsam in diesem Alter, die sexuelle Frühzeit ist für sie auch eine intellektuelle Blüteperiode. Ich habe den Eindruck, daß sie mit dem Eintritt in die Latenzzeit auch geistig gehemmt, dümmer, werden. Viele Kinder verlieren auch von da an ihren körperlichen Reiz. Und was den Schaden der Frühanalyse betrifft, so kann ich Ihnen berichten, daß das erste Kind, an dem dies Experiment vor nahezu zwanzig Jahren gewagt wurde, seither ein gesunder und leistungsfähiger junger Mann geworden ist, der seine Pubertät trotz schwerer psychischer Traumen klaglos durchgemacht hat. Den anderen „Opfern" der Frühanalyse wird es hoffentlich nicht schlechter ergehen. An diese Kinderanalysen knüpfen sich mancherlei Interessen; es ist möglich, daß sie in der Zukunft zu noch größerer Bedeutung kommen werden. Ihr Wert für die Theorie steht ja außer Frage. Sie geben unzweideutige Auskünfte über Fragen, die in den Analysen Erwachsener unentschieden bleiben, und schützen den Analytiker so vor Irrtümern, die für ihn folgenschwer wären. Man überrascht eben die Momente, welche die Neurose gestalten, bei ihrer Arbeit und kann sie nicht verkennen. Im Interesse des Kindes muß allerdings die analytische Beeinflussung mit erzieherischen Maßnahmen verquickt werden. Diese Technik harrt noch ihrer Ausgestaltung. Ein praktisches Interesse wird aber durch die Beobachtung geweckt, daß eine sehr große Anzahl unserer Kinder in ihrer Entwicklung eine deutlich neurotische Phase durchmachen. Seitdem wir schärfer zu sehen verstehen, sind wir versucht zu sagen, die Kinderneurose sei nicht die Ausnahme, sondern die Regel, als ob sie sich auf dem Weg von der infantilen Anlage bis zur gesellschaftlichen Kultur kaum vermeiden ließe. In den meisten Fällen wird diese neurotische Anwandlung der Kinderjahre spontan überwunden; ob sie nicht doch regelmäßig ihre Spuren auch beim durchschnittlich Gesunden hinterläßt? Hingegen vermissen wir bei keinem der späteren Neurotiker die Anknüpfung an die kindliche Erkrankung, die ihrerzeit nicht sehr auffällig gewesen zu sein braucht. In ganz analoger Weise, glaube ich, behaupten heute die Internisten, daß jeder Mensch einmal in seiner Kindheit eine Erkrankung an Tuberkulose durchgemacht hat. Für die Neurosen kommt allerdings der Gesichtspunkt der Impfung nicht in Betracht, nur der der Prädisposition.

Ich will zu Ihrer Frage nach den Sicherheiten zurückkehren. Wir haben uns also ganz allgemein durch die direkte analytische Beobachtung der Kinder überzeugt, daß wir die Mitteilungen der Erwachsenen über ihre Kinderzeit richtig gedeutet hatten. In einer Reihe von Fällen ist uns aber noch eine andere Art der Bestätigung möglich geworden. Wir hatten aus dem Material der Analyse gewisse äußere Vorgänge, eindrucksvolle Ereignisse der Kinderjahre rekonstruiert, von denen die bewußte Erinnerung der Kranken nichts bewahrt hatte, und glückliche Zufälle, Erkundigungen bei Eltern und Pflegepersonen haben uns dann den unwiderleglichen Beweis erbracht, daß diese erschlossenen Begebenheiten sich wirklich so zugetragen hatten. Das gelang natürlich nicht sehr oft, aber wo es eintraf, machte es einen überwältigenden Eindruck. Sie müssen wissen, die richtige Rekonstruktion solcher vergessenen Kindererlebnisse hat immer einen großen therapeutischen Effekt, ob sie nun eine objektive Bestätigung zulassen oder nicht. Ihre Bedeutung verdanken diese Begebenheiten natürlich dem Umstand, daß sie so früh vorgefallen sind, zu einer Zeit, da sie auf das schwächliche Ich noch traumatisch wirken konnten.

„Um was für Ereignisse kann es sich da handeln, die man durch die Analyse aufzufinden hat?"

Um Verschiedenartiges. In erster Linie um Eindrücke, die imstande waren, das keimende Sexualleben des Kindes dauernd zu beeinflussen, wie Beobachtungen geschlechtlicher Vorgänge zwischen Erwachsenen oder eigene sexuelle Erfahrungen mit einem Erwachsenen oder einem anderen Kind, — gar nicht so seltene Vorfälle, — des weiteren um Mitanhören von Gesprächen, die das Kind damals oder erst nachträglich verstand, aus denen es Aufschluß über geheimnisvolle oder unheimliche Dinge zu entnehmen glaubte, ferner Äußerungen und Handlungen des Kindes selbst, die eine bedeutsame zärtliche oder feindselige Einstellung desselben gegen andere Personen beweisen. Eine besondere Wichtigkeit hat es in der Analyse, die vergessene eigene Sexualbetätigung des Kindes erinnern zu lassen und dazu die Einmengung der Erwachsenen, welche derselben ein Ende setzte.

„Das ist jetzt für mich der Anlaß, eine Frage vorzubringen, die ich längst stellen wollte. Worin besteht also die ‚Sexualbetätigung' des Kindes während dieser Frühzeit, die man, wie Sie sagen, vor der Zeit der Analyse übersehen hatte?"

Das Regelmäßige und Wesentliche an dieser Sexualbetätigung hatte man merkwürdigerweise doch nicht übersehen; d. h. es ist gar nicht merkwürdig, es war eben nicht zu übersehen. Die sexuellen Regungen des Kindes finden ihren hauptsächlichsten Ausdruck in der Selbstbefriedigung durch Reizung der eigenen Genitalien, in Wirklichkeit des männlichen Anteils derselben. Die außerordentliche Verbreitung dieser kindlichen „Unart" war den Erwachsenen immer bekannt, diese selbst wurde als schwere Sünde betrachtet und strenge verfolgt. Wie man diese Beobachtung von den unsittlichen Neigungen der Kinder — denn die Kinder tun dies, wie sie selbst sagen, weil es ihnen Vergnügen macht — mit der Theorie von ihrer angeborenen Reinheit und Unsinnlichkeit vereinigen konnte, danach fragen Sie mich nicht. Dieses Rätsel lassen Sie sich von der Gegenseite aufklären. Für uns stellt sich ein wichtigeres Problem her. Wie soll man sich gegen die Sexualbetätigung der frühen Kindheit verhalten? Man kennt die Verantwortlichkeit, die man durch ihre Unterdrückung auf sich nimmt, und getraut sich doch nicht, sie uneingeschränkt gewähren zu lassen. Bei Völkern niedriger Kultur und in den unteren Schichten der Kulturvölker scheint die Sexualität der Kinder freigegeben zu sein. Damit ist wahrscheinlich ein starker Schutz gegen die spätere Erkrankung an individuellen Neurosen erzielt worden, aber nicht auch gleichzeitig eine außerordentliche Einbuße an der Eignung zu kulturellen Leistungen? Manches spricht dafür, daß wir hier vor einer neuen Scylla und Charybdis stehen.

Ob aber die Interessen, die durch das Studium des Sexuallebens bei den Neurotikern angeregt werden, eine für die Erweckung der Lüsternheit günstige Atmosphäre schaffen, getraue ich mich doch Ihrem eigenen Urteil zu überlassen.

# V

„Ich glaube, Ihre Absicht zu verstehen. Sie wollen mir zeigen, was für Kenntnisse man für die Ausübung der Analyse braucht, damit ich urteilen kann, ob der Arzt allein zu ihr berechtigt sein soll. Nun, bisher ist wenig Ärztliches vorgekommen, viel Psychologie und ein Stück Biologie oder Sexualwissenschaft. Aber vielleicht haben wir noch nicht das Ende gesehen?"

Gewiß nicht, es bleiben noch Lücken auszufüllen. Darf ich Sie um etwas bitten? Wollen Sie mir schildern, wie Sie sich jetzt eine analytische Behandlung vorstellen? So, als ob Sie sie selbst vorzunehmen hätten?

„Nun, das kann gut werden. Ich habe wirklich nicht die Absicht, unsere Streitfrage durch ein solches Experiment zu entscheiden. Aber ich will Ihnen den Gefallen tun, die Verantwortlichkeit fiele ja auf Sie. Also ich nehme an, der Kranke kommt zu mir und beklagt sich über seine Beschwerden. Ich verspreche ihm Heilung oder Besserung, wenn er meinen Anweisungen folgen will. Ich fordere ihn auf, mir in vollster Aufrichtigkeit alles zu sagen, was er weiß und was ihm einfällt, und sich von diesem Vorsatz nicht abhalten zu lassen, auch wenn manches ihm zu sagen unangenehm sein sollte. Habe ich mir diese Regel gut gemerkt?"

Ja, Sie sollten noch hinzufügen, auch wenn er meint, daß das, was ihm einfällt, unwichtig oder unsinnig ist.

„Auch das. Dann beginnt er zu erzählen und ich höre zu. Ja und dann? Aus seinen Mitteilungen errate ich, was er für Eindrücke, Erlebnisse, Wunschregungen verdrängt hat, weil sie ihm zu einer Zeit entgegengetreten sind, da sein Ich noch schwach war und sich vor ihnen fürchtete, anstatt sich mit ihnen abzugeben. Wenn er das von mir erfahren hat, versetzt er sich in die Situationen von damals und macht es jetzt mit meiner Hilfe besser. Dann verschwinden die Einschränkungen, zu denen sein Ich genötigt war, und er ist hergestellt. Ist es so recht?"

Bravo, bravo! Ich sehe, man wird mir wieder den Vorwurf machen können, daß ich einen Nichtarzt zum Analytiker ausgebildet habe. Sie haben sich das sehr gut zu eigen gemacht.

„Ich habe nur wiederholt, was ich von Ihnen gehört habe, wie wenn man etwas Auswendiggelerntes hersagt. Ich kann mir ja doch nicht vorstellen, wie ich's machen würde, und verstehe gar nicht, warum eine solche Arbeit soviele Monate hindurch täglich eine Stunde brauchen sollte. Ein gewöhnlicher Mensch hat doch in der Regel nicht soviel erlebt, und was in der Kindheit verdrängt wird, das ist doch wahrscheinlich in allen Fällen das nämliche."

Man lernt noch allerlei bei der wirklichen Ausübung der Analyse. Zum Beispiel: Sie würden es gar nicht so einfach finden, aus den Mitteilungen, die der Patient macht, auf die Erlebnisse zu schließen, die er vergessen, die Triebregungen, die er verdrängt hat. Er sagt Ihnen irgend etwas, was zunächst für Sie ebensowenig Sinn hat wie für ihn. Sie werden sich entschließen müssen, das Material, das Ihnen der Analysierte im Gehorsam gegen die Regel liefert, in einer ganz besonderen Weise aufzufassen. Etwa wie ein Erz, dem der Gehalt an wertvollem Metall durch bestimmte Prozesse abzugewinnen ist. Sie sind dann auch vorbereitet, viele Tonnen Erz zu verarbeiten, die vielleicht nur wenig von dem gesuchten kostbaren Stoff enthalten. Hier wäre die erste Begründung für die Weitläufigkeit der Kur.

„Wie verarbeitet man aber diesen Rohstoff, um in Ihrem Gleichnis zu bleiben?"

Indem man annimmt, daß die Mitteilungen und Einfälle des Kranken nur Entstellungen des Gesuchten sind, gleichsam Anspielungen, aus denen Sie zu erraten haben, was sich dahinter verbirgt. Mit einem Wort, Sie müssen dieses Material, seien es Erinnerungen, Einfälle oder Träume, erst deuten. Das geschieht natürlich mit Hinblick auf die Erwartungen, die sich in Ihnen dank Ihrer Sachkenntnis, während Sie zuhörten, gebildet haben.

„Deuten! Das ist ein garstiges Wort. Das höre ich nicht gerne, damit bringen Sie mich um alle Sicherheit. Wenn alles von meiner Deutung abhängt, wer steht mir dafür ein, daß ich richtig deute? Dann ist doch alles meiner Willkür überlassen."

Gemach, es steht nicht so schlimm. Warum wollen Sie Ihre eigenen seelischen Vorgänge von der Gesetzmäßigkeit ausnehmen, die Sie für die des anderen anerkennen? Wenn Sie eine gewisse Selbstzucht gewonnen haben und über bestimmte Kenntnisse verfügen, werden Ihre Deutungen von Ihren persönlichen Eigenheiten unbeeinflußt sein und das Richtige treffen. Ich sage nicht, daß für diesen Teil der Aufgabe die Persönlichkeit des Analytikers gleichgiltig ist. Es kommt eine gewisse Feinhörigkeit für das unbewußte Verdrängte in Betracht, von der nicht jeder das gleiche

Maß besitzt. Und vor allem knüpft hier die Verpflichtung für den Analytiker an, sich durch tiefreichende eigene Analyse für die vorurteilslose Aufnahme des analytischen Materials tauglich zu machen. Eines bleibt freilich übrig, was der „persönlichen Gleichung" bei astronomischen Beobachtungen gleichzusetzen ist; dies individuelle Moment wird in der Psychoanalyse immer eine größere Rolle spielen als anderswo. Ein abnormer Mensch mag ein korrekter Physiker werden können, als Analytiker wird er durch seine eigene Abnormität behindert sein, die Bilder des seelischen Lebens ohne Verzerrung zu erfassen. Da man niemand seine Abnormität beweisen kann, wird eine allgemeine Übereinstimmung in den Dingen der Tiefenpsychologie besonders schwer zu erreichen sein. Manche Psychologen meinen sogar, dies sei ganz aussichtslos und jeder Narr habe das gleiche Recht, seine Narrheit für Weisheit auszugeben. Ich bekenne, ich bin hierin optimistischer. Unsere Erfahrungen zeigen doch, daß auch in der Psychologie ziemlich befriedigende Übereinstimmungen zu erreichen sind. Jedes Forschungsgebiet hat eben seine besondere Schwierigkeit, die zu eliminieren wir uns bemühen müssen. Übrigens ist auch in der Deutungskunst der Analyse manches wie ein anderer Wissensstoff zu erlernen, zum Beispiel, was mit der eigentümlichen indirekten Darstellung durch Symbole zusammenhängt.

„Nun, ich habe keine Lust mehr, auch nur in Gedanken eine analytische Behandlung zu unternehmen. Wer weiß, was für Überraschungen da noch auf mich warten würden."

Sie tun recht daran, eine solche Absicht aufzugeben. Sie merken, wieviel Schulung und Übung noch erforderlich wäre. Wenn Sie die richtigen Deutungen gefunden haben, stellt sich eine neue Aufgabe her. Sie müssen den richtigen Moment abwarten, um dem Patienten Ihre Deutung mit Aussicht auf Erfolg mitzuteilen.

„Woran erkennt man jedesmal den richtigen Moment?"

Das ist Sache eines Takts, der durch Erfahrung sehr verfeinert werden kann. Sie begehen einen schweren Fehler, wenn Sie etwa im Bestreben, die Analyse zu verkürzen, dem Patienten Ihre Deutungen an den Kopf werfen, sobald Sie sie gefunden haben. Sie erzielen damit bei ihm Äußerungen von Widerstand, Ablehnung, Entrüstung, erreichen es aber nicht, daß sein Ich sich des Verdrängten bemächtigt. Die Vorschrift ist, zu warten, bis er sich diesem soweit angenähert hat, daß er unter der Anleitung Ihres Deutungsvorschlages nur noch wenige Schritte zu machen braucht.

„Ich glaube, das würde ich nie erlernen. Und wenn ich diese Vorsichten bei der Deutung befolgt habe, was dann?"

Dann ist es Ihnen bestimmt, eine Entdeckung zu machen, auf die Sie nicht vorbereitet sind.

„Die wäre?"

Daß Sie sich in Ihrem Patienten getäuscht haben, daß Sie gar nicht auf seine Mithilfe und Gefügigkeit rechnen dürfen, daß er bereit ist, der gemeinsamen Arbeit alle möglichen Schwierigkeiten in den Weg zu legen, mit einem Wort: daß er überhaupt nicht gesund werden will.

„Nein, das ist das Tollste, das Sie mir bisher erzählt haben! Ich glaube es auch nicht. Der Kranke, der so schwer leidet, der so ergreifend über seine Beschwerden klagt, der so große Opfer für die Behandlung bringt, der soll nicht gesund werden wollen! Sie meinen es auch gewiß nicht so."

Fassen Sie sich, ich meine es. Was ich sagte, ist die Wahrheit, nicht die ganze freilich, aber ein sehr beachtenswertes Stück derselben. Der Kranke will allerdings gesund werden, aber er will es auch nicht. Sein Ich hat seine Einheit verloren, darum bringt er auch keinen einheitlichen Willen auf. Er wäre kein Neurotiker, wenn er anders wäre.

„Wär' ich besonnen, hieß ich nicht der Tell."

Die Abkömmlinge des Verdrängten sind in sein Ich durchgebrochen, behaupten sich darin, und über die Strebungen dieser Herkunft hat das Ich so wenig Herrschaft wie über das Verdrängte selbst, weiß auch für gewöhnlich nichts von ihnen. Diese Kranken sind eben von einer besonderen Art und machen Schwierigkeiten, mit denen wir nicht zu rechnen gewohnt sind. Alle unsere sozialen Institutionen sind auf Personen mit einheitlichem, normalem Ich zugeschnitten, das man als gut oder böse klassifizieren kann, das entweder seine Funktion versieht oder durch einen übermächtigen Einfluß ausgeschaltet ist. Daher die gerichtliche Alternative: verantwortlich oder unverantwortlich. Auf die Neurotiker passen alle diese Entscheidungen nicht. Man muß gestehen, es ist schwer, die sozialen Anforderungen ihrem psychologischen Zustand anzupassen. Im großen Maßstab hat man das im letzten Krieg erfahren. Waren die Neurotiker, die sich dem Dienst entzogen, Simulanten oder nicht? Sie waren beides. Wenn man sie wie Simulanten behandelte und ihnen das Kranksein recht unbehaglich machte, wurden sie gesund; wenn man die angeblich Hergestellten in den Dienst schickte, flüchteten sie prompt wieder in die Krankheit. Es war mit ihnen nichts anzufangen. Und das nämliche ist mit den Neurotikern des zivilen Lebens. Sie klagen über ihre Krankheit, aber sie nützen sie nach Kräften aus, und wenn man sie ihnen nehmen will, verteidigen sie sie wie die sprichwörtliche Löwin ihr Junges, ohne daß es einen Sinn hätte, ihnen aus diesem Widerspruch einen Vorwurf zu machen.

„Aber, wäre es dann nicht das Beste, wenn man diese schwierigen Leute gar nicht behandelte, sondern sich selbst überließe? Ich kann nicht glauben, daß es der Mühe lohnt, auf jeden einzelnen dieser Kranken so viel Anstrengung zu verwenden, wie ich nach Ihren Andeutungen annehmen muß."

Ich kann Ihren Vorschlag nicht gutheißen. Es ist gewiß richtiger, die Komplikationen des Lebens zu akzeptieren, anstatt sich gegen sie zu sträuben. Nicht jeder der Neurotiker, den wir behandeln, mag des Aufwands der Analyse würdig sein, aber es sind doch auch sehr wertvolle Personen unter ihnen. Wir müssen uns das Ziel setzen, zu erreichen, daß möglichst wenig menschliche Individuen mit so mangelhafter seelischer Ausrüstung dem Kulturleben entgegentreten, und darum müssen wir viel Erfahrungen sammeln, viel verstehen lernen. Jede Analyse kann instruktiv sein, uns Gewinn an neuen Aufklärungen bringen, ganz abgesehen vom persönlichen Wert der einzelnen Kranken.

„Wenn sich aber im Ich des Kranken eine Willensregung gebildet hat, welche die Krankheit behalten will, so muß sich diese auch auf Gründe und Motive berufen, sich durch etwas rechtfertigen können. Es ist aber gar nicht einzusehen, wozu ein Mensch krank sein wollte, was er davon hat."

O doch, das liegt nicht so ferne. Denken Sie an die Kriegsneurotiker, die eben keinen Dienst zu leisten brauchen, weil sie krank sind. Im bürgerlichen Leben kann die Krankheit als Schutz gebraucht werden, um seine Unzulänglichkeit im Beruf und in der Konkurrenz mit anderen zu beschönigen, in der Familie als Mittel, um die anderen zu Opfern und Liebesbeweisen zu zwingen oder ihnen seinen Willen aufzunötigen. Das liegt alles ziemlich oberflächlich, wir fassen es als „Krankheitsgewinn" zusammen; merkwürdig ist nur, daß der Kranke, sein Ich, von der ganzen Verkettung solcher Motive mit seinen folgerichtigen Handlungen doch nichts weiß. Man bekämpft den Einfluß dieser Strebungen, indem man das Ich nötigt, von ihnen Kenntnis zu nehmen. Es gibt aber noch andere, tieferliegende Motive, am Kranksein festzuhalten, mit denen man nicht so leicht fertig wird. Ohne einen neuen Ausflug in die psychologische Theorie kann man diese letzteren aber nicht verstehen.

„Erzählen Sie nur weiter, auf ein bißchen Theorie mehr kommt es jetzt schon nicht an."

Als ich Ihnen das Verhältnis von Ich und Es auseinandersetzte, habe ich Ihnen ein wichtiges Stück der Lehre vom seelischen Apparat unterschlagen. Wir waren nämlich gezwungen anzunehmen, daß sich im Ich selbst eine besondere Instanz differenziert hat, die wir das Über-Ich heißen. Dieses Über-Ich hat eine besondere Stellung zwischen dem Ich und dem Es. Es gehört dem Ich an, teilt dessen hohe psychologische Organisation, steht aber in besonders inniger Beziehung zum Es. Es ist in Wirklichkeit der Niederschlag der ersten Objektbesetzungen des Es, der Erbe des Ödipuskomplexes nach dessen Auflassung. Dieses Über-Ich kann sich dem Ich gegenüberstellen, es wie ein Objekt behandeln und behandelt es oft sehr hart. Es ist für das Ich ebenso wichtig, mit dem Über-Ich im Einvernehmen zu bleiben, wie mit dem Es. Entzweiungen zwischen Ich und Über-Ich haben eine große Bedeutung für das Seelenleben. Sie erraten schon, daß das Über-Ich der Träger jenes Phänomens ist, das wir Gewissen heißen. Für die seelische Gesundheit kommt sehr viel darauf an, daß das Über-Ich normal ausgebildet, das heißt genügend unpersönlich geworden sei. Gerade das ist beim Neurotiker, dessen Ödipuskomplex nicht die richtige Umwandlung erfahren hat, nicht der Fall. Sein Über-Ich steht dem Ich noch immer gegenüber wie der strenge Vater dem Kind, und seine Moralität betätigt sich in primitiver Weise darin, daß sich das Ich vom Über-Ich bestrafen läßt. Die Krankheit wird als Mittel dieser „Selbstbestrafung" verwendet, der Neurotiker muß sich so benehmen, als beherrsche ihn ein Schuldgefühl, welches zu seiner Befriedigung der Krankheit als Strafe bedarf.

„Das klingt wirklich sehr geheimnisvoll. Das Merkwürdigste daran ist, daß dem Kranken auch diese Macht seines Gewissens nicht zum Bewußtsein kommen soll."

Ja, wir fangen erst an, die Bedeutung all dieser wichtigen Verhältnisse zu würdigen. Deshalb mußte meine Darstellung so dunkel geraten. Ich kann nun fortsetzen. Wir heißen alle die Kräfte, die sich der Genesungsarbeit widersetzen, die „Widerstände" des Kranken. Der Krankheitsgewinn ist die Quelle eines solchen Widerstandes, das „unbewußte Schuldgefühl" repräsentiert den Widerstand des Über-Ichs, es ist der mächtigste und von uns gefürchtetste Faktor. Wir treffen in der Kur noch mit anderen Widerständen zusammen. Wenn das Ich in der Frühzeit aus Angst eine Verdrängung vorgenommen hat, so besteht diese Angst noch fort und äußert sich nun als ein Widerstand, wenn das Ich an das Verdrängte herangehen soll. Endlich kann man sich vorstellen, daß es nicht ohne Schwierigkeiten abgeht, wenn ein Triebvorgang, der durch Dezennien einen bestimmten Weg gegangen ist, plötzlich den neuen Weg gehen soll, den man ihm eröffnet hat. Das könnte man den Widerstand des Es heißen. Der Kampf gegen alle diese Widerstände ist unsere Hauptarbeit während der analytischen Kur, die Aufgabe der Deutungen verschwindet dagegen. Durch diesen Kampf und die Überwindung der Widerstände wird aber auch das Ich des Kranken so verändert und gestärkt, daß wir seinem zukünftigen Verhalten nach Beendigung der Kur mit Ruhe entgegensehen dürfen. Anderseits verstehen Sie jetzt, wozu wir die lange Behandlungsdauer brauchen. Die Länge des Entwicklungsweges und die Reichhaltigkeit des Materials sind nicht das Entscheidende. Es kommt mehr darauf an, ob der Weg frei ist. Auf einer Strecke, die man in Friedenszeiten in ein paar Eisenbahnstunden durchfliegt, kann eine Armee wochenlang aufgehalten sein, wenn sie dort den Widerstand des Feindes zu überwinden hat. Solche Kämpfe verbrauchen Zeit auch im seelischen Leben. Ich muß leider konstatieren, alle Bemühungen, die analytische Kur ausgiebig zu beschleunigen, sind bisher gescheitert. Der beste Weg zu ihrer Abkürzung scheint ihre korrekte Durchführung zu sein.

„Wenn ich je Lust verspürt hätte, Ihnen ins Handwerk zu pfuschen und selbst eine Analyse an einem anderen zu versuchen, Ihre Mitteilungen über die Widerstände würden mich davon geheilt haben. Aber wie steht es mit dem besonderen persönlichen Einfluß, den Sie doch zugestanden haben? Kommt der nicht gegen die Widerstände auf?"

Es ist gut, daß Sie jetzt danach fragen. Dieser persönliche Einfluß ist unsere stärkste dynamische Waffe, er ist dasjenige, was wir neu in die Situation einführen und wodurch wir sie in Fluß bringen. Der intellektuelle Gehalt unserer Aufklärungen kann das nicht leisten, denn der Kranke, der alle Vorurteile der Umwelt teilt, brauchte uns so wenig zu glauben wie unsere wissenschaftlichen Kritiker. Der Neurotiker macht sich an die Arbeit, weil er dem Analytiker Glauben schenkt, und er glaubt ihm, weil er eine besondere Gefühlseinstellung zu der Person des Analytikers gewinnt. Auch das Kind glaubt nur jenen Menschen, denen es anhängt. Ich sagte Ihnen schon, wozu wir diesen besonders großen „suggestiven" Einfluß verwenden. Nicht zur Unterdrückung der Symptome, — das unterscheidet die analytische Methode von anderen Verfahren der Psychotherapie, — sondern als Triebkraft, um das Ich des Kranken zur Überwindung seiner Widerstände zu veranlassen.

„Nun, und wenn das gelingt, geht dann nicht alles glatt?"

Ja, es sollte. Aber es stellt sich eine unerwartete Komplikation heraus. Es war vielleicht die größte Überraschung für den Analytiker, daß die Gefühlsbeziehung, die der Kranke zu ihm annimmt, von einer ganz eigentümlichen Natur ist. Schon der erste Arzt, der eine Analyse versuchte, — es war nicht ich, — ist auf dieses Phänomen gestoßen — und an ihm irre geworden. Diese Gefühlsbeziehung ist nämlich — um es klar herauszusagen — von der Natur einer Verliebtheit. Merkwürdig, nicht wahr? Wenn Sie überdies in Betracht ziehen, daß der Analytiker nichts dazu tut, sie zu provozieren, daß er im Gegenteil sich eher menschlich vom Patienten fernhält, seine eigene Person mit einer gewissen Reserve umgibt. Und wenn Sie ferner erfahren, daß diese sonderbare Liebesbeziehung von allen anderen realen Begünstigungen absieht, sich über alle Variationen der persönlichen Anziehung, des Alters, Geschlechts und Standes hinaussetzt. Diese Liebe ist direkt zwangsläufig. Nicht, daß dieser Charakter der spontanen Verliebtheit sonst fremd bleiben müßte. Sie wissen, das Gegenteil kommt oft genug vor, aber in der analytischen Situation stellt er sich ganz regelmäßig her, ohne doch in ihr eine rationelle Erklärung zu finden. Man sollte meinen, aus dem Verhältnis des Patienten zum Analytiker brauchte sich für den ersteren nicht mehr zu ergeben als ein gewisses Maß von Respekt, Zutrauen, Dankbarkeit und menschlicher Sympathie. Anstatt dessen diese Verliebtheit, die selbst den Eindruck einer krankhaften Erscheinung macht.

„Nun, ich sollte meinen, das ist doch für Ihre analytischen Absichten günstig. Wenn man liebt, ist man gefügig und tut dem anderen Teil alles mögliche zu Liebe."

Ja, zu Anfang ist es auch günstig, aber späterhin, wenn sich diese Verliebtheit vertieft hat, kommt ihre ganze Natur zum Vorschein, an der vieles mit der Aufgabe der Analyse unverträglich ist. Die Liebe des Patienten begnügt sich nicht damit zu gehorchen, sie wird anspruchsvoll, verlangt zärtliche und sinnliche Befriedigungen, fordert Ausschließlichkeit, entwickelt Eifersucht, zeigt immer deutlicher ihre Kehrseite, die Bereitschaft zu Feindseligkeit und Rachsucht, wenn sie ihre Absichten nicht erreichen kann. Gleichzeitig drängt sie, wie jede Verliebtheit, alle anderen seelischen Inhalte zurück, sie löscht das Interesse an der Kur und an der Genesung aus, kurz, wir können nicht daran zweifeln, sie hat sich an die Stelle der Neurose gesetzt und unsere Arbeit hat den Erfolg gehabt, eine Form des Krankseins durch eine andere zu vertreiben.

„Das klingt nun trostlos. Was macht man da? Man sollte die Analyse aufgeben, aber da, wie Sie sagen, ein solcher Erfolg in jedem Fall eintritt, so könnte man ja überhaupt keine Analyse durchführen."

Wir wollen zuerst die Situation ausnützen, um aus ihr zu lernen. Was wir so gewonnen haben, kann uns dann helfen, sie zu beherrschen. Ist es nicht höchst beachtenswert, daß es uns gelingt, eine Neurose mit beliebigem Inhalt in einen Zustand von krankhafter Verliebtheit zu verwandeln?

Unsere Überzeugung, daß der Neurose ein Stück abnorm verwendeten Liebeslebens zugrunde liegt, muß doch durch diese Erfahrung unerschütterlich befestigt werden. Mit dieser Einsicht fassen wir wieder festen Fuß, wir getrauen uns nun, diese Verliebtheit selbst zum Objekt der Analyse zu nehmen. Wir machen auch eine andere Beobachtung. Nicht in allen Fällen äußert sich die analytische Verliebtheit so klar und so grell, wie ich's zu schildern versuchte. Warum aber geschieht das nicht? Man sieht es bald ein. In dem Maß, als die vollsinnlichen und die feindseligen Seiten seiner Verliebtheit sich zeigen wollen, erwacht auch das Widerstreben des Patienten gegen dieselben. Er kämpft mit ihnen, sucht sie zu verdrängen, unter unseren Augen. Und nun verstehen wir den Vorgang. Der Patient wiederholt in der Form der Verliebtheit in den Analytiker seelische Erlebnisse, die er bereits früher einmal durchgemacht hat, — er hat seelische Einstellungen, die in ihm bereit lagen und mit der Entstehung seiner Neurose innig verknüpft waren, auf den Analytiker übertragen. Er wiederholt auch seine damaligen Abwehraktionen vor unseren Augen, möchte am liebsten alle Schicksale jener vergessenen Lebensperiode in seinem Verhältnis zum Analytiker wiederholen. Was er uns zeigt, ist also der Kern seiner intimen Lebensgeschichte, er reproduziert ihn greifbar, wie gegenwärtig, anstatt ihn zu erinnern. Damit ist das Rätsel der Übertragungsliebe gelöst und die Analyse kann gerade mit Hilfe der neuen Situation, die für sie so bedrohlich schien, fortgesetzt werden.

„Das ist raffiniert. Und glaubt Ihnen der Kranke so leicht, daß er nicht verliebt, sondern nur gezwungen ist, ein altes Stück wieder aufzuführen?"

Alles kommt jetzt darauf an und die volle Geschicklichkeit in der Handhabung der „Übertragung" gehört dazu, es zu erreichen. Sie sehen, daß die Anforderungen an die analytische Technik an dieser Stelle die höchste Steigerung erfahren. Hier kann man die schwersten Fehler begehen oder sich der größten Erfolge versichern. Der Versuch, sich den Schwierigkeiten zu entziehen, indem man die Übertragung unterdrückt oder vernachlässigt, wäre unsinnig; was immer man sonst getan hat, es verdiente nicht den Namen einer Analyse. Den Kranken wegzuschicken, sobald sich die Unannehmlichkeiten seiner Übertragungsneurose herstellen, ist nicht sinnreicher und außerdem eine Feigheit; es wäre ungefähr so, als ob man Geister beschworen hätte und dann davongerannt wäre, sobald sie erscheinen. Zwar manchmal kann man wirklich nicht anders; es gibt Fälle, in denen man der entfesselten Übertragung nicht Herr wird und die Analyse abbrechen muß, aber man soll wenigstens mit den bösen Geistern nach Kräften gerungen haben. Den Anforderungen der Übertragung nachgeben, die Wünsche des Patienten nach zärtlicher und sinnlicher Befriedigung erfüllen, ist nicht nur berechtigterweise durch moralische Rücksichten versagt, sondern auch als technisches Mittel zur Erreichung der analytischen Absicht völlig unzureichend. Der Neurotiker kann dadurch, daß man ihm die unkorrigierte Wiederholung eines in ihm vorbereiteten unbewußten Klischees ermöglicht hat, nicht geheilt werden. Wenn man sich auf Kompromisse mit ihm einläßt, indem man ihm partielle Befriedigungen zum Austausch gegen seine weitere Mitarbeit an der Analyse bietet, muß man achthaben, daß man nicht in die lächerliche Situation des Geistlichen gerät, der den kranken Versicherungsagenten bekehren soll. Der Kranke bleibt unbekehrt, aber der Geistliche zieht versichert ab. Der einzig mögliche Ausweg aus der Situation der Übertragung ist die Rückführung auf die Vergangenheit des Kranken, wie er sie wirklich erlebt oder durch die wunscherfüllende Tätigkeit seiner Phantasie gestaltet hat. Und dies erfordert beim Analytiker viel Geschick, Geduld, Ruhe und Selbstverleugnung.

„Und wo, meinen Sie, hat der Neurotiker das Vorbild seiner Übertragungsliebe erlebt?"

In seiner Kindheit, in der Regel in der Beziehung zu einem Elternteil. Sie erinnern sich, welche Wichtigkeit wir diesen frühesten Gefühlsbeziehungen zuschreiben mußten. Hier schließt sich also der Kreis.

„Sind Sie endlich fertig? Mir ist ein bißchen wirre vor der Fülle dessen, was ich von Ihnen gehört habe. Sagen Sie mir nur noch, wie und wo lernt man das, was man zur Ausübung der Analyse braucht?"

Es gibt derzeit zwei Institute, an denen Unterricht in der Psychoanalyse erteilt wird. Das erste in Berlin hat Dr. Max Eitingon der dortigen Vereinigung eingerichtet. Das zweite erhält die „Wiener Psychoanalytische Vereinigung" aus eigenen Mitteln unter beträchtlichen Opfern. Die Anteilnahme der Behörden erschöpft sich vorläufig in den mancherlei Schwierigkeiten, die sie dem jungen Unternehmen bereiten. Ein drittes Lehrinstitut soll eben jetzt in London von der dortigen Gesellschaft unter der Leitung von Dr. E. Jones eröffnet werden. An diesen Instituten werden die Kandidaten selbst in Analyse genommen, erhalten theoretischen Unterricht durch Vorlesungen in allen für sie wichtigen Gegenständen und genießen die Aufsicht älterer, erfahrener Analytiker, wenn sie zu ihren ersten Versuchen an leichteren Fällen zugelassen werden. Man rechnet für eine solche Ausbildung etwa zwei Jahre. Natürlich ist man auch nach dieser Zeit nur ein Anfänger, noch kein Meister. Was noch mangelt, muß durch Übung und durch den Gedankenaustausch in den psychoanalytischen Gesellschaften, in denen jüngere Mitglieder mit älteren zusammentreffen, erworben werden. Die Vorbereitung für die analytische Tätigkeit ist gar nicht so leicht und einfach, die Arbeit ist schwer, die Verantwortlichkeit groß. Aber wer eine solche Unterweisung durchgemacht hat, selbst analysiert worden ist, von der Psychologie des Unbewußten erfaßt hat, was sich heute eben lehren läßt, in der Wissenschaft des Sexuallebens Bescheid weiß, und die heikle Technik der Psychoanalyse erlernt hat, die Deutungskunst, die Bekämpfung der Widerstände und die Handhabung der Übertragung, der ist kein Laie mehr auf dem Gebiet der Psychoanalyse. Er ist dazu befähigt, die Behandlung neurotischer Störungen zu unternehmen, und wird mit der Zeit darin alles leisten können, was man von dieser Therapie verlangen kann.

## VI

„Sie haben einen großen Aufwand gemacht, um mir zu zeigen, was die Psychoanalyse ist und was für Kenntnisse man braucht, um sie mit Aussicht auf Erfolg zu betreiben. Gut, es kann mir nichts schaden, Sie angehört zu haben. Aber ich weiß nicht, welchen Einfluß auf mein Urteil Sie von Ihren Ausführungen erwarten. Ich sehe einen Fall vor mir, der nichts Außergewöhnliches an sich hat. Die Neurosen sind eine besondere Art von Erkrankung, die Analyse ist eine besondere Methode zu ihrer Behandlung, eine medizinische Spezialität. Es ist auch sonst die Regel, daß ein Arzt, der ein Spezialfach der Medizin gewählt hat, sich nicht mit der durch das Diplom bestätigten Ausbildung begnügt. Besonders, wenn er sich in einer größeren Stadt niederlassen will, die allein Spezialisten ernähren kann. Wer Chirurg werden will, sucht einige Jahre an einer chirurgischen Klinik zu dienen, ebenso der Augenarzt, Laryngolog usw., gar der Psychiater, der vielleicht überhaupt niemals von einer staatlichen Anstalt oder einem Sanatorium frei kommen wird. So wird es auch mit dem Psychoanalytiker werden; wer sich für diese neue ärztliche Spezialität entscheidet, wird nach Vollendung seiner Studien die zwei Jahre Ausbildung im Lehrinstitut auf sich nehmen, von denen Sie sprachen, wenn es wirklich eine so lange Zeit in Anspruch nehmen sollte. Er wird dann auch merken, daß es sein Vorteil ist, in einer psychoanalytischen Gesellschaft den Kontakt mit den Kollegen zu pflegen, und alles wird in schönster Ordnung vor sich gehen. Ich verstehe nicht, wo da Platz für die Frage der Laienanalyse ist."

Der Arzt, der das tut, was Sie in seinem Namen versprochen haben, wird uns allen willkommen sein. Vier Fünftel der Personen, die ich als meine Schüler anerkenne, sind ja ohnedies Ärzte. Gestatten Sie mir aber, Ihnen vorzuhalten, wie sich die Beziehungen der Ärzte zur Analyse wirklich gestaltet haben und wie sie sich voraussichtlich weiter entwickeln werden. Ein historisches Anrecht auf den Alleinbesitz der Analyse haben die Ärzte nicht, vielmehr haben sie bis vor kurzem alles aufgeboten, von der seichtesten Spötterei bis zur schwerwiegendsten Verleumdung, um ihr zu schaden. Sie werden mit Recht antworten, das gehört der Vergangenheit an und braucht die Zukunft nicht zu beeinflussen. Ich bin einverstanden, aber ich fürchte, die Zukunft wird anders sein, als Sie sie vorhergesagt haben.

Erlauben Sie, daß ich dem Wort „Kurpfuscher" den Sinn gebe, auf den es Anspruch hat an Stelle der legalen Bedeutung. Für das Gesetz ist der ein Kurpfuscher, der Kranke behandelt, ohne sich durch den Besitz eines staatlichen Diploms als Arzt ausweisen zu können. Ich würde eine andere Definition bevorzugen: Kurpfuscher ist, wer eine Behandlung unternimmt, ohne die dazu erforderlichen Kenntnisse und Fähigkeiten zu besitzen. Auf dieser Definition fußend, wage ich die Behauptung, daß — nicht nur in den europäischen Ländern — die Ärzte zu den Kurpfuschern in der Analyse ein überwiegendes Kontingent stellen. Sie üben sehr häufig die analytische Behandlung aus, ohne sie gelernt zu haben und ohne sie zu verstehen.

Es ist vergeblich, daß Sie mir einwenden wollen, das sei gewissenlos, das möchten Sie den Ärzten nicht zutrauen. Ein Arzt wisse doch, daß ein ärztliches Diplom kein Kaperbrief ist und ein Kranker nicht vogelfrei. Dem Arzt dürfe man immer zubilligen, daß er im guten Glauben handle, auch wenn er sich dabei vielleicht im Irrtum befinde.

Die Tatsachen bestehen; wir wollen hoffen, daß sie sich so aufklären lassen, wie Sie es meinen. Ich will versuchen, Ihnen auseinanderzusetzen, wie es möglich wird, daß ein Arzt sich in den Dingen der Psychoanalyse so benimmt, wie er es auf jedem anderen Gebiet sorgfältig vermeiden würde.

Hier kommt in erster Linie in Betracht, daß der Arzt in der medizinischen Schule eine Ausbildung erfahren hat, die ungefähr das Gegenteil von dem ist, was er als Vorbereitung zur Psychoanalyse brauchen würde. Seine Aufmerksamkeit ist auf objektiv feststellbare anatomische, physikalische, chemische Tatbestände hingelenkt worden, von deren richtiger Erfassung und geeigneter Beeinflussung der Erfolg des ärztlichen Handelns abhängt. In seinen Gesichtskreis wird das Problem des Lebens gerückt, soweit es sich uns bisher aus dem Spiel der Kräfte erklärt hat, die auch in der anorganischen Natur nachweisbar sind. Für die seelischen Seiten der Lebensphänomene wird das Interesse nicht geweckt, das Studium der höheren geistigen Leistungen geht die Medizin nichts an, es ist das Bereich einer anderen Fakultät. Die Psychiatrie allein sollte sich mit den Störungen der seelischen Funktionen beschäftigen, aber man weiß, in welcher Weise und mit welchen Absichten sie es tut. Sie sucht die körperlichen Bedingungen der Seelenstörungen auf und behandelt sie wie andere Krankheitsanlässe.

Die Psychiatrie hat darin recht und die medizinische Ausbildung ist offenbar ausgezeichnet. Wenn man von ihr aussagt, sie sei einseitig, so muß man erst den Standpunkt ausfindig machen, von dem aus diese Charakteristik zum Vorwurf wird. An sich ist ja jede Wissenschaft einseitig, sie muß es sein, indem sie sich auf bestimmte Inhalte, Gesichtspunkte, Methoden einschränkt. Es ist ein Widersinn, an dem ich keinen Anteil haben möchte, daß man eine Wissenschaft gegen eine andere ausspielt. Die Physik entwertet doch nicht die Chemie, sie kann sie nicht ersetzen, aber auch von ihr nicht vertreten werden. Die Psychoanalyse ist gewiß ganz besonders einseitig, als die Wissenschaft vom seelisch Unbewußten. Das Recht auf Einseitigkeit soll also den medizinischen Wissenschaften nicht bestritten werden.

Der gesuchte Standpunkt findet sich erst, wenn man von der wissenschaftlichen Medizin zur praktischen Heilkunde ablenkt. Der kranke Mensch ist ein kompliziertes Wesen, er kann uns daran mahnen, daß auch die so schwer faßbaren seelischen Phänomene nicht aus dem Bild des Lebens gelöscht werden dürfen. Der Neurotiker gar ist eine unerwünschte Komplikation, eine Verlegenheit für die Heilkunde nicht minder als für die Rechtspflege und den Armeedienst. Aber er existiert und geht die Medizin besonders nahe an. Und für seine Würdigung wie für seine Behandlung leistet die medizinische Schulung nichts, aber auch gar nichts. Bei dem innigen Zusammenhang zwischen den Dingen, die wir als körperlich und als seelisch scheiden, darf man vorhersehen, daß der Tag kommen wird, an dem sich Wege der Erkenntnis und hoffentlich auch der Beeinflussung von der Biologie der Organe und von der Chemie zu dem Erscheinungsgebiet der Neurosen eröffnen werden. Dieser Tag scheint noch ferne, gegenwärtig sind uns diese Krankheitszustände von der medizinischen Seite her unzugänglich.

Es wäre zu ertragen, wenn die medizinische Schulung den Ärzten bloß die Orientierung auf dem Gebiete der Neurosen versagte. Sie tut mehr; sie gibt ihnen eine falsche und schädliche Einstellung mit. Die Ärzte, deren Interesse für die psychischen Faktoren des Lebens nicht geweckt worden ist, sind nun allzu bereit, dieselben gering zu schätzen und als unwissenschaftlich zu bespötteln. Deshalb können sie nichts recht ernst nehmen, was mit ihnen zu tun hat, und fühlen die Verpflichtungen nicht, die sich von ihnen ableiten. Darum verfallen sie der laienhaften Respektlosigkeit vor der psychologischen Forschung und machen sich ihre Aufgabe leicht. Man muß ja die Neurotiker behandeln, weil sie Kranke sind und sich an den Arzt wenden, muß auch immer Neues versuchen. Aber wozu sich die Mühe einer langwierigen Vorbereitung auferlegen? Es wird auch so gehen; wer weiß, was das wert ist, was in den analytischen Instituten gelehrt wird. Je weniger sie vom Gegenstand verstehen, desto unternehmender werden sie. Nur der wirklich Wissende wird bescheiden, denn er weiß, wie unzulänglich dies Wissen ist.

Der Vergleich der analytischen Spezialität mit anderen medizinischen Fächern, den Sie zu meiner Beschwichtigung herangezogen haben, ist also nicht anwendbar. Für Chirurgie, Augenheilkunde usw. bietet die Schule selbst die Möglichkeit zur weiteren Ausbildung.

Die analytischen Lehrinstitute sind gering an Zahl, jung an Jahren und ohne Autorität. Die medizinische Schule hat sie nicht anerkannt und kümmert sich nicht um sie. Der junge Arzt, der seinen Lehrern so vieles hat glauben müssen, daß ihm zur Erziehung seines Urteils wenig Anlaß geworden ist, wird gerne die Gelegenheit ergreifen, auf einem Gebiet, wo es noch keine anerkannte Autorität gibt, endlich auch einmal den Kritiker zu spielen.

Es gibt noch andere Verhältnisse, die sein Auftreten als analytischer Kurpfuscher begünstigen. Wenn er ohne ausreichende Vorbereitung Augenoperationen unternehmen wollte, so würde der Mißerfolg seiner Staarextraktionen und Iridektomien und das Wegbleiben der Patienten seinem Wagestück bald ein Ende bereiten. Die Ausübung der Analyse ist für ihn vergleichsweise ungefährlich. Das Publikum ist durch die durchschnittlich günstigen Ausgänge der Augenoperationen verwöhnt und erwartet sich Heilung vom Operateur. Wenn aber der „Nervenarzt" seine Kranken nicht herstellt, so verwundert sich niemand darüber. Man ist durch die Erfolge der Therapie bei den Nervösen nicht verwöhnt worden, der Nervenarzt hat sich wenigstens „viel mit ihnen abgegeben". Da läßt sich eben nicht viel machen, die Natur muß helfen oder die Zeit. Also beim Weib zuerst die Menstruation, dann die Heirat, später die Menopause. Am Ende hilft wirklich der Tod. Auch ist das, was der ärztliche Analytiker mit dem Nervösen vorgenommen hat, so unauffällig, daß sich daran kein Vorwurf klammern kann. Er hat ja keine Instrumente oder Medikamente verwendet, nur mit ihm geredet, versucht, ihm etwas ein- oder auszureden. Das kann doch nicht schaden, besonders wenn dabei vermieden wurde, peinliche oder aufregende Dinge zu berühren. Der ärztliche Analytiker, der sich von der strengen Unterweisung frei gemacht hat, wird gewiß den Versuch nicht unterlassen haben, die Analyse zu verbessern, ihr die Giftzähne auszubrechen und sie den Kranken angenehm zu machen. Und wie gut, wenn er bei diesem Versuch stehen geblieben, denn wenn er wirklich gewagt hat, Widerstände wachzurufen, und dann nicht wußte, wie ihnen zu begegnen ist, ja, dann kann er sich wirklich unbeliebt gemacht haben.

Die Gerechtigkeit erfordert das Zugeständnis, daß die Tätigkeit des ungeschulten Analytikers auch für den Kranken harmloser ist als die des ungeschickten Operateurs. Der mögliche Schaden beschränkt sich darauf, daß der Kranke zu einem nutzlosen Aufwand veranlaßt wurde und seine Heilungschancen eingebüßt oder verschlechtert hat. Ferner daß der Ruf der analytischen Therapie herabgesetzt wird. Das ist ja alles recht unerwünscht, aber es hält doch keinen Vergleich mit den Gefahren aus, die vom Messer des chirurgischen Kurpfuschers drohen. Schwere, dauernde Verschlimmerungen des Krankheitszustandes sind nach meinem Urteil auch bei ungeschickter Anwendung der Analyse nicht zu befürchten. Die unerfreulichen Reaktionen klingen nach einer Weile wieder ab. Neben den Traumen des Lebens, welche die Krankheit hervorgerufen haben, kommt das bißchen Mißhandlung durch den Arzt nicht in Betracht. Nur daß eben der ungeeignete therapeutische Versuch nichts Gutes für den Kranken geleistet hat.

„Ich habe Ihre Schilderung des ärztlichen Kurpfuschers in der Analyse angehört, ohne Sie zu unterbrechen, nicht ohne den Eindruck zu empfangen, daß Sie von einer Feindseligkeit gegen die Ärzteschaft beherrscht werden, zu deren historischer Erklärung Sie mir selbst den Weg gezeigt haben. Aber ich gebe Ihnen eines zu: wenn schon Analysen gemacht werden sollen, so sollen sie von Leuten gemacht werden, die sich dafür gründlich ausgebildet haben. Und Sie glauben nicht, daß die Ärzte, die sich der Analyse zuwenden, mit der Zeit alles tun werden, um sich diese Ausbildung zu eigen zu machen?"

Ich fürchte, nicht. Solange das Verhältnis der Schule zum analytischen Lehrinstitut ungeändert bleibt, werden die Ärzte wohl die Versuchung, es sich zu erleichtern, zu groß finden.

„Aber einer direkten Äußerung über die Frage der Laienanalyse scheinen Sie konsequent auszuweichen. Ich soll jetzt erraten, daß

Sie vorschlagen, weil man die Ärzte, die analysieren wollen, nicht kontrollieren kann, soll man, gewissermaßen aus Rache, zu ihrer Bestrafung, ihnen das Monopol der Analyse abnehmen und diese ärztliche Tätigkeit auch den Laien eröffnen."

Ich weiß nicht, ob Sie meine Motive richtig erraten haben. Vielleicht kann ich Ihnen später ein Zeugnis einer weniger parteiischen Stellungnahme vorlegen. Aber ich lege den Akzent auf die Forderung, daß niemand die Analyse ausüben soll, der nicht die Berechtigung dazu durch eine bestimmte Ausbildung erworben hat. Ob diese Person nun Arzt ist oder nicht, erscheint mir als nebensächlich.

„Was für bestimmte Vorschläge haben Sie also zu machen?"

Ich bin noch nicht soweit, weiß auch nicht, ob ich überhaupt dahin kommen werde. Ich möchte eine andere Frage mit Ihnen erörtern, zur Einleitung aber auch einen bestimmten Punkt berühren. Man sagt, daß die zuständigen Behörden über Anregung der Ärzteschaft Laien ganz allgemein die Ausübung der Analyse untersagen wollen. Von diesem Verbot würden auch die nichtärztlichen Mitglieder der Psychoanalytischen Vereinigung betroffen, die eine ausgezeichnete Ausbildung genossen und sich durch Übung sehr vervollkommnet haben. Wird das Verbot erlassen, so stellt sich der Zustand her, daß man eine Reihe von Personen an der Ausübung einer Tätigkeit behindert, von denen man überzeugt sein kann, daß sie sie sehr gut leisten können, während man dieselbe Tätigkeit anderen freigibt, bei denen von einer ähnlichen Garantie nicht die Rede ist. Das ist nicht gerade der Erfolg, den eine Gesetzgebung erreichen möchte. Indes ist dieses spezielle Problem weder sehr wichtig, noch schwierig zu lösen. Es handelt sich dabei um eine Handvoll Personen, die nicht schwer geschädigt werden können. Sie werden wahrscheinlich nach Deutschland auswandern, wo sie, durch keine Gesetzesvorschrift behindert, bald die Anerkennung ihrer Tüchtigkeit finden werden. Will man ihnen dies ersparen und die Härte des Gesetzes für sie mildern, so kann es mit Anlehnung an bekannte Präzedenzfälle leicht geschehen. Es ist im monarchischen Österreich wiederholt vorgekommen, daß man notorischen Kurpfuschern die Erlaubnis zur ärztlichen Tätigkeit auf bestimmten Gebieten *ad personam* verliehen hat, weil man von ihrem wirklichen Können überzeugt worden war. Diese Fälle betrafen zumeist bäuerliche Heilkünstler, und die Befürwortung soll regelmäßig durch eine der einst so zahlreichen Erzherzoginnen erfolgt sein, aber es müßte doch auch für Städter und auf Grund anderer, bloß sachverständiger Garantie geschehen können. Bedeutsamer wäre die Wirkung eines solchen Verbots auf das Wiener analytische Lehrinstitut, das von da an keine Kandidaten aus nichtärztlichen Kreisen zur Ausbildung annehmen dürfte. Dadurch wäre wieder einmal in unserem Vaterland eine Richtung geistiger Tätigkeit unterdrückt, die sich anderswo frei entfalten darf. Ich bin der letzte, der eine Kompetenz in der Beurteilung von Gesetzen und Verordnungen in Anspruch nehmen will. Aber ich sehe doch soviel, daß eine Betonung unseres Kurpfuschergesetzes nicht im Sinne der Angleichung an deutsche Verhältnisse ist, die heute offenbar angestrebt wird, und daß die Anwendung dieses Gesetzes auf den Fall der Psychoanalyse etwas Anachronistisches hat, denn zur Zeit seiner Erlassung gab es noch keine Analyse und war die besondere Natur der neurotischen Erkrankungen noch nicht erkannt.

Ich komme zu der Frage, deren Diskussion mir wichtiger erscheint. Ist die Ausübung der Psychoanalyse überhaupt ein Gegenstand, der behördlichem Eingreifen unterworfen werden soll, oder ist es zweckmäßiger, ihn der natürlichen Entwicklung zu überlassen? Ich werde gewiß hier keine Entscheidung treffen, aber ich nehme mir die Freiheit, Ihnen dieses Problem zur Überlegung vorzulegen. In unserem Vaterlande herrscht von alters her ein wahrer *furor prohibendi*, eine Neigung zum Bevormunden, Eingreifen und Verbieten, die, wie wir alle wissen, nicht gerade gute Früchte getragen hat. Es scheint, daß es im neuen, republikanischen Österreich noch nicht viel anders geworden ist. Ich vermute, daß Sie bei der Entscheidung über den Fall der Psychoanalyse, der uns jetzt beschäftigt, ein gewichtiges Wort mitzureden haben; ich weiß nicht, ob Sie die Lust oder den Einfluß haben werden, sich den bureaukratischen Neigungen zu widersetzen. Meine unmaßgeblichen Gedanken zu unserer Frage will ich Ihnen jedenfalls nicht ersparen. Ich meine, daß ein Überfluß an Verordnungen und Verboten der Autorität des Gesetzes schadet. Man kann beobachten: wo nur wenige Verbote bestehen, da werden sie sorgfältig eingehalten; wo man auf Schritt und Tritt von Verboten begleitet wird, da fühlt man förmlich die Versuchung, sich über sie hinwegzusetzen. Ferner, man ist noch kein Anarchist, wenn man bereit ist einzusehen, daß Gesetze und Verordnungen nach ihrer Herkunft nicht auf den Charakter der Heiligkeit und Unverletzlichkeit Anspruch haben können, daß sie oft inhaltlich unzulänglich und für unser Rechtsgefühl verletzend sind oder nach einiger Zeit so werden, und daß es bei der Schwerfälligkeit der die Gesellschaft leitenden Personen oft kein anderes Mittel zur Korrektur solch unzweckmäßiger Gesetze gibt, als sie herzhaft zu übertreten. Auch ist es ratsam, wenn man den Respekt vor Gesetzen und Verordnungen erhalten will, keine zu erlassen, deren Einhaltung und Übertretung schwer zu überwachen ist. Manches, was wir über die Ausübung der Analyse durch Ärzte gesagt haben, wäre hier für die eigentliche Laienanalyse, die das Gesetz unterdrücken will, zu wiederholen. Der Hergang der Analyse ist ein recht unscheinbarer, sie wendet weder Medikamente noch Instrumente an, besteht nur in Gesprächen und Austausch von Mitteilungen; es wird nicht leicht sein, einer Laienperson nachzuweisen, sie übe „Analyse" aus, wenn sie behauptet, sie gebe nur Zuspruch, teile Aufklärungen aus und suche einen heilsamen menschlichen Einfluß auf seelisch Hilfsbedürftige zu gewinnen; das könne man ihr doch nicht verbieten, bloß darum, weil auch der Arzt es manchmal tue. In den Englisch sprechenden Ländern haben die Praktiken der „Christian Science" eine große Verbreitung; eine Art von dialektischer Verleugnung der Übel

im Leben durch Berufung auf die Lehren der christlichen Religion. Ich stehe nicht an zu behaupten, daß dies Verfahren eine bedauerliche Verirrung des menschlichen Geistes darstellt, aber wer würde in Amerika oder England daran denken, es zu verbieten und unter Strafe zu setzen? Fühlt sich denn die hohe Obrigkeit bei uns des rechten Weges zur Seligkeit so sicher, daß sie es wagen darf zu verhindern, daß jeder versuche „nach seiner Fasson selig zu werden"?
Und zugegeben, daß viele sich selbst überlassen in Gefahren geraten und zu Schaden kommen, tut die Obrigkeit nicht besser daran, die Gebiete, die als unbetretbar gelten sollen, sorgfältig abzugrenzen und im übrigen, soweit es nur angeht, die Menschenkinder ihrer Erziehung durch Erfahrung und gegenseitige Beeinflussung zu überlassen? Die Psychoanalyse ist etwas so Neues in der Welt, die große Menge ist so wenig über sie orientiert, die Stellung der offiziellen Wissenschaft zu ihr noch so schwankend, daß es mir voreilig erscheint, jetzt schon mit gesetzlichen Vorschriften in die Entwicklung einzugreifen. Lassen wir die Kranken selbst die Entdeckung machen, daß es schädlich für sie ist, seelische Hilfe bei Personen zu suchen, die nicht gelernt haben, wie man sie leistet. Klären wir sie darüber auf und warnen sie davor, dann werden wir uns erspart haben, es ihnen zu verbieten. Auf italienischen Landstraßen zeigen die Leitungsträger die knappe und eindrucksvolle Aufschrift: *Chi tocca, muore*. Das reicht vollkommen hin, um das Benehmen der Passanten gegen herabhängende Drähte zu regeln. Die entsprechenden deutschen Warnungen sind von einer überflüssigen und beleidigenden Weitschweifigkeit: Das Berühren der Leitungsdrähte ist, weil lebensgefährlich, strengstens verboten. Wozu das Verbot? Wem sein Leben lieb ist, der erteilt es sich selbst, und wer sich auf diesem Wege umbringen will, der fragt nicht nach Erlaubnis.

„Es gibt aber Fälle, die man als Präjudiz für die Frage der Laienanalyse anführen kann. Ich meine das Verbot der Versetzung in Hypnose durch Laien und das kürzlich erlassene Verbot der

Abhaltung okkultistischer Sitzungen und Gründung solcher Gesellschaften."
Ich kann nicht sagen, daß ich ein Bewunderer dieser Maßnahmen bin. Die letztere ist ein ganz unzweifelhafter Übergriff der polizeilichen Bevormundung zum Schaden der intellektuellen Freiheit. Ich bin außer dem Verdacht, den sogenannt okkulten Phänomenen viel Glauben entgegenzubringen oder gar Sehnsucht nach ihrer Anerkennung zu verspüren; aber durch solche Verbote wird man das Interesse der Menschen für diese angebliche Geheimwelt nicht ersticken. Vielleicht hat man im Gegenteil etwas sehr Schädliches getan, der unparteiischen Wißbegierde den Weg verschlossen, zu einem befreienden Urteil über diese bedrückenden Möglichkeiten zu kommen. Aber dies auch nur wieder für Österreich. In anderen Ländern stößt auch die „parapsychische" Forschung auf keine gesetzlichen Hindernisse. Der Fall der Hypnose liegt etwas anders als der der Analyse. Die Hypnose ist die Hervorrufung eines abnormen Seelenzustandes und dient den Laien heute nur als Mittel zur Schaustellung. Hätte sich die anfänglich so hoffnungsvolle hypnotische Therapie gehalten, so wären ähnliche Verhältnisse wie die der Analyse entstanden. Übrigens erbringt die Geschichte der Hypnose ein Präzedenz zum Schicksal der Analyse nach anderer Richtung. Als ich ein junger Dozent der Neuropathologie war, eiferten die Ärzte in der leidenschaftlichsten Weise gegen die Hypnose, erklärten sie für einen Schwindel, ein Blendwerk des Teufels und einen höchst gefährlichen Eingriff. Heute haben sie dieselbe Hypnose monopolisiert, bedienen sich ihrer ungescheut als Untersuchungsmethode und für manche Nervenärzte ist sie noch immer das Hauptmittel ihrer Therapie.

Ich habe Ihnen aber bereits gesagt, ich denke nicht daran, Vorschläge zu machen, die auf der Entscheidung beruhen, ob gesetzliche Regelung oder Gewährenlassen in Sachen der Analyse das Richtigere ist. Ich weiß, das ist eine prinzipielle Frage, auf deren Lösung die Neigungen der maßgebenden Personen wahrscheinlich mehr

Einfluß nehmen werden als Argumente. Was mir für eine Politik des *laissez faire* zu sprechen scheint, habe ich bereits zusammengestellt. Wenn man sich anders entschließt, zu einer Politik des aktiven Eingreifens, dann allerdings scheint mir die eine lahme und ungerechte Maßregel des rücksichtslosen Verbots der Analyse durch Nichtärzte keine genügende Leistung zu sein. Man muß sich dann um mehr bekümmern, die Bedingungen, unter denen die Ausübung der analytischen Praxis gestattet ist, für alle, die sie ausüben wollen, feststellen, irgendeine Autorität aufrichten, bei der man sich Auskunft holen kann, was Analyse ist und was für Vorbereitung man für sie fordern darf, und die Möglichkeiten der Unterweisung in der Analyse fördern. Also entweder in Ruhe lassen oder Ordnung und Klarheit schaffen, nicht aber in eine verwickelte Situation mit einem vereinzelten Verbot dreinfahren, das mechanisch aus einer inadäquat gewordenen Vorschrift abgeleitet wird.

## VII

„Ja, aber die Ärzte, die Ärzte! Ich bringe Sie nicht dazu, auf das eigentliche Thema unserer Unterredungen einzugehen. Sie weichen mir noch immer aus. Es handelt sich doch darum, ob man nicht den Ärzten das ausschließliche Vorrecht auf die Ausübung der Analyse zugestehen muß, meinetwegen nachdem sie gewisse Bedingungen erfüllt haben. Die Ärzte sind ja gewiß nicht in ihrer Mehrheit die Kurpfuscher in der Analyse, als die Sie sie geschildert haben. Sie sagen selbst, daß die überwiegende Mehrzahl Ihrer Schüler und Anhänger Ärzte sind. Man hat mir verraten, daß diese keineswegs Ihren Standpunkt in der Frage der Laienanalyse teilen. Ich darf natürlich annehmen, daß Ihre Schüler sich Ihren Forderungen nach genügender Vorbereitung usw. anschließen, und doch finden diese Schüler es damit vereinbar, die Ausübung der Analyse den Laien zu versperren. Ist das so, und wenn, wie erklären Sie es?"

Ich sehe, Sie sind gut informiert, es ist so. Zwar nicht alle, aber ein guter Teil meiner ärztlichen Mitarbeiter hält in dieser Sache nicht zu mir, tritt für das ausschließliche Anrecht der Ärzte auf die analytische Behandlung der Neurotiker ein. Sie ersehen daraus, daß es auch in unserem Lager Meinungsverschiedenheiten geben darf. Meine Parteinahme ist bekannt und der Gegensatz im Punkte der Laienanalyse hebt unser Einvernehmen nicht auf. Wie ich Ihnen das Verhalten dieser meiner Schüler erklären kann? Sicher weiß ich es nicht, ich denke, es wird die Macht des Standesbewußtseins sein. Sie haben eine andere Entwicklung gehabt als ich, fühlen sich noch unbehaglich in der Isolierung von den Kollegen, möchten gerne als vollberechtigt von der *profession* aufgenommen werden und sind bereit, für diese Toleranz ein Opfer zu bringen, an einer Stelle, deren Lebenswichtigkeit ihnen nicht einleuchtet. Vielleicht ist es anders; ihnen Motive der Konkurrenz unterzuschieben, hieße nicht nur sie einer niedrigen Gesinnung zu beschuldigen, sondern auch ihnen eine sonderbare Kurzsichtigkeit zuzutrauen. Sie sind ja immer bereit, andere Ärzte in die Analyse einzuführen, und ob sie die verfügbaren Patienten mit Kollegen oder mit Laien zu teilen haben, kann für ihre materielle Lage nur gleichgiltig sein. Wahrscheinlich kommt aber noch etwas anderes in Betracht. Diese meine Schüler mögen unter dem Einfluß gewisser Momente stehen, welche dem Arzt in der analytischen Praxis den unzweifelhaften Vorzug vor dem Laien sichern.

„Den Vorzug sichern? Da haben wir's. Also gestehen Sie diesen Vorzug endlich zu? Damit wäre ja die Frage entschieden."

Das Zugeständnis wird mir nicht schwer. Es mag Ihnen zeigen, daß ich nicht so leidenschaftlich verblendet bin, wie Sie annehmen. Ich habe die Erwähnung dieser Verhältnisse aufgeschoben, weil ihre Diskussion wiederum theoretische Erörterungen nötig machen wird.

„Was meinen Sie jetzt?"

Da ist zuerst die Frage der Diagnose. Wenn man einen Kranken, der an sogenannt nervösen Störungen leidet, in analytische Behandlung nimmt, will man vorher die Sicherheit haben, — soweit sie eben erreichbar ist, — daß er sich für diese Therapie eignet, daß man ihm also auf diesem Wege helfen kann. Das ist aber nur der Fall, wenn er wirklich eine Neurose hat.

„Ich sollte meinen, das erkennt man eben an den Erscheinungen, an den Symptomen, über die er klagt."

Hier ist eben die Stelle für eine neue Komplikation. Man erkennt es nicht immer mit voller Sicherheit. Der Kranke kann das äußere Bild einer Neurose zeigen, und doch kann es etwas anderes sein, der Beginn einer unheilbaren Geisteskrankheit, die Vorbereitung eines zerstörenden Gehirnprozesses. Die Unterscheidung — Differentialdiagnose — ist nicht immer leicht und nicht in jeder Phase sofort zu machen. Die Verantwortlichkeit für eine solche Entscheidung kann natürlich nur der Arzt übernehmen. Sie wird ihm, wie gesagt, nicht immer leicht gemacht. Der Krankheitsfall kann längere Zeit ein harmloses Gepräge tragen, bis sich endlich doch seine böse Natur herausstellt. Es ist ja auch eine regelmäßige Befürchtung der Nervösen, ob sie nicht geisteskrank werden können. Wenn der Arzt aber einen solchen Fall eine Zeitlang verkannt hat oder im unklaren über ihn geblieben ist, so macht es nicht viel aus, es ist kein Schaden angestellt worden und nichts Überflüssiges geschehen. Die analytische Behandlung dieses Kranken hätte ihm zwar auch keinen Schaden gebracht, aber sie wäre als überflüssiger Aufwand bloßgestellt. Überdies würden sich gewiß genug Leute finden, die den schlechten Ausgang der Analyse zur Last legen werden. Mit Unrecht freilich, aber solche Anlässe sollten vermieden werden.

„Das klingt aber trostlos. Es entwurzelt ja alles, was Sie mir über die Natur und Entstehung einer Neurose vorgetragen haben."

Durchaus nicht. Es bekräftigt nur von neuem, daß die Neurotiker ein Ärgernis und eine Verlegenheit sind, für alle Parteien, also auch für die Analytiker. Vielleicht löse ich aber Ihre Verwirrung wieder, wenn ich meine neuen Mitteilungen in korrekteren Ausdruck kleide. Es ist wahrscheinlich richtiger, von den Fällen, die uns jetzt beschäftigen, auszusagen, sie haben wirklich eine Neurose entwickelt, aber diese sei nicht psychogen, sondern somatogen, habe nicht seelische, sondern körperliche Ursachen. Können Sie mich verstehen?

„Verstehen, ja; aber ich kann es mit dem anderen, dem Psychologischen, nicht vereinigen."

Nun, das läßt sich doch machen, wenn man nur den Komplikationen der lebenden Substanz Rechnung tragen will. Worin fanden wir das Wesen einer Neurose? Darin, daß das Ich, die durch den Einfluß der Außenwelt emporgezüchtete höhere Organisation des seelischen Apparats, nicht imstande ist, seine Funktion der Vermittlung zwischen Es und Realität zu erfüllen, daß es sich in seiner Schwäche von Triebanteilen des Es zurückzieht und sich dafür die Folgen dieses Verzichts in Form von Einschränkungen, Symptomen und erfolglosen Reaktionsbildungen gefallen lassen muß.

Eine solche Schwäche des Ichs hat bei uns allen regelmäßig in der Kindheit statt, darum bekommen die Erlebnisse der frühesten Kinderjahre eine so große Bedeutung für das spätere Leben. Unter der außerordentlichen Belastung dieser Kinderzeit — wir haben in wenigen Jahren die ungeheure Entwicklungsdistanz vom steinzeitlichen Primitiven bis zum Teilhaber der heutigen Kultur durchzumachen und dabei insbesondere die Triebregungen der sexuellen Frühperiode abzuwehren — nimmt unser Ich seine Zuflucht zu Verdrängungen und setzt sich einer Kinderneurose aus, deren Niederschlag es als Disposition zur späteren nervösen Erkrankung in die Reife des Lebens mitbringt. Nun kommt alles darauf an, wie dies herangewachsene Wesen vom Schicksal behandelt werden wird. Wird das Leben zu hart, der Abstand zwischen den Triebforderungen und den Einsprüchen der Realität zu groß, so mag das Ich in seinen Bemühungen, beide zu versöhnen, scheitern, und dies um so eher, je mehr es durch die mitgebrachte infantile Disposition gehemmt ist. Es wiederholt sich dann der Vorgang der Verdrängung, die Triebe reißen sich von der Herrschaft des Ichs los, schaffen sich auf den Wegen der Regression ihre Ersatzbefriedigungen und das arme Ich ist hilflos neurotisch geworden.

Halten wir nur daran fest: der Knoten- und Drehpunkt der ganzen Situation ist die relative Stärke der Ichorganisation. Wir haben es dann leicht, unsere ätiologische Übersicht zu vervollständigen. Als die sozusagen normalen Ursachen der Nervosität kennen wir bereits die kindliche Ichschwäche, die Aufgabe der Bewältigung der Frühregungen der Sexualität und die Einwirkungen der eher zufälligen Kindheitserlebnisse. Ist es aber nicht möglich, daß auch andere Momente eine Rolle spielen, die aus der Zeit vor dem Kinderleben stammen? Zum Beispiel eine angeborene Stärke und Unbändigkeit des Trieblebens im Es, die dem Ich von vornherein zu große Aufgaben stellt? Oder eine besondere Entwicklungsschwäche des Ichs aus unbekannten Gründen? Selbstverständlich müssen diese Momente zu einer ätiologischen Bedeutung kommen, in manchen Fällen zu einer überragenden. Mit der Triebstärke im Es haben wir jedesmal zu rechnen; wo sie exzessiv entwickelt ist, steht es schlecht um die Aussichten unserer Therapie. Von den Ursachen einer Entwicklungshemmung des Ichs wissen wir noch zu wenig. Dies wären also die Fälle von Neurose mit wesentlich konstitutioneller Grundlage. Ohne irgendeine solche konstitutionelle, kongenitale Begünstigung kommt wohl kaum eine Neurose zustande.

Wenn aber die relative Schwäche des Ichs das für die Entstehung der Neurose entscheidende Moment ist, so muß es auch möglich sein, daß eine spätere körperliche Erkrankung eine Neurose erzeugt, wenn sie nur eine Schwächung des Ichs herbeiführen kann. Und das ist wiederum im reichen Ausmaß der Fall. Eine solche körperliche Störung kann das Triebleben im Es betreffen und die Triebstärke über die Grenze hinaus steigern, welcher das Ich gewachsen ist. Das Normalvorbild solcher Vorgänge wäre etwa die Veränderung im Weib durch die Störungen der Menstruation und der Menopause. Oder eine körperliche Allgemeinerkrankung, ja eine organische Erkrankung des nervösen Zentralorgans, greift die Ernährungsbedingungen des seelischen Apparats an, zwingt ihn, seine Funktion herabzusetzen und seine feineren Leistungen, zu denen die Aufrechthaltung der Ichorganisation gehört, einzustellen. In all diesen Fällen entsteht ungefähr dasselbe Bild der Neurose; die Neurose hat immer den gleichen psychologischen Mechanismus, aber, wie wir erkennen, die mannigfachste, oft sehr zusammengesetzte Ätiologie.

„Jetzt gefallen Sie mir besser, Sie haben endlich gesprochen wie ein Arzt. Nun erwarte ich das Zugeständnis, daß eine so komplizierte ärztliche Sache wie eine Neurose nur von einem Arzt gehandhabt werden kann."

Ich besorge, Sie schießen damit über das Ziel hinaus. Was wir besprochen haben, war ein Stück Pathologie, bei der Analyse handelt es sich um ein therapeutisches Verfahren. Ich räume ein, nein, ich fordere, daß der Arzt bei jedem Fall, der für die Analyse in Betracht kommt, vorerst die Diagnose stellen soll. Die übergroße Anzahl der Neurosen, die uns in Anspruch nehmen, sind zum Glück psychogener Natur und pathologisch unverdächtig. Hat der Arzt das konstatiert, so kann er die Behandlung ruhig dem Laienanalytiker überlassen. In unseren analytischen Gesellschaften ist es immer so gehalten worden. Dank dem innigen Kontakt zwischen ärztlichen und nichtärztlichen Mitgliedern sind die zu befürchtenden Irrungen so gut wie völlig vermieden worden. Es gibt dann noch einen zweiten Fall, in dem der Analytiker den Arzt zur Hilfe rufen muß. Im Verlaufe der analytischen Behandlung können — am ehesten körperliche — Symptome erscheinen, bei denen man zweifelhaft wird, ob man sie in den Zusammenhang der Neurose aufnehmen oder auf eine davon unabhängige, als Störung auftretende organische Erkrankung beziehen soll. Diese Entscheidung muß wiederum dem Arzt überlassen werden.

„Also kann der Laienanalytiker auch während der Analyse den Arzt nicht entbehren. Ein neues Argument gegen seine Brauchbarkeit."

Nein, aus dieser Möglichkeit läßt sich kein Argument gegen

den Laienanalytiker schmieden, denn der ärztliche Analytiker würde im gleichen Falle nicht anders handeln.

„Das verstehe ich nicht."

Es besteht nämlich die technische Vorschrift, daß der Analytiker, wenn solch zweideutige Symptome während der Behandlung auftauchen, sie nicht seinem eigenen Urteil unterwirft, sondern von einem der Analyse fernstehenden Arzt, etwa einem Internisten, begutachten läßt, auch wenn er selbst Arzt ist und seinen medizinischen Kenntnissen noch vertraut.

„Und warum ist etwas, was mir so überflüssig erscheint, vorgeschrieben?"

Es ist nicht überflüssig, hat sogar mehrere Begründungen. Erstens läßt sich die Vereinigung organischer und psychischer Behandlung in einer Hand nicht gut durchführen, zweitens kann das Verhältnis der Übertragung es dem Analytiker unratsam machen, den Kranken körperlich zu untersuchen, und drittens hat der Analytiker allen Grund, an seiner Unbefangenheit zu zweifeln, da sein Interesse so intensiv auf die psychischen Momente eingestellt ist.

„Ihre Stellung zur Laienanalyse wird mir jetzt klar. Sie beharren dabei, daß es Laienanalytiker geben muß. Da Sie deren Unzulänglichkeit für ihre Aufgabe aber nicht bestreiten können, tragen Sie alles zusammen, was zur Entschuldigung und Erleichterung ihrer Existenz dienen kann. Ich sehe aber überhaupt nicht ein, wozu es Laienanalytiker geben soll, die doch nur Therapeuten zweiter Klasse sein können. Ich will meinetwegen von den paar Laien absehen, die bereits zu Analytikern ausgebildet sind, aber neue sollten nicht geschaffen werden und die Lehrinstitute müßten sich verpflichten, Laien nicht mehr zur Ausbildung anzunehmen."

Ich bin mit Ihnen einverstanden, wenn sich zeigen läßt, daß durch diese Einschränkung allen in Betracht kommenden Interessen gedient ist. Gestehen Sie mir zu, daß diese Interessen von dreierlei Art sind, das der Kranken, das der Ärzte und — *last not least* — das der Wissenschaft, das ja die Interessen aller zukünftigen Kranken miteinschließt. Wollen wir diese drei Punkte mit einander untersuchen?

Nun, für den Kranken ist es gleichgiltig, ob der Analytiker Arzt ist oder nicht, wenn nur die Gefahr einer Verkennung seines Zustandes durch die angeforderte ärztliche Begutachtung vor Beginn der Behandlung und bei gewissen Zwischenfällen während derselben ausgeschaltet wird. Für ihn ist es ungleich wichtiger, daß der Analytiker über die persönlichen Eigenschaften verfügt, die ihn vertrauenswürdig machen, und daß er jene Kenntnisse und Einsichten sowie jene Erfahrungen erworben hat, die ihn allein zur Erfüllung seiner Aufgabe befähigen. Man könnte meinen, daß es der Autorität des Analytikers schaden muß, wenn der Patient weiß, daß er kein Arzt ist und in manchen Situationen der Anlehnung an den Arzt nicht entbehren kann. Wir haben es selbstverständlich niemals unterlassen, die Patienten über die Qualifikation des Analytikers zu unterrichten, und konnten uns überzeugen, daß die Standesvorurteile bei ihnen keinen Anklang finden, daß sie bereit sind, die Heilung anzunehmen, von welcher Seite immer sie ihnen geboten wird, was übrigens der Ärztestand zu seiner lebhaften Kränkung längst erfahren hat. Auch sind ja die Laienanalytiker, die heute Analyse ausüben, keine beliebigen, hergelaufenen Individuen, sondern Personen von akademischer Bildung, Doktoren der Philosophie, Pädagogen und einzelne Frauen von großer Lebenserfahrung und überragender Persönlichkeit. Die Analyse, der sich alle Kandidaten eines analytischen Lehrinstituts unterziehen müssen, ist gleichzeitig der beste Weg, um über ihre persönliche Eignung zur Ausübung der anspruchsvollen Tätigkeit Aufschluß zu gewinnen.

Nun zum Interesse der Ärzte. Ich kann nicht glauben, daß es durch die Einverleibung der Psychoanalyse in die Medizin zu gewinnen hat. Das medizinische Studium dauert jetzt schon fünf Jahre, die Ablegung der letzten Prüfungen reicht weit in ein sechstes Jahr. Alle paar Jahre tauchen neue Ansprüche an den

Studenten auf, ohne deren Erfüllung seine Ausrüstung für seine Zukunft als unzureichend erklärt werden müßte. Der Zugang zum ärztlichen Beruf ist ein sehr schwerer, seine Ausübung weder sehr befriedigend noch sehr vorteilhaft. Macht man sich die gewiß vollberechtigte Forderung zu eigen, daß der Arzt auch mit der seelischen Seite des Krankseins vertraut sein müsse, und dehnt darum die ärztliche Erziehung auf ein Stück Vorbereitung für die Analyse aus, so bedeutet das eine weitere Vergrößerung des Lehrstoffes und die entsprechende Verlängerung der Studentenjahre. Ich weiß nicht, ob die Ärzte von einer solchen Folgerung aus ihrem Anspruch auf die Psychoanalyse befriedigt sein werden. Sie läßt sich aber kaum abweisen. Und dies in einer Zeitperiode, da die Bedingungen der materiellen Existenz sich für die Stände, aus denen sich die Ärzte rekrutieren, so sehr verschlechtert haben, daß die junge Generation sich dazu gedrängt sieht, sich möglichst bald selbst zu erhalten.

Sie wollen aber vielleicht das ärztliche Studium nicht mit der Vorbereitung für die analytische Praxis belasten und halten es für zweckmäßiger, daß die zukünftigen Analytiker sich erst nach Vollendung ihrer medizinischen Studien um die erforderliche Ausbildung bekümmern. Sie können sagen, daß der dadurch verursachte Zeitverlust praktisch nicht in Betracht kommt, weil ein junger Mann vor dreißig Jahren doch niemals das Zutrauen beim Patienten genießen wird, welches die Bedingung einer seelischen Hilfeleistung ist. Darauf wäre zwar zu antworten, daß auch der neugebackene Arzt für körperliche Leiden nicht auf allzu großen Respekt bei den Kranken zu rechnen hat, und daß der junge Analytiker seine Zeit sehr wohl damit ausfüllen könnte, an einer psychoanalytischen Poliklinik unter der Kontrolle erfahrener Praktiker zu arbeiten.

Wichtiger erscheint mir aber, daß Sie mit diesem Vorschlag eine Kraftvergeudung befürworten, die in diesen schweren Zeiten wirklich keine ökonomische Rechtfertigung finden kann. Die analytische Ausbildung überschneidet zwar den Kreis der ärztlichen Vorbereitung, schließt diesen aber nicht ein und wird nicht von ihm eingeschlossen. Wenn man, was heute noch phantastisch klingen mag, eine psychoanalytische Hochschule zu gründen hätte, so müßte an dieser vieles gelehrt werden, was auch die medizinische Fakultät lehrt: neben der Tiefenpsychologie, die immer das Hauptstück bleiben würde, eine Einführung in die Biologie, in möglichst großem Umfang die Kunde vom Sexualleben, eine Bekanntheit mit den Krankheitsbildern der Psychiatrie. Anderseits würde der analytische Unterricht auch Fächer umfassen, die dem Arzt ferne liegen und mit denen er in seiner Tätigkeit nicht zusammenkommt: Kulturgeschichte, Mythologie, Religionspsychologie und Literaturwissenschaft. Ohne eine gute Orientierung auf diesen Gebieten steht der Analytiker einem großen Teil seines Materials verständnislos gegenüber. Dafür kann er die Hauptmasse dessen, was die medizinische Schule lehrt, für seine Zwecke nicht gebrauchen. Sowohl die Kenntnis der Fußwurzelknochen, als auch die der Konstitution der Kohlenwasserstoffe, des Verlaufs der Hirnnervenfasern, alles, was die Medizin über bazilläre Krankheitserreger und deren Bekämpfung, über Serumreaktionen und Gewebsneubildungen an den Tag gebracht hat: alles gewiß an sich höchst schätzenswert, ist für ihn doch völlig belanglos, geht ihn nichts an, hilft ihm weder direkt dazu, eine Neurose zu verstehen und zu heilen, noch trägt dieses Wissen zur Schärfung jener intellektuellen Fähigkeiten bei, an welche seine Tätigkeit die größten Anforderungen stellt. Man wende nicht ein, der Fall liege so ähnlich, wenn sich der Arzt einer anderen medizinischen Spezialität, z. B. der Zahnheilkunde, zuwendet. Auch dann kann er manches nicht brauchen, worüber er Prüfung ablegen mußte, und muß vieles dazulernen, worauf ihn die Schule nicht vorbereitet hatte. Die beiden Fälle sind doch nicht gleichzusetzen. Auch für die Zahnheilkunde behalten die großen Gesichtspunkte der Pathologie, die Lehren von der Entzündung, Eiterung, Nekrose, von der

Wechselwirkung der Körperorgane ihre Bedeutung; den Analytiker führt seine Erfahrung aber in eine andere Welt mit anderen Phänomenen und anderen Gesetzen. Wie immer sich die Philosophie über die Kluft zwischen Leiblichem und Seelischem hinwegsetzen mag, für unsere Erfahrung besteht sie zunächst und gar für unsere praktischen Bemühungen.

Es ist ungerecht und unzweckmäßig, einen Menschen, der den andern von der Pein einer Phobie oder einer Zwangsvorstellung befreien will, zum Umweg über das medizinische Studium zu zwingen. Es wird auch keinen Erfolg haben, wenn es nicht gelingt, die Analyse überhaupt zu unterdrücken. Stellen Sie sich eine Landschaft vor, in der zu einem gewissen Aussichtspunkt zwei Wege führen, der eine kurz und geradlinig, der andere lang, gewunden und umwegig. Den kurzen Weg versuchen Sie durch eine Verbottafel zu sperren, vielleicht, weil er an einigen Blumenbeeten vorbeiführt, die Sie geschont wissen wollen. Sie haben nur dann Aussicht, daß Ihr Verbot respektiert wird, wenn der kurze Weg steil und mühselig ist, während der längere sanft aufwärts führt. Verhält es sich aber anders und ist im Gegenteil der Umweg der beschwerlichere, so können Sie leicht den Nutzen Ihres Verbots und das Schicksal Ihrer Blumenbeete erraten. Ich besorge, Sie werden die Laien ebensowenig zwingen können, Medizin zu studieren, wie es mir gelingen wird, die Ärzte zu bewegen, daß sie Analyse lernen. Sie kennen ja auch die menschliche Natur.

„Wenn Sie recht haben, daß die analytische Behandlung nicht ohne besondere Ausbildung auszuüben ist, daß aber das medizinische Studium die Mehrbelastung durch eine Vorbereitung dafür nicht verträgt, und daß die medizinischen Kenntnisse für den Analytiker großenteils überflüssig sind, wohin kommen wir dann mit der Erzielung der idealen ärztlichen Persönlichkeit, die allen Aufgaben ihres Berufes gewachsen sein soll?"

Ich kann nicht vorhersehen, welcher der Ausweg aus diesen Schwierigkeiten sein wird, bin auch nicht dazu berufen, ihn anzugeben. Ich sehe nur zweierlei, erstens, daß die Analyse für Sie eine Verlegenheit ist, sie sollte am besten nicht existieren, — gewiß, auch der Neurotiker ist eine Verlegenheit, — und zweitens, daß vorläufig allen Interessen Rechnung getragen wird, wenn sich die Ärzte entschließen, eine Klasse von Therapeuten zu tolerieren, die ihnen die mühselige Behandlung der so enorm häufigen psychogenen Neurosen abnimmt und zum Vorteil dieser Kranken in steter Fühlung mit ihnen bleibt.

„Ist das Ihr letztes Wort in dieser Angelegenheit, oder haben Sie noch etwas zu sagen?"

Gewiß, ich wollte ja noch ein drittes Interesse in Betracht ziehen, das der Wissenschaft. Was ich da zu sagen habe, wird Ihnen wenig nahe gehen, desto mehr bedeutet es mir.

Wir halten es nämlich gar nicht für wünschenswert, daß die Psychoanalyse von der Medizin verschluckt werde und dann ihre endgiltige Ablagerung im Lehrbuch der Psychiatrie finde, im Kapitel Therapie, neben Verfahren wie hypnotische Suggestion, Autosuggestion, Persuasion, die, aus unserer Unwissenheit geschöpft, ihre kurzlebigen Wirkungen der Trägheit und Feigheit der Menschenmassen danken. Sie verdient ein besseres Schicksal und wird es hoffentlich haben. Als „Tiefenpsychologie", Lehre vom seelisch Unbewußten, kann sie all den Wissenschaften unentbehrlich werden, die sich mit der Entstehungsgeschichte der menschlichen Kultur und ihrer großen Institutionen wie Kunst, Religion und Gesellschaftsordnung beschäftigen. Ich meine, sie hat diesen Wissenschaften schon bis jetzt ansehnliche Hilfe zur Lösung ihrer Probleme geleistet, aber dies sind nur kleine Beiträge im Vergleich zu dem, was sich erreichen ließe, wenn Kulturhistoriker, Religionspsychologen, Sprachforscher usw. sich dazu verstehen werden, das ihnen zur Verfügung gestellte neue Forschungsmittel selbst zu handhaben. Der Gebrauch der Analyse zur Therapie der Neurosen ist nur eine ihrer Anwendungen; vielleicht wird die Zukunft zeigen, daß sie nicht die wichtigste ist. Jedenfalls wäre es unbillig, der einen Anwendung alle anderen zu opfern, bloß weil dies Anwendungsgebiet sich mit dem Kreis ärztlicher Interessen berührt.

Denn hier entrollt sich ein weiter Zusammenhang, in den man nicht ohne Schaden eingreifen kann. Wenn die Vertreter der verschiedenen Geisteswissenschaften die Psychoanalyse erlernen sollen, um deren Methoden und Gesichtspunkte auf ihr Material anzuwenden, so reicht es nicht aus, daß sie sich an die Ergebnisse halten, die in der analytischen Literatur niedergelegt sind. Sie werden die Analyse verstehen lernen müssen auf dem einzigen Weg, der dazu offen steht, indem sie sich selbst einer Analyse unterziehen. Zu den Neurotikern, die der Analyse bedürfen, käme so eine zweite Klasse von Personen hinzu, die die Analyse aus intellektuellen Motiven annehmen, die nebenbei erzielte Erhöhung ihrer Leistungsfähigkeit aber gewiß gerne begrüßen werden. Zur Durchführung dieser Analysen bedarf es einer Anzahl von Analytikern, für die etwaige Kenntnisse in der Medizin besonders geringe Bedeutung haben werden. Aber diese — Lehranalytiker wollen wir sie heißen — müssen eine besonders sorgfältige Ausbildung erfahren haben. Will man ihnen diese nicht verkümmern, so muß man ihnen Gelegenheit geben, Erfahrungen an lehrreichen und beweisenden Fällen zu sammeln, und da gesunde Menschen, denen auch das Motiv der Wißbegierde abgeht, sich nicht einer Analyse unterziehen, können es wiederum nur Neurotiker sein, an denen — unter sorgsamer Kontrolle — die Lehranalytiker für ihre spätere, nichtärztliche Tätigkeit erzogen werden. Das Ganze erfordert aber ein gewisses Maß von Bewegungsfreiheit und verträgt keine kleinlichen Beschränkungen.

Vielleicht glauben Sie nicht an diese rein theoretischen Interessen der Psychoanalyse oder wollen ihnen keinen Einfluß auf die praktische Frage der Laienanalyse einräumen. Dann lassen Sie sich mahnen, daß es noch ein anderes Anwendungsgebiet der Psychoanalyse gibt, das dem Bereich des Kurpfuschergesetzes entzogen ist und auf das die Ärzte kaum Anspruch erheben werden. Ich meine ihre Verwendung in der Pädagogik. Wenn ein Kind anfängt, die Zeichen einer unerwünschten Entwicklung zu äußern, verstimmt, störrisch und unaufmerksam wird, so wird der Kinderarzt und selbst der Schularzt nichts für dasselbe tun können, selbst dann nicht, wenn das Kind deutliche nervöse Erscheinungen wie Ängstlichkeiten, Eßunlust, Erbrechen, Schlafstörung produziert. Eine Behandlung, die analytische Beeinflussung mit erzieherischen Maßnahmen vereinigt, von Personen ausgeführt, die es nicht verschmähen, sich um die Verhältnisse des kindlichen Milieus zu bekümmern, und die es verstehen, sich den Zugang zum Seelenleben des Kindes zu bahnen, bringt in einem beides zustande, die nervösen Symptome aufzuheben und die beginnende Charakterveränderung rückgängig zu machen. Unsere Einsicht in die Bedeutung der oft unscheinbaren Kinderneurosen als Disposition für schwere Erkrankungen des späteren Lebens weist uns auf diese Kinderanalysen als einen ausgezeichneten Weg der Prophylaxis hin. Es gibt unleugbar noch Feinde der Analyse; ich weiß nicht, welche Mittel ihnen zu Gebote stehen, um auch der Tätigkeit dieser pädagogischen Analytiker oder analytischen Pädagogen in den Arm zu fallen, halte es auch für nicht leicht möglich. Aber freilich, man soll sich nie zu sicher fühlen.

Übrigens, um zu unserer Frage der analytischen Behandlung erwachsener Nervöser zurückzukehren, auch hier haben wir noch nicht alle Gesichtspunkte erschöpft. Unsere Kultur übt einen fast unerträglichen Druck auf uns aus, sie verlangt nach einem Korrektiv. Ist es zu phantastisch zu erwarten, daß die Psychoanalyse trotz ihrer Schwierigkeiten zur Leistung berufen sein könnte, die Menschen für ein solches Korrektiv vorzubereiten? Vielleicht kommt noch einmal ein Amerikaner auf den Einfall, es sich ein Stück Geld kosten zu lassen, um die *social workers* seines Landes analytisch zu schulen und eine Hilfstruppe zur Bekämpfung der kulturellen Neurosen aus ihnen zu machen.

„Aha, eine neue Art von Heilsarmee."

Warum nicht, unsere Phantasie arbeitet ja immer nach Mustern. Der Strom von Lernbegierigen, der dann nach Europa fluten wird, wird an Wien vorbeigehen müssen, denn hier mag die analytische Entwicklung einem frühzeitigen Verbottrauma erlegen sein. Sie lächeln? Ich sage das nicht, um Ihr Urteil zu bestechen, gewiß nicht. Ich weiß ja, Sie schenken mir keinen Glauben, kann Ihnen auch nicht dafür einstehen, daß es so kommen wird. Aber eines weiß ich. Es ist nicht gar so wichtig, welche Entscheidung Sie in der Frage der Laienanalyse fällen. Es kann eine lokale Wirkung haben. Aber das, worauf es ankommt, die inneren Entwicklungsmöglichkeiten der Psychoanalyse, sind doch durch Verordnungen und Verbote nicht zu treffen.

# NACHWORT
## ZUR „FRAGE DER LAIENANALYSE"

Der unmittelbare Anlaß zur Abfassung meiner kleinen Schrift, an welche die hier vorstehenden Diskussionen¹ anknüpfen, war die Anklage unseres nichtärztlichen Kollegen Dr. Th. Reik wegen Kurpfuscherei bei der Wiener Behörde. Es dürfte allgemein bekannt geworden sein, daß diese Klage fallen gelassen wurde, nachdem alle Vorerhebungen durchgeführt und verschiedene Gutachten eingeholt worden waren. Ich glaube nicht, daß dies ein Erfolg meines Buches war; der Fall lag wohl zu ungünstig für die Klageführung und die Person, die sich als geschädigt beschwert hatte, erwies sich als wenig vertrauenswürdig. Die Einstellung des Verfahrens gegen Dr. Reik hat wahrscheinlich nicht die Bedeutung einer prinzipiellen Entscheidung des Wiener Gerichts in der Frage der Laienanalyse. Als ich die Figur des „unparteiischen" Partners in meiner Tendenzschrift schuf, schwebte mir die Person eines unserer hohen Funktionäre vor, eines Mannes von wohlwollender Gesinnung und nicht gewöhnlicher Integrität, mit dem ich selbst ein Gespräch über die Causa Reik geführt und dem ich dann, wie er gewünscht, ein privates Gutachten darüber überreicht hatte. Ich wußte, daß

---

1) *[Dieses Nachwort ist am Schluß einer Diskussion veröffentlicht worden, die von der „Internationalen Zeitschrift für Psychoanalyse" im Sommer 1927 (in Heft 2 und 3 des XIII. Jahrganges) über die Frage der Laienanalyse veranstaltet wurde.]*

es mir nicht gelungen war, ihn zu meiner Ansicht zu bekehren, und darum ließ ich auch meinen Dialog mit dem Unparteiischen nicht in eine Einigung ausgehen.

Ich habe auch nicht erwartet, daß es mir gelingen werde, eine einheitliche Stellungnahme zum Problem der Laienanalyse bei den Analytikern selbst herbeizuführen. Wer in dieser Sammlung die Äußerung der Ungarischen Gesellschaft mit der der New Yorker Gruppe zusammenhält, wird vielleicht annehmen, meine Schrift habe gar nichts ausgerichtet, jedermann halte den Standpunkt fest, den er auch vorher vertreten. Allein auch dies glaube ich nicht. Ich meine, viele Kollegen werden ihre extreme Parteinahme ermäßigt haben, die meisten haben meine Auffassung angenommen, daß das Problem der Laienanalyse nicht nach hergebrachten Gepflogenheiten entschieden werden darf, sondern einer neuartigen Situation entspringt und darum eine neue Urteilsfällung fordert.

Auch die Wendung, die ich der ganzen Frage gegeben, scheint Beifall gefunden zu haben. Ich hatte ja den Satz in den Vordergrund gerückt, es käme nicht darauf an, ob der Analytiker ein ärztliches Diplom besitzt, sondern ob er die besondere Ausbildung erworben hat, deren es zur Ausübung der Analyse bedarf. Daran konnte die Frage anknüpfen, über die die Kollegen so eifrig diskutiert haben, welche die für den Analytiker geeignetste Ausbildung sei. Ich meinte und vertrete es auch jetzt, es sei nicht die, welche die Universität dem künftigen Arzt vorschreibt. Die sogenannte ärztliche Ausbildung erscheint mir als ein beschwerlicher Umweg zum analytischen Beruf, sie gibt dem Analytiker zwar vieles, was ihm unentbehrlich ist, lädt ihm aber außerdem zuviel auf, was er nie verwerten kann, und bringt die Gefahr mit sich, daß sein Interesse wie seine Denkweise von der Erfassung der psychischen Phänomene abgelenkt wird. Der Unterrichtsplan für den Analytiker ist erst zu schaffen, er muß geisteswissenschaftlichen Stoff, psychologischen, kulturhistorischen, soziologischen ebenso umfassen wie anatomischen, biologischen und entwicklungsgeschichtlichen. Es gibt dabei soviel zu lehren, daß man gerechtfertigt ist, aus dem Unterricht wegzulassen, was keine direkte Beziehung zur analytischen Tätigkeit hat und nur indirekt wie jedes andere Studium zur Schulung des Intellekts und der sinnlichen Beobachtung beitragen kann. Es ist bequem, gegen diesen Vorschlag einzuwenden, solche analytische Hochschulen gebe es nicht, das sei eine Idealforderung. Jawohl, ein Ideal, aber eines, das realisiert werden kann und realisiert werden muß. Unsere Lehrinstitute sind bei all ihrer jugendlichen Unzulänglichkeit doch bereits der Beginn einer solchen Realisierung.

Es wird meinen Lesern nicht entgangen sein, daß ich im vorstehenden etwas wie selbstverständlich vorausgesetzt habe, was in den Diskussionen noch heftig umstritten wird. Nämlich, daß die Psychoanalyse kein Spezialfach der Medizin ist. Ich sehe nicht, wie man sich sträuben kann, das zu erkennen. Die Psychoanalyse ist ein Stück Psychologie, auch nicht medizinische Psychologie im alten Sinne oder Psychologie der krankhaften Vorgänge, sondern Psychologie schlechtweg, gewiß nicht das Ganze der Psychologie, sondern ihr Unterbau, vielleicht überhaupt ihr Fundament. Man lasse sich durch die Möglichkeit ihrer Anwendung zu medizinischen Zwecken nicht irreführen, auch die Elektrizität und die Röntgenstrahlen haben Verwendung in der Medizin gefunden, aber die Wissenschaft von beiden ist doch die Physik. Auch historische Argumente können an dieser Zugehörigkeit nichts ändern. Die ganze Lehre von der Elektrizität hat ihren Ausgang von einer Beobachtung am Nervmuskelpräparat genommen, darum fällt es heute doch niemand ein zu behaupten, sie sei ein Stück der Physiologie. Für die Psychoanalyse bringt man vor, sie sei doch von einem Arzt erfunden worden bei seinen Bemühungen Kranken zu helfen. Aber das ist für ihre Beurteilung offenbar gleichgiltig. Auch ist dies historische Argument recht gefährlich. In seiner Fortsetzung könnte man daran erinnern, wie unfreundlich, ja, wie gehässig abweisend sich die Ärzteschaft von Anfang an gegen die

Analyse benommen hat; daraus würde folgern, daß sie auch heute kein Anrecht auf die Analyse hat. Und wirklich — obwohl ich eine solche Folgerung zurückweise — ich bin noch heute mißtrauisch, ob die Werbung der Ärzte um die Psychoanalyse vom Standpunkt der Libidotheorie auf die erste oder die zweite der Abrahamschen Unterstufen zurückzuführen ist, ob es sich dabei um eine Besitzergreifung mit der Absicht der Zerstörung oder der Erhaltung des Objekts handelt.

Um beim historischen Argument noch einen Augenblick zu verweilen: da es sich um meine Person handelt, kann ich dem, der sich dafür interessiert, einigen Einblick in meine eigenen Motive geben. Nach 41 jähriger ärztlicher Tätigkeit sagt mir meine Selbsterkenntnis, ich sei eigentlich kein richtiger Arzt gewesen. Ich bin Arzt geworden durch eine mir aufgedrängte Ablenkung meiner ursprünglichen Absicht und mein Lebenstriumph liegt darin, daß ich nach großem Umweg die anfängliche Richtung wieder gefunden habe. Aus frühen Jahren ist mir nichts von einem Bedürfnis, leidenden Menschen zu helfen, bekannt, meine sadistische Veranlagung war nicht sehr groß, so brauchte sich dieser ihrer Abkömmlinge nicht zu entwickeln. Ich habe auch niemals „Doktor" gespielt, meine infantile Neugierde ging offenbar andere Wege. In den Jugendjahren wurde das Bedürfnis, etwas von den Rätseln dieser Welt zu verstehen und vielleicht selbst etwas zu ihrer Lösung beizutragen, übermächtig. Die Inskription an der medizinischen Fakultät schien der beste Weg dazu, aber dann versuchte ich's — erfolglos — mit der Zoologie und der Chemie, bis ich unter dem Einfluß v. Brückes, der größten Autorität, die je auf mich gewirkt hat, an der Physiologie haften blieb, die sich damals freilich zu sehr auf Histologie einschränkte. Ich hatte dann bereits alle medizinischen Prüfungen abgelegt, ohne mich für etwas Ärztliches zu interessieren, bis ein Mahnwort des verehrten Lehrers mir sagte, daß ich in meiner armseligen materiellen Situation eine theoretische Laufbahn vermeiden müßte. So kam ich von der Histologie des Nervensystems zur Neuropathologie und auf Grund neuer Anregungen zur Bemühung um die Neurosen. Ich meine aber, mein Mangel an der richtigen ärztlichen Disposition hat meinen Patienten nicht sehr geschadet. Denn der Kranke hat nicht viel davon, wenn das therapeutische Interesse beim Arzt affektiv überbetont ist. Für ihn ist es am besten, wenn der Arzt kühl und möglichst korrekt arbeitet.

Der vorstehende Bericht hat gewiß wenig zur Klärung des Problems der Laienanalyse beigetragen. Er sollte bloß meine persönliche Legitimation bekräftigen, wenn gerade ich für den Eigenwert der Psychoanalyse und ihre Unabhängigkeit von ihrer medizinischen Anwendung eintrete. Man wird mir aber hier entgegenhalten, ob die Psychoanalyse als Wissenschaft ein Teilgebiet der Medizin oder der Psychologie ist, sei eine Doktorfrage, praktisch ganz uninteressant. Was in Rede stehe, sei etwas anderes, eben die Verwendung der Analyse zur Behandlung von Kranken, und insofern sie dies beanspruche, müsse sie sich's gefallen lassen, als Spezialfach in die Medizin aufgenommen zu werden, wie z. B. die Röntgenologie, und sich den für alle therapeutischen Methoden geltenden Vorschriften unterwerfen. Ich anerkenne das, gestehe es zu, ich will nur verhütet wissen, daß die Therapie die Wissenschaft erschlägt. Leider reichen alle Vergleiche nur ein Stück weit, es kommt dann ein Punkt, von dem an die beiden Verglichenen auseinandergehen. Der Fall der Analyse liegt anders als der der Röntgenologie; die Physiker brauchen den kranken Menschen nicht, um die Gesetze der Röntgenstrahlen zu studieren. Die Analyse aber hat kein anderes Material als die seelischen Vorgänge des Menschen, kann nur am Menschen studiert werden; infolge besonderer leicht begreiflicher Verhältnisse ist der neurotische Mensch weit lehrreicheres und zugänglicheres Material als der Normale, und wenn man einem, der die Analyse erlernen und anwenden will, dies Material entzieht, hat man ihn um die gute Hälfte seiner Bildungsmöglichkeiten verkürzt. Es liegt mir natürlich ferne zu fordern, daß das Interesse des neurotisch Kranken dem des Unterrichts und der wissenschaftlichen Forschung zum Opfer gebracht werde. Meine kleine Schrift zur Frage der Laienanalyse bemüht sich eben zu zeigen, daß unter Beobachtung gewisser Kautelen beiderlei Interessen sehr wohl in Einklang gebracht werden können, und daß eine solche Lösung nicht zuletzt auch dem richtig verstandenen ärztlichen Interesse dient.

Diese Kautelen habe ich alle selbst angeführt; ich darf sagen, die Diskussion hat hier nichts Neues hinzugefügt; ich möchte noch aufmerksam machen, sie hat oft die Akzente in einer Weise verteilt, die der Wirklichkeit nicht gerecht wird. Es ist alles richtig, was über die Schwierigkeit der Differentialdiagnose, die Unsicherheit in der Beurteilung körperlicher Symptome in vielen Fällen gesagt wurde, was also ärztliches Wissen oder ärztliche Einmengung notwendig macht, aber die Anzahl der Fälle, in denen solche Zweifel überhaupt nicht auftauchen, der Arzt nicht gebraucht wird, ist doch noch ungleich größer. Diese Fälle mögen wissenschaftlich recht uninteressant sein, im Leben spielen sie eine genug wichtige Rolle, um die Tätigkeit des Laienanalytikers, der ihnen vollauf gewachsen ist, zu rechtfertigen. Ich habe vor einiger Zeit einen Kollegen analysiert, der eine besonders scharfe Ablehnung dagegen entwickelte, daß jemand sich eine ärztliche Tätigkeit gestatte, der nicht selbst Arzt ist. Ich konnte ihm sagen: Wir arbeiten jetzt länger als drei Monate. An welcher Stelle unserer Analyse war ich veranlaßt, mein ärztliches Wissen in Anspruch zu nehmen? Er gestand zu, daß sich kein Anlaß dafür gefunden hatte.

Auch das Argument, daß der Laienanalytiker, weil er bereit sein muß, den Arzt zu konsultieren, beim Kranken keine Autorität erwerben und kein höheres Ansehen als das eines Heilgehilfen, Masseurs u. dgl. erreichen kann, schätze ich nicht hoch ein. Die Analogie dürfte wiederum nicht zutreffen, abgesehen davon, daß der Kranke die Autorität nach seiner Gefühlsübertragung zu verleihen pflegt, und daß der Besitz eines ärztlichen Diploms ihm lange nicht so imponiert, wie der Arzt glaubt. Der berufsmäßige

Laienanalytiker wird es nicht schwer haben, sich das Ansehen zu verschaffen, das ihm als einem weltlichen Seelsorger gebührt. Mit der Formel „Weltliche Seelsorge" könnte man überhaupt die Funktion beschreiben, die der Analytiker, sei er nun Arzt oder Laie, dem Publikum gegenüber zu erfüllen hat. Unsere Freunde unter den protestantischen und neuerlich auch katholischen Geistlichen befreien oft ihre Pfarrkinder von ihren Lebenshemmungen, indem sie ihre Gläubigkeit herstellen, nachdem sie ihnen ein Stück analytischer Aufklärung über ihre Konflikte geboten haben. Unsere Gegner, die Adlerschen Individualpsychologen, erstreben dieselbe Änderung bei den haltlos und untüchtig Gewordenen, indem sie ihr Interesse für soziale Gemeinschaft wecken, nachdem sie ihnen einen einzigen Winkel ihres Seelenlebens beleuchtet und ihnen gezeigt haben, welchen Anteil ihre egoistischen und mißtrauischen Regungen an ihrem Kranksein haben. Beide Verfahren, die ihre Kraft der Anlehnung an die Analyse verdanken, haben ihren Platz in der Psychotherapie. Wir Analytiker setzen uns eine möglichst vollständige und tiefreichende Analyse des Patienten zum Ziel, wir wollen ihn nicht durch die Aufnahme in die katholische, protestantische oder sozialistische Gemeinschaft entlasten, sondern ihn aus seinem eigenen Inneren bereichern, indem wir seinem Ich die Energien zuführen, die durch Verdrängung unzugänglich in seinem Unbewußten gebunden sind, und jene anderen, die das Ich in unfruchtbarer Weise zur Aufrechterhaltung der Verdrängungen verschwenden muß. Was wir so treiben, ist Seelsorge im besten Sinne. Ob wir uns damit ein zu hohes Ziel gesteckt haben? Ob auch nur die Mehrzahl unserer Patienten der Mühe wert ist, die wir für diese Arbeit verbrauchen? Ob es nicht ökonomischer ist, das Defekte von außen zu stützen, als von innen zu reformieren? Ich kann es nicht sagen, aber etwas anderes weiß ich. In der Psychoanalyse bestand von Anfang ein Junktim zwischen Heilen und Forschen, die Erkenntnis brachte den Erfolg, man konnte nicht behandeln, ohne etwas Neues zu erfahren, man gewann keine

Aufklärung, ohne ihre wohltätige Wirkung zu erleben. Unser analytisches Verfahren ist das einzige, bei dem dies kostbare Zusammentreffen gewahrt bleibt. Nur wenn wir analytische Seelsorge treiben, vertiefen wir unsere eben aufdämmernde Einsicht in das menschliche Seelenleben. Diese Aussicht auf wissenschaftlichen Gewinn war der vornehmste, erfreulichste Zug der analytischen Arbeit; dürfen wir sie irgendwelchen praktischen Erwägungen zum Opfer bringen?

Einige Äußerungen in dieser Diskussion erwecken in mir den Verdacht, als wäre meine Schrift zur Laienfrage doch in einem Punkte mißverstanden worden. Die Ärzte werden gegen mich in Schutz genommen, wie wenn ich sie allgemein als untauglich für die Ausübung der Analyse erklärt und die Parole ausgegeben hätte, ärztlicher Zuzug sei fernzuhalten. Nun, das liegt nicht in meiner Absicht. Der Anschein entstand wahrscheinlich daraus, daß ich in meiner polemisch angelegten Darstellung die unausgebildeten ärztlichen Analytiker für noch gefährlicher erklären mußte als die Laien. Meine wirkliche Meinung in dieser Frage könnte ich klar machen, indem ich einen Zynismus kopiere, der einst im Simplicissimus über die Frauen vorgebracht wurde. Dort beklagte sich einer der Partner über die Schwächen und Schwierigkeiten des schöneren Geschlechts, worauf der andere bemerkte: Die Frau ist aber doch das Beste, was wir in der Art haben. Ich gestehe es zu, solange die Schulen nicht bestehen, die wir uns für die Heranbildung von Analytikern wünschen, sind die ärztlich vorgebildeten Personen das beste Material für den künftigen Analytiker. Nur darf man fordern, daß sie ihre Vorbildung nicht an Stelle der Ausbildung setzen, daß sie die Einseitigkeit überwinden, die durch den Unterricht an der medizinischen Schule begünstigt wird, und daß sie der Versuchung widerstehen, mit der Endokrinologie und dem autonomen Nervensystem zu liebäugeln, wo es darauf ankommt, psychologische Tatsachen durch psychologische Hilfsvorstellungen zu erfassen. Ebenso teile ich die Erwartung, daß alle die Probleme, die sich auf die Zusammenhänge zwischen psychischen Phänomenen und ihren organischen, anatomischen und chemischen Grundlagen beziehen, nur von Personen, die beides studiert haben, also von ärztlichen Analytikern, in Angriff genommen werden können. Doch sollte man nicht vergessen, daß dies nicht alles an der Psychoanalyse ist, und daß wir für deren andere Seite die Mitarbeit von Personen, die in den Geisteswissenschaften vorgebildet sind, nie entbehren können. Aus praktischen Gründen haben wir, auch für unsere Publikationen, die Gewohnheit angenommen, eine ärztliche Analyse von den Anwendungen der Analyse zu scheiden. Das ist nicht korrekt. In Wirklichkeit verläuft die Scheidungsgrenze zwischen der wissenschaftlichen Psychoanalyse und ihren Anwendungen auf medizinischem und nichtmedizinischem Gebiet.

Die schroffste Ablehnung der Laienanalyse wird in diesen Diskussionen von unseren amerikanischen Kollegen vertreten. Ich halte es nicht für überflüssig, ihnen durch einige Bemerkungen zu erwidern. Es ist kaum ein Mißbrauch der Analyse zu polemischen Zwecken, wenn ich die Meinung ausdrücke, daß ihr Widerstand sich ausschließlich auf praktische Momente zurückführt. Sie sehen in ihrem Lande, daß die Laienanalytiker viel Unfug und Mißbrauch mit der Analyse treiben und infolgedessen die Patienten, wie den Ruf der Analyse schädigen. Es ist dann begreiflich, daß sie in ihrer Empörung weit von diesen gewissenlosen Schädlingen abrücken und die Laien von jedem Anteil an der Analyse ausschließen wollen. Aber dieser Sachverhalt reicht bereits aus, um die Bedeutung ihrer Stellungnahme herabzudrücken. Denn die Frage der Laienanalyse darf nicht allein nach praktischen Erwägungen entschieden werden und die lokalen Verhältnisse Amerikas können für uns nicht allein maßgebend sein.

Die wesentlich von praktischen Motiven geleitete Resolution unserer amerikanischen Kollegen gegen die Laienanalytiker erscheint mir unpraktisch, denn sie kann nicht eines der Momente verändern, welche die Sachlage beherrschen. Sie hat etwa den Wert eines Versuches zur Verdrängung. Wenn man die Laienanalytiker in ihrer Tätigkeit nicht behindern kann, im Kampf gegen sie nicht vom Publikum unterstützt wird, wäre es dann nicht zweckmäßiger, der Tatsache ihrer Existenz Rechnung zu tragen, indem man ihnen Gelegenheiten zur Ausbildung bietet, Einfluß auf sie gewinnt und ihnen die Möglichkeit der Approbation durch den Ärztestand und der Heranziehung zur Mitarbeiterschaft als Ansporn vorhält, so daß sie ein Interesse daran finden, ihr sittliches und intellektuelles Niveau zu erhöhen?

---

# PSYCHO-ANALYSIS

# PSYCHO-ANALYSIS

Da die Psychoanalyse in der elften Auflage der Encyclopaedia Britannica keine Erwähnung gefunden hat, ist es unmöglich, sich hier auf die Darstellung ihrer Fortschritte seit 1910 zu beschränken. Der wichtigere und interessantere Abschnitt ihrer Geschichte fällt in die Zeit vorher.

### Vorgeschichte.

In den Jahren 1880 bis 1882 erfand der Wiener Arzt Dr. Josef Breuer (1842 bis 1925) ein neues Verfahren, um ein an schwerer Hysterie erkranktes Mädchen von ihren mannigfaltigen Symptomen zu befreien. Er folgte der Ahnung, daß diese Symptome mit den Eindrücken einer aufregenden Zeit von Krankenpflege bei ihrem Vater zusammenhängen könnten und veranlaßte sie, im Zustand des hypnotischen Somnambulismus diese Zusammenhänge in ihrer Erinnerung aufzufinden und die „pathogenen" Szenen unter ungehemmter Affektentwicklung nochmals durchzuleben. Wenn sie das getan hatte, war das Symptom dauernd geschwunden. Zu dieser Zeit waren die Arbeiten von Charcot und P. Janet über die Entstehung hysterischer Symptome noch nicht vorgefallen. Breuer war also völlig unabhängig von diesen Anregungen. Er verfolgte aber seine Entdeckung nicht weiter; erst ein Jahrzehnt später nahm er sie unter der Mitwirkung von Sigm. Freud wieder auf. Im Jahre 1895 veröffentlichten die beiden Autoren ein Buch „Studien über Hysterie", das die Funde von Breuer mitteilte und durch die Theorie der Katharsis zu erklären suchte. Es wurde angenommen, das hysterische Symptom entstehe dadurch, daß die Energie eines seelischen Vorgangs von der bewußten Verarbeitung abgehalten und in die Körperinnervation gelenkt werde (Konversion). Das hysterische Symptom sei also ein Ersatz für einen unterbliebenen seelischen Akt und eine Reminiszenz an dessen Anlaß. Die Heilung erfolge durch die Befreiung des irregeleiteten Affekts und die Abfuhr desselben auf normalem Wege (Abreagieren). Die karthartische Behandlung gab vortreffliche therapeutische Resultate, die aber nicht dauerhaft waren und nicht unabhängig von der persönlichen Beziehung des Kranken zum Arzt. Freud, der diese Untersuchungen später allein fortsetzte, veränderte deren Technik, indem er anstatt der Hypnose die Methode der freien Assoziation anwendete. Er schuf den Namen Psychoanalyse, der im Laufe der Zeit zwei Bedeutungen gewann. Er bezeichnet heute 1. eine besondere Behandlungsmethode neurotischer Leiden, 2. die Wissenschaft von den unbewußten seelischen Vorgängen, die auch treffend „Tiefenpsychologie" genannt wird.

### Inhalt der Psychoanalyse.

Als therapeutisches Verfahren gewinnt die Psychoanalyse immer mehr Anhänger, weil sie mehr für die Kranken leistet als jede andere Behandlungsmethode. Das Gebiet ihrer Anwendung sind die leichteren Neurosen, Hysterie, Phobien und Zwangszustände, ferner Charakterverbildungen, sexuelle Hemmungen und Abnormitäten, wo sie erhebliche Besserungen und selbst Heilungen erzielt. Ihr

Einfluß auf Dementia praecox und Paranoia ist zweifelhaft, unter günstigen Umständen kann sie auch schwere Depressionen bewältigen. In allen Fällen stellt sie große Ansprüche an den Arzt wie an den Kranken, erfordert vom ersteren eine besondere Ausbildung und lang dauernde Vertiefung in jeden Kranken, von dem letzteren ansehnliche materielle und psychische Opfer; sie lohnt aber meistens alle Bemühungen. Eine bequeme Panacee für psychische Leiden *(cito, tuto, jucunde)* ist auch die Psychoanalyse nicht; ihre Anwendung hat im Gegenteile erst Aufklärung über die Schwierigkeit und die Grenzen der Therapie bei solchen Affektionen gebracht. Vorläufig gibt es nur in Berlin und Wien private Institutionen, die psychoanalytische Behandlung auch der arbeitenden, unbemittelten Bevölkerung zugänglich machen. Der therapeutische Einfluß der Psychoanalyse ruht auf der Ersetzung unbewußter seelischer Akte durch bewußte und reicht so weit, als dieses Moment bedeutet. Diese Ersetzung wird durch die Überwindung innerer Widerstände im seelischen Leben des Kranken herbeigeführt. Die Zukunft wird wahrscheinlich urteilen, daß die Bedeutung der Psychoanalyse als Wissenschaft des Unbewußten ihre therapeutische Bedeutung weit übertrifft.

Die Psychoanalyse als Tiefenpsychologie betrachtet das Seelenleben von drei Gesichtspunkten, vom dynamischen, ökonomischen und topischen. In ersterer Hinsicht führt sie alle psychischen Vorgänge — von der Aufnahme äußerer Reize abgesehen — auf das Spiel von Kräften zurück, die einander fördern oder hemmen, sich miteinander verbinden, zu Kompromissen zusammentreten usw. Diese Kräfte sind ursprünglich alle von der Natur der Triebe, also organischer Herkunft, durch ein großartiges (somatisches) Vermögen (Wiederholungszwang) ausgezeichnet, finden in affektiv besetzten Vorstellungen ihre psychische Vertretung. Die Lehre von den Trieben ist auch für die Psychoanalyse ein dunkles Gebiet. Die Analyse der Beobachtung führt zur Aufstellung zweier Triebgruppen, der sogenannten Ichtriebe, deren Ziel die Selbstbehauptung ist, und der Objekttriebe, die die Beziehung zum Objekt zum Inhalt haben. Die sozialen Triebe werden nicht als elementar und unableitbar anerkannt. Theoretische Spekulation läßt die Existenz von zwei Grundtrieben vermuten, die sich hinter den manifesten Ich- und Objekttrieben verbergen, dem Trieb zur immer weiter strebenden Vereinigung, dem Eros, und dem zur Auflösung des Lebenden führenden Destruktionstrieb. Die Kraftäußerung des Eros wird in der Psychoanalyse Libido genannt.

Die ökonomische Betrachtung nimmt an, daß die psychischen Vertretungen der Triebe mit bestimmten Quantitäten Energie besetzt sind *(Cathexis)* und daß der psychische Apparat die Tendenz hat, eine Stauung dieser Energien zu verhüten und die Gesamtsumme der Erregungen, die ihn belastet, möglichst niedrig zu halten. Der Ablauf der seelischen Vorgänge wird automatisch durch das Lust-Unlust-Prinzip reguliert, wobei Unlust irgendwie mit einem Zuwachs, Lust mit einer Abnahme der Erregung zusammenhängt.

Das ursprüngliche Lustprinzip erfährt im Laufe der Entwicklung eine Modifikation durch die Rücksicht auf die Außenwelt (Realitätsprinzip), wobei der psychische Apparat erlernt, Lustbefriedigungen aufzuschieben und Unlustempfindungen für eine Weile zu ertragen.

Die topische Betrachtung faßt den seelischen Apparat als ein zusammengesetztes Instrument auf und sucht festzustellen, an welchen Stellen desselben sich die verschiedenen seelischen Vorgänge vollziehen. Nach unseren heutigen Einsichten gliedert sich der seelische Apparat in ein „Es", das der Träger der Triebregungen ist, in ein „Ich", das den oberflächlichsten durch den Einfluß der Außenwelt modifizierten Anteil des „Es" darstellt, und in ein „Über-Ich", das, aus dem „Es" hervorgegangen, das Ich beherrscht und die für den Menschen charakteristischen Triebhemmungen vertritt.

Auch die Qualität des Bewußtseins hat ihre topische Beziehung, die Vorgänge im Es sind durchwegs unbewußt, das Bewußtsein ist die Funktion der äußersten für die Wahrnehmung der Außenwelt bestimmten Schichte des Ichs.

Hier ist Raum für zwei Bemerkungen. Man darf nicht annehmen, daß diese allgemeinsten Vorstellungen die Voraussetzungen der psychoanalytischen Arbeit sind. Es sind vielmehr ihre spätesten Ergebnisse und der Revision unterworfen *(open to revision)*. Die Psychoanalyse ruht sicher auf der Beobachtung der Tatsachen des Seelenlebens, ihr theoretischer Überbau ist darum noch unvollständig und in beständiger Umwandlung begriffen. Ferner: man soll sich nicht verwundern, daß die Psychoanalyse, die ursprünglich nur pathologische seelische Phänomene erklären wollte, dazukam, eine Psychologie des normalen Seelenlebens zu entwickeln. Die Berechtigung dazu ergab sich, als man fand, daß die Träume und die Fehlleistungen normaler Menschen denselben Mechanismus haben wie die neurotischen Symptome.

Die nächste Aufgabe der Psychoanalyse war die Aufklärung der neurotischen Erkrankungen.

Die analytische Neurosenlehre ruht auf drei Pfeilern, 1. der Lehre von der Verdrängung *(repression)*, 2. von der Bedeutung der Sexualtriebe, 3. von der Übertragung *(transference)*.

Ad 1. Es gibt im Seelenleben eine zensurierende Macht, welche Strebungen, die ihr mißfallen, vom Bewußtwerden und vom Einfluß auf das Handeln ausschließt. Solche Strebungen heißen verdrängt. Sie bleiben unbewußt; wenn man sich bemüht, sie dem Patienten bewußt zu machen, ruft man einen Widerstand *(resistance)* hervor. Solche verdrängte Triebregungen sind aber nicht immer machtlos geworden, in vielen Fällen gelingt es ihnen, sich auf Umwegen Einfluß auf das Seelenleben zu verschaffen, und die so erreichten Ersatzbefriedigungen des Verdrängten bilden die neurotischen Symptome.

Ad. 2. Aus kulturellen Gründen werden die Sexualtriebe am intensivsten von der Verdrängung betroffen, gerade bei ihnen mißlingt aber die Verdrängung am ehesten, so daß die neurotischen

Symptome als die Ersatzbefriedigung der verdrängten Sexualität erscheinen. Es ist nicht richtig, daß das Sexualleben des Menschen erst mit der Pubertät beginnt; es ist vielmehr vom Anfang des Extrauterinlebens an nachweisbar, erreicht einen ersten Höhepunkt bis zum fünften Jahr (Frühperiode) und erfährt dann eine Hemmung oder Unterbrechung (Latenzzeit), der durch die Pubertät, den zweiten Gipfel der Entwicklung, ein Ende gemacht wird. Der zweizeitige Ansatz des Sexuallebens scheint für das Genus Homo charakteristisch zu sein. Alle Erlebnisse dieser ersten Kindheitsperiode sind von großer Wichtigkeit für das Individuum, im Verein mit der ererbten sexuellen Konstitution stellen sie die Dispositionen für die spätere Charakter- und Krankheitsentwicklung her. Es ist unrichtig, die Sexualität mit der „Genitalität" zusammenfallen zu lassen. Die Sexualtriebe machen eine komplizierte Entwicklung durch, an deren Ende erst der „Primat der Genitalzonen" steht. Unterwegs stellen sich mehrere „prägenitale" Organisationen her, an denen sich die Libido „fixieren" kann und zu denen sie im Falle späterer Verdrängung zurückkehrt (Regression). Die infantilen Fixierungen der Libido treffen die Entscheidung über die spätere Wahl der Erkrankungsform. So erscheinen die Neurosen als Entwicklungshemmungen der Libido. Spezifische Ursachen der neurotischen Erkrankung finden sich nicht, quantitative Verhältnisse entscheiden über den Ausgang der Konflikte in Gesundheit oder neurotische Funktionshemmung.

Die wichtigste Konfliktsituation, die das Kind zu lösen hat, ist die der Beziehung zu den Eltern, der Ödipuskomplex; an seiner Bewältigung scheitern regelmäßig die zur Neurose Bestimmten. Aus den Reaktionen gegen die Triebansprüche des Ödipuskomplexes gehen die wertvollsten und sozial bedeutsamsten Leistungen des menschlichen Geistes hervor, sowohl im Leben des Einzelnen wie wahrscheinlich auch in der Geschichte der menschlichen Art überhaupt. Bei der Überwindung des Ödipuskomplexes entsteht auch die das Ich beherrschende sittliche Instanz des Über-Ichs.

Ad 3. „Übertragung" nennt man die auffällige Eigentümlichkeit der Neurotiker, Gefühlsbeziehungen zärtlicher wie feindseliger Natur zu ihrem Arzt zu entwickeln, die nicht in der realen Situation begründet sind, sondern aus der Elternbeziehung (Ödipuskomplex) der Patienten stammen. Die Übertragung ist ein Beweis dafür, daß auch der Erwachsene seine einstige kindliche Abhängigkeit nicht überwunden hat, sie deckt sich mit der Macht, die man „Suggestion" genannt hat; ihre Handhabung, die der Arzt erlernen soll, setzt ihn allein in den Stand, den Kranken zur Überwindung seiner inneren Widerstände und zur Aufhebung seiner Verdrängungen zu bewegen. Die psychoanalytische Behandlung wird so zu einer Nacherziehung des Erwachsenen, einer Korrektur der Erziehung des Kindes.

Viele Gegenstände von allgemeinstem Interesse können in diesem kurzen Abriß der Psychoanalyse nicht erwähnt werden, z. B. die Sublimierung der Triebe, die Rolle der Symbolik, das Problem der Ambivalenz u. a. Auch die Anwendungen der auf ärztlichem Boden entstandenen Psychoanalyse auf Geisteswissenschaften wie Kultur- und Literaturgeschichte, Religionswissenschaft und Pädagogik, die täglich mehr an Bedeutung gewinnen, sind hier leider nicht zu würdigen. Es genüge die Bemerkung, daß die Psychoanalyse — als Psychologie der tiefen, unbewußten Seelenakte — das Bindeglied zwischen der Psychiatrie und all diesen Geisteswissenschaften zu werden verspricht.

### Äußere Schicksale der Psychoanalyse.

Die Psychoanalyse, deren Anfänge durch zwei Daten (Breuer und Freud, Studien über Hysterie, 1895; Freud, Traumdeutung, 1900) bezeichnet werden können, fand zunächst kein Interesse bei Ärzten und Publikum. 1907 begann die Beteiligung von Schweizer Psychiatern unter der Führung von E. Bleuler und C. G. Jung in Zürich. 1908 fand in Salzburg die erste Zusammenkunft der

Anhänger aus verschiedenen Ländern statt. 1909 wurden **Freud** und **Jung** von G. **Stanley Hall** nach Amerika eingeladen, um an der Clark University, Worcester, Mass., Vorlesungen über Psychoanalyse zu halten. Das Interesse in Europa stieg nun rasch an, äußerte sich aber in sehr energischer, oft unwissenschaftlich gefärbter Ablehnung. Diese Feindseligkeit war von medizinischer Seite motiviert durch die Betonung des psychischen Moments in der Psychoanalyse, von philosophischer durch die fundamentale Annahme des Begriffs unbewußter Seelentätigkeit, gewiß am stärksten aber durch die allgemein menschliche Abneigung, dem Moment des Sexuallebens jene Bedeutung zuzugestehen, die ihm die Psychoanalyse einräumte. Trotz der allgemeinen Opposition war die Bewegung zugunsten der Psychoanalyse nicht aufzuhalten. Ihre Anhänger organisierten sich zu einer Internationalen Vereinigung, die die Probe des großen Krieges gut bestanden hat und gegenwärtig (1925) die Ortsgruppen: Wien, Berlin, Budapest, London, Schweiz, Holland, Moskau, Kalkutta und zwei amerikanische umfaßt. Mehrere Zeitschriften dienen den Absichten dieser Gesellschaften, die „Internationale Zeitschrift für Psychoanalyse", die „Imago" (für Anwendung auf die Geisteswissenschaften), und das International Journal of Psycho-Analysis. In den Jahren 1911 bis 1913 fielen die früheren Anhänger Alfred **Adler** (Wien) und C. G. **Jung** (Zürich) von der Bewegung ab und gründeten eigene Richtungen, denen die allgemeine Feindseligkeit gegen die Psychoanalyse einen wohlwollenden Empfang sicherte, die aber wissenschaftlich steril geblieben sind. 1921 stiftete Dr. M. Eitingon in Berlin die erste öffentliche psychoanalytische Poliklinik und Lehranstalt, der bald eine zweite in Wien folgte.

### Bibliographie.

Breuer und Freud, Studien über Hysterie, 1895; Freud, Traumdeutung, 1900; Freud, Psychopathologie des Alltagslebens, 1904; Drei Abhandlungen zur Sexualtheorie, 1905; Vorlesungen zur Einführung in die Psychoanalyse, 1916. Die Werke **Freuds** sind in einer deutschen Gesamtausgabe erschienen: Gesammelte Schriften I. bis X. Seit 1923 auch eine spanische Ausgabe (Obras completas). Die meisten Schriften sind ins Englische und in andere Sprachen übersetzt. Als kurze Darstellungen des Inhalts und der Geschichte der Psychoanalyse sind zu nennen: Freud, Über Psychoanalyse, 1909 (Vorlesungen in Worcester); Zur Geschichte der psychoanalytischen Bewegung, 1914; „Selbstdarstellung", in Grotes Sammlung: „Die Medizin der Gegenwart in Selbstdarstellungen", 1925. Für englische Leser besonders zugänglich: Ernest Jones, Collected Papers on Psycho-Analysis, und A. A. Brill, Psychoanalysis.

# FETISCHISMUS

# FETISCHISMUS

In den letzten Jahren hatte ich Gelegenheit, eine Anzahl von Männern, deren Objektwahl von einem Fetisch beherrscht war, analytisch zu studieren. Man braucht nicht zu erwarten, daß diese Personen des Fetisch wegen die Analyse aufgesucht hatten, denn der Fetisch wird wohl von seinen Anhängern als eine Abnormität erkannt, aber nur selten als ein Leidenssymptom empfunden; meist sind sie mit ihm recht zufrieden oder loben sogar die Erleichterungen, die er ihrem Liebesleben bietet. Der Fetisch spielte also in der Regel die Rolle eines Nebenbefundes.

Die Einzelheiten dieser Fälle entziehen sich aus naheliegenden Gründen der Veröffentlichung. Ich kann darum auch nicht zeigen, in welcher Weise zufällige Umstände zur Auswahl des Fetisch beigetragen haben. Am merkwürdigsten erschien ein Fall, in dem ein junger Mann einen gewissen „Glanz auf der Nase" zur fetischistischen Bedingung erhoben hatte. Das fand seine überraschende Aufklärung durch die Tatsache, daß der Patient eine englische Kinderstube gehabt hatte, dann aber nach Deutschland gekommen war, wo er seine Muttersprache fast vollkommen vergaß. Der aus den ersten Kinderzeiten stammende Fetisch war nicht deutsch, sondern englisch zu lesen, der „Glanz auf der Nase" war eigentlich ein „Blick auf die Nase" (*glance* = Blick), die Nase war also der Fetisch, dem er übrigens nach seinem Belieben jenes besondere Glanzlicht verlieh, das andere nicht wahrnehmen konnten.

Die Auskunft, welche die Analyse über Sinn und Absicht des Fetisch gab, war in allen Fällen die nämliche. Sie ergab sich so ungezwungen und erschien mir so zwingend, daß ich bereit bin, dieselbe Lösung allgemein für alle Fälle von Fetischismus zu erwarten. Wenn ich nun mitteile, der Fetisch ist ein Penisersatz, so werde ich gewiß Enttäuschung hervorrufen. Ich beeile mich darum hinzuzufügen, nicht der Ersatz eines beliebigen, sondern eines bestimmten, ganz besonderen Penis, der in frühen Kinderjahren eine große Bedeutung hat, aber später verloren geht. Das heißt: er sollte normalerweise aufgegeben werden, aber gerade der Fetisch ist dazu bestimmt, ihn vor dem Untergang zu behüten. Um es klarer zu sagen, der Fetisch ist der Ersatz für den Phallus des Weibes (der Mutter), an den das Knäblein geglaubt hat und auf den es — wir wissen warum — nicht verzichten will.[1]

Der Hergang war also der, daß der Knabe sich geweigert hat, die Tatsache seiner Wahrnehmung, daß das Weib keinen Penis besitzt, zur Kenntnis zu nehmen. Nein, das kann nicht wahr sein, denn wenn das Weib kastriert ist, ist sein eigener Penisbesitz bedroht, und dagegen sträubt sich das Stück Narzißmus, mit dem die Natur vorsorglich gerade dieses Organ ausgestattet hat. Eine ähnliche Panik wird vielleicht der Erwachsene später erleben, wenn der Schrei ausgegeben wird, Thron und Altar sind in Gefahr, und sie wird zu ähnlich unlogischen Konsequenzen führen. Wenn ich nicht irre, würde Laforgue in diesem Falle sagen, der Knabe „skotomisiert" die Wahrnehmung des Penismangels beim Weibe.[2] Ein neuer Terminus ist dann berechtigt, wenn er einen neuen

---

[1] Diese Deutung ist bereits 1910 in meiner Schrift „Eine Kindheitserinnerung des Leonardo da Vinci" ohne Begründung mitgeteilt worden.

[2] Ich berichtige mich aber selbst, indem ich hinzufüge, daß ich die besten Gründe habe, anzunehmen, Laforgue würde dies überhaupt nicht sagen. Nach seinen eigenen Ausführungen ist „Skotomisation" ein Terminus, der aus der Deskription der Dementia praecox stammt, nicht durch die Übertragung psychoanalytischer Auffassung auf die Psychosen entstanden ist und auf die Vorgänge der Entwicklung und Neurosenbildung keine Anwendung hat. Die Darstellung im Text bemüht sich, diese Unverträglichkeit deutlich zu machen.

Tatbestand beschreibt oder heraushebt. Das liegt hier nicht vor; das älteste Stück unserer psychoanalytischen Terminologie, das Wort „Verdrängung", bezieht sich bereits auf diesen pathologischen Vorgang. Will man in ihm das Schicksal der Vorstellung von dem des Affekts schärfer trennen, den Ausdruck „Verdrängung" für den Affekt reservieren, so wäre für das Schicksal der Vorstellung „Verleugnung" die richtige deutsche Bezeichnung. „Skotomisation" scheint mir besonders ungeeignet, denn es weckt die Idee, als wäre die Wahrnehmung glatt weggewischt worden, so daß das Ergebnis dasselbe wäre, wie wenn ein Gesichtseindruck auf den blinden Fleck der Netzhaut fiele. Aber unsere Situation zeigt im Gegenteil, daß die Wahrnehmung geblieben ist und daß eine sehr energische Aktion unternommen wurde, ihre Verleugnung aufrecht zu halten. Es ist nicht richtig, daß das Kind sich nach seiner Beobachtung am Weibe den Glauben an den Phallus des Weibes unverändert gerettet hat. Es hat ihn bewahrt, aber auch aufgegeben; im Konflikt zwischen dem Gewicht der unerwünschten Wahrnehmung und der Stärke des Gegenwunsches ist es zu einem Kompromiß gekommen, wie es nur unter der Herrschaft der unbewußten Denkgesetze — der Primärvorgänge — möglich ist. Ja, das Weib hat im Psychischen dennoch einen Penis, aber dieser Penis ist nicht mehr dasselbe, das er früher war. Etwas anderes ist an seine Stelle getreten, ist sozusagen zu seinem Ersatz ernannt worden und ist nun der Erbe des Interesses, das sich dem früheren zugewendet hatte. Dies Interesse erfährt aber noch eine außerordentliche Steigerung, weil der Abscheu vor der Kastration sich in der Schaffung dieses Ersatzes ein Denkmal gesetzt hat. Als *stigma indelebile* der stattgehabten Verdrängung bleibt auch die Entfremdung gegen das wirkliche weibliche Genitale, die man bei keinem Fetischisten vermißt. Man überblickt jetzt, was der Fetisch leistet und wodurch er gehalten wird. Er bleibt das Zeichen des Triumphes über die Kastrationsdrohung und der Schutz gegen sie, er erspart es dem Fetischisten auch, ein Homosexueller zu werden, indem er dem Weib jenen

Charakter verleiht, durch den es als Sexualobjekt erträglich wird. Im späteren Leben glaubt der Fetischist noch einen anderen Vorteil seines Genitalersatzes zu genießen. Der Fetisch wird von anderen nicht in seiner Bedeutung erkannt, darum auch nicht verweigert, er ist leicht zugänglich, die an ihn gebundene sexuelle Befriedigung ist bequem zu haben. Um was andere Männer werben und sich mühen müssen, das macht dem Fetischisten keine Beschwerde.

Der Kastrationsschreck beim Anblick des weiblichen Genitales bleibt wahrscheinlich keinem männlichen Wesen erspart. Warum die einen infolge dieses Eindruckes homosexuell werden, die anderen ihn durch die Schöpfung eines Fetisch abwehren und die übergroße Mehrzahl ihn überwindet, das wissen wir freilich nicht zu erklären. Möglich, daß wir unter der Anzahl der zusammenwirkenden Bedingungen diejenigen noch nicht kennen, welche für die seltenen pathologischen Ausgänge maßgebend sind; im übrigen müssen wir zufrieden sein, wenn wir erklären können, was geschehen ist, und dürfen die Aufgabe, zu erklären, warum etwas nicht geschehen ist, vorläufig von uns weisen.

Es liegt nahe, zu erwarten, daß zum Ersatz des vermißten weiblichen Phallus solche Organe oder Objekte gewählt werden, die auch sonst als Symbole den Penis vertreten. Das mag oft genug stattfinden, ist aber gewiß nicht entscheidend. Bei der Einsetzung des Fetisch scheint vielmehr ein Vorgang eingehalten zu werden, der an das Haltmachen der Erinnerung bei traumatischer Amnesie gemahnt. Auch hier bleibt das Interesse wie unterwegs stehen, wird etwa der letzte Eindruck vor dem unheimlichen, traumatischen, als Fetisch festgehalten. So verdankt der Fuß oder Schuh seine Bevorzugung als Fetisch — oder ein Stück derselben — dem Umstand, daß die Neugierde des Knaben von unten, von den Beinen her nach dem weiblichen Genitale gespäht hat; Pelz und Samt fixieren — wie längst vermutet wurde — den Anblick der Genitalbehaarung, auf den der ersehnte des weiblichen Gliedes hätte folgen sollen; die so häufig zum Fetisch erkorenen Wäschestücke halten den Moment der Entkleidung fest, den letzten, in dem man das Weib noch für phallisch halten durfte. Ich will aber nicht behaupten, daß man die Determinierung des Fetisch jedesmal mit Sicherheit durchschaut. Die Untersuchung des Fetischismus ist all denen dringend zu empfehlen, die noch an der Existenz des Kastrationskomplexes zweifeln oder die meinen können, der Schreck vor dem weiblichen Genitale habe einen anderen Grund, leite sich z. B. von der supponierten Erinnerung an das Trauma der Geburt ab. Für mich hatte die Aufklärung des Fetisch noch ein anderes theoretisches Interesse.

Ich habe kürzlich auf rein spekulativem Wege den Satz gefunden, der wesentliche Unterschied zwischen Neurose und Psychose liege darin, daß bei ersterer das Ich im Dienste der Realität ein Stück des Es unterdrücke, während es sich bei der Psychose vom Es fortreißen lasse, sich von einem Stück der Realität zu lösen; ich bin auch später noch einmal auf dasselbe Thema zurückgekommen.[1] Aber bald darauf bekam ich Anlaß, zu bedauern, daß ich mich so weit vorgewagt hatte. Aus der Analyse zweier junger Männer erfuhr ich, daß sie beide den Tod des geliebten Vaters im zweiten und im zehnten Jahr nicht zur Kenntnis genommen, „skotomisiert" hatten — und doch hatte keiner von beiden eine Psychose entwickelt. Da war also ein gewiß bedeutsames Stück der Realität vom Ich verleugnet worden, ähnlich wie beim Fetischisten die unliebsame Tatsache der Kastration des Weibes. Ich begann auch zu ahnen, daß analoge Vorkommnisse im Kinderleben keineswegs selten sind, und konnte mich des Irrtums in der Charakteristik von Neurose und Psychose für überführt halten. Es blieb zwar eine Auskunft offen; meine Formel brauchte sich erst bei einem höheren Grad von Differenzierung im psychischen Apparat zu bewähren; dem Kind konnte gestattet sein, was sich beim Erwachsenen durch

---

[1] „Neurose und Psychose" (1924) und „Der Realitätsverlust bei Neurose und Psychose" (1924). [Diese Ausgabe Bd. XIII.]

schwere Schädigung strafen mußte. Aber weitere Untersuchungen führten zu einer anderen Lösung des Widerspruchs.

Es stellte sich nämlich heraus, daß die beiden jungen Männer den Tod des Vaters ebensowenig „skotomisiert" hatten wie die Fetischisten die Kastration des Weibes. Es war nur eine Strömung in ihrem Seelenleben, welche den Tod des Vaters nicht anerkannt hatte; es gab auch eine andere, die dieser Tatsache vollkommen Rechnung trug; die wunschgerechte wie die realitätsgerechte Einstellung bestanden nebeneinander. Bei dem einen meiner beiden Fälle war diese Spaltung die Grundlage einer mittelschweren Zwangsneurose geworden; in allen Lebenslagen schwankte er zwischen zwei Voraussetzungen, der einen, daß der Vater noch am Leben sei und seine Tätigkeit behindere, und der entgegengesetzten, daß er das Recht habe, sich als den Nachfolger des verstorbenen Vaters zu betrachten. Ich kann also die Erwartung festhalten, daß im Fall der Psychose die eine, die realitätsgerechte Strömung, wirklich vermißt werden würde.

Wenn ich zur Beschreibung des Fetischismus zurückkehre, habe ich anzuführen, daß es noch zahlreiche und gewichtige Beweise für die zwiespältige Einstellung des Fetischisten zur Frage der Kastration des Weibes gibt. In ganz raffinierten Fällen ist es der Fetisch selbst, in dessen Aufbau sowohl die Verleugnung wie die Behauptung der Kastration Eingang gefunden haben. So war es bei einem Manne, dessen Fetisch in einem Schamgürtel bestand, wie er auch als Schwimmhose getragen werden kann. Dieses Gewandstück verdeckte überhaupt die Genitalien und den Unterschied der Genitalien. Nach dem Ausweis der Analyse bedeutete es sowohl, daß das Weib kastriert sei, als auch, daß es nicht kastriert sei, und ließ überdies die Annahme der Kastration des Mannes zu, denn alle diese Möglichkeiten konnten sich hinter dem Gürtel, dessen erster Ansatz in der Kindheit das Feigenblatt einer Statue gewesen war, gleich gut verbergen. Ein solcher Fetisch, aus Gegensätzen doppelt geknüpft, hält natürlich besonders gut. In anderen zeigt sich die Zwiespältigkeit an dem, was der Fetischist — in der Wirklichkeit oder in der Phantasie — an seinem Fetisch vornimmt. Es ist nicht erschöpfend, wenn man hervorhebt, daß er den Fetisch verehrt; in vielen Fällen behandelt er ihn in einer Weise, die offenbar einer Darstellung der Kastration gleichkommt. Dies geschieht besonders dann, wenn sich eine starke Vateridentifizierung entwickelt hat, in der Rolle des Vaters, denn diesem hatte das Kind die Kastration des Weibes zugeschrieben. Die Zärtlichkeit und die Feindseligkeit in der Behandlung des Fetisch, die der Verleugnung und der Anerkennung der Kastration gleichlaufen, vermengen sich bei verschiedenen Fällen in ungleichem Maße, so daß das eine oder das andere deutlicher kenntlich wird. Von hier aus glaubt man, wenn auch aus der Ferne, das Benehmen des Zopfabschneiders zu verstehen, bei dem sich das Bedürfnis, die geleugnete Kastration auszuführen, vorgedrängt hat. Seine Handlung vereinigt in sich die beiden miteinander unverträglichen Behauptungen: das Weib hat seinen Penis behalten und der Vater hat das Weib kastriert. Eine andere Variante, aber auch eine völkerpsychologische Parallele zum Fetischismus möchte man in der Sitte der Chinesen erblicken, den weiblichen Fuß zuerst zu verstümmeln und den verstümmelten dann wie einen Fetisch zu verehren. Man könnte meinen, der chinesische Mann will es dem Weibe danken, daß es sich der Kastration unterworfen hat.

Schließlich darf man es aussprechen, das Normalvorbild des Fetisch ist der Penis des Mannes, wie das des minderwertigen Organs der reale kleine Penis des Weibes, die Klitoris.

# NACHTRAG ZUR ARBEIT ÜBER DEN MOSES DES MICHELANGELO

Moses-Statuette des Nicholas von Verdun

# NACHTRAG ZUR ARBEIT ÜBER DEN MOSES DES MICHELANGELO

Mehrere Jahre nach dem Erscheinen meiner Arbeit über den Moses des Michelangelo, die 1914 in der Zeitschrift „Imago" — ohne Nennung meines Namens — abgedruckt wurde,[1] geriet durch die Güte von E. Jones eine Nummer des „Burlington Magazine for Connoisseurs" in meine Hand (Nr. CCXVII, Vol. XXXVIII., April 1921), durch welche mein Interesse von neuem auf die vorgeschlagene Deutung der Statue gelenkt werden mußte. In dieser Nummer findet sich ein kurzer Artikel von H. P. Mitchell über zwei Bronzen des zwölften Jahrhunderts, gegenwärtig im Ashmolean Museum, Oxford, die einem hervorragenden Künstler jener Zeit, Nicholas von Verdun, zugeschrieben werden. Von diesem Manne sind noch andere Werke in Tournay, Arras und Klosterneuburg bei Wien erhalten; als sein Meisterwerk gilt der Schrein der heiligen drei Könige in Köln.

Eine der beiden von Mitchell gewürdigten Statuetten ist nun ein Moses (über 23 Zentimenter hoch), über jeden Zweifel gekennzeichnet durch die ihm beigegebenen Gesetzestafeln. Auch dieser Moses ist sitzend dargestellt, von einem faltigen Mantel umhüllt, sein Gesicht zeigt einen leidenschaftlich bewegten, vielleicht

---

[1] Abgedruckt in Band X dieser Gesamtausgabe.

bekümmerten Ausdruck und seine rechte Hand umgreift den langen Kinnbart und preßt dessen Strähne zwischen Hohlhand und Daumen wie in einer Zange zusammen, führt also dieselbe Bewegung aus, die in Figur 2 meiner Abhandlung als Vorstufe jener Stellung supponiert wird, in welcher wir jetzt den Moses des Michelangelo erstarrt sehen.

Ein Blick auf die beistehende Abbildung läßt den Hauptunterschied der beiden, durch mehr als drei Jahrhunderte getrennten Darstellungen erkennen. Der Moses des lothringischen Künstlers hält die Tafeln mit seiner linken Hand bei ihrem oberen Rand und stützt sie auf sein Knie; überträgt man die Tafeln auf die andere Seite und vertraut sie dem rechten Arm an, so hat man die Ausgangssituation für den Moses des Michelangelo hergestellt. Wenn meine Auffassung der Geste des In-den-Bart-Greifens zulässig ist, so gibt uns der Moses aus dem Jahre 1180 einen Moment aus dem Sturm der Leidenschaften wieder, die Statue in S. Pietro in vincoli aber die Ruhe nach dem Sturme.

Ich glaube, daß der hier mitgeteilte Fund die Wahrscheinlichkeit der Deutung erhöht, die ich in meiner Arbeit 1914 versucht habe. Vielleicht ist es einem Kunstkenner möglich, die zeitliche Kluft zwischen dem Moses des Nicholas von Verdun und dem des Meisters der italienischen Renaissance durch den Nachweis von Mosestypen aus der Zwischenzeit auszufüllen.

# DIE ZUKUNFT EINER ILLUSION

# DIE ZUKUNFT
# EINER ILLUSION

I

Wenn man eine ganze Weile innerhalb einer bestimmten Kultur gelebt und sich oft darum bemüht hat zu erforschen, wie ihre Ursprünge und der Weg ihrer Entwicklung waren, verspürt man auch einmal die Versuchung, den Blick nach der anderen Richtung zu wenden und die Frage zu stellen, welches fernere Schicksal dieser Kultur bevorsteht und welche Wandlungen durchzumachen ihr bestimmt ist. Man wird aber bald merken, daß eine solche Untersuchung von vornherein durch mehrere Momente entwertet wird. Vor allem dadurch, daß es nur wenige Personen gibt, die das menschliche Getriebe in all seinen Ausbreitungen überschauen können. Für die meisten ist Beschränkung auf ein einzelnes oder weniges Gebiete notwendig geworden; je weniger aber einer vom Vergangenen und Gegenwärtigen weiß, desto unsicherer muß sein Urteil über das Zukünftige ausfallen. Ferner darum, weil gerade bei diesem Urteil die subjektiven Erwartungen des Einzelnen eine schwer abzuschätzende Rolle spielen; diese zeigen sich aber abhängig von rein persönlichen Momenten seiner eigenen Erfahrung, seiner mehr oder minder hoffnungsvollen Einstellung zum Leben, wie sie ihm durch Temperament, Erfolg oder Mißerfolg vorgeschrieben worden ist. Endlich kommt die merkwürdige Tatsache zur Wirkung, daß die Menschen im allgemeinen ihre Gegenwart wie naiv erleben, ohne deren Inhalte würdigen zu können; sie müssen erst Distanz zu ihr gewinnen, d. h. die Gegenwart muß zur Vergangenheit geworden sein, wenn man aus ihr Anhaltspunkte zur Beurteilung des Zukünftigen gewinnen soll.

Wer also der Versuchung nachgibt, eine Äußerung über die wahrscheinliche Zukunft unserer Kultur von sich zu geben, wird gut daran tun, sich der vorhin angedeuteten Bedenken zu erinnern, ebenso wie der Unsicherheit, die ganz allgemein an jeder Vorhersage haftet. Daraus folgt für mich, daß ich in eiliger Flucht vor der zu großen Aufgabe alsbald das kleine Teilgebiet aufsuchen werde, dem auch bisher meine Aufmerksamkeit gegolten hat, nachdem ich nur seine Stellung im großen Ganzen bestimmt habe.

Die menschliche Kultur — ich meine all das, worin sich das menschliche Leben über seine animalischen Bedingungen erhoben hat und worin es sich vom Leben der Tiere unterscheidet — und ich verschmähe es, Kultur und Zivilisation zu trennen — zeigt dem Beobachter bekanntlich zwei Seiten. Sie umfaßt einerseits all das Wissen und Können, das die Menschen erworben haben, um die Kräfte der Natur zu beherrschen und ihr Güter zur Befriedigung der menschlichen Bedürfnisse abzugewinnen, anderseits alle die Einrichtungen, die notwendig sind, um die Beziehungen der Menschen zueinander, und besonders die Verteilung der erreichbaren Güter zu regeln. Die beiden Richtungen der Kultur sind nicht unabhängig voneinander, erstens, weil die gegenseitigen Beziehungen der Menschen durch das Maß der Triebbefriedigung, das die vorhandenen Güter ermöglichen, tiefgreifend beeinflußt werden, zweitens, weil der einzelne Mensch selbst zu einem anderen in die Beziehung eines Gutes treten kann, insofern dieser seine Arbeitskraft benützt oder ihn zum Sexualobjekt nimmt, drittens aber, weil jeder Einzelne virtuell ein Feind der Kultur ist, die doch ein allgemeinmenschliches Interesse sein soll. Es ist merkwürdig, daß die Menschen, so wenig sie auch in der Vereinzelung existieren können, doch die Opfer, welche ihnen von der Kultur zugemutet werden, um ein Zusammenleben zu ermöglichen, als schwer drückend empfinden. Die Kultur muß also gegen den Einzelnen verteidigt werden und ihre Einrichtungen, Institutionen und Gebote stellen sich in den Dienst dieser Aufgabe; sie bezwecken nicht nur, eine gewisse Güterverteilung herzustellen, sondern auch diese aufrechtzuhalten, ja sie müssen gegen die feindseligen Regungen der Menschen all das beschützen, was der Bezwingung der Natur und der Erzeugung von Gütern dient. Menschliche Schöpfungen sind leicht zu zerstören und Wissenschaft und Technik, die sie aufgebaut haben, können auch zu ihrer Vernichtung verwendet werden.

So bekommt man den Eindruck, daß die Kultur etwas ist, was einer widerstrebenden Mehrheit von einer Minderzahl auferlegt wurde, die es verstanden hat, sich in den Besitz von Macht- und Zwangsmitteln zu setzen. Es liegt natürlich nahe anzunehmen, daß diese Schwierigkeiten nicht am Wesen der Kultur selbst haften, sondern von den Unvollkommenheiten der Kulturformen bedingt werden, die bis jetzt entwickelt worden sind. In der Tat ist es nicht schwer, diese Mängel aufzuzeigen. Während die Menschheit in der Beherrschung der Natur ständige Fortschritte gemacht hat und noch größere erwarten darf, ist ein ähnlicher Fortschritt in der Regelung der menschlichen Angelegenheiten nicht sicher festzustellen und wahrscheinlich zu jeder Zeit, wie auch jetzt wieder, haben sich viele Menschen gefragt, ob denn dieses Stück des Kulturerwerbs überhaupt der Verteidigung wert ist. Man sollte meinen, es müßte eine Neuregelung der menschlichen Beziehungen möglich sein, welche die Quellen der Unzufriedenheit mit der Kultur versagen macht, indem sie auf den Zwang und die Triebunterdrückung verzichtet, so daß die Menschen sich ungestört durch inneren Zwist der Erwerbung von Gütern und dem Genuß derselben hingeben könnten. Das wäre das goldene Zeitalter, allein es fragt sich, ob ein solcher Zustand zu verwirklichen ist. Es scheint vielmehr, daß sich jede Kultur auf Zwang und Triebverzicht aufbauen muß; es scheint nicht einmal gesichert, daß beim Aufhören des Zwanges die Mehrzahl der menschlichen Individuen bereit sein wird, die Arbeitsleistung auf sich zu nehmen, deren es zur Gewinnung neuer Lebensgüter bedarf. Man hat, meine ich, mit der Tatsache zu rechnen, daß bei allen Menschen destruktive, also antisoziale und antikulturelle Tendenzen vorhanden sind und daß diese bei einer großen Anzahl von Personen stark genug sind, um ihr Verhalten in der menschlichen Gesellschaft zu bestimmen.

Dieser psychologischen Tatsache kommt eine entscheidende Bedeutung für die Beurteilung der menschlichen Kultur zu. Konnte man zunächst meinen, das Wesentliche an dieser sei die Beherrschung der Natur zur Gewinnung von Lebensgütern und die ihr drohenden Gefahren ließen sich durch eine zweckmäßige Verteilung derselben unter den Menschen beseitigen, so scheint jetzt das Schwergewicht vom Materiellen weg aufs Seelische verlegt. Es wird entscheidend, ob und inwieweit es gelingt, die Last der den Menschen auferlegten Triebopfer zu verringern, sie mit den notwendig verbleibenden zu versöhnen und dafür zu entschädigen. Ebensowenig wie den Zwang zur Kulturarbeit, kann man die Beherrschung der Masse durch eine Minderzahl entbehren, denn die Massen sind träge und einsichtslos, sie lieben den Triebverzicht nicht, sind durch Argumente nicht von dessen Unvermeidlichkeit zu überzeugen und ihre Individuen bestärken einander im Gewährenlassen ihrer Zügellosigkeit. Nur durch den Einfluß vorbildlicher Individuen, die sie als ihre Führer anerkennen, sind sie zu den Arbeitsleistungen und Entsagungen zu bewegen, auf welche der Bestand der Kultur angewiesen ist. Es ist alles gut, wenn diese Führer Personen von überlegener Einsicht in die Notwendigkeiten des Lebens sind, die sich zur Beherrschung ihrer eigenen Triebwünsche aufgeschwungen haben. Aber es besteht für sie die Gefahr, daß sie, um ihren Einfluß nicht zu verlieren, der Masse mehr nachgeben als diese ihnen, und darum erscheint es notwendig, daß sie durch Verfügung über Machtmittel von der Masse unabhängig seien. Um es kurz zu fassen, es sind zwei weitverbreitete Eigenschaften der Menschen, die es verschulden, daß die kulturellen Einrichtungen nur durch ein gewisses Maß von Zwang gehalten werden können, nämlich, daß sie spontan nicht arbeitslustig sind und daß Argumente nichts gegen ihre Leidenschaften vermögen.

Ich weiß, was man gegen diese Ausführungen einwenden wird. Man wird sagen, der hier geschilderte Charakter der Menschenmassen, der die Unerläßlichkeit des Zwanges zur Kulturarbeit beweisen soll, ist selbst nur die Folge fehlerhafter kultureller Einrichtungen, durch die die Menschen erbittert, rachsüchtig, unzugänglich geworden sind. Neue Generationen, liebevoll und zur Hochschätzung des Denkens erzogen, die frühzeitig die Wohltaten der Kultur erfahren haben, werden auch ein anderes Verhältnis zu ihr haben, sie als ihr eigenstes Besitztum empfinden, bereit sein, die Opfer an Arbeit und Triebbefriedigung für sie zu bringen, deren es zu ihrer Erhaltung bedarf. Sie werden den Zwang entbehren können und sich wenig von ihren Führern unterscheiden. Wenn es menschliche Massen von solcher Qualität bisher in keiner Kultur gegeben hat, so kommt es daher, daß keine Kultur noch die Einrichtungen getroffen hatte, um die Menschen in solcher Weise, und zwar von Kindheit an, zu beeinflussen.

Man kann daran zweifeln, ob es überhaupt oder jetzt schon, beim gegenwärtigen Stand unserer Naturbeherrschung möglich ist, solche kulturelle Einrichtungen herzustellen, man kann die Frage aufwerfen, woher die Anzahl überlegener, unbeirrbarer und uneigennütziger Führer kommen soll, die als Erzieher der künftigen Generationen wirken müssen, man kann vor dem ungeheuerlichen Aufwand an Zwang erschrecken, der bis zur Durchführung dieser Absichten unvermeidlich sein wird. Die Großartigkeit dieses Planes, seine Bedeutsamkeit für die Zukunft der menschlichen Kultur wird man nicht bestreiten können. Er ruht sicher auf der psychologischen Einsicht, daß der Mensch mit den mannigfaltigsten Triebanlagen ausgestattet ist, denen die frühen Kindheitserlebnisse die endgültige Richtung anweisen. Die Schranken der Erziehbarkeit des Menschen setzen darum auch der Wirksamkeit einer solchen Kulturveränderung ihre Grenze. Man mag es bezweifeln, ob und in welchem Ausmaß ein anderes Kulturmilieu die beiden Eigenschaften menschlicher Massen, die die Führung der menschlichen Angelegenheiten so sehr erschweren, auslöschen kann. Das Experiment ist noch nicht gemacht worden. Wahrscheinlich wird ein gewisser Prozentsatz der Menschheit — infolge krankhafter Anlage oder übergroßer Triebstärke — immer asozial bleiben, aber wenn man es nur zustande bringt, die kulturfeindliche Mehrheit von heute zu einer Minderheit herabzudrücken, hat man sehr viel erreicht, vielleicht alles, was sich erreichen läßt.

Ich möchte nicht den Eindruck erwecken, daß ich mich weit weg von dem vorgezeichneten Weg meiner Untersuchung verirrt habe. Ich will darum ausdrücklich versichern, daß es mir ferne liegt, das große Kulturexperiment zu beurteilen, das gegenwärtig in dem weiten Land zwischen Europa und Asien angestellt wird. Ich habe weder die Sachkenntnis noch die Fähigkeit, über dessen Ausführbarkeit zu entscheiden, die Zweckmäßigkeit der angewandten Methoden zu prüfen oder die Weite der unvermeidlichen Kluft zwischen Absicht und Durchführung zu messen. Was dort vorbereitet wird, entzieht sich als unfertig einer Betrachtung, zu der unsere längst konsolidierte Kultur den Stoff bietet.

## II

Wir sind unversehens aus dem Ökonomischen ins Psychologische hinübergeglitten. Anfangs waren wir versucht, den Kulturbesitz in den vorhandenen Gütern und den Einrichtungen zu ihrer Verteilung zu suchen. Mit der Erkenntnis, daß jede Kultur auf Arbeitszwang und Triebverzicht beruht und darum unvermeidlich eine Opposition bei den von diesen Anforderungen Betroffenen hervorruft, wurde es klar, daß die Güter selbst, die Mittel zu ihrer Gewinnung und Anordnungen zu ihrer Verteilung nicht das Wesentliche oder das Alleinige der Kultur sein können. Denn sie sind durch die Auflehnung und Zerstörungssucht der Kulturteilhaber bedroht. Neben die Güter treten jetzt die Mittel, die dazu dienen können, die Kultur zu verteidigen, die Zwangsmittel und andere, denen es gelingen soll, die Menschen mit ihr auszusöhnen und für ihre Opfer zu entschädigen. Letztere können aber als der seelische Besitz der Kultur beschrieben werden.

Einer gleichförmigen Ausdrucksweise zuliebe wollen wir die Tatsache, daß ein Trieb nicht befriedigt werden kann, Versagung, die Einrichtung, die diese Versagung festlegt, Verbot, und den Zustand, den das Verbot herbeiführt, Entbehrung nennen. Dann ist der nächste Schritt, zwischen Entbehrungen zu unterscheiden, die alle betreffen, und solchen, die nicht alle betreffen, bloß Gruppen, Klassen oder selbst einzelne. Die ersteren sind die ältesten: mit den Verboten, die sie einsetzen, hat die Kultur die Ablösung vom animalischen Urzustand begonnen, vor unbekannt wie vielen Tausenden von Jahren. Zu unserer Überraschung fanden wir, daß sie noch immer wirksam sind, noch immer den Kern der Kulturfeindseligkeit bilden. Die Triebwünsche, die unter ihnen leiden, werden mit jedem Kind von neuem geboren; es gibt eine Klasse von Menschen, die Neurotiker, die bereits auf diese Versagungen mit Asozialität reagieren. Solche Triebwünsche sind die des Inzests, des Kannibalismus und der Mordlust. Es klingt sonderbar, wenn man sie, in deren Verwerfung alle Menschen einig scheinen, mit jenen anderen zusammenstellt, um deren Gewährung oder Versagung in unserer Kultur so lebhaft gekämpft wird, aber psychologisch ist man dazu berechtigt. Auch ist das kulturelle Verhalten gegen diese ältesten Triebwünsche keineswegs das gleiche, nur der Kannibalismus erscheint allen verpönt und der nicht analytischen Betrachtung völlig überwunden, die Stärke der Inzestwünsche vermögen wir noch hinter dem Verbot zu verspüren und der Mord wird von unserer Kultur unter bestimmten Bedingungen noch geübt, ja geboten. Möglicherweise stehen uns Entwicklungen der Kultur bevor, in denen noch andere, heute durchaus mögliche Wunschbefriedigungen ebenso unannehmbar erscheinen werden, wie jetzt die des Kannibalismus.

Schon bei diesen ältesten Triebverzichten kommt ein psychologischer Faktor in Betracht, der auch für alle weiteren bedeutungsvoll bleibt. Es ist nicht richtig, daß die menschliche Seele seit den ältesten Zeiten keine Entwicklung durchgemacht hat und im Gegensatz zu den Fortschritten der Wissenschaft und der Technik heute noch dieselbe ist wie zu Anfang der Geschichte. Einen dieser seelischen Fortschritte können wir hier nachweisen. Es liegt in der Richtung unserer Entwicklung, daß äußerer Zwang allmählich verinnerlicht wird, indem eine besondere seelische Instanz, das Über-Ich des Menschen, ihn unter seine Gebote aufnimmt. Jedes Kind führt uns den Vorgang einer solchen Umwandlung vor, wird erst durch sie moralisch und sozial. Diese Erstarkung des Über-Ichs ist ein höchst wertvoller psychologischer Kulturbesitz. Die Personen, bei denen sie sich vollzogen hat, werden aus Kulturgegnern zu Kulturträgern. Je größer ihre Anzahl in einem Kulturkreis ist, desto gesicherter ist diese Kultur, desto eher kann sie der äußeren Zwangsmittel entbehren. Das Maß dieser Verinnerlichung ist nun für die einzelnen Triebverbote sehr verschieden. Für die erwähnten ältesten Kulturforderungen scheint die Verinnerlichung, wenn wir die unerwünschte Ausnahme der Neurotiker beiseite lassen, weitgehend erreicht. Dies Verhältnis ändert sich, wenn man sich zu den anderen Triebanforderungen wendet. Man merkt dann mit Überraschung und Besorgnis, daß eine Überzahl von Menschen den diesbezüglichen Kulturverboten nur unter dem Druck des äußeren Zwanges gehorcht, also nur dort, wo er sich geltend machen kann und solange er zu befürchten ist. Dies trifft auch auf jene sogenannt moralischen Kulturforderungen zu, die in gleicher Weise für alle bestimmt sind. Das meiste, was man von der moralischen Unzuverlässigkeit der Menschen erfährt, gehört hieher. Unendlich viele Kulturmenschen, die vor Mord oder Inzest zurückschrecken würden, versagen sich nicht die Befriedigung ihrer Habgier, ihrer Aggressionslust, ihrer sexuellen Gelüste, unterlassen es nicht, den Anderen durch Lüge, Betrug, Verleumdung zu schädigen, wenn sie dabei straflos bleiben können, und das war wohl seit vielen kulturellen Zeitaltern immer ebenso.

Bei den Einschränkungen, die sich nur auf bestimmte Klassen der Gesellschaft beziehen, trifft man auf grobe und auch niemals verkannte Verhältnisse. Es steht zu erwarten, daß diese zurückgesetzten Klassen den Bevorzugten ihre Vorrechte beneiden und alles tun werden, um ihr eigenes Mehr von Entbehrung los zu werden. Wo dies nicht möglich ist, wird sich ein dauerndes Maß von Unzufriedenheit innerhalb dieser Kultur behaupten, das zu gefährlichen Auflehnungen führen mag. Wenn aber eine Kultur es nicht darüber hinaus gebracht hat, daß die Befriedigung einer Anzahl von Teilnehmern die Unterdrückung einer anderen, vielleicht der Mehrzahl, zur Voraussetzung hat, und dies ist bei allen gegenwärtigen Kulturen der Fall, so ist es begreiflich, daß diese Unterdrückten eine intensive Feindseligkeit gegen die Kultur entwickeln, die sie durch ihre Arbeit ermöglichen, an deren Gütern sie aber einen zu geringen Anteil haben. Eine Verinnerlichung der Kulturverbote darf man dann bei den Unterdrückten nicht erwarten, dieselben sind vielmehr nicht bereit, diese Verbote anzuerkennen, bestrebt, die Kultur selbst zu zerstören, eventuell selbst ihre Voraussetzungen aufzuheben. Die Kulturfeindschaft dieser Klassen ist so offenkundig, daß man über sie die eher latente Feindseligkeit der besser beteilten Gesellschaftsschichten übersehen hat. Es braucht nicht gesagt zu werden, daß eine Kultur, welche eine so große Zahl von Teilnehmern unbefriedigt läßt und zur Auflehnung treibt, weder Aussicht hat, sich dauernd zu erhalten, noch es verdient.

Das Maß von Verinnerlichung der Kulturvorschriften — populär und unpsychologisch ausgedrückt: das moralische Niveau der Teilnehmer — ist nicht das einzige seelische Gut, das für die Würdigung einer Kultur in Betracht kommt. Daneben steht ihr Besitz an Idealen und an Kunstschöpfungen, d. h. die Befriedigungen, die aus beiden gewonnen werden.

Man wird nur allzuleicht geneigt sein, die Ideale einer Kultur, d. h. die Wertungen, welches die höchststehenden und am meisten anzustrebenden Leistungen seien, unter deren psychische Besitztümer aufzunehmen. Zunächst scheint es, als ob diese Ideale die Leistungen des Kulturkreises bestimmen würden; der wirkliche Hergang dürfte aber der sein, daß sich die Ideale nach den ersten Leistungen bilden, welche das Zusammenwirken von innerer Begabung und äußeren Verhältnissen einer Kultur ermöglicht und daß diese ersten Leistungen nun vom Ideal zur Fortführung festgehalten werden. Die Befriedigung, die das Ideal den Kulturteilnehmern schenkt, ist also narzißtischer Natur, sie ruht auf dem Stolz auf die bereits geglückte Leistung. Zu ihrer Vervollständigung bedarf sie des Vergleichs mit anderen Kulturen, die sich auf andere Leistungen geworfen und andere Ideale entwickelt haben. Kraft dieser Differenzen spricht sich jede Kultur das Recht zu, die andere gering zu schätzen. Auf solche Weise werden die Kulturideale Anlaß zur Entzweiung und Verfeindung zwischen verschiedenen Kulturkreisen, wie es unter Nationen am deutlichsten wird.

Die narzißtische Befriedigung aus dem Kulturideal gehört auch zu jenen Mächten, die der Kulturfeindschaft innerhalb des Kulturkreises erfolgreich entgegenwirken. Nicht nur die bevorzugten Klassen, welche die Wohltaten dieser Kultur genießen, sondern auch die Unterdrückten können an ihr Anteil haben, indem die Berechtigung, die Außenstehenden zu verachten, sie für die Beeinträchtigung in ihrem eigenen Kreis entschädigt. Man ist zwar ein elender, von Schulden und Kriegsdiensten geplagter Plebejer, aber dafür ist man Römer, hat seinen Anteil an der Aufgabe, andere Nationen zu beherrschen und ihnen Gesetze vorzuschreiben. Diese Identifizierung der Unterdrückten mit der sie beherrschenden und ausbeutenden Klasse ist aber nur ein Stück eines größeren Zusammenhanges. Anderseits können jene affektiv an diese gebunden sein, trotz der Feindseligkeit ihre Ideale in ihren Herren erblicken. Wenn nicht solche im Grunde befriedigende Beziehungen bestünden, bliebe es unverständlich, daß so manche Kulturen sich trotz berechtigter Feindseligkeit großer Menschenmassen so lange Zeit erhalten haben.

Von anderer Art ist die Befriedigung, welche die Kunst den Teilhabern an einem Kulturkreis gewährt, obwohl diese in der Regel den Massen, die durch erschöpfende Arbeit in Anspruch genommen sind und keine persönliche Erziehung genossen haben, unzugänglich bleibt. Die Kunst bietet, wie wir längst gelernt haben, Ersatzbefriedigungen für die ältesten, immer noch am tiefsten empfundenen Kulturverzichte und wirkt darum wie nichts anderes aussöhnend mit den für sie gebrachten Opfern. Anderseits heben ihre Schöpfungen die Identifizierungsgefühle, deren jeder Kulturkreis so sehr bedarf, durch den Anlaß zu gemeinsam erlebten, hocheingeschätzten Empfindungen; sie dienen aber auch der narzißtischen Befriedigung, wenn sie die Leistungen der besonderen Kultur darstellen, in eindrucksvoller Art an ihre Ideale mahnen.

Das vielleicht bedeutsamste Stück des psychischen Inventars einer Kultur hat noch keine Erwähnung gefunden. Es sind ihre im weitesten Sinn religiösen Vorstellungen, mit anderen später zu rechtfertigenden Worten, ihre Illusionen.

## III

Worin liegt der besondere Wert der religiösen Vorstellungen?
Wir haben von Kulturfeindseligkeit gesprochen, erzeugt durch den Druck, den die Kultur ausübt, die Triebverzichte, die sie verlangt. Denkt man sich ihre Verbote aufgehoben, man darf also

jetzt zum Sexualobjekt jedes Weib wählen, das einem gefällt, darf seinen Rivalen beim Weib, oder wer einem sonst im Weg steht, ohne Bedenken erschlagen, kann dem anderen auch irgendeines seiner Güter wegnehmen, ohne ihn um Erlaubnis zu fragen, wie schön, welch eine Kette von Befriedigungen wäre dann das Leben! Zwar findet man bald die nächste Schwierigkeit. Jeder andere hat genau dieselben Wünsche wie ich und wird mich nicht schonender behandeln als ich ihn. Im Grunde kann also nur ein Einziger durch solche Aufhebung der Kultureinschränkungen uneingeschränkt glücklich werden, ein Tyrann, ein Diktator, der alle Machtmittel an sich gerissen hat, und auch der hat allen Grund zu wünschen, daß die Anderen wenigstens dies eine Kulturgebot einhalten: du sollst nicht töten.

Aber wie undankbar, wie kurzsichtig überhaupt, eine Aufhebung der Kultur anzustreben! Was dann übrig bleibt, ist der Naturzustand und der ist weit schwerer zu ertragen. Es ist wahr, die Natur verlangte von uns keine Triebeinschränkungen, sie ließe uns gewähren, aber sie hat ihre besonders wirksame Art uns zu beschränken, sie bringt uns um, kalt, grausam, rücksichtslos wie uns scheint, möglicherweise gerade bei den Anlässen unserer Befriedigung. Eben wegen dieser Gefahren, mit denen die Natur uns droht, haben wir uns ja zusammengetan und die Kultur geschaffen, die unter anderem auch unser Zusammenleben möglich machen soll. Es ist ja die Hauptaufgabe der Kultur, ihr eigentlicher Daseinsgrund, uns gegen die Natur zu verteidigen.

Es ist bekannt, daß sie es in manchen Stücken schon jetzt leidlich gut trifft, sie wird es offenbar später einmal viel besser machen. Aber kein Mensch gibt sich der Täuschung hin zu glauben, daß die Natur jetzt schon bezwungen ist; wenige wagen zu hoffen, daß sie einmal dem Menschen ganz unterworfen sein wird. Da sind die Elemente, die jedem menschlichen Zwang zu spotten scheinen, die Erde, die bebt, zerreißt, alles Menschliche und Menschenwerk begräbt, das Wasser, das im Aufruhr alles überflutet und ersäuft, der Sturm, der es wegbläst, da sind die Krankheiten, die wir erst seit kurzem als die Angriffe anderer Lebewesen erkennen, endlich das schmerzliche Rätsel des Todes, gegen den bisher kein Kräutlein gefunden wurde und wahrscheinlich keines gefunden werden wird. Mit diesen Gewalten steht die Natur wider uns auf, großartig, grausam, unerbittlich, rückt uns wieder unsere Schwäche und Hilflosigkeit vor Augen, der wir uns durch die Kulturarbeit zu entziehen gedachten. Es ist einer der wenigen erfreulichen und erhebenden Eindrücke, die man von der Menschheit haben kann, wenn sie angesichts einer Elementarkatastrophe ihrer Kulturzerfahrenheit, aller inneren Schwierigkeiten und Feindseligkeiten vergißt und sich der großen gemeinsamen Aufgabe, ihrer Erhaltung gegen die Übermacht der Natur, erinnert.

Wie für die Menschheit im ganzen, so ist für den Einzelnen das Leben schwer zu ertragen. Ein Stück Entbehrung legt ihm die Kultur auf, an der er Teil hat, ein Maß Leiden bereiten ihm die anderen Menschen, entweder trotz der Kulturvorschriften oder infolge der Unvollkommenheit dieser Kultur. Dazu kommt, was ihm die unbezwungene Natur — er nennt es Schicksal — an Schädigung zufügt. Ein ständiger ängstlicher Erwartungszustand und eine schwere Kränkung des natürlichen Narzißmus sollte die Folge dieses Zustandes sein. Wie der Einzelne gegen die Schädigungen durch die Kultur und die Anderen reagiert, wissen wir bereits, er entwickelt ein entsprechendes Maß von Widerstand gegen die Einrichtungen dieser Kultur, von Kulturfeindschaft. Aber wie setzt er sich gegen die Übermächte der Natur, des Schicksals, zur Wehr, die ihm wie allen anderen drohen?

Die Kultur nimmt ihm diese Leistung ab, sie besorgt sie für alle in gleicher Weise, es ist auch bemerkenswert, daß so ziemlich alle Kulturen hierin das gleiche tun. Sie macht nicht etwa halt in der Erledigung ihrer Aufgabe, den Menschen gegen die Natur zu verteidigen, sie setzt sie nur mit anderen Mitteln fort. Die Aufgabe ist hier eine mehrfache, das schwer bedrohte Selbstgefühl des

Menschen verlangt nach Trost, der Welt und dem Leben sollen ihre Schrecken genommen werden, nebenbei will auch die Wißbegierde der Menschen, die freilich von dem stärksten praktischen Interesse angetrieben wird, eine Antwort haben.

Mit dem ersten Schritt ist bereits sehr viel gewonnen. Und dieser ist, die Natur zu vermenschlichen. An die unpersönlichen Kräfte und Schicksale kann man nicht heran, sie bleiben ewig fremd. Aber wenn in den Elementen Leidenschaften toben wie in der eigenen Seele, wenn selbst der Tod nichts Spontanes ist, sondern die Gewalttat eines bösen Willens, wenn man überall in der Natur Wesen um sich hat, wie man sie aus der eigenen Gesellschaft kennt, dann atmet man auf, fühlt sich heimisch im Unheimlichen, kann seine sinnlose Angst psychisch bearbeiten. Man ist vielleicht noch wehrlos, aber nicht mehr hilflos gelähmt, man kann zum mindesten reagieren, ja vielleicht ist man nicht einmal wehrlos, man kann gegen diese gewalttätigen Übermenschen draußen dieselben Mittel in Anwendung bringen, deren man sich in seiner Gesellschaft bedient, kann versuchen, sie zu beschwören, beschwichtigen, bestechen, raubt ihnen durch solche Beeinflussung einen Teil ihrer Macht. Solch ein Ersatz einer Naturwissenschaft durch Psychologie schafft nicht bloß sofortige Erleichterung, er zeigt auch den Weg zu einer weiteren Bewältigung der Situation.

Denn diese Situation ist nichts Neues, sie hat ein infantiles Vorbild, ist eigentlich nur die Fortsetzung des früheren, denn in solcher Hilflosigkeit hatte man sich schon einmal befunden, als kleines Kind einem Elternpaar gegenüber, das man Grund hatte zu fürchten, zumal den Vater, dessen Schutzes man aber auch sicher war gegen die Gefahren, die man damals kannte. So lag es nahe, die beiden Situationen einander anzugleichen. Auch kam wie im Traumleben der Wunsch dabei auf seine Rechnung. Eine Todesahnung befällt den Schlafenden, will ihn in das Grab versetzen, aber die Traumarbeit weiß die Bedingung auszuwählen, unter der auch dies gefürchtete Ereignis zur Wunscherfüllung wird; der Träumer sieht sich in einem alten Etruskergrab, in das er selig über die Befriedigung seiner archäologischen Interessen hinabgestiegen war. Ähnlich macht der Mensch die Naturkräfte nicht einfach zu Menschen, mit denen er wie mit seinesgleichen verkehren kann, das würde auch dem überwältigenden Eindruck nicht gerecht werden, den er von ihnen hat, sondern er gibt ihnen Vatercharakter, macht sie zu Göttern, folgt dabei nicht nur einem infantilen, sondern auch, wie ich versucht habe zu zeigen, einem phylogenetischen Vorbild.

Mit der Zeit werden die ersten Beobachtungen von Regel- und Gesetzmäßigkeit an den Naturerscheinungen gemacht, die Naturkräfte verlieren damit ihre menschlichen Züge. Aber die Hilflosigkeit der Menschen bleibt und damit ihre Vatersehnsucht und die Götter. Die Götter behalten ihre dreifache Aufgabe, die Schrecken der Natur zu bannen, mit der Grausamkeit des Schicksals, besonders wie es sich im Tode zeigt, zu versöhnen und für die Leiden und Entbehrungen zu entschädigen, die dem Menschen durch das kulturelle Zusammenleben auferlegt werden.

Aber allmählich verschiebt sich innerhalb dieser Leistungen der Akzent. Man merkt, daß die Naturerscheinungen sich nach inneren Notwendigkeiten von selbst abwickeln; gewiß sind die Götter die Herren der Natur, sie haben sie so eingerichtet und können sie nun sich selbst überlassen. Nur gelegentlich greifen sie in den sogenannten Wundern in ihren Lauf ein, wie um zu versichern, daß sie von ihrer ursprünglichen Machtsphäre nichts aufgegeben haben. Was die Austeilung der Schicksale betrifft, so bleibt eine unbehagliche Ahnung bestehen, daß der Rat- und Hilflosigkeit des Menschengeschlechts nicht abgeholfen werden kann. Hier versagen die Götter am ehesten; wenn sie selbst das Schicksal machen, so muß man ihren Ratschluß unerforschlich heißen; dem begabtesten Volk des Altertums dämmert die Einsicht, daß die *Moira* über den Göttern steht und daß die Götter selbst ihre Schicksale haben. Und je mehr die Natur selbständig wird, die Götter sich von ihr zurückziehen, desto ernsthafter drängen alle Erwar-

tungen auf die dritte Leistung, die ihnen zugewiesen ist, desto
mehr wird das Moralische ihre eigentliche Domäne. Göttliche
Aufgabe wird es nun, die Mängel und Schäden der Kultur aus-
zugleichen, die Leiden in acht zu nehmen, die die Menschen im
Zusammenleben einander zufügen, über die Ausführung der Kulturvorschriften zu wachen, die die Menschen so schlecht befolgen.
Den Kulturvorschriften selbst wird göttlicher Ursprung zugesprochen,
sie werden über die menschliche Gesellschaft hinausgehoben, auf
Natur und Weltgeschehen ausgedehnt.

So wird ein Schatz von Vorstellungen geschaffen, geboren aus
dem Bedürfnis, die menschliche Hilflosigkeit erträglich zu machen,
erbaut aus dem Material der Erinnerungen an die Hilflosigkeit
der eigenen und der Kindheit des Menschengeschlechts. Es ist
deutlich erkennbar, daß dieser Besitz den Menschen nach zwei
Richtungen beschützt, gegen die Gefahren der Natur und des
Schicksals und gegen die Schädigungen aus der menschlichen
Gesellschaft selbst. Im Zusammenhang lautet es: das Leben in
dieser Welt dient einem höheren Zweck, der zwar nicht leicht
zu erraten ist, aber gewiß eine Vervollkommnung des menschlichen
Wesens bedeutet. Wahrscheinlich soll das Geistige des Menschen,
die Seele, die sich im Lauf der Zeiten so langsam und wider-
strebend vom Körper getrennt hat, das Objekt dieser Erhebung
und Erhöhung sein. Alles, was in dieser Welt vor sich geht, ist
Ausführung der Absichten einer uns überlegenen Intelligenz, die,
wenn auch auf schwer zu verfolgenden Wegen und Umwegen,
schließlich alles zum Guten, d. h. für uns Erfreulichen, lenkt. Über
jedem von uns wacht eine gütige, nur scheinbar gestrenge Vorsehung, die nicht zuläßt, daß wir zum Spielball der überstarken
und schonungslosen Naturkräfte werden; der Tod selbst ist keine
Vernichtung, keine Rückkehr zum anorganisch Leblosen, sondern
der Anfang einer neuen Art von Existenz, die auf dem Wege der
Höherentwicklung liegt. Und nach der anderen Seite gewendet,
dieselben Sittengesetze, die unsere Kulturen aufgestellt haben, be-

herrschen auch alles Weltgeschehen, nur werden sie von einer
höchsten richterlichen Instanz mit ungleich mehr Macht und Konsequenz behütet. Alles Gute findet endlich seinen Lohn, alles Böse
seine Strafe, wenn nicht schon in dieser Form des Lebens, so in
den späteren Existenzen, die nach dem Tod beginnen. Somit sind
alle Schrecken, Leiden und Härten des Lebens zur Austilgung bestimmt; das Leben nach dem Tode, das unser irdisches Leben
fortsetzt, wie das unsichtbare Stück des Spektrums dem sichtbaren
angefügt ist, bringt all die Vollendung, die wir hier vielleicht vermißt haben. Und die überlegene Weisheit, die diesen Ablauf lenkt,
die Allgüte, die sich in ihm äußert, die Gerechtigkeit, die sich in
ihm durchsetzt, das sind die Eigenschaften der göttlichen Wesen,
die auch uns und die Welt im ganzen geschaffen haben. Oder
vielmehr des einen göttlichen Wesens, zu dem sich in unserer
Kultur alle Götter der Vorzeiten verdichtet haben. Das Volk, dem
zuerst solche Konzentrierung der göttlichen Eigenschaften gelang,
war nicht wenig stolz auf diesen Fortschritt. Es hatte den väterlichen Kern, der von jeher hinter jeder Gottesgestalt verborgen
war, freigelegt; im Grunde war es eine Rückkehr zu den historischen Anfängen der Gottesidee. Nun, da Gott ein Einziger war,
konnten die Beziehungen zu ihm die Innigkeit und Intensität des kindlichen Verhältnisses zum Vater wiedergewinnen. Wenn man soviel
für den Vater getan hatte, wollte man aber auch belohnt werden,
zum mindesten das einziggeliebte Kind sein, das auserwählte Volk.
Sehr viel später erhebt das fromme Amerika den Anspruch, *„God's
own country"* zu sein, und für eine der Formen, unter denen
die Menschen die Gottheit verehren, trifft es auch zu.

Die religiösen Vorstellungen, die vorhin zusammengefaßt wurden,
haben natürlich eine lange Entwicklung durchgemacht, sind von
verschiedenen Kulturen in verschiedenen Phasen festgehalten worden.
Ich habe eine einzelne solche Entwicklungsphase herausgegriffen,
die etwa der Endgestaltung in unserer heutigen weißen, christlichen Kultur entspricht. Es ist leicht zu bemerken, daß nicht

alle Stücke dieses Ganzen gleich gut zueinander stimmen, daß nicht alle dringenden Fragen beantwortet werden, daß der Widerspruch der täglichen Erfahrung nur mit Mühe abgewiesen werden kann. Aber so wie sie sind, werden diese Vorstellungen — die im weitesten Sinn religiösen — als der kostbarste Besitz der Kultur eingeschätzt, als das Wertvollste, was sie ihren Teilnehmern zu bieten hat, weit höher geschätzt als alle Künste, der Erde ihre Schätze zu entlocken, die Menschheit mit Nahrung zu versorgen oder ihren Krankheiten vorzubeugen usw. Die Menschen meinen, das Leben nicht ertragen zu können, wenn sie diesen Vorstellungen nicht den Wert beilegen, der für sie beansprucht wird. Und nun ist die Frage, was sind diese Vorstellungen im Lichte der Psychologie, woher beziehen sie ihre Hochschätzung und um schüchtern fortzusetzen: was ist ihr wirklicher Wert?

## IV

Eine Untersuchung, die ungestört fortschreitet wie ein Monolog, ist nicht ganz ungefährlich. Man gibt zu leicht der Versuchung nach, Gedanken zur Seite zu schieben, die sie unterbrechen wollen, und tauscht dafür ein Gefühl von Unsicherheit ein, das man am Ende durch allzu große Entschiedenheit übertönen will. Ich stelle mir also einen Gegner vor, der meine Ausführungen mit Mißtrauen verfolgt, und lasse ihn von Stelle zu Stelle zu Worte kommen.

Ich höre ihn sagen: „Sie haben wiederholt die Ausdrücke gebraucht: die Kultur schafft diese religiösen Vorstellungen, die Kultur stellt sie ihren Teilnehmern zur Verfügung, daran klingt etwas befremdend; ich könnte selbst nicht sagen warum, es hört sich nicht so selbstverständlich an, wie daß die Kultur Anordnungen geschaffen hat über die Verteilung des Arbeitsertrags oder über die Rechte an Weib und Kind."

Ich meine aber doch, daß man berechtigt ist, sich so auszudrücken. Ich habe versucht zu zeigen, daß die religiösen Vorstellungen aus demselben Bedürfnis hervorgegangen sind wie alle anderen Errungenschaften der Kultur, aus der Notwendigkeit, sich gegen die erdrückende Übermacht der Natur zu verteidigen. Dazu kam ein zweites Motiv, der Drang, die peinlich verspürten Unvollkommenheiten der Kultur zu korrigieren. Es ist auch besonders zutreffend zu sagen, daß die Kultur dem Einzelnen diese Vorstellungen schenkt, denn er findet sie vor, sie werden ihm fertig entgegengebracht, er wäre nicht imstande, sie allein zu finden. Es ist die Erbschaft vieler Generationen, in die er eintritt, die er übernimmt wie das Einmaleins, die Geometrie u. a. Es gibt hierbei freilich einen Unterschied, aber der liegt anderswo, kann jetzt noch nicht beleuchtet werden. An dem Gefühl von Befremdung, das Sie erwähnen, mag es Anteil haben, daß man uns diesen Besitz von religiösen Vorstellungen als göttliche Offenbarung vorzuführen pflegt. Allein das ist selbst schon ein Stück des religiösen Systems, vernachlässigt ganz die uns bekannte historische Entwicklung dieser Ideen und ihre Verschiedenheiten in verschiedenen Zeiten und Kulturen.

„Ein anderer Punkt, der mir wichtiger erscheint. Sie lassen die Vermenschlichung der Natur aus dem Bedürfnis hervorgehen, der menschlichen Rat- und Hilflosigkeit gegen deren gefürchtete Kräfte ein Ende zu machen, sich in Beziehung zu ihnen zu setzen und sie endlich zu beeinflussen. Aber ein solches Motiv scheint überflüssig zu sein. Der primitive Mensch hat ja keine Wahl, keinen anderen Weg des Denkens. Es ist ihm natürlich, wie eingeboren, daß er sein Wesen in die Welt hinausprojiziert, alle Vorgänge, die er beobachtet, als Äußerungen von Wesen ansieht, die im Grunde ähnlich sind wie er selbst. Es ist das die einzige Methode seines Begreifens. Und es ist keineswegs selbstverständlich, viel mehr ein merkwürdiges Zusammentreffen, wenn es ihm gelingen sollte, durch solches Gewährenlassen seiner natürlichen Anlage eines seiner großen Bedürfnisse zu befriedigen."

Ich finde das nicht so auffällig. Meinen Sie denn, daß das
Denken der Menschen keine praktischen Motive kennt, bloß der
Ausdruck einer uneigennützigen Wißbegierde ist? Das ist doch
sehr unwahrscheinlich. Eher glaube ich, daß der Mensch, auch
wenn er die Naturkräfte personifiziert, einem infantilen Vorbild
folgt. Er hat an den Personen seiner ersten Umgebung gelernt,
daß, wenn er eine Relation zu ihnen herstellt, dies der Weg ist,
um sie zu beeinflussen, und darum behandelt er später in der
gleichen Absicht alles andere, was ihm begegnet, wie jene Personen.
Ich widerspreche also Ihrer deskriptiven Bemerkung nicht, es ist
wirklich dem Menschen natürlich, alles zu personifizieren, was er
begreifen will, um es später zu beherrschen, — die psychische
Bewältigung als Vorbereitung zur physischen, — aber ich gebe
Motiv und Genese dieser Eigentümlichkeit des menschlichen
Denkens dazu.

„Und jetzt noch ein drittes: Sie haben ja den Ursprung der
Religion früher einmal behandelt, in Ihrem Buch ‚Totem und
Tabu'. Aber dort sieht es anders aus. Alles ist das Sohn-Vater-
Verhältnis, Gott ist der erhöhte Vater, die Vatersehnsucht ist die
Wurzel des religiösen Bedürfnisses. Seither, scheint es, haben Sie
das Moment der menschlichen Ohnmacht und Hilflosigkeit entdeckt,
dem ja allgemein die größte Rolle bei der Religionsbildung
zugeschrieben wird, und nun schreiben Sie alles auf Hilflosigkeit
um, was früher Vaterkomplex war. Darf ich Sie um Auskunft
über diese Wandlung bitten?"

Gern, ich wartete nur auf diese Aufforderung. Wenn es wirklich
eine Wandlung ist. In „Totem und Tabu" sollte nicht die Entstehung der Religionen erklärt werden, sondern nur die des
Totemismus. Können Sie von irgendeinem der Ihnen bekannten
Standpunkte verständlich machen, daß die erste Form, in der sich
die schützende Gottheit dem Menschen offenbarte, die tierische
war, daß ein Verbot bestand, dieses Tier zu töten und zu verzehren,
und doch die feierliche Sitte, es einmal im Jahr gemeinsam zu

töten und zu verzehren? Gerade das hat im Totemismus statt. Und es ist kaum zweckmäßig, darüber zu streiten, ob man den Totemismus eine Religion heißen soll. Er hat innige Beziehungen zu den späteren Gottesreligionen, die Totemtiere werden zu den heiligen Tieren der Götter. Und die ersten, aber tiefgehendsten, sittlichen Beschränkungen — das Mord- und das Inzestverbot — entstehen auf dem Boden des Totemismus. Ob Sie nun die Folgerungen von „Totem und Tabu" annehmen oder nicht, ich hoffe, Sie werden zugeben, daß in dem Buch eine Anzahl von sehr merkwürdigen versprengten Tatsachen zu einem konsistenten Ganzen zusammengefaßt ist.

Warum der tierische Gott auf die Dauer nicht genügte und durch den menschlichen abgelöst wurde, das ist in „Totem und Tabu" kaum gestreift worden, andere Probleme der Religionsbildung finden dort überhaupt keine Erwähnung. Halten Sie solche Beschränkung für identisch mit einer Verleugnung? Meine Arbeit ist ein gutes Beispiel von strenger Isolierung des Anteils, den die psychoanalytische Betrachtung zur Lösung des religiösen Problems leisten kann. Wenn ich jetzt versuche, das andere, weniger tief Versteckte hinzuzufügen, so sollen Sie mich nicht des Widerspruchs beschuldigen wie früher der Einseitigkeit. Es ist natürlich meine Aufgabe, die Verbindungswege zwischen dem früher Gesagten und dem jetzt Vorgebrachten, der tieferen und der manifesten Motivierung, dem Vaterkomplex und der Hilflosigkeit und Schutzbedürftigkeit des Menschen aufzuzeigen.

Diese Verbindungen sind nicht schwer zu finden. Es sind die Beziehungen der Hilflosigkeit des Kindes zu der sie fortsetzenden des Erwachsenen, so daß, wie zu erwarten stand, die psychoanalytische Motivierung der Religionsbildung der infantile Beitrag zu ihrer manifesten Motivierung wird. Versetzen wir uns in das Seelenleben des kleinen Kindes. Sie erinnern sich an die Objektwahl nach dem Anlehnungstypus, von dem die Analyse spricht? Die Libido folgt den Wegen der narzißtischen Bedürfnisse und heftet

sich an die Objekte, welche deren Befriedigung versichern. So
wird die Mutter, die den Hunger befriedigt, zum ersten Liebesobjekt und gewiß auch zum ersten Schutz gegen alle die unbestimmten, in der Außenwelt drohenden Gefahren, zum ersten
Angstschutz, dürfen wir sagen.

In dieser Funktion wird die Mutter bald von dem stärkeren
Vater abgelöst, dem sie nun über die ganze Kindheit verbleibt.
Das Verhältnis zum Vater ist aber mit einer eigentümlichen Ambivalenz behaftet. Er war selbst eine Gefahr, vielleicht von dem
früheren Verhältnis zur Mutter her. So fürchtet man ihn nicht
minder, als man sich nach ihm sehnt und ihn bewundert. Die
Anzeichen dieser Ambivalenz des Vaterverhältnisses sind allen
Religionen tief eingeprägt, wie auch in „Totem und Tabu" ausgeführt wird. Wenn nun der Heranwachsende merkt, daß es ihm
bestimmt ist, immer ein Kind zu bleiben, daß er des Schutzes
gegen fremde Übermächte nie entbehren kann, verleiht er diesen
die Züge der Vatergestalt, er schafft sich die Götter, vor denen
er sich fürchtet, die er zu gewinnen sucht und denen er doch
seinen Schutz überträgt. So ist das Motiv der Vatersehnsucht
identisch mit dem Bedürfnis nach Schutz gegen die Folgen der
menschlichen Ohnmacht; die Abwehr der kindlichen Hilflosigkeit
verleiht der Reaktion auf die Hilflosigkeit, die der Erwachsene
anerkennen muß, eben der Religionsbildung, ihre charakteristischen
Züge. Aber es ist nicht unsere Absicht, die Entwicklung der Gottesidee weiter zu erforschen; wir haben es hier mit dem fertigen
Schatz von religiösen Vorstellungen zu tun, wie ihn die Kultur
dem Einzelnen übermittelt.

V

Um den Faden der Untersuchung wieder aufzunehmen: Welches
ist also die psychologische Bedeutung der religiösen Vorstellungen,
als was können wir sie klassifizieren? Die Frage ist zunächst gar

nicht leicht zu beantworten. Nach Abweisung verschiedener Formulierungen wird man bei der einen stehen bleiben: Es sind Lehrsätze, Aussagen über Tatsachen und Verhältnisse der äußeren (oder inneren) Realität, die etwas mitteilen, was man selbst nicht gefunden hat und die beanspruchen, daß man ihnen Glauben schenkt. Da sie Auskunft geben über das für uns Wichtigste und Interessanteste im Leben, werden sie besonders hochgeschätzt. Wer nichts von ihnen weiß, ist sehr unwissend; wer sie in sein Wissen aufgenommen hat, darf sich für sehr bereichert halten.

Es gibt natürlich viele solche Lehrsätze über die verschiedenartigsten Dinge dieser Welt. Jede Schulstunde ist voll von ihnen. Wählen wir die geographische. Wir hören da: Konstanz liegt am Bodensee. Ein Studentenlied setzt hinzu: Wer's nicht glaubt, geh' hin und seh'. Ich war zufällig dort und kann bestätigen, die schöne Stadt liegt am Ufer eines weiten Gewässers, das alle Umwohnenden Bodensee heißen. Ich bin jetzt auch von der Richtigkeit dieser geographischen Behauptung vollkommen überzeugt. Dabei erinnere ich mich an ein anderes, sehr merkwürdiges Erlebnis. Ich war schon ein gereifter Mann, als ich zum erstenmal auf dem Hügel der athenischen Akropolis stand, zwischen den Tempelruinen, mit dem Blick aufs blaue Meer. In meine Beglückung mengte sich ein Gefühl von Erstaunen, das mir die Deutung eingab: Also ist das wirklich so, wie wir's in der Schule gelernt hatten! Was für seichten und kraftlosen Glauben an die reale Wahrheit des Gehörten muß ich damals erworben haben, wenn ich heute so erstaunt sein kann! Aber ich will die Bedeutung dieses Erlebnisses nicht zu sehr betonen; es ist noch eine andere Erklärung meines Erstaunens möglich, die mir damals nicht einfiel, die durchaus subjektiver Natur ist und mit der Besonderheit des Ortes zusammenhängt.

Alle solche Lehrsätze verlangen also Glauben für ihre Inhalte, aber nicht ohne ihren Anspruch zu begründen. Sie geben sich als das abgekürzte Resultat eines längeren, auf Beobachtung, gewiß auch Schlußfolgerung gegründeten Denkprozesses; wer die Absicht hat, diesen Prozeß selbst durchzumachen, anstatt sein Ergebnis anzunehmen, dem zeigen sie den Weg dazu. Es wird immer auch hinzugesetzt, woher man die Kenntnis hat, die der Lehrsatz verkündet, wo er nicht, wie bei geographischen Behauptungen, selbstverständlich ist. Zum Beispiel die Erde hat die Gestalt einer Kugel; als Beweise dafür werden angeführt der Foucaultsche Pendelversuch, das Verhalten des Horizonts, die Möglichkeit, die Erde zu umschiffen. Da es, wie alle Beteiligten einsehen, untunlich ist, alle Schulkinder auf Erdumseglungen zu schicken, bescheidet man sich damit, die Lehren der Schule auf „Treu und Glauben" annehmen zu lassen, aber man weiß, der Weg zur persönlichen Überzeugung bleibt offen.

Versuchen wir die religiösen Lehrsätze mit demselben Maß zu messen. Wenn wir die Frage aufwerfen, worauf sich ihr Anspruch gründet, geglaubt zu werden, erhalten wir drei Antworten, die merkwürdig schlecht zusammenstimmen. Erstens, sie verdienen Glauben, weil schon unsere Urväter sie geglaubt haben, zweitens besitzen wir Beweise, die uns aus eben dieser Vorzeit überliefert sind, und drittens ist es überhaupt verboten, die Frage nach dieser Beglaubigung aufzuwerfen. Dies Unterfangen wurde früher mit den allerhärtesten Strafen belegt und noch heute sieht es die Gesellschaft ungern, daß jemand es erneuert.

Dieser dritte Punkt muß unsere stärksten Bedenken wecken. Ein solches Verbot kann doch nur die eine Motivierung haben, daß die Gesellschaft die Unsicherheit des Anspruchs sehr wohl kennt, den sie für ihre religiösen Lehren erhebt. Wäre es anders, so würde sie gewiß jedem, der sich selbst eine Überzeugung schaffen will, das Material dazu bereitwilligst zur Verfügung stellen. Wir gehen darum mit einem nicht leicht zu beschwichtigenden Mißtrauen an die Prüfung der beiden anderen Beweisgründe. Wir sollen glauben, weil unsere Urväter geglaubt haben. Aber diese unsere Ahnen waren weit unwissender als wir, sie haben an Dinge geglaubt, die wir heute unmöglich annehmen können. Die Möglichkeit regt sich, daß auch die religiösen Lehren von solcher Art sein könnten. Die Beweise, die sie uns hinterlassen haben, sind in Schriften niedergelegt, die selbst alle Charaktere der Unzuverlässigkeit an sich tragen. Sie sind widerspruchsvoll, überarbeitet, verfälscht; wo sie von tatsächlichen Beglaubigungen berichten, selbst unbeglaubigt. Es hilft nicht viel, wenn für ihren Wortlaut oder auch nur für ihren Inhalt die Herkunft von göttlicher Offenbarung behauptet wird, denn diese Behauptung ist bereits selbst ein Stück jener Lehren, die auf ihre Glaubwürdigkeit untersucht werden sollen, und kein Satz kann sich doch selbst beweisen.

So kommen wir zu dem sonderbaren Ergebnis, daß gerade diejenigen Mitteilungen unseres Kulturbesitzes, die die größte Bedeutung für uns haben könnten, denen die Aufgabe zugeteilt ist, uns die Rätsel der Welt aufzuklären und uns mit den Leiden des Lebens zu versöhnen, daß gerade sie die allerschwächste Beglaubigung haben. Wir würden uns nicht entschließen können, eine für uns so gleichgiltige Tatsache anzunehmen, wie daß Walfische Junge gebären anstatt Eier abzulegen, wenn sie nicht besser erweisbar wäre.

Dieser Sachverhalt ist an sich ein sehr merkwürdiges psychologisches Problem. Auch möge niemand glauben, daß die vorstehenden Bemerkungen über die Unbeweisbarkeit der religiösen Lehren etwas Neues enthalten. Sie ist zu jeder Zeit verspürt worden, gewiß auch von den Urahnen, die solche Erbschaft hinterlassen haben. Wahrscheinlich haben viele von ihnen dieselben Zweifel genährt wie wir, es lastete aber ein zu starker Druck auf ihnen, als daß sie gewagt hätten, dieselben zu äußern. Und seither haben sich unzählige Menschen mit den nämlichen Zweifeln gequält, die sie unterdrücken wollten, weil sie sich für verpflichtet hielten zu glauben, sind viele glänzende Intellekte an diesem Konflikt gescheitert, haben viele Charaktere an den Kompromissen Schaden gelitten, in denen sie einen Ausweg suchten.

Wenn alle Beweise, die man für die Glaubwürdigkeit der religiösen Lehrsätze vorbringt, aus der Vergangenheit stammen,

so liegt es nahe umzuschauen, ob nicht die besser zu beurteilende
Gegenwart auch solche Beweise liefern kann. Wenn es gelänge,
nur ein einzelnes Stück des religiösen Systems solcher Art dem
Zweifel zu entziehen, so würde dadurch das Ganze außerordentlich
an Glaubhaftigkeit gewinnen. Hier setzt die Tätigkeit der Spiritisten
ein, die von der Fortdauer der individuellen Seele überzeugt sind
und uns diesen einen Satz der religiösen Lehre zweifelsfrei demonstrieren wollen. Es gelingt ihnen leider nicht zu widerlegen, daß
die Erscheinungen und Äußerungen ihrer Geister nur Produktionen ihrer eigenen Seelentätigkeit sind. Sie haben die Geister
der größten Menschen, der hervorragendsten Denker zitiert, aber
alle Äußerungen und Auskünfte, die sie von ihnen erhielten,
waren so albern, so trostlos nichtssagend, daß man nichts anderes
glaubwürdig finden kann als die Fähigkeit der Geister, sich dem
Kreis von Menschen anzupassen, der sie heraufbeschwört.

Man muß nun zweier Versuche gedenken, die den Eindruck
krampfhafter Bemühung machen, dem Problem zu entgehen. Der
eine, gewaltsamer Natur, ist alt, der andere subtil und modern.
Der erstere ist das *Credo quia absurdum* des Kirchenvaters. Das
will besagen, die religiösen Lehren sind den Ansprüchen der
Vernunft entzogen, sie stehen über der Vernunft. Man muß ihre
Wahrheit innerlich verspüren, braucht sie nicht zu begreifen.
Allein dieses *Credo* ist nur als Selbstbekenntnis interessant, als
Machtspruch ist es ohne Verbindlichkeit. Soll ich verpflichtet
werden, jede Absurdität zu glauben? Und wenn nicht, warum
gerade diese? Es gibt keine Instanz über der Vernunft. Wenn die
Wahrheit der religiösen Lehren abhängig ist von einem inneren
Erlebnis, das diese Wahrheit bezeugt, was macht man mit den
vielen Menschen, die solch ein seltenes Erlebnis nicht haben?
Man kann von allen Menschen verlangen, daß sie die Gabe der
Vernunft anwenden, die sie besitzen, aber man kann nicht eine
für alle giltige Verpflichtung auf ein Motiv aufbauen, das nur
bei ganz wenigen existiert. Wenn der Eine aus einem ihn

tief ergreifenden ekstatischen Zustand die unerschütterliche Überzeugung von der realen Wahrheit der religiösen Lehren gewonnen hat, was bedeutet das dem Anderen?

Der zweite Versuch ist der der Philosophie des „Als ob". Er führt aus, daß es in unserer Denktätigkeit reichlich Annahmen gibt, deren Grundlosigkeit, ja deren Absurdität wir voll einsehen. Sie werden Fiktionen geheißen, aber aus mannigfachen praktischen Motiven müßten wir uns so benehmen, „als ob" wir an diese Fiktionen glaubten. Dies treffe für die religiösen Lehren wegen ihrer unvergleichlichen Wichtigkeit für die Aufrechterhaltung der menschlichen Gesellschaft zu.[1] Diese Argumentation ist von dem *Credo quia absurdum* nicht weit entfernt. Aber ich meine die Forderung des „Als ob" ist eine solche, wie sie nur ein Philosoph aufstellen kann. Der durch die Künste der Philosophie in seinem Denken nicht beeinflußte Mensch wird sie nie annehmen können, für ihn ist mit dem Zugeständnis der Absurdität, der Vernunftwidrigkeit, alles erledigt. Er kann nicht dazu verhalten werden, gerade in der Behandlung seiner wichtigsten Interessen auf die Sicherheiten zu verzichten, die er sonst für alle seine gewöhnlichen Tätigkeiten verlangt. Ich erinnere mich an eines meiner Kinder, das sich frühzeitig durch eine besondere Betonung der Sachlichkeit auszeichnete. Wenn den Kindern ein Märchen erzählt wurde, dem sie andächtig lauschten, kam er hinzu und fragte: Ist das eine wahre Geschichte? Nachdem man es verneint hatte, zog er mit einer geringschätzigen Miene ab. Es steht zu erwarten, daß sich die Menschen gegen die religiösen Märchen bald ähnlich benehmen werden, trotz der Fürsprache des „Als ob".

---

1) Ich hoffe kein Unrecht zu begehen, wenn ich den Philosophen des „Als ob" eine Ansicht vertreten lasse, die auch anderen Denkern nicht fremd ist. Vgl. H. Vaihinger, Die Philosophie des Als ob. Siebente und achte Auflage 1922, S. 68: „Wir ziehen in den Kreis der Fiktion nicht nur gleichgiltige, theoretische Operationen herein, sondern Begriffsgebilde, welche die edelsten Menschen ersonnen haben, an denen das Herz des edleren Teiles der Menschheit hängt und welche diese sich nicht entreißen läßt. Wir wollen das auch gar nicht tun — als praktische Fiktion lassen wir das alles bestehen, als theoretische Wahrheit aber stirbt es dahin."

Aber sie benehmen sich derzeit noch ganz anders und in vergangenen Zeiten haben die religiösen Vorstellungen trotz ihres unbestreitbaren Mangels an Beglaubigung den allerstärksten Einfluß auf die Menschheit geübt. Das ist ein neues psychologisches Problem. Man muß fragen, worin besteht die innere Kraft dieser Lehren, welchem Umstand verdanken sie ihre von der vernünftigen Anerkennung unabhängige Wirksamkeit?

## VI

Ich meine, wir haben die Antwort auf beide Fragen genügend vorbereitet. Sie ergibt sich, wenn wir die psychische Genese der religiösen Vorstellungen ins Auge fassen. Diese, die sich als Lehrsätze ausgeben, sind nicht Niederschläge der Erfahrung oder Endresultate des Denkens, es sind Illusionen, Erfüllungen der ältesten, stärksten, dringendsten Wünsche der Menschheit; das Geheimnis ihrer Stärke ist die Stärke dieser Wünsche. Wir wissen schon, der schreckende Eindruck der kindlichen Hilflosigkeit hat das Bedürfnis nach Schutz — Schutz durch Liebe — erweckt, dem der Vater abgeholfen hat, die Erkenntnis von der Fortdauer dieser Hilflosigkeit durchs ganze Leben hat das Festhalten an der Existenz eines — aber nun mächtigeren Vaters — verursacht. Durch das gütige Walten der göttlichen Vorsehung wird die Angst vor den Gefahren des Lebens beschwichtigt, die Einsetzung einer sittlichen Weltordnung versichert die Erfüllung der Gerechtigkeitsforderung, die innerhalb der menschlichen Kultur so oft unerfüllt·geblieben ist, die Verlängerung der irdischen Existenz durch ein zukünftiges Leben stellt den örtlichen und zeitlichen Rahmen bei, in dem sich diese Wunscherfüllungen vollziehen sollen. Antworten auf Rätselfragen der menschlichen Wißbegierde, wie nach der Entstehung der Welt und der Beziehung zwischen Körperlichem und Seelischem werden unter den Voraussetzungen dieses Systems entwickelt; es bedeutet eine großartige Erleichterung für die Einzelpsyche, wenn die nie ganz überwundenen Konflikte der Kinderzeit aus dem Vaterkomplex ihr abgenommen und einer von allen angenommenen Lösung zugeführt werden.

Wenn ich sage, das alles sind Illusionen, muß ich die Bedeutung des Wortes abgrenzen. Eine Illusion ist nicht dasselbe wie ein Irrtum, sie ist auch nicht notwendig ein Irrtum. Die Meinung des Aristoteles, daß sich Ungeziefer aus Unrat entwickle, an der das unwissende Volk noch heute festhält, war ein Irrtum, ebenso die einer früheren ärztlichen Generation, daß die *Tabes dorsalis* die Folge von sexueller Ausschweifung sei. Es wäre mißbräuchlich, diese Irrtümer Illusionen zu heißen. Dagegen war es eine Illusion des Kolumbus, daß er einen neuen Seeweg nach Indien entdeckt habe. Der Anteil seines Wunsches an diesem Irrtum ist sehr deutlich. Als Illusion kann man die Behauptung gewisser Nationalisten bezeichnen, die Indogermanen seien die einzige kulturfähige Menschenrasse, oder den Glauben, den erst die Psychoanalyse zerstört hat, das Kind sei ein Wesen ohne Sexualität. Für die Illusion bleibt charakteristisch die Ableitung aus menschlichen Wünschen, sie nähert sich in dieser Hinsicht der psychiatrischen Wahnidee, aber sie scheidet sich, abgesehen von dem komplizierteren Aufbau der Wahnidee, auch von dieser. An der Wahnidee heben wir als wesentlich den Widerspruch gegen die Wirklichkeit hervor, die Illusion muß nicht notwendig falsch, d. h. unrealisierbar oder im Widerspruch mit der Realität sein. Ein Bürgermädchen kann sich z. B. die Illusion machen, daß ein Prinz kommen wird, um sie heimzuholen. Es ist möglich, einige Fälle dieser Art haben sich ereignet. Daß der Messias kommen und ein goldenes Zeitalter begründen wird, ist weit weniger wahrscheinlich; je nach der persönlichen Einstellung des Urteilenden wird er diesen Glauben als Illusion oder als Analogie einer Wahnidee klassifizieren. Beispiele von Illusionen, die sich bewahrheitet haben, sind sonst nicht leicht aufzufinden. Aber die Illusion der Alchimisten, alle Metalle in Gold verwandeln zu können, könnte eine solche sein. Der Wunsch, sehr viel Gold, soviel Gold als möglich zu haben, ist durch unsere heutige Einsicht in die Bedingungen des Reichtums sehr gedämpft, doch hält die Chemie eine Umwandlung der Metalle in Gold nicht mehr für unmöglich. Wir heißen also einen Glauben eine Illusion, wenn sich in seiner Motivierung die Wunscherfüllung vordrängt, und sehen dabei von seinem Verhältnis zur Wirklichkeit ab, ebenso wie die Illusion selbst auf ihre Beglaubigungen verzichtet.

Wenden wir uns nach dieser Orientierung wieder zu den religiösen Lehren, so dürfen wir wiederholend sagen: Sie sind sämtlich Illusionen, unbeweisbar, niemand darf gezwungen werden, sie für wahr zu halten, an sie zu glauben. Einige von ihnen sind so unwahrscheinlich, so sehr im Widerspruch zu allem, was wir mühselig über die Realität der Welt erfahren haben, daß man sie — mit entsprechender Berücksichtigung der psychologischen Unterschiede — den Wahnideen vergleichen kann. Über den Realitätswert der meisten von ihnen kann man nicht urteilen. So wie sie unbeweisbar sind, sind sie auch unwiderlegbar. Man weiß noch zu wenig, um ihnen kritisch näher zu rücken. Die Rätsel der Welt entschleiern sich unserer Forschung nur langsam, die Wissenschaft kann auf viele Fragen heute noch keine Antwort geben. Die wissenschaftliche Arbeit ist aber für uns der einzige Weg, der zur Kenntnis der Realität außer uns führen kann. Es ist wiederum nur Illusion, wenn man von der Intuition und der Selbstversenkung etwas erwartet; sie kann uns nichts geben als — schwer deutbare — Aufschlüsse über unser eigenes Seelenleben, niemals Auskunft über die Fragen, deren Beantwortung der religiösen Lehre so leicht wird. Die eigene Willkür in die Lücke eintreten zu lassen und nach persönlichem Ermessen dies oder jenes Stück des religiösen Systems für mehr oder weniger annehmbar zu erklären, wäre frevelhaft. Dafür sind diese Fragen zu bedeutungsvoll, man möchte sagen: zu heilig.

An dieser Stelle kann man auf den Einwand gefaßt sein: Also, wenn selbst die verbissenen Skeptiker zugeben, daß die Behauptungen der Religion nicht mit dem Verstand zu widerlegen sind, warum soll ich ihnen dann nicht glauben, da sie soviel für sich haben, die Tradition, die Übereinstimmung der Menschen und all das Tröstliche ihres Inhalts? Ja, warum nicht? So wie niemand zum Glauben gezwungen werden kann, so auch niemand zum Unglauben. Aber man gefalle sich nicht in der Selbsttäuschung, daß man mit solchen Begründungen die Wege des korrekten Denkens geht. Wenn die Verurteilung „faule Ausrede" je am Platze war, so hier. Die Unwissenheit ist die Unwissenheit; kein Recht etwas zu glauben, leitet sich aus ihr ab. Kein vernünftiger Mensch wird sich in anderen Dingen so leichtsinnig benehmen und sich mit so armseligen Begründungen seiner Urteile, seiner Parteinahme, zufrieden geben, nur in den höchsten und heiligsten Dingen gestattet er sich das. In Wirklichkeit sind es nur Bemühungen, um sich oder anderen vorzuspiegeln, man halte noch an der Religion fest, während man sich längst von ihr abgelöst hat. Wenn es sich um Fragen der Religion handelt, machen sich die Menschen aller möglichen Unaufrichtigkeiten und intellektuellen Unarten schuldig. Philosophen überdehnen die Bedeutung von Worten, bis diese kaum etwas von ihrem ursprünglichen Sinn übrig behalten, sie heißen irgendeine verschwommene Abstraktion, die sie sich geschaffen haben „Gott", und sind nun auch Deisten, Gottesgläubige, vor aller Welt, können sich selbst rühmen, einen höheren, reineren Gottesbegriff erkannt zu haben, obwohl ihr Gott nur mehr ein wesenloser Schatten ist und nicht mehr die machtvolle Persönlichkeit der religiösen Lehre. Kritiker beharren darauf, einen Menschen, der sich zum Gefühl der menschlichen Kleinheit und Ohnmacht vor dem Ganzen der Welt bekannt, für „tief religiös" zu erklären, obwohl nicht dieses Gefühl das Wesen der Religiosität ausmacht, sondern erst der nächste Schritt, die Reaktion darauf, die gegen dies Gefühl eine Abhilfe sucht. Wer nicht weiter geht, wer sich demütig mit der geringfügigen Rolle des Menschen in der großen Welt bescheidet, der ist vielmehr irreligiös im wahrsten Sinne des Wortes.

Es liegt nicht im Plane dieser Untersuchung, zum Wahrheitswert der religiösen Lehren Stellung zu nehmen. Es genügt uns, sie in ihrer psychologischen Natur als Illusionen erkannt zu haben. Aber wir brauchen nicht zu verhehlen, daß diese Aufdeckung auch unsere Einstellung zu der Frage, die vielen als die wichtigste erscheinen muß, mächtig beeinflußt. Wir wissen ungefähr, zu welchen Zeiten die religiösen Lehren geschaffen worden sind und von was für Menschen. Erfahren wir noch, aus welchen Motiven es geschah, so erfährt unser Standpunkt zum religiösen Problem eine merkliche Verschiebung. Wir sagen uns, es wäre ja sehr schön, wenn es einen Gott gäbe als Weltenschöpfer und gütige Vorsehung, eine sittliche Weltordnung und ein jenseitiges Leben, aber es ist doch sehr auffällig, daß dies alles so ist, wie wir es uns wünschen müssen. Und es wäre noch sonderbarer, daß unseren armen, unwissenden, unfreien Vorvätern die Lösung all dieser schwierigen Welträtsel geglückt sein sollte.

# VII

Wenn wir die religiösen Lehren als Illusionen erkannt haben, erhebt sich sofort die weitere Frage, ob nicht auch anderer Kulturbesitz, den wir hochhalten und von dem wir unser Leben beherrschen lassen, ähnlicher Natur ist. Ob nicht die Voraussetzungen, die unsere staatlichen Einrichtungen regeln, gleichfalls Illusionen genannt werden müssen, ob nicht die Beziehungen der Geschlechter in unserer Kultur durch eine oder eine Reihe von erotischen Illusionen getrübt werden? Ist unser Mißtrauen einmal rege geworden, so werden wir auch vor der Frage nicht zurückschrecken, ob unsere Überzeugung, durch die Anwendung des Beobachtens und Denkens in wissenschaftlicher Arbeit etwas von der äußeren Realität erfahren zu können, eine bessere Begründung hat. Nichts darf uns abhalten, die Wendung der Beobachtung auf unser eigenes Wesen und die Verwendung des Denkens zu seiner eigenen Kritik gutzuheißen. Eine Reihe von Untersuchungen eröffnet sich hier, deren Ausfall entscheidend für den Aufbau einer „Weltanschauung" werden müßte. Wir ahnen auch, daß eine solche Bemühung nicht verschwendet sein und daß sie unserem Argwohn wenigstens teilweise Rechtfertigung bringen wird. Aber das Vermögen des Autors verweigert sich einer so umfassenden Aufgabe, notgedrungen engt er seine Arbeit auf die Verfolgung einer einzigen von diesen Illusionen, eben der religiösen, ein.

Die laute Stimme unseres Gegners gebietet uns nun halt. Wir werden zur Rechenschaft gezogen ob unseres verbotenen Tuns. Er sagt uns:

„Archäologische Interessen sind ja recht lobenswert, aber man stellt keine Ausgrabungen an, wenn man durch sie die Wohnstätten der Lebenden untergräbt, so daß sie einstürzen und die Menschen unter ihren Trümmern verschütten. Die religiösen Lehren sind kein Gegenstand, über den man klügeln kann wie über einen beliebigen anderen. Unsere Kultur ist auf ihnen aufgebaut, die Erhaltung der menschlichen Gesellschaft hat zur Voraussetzung, daß die Menschen in ihrer Überzahl an die Wahrheit dieser Lehren glauben. Wenn man sie lehrt, daß es keinen allmächtigen und allgerechten Gott gibt, keine göttliche Weltordnung und kein künftiges Leben, so werden sie sich aller Verpflichtung zur Befolgung der Kulturvorschriften ledig fühlen. Jeder wird ungehemmt, angstfrei, seinen asozialen, egoistischen Trieben folgen, seine Macht zu betätigen suchen, das Chaos wird wieder beginnen, das wir in vieltausendjähriger Kulturarbeit gebannt haben. Selbst wenn man es wüßte und beweisen könnte, daß die Religion nicht im Besitz der Wahrheit ist, müßte man es verschweigen und sich so benehmen, wie es die Philosophie des ‚Als ob' verlangt. Im Interesse der Erhaltung Aller! Und von der Gefährlichkeit des Unternehmens abgesehen, es ist auch eine zwecklose Grausamkeit. Unzählige Menschen finden in den Lehren der Religion ihren einzigen Trost, können nur durch ihre Hilfe das Leben ertragen.

Man will ihnen diese ihre Stütze rauben und hat ihnen nichts Besseres dafür zu geben. Es ist zugestanden worden, daß die Wissenschaft derzeit nicht viel leistet, aber auch wenn sie viel weiter fortgeschritten wäre, würde sie den Menschen nicht genügen. Der Mensch hat noch andere imperative Bedürfnisse, die nie durch die kühle Wissenschaft befriedigt werden können, und es ist sehr sonderbar, geradezu ein Gipfel der Inkonsequenz, wenn ein Psycholog, der immer betont hat, wie sehr im Leben der Menschen die Intelligenz gegen das Triebleben zurücktritt, sich nun bemüht, den Menschen eine kostbare Wunschbefriedigung zu rauben und sie dafür mit intellektueller Kost entschädigen will."

Das sind viel Anklagen auf einmal! Aber ich bin vorbereitet, ihnen allen zu widersprechen und überdies werde ich die Behauptung vertreten, daß es eine größere Gefahr für die Kultur bedeutet, wenn man ihr gegenwärtiges Verhältnis zur Religion aufrecht hält, als wenn man es löst. Nur weiß ich kaum, womit ich in meiner Erwiderung beginnen soll.

Vielleicht mit der Versicherung, daß ich selbst mein Unternehmen für völlig harmlos und ungefährlich halte. Die Überschätzung des Intellekts ist diesmal nicht auf meiner Seite. Wenn die Menschen so sind, wie die Gegner sie beschreiben, — und ich mag dem nicht widersprechen, — so besteht keine Gefahr, daß ein Frommgläubiger sich, durch meine Ausführungen überwältigt, seinen Glauben entreißen läßt. Außerdem habe ich nichts gesagt, was nicht andere, bessere Männer viel vollständiger, kraftvoller und eindrucksvoller vor mir gesagt haben. Die Namen dieser Männer sind bekannt; ich werde sie nicht anführen, es soll nicht der Anschein geweckt werden, daß ich mich in ihre Reihe stellen will. Ich habe bloß — dies ist das einzig Neue an meiner Darstellung — der Kritik meiner großen Vorgänger etwas psychologische Begründung hinzugefügt. Daß gerade dieser Zusatz die Wirkung erzwingen wird, die den früheren versagt geblieben ist, ist kaum zu erwarten. Freilich könnte man mich jetzt fragen, wozu schreibt man solche Dinge, wenn man ihrer Wirkungslosigkeit sicher ist. Aber darauf kommen wir später zurück.

Der einzige, dem diese Veröffentlichung Schaden bringen kann, bin ich selbst. Ich werde die unliebenswürdigsten Vorwürfe zu hören bekommen wegen Seichtigkeit, Borniertheit, Mangel an Idealismus und an Verständnis für die höchsten Interessen der Menschheit. Aber einerseits sind mir diese Vorhaltungen nicht neu, und anderseits, wenn jemand schon in jungen Jahren sich über das Mißfallen seiner Zeitgenossen hinausgesetzt hat, was soll es ihm im Greisenalter anhaben, wenn er sicher ist, bald jeder Gunst und Mißgunst entrückt zu werden? In früheren Zeiten war es anders, da erwarb man durch solche Äußerungen eine sichere Verkürzung seiner irdischen Existenz und eine gute Beschleunigung der Gelegenheit, eigene Erfahrungen über das jenseitige Leben zu machen. Aber ich wiederhole, jene Zeiten sind vorüber und heute ist solche Schreiberei auch für den Autor ungefährlich. Höchstens daß sein Buch in dem einen oder dem anderen Land nicht übersetzt und nicht verbreitet werden darf. Natürlich gerade in einem Land, das sich des Hochstands seiner Kultur sicher fühlt. Aber wenn man überhaupt für Wunschverzicht und Ergebung in das Schicksal plädiert, muß man auch diesen Schaden ertragen können.

Es tauchte dann bei mir die Frage auf, ob die Veröffentlichung dieser Schrift nicht doch jemand Unheil bringen könnte. Zwar keiner Person, aber einer Sache, der Sache der Psychoanalyse. Es ist ja nicht zu leugnen, daß sie meine Schöpfung ist, man hat ihr reichlich Mißtrauen und Übelwollen bezeigt; wenn ich jetzt mit so unliebsamen Äußerungen hervortrete, wird man für die Verschiebung von meiner Person auf die Psychoanalyse nur allzu bereit sein. Jetzt sieht man, wird es heißen, wohin die Psychoanalyse führt. Die Maske ist gefallen; zur Leugnung von Gott und sittlichem Ideal, wie wir es ja immer vermutet haben. Um uns von der Entdeckung abzuhalten, hat man uns vorgespiegelt, die Psychoanalyse habe keine Weltanschauung und könne keine bilden.

Dieser Lärm wird mir wirklich unangenehm sein, meiner vielen Mitarbeiter wegen, von denen manche meine Einstellung zu den religiösen Problemen überhaupt nicht teilen. Aber die Psychoanalyse hat schon viele Stürme überstanden, man muß sie auch diesem neuen aussetzen. In Wirklichkeit ist die Psychoanalyse eine Forschungsmethode, ein parteiloses Instrument, wie etwa die Infinitesimalrechnung. Wenn ein Physiker mit deren Hilfe herausbekommen sollte, daß die Erde nach einer bestimmten Zeit zugrunde gehen wird, so wird man sich doch bedenken, dem Kalkül selbst destruktive Tendenzen zuzuschreiben und ihn darum zu ächten. Alles, was ich hier gegen den Wahrheitswert der Religionen gesagt habe, brauchte die Psychoanalyse nicht, ist lange vor ihrem Bestand von anderen gesagt worden. Kann man aus der Anwendung der psychoanalytischen Methode ein neues Argument gegen den Wahrheitsgehalt der Religion gewinnen, *tant pis* für die Religion, aber Verteidiger der Religion werden sich mit demselben Recht der Psychoanalyse bedienen, um die affektive Bedeutung der religiösen Lehre voll zu würdigen.

Nun, um in der Verteidigung fortzufahren: die Religion hat der menschlichen Kultur offenbar große Dienste geleistet, zur Bändigung der asozialen Triebe viel beigetragen, aber nicht genug. Sie hat durch viele Jahrtausende die menschliche Gesellschaft beherrscht; hatte Zeit zu zeigen, was sie leisten kann. Wenn es ihr gelungen wäre, die Mehrzahl der Menschen zu beglücken, zu trösten, mit dem Leben auszusöhnen, sie zu Kulturträgern zu machen, so würde es niemand einfallen, nach einer Änderung der bestehenden Verhältnisse zu streben. Was sehen wir anstatt dessen? Daß eine erschreckend große Anzahl von Menschen mit der Kultur unzufrieden und in ihr unglücklich ist, sie als ein Joch empfindet, das man abschütteln muß, daß diese Menschen entweder alle Kräfte an eine Abänderung dieser Kultur setzen, oder in ihrer Kulturfeindschaft so weit gehen, daß sie von Kultur und Triebeinschränkung überhaupt nichts wissen wollen. Man wird uns hier einwerfen, dieser Zustand komme eben daher, daß die Religion einen Teil ihres Einflusses auf die Menschenmassen eingebüßt hat, gerade infolge der bedauerlichen Wirkung der Fortschritte in der Wissenschaft. Wir werden uns dieses Zugeständnis und seine Begründung merken und es später für unsere Absichten verwerten, aber der Einwand selbst ist kraftlos.

Es ist zweifelhaft, ob die Menschen zur Zeit der uneingeschränkten Herrschaft der religiösen Lehren im ganzen glücklicher waren als heute, sittlicher waren sie gewiß nicht. Sie haben es immer verstanden, die religiösen Vorschriften zu veräußerlichen und damit deren Absichten zu vereiteln. Die Priester, die den Gehorsam gegen die Religion zu bewachen hatten, kamen ihnen dabei entgegen. Gottes Güte mußte seiner Gerechtigkeit in den Arm fallen: Man sündigte und dann brachte man Opfer oder tat Buße und dann war man frei, um von neuem zu sündigen. Russische Innerlichkeit hat sich zur Folgerung aufgeschwungen, daß die Sünde unerläßlich sei, um alle Seligkeiten der göttlichen Gnade zu genießen, also im Grunde ein gottgefälliges Werk. Es ist offenkundig, daß die Priester die Unterwürfigkeit der Massen gegen die Religion nur erhalten konnten, indem sie der menschlichen Triebnatur so große Zugeständnisse einräumten. Es blieb dabei: Gott allein ist stark und gut, der Mensch aber schwach und sündhaft. Die Unsittlichkeit hat zu allen Zeiten an der Religion keine mindere Stütze gefunden als die Sittlichkeit. Wenn die Leistungen der Religion in bezug auf die Beglückung der Menschen, ihre Kultureignung und ihre sittliche Beschränkung keine besseren sind, dann erhebt sich doch die Frage, ob wir ihre Notwendigkeit für die Menschheit nicht überschätzen und ob wir weise daran tun, unsere Kulturforderungen auf sie zu gründen.

Man überlege die unverkennbare gegenwärtige Situation. Wir haben das Zugeständnis gehört, daß die Religion nicht mehr denselben Einfluß auf die Menschen hat wie früher. (Es handelt sich hier um die europäisch-christliche Kultur.) Dies nicht darum, weil ihre Versprechungen geringer geworden sind, sondern weil sie den Menschen weniger glaubwürdig erscheinen. Geben wir zu, daß der Grund dieser Wandlung die Erstarkung des wissenschaftlichen Geistes in den Oberschichten der menschlichen Gesellschaft ist. (Es ist vielleicht nicht der einzige.) Die Kritik hat die Beweiskraft der religiösen Dokumente angenagt, die Naturwissenschaft die in ihnen enthaltenen Irrtümer aufgezeigt, der vergleichenden Forschung ist die fatale Ähnlichkeit der von uns verehrten religiösen Vorstellungen mit den geistigen Produktionen primitiver Völker und Zeiten aufgefallen.

Der wissenschaftliche Geist erzeugt eine bestimmte Art, wie man sich zu den Dingen dieser Welt einstellt; vor den Dingen der Religion macht er eine Weile halt, zaudert, endlich tritt er auch hier über die Schwelle. In diesem Prozeß gibt es keine Aufhaltung, je mehr Menschen die Schätze unseres Wissens zugänglich werden, desto mehr verbreitet sich der Abfall vom religiösen Glauben, zuerst nur von den veralteten, anstößigen Einkleidungen desselben, dann aber auch von seinen fundamentalen Voraussetzungen. Die Amerikaner, die den Affenprozeß in Dayton aufgeführt, haben sich allein konsequent gezeigt. Der unvermeidliche Übergang vollzieht sich sonst über Halbheiten und Unaufrichtigkeiten.

Von den Gebildeten und geistigen Arbeitern ist für die Kultur wenig zu befürchten. Die Ersetzung der religiösen Motive für kulturelles Benehmen durch andere weltliche würde bei ihnen geräuschlos vor sich gehen, überdies sind sie zum guten Teil selbst Kulturträger. Anders steht es um die große Masse der Ungebildeten, Unterdrückten, die allen Grund haben, Feinde der Kultur zu sein. Solange sie nicht erfahren, daß man nicht mehr an Gott glaubt, ist es gut. Aber sie erfahren es, unfehlbar, auch wenn diese meine Schrift nicht veröffentlicht wird. Und sie sind bereit, die Resultate des wissenschaftlichen Denkens anzunehmen, ohne daß sich in ihnen die Veränderung eingestellt hätte, welche das wissenschaftliche Denken beim Menschen herbeiführt. Besteht da nicht die Gefahr, daß die Kulturfeindschaft dieser Massen sich auf den schwachen Punkt stürzen wird, den sie an ihrer Zwangsherrin erkannt haben? Wenn man seinen Nebenmenschen nur darum nicht erschlagen darf, weil der liebe Gott es verboten hat und es in diesem oder jenem Leben schwer ahnden wird, man erfährt aber, es gibt keinen lieben Gott, man braucht sich vor seiner Strafe nicht zu fürchten, dann erschlägt man ihn gewiß unbedenklich und kann nur durch irdische Gewalt davon abgehalten werden. Also entweder strengste Niederhaltung dieser gefährlichen Massen, sorgsamste Absperrung von allen Gelegenheiten zur geistigen Erweckung oder gründliche Revision der Beziehung zwischen Kultur und Religion.

## VIII

Man sollte meinen, daß der Ausführung dieses letzteren Vorschlags keine besonderen Schwierigkeiten im Wege stehen. Es ist richtig, daß man dann auf etwas verzichtet, aber man gewinnt vielleicht mehr und vermeidet eine große Gefahr. Aber man schreckt sich davor, als ob man dadurch die Kultur einer noch größeren Gefahr aussetzen würde. Als Sankt Bonifazius den von den Sachsen als heilig verehrten Baum umhieb, erwarteten die Umstehenden ein fürchterliches Ereignis als Folge des Frevels. Es traf nicht ein und die Sachsen nahmen die Taufe an.

Wenn die Kultur das Gebot aufgestellt hat, den Nachbar nicht zu töten, den man haßt, der einem im Wege ist oder dessen Habe man begehrt, so geschah es offenbar im Interesse des menschlichen Zusammenlebens, das sonst undurchführbar wäre. Denn der Mörder würde die Rache der Angehörigen des Ermordeten auf sich ziehen und den dumpfen Neid der anderen, die ebensoviel innere Neigung zu solcher Gewalttat verspüren. Er würde sich also seiner Rache oder seines Raubes nicht lange freuen, sondern hätte alle Aussicht, bald selbst erschlagen zu werden. Selbst wenn er sich durch außerordentliche Kraft und Vorsicht gegen den einzelnen Gegner schützen würde, müßte er einer Vereinigung von Schwächeren unterliegen. Käme eine solche Vereinigung nicht zustande, so würde sich das Morden endlos fortsetzen und das Ende wäre, daß die Menschen sich gegenseitig ausrotteten. Es wäre derselbe Zustand unter Einzelnen, der in Korsika noch unter Familien, sonst aber nur unter Nationen fortbesteht. Die für alle gleiche Gefahr der Lebensunsicherheit einigt nun die Menschen zu einer Gesellschaft, welche dem Einzelnen das Töten verbietet und sich das Recht der gemeinsamen Tötung dessen vorbehält, der das Verbot übertritt. Dies ist dann Justiz und Strafe.

Diese rationelle Begründung des Verbots zu morden teilen wir aber nicht mit, sondern wir behaupten, Gott habe das Verbot erlassen. Wir getrauen uns also seine Absichten zu erraten und finden, auch er will nicht, daß die Menschen einander ausrotten. Indem wir so verfahren, umkleiden wir das Kulturverbot mit einer ganz besonderen Feierlichkeit, riskieren aber dabei, daß wir dessen Befolgung von dem Glauben an Gott abhängig machen. Wenn wir diesen Schritt zurücknehmen, unseren Willen nicht mehr Gott zuschieben und uns mit der sozialen Begründung begnügen, haben wir zwar auf jene Verklärung des Kulturverbots verzichtet, aber auch seine Gefährdung vermieden. Wir gewinnen aber auch etwas anderes. Durch eine Art von Diffusion oder Infektion hat sich der Charakter der Heiligkeit, Unverletzlichkeit, der Jenseitigkeit möchte man sagen, von einigen wenigen großen Verboten auf alle weiteren kulturellen Einrichtungen, Gesetze und Verordnungen ausgebreitet. Diesen steht aber der Heiligenschein oft schlecht zu Gesicht; nicht nur, daß sie einander selbst entwerten, indem sie je nach Zeit und Örtlichkeit entgegengesetzte Entscheidungen treffen, sie tragen auch sonst alle Anzeichen menschlicher Unzulänglichkeit zur Schau. Man erkennt unter ihnen leicht, was nur Produkt einer kurzsichtigen Ängstlichkeit, Äußerung engherziger Interessen oder Folgerung aus unzureichenden Voraussetzungen sein kann. Die Kritik, die man an ihnen üben muß, setzt in unerwünschtem Maße auch den Respekt vor anderen, besser gerechtfertigten Kulturforderungen herab. Da es eine mißliche Aufgabe ist zu scheiden, was Gott selbst gefordert hat und was sich eher von der Autorität eines allvermögenden Parlaments oder eines hohen Magistrats ableitet, wäre es ein unzweifelhafter Vorteil, Gott überhaupt aus dem Spiele zu lassen und ehrlich den rein menschlichen Ursprung aller kulturellen Einrichtungen und Vorschriften einzugestehen. Mit der beanspruchten Heiligkeit würde auch die Starrheit und Unwandelbarkeit dieser Gebote und Gesetze fallen. Die Menschen könnten verstehen, daß diese geschaffen sind, nicht so sehr um sie zu beherrschen, sondern vielmehr um ihren Interessen zu dienen, sie würden ein freundlicheres Verhältnis zu ihnen gewinnen, sich anstatt ihrer Abschaffung nur ihre Verbesserung zum Ziel setzen. Dies wäre ein wichtiger Fortschritt auf dem Wege, der zur Versöhnung mit dem Druck der Kultur führt.

Unser Plaidoyer für eine rein rationelle Begründung der Kulturvorschriften, also für ihre Zurückführung auf soziale Notwendigkeit, wird aber hier plötzlich durch ein Bedenken unterbrochen. Wir haben die Entstehung des Mordverbots zum Beispiel gewählt. Entspricht denn unsere Darstellung davon der historischen Wahrheit? Wir fürchten nein, sie scheint nur eine rationalistische Konstruktion zu sein. Wir haben gerade dieses Stück menschlicher Kulturgeschichte mit Hilfe der Psychoanalyse studiert, und auf diese Bemühung gestützt, müssen wir sagen, in Wirklichkeit war es anders. Rein vernünftige Motive richten noch beim heutigen Menschen wenig gegen leidenschaftliche Antriebe aus; um wieviel ohnmächtiger müssen sie bei jenem Menschentier der Urzeit gewesen sein! Vielleicht würden sich dessen Nachkommen noch heute hemmungslos, einer den andern, erschlagen, wenn unter jenen Mordtaten nicht eine gewesen wäre, der Totschlag des primitiven Vaters, die eine unwiderstehliche, folgenschwere Gefühlsreaktion heraufbeschworen hätte. Von dieser stammt das Gebot: du sollst nicht töten, das im Totemismus auf den Vaterersatz beschränkt war, später auf andere ausgedehnt wurde, noch heute nicht ausnahmslos durchgeführt ist.

Aber jener Urvater ist nach Ausführungen, die ich hier nicht zu wiederholen brauche, das Urbild Gottes gewesen, das Modell, nach dem spätere Generationen die Gottesgestalt gebildet haben. Somit hat die religiöse Darstellung recht, Gott war wirklich an der Entstehung jenes Verbots beteiligt, sein Einfluß, nicht die Einsicht in die soziale Notwendigkeit hat es geschaffen. Und die Verschiebung des menschlichen Willens auf Gott ist vollberechtigt, die Menschen wußten ja, daß sie den Vater gewalttätig beseitigt hatten und in der Reaktion auf ihre Freveltat setzten sie sich vor, seinen Willen fortan zu respektieren. Die religiöse Lehre teilt uns also die historische Wahrheit mit, freilich in einer gewissen Umformung und Verkleidung; unsere rationelle Darstellung verleugnet sie.

Wir bemerken jetzt, daß der Schatz der religiösen Vorstellungen nicht allein Wunscherfüllungen enthält, sondern auch bedeutsame historische Reminiszenzen. Dies Zusammenwirken von Vergangenheit und Zukunft, welch unvergleichliche Machtfülle muß es der Religion verleihen! Aber vielleicht dämmert uns mit Hilfe einer Analogie auch schon eine andere Einsicht. Es ist nicht gut, Begriffe weit weg von dem Boden zu versetzen, auf dem sie erwachsen sind, aber wir müssen der Übereinstimmung Ausdruck geben. Über das Menschenkind wissen wir, daß es seine Entwicklung zur Kultur nicht gut durchmachen kann, ohne durch eine bald mehr, bald minder deutliche Phase von Neurose zu passieren. Das kommt daher, daß das Kind so viele der für später unbrauchbaren Triebansprüche nicht durch rationelle Geistesarbeit unterdrücken kann, sondern durch Verdrängungsakte bändigen muß, hinter denen in der Regel ein Angstmotiv steht. Die meisten dieser Kinderneurosen werden während des Wachstums spontan überwunden, besonders die Zwangsneurosen der Kindheit haben dies Schicksal. Mit dem Rest soll auch noch später die psychoanalytische Behandlung aufräumen. In ganz ähnlicher Weise hätte man anzunehmen, daß die Menschheit als Ganzes in ihrer säkularen Entwicklung in Zustände gerät, welche den Neurosen analog sind, und zwar aus denselben Gründen, weil sie in den Zeiten ihrer Unwissenheit und intellektuellen Schwäche die für das menschliche Zusammenleben unerläßlichen Triebverzichte nur durch rein affektive Kräfte zustande gebracht hat. Die Niederschläge der in der Vorzeit vorgefallenen verdrängungsähnlichen Vorgänge hafteten der Kultur dann noch lange an. Die Religion wäre die allgemein menschliche Zwangsneurose, wie die des Kindes stammte sie aus dem Ödipuskomplex, der Vaterbeziehung. Nach dieser Auffassung wäre vorauszusehen, daß sich die Abwendung von der Religion mit der schicksalsmäßigen Unerbittlichkeit eines Wachstumsvorganges vollziehen muß, und daß wir uns gerade jetzt mitten in dieser Entwicklungsphase befinden.

Unser Verhalten sollte sich dann nach dem Vorbild eines verständigen Erziehers richten, der sich einer bevorstehenden Neugestaltung nicht widersetzt, sondern sie zu fördern und die Gewaltsamkeit ihres Durchbruchs einzudämmen sucht. Das Wesen der Religion ist mit dieser Analogie allerdings nicht erschöpft. Bringt sie einerseits Zwangseinschränkungen, wie nur eine individuelle Zwangsneurose, so enthält sie anderseits ein System von Wunschillusionen mit Verleugnung der Wirklichkeit, wie wir es isoliert nur bei einer Amentia, einer glückseligen halluzinatorischen Verworrenheit, finden. Es sind eben nur Vergleichungen, mit denen wir uns um das Verständnis des sozialen Phänomens bemühen, die Individualpathologie gibt uns kein vollwertiges Gegenstück dazu.

Es ist wiederholt darauf hingewiesen worden (von mir und besonders von Th. Reik), bis in welche Einzelheiten sich die Analogie der Religion mit einer Zwangsneurose verfolgen, wieviel von den Sonderheiten und den Schicksalen der Religionsbildung sich auf diesem Wege verstehen läßt. Es stimmt dazu auch gut, daß der Frommgläubige in hohem Grade gegen die Gefahr gewisser neurotischer Erkrankungen geschützt ist; die Annahme der allgemeinen Neurose überhebt ihn der Aufgabe, eine persönliche Neurose auszubilden.

Die Erkenntnis des historischen Werts gewisser religiöser Lehren steigert unseren Respekt vor ihnen, macht aber unseren Vorschlag, sie aus der Motivierung der kulturellen Vorschriften zurückzuziehen, nicht wertlos. Im Gegenteil! Mit Hilfe dieser historischen Reste hat sich uns die Auffassung der religiösen Lehrsätze als gleichsam neurotischer Relikte ergeben und nun dürfen wir sagen, es ist wahrscheinlich an der Zeit, wie in der analytischen Behandlung des Neurotikers die Erfolge der Verdrängung durch die Ergebnisse der rationellen Geistesarbeit zu ersetzen. Daß es bei dieser Umarbeitung nicht beim Verzicht auf die feierliche Verklärung der kulturellen Vorschriften bleiben wird, daß eine allgemeine Revision derselben für viele die Aufhebung zur Folge haben muß, ist vorauszusehen, aber kaum zu bedauern. Die uns gestellte Aufgabe der Versöhnung der Menschen mit der Kultur wird auf diesem Wege weitgehend gelöst werden. Um den Verzicht auf die historische Wahrheit bei rationeller Motivierung der Kulturvorschriften darf es uns nicht leid tun. Die Wahrheiten, welche die religiösen Lehren enthalten, sind doch so entstellt und systematisch verkleidet, daß die Masse der Menschen sie nicht als Wahrheit erkennen kann. Es ist ein ähnlicher Fall, wie wenn wir dem Kind erzählen, daß der Storch die Neugebornen bringt. Auch damit sagen wir die Wahrheit in symbolischer Verhüllung, denn wir wissen, was der große Vogel bedeutet. Aber das Kind weiß es nicht, es hört nur den Anteil der Entstellung heraus, hält sich für betrogen, und wir wissen, wie oft sein Mißtrauen gegen die Erwachsenen und seine Widersetzlichkeit gerade an diesen Eindruck anknüpft. Wir sind zur Überzeugung gekommen, daß es besser ist, die Mitteilung solcher symbolischer Verschleierungen der Wahrheit zu unterlassen und dem Kind die Kenntnis der realen Verhältnisse in Anpassung an seine intellektuelle Stufe nicht zu versagen.

## IX

„Sie gestatten sich Widersprüche, die schwer miteinander zu vereinbaren sind. Zuerst behaupten Sie, eine Schrift wie die Ihrige sei ganz ungefährlich. Niemand werde sich durch solche Erörterungen seinen religiösen Glauben rauben lassen. Da es aber doch Ihre Absicht ist, diesen Glauben zu stören, wie sich später herausstellt, darf man fragen: warum veröffentlichen Sie sie eigentlich? An einer anderen Stelle geben Sie aber doch zu, daß es gefährlich, ja sogar sehr gefährlich werden kann, wenn jemand erfährt, daß man nicht mehr an Gott glaubt. Er war bis dahin gefügig und nun wirft er den Gehorsam gegen die Kulturvorschriften beiseite. Ihr ganzes Argument, daß die religiöse Motivierung der Kulturgebote eine Gefahr für die Kultur bedeute, ruht ja auf der Annahme, daß der Gläubige zum Ungläubigen gemacht werden kann, das ist doch ein voller Widerspruch."

„Ein anderer Widerspruch ist, wenn Sie einerseits zugeben, der Mensch sei durch Intelligenz nicht zu lenken, er werde durch seine Leidenschaften und Triebansprüche beherrscht, andererseits aber den Vorschlag machen, die affektiven Grundlagen seines Kulturgehorsams durch rationelle zu ersetzen. Das verstehe wer kann. Mir scheint es entweder das eine oder das andere."

„Übrigens, haben Sie nichts aus der Geschichte gelernt? Ein solcher Versuch, die Religion durch die Vernunft ablösen zu lassen, ist ja schon einmal gemacht worden, offiziell und in großem Stil. Sie erinnern sich doch an die französische Revolution und Robespierre? Aber auch an die Kurzlebigkeit und klägliche Erfolglosigkeit des Experiments. Es wird jetzt in Rußland wiederholt, wir brauchen nicht neugierig zu sein, wie es ausgehen wird. Meinen Sie nicht, daß wir annehmen dürfen, der Mensch kann die Religion nicht entbehren?"

„Sie haben selbst gesagt, die Religion ist mehr als eine Zwangsneurose. Aber von dieser ihrer anderen Seite haben Sie nicht gehandelt. Es genügt Ihnen, die Analogie mit der Neurose durchzuführen. Von einer Neurose muß man die Menschen befreien. Was dabei sonst verloren geht, kümmert Sie nicht."

Der Anschein des Widerspruchs ist wahrscheinlich entstanden, weil ich komplizierte Dinge zu eilig behandelt habe. Einiges können wir nachholen. Ich behaupte noch immer, daß meine Schrift in einer Hinsicht ganz ungefährlich ist. Kein Glaubender wird sich durch diese oder ähnliche Argumente in seinem Glauben beirren lassen. Ein Glaubender hat bestimmte zärtliche Bindungen an die Inhalte der Religion. Es gibt gewiß ungezählt viele Andere, die nicht in demselben Sinne gläubig sind. Sie sind den Kulturvorschriften gehorsam, weil sie sich durch die Drohungen der Religion einschüchtern lassen, und sie fürchten die Religion, solange sie dieselbe für ein Stück der sie einschränkenden Realität halten müssen. Diese sind es, die losbrechen, sobald sie den Glauben an ihren Realitätswert aufgeben dürfen, aber auch darauf haben Argumente keinen Einfluß. Sie hören auf, die Religion zu fürchten, wenn sie merken, daß auch andere sie nicht fürchten, und von ihnen habe ich behauptet, daß sie vom Niedergang des religiösen Einflusses erfahren würden, auch wenn ich meine Schrift nicht publizierte.

Ich glaube aber, Sie legen selbst mehr Wert auf den anderen Widerspruch, den Sie mir vorhalten. Die Menschen sind Vernunftgründen so wenig zugänglich, werden ganz von ihren Triebwünschen beherrscht. Warum soll man also ihnen eine Triebbefriedigung wegnehmen und durch Vernunftgründe ersetzen wollen? Freilich sind die Menschen so, aber haben Sie sich gefragt, ob sie so sein müssen, ob ihre innerste Natur sie dazu nötigt? Kann der Anthropologe den Schädelindex eines Volkes angeben, das die Sitte pflegt, die Köpfchen seiner Kinder von früh an durch Bandagen zu deformieren? Denken Sie an den betrübenden Kontrast zwischen der strahlenden Intelligenz eines gesunden Kindes und der Denkschwäche des durchschnittlichen Erwachsenen. Wäre es so ganz unmöglich, daß gerade die religiöse Erziehung ein großes Teil Schuld an dieser relativen Verkümmerung trägt? Ich meine, es würde sehr lange dauern, bis ein nicht beeinflußtes Kind anfinge, sich Gedanken über Gott und Dinge jenseits dieser Welt zu machen. Vielleicht würden diese Gedanken dann dieselben Wege einschlagen, die sie bei seinen Urahnen gegangen sind, aber man wartet diese Entwicklung nicht ab, man führt ihm die religiösen Lehren zu einer Zeit zu, da es weder Interesse für sie noch die Fähigkeit hat, ihre Tragweite zu begreifen. Verzögerung der sexuellen Entwicklung und Verfrühung des religiösen Einflusses, das sind doch die beiden Hauptpunkte im Programme der heutigen Pädagogik, nicht wahr? Wenn dann das Denken des Kindes erwacht, sind die religiösen Lehren bereits unangreifbar geworden. Meinen Sie aber, daß es für die Erstarkung der Denkfunktion sehr förderlich ist, wenn ihr ein so bedeutsames Gebiet durch die Androhung der Höllenstrafen verschlossen wird? Wer sich einmal dazu gebracht hat, alle die Absurditäten, die die religiösen Lehren ihm zutragen, ohne Kritik hinzunehmen, und selbst die Widersprüche zwischen ihnen zu übersehen, dessen Denkschwäche braucht uns nicht arg zu verwundern. Nun haben wir aber kein anderes Mittel zur Beherrschung unserer Triebhaftigkeit als unsere Intelligenz. Wie kann man von Personen, die unter der Herrschaft von Denkverboten stehen, erwarten, daß sie das psychologische Ideal, den Primat der Intelligenz, erreichen werden? Sie wissen auch, daß man den Frauen im allgemeinen den sogenannten „physiologischen Schwachsinn" nachsagt, d. h. eine geringere Intelligenz als die des Mannes. Die Tatsache selbst ist strittig, ihre Auslegung zweifelhaft, aber ein Argument für die sekundäre Natur dieser intellektuellen Verkümmerung lautet, die Frauen litten unter der Härte des frühen Verbots, ihr Denken an das zu wenden, was sie am meisten interessiert hätte, nämlich an die Probleme des Geschlechtslebens. Solange außer der sexuellen Denkhemmung die religiöse und die von ihr abgeleitete loyale auf die frühen Jahre des Menschen einwirken, können wir wirklich nicht sagen, wie er eigentlich ist.

Aber ich will meinen Eifer ermäßigen und die Möglichkeit zugestehen, daß auch ich einer Illusion nachjage. Vielleicht ist die Wirkung des religiösen Denkverbots nicht so arg wie ich's annehme, vielleicht stellt es sich heraus, daß die menschliche Natur dieselbe bleibt, auch wenn man die Erziehung nicht zur Unterwerfung unter die Religion mißbraucht. Ich weiß es nicht und Sie können es auch nicht wissen. Nicht nur die großen Probleme dieses Lebens scheinen derzeit unlösbar, sondern auch viele geringere Fragen sind schwer zu entscheiden. Aber gestehen Sie mir zu, daß hier eine Berechtigung für eine Zukunftshoffnung vorhanden ist, daß vielleicht ein Schatz zu heben ist, der die Kultur bereichern kann, daß es sich der Mühe lohnt, den Versuch einer irreligiösen Erziehung zu unternehmen. Fällt er unbefriedigend aus, so bin ich bereit, die Reform aufzugeben und zum früheren, rein deskriptiven Urteil zurückzukehren: der Mensch ist ein Wesen von schwacher Intelligenz, das von seinen Triebwünschen beherrscht wird.

In einem anderen Punkte stimme ich Ihnen ohne Rückhalt bei. Es ist gewiß ein unsinniges Beginnen, die Religion gewaltsam und mit einem Schlage aufheben zu wollen. Vor allem darum, weil es aussichtslos ist. Der Gläubige läßt sich seinen Glauben nicht entreißen, nicht durch Argumente und nicht durch Verbote. Gelänge es aber bei einigen, so wäre es eine Grausamkeit. Wer durch Dezennien Schlafmittel genommen hat, kann natürlich nicht schlafen, wenn man ihm das Mittel entzieht. Daß die Wirkung der religiösen Tröstungen der eines Narkotikums gleichgesetzt werden darf, wird durch einen Vorgang in Amerika hübsch erläutert. Dort will man jetzt den Menschen — offenbar unter dem Einfluß der Frauenherrschaft — alle Reiz-, Rausch- und Genußmittel entziehen und übersättigt sie zur Entschädigung mit Gottesfurcht. Auch auf den Ausgang dieses Experiments braucht man nicht neugierig zu sein.

Ich widerspreche Ihnen also, wenn Sie weiter folgern, daß der Mensch überhaupt den Trost der religiösen Illusion nicht entbehren kann, daß er ohne sie die Schwere des Lebens, die grausame

Wirklichkeit, nicht ertragen würde. Ja, der Mensch nicht, dem
Sie das süße — oder bittersüße — Gift von Kindheit an ein-
geflößt haben. Aber der andere, der nüchtern aufgezogen wurde?
Vielleicht braucht der, der nicht an der Neurose leidet, auch keine
Intoxikation, um sie zu betäuben. Gewiß wird der Mensch sich
dann in einer schwierigen Situation befinden, er wird sich seine
ganze Hilflosigkeit, seine Geringfügigkeit im Getriebe der Welt
eingestehen müssen, nicht mehr der Mittelpunkt der Schöpfung,
nicht mehr das Objekt zärtlicher Fürsorge einer gütigen Vorsehung. Er wird in derselben Lage sein wie das Kind, welches
das Vaterhaus verlassen hat, in dem es ihm so warm und be-
haglich war. Aber nicht wahr, der Infantilismus ist dazu bestimmt,
überwunden zu werden? Der Mensch kann nicht ewig Kind
bleiben, er muß endlich hinaus, ins „feindliche Leben". Man
darf das „die Erziehung zur Realität" heißen, brauche ich
Ihnen noch zu verraten, daß es die einzige Absicht meiner Schrift
ist, auf die Notwendigkeit dieses Fortschritts aufmerksam zu
machen?

Sie fürchten wahrscheinlich, er wird die schwere Probe nicht
bestehen? Nun, lassen Sie uns immerhin hoffen. Es macht schon
etwas aus, wenn man weiß, daß man auf seine eigene Kraft angewiesen ist. Man lernt dann, sie richtig zu gebrauchen. Ganz ohne
Hilfsmittel ist der Mensch nicht, seine Wissenschaft hat ihn seit
den Zeiten des Diluviums viel gelehrt und wird seine Macht noch
weiter vergrößern. Und was die großen Schicksalsnotwendigkeiten
betrifft, gegen die es eine Abhilfe nicht gibt, die wird er eben
mit Ergebung ertragen lernen. Was soll ihm die Vorspiegelung
eines Großgrundbesitzes auf dem Mond, von dessen Ertrag doch
noch nie jemand etwas gesehen hat? Als ehrlicher Kleinbauer auf
dieser Erde wird er seine Scholle zu bearbeiten wissen, so daß sie
ihn nährt. Dadurch, daß er seine Erwartungen vom Jenseits abzieht
und alle freigewordenen Kräfte auf das irdische Leben konzentriert,
wird er wahrscheinlich erreichen können, daß das Leben für alle

erträglich wird und die Kultur keinen mehr erdrückt. Dann wird
er ohne Bedauern mit einem unserer Unglaubensgenossen sagen
dürfen:
> Den Himmel überlassen wir
> Den Engeln und den Spatzen.

## X

„Das klingt ja großartig. Eine Menschheit, die auf alle Illusionen
verzichtet hat und dadurch fähig geworden ist, sich auf der Erde
erträglich einzurichten! Ich aber kann Ihre Erwartungen nicht
teilen. Nicht darum, weil ich der hartnäckige Reaktionär wäre,
für den Sie mich vielleicht halten. Nein, aus Besonnenheit. Ich
glaube, wir haben nun die Rollen getauscht; Sie zeigen sich als
der Schwärmer, der sich von Illusionen fortreißen läßt, und ich
vertrete den Anspruch der Vernunft, das Recht der Skepsis. Was
Sie da aufgeführt haben, scheint mir auf Irrtümern aufgebaut, die
ich nach Ihrem Vorgang Illusionen heißen darf, weil sie deutlich
genug den Einfluß Ihrer Wünsche verraten. Sie setzen Ihre Hoffnung darauf, daß Generationen, die nicht in früher Kindheit den
Einfluß der religiösen Lehren erfahren haben, leicht den ersehnten
Primat der Intelligenz über das Triebleben erreichen werden. Das
ist wohl eine Illusion; in diesem entscheidenden Punkt wird sich
die menschliche Natur kaum ändern. Wenn ich nicht irre, —
man weiß so wenig von anderen Kulturen, — gibt es auch heute
Völker, die nicht unter dem Druck eines religiösen Systems aufwachsen, und sie kommen Ihrem Ideal nicht näher als andere.
Wenn Sie aus unserer europäischen Kultur die Religion wegschaffen
wollen, so kann es nur durch ein anderes System von Lehren
geschehen, und dies würde von Anfang an alle psychologischen
Charaktere der Religion übernehmen, dieselbe Heiligkeit, Starrheit,
Unduldsamkeit, dasselbe Denkverbot zu seiner Verteidigung. Irgend

etwas dieser Art müssen Sie haben, um den Anforderungen der Erziehung gerecht zu werden. Auf die Erziehung können Sie aber nicht verzichten. Der Weg vom Säugling zum Kulturmenschen ist weit, zu viele Menschlein würden sich auf ihm verirren und nicht rechtzeitig zu ihren Lebensaufgaben kommen, wenn sie ohne Leitung der eigenen Entwicklung überlassen werden. Die Lehren, die in ihrer Erziehung angewendet wurden, werden dem Denken ihrer reiferen Jahre immer Schranken setzen, genau so wie Sie es heute der Religion zum Vorwurf machen. Merken Sie nicht, daß es der untilgbare Geburtsfehler unserer, jeder, Kultur ist, daß sie dem triebhaften und denkschwachen Kinde auferlegt, Entscheidungen zu treffen, die nur die gereifte Intelligenz des Erwachsenen rechtfertigen kann? Sie kann aber nicht anders, infolge der Zusammendrängung der säkularen Menschheitsentwicklung auf ein paar Kindheitsjahre, und das Kind kann nur durch affektive Mächte zur Bewältigung der ihm gestellten Aufgabe veranlaßt werden. Das sind also die Aussichten für Ihren ‚Primat des Intellekts'."

„Nun sollen Sie sich nicht verwundern, wenn ich für die Beibehaltung des religiösen Lehrsystems als Grundlage der Erziehung und des menschlichen Zusammenlebens eintrete. Es ist ein praktisches Problem, nicht eine Frage des Realitätswerts. Da wir im Interesse der Erhaltung unserer Kultur mit der Beeinflussung des Einzelnen nicht warten können, bis er kulturreif geworden ist, — viele würden es überhaupt niemals werden, — da wir genötigt sind, dem Heranwachsenden irgendein System von Lehren aufzudrängen, das bei ihm als der Kritik entzogene Voraussetzung wirken soll, erscheint mir das religiöse System dazu als das weitaus geeignetste. Natürlich gerade wegen seiner wunscherfüllenden und tröstenden Kraft, an der Sie die ‚Illusion' erkannt haben wollen. Angesichts der Schwierigkeiten etwas von der Realität zu erkennen, ja der Zweifel, ob dies uns überhaupt möglich ist, wollen wir doch nicht übersehen, daß auch die menschlichen Bedürfnisse ein Stück der

Realität sind, und zwar ein wichtiges, eines, das uns besonders nahe angeht."

„Einen anderen Vorzug der religiösen Lehre finde ich in einer ihrer Eigentümlichkeiten, an der Sie besonderen Anstoß zu nehmen scheinen. Sie gestattet eine begriffliche Läuterung und Sublimierung, in welcher das meiste abgestreift werden kann, das die Spur primitiven und infantilen Denkens an sich trägt. Was dann erübrigt, ist ein Gehalt von Ideen, denen die Wissenschaft nicht mehr widerspricht und die diese auch nicht widerlegen kann. Diese Umbildungen der religiösen Lehre, die Sie als Halbheiten und Kompromisse verurteilt haben, machen es möglich, den Riß zwischen der ungebildeten Masse und dem philosophischen Denker zu vermeiden, erhalten die Gemeinsamkeit unter ihnen, die für die Sicherung der Kultur so wichtig ist. Es ist dann nicht zu befürchten, der Mann aus dem Volk werde erfahren, daß die Oberschichten der Gesellschaft ‚nicht mehr an Gott glauben'. Nun glaube ich gezeigt zu haben, daß Ihre Bemühung sich auf den Versuch reduziert, eine erprobte und affektiv wertvolle Illusion durch eine andere, unerprobt und indifferent, zu ersetzen."

Sie sollen mich nicht für Ihre Kritik unzugänglich finden. Ich weiß, wie schwer es ist, Illusionen zu vermeiden; vielleicht sind auch die Hoffnungen, zu denen ich mich bekannt, illusorischer Natur. Aber einen Unterschied halte ich fest. Meine Illusionen — abgesehen davon, daß keine Strafe darauf steht, sie nicht zu teilen — sind nicht unkorrigierbar wie die religiösen, haben nicht den wahnhaften Charakter. Wenn die Erfahrung — nicht mir, sondern anderen nach mir, die ebenso denken — zeigen sollte, daß wir uns geirrt haben, so werden wir auf unsere Erwartungen verzichten. Nehmen Sie doch meinen Versuch für das, was er ist. Ein Psychologe, der sich nicht darüber täuscht, wie schwer es ist, sich in dieser Welt zurechtzufinden, bemüht sich, die Entwicklung der Menschheit nach dem bißchen Einsicht zu beurteilen, das er sich durch das Studium der seelischen Vorgänge beim Einzelmenschen während dessen Entwicklung vom Kind zum Erwachsenen erworben hat. Dabei drängt sich ihm die Auffassung auf, daß die Religion einer Kindheitsneurose vergleichbar sei, und er ist optimistisch genug anzunehmen, daß die Menschheit diese neurotische Phase überwinden wird, wie so viele Kinder ihre ähnliche Neurose auswachsen. Diese Einsichten aus der Individualpsychologie mögen ungenügend sein, die Übertragung auf das Menschengeschlecht nicht gerechtfertigt, der Optimismus unbegründet; ich gebe Ihnen alle diese Unsicherheiten zu. Aber man kann sich oft nicht abhalten zu sagen, was man meint, und entschuldigt sich damit, daß man es nicht für mehr ausgibt, als es wert ist.

Und bei zwei Punkten muß ich noch verweilen. Erstens, die Schwäche meiner Position bedeutet keine Stärkung der Ihrigen. Ich meine, Sie verteidigen eine verlorene Sache. Wir mögen noch so oft betonen, der menschliche Intellekt sei kraftlos im Vergleich zum menschlichen Triebleben, und Recht damit haben. Aber es ist doch etwas Besonderes um diese Schwäche; die Stimme des Intellekts ist leise, aber sie ruht nicht, ehe sie sich Gehör geschafft hat. Am Ende, nach unzählig oft wiederholten Abweisungen, findet sie es doch. Dies ist einer der wenigen Punkte, in denen man für die Zukunft der Menschheit optimistisch sein darf, aber er bedeutet an sich nicht wenig. An ihn kann man noch andere Hoffnungen anknüpfen. Der Primat des Intellekts liegt gewiß in weiter, weiter, aber wahrscheinlich doch nicht in unendlicher Ferne. Und da er sich voraussichtlich dieselben Ziele setzen wird, deren Verwirklichung Sie von Ihrem Gott erwarten — in menschlicher Ermäßigung natürlich, soweit die äußere Realität, die 'Ανάγκη, es gestattet —: die Menschenliebe und die Einschränkung des Leidens, dürfen wir uns sagen, daß unsere Gegnerschaft nur eine einstweilige ist, keine unversöhnliche. Wir erhoffen dasselbe, aber Sie sind ungeduldiger, anspruchsvoller und — warum soll ich es nicht sagen? — selbstsüchtiger als ich und die Meinigen. Sie wollen die Seligkeit gleich nach dem Tod beginnen lassen, verlangen von ihr das Unmögliche und wollen den Anspruch der Einzelpersonen nicht aufgeben. Unser Gott Λόγος[1] wird von diesen Wünschen verwirklichen, was die Natur außer uns gestattet, aber sehr allmählich, erst in unabsehbarer Zukunft und für neue Menschenkinder. Eine Entschädigung für uns, die wir schwer am Leben leiden, verspricht er nicht. Auf dem Wege zu diesem fernen Ziel müssen Ihre religiösen Lehren fallen gelassen werden, gleichgiltig ob die ersten Versuche mißlingen, gleichgiltig ob sich die ersten Ersatzbildungen als haltlos erweisen. Sie wissen warum; auf die Dauer kann der Vernunft und der Erfahrung nichts widerstehen, und der Widerspruch der Religion gegen beide ist allzu greifbar. Auch die geläuterten religiösen Ideen können sich diesem Schicksal nicht entziehen, solange sie noch etwas vom Trostgehalt der Religion retten wollen. Freilich, wenn sie sich auf die Behauptung eines höheren geistigen Wesens einschränken, dessen Eigenschaften unbestimmbar, dessen Absichten unerkennbar sind, dann sind sie gegen den Einspruch der Wissenschaft gefeit, dann werden sie aber auch vom Interesse der Menschen verlassen.

Und zweitens: Beachten Sie die Verschiedenheit Ihres und meines Verhaltens gegen die Illusion. Sie müssen die religiöse Illusion mit allen Ihren Kräften verteidigen; wenn sie entwertet wird, — und sie ist wahrlich bedroht genug, — dann stürzt Ihre Welt zusammen, es bleibt Ihnen nichts übrig, als an allem zu verzweifeln, an der Kultur und an der Zukunft der Menschheit. Von dieser Leibeigenschaft bin ich, sind wir frei. Da wir bereit sind, auf ein gutes Stück unserer infantilen Wünsche zu verzichten, können wir es vertragen, wenn sich einige unserer Erwartungen als Illusionen herausstellen.

Die vom Druck der religiösen Lehren befreite Erziehung wird vielleicht nicht viel am psychologischen Wesen des Menschen ändern, unser Gott Λόγος ist vielleicht nicht sehr allmächtig, kann

---

1) Das Götterpaar Λόγος-'Ανάγκη des Holländers Multatuli.

nur einen kleinen Teil von dem erfüllen, was seine Vorgänger versprochen haben. Wenn wir es einsehen müssen, werden wir es in Ergebung hinnehmen. Das Interesse an Welt und Leben werden wir darum nicht verlieren, denn wir haben an einer Stelle einen sicheren Anhalt, der Ihnen fehlt. Wir glauben daran, daß es der wissenschaftlichen Arbeit möglich ist, etwas über die Realität der Welt zu erfahren, wodurch wir unsere Macht steigern und wonach wir unser Leben einrichten können. Wenn dieser Glaube eine Illusion ist, dann sind wir in derselben Lage wie Sie, aber die Wissenschaft hat uns durch zahlreiche und bedeutsame Erfolge den Beweis erbracht, daß sie keine Illusion ist. Sie hat viele offene und noch mehr verkappte Feinde unter denen, die ihr nicht verzeihen können, daß sie den religiösen Glauben entkräftet hat und ihn zu stürzen droht. Man wirft ihr vor, wie wenig sie uns gelehrt und wie unvergleichlich mehr sie im Dunkel gelassen hat. Aber dabei vergißt man, wie jung sie ist, wie beschwerlich ihre Anfänge waren und wie verschwindend klein der Zeitraum, seitdem der menschliche Intellekt für ihre Aufgaben erstarkt ist. Fehlen wir nicht alle darin, daß wir unseren Urteilen zu kurze Zeiträume zugrunde legen? Wir sollten uns an den Geologen ein Beispiel nehmen. Man beklagt sich über die Unsicherheit der Wissenschaft, daß sie heute als Gesetz verkündet, was die nächste Generation als Irrtum erkennt und durch ein neues Gesetz von ebenso kurzer Geltungsdauer ablöst. Aber das ist ungerecht und zum Teil unwahr. Die Wandlungen der wissenschaftlichen Meinungen sind Entwicklung, Fortschritt und nicht Umsturz. Ein Gesetz, das man zunächst für unbedingt giltig gehalten hat, erweist sich als Spezialfall einer umfassenderen Gesetzmäßigkeit oder wird eingeschränkt durch ein anderes Gesetz, das man erst später kennen lernt; eine rohe Annäherung an die Wahrheit wird ersetzt durch eine sorgfältiger angepaßte, die ihrerseits wieder eine weitere Vervollkommnung erwartet. Auf verschiedenen Gebieten hat man eine Phase der Forschung noch nicht überwunden, in der man Annahmen versucht, die man bald als unzulänglich verwerfen muß; auf anderen gibt es aber bereits einen gesicherten und fast unveränderlichen Kern von Erkenntnis. Man hat endlich versucht, die wissenschaftliche Bemühung radikal zu entwerten durch die Erwägung, daß sie, an die Bedingungen unserer eigenen Organisation gebunden, nichts anderes als subjektive Ergebnisse liefern kann, während ihr die wirkliche Natur der Dinge außer uns unzugänglich bleibt. Dabei setzt man sich über einige Momente hinweg, die für die Auffassung der wissenschaftlichen Arbeit entscheidend sind, daß unsere Organisation, d. h. unser seelischer Apparat, eben im Bemühen um die Erkundung der Außenwelt entwickelt worden ist, also ein Stück Zweckmäßigkeit in seiner Struktur realisiert haben muß, daß er selbst ein Bestandteil jener Welt ist, die wir erforschen sollen, und daß er solche Erforschung sehr wohl zuläßt, daß die Aufgabe der Wissenschaft voll umschrieben ist, wenn wir sie darauf einschränken zu zeigen, wie uns die Welt infolge der Eigenart unserer Organisation erscheinen muß, daß die endlichen Resultate der Wissenschaft gerade wegen der Art ihrer Erwerbung nicht nur durch unsere Organisation bedingt sind, sondern auch durch das, was auf diese Organisation gewirkt hat, und endlich, daß das Problem einer Weltbeschaffenheit ohne Rücksicht auf unseren wahrnehmenden seelischen Apparat eine leere Abstraktion ist, ohne praktisches Interesse.

Nein, unsere Wissenschaft ist keine Illusion. Eine Illusion aber wäre es zu glauben, daß wir anderswoher bekommen könnten, was sie uns nicht geben kann.

# DER HUMOR

# DER HUMOR

In meiner Schrift über den „Witz und seine Beziehung zum Unbewußten" (1905) habe ich den Humor eigentlich nur vom ökonomischen Gesichtspunkt behandelt. Es lag mir daran, die Quelle der Lust am Humor zu finden, und ich meine, ich habe gezeigt, daß der humoristische Lustgewinn aus erspartem Gefühlsaufwand hervorgeht.

Der humoristische Vorgang kann sich in zweierlei Weisen vollziehen, entweder an einer einzigen Person, die selbst die humoristische Einstellung einnimmt, während der zweiten Person die Rolle des Zuschauers und Nutznießers zufällt, oder zwischen zwei Personen, von denen die eine am humoristischen Vorgang gar keinen Anteil hat, die zweite aber diese Person zum Objekt ihrer humoristischen Betrachtung macht. Wenn, um beim gröbsten Beispiel zu verweilen, der Delinquent, der am Montag zum Galgen geführt wird, die Äußerung tut: „Na, die Woche fängt gut an", so entwickelt er selbst den Humor, der humoristische Vorgang vollendet sich an seiner Person und trägt ihm offenbar eine gewisse Genugtuung ein. Mich, den unbeteiligten Zuhörer, trifft gewissermaßen eine Fernwirkung der humoristischen Leistung des Verbrechers; ich verspüre, vielleicht ähnlich wie er, den humoristischen Lustgewinn.

Der zweite Fall liegt vor, wenn z. B. ein Dichter oder Schilderer das Gehaben von realen oder erfundenen Personen in humoristischer Weise beschreibt. Diese Personen brauchen selbst keinen Humor zu zeigen, die humoristische Einstellung ist allein Sache dessen, der sie zum Objekt nimmt und der Leser oder Zuhörer wird wiederum wie im vorigen Falle des Genusses am Humor teilhaftig. Zusammenfassend kann man also sagen, man kann die humoristische Einstellung — worin immer diese bestehen mag — gegen die eigene oder gegen fremde Personen wenden; es ist anzunehmen, daß sie dem, der es tut, einen Lustgewinn bringt; ein ähnlicher Lustgewinn fällt dem — unbeteiligten — Zuhörer zu.

Die Genese des humoristischen Lustgewinns erfassen wir am besten, wenn wir uns dem Vorgang beim Zuhörer zuwenden, vor dem ein anderer Humor entwickelt. Er sieht diesen anderen in einer Situation, die es erwarten läßt, daß er die Anzeichen eines Affekts produzieren wird; er wird sich ärgern, klagen, Schmerz äußern, sich schrecken, grausen, vielleicht selbst verzweifeln, und der Zuschauer-Zuhörer ist bereit, ihm darin zu folgen. die gleichen Gefühlsregungen bei sich entstehen zu lassen. Aber diese Gefühlsbereitschaft wird enttäuscht, der andere äußert keinen Affekt, sondern macht einen Scherz; aus dem ersparten Gefühlsaufwand wird nun beim Zuhörer die humoristische Lust.

So weit kommt man leicht, aber man sagt sich auch bald, daß es der Vorgang beim anderen, beim „Humoristen" ist, der die größere Aufmerksamkeit verdient. Kein Zweifel, das Wesen des Humors besteht darin, daß man sich die Affekte erspart, zu denen die Situation Anlaß gäbe, und sich mit einem Scherz über die Möglichkeit solcher Gefühlsäußerungen hinaussetzt. Insofern muß der Vorgang beim Humoristen mit dem beim Zuhörer übereinstimmen, richtiger gesagt, der Vorgang beim Zuhörer muß den beim Humoristen kopiert haben. Aber wie bringt der Humorist jene psychische Einstellung zustande, die ihm die Affektentbindung überflüssig macht, was geht bei „der humoristischen Einstellung" dynamisch in ihm vor? Offenbar ist die Lösung des Problems beim Humoristen zu suchen, beim Zuhörer ist nur ein Nachklang, eine Kopie dieses unbekannten Prozesses anzunehmen.

Es ist Zeit, daß wir uns mit einigen Charakteren des Humors vertraut machen. Der Humor hat nicht nur etwas Befreiendes wie der Witz und die Komik, sondern auch etwas Großartiges und Erhebendes, welche Züge an den beiden anderen Arten des Lustgewinns aus intellektueller Tätigkeit nicht gefunden werden. Das Großartige liegt offenbar im Triumph des Narzißmus, in der siegreich behaupteten Unverletzlichkeit des Ichs. Das Ich verweigert es, sich durch die Veranlassungen aus der Realität kränken, zum Leiden nötigen zu lassen, es beharrt dabei, daß ihm die Traumen der Außenwelt nicht nahe gehen können, ja es zeigt, daß sie ihm nur Anlässe zu Lustgewinn sind. Dieser letzte Zug ist für den Humor durchaus wesentlich. Nehmen wir an, der am Montag zur Hinrichtung geführte Verbrecher hätte gesagt: Ich mach' mir nichts daraus, was liegt denn daran, wenn ein Kerl wie ich aufgehängt wird, die Welt wird darum nicht zugrunde gehen, — so müßten wir urteilen, diese Rede enthält zwar diese großartige Überlegenheit über die reale Situation, sie ist weise und berechtigt, aber sie verrät auch nicht die Spur von Humor, ja sie ruht auf einer Einschätzung der Realität, die der des Humors direkt zuwiderläuft. Der Humor ist nicht resigniert, er ist trotzig, er bedeutet nicht nur den Triumph des Ichs, sondern auch den des Lustprinzips, das sich hier gegen die Ungunst der realen Verhältnisse zu behaupten vermag.

Durch diese beiden letzten Züge, die Abweisung des Anspruchs der Realität und die Durchsetzung des Lustprinzips nähert sich der Humor den regressiven oder reaktionären Prozessen, die uns in der Psychopathologie so ausgiebig beschäftigen. Mit seiner Abwehr der Leidensmöglichkeit nimmt er einen Platz ein in der großen Reihe jener Methoden, die das menschliche Seelenleben ausgebildet hat, um sich dem Zwang des Leidens zu entziehen, einer Reihe, die mit der Neurose anhebt, im Wahnsinn gipfelt, und in die der Rausch, die Selbstversenkung, die Ekstase einbezogen sind. Der Humor dankt diesem Zusammenhange eine Würde, die z. B. dem Witze völlig abgeht, denn dieser dient entweder nur dem Lustgewinn oder er stellt den Lustgewinn in den Dienst der Aggression. Worin besteht nun die humoristische Einstellung, durch die man sich dem Leiden verweigert, die Unüberwindlichkeit des Ichs durch die reale Welt betont, das Lustprinzip siegreich behauptet, all dies aber, ohne wie andere Verfahren gleicher Absicht den Boden seelischer Gesundheit aufzugeben? Die beiden Leistungen scheinen doch unvereinbar miteinander.

Wenn wir uns an die Situation wenden, daß sich jemand gegen andere humoristisch einstellt, so liegt die Auffassung nahe, die ich auch bereits im Buch über den Witz zaghaft angedeutet habe, er benehme sich gegen sie wie der Erwachsene gegen das Kind, indem er die Interessen und Leiden, die diesem groß erscheinen, in ihrer Nichtigkeit erkenne und belächle. Der Humorist gewinne also seine Überlegenheit daher, daß er sich in die Rolle des Erwachsenen, gewissermaßen in die Vateridentifizierung begebe und die anderen zu Kindern herabdrücke. Diese Annahme deckt wohl den Sachverhalt, aber sie erscheint kaum zwingend. Man fragt sich, wie kommt der Humorist dazu, sich diese Rolle anzumaßen.

Aber man erinnert sich an die andere, wahrscheinlich ursprünglichere und bedeutsamere Situation des Humors, daß jemand die humoristische Einstellung gegen seine eigene Person richtet, um sich solcherart seiner Leidensmöglichkeiten zu erwehren. Hat es einen Sinn zu sagen, jemand behandle sich selbst wie ein Kind und spiele gleichzeitig gegen dies Kind die Rolle des überlegenen Erwachsenen?

Ich meine, wir geben dieser wenig plausiblen Vorstellung einen starken Rückhalt, wenn wir in Betracht ziehen, was wir aus pathologischen Erfahrungen über die Struktur unseres Ichs gelernt haben. Dieses Ich ist nichts Einfaches, sondern beherbergt als

seinen Kern eine besondere Instanz, das Über-Ich, mit dem es
manchmal zusammenfließt, so daß wir die beiden nicht zu unterscheiden vermögen, während es sich in anderen Verhältnissen scharf
von ihm sondert. Das Über-Ich ist genetisch Erbe der Elterninstanz,
es hält das Ich oft in strenger Abhängigkeit, behandelt es wirklich
noch wie einst in frühen Jahren die Eltern — oder der Vater —
das Kind behandelt haben. Wir erhalten also eine dynamische
Aufklärung der humoristischen Einstellung, wenn wir annehmen,
sie bestehe darin, daß die Person des Humoristen den psychischen
Akzent von ihrem Ich abgezogen und auf ihr Über-Ich verlegt
habe. Diesem so geschwellten Über-Ich kann nun das Ich winzig
klein erscheinen, alle seine Interessen geringfügig, und es mag
dem Über-Ich bei dieser neuen Energieverteilung leicht werden,
die Reaktionsmöglichkeiten des Ichs zu unterdrücken.

Unserer gewohnten Ausdrucksweise treu, werden wir anstatt
Verlegung des psychischen Akzents zu sagen haben: Verschiebung
großer Besetzungsmengen. Es fragt sich dann, ob wir uns solche
ausgiebige Verschiebungen von einer Instanz des seelischen Apparats
auf eine andere vorstellen dürfen. Es sieht wie eine neue *ad hoc*
gemachte Annahme aus, doch dürfen wir uns erinnern, daß wir
wiederholt, wenn auch nicht oft genug, bei unseren Versuchen
einer metapsychologischen Vorstellung des seelischen Geschehens
mit einem solchen Faktor gerechnet haben. So nahmen wir z. B.
an, der Unterschied zwischen einer gewöhnlichen erotischen Objektbesetzung und dem Zustand einer Verliebtheit bestehe darin, daß
in letzterem Falle ungleich mehr Besetzung auf das Objekt übergeht,
das Ich sich gleichsam nach dem Objekt entleert. Beim Studium
einiger Fälle von Paranoia konnte ich feststellen, daß die Ver-
folgungsideen frühzeitig gebildet werden und lange Zeit bestehen,
ohne eine merkliche Wirkung zu äußern, bis sie dann auf einen
bestimmten Anlaß hin die Besetzungsgrößen erhalten, die sie
dominant werden lassen. Auch die Heilung solcher paranoischer
Anfälle dürfte weniger in einer Auflösung und Korrektur der

Wahnideen als in der Entziehung der ihnen verliehenen Besetzung bestehen. Die Abwechslung von Melancholie und Manie, von grausamer Unterdrückung des Ichs durch das Über-Ich und von Befreiung des Ichs nach solchem Druck hat uns den Eindruck eines solchen Besetzungswandels gemacht, den man übrigens auch zur Erklärung einer ganzen Reihe von Erscheinungen des normalen Seelenlebens heranziehen müßte. Wenn dies bisher in so geringem Ausmaß geschehen ist, so liegt der Grund dafür in der von uns geübten, eher lobenswerten Zurückhaltung. Das Gebiet, auf dem wir uns sicher fühlen, ist das der Pathologie des Seelenlebens; hier machen wir unsere Beobachtungen, erwerben wir unsere Überzeugungen. Eines Urteils über das Normale getrauen wir uns vorläufig insoweit, als wir in den Isolierungen und Verzerrungen des Krankhaften das Normale erraten. Wenn diese Scheu einmal überwunden ist, werden wir erkennen, eine wie große Rolle für das Verständnis der seelischen Vorgänge den statischen Verhältnissen wie dem dynamischen Wechsel in der Quantität der Energiebesetzung zukommt.

Ich meine also, die hier vorgeschlagene Möglichkeit, daß die Person in einer bestimmten Lage plötzlich ihr Über-Ich übersetzt und nun von diesem aus die Reaktionen des Ichs abändert, verdient es festgehalten zu werden. Was ich für den Humor vermute, findet auch eine bemerkenswerte Analogie auf dem verwandten Gebiet des Witzes. Als die Entstehung des Witzes mußte ich annehmen, daß ein vorbewußter Gedanke für einen Moment der unbewußten Bearbeitung überlassen wird, der Witz sei also der Beitrag zur Komik, den das Unbewußte leiste. Ganz ähnlich wäre der Humor der Beitrag zur Komik durch die Vermittlung des Über-Ichs.

Wir kennen das Über-Ich sonst als einen gestrengen Herrn. Man wird sagen, es stimmt schlecht zu diesem Charakter, daß es sich herbeiläßt, dem Ich einen kleinen Lustgewinn zu ermöglichen. Es ist richtig, daß die humoristische Lust nie die Intensität der Lust am Komischen oder am Witz erreicht, sich niemals im herzhaften Lachen ausgibt; es ist auch wahr, daß das Über-Ich, wenn es die humoristische Einstellung herbeiführt, eigentlich die Realität abweist und einer Illusion dient. Aber dieser wenig intensiven Lust schreiben wir — ohne recht zu wissen warum — einen hochwertigen Charakter zu, wir empfinden sie als besonders befreiend und erhebend. Der Scherz, den der Humor macht, ist ja auch nicht das Wesentliche, er hat nur den Wert einer Probe; die Hauptsache ist die Absicht, welche der Humor ausführt, ob er sich nun an der eigenen oder an fremden Personen betätigt. Er will sagen: Sieh' her, das ist nun die Welt, die so gefährlich aussieht. Ein Kinderspiel, gerade gut, einen Scherz darüber zu machen!

Wenn es wirklich das Über-Ich ist, das im Humor so liebevoll tröstlich zum eingeschüchterten Ich spricht, so wollen wir daran gemahnt sein, daß wir über das Wesen des Über-Ichs noch allerlei zu lernen haben. Übrigens sind nicht alle Menschen der humoristischen Einstellung fähig, es ist eine köstliche und seltene Begabung und vielen fehlt selbst die Fähigkeit, die ihnen vermittelte humoristische Lust zu genießen. Und endlich, wenn das Über-Ich durch den Humor das Ich zu trösten und vor Leiden zu bewahren strebt, hat es damit seiner Abkunft von der Elterninstanz nicht widersprochen.

# EIN RELIGIÖSES ERLEBNIS

# EIN RELIGIÖSES ERLEBNIS

Im Herbst 1927 veröffentlichte ein deutschamerikanischer Journalist, den ich gern bei mir gesehen hatte (G. S. Viereck), eine Unterhaltung mit mir, in der auch mein Mangel an religiöser Gläubigkeit und meine Gleichgiltigkeit gegen eine Fortdauer nach dem Tode berichtet wurde. Dies sogenannte Interview wurde viel gelesen und brachte mir unter anderem nachstehende Zuschrift eines amerikanischen Arztes ein:

„... Am meisten Eindruck machte mir Ihre Antwort auf die Frage, ob Sie an eine Fortdauer der Persönlichkeit nach dem Tode glauben. Sie sollen geantwortet haben: Daraus mach' ich mir gar nichts.

Ich schreibe Ihnen heute, um Ihnen ein Erlebnis mitzuteilen, das ich in dem Jahr hatte, als ich meine medizinischen Studien an der Universität in X. vollendete. Eines Nachmittags hielt ich mich gerade im Seziersaal auf, als die Leiche einer alten Frau hereingetragen und auf einen Seziertisch gelegt wurde. Diese Frau hatte ein so liebes, entzückendes Gesicht *(this sweet faced woman)*, daß es mir einen großen Eindruck machte. Der Gedanke blitzte in mir auf: Nein, es gibt keinen Gott; wenn es einen Gott gäbe, würde er nie gestattet haben, daß eine so liebe alte Frau *(this dear old woman)* in den Seziersaal kommt.

Als ich an diesem Nachmittage nach Hause kam, hatte ich unter dem Eindruck des Anblicks im Seziersaal bei mir beschlossen, nicht wieder in eine Kirche zu gehen. Die Lehren des Christentums waren mir auch vorher schon ein Gegenstand des Zweifels gewesen.

Aber während ich noch darüber nachsann, sprach eine Stimme in meiner Seele, ich sollte mir doch meinen Entschluß noch reiflich überlegen. Mein

Geist antwortete dieser inneren Stimme: Wenn ich die Gewißheit bekomme, daß die christliche Lehre wahr und die Bibel das Wort Gottes ist, dann werde ich es annehmen.

Im Verlauf der nächsten Tage machte Gott es meiner Seele klar, daß die Bibel Gottes Wort ist, daß alles, was über Jesus Christus gelehrt wird, wahr ist, und daß Jesus unsere einzige Hoffnung ist. Nach dieser so klaren Offenbarung nahm ich die Bibel als das Wort Gottes und Jesus Christus als den Erlöser meiner selbst an. Seither hat Gott sich mir noch durch viele untrügliche Zeichen geoffenbart.

Als ein wohlwollender Kollege *(brother physician)* bitte ich Sie, Ihre Gedanken auf diesen wichtigen Gegenstand zu richten und versichere Ihnen, wenn Sie sich offenen Sinnes damit beschäftigen, wird Gott auch Ihrer Seele die W a h r h e i t offenbaren, wie mir und so vielen anderen . . ."

Ich antwortete höflich, daß ich mich freue zu hören, es sei ihm durch ein solches Erlebnis möglich geworden, seinen Glauben zu bewahren. Für mich habe Gott nicht so viel getan, er habe mich nie eine solche innere Stimme hören lassen und wenn er sich — mit Rücksicht auf mein Alter — nicht sehr beeile, werde es nicht meine Schuld sein, wenn ich bis zum Ende bleibe, was ich jetzt sei — *an infidel jew.*

Die liebenswürdige Entgegnung des Kollegen enthielt die Versicherung, daß das Judentum kein Hindernis auf dem Wege zur Rechtgläubigkeit sei und erwies dies an mehreren Beispielen. Sie gipfelte in der Mitteilung, daß eifrig für mich zu Gott gebetet werde, er möge mir *faith to believe,* den rechten Glauben, schenken.

Der Erfolg dieser Fürbitte steht noch aus. Unterdes gibt das religiöse Erlebnis des Kollegen zu denken. Ich möchte sagen, es fordert den Versuch einer Deutung aus affektiven Motiven heraus, denn es ist an sich befremdend und besonders schlecht logisch begründet. Wie bekannt, läßt Gott noch ganz andere Greuel geschehen, als daß die Leiche einer alten Frau mit sympathischen Gesichtszügen auf den Seziertisch gelegt wird. Dies war zu allen Zeiten so und kann zur Zeit, als der amerikanische Kollege seine Studien absolvierte, nicht anders gewesen sein. Als angehender Arzt kann er auch nicht so weltfremd gewesen sein, von all dem Unheil nichts zu wissen. Warum mußte also seine Empörung gegen Gott gerade bei jenem Eindruck im Seziersaal losbrechen? Die Erklärung liegt für den, der gewohnt ist, die inneren Erlebnisse und Handlungen der Menschen analytisch zu betrachten, sehr nahe, so nahe, daß sie sich in meiner Erinnerung direkt in den Sachverhalt einschlich. Als ich einmal in einer Diskussion den Brief des frommen Kollegen erwähnte, erzählte ich, er habe geschrieben, daß ihn das Gesicht der Frauenleiche an seine eigene Mutter erinnert habe. Nun, das stand nicht in dem Brief, — die nächste Erwägung sagt auch, das kann unmöglich darin gestanden sein, — aber das ist die Erklärung, die sich unter dem Eindruck der zärtlichen Worte, mit denen die alte Frau bedacht wird *(sweet faced dear old woman)* unabweisbar aufdrängt. Den durch die Erinnerung an die Mutter geweckten Affekt darf man dann für die Urteilsschwäche des jungen Arztes verantwortlich machen. Kann man sich von der Unart der Psychoanalyse nicht frei machen, Kleinigkeiten als Beweismaterial heranzuziehen, die auch eine andere, weniger tiefgreifende Erklärung zulassen, so wird man auch daran denken, daß der Kollege mich später als *brother physician* anspricht, was ich in der Übersetzung nur unvollkommen wiedergeben konnte.

Man darf sich also den Hergang in folgender Art vorstellen: Der Anblick des nackten (oder zur Entblößung bestimmten) Leibes einer Frau, die den Jüngling an seine Mutter erinnert, weckt in ihm die aus dem Ödipuskomplex stammende Muttersehnsucht, die sich auch sofort durch die Empörung gegen den Vater vervollständigt. Vater und Gott sind bei ihm noch nicht weit auseinandergerückt, der Wille zur Vernichtung des Vaters kann als Zweifel an der Existenz Gottes bewußt werden und sich als Entrüstung über die Mißhandlung des Mutterobjekts vor der Vernunft legitimieren wollen. Dem Kind gilt doch in typischer Weise als Mißhandlung, was der Vater im Sexualverkehr der Mutter antut. Die neue, auf das religiöse Gebiet verschobene Regung ist nur eine Wiederholung der Ödipussituation und erfährt darum nach kurzer Zeit dasselbe Schicksal. Sie erliegt einer mächtigen Gegenströmung. Während des Konflikts wird das Verschiebungsniveau nicht eingehalten, von Argumenten zur Rechtfertigung Gottes ist nicht die Rede, es wird auch nicht gesagt, durch welche untrügliche Zeichen Gott dem Zweifler seine Existenz erwiesen hat. Der Konflikt scheint sich in der Form einer halluzinatorischen Psychose abgespielt zu haben, innere Stimmen werden laut, um vom Widerstand gegen Gott abzumahnen. Der Ausgang des Kampfes zeigt sich wiederum auf religiösem Gebiet; er ist der durch das Schicksal des Ödipuskomplexes vorherbestimmte: völlige Unterwerfung unter den Willen Gott-Vaters, der junge Mann ist gläubig geworden, er hat alles angenommen, was man ihn seit der Kindheit über Gott und Jesus Christus gelehrt hatte. Er hat ein religiöses Erlebnis gehabt, eine Bekehrung erfahren.

Das ist alles so einfach und so durchsichtig, daß man die Frage nicht abweisen kann, ob durch das Verständnis dieses Falles etwas für die Psychologie der religiösen Bekehrung überhaupt gewonnen ist. Ich verweise auf ein treffliches Werk von Sante de Sanctis (La conversione religiosa, Bologna 1924), welches auch alle Funde der Psychoanalyse verwertet. Man findet durch diese Lektüre die Erwartung bestätigt, daß keineswegs alle Fälle von Bekehrung sich so leicht durchschauen lassen wie der hier erzählte, daß aber unser Fall in keinem Punkte den Meinungen widerspricht, die sich die moderne Forschung über diesen Gegenstand gebildet hat. Was unsere Beobachtung auszeichnet, ist die Anknüpfung an einen besonderen Anlaß, der die Ungläubigkeit noch einmal aufflackern läßt, ehe sie für dies Individuum endgiltig überwunden wird.

# DOSTOJEWSKI UND DIE VATERTÖTUNG

# DOSTOJEWSKI UND DIE VATERTÖTUNG

An der reichen Persönlichkeit Dostojewskis möchte man vier Fassaden unterscheiden: Den Dichter, den Neurotiker, den Ethiker und den Sünder. Wie soll man sich in der verwirrenden Komplikation zurechtfinden?

Am Dichter ist am wenigsten Zweifel, er hat seinen Platz nicht weit hinter Shakespeare. Die Brüder Karamasoff sind der großartigste Roman, der je geschrieben wurde, die Episode des Großinquisitors eine der Höchstleistungen der Weltliteratur, kaum zu überschätzen. Leider muß die Analyse vor dem Problem des Dichters die Waffen strecken.

Am ehesten angreifbar ist der Ethiker in Dostojewski. Wenn man ihn als sittlichen Menschen hochstellen will, mit der Begründung, daß nur der die höchste Stufe der Sittlichkeit erreicht, der durch die tiefste Sündhaftigkeit gegangen ist, so setzt man sich über ein Bedenken hinweg. Sittlich ist jener, der schon auf die innerlich verspürte Versuchung reagiert, ohne ihr nachzugeben. Wer abwechselnd sündigt und dann in seiner Reue hohe sittliche Forderungen aufstellt, der setzt sich dem Vorwurf aus, daß er sich's zu bequem gemacht hat. Er hat das Wesentliche an der Sittlichkeit, den Verzicht, nicht geleistet, denn die sittliche Lebensführung ist ein praktisches Menschheitsinteresse. Er erinnert an die Barbaren der Völkerwanderung, die morden und dafür Buße tun, wo die Buße direkt eine Technik wird, um den Mord zu ermöglichen. Iwan der Schreckliche benimmt sich auch nicht anders; ja dieser Ausgleich mit der Sittlichkeit ist ein charakteristisch russischer Zug. Auch ist das Endergebnis von Dostojewskis sittlichem Ringen kein rühmliches. Nach den heftigsten Kämpfen, die Triebansprüche des Individuums mit den Forderungen der menschlichen Gemeinschaft zu versöhnen, landet er rückläufig bei der Unterwerfung unter die weltliche wie unter die geistliche Autorität, bei der Ehrfurcht vor dem Zaren und dem Christengott und bei einem engherzigen russischen Nationalismus, eine Station, zu der geringere Geister mit weniger Mühe gelangt sind. Hier ist der schwache Punkt der großen Persönlichkeit. Dostojewski hat es versäumt, ein Lehrer und Befreier der Menschen zu werden, er hat sich zu ihren Kerkermeistern gesellt; die kulturelle Zukunft der Menschen wird ihm wenig zu danken haben. Es läßt sich wahrscheinlich zeigen, daß er durch seine Neurose zu solchem Scheitern verdammt wurde. Nach der Höhe seiner Intelligenz und der Stärke seiner Menschenliebe wäre ihm ein anderer, ein apostolischer Lebensweg eröffnet gewesen.

Dostojewski als Sünder oder Verbrecher zu betrachten ruft ein heftiges Sträuben hervor, das nicht in der philiströsen Einschätzung des Verbrechers begründet zu sein braucht. Man wird bald des wirklichen Motivs gewahr; für den Verbrecher sind zwei Züge wesentlich, die grenzenlose Eigensucht und die starke destruktive Tendenz; beiden gemeinsam und Voraussetzung für deren Äußerungen ist die Lieblosigkeit, der Mangel an affektiver Wertung der (menschlichen) Objekte. Man erinnert sich sofort an den Gegensatz hiezu bei Dostojewski, an seine große Liebesbedürftigkeit und seine enorme Liebesfähigkeit, die sich selbst in Erscheinungen der

Übergüte äußert und ihn lieben und helfen läßt, wo er selbst das
Recht zum Haß und zur Rache hatte, z. B. im Verhältnis zu seiner
ersten Frau und ihrem Geliebten. Dann muß man fragen, woher
überhaupt die Versuchung rührt, Dostojewski den Verbrechern zu-
zurechnen. Antwort: Es ist die Stoffwahl des Dichters, die gewalttätige, mörderische, eigensüchtige Charaktere vor allen anderen auszeichnet, was auf die Existenz solcher Neigungen in seinem Inneren
hindeutet, ferner einiges Tatsächliche aus seinem Leben, wie seine
Spielsucht, vielleicht der sexuelle Mißbrauch eines unreifen Mädchens (Geständnis).[1] Der Widerspruch löst sich durch die Einsicht,
daß der sehr starke Destruktionstrieb Dostojewskis, der ihn leicht
zum Verbrecher gemacht hätte, im Leben hauptsächlich gegen die
eigene Person (nach innen anstatt nach außen) gerichtet ist und
so als Masochismus und Schuldgefühl zum Ausdruck kommt. Seine
Person behält immerhin genug sadistische Züge übrig, die sich in
seiner Reizbarkeit, Quälsucht, Intoleranz, auch gegen geliebte Personen, äußern und noch in der Art, wie er als Autor seine Leser
behandelt, zum Vorschein kommen, also in kleinen Dingen Sadist
nach außen, in größeren Sadist nach innen, also Masochist, das
heißt der weichste, gutmütigste, hilfsbereiteste Mensch.

Aus der Komplikation der Person Dostojewskis haben wir drei
Faktoren herausgeholt, einen quantitativen und zwei qualitative:
Die außerordentliche Höhe seiner Affektivität, die perverse Trieb-
anlage, die ihn zum Sado-Masochisten oder zum Verbrecher ver-
anlagen mußte, und die unanalysierbare, künstlerische Begabung.
Dies Ensemble wäre sehr wohl ohne Neurose existenzfähig; es gibt

---

[1] Siehe die Diskussion hierüber in „Der unbekannte Dostojewski" 1926. — Stefan
Z w e i g : Er macht nicht halt vor den Zäunen der bürgerlichen Moral und niemand
weiß genau zu sagen, wie weit er in seinem Leben die juristische Grenze überschritten,
wieviel von den verbrecherischen Instinkten seiner Helden in ihm selbst zur Tat ge-
worden ist. („Drei Meister" 1920.) Über die intimen Beziehungen zwischen Dostojewskis
Gestalten und seinen eigenen Erlebnissen siehe die Ausführungen René F ü l ö p -
M i l l e r s im einleitenden Abschnitt zu „Dostojewski am Roulette" 1925, die an
Nikolai S t r a c h o f f anknüpfen.

ja nicht-neurotische Vollmasochisten. Nach dem Kräfteverhältnis zwischen den Triebansprüchen und den ihnen entgegenstehenden Hemmungen (plus der verfügbaren Sublimierungswege) wäre Dostojewski immer noch als ein sogenannter „triebhafter Charakter" zu klassifizieren. Aber die Situation wird getrübt durch die Mitanwesenheit der Neurose, die, wie gesagt, nicht unter diesen Bedingungen unerläßlich wäre, aber doch um so eher zustande kommt, je reichhaltiger die vom Ich zu bewältigende Komplikation ist. Die Neurose ist doch nur ein Zeichen dafür, daß dem Ich eine solche Synthese nicht gelungen ist, daß es bei solchem Versuch seine Einheitlichkeit eingebüßt hat.

Wodurch wird nun im strengen Sinne die Neurose erwiesen? Dostojewski nannte sich selbst und galt bei den anderen als Epileptiker auf Grund seiner schweren, mit Bewußtseinsverlust, Muskelkrämpfen und nachfolgender Verstimmung einhergehenden Anfälle. Es ist nun überaus wahrscheinlich, daß diese sogenannte Epilepsie nur ein Symptom seiner Neurose war, die demnach als Hysteroepilepsie, das heißt als schwere Hysterie, klassifiziert werden müßte. Volle Sicherheit ist aus zwei Gründen nicht zu erreichen, erstens, weil die anamnestischen Daten über Dostojewskis sogenannte Epilepsie mangelhaft und unzuverlässig sind, zweitens, weil die Auffassung der mit epileptoiden Anfällen verbundenen Krankheitszustände nicht geklärt ist.

Zunächst zum zweiten Punkt. Es ist überflüssig, die ganze Pathologie der Epilepsie hier zu wiederholen, die doch nichts Entscheidendes bringt, doch kann man sagen: Immer hebt sich noch als scheinbare klinische Einheit der alte *Morbus sacer* hervor, die unheimliche Krankheit mit ihren unberechenbaren, anscheinend nicht provozierten Krampfanfällen, der Charakterveränderung ins Reizbare und Aggressive und der progressiven Herabsetzung aller geistigen Leistungen. Aber an allen Enden zerflattert dies Bild ins Unbestimmte. Die Anfälle, die brutal auftreten, mit Zungenbiß und Harnentleerung, gehäuft zum lebensbedrohlichen Status epilepticus, der schwere Selbstbeschädigung herbeiführt, können sich doch ermäßigen zu kurzen Absenzen, zu bloßen rasch vorübergehenden Schwindelzuständen, können sich ersetzen durch kurze Zeiten, in denen der Kranke, wie unter der Herrschaft des Unbewußten, etwas ihm Fremdartiges tut. Sonst in unfaßbarer Weise rein körperlich bedingt, können sie doch ihre erste Entstehung einem rein seelischen Einfluß (Schreck) verdankt haben oder weiterhin auf seelische Erregungen reagieren. So charakteristisch die intellektuelle Herabsetzung für die übergroße Mehrzahl der Fälle sein mag, so ist doch wenigstens ein Fall bekannt, in dem das Leiden intellektuelle Höchstleistung nicht zu stören vermochte (Helmholtz). (Andere Fälle, von denen das gleiche behauptet wurde, sind unsicher oder unterliegen denselben Bedenken wie Dostojewski selbst.) Die Personen, die von der Epilepsie befallen sind, können den Eindruck von Stumpfheit, behinderter Entwicklung machen, wie doch das Leiden oft greifbarste Idiotie und größte Hirndefekte begleitet, wenn auch nicht als notwendiger Bestandteil des Krankheitsbildes; aber diese Anfälle finden sich mit allen ihren Variationen auch bei anderen Personen vor, die eine volle seelische Entwicklung und eher übergroße, meist ungenügend beherrschte Affektivität bekunden. Kein Wunder, daß man es unter diesen Umständen für unmöglich findet, die Einheit einer klinischen Affektion „Epilepsie" festzuhalten. Was in der Gleichartigkeit der geäußerten Symptome zum Vorschein kommt, scheint eine funktionelle Auffassung zu fordern, als ob ein Mechanismus der abnormen Triebabfuhr organisch vorgebildet wäre, der unter ganz verschiedenen Verhältnissen in Anspruch genommen wird, sowohl bei Störungen der Gehirntätigkeit durch schwere gewebliche und toxische Erkrankung als auch bei unzulänglicher Beherrschung der seelischen Ökonomie, krisenhaftem Betrieb der in der Seele wirkenden Energie. Hinter dieser Zweiteilung ahnt man die Identität des zu Grunde liegenden Mechanismus der Triebabfuhr. Derselbe kann auch den Sexualvorgängen, die im Grunde toxisch verursacht sind, nicht ferne stehen; schon die ältesten Ärzte nannten den Koitus eine kleine Epilepsie, erkannten also im sexuellen Akt die Milderung und Adaptierung der epileptischen Reizabfuhr.

Die „epileptische Reaktion", wie man dies Gemeinsame nennen kann, stellt sich ohne Zweifel auch der Neurose zur Verfügung, deren Wesen darin besteht, Erregungsmassen, mit denen sie psychisch nicht fertig wird, auf somatischem Wege zu erledigen. Der epileptische Anfall wird so ein Symptom der Hysterie und von ihr adaptiert und modifiziert, ähnlich wie vom normalen Sexualablauf. Man hat also ganz recht, eine organische von einer „affektiven" Epilepsie zu unterscheiden. Die praktische Bedeutung ist die: wer die eine hat, ist ein Gehirnkranker, wer die andere hat, ein Neurotiker. Im ersteren Fall unterliegt das Seelenleben einer ihm fremden Störung von außen, im anderen ist die Störung ein Ausdruck des Seelenlebens selbst.

Es ist überaus wahrscheinlich, daß Dostojewskis Epilepsie von der zweiten Art ist. Strenge erweisen kann man es nicht, man müßte denn imstande sein, das erste Auftreten und die späteren Schwankungen der Anfälle in den Zusammenhang seines seelischen Lebens einzureihen, und dafür weiß man zu wenig. Die Beschreibungen der Anfälle selbst lehren nichts, die Auskünfte über Beziehungen zwischen Anfällen und Erlebnissen sind mangelhaft und oft widersprechend. Am wahrscheinlichsten ist die Annahme, daß die Anfälle weit in Dostojewskis Kindheit zurückgehen, daß sie zuerst durch mildere Symptome vertreten waren und erst nach dem erschütternden Erlebnis im achtzehnten Jahr, nach der Ermordung des Vaters, die epileptische Form annahmen.[1] Es wäre

---

1) Vgl. hiezu den Aufsatz „Dostojewskis Heilige Krankheit" von René Fülöp-Miller in „Wissen und Leben" 1924, Heft 19/20. Besonderes Interesse erweckt die Mitteilung, daß sich in des Dichters Kindheit „etwas Furchtbares, Unvergeßliches und Qualvolles" ereignet habe, auf das die ersten Anzeichen seines Leidens zurückzuführen seien (Suworin in einem Artikel der „Nowoje Wremja" 1881, nach dem Zitat in der Einleitung zu „Dostojewski am Roulette" p. XLV). Ferner Orest Miller in „Dostojewskis autobiographische Schriften": „Es gibt über die Krankheit Fjodor Michailowitschs

sehr passend, wenn sich bewahrheitete, daß sie während der Strafzeit in Sibirien völlig sistiert hätten, aber andere Angaben widersprechen dem.¹ Die unverkennbare Beziehung zwischen der Vatertötung in den Brüdern Karamasoff und dem Schicksal von Dostojewskis Vater ist mehr als einem Biographen aufgefallen und hat sie zu einem Hinweis auf eine „gewisse moderne psychologische Richtung" veranlaßt. Die psychoanalytische Betrachtung, denn diese ist gemeint, ist versucht, in diesem Ereignis das schwerste Trauma und in Dostojewskis Reaktion darauf den Angelpunkt seiner Neurose zu erkennen.

Wenn ich es aber unternehme, diese Aufstellung psychoanalytisch zu begründen, muß ich befürchten, allen denen unverständlich zu bleiben, die mit den Ausdrucksweisen und Lehren der Psychoanalyse nicht vertraut sind.

Wir haben einen gesicherten Ausgangspunkt. Wir kennen den Sinn der ersten Anfälle Dostojewskis in seinen jungen Jahren lange vor dem Auftreten der „Epilepsie". Diese Anfälle hatten Todesbedeutung, sie wurden von Todesangst eingeleitet und bestanden in lethargischen Schlafzuständen. Als plötzliche, grundlose Schwermut kam sie (die Krankheit) zuerst über ihn, da er noch ein Knabe war; ein Gefühl, so erzählte er später seinem Freunde

---

allerdings noch eine besondere Aussage, die sich auf seine früheste Jugend bezieht und die Krankheit mit einem tragischen Fall in dem Familienleben der Eltern Dostojewskis in Verbindung bringt. Doch obgleich mir diese Aussage von einem Menschen, der Fjodor Michailowitsch sehr nahe stand, mündlich mitgeteilt worden ist, kann ich mich nicht entschließen, da ich von keiner Seite eine Bestätigung dieses Gerüchts erhalten habe, die erwähnte Angabe hier ausführlich und genau wiederzugeben" (S. 140). Biographik und Neurosenforschung können dieser Diskretion nicht zu Dank verpflichtet sein.

1) Die meisten Angaben, darunter Dostojewskis eigene Auskunft, behaupten vielmehr, daß die Krankheit erst während der sibirischen Strafzeit ihren definitiven, epileptischen Charakter angenommen habe. Leider hat man Grund, den autobiographischen Mitteilungen der Neurotiker zu mißtrauen. Die Erfahrung zeigt, daß ihre Erinnerung Verfälschungen unternimmt, die dazu bestimmt sind, einen unliebsamen Kausalzusammenhang zu zerreißen. Doch scheint es gesichert, daß der Aufenthalt im sibirischen Kerker auch den Krankheitszustand Dostojewskis eingreifend verändert hat. Vgl. hiezu: „Dostojewskis Heilige Krankheit" (S. 1186).

Solowjoff, als ob er sogleich sterben müßte; und tatsächlich folgte dann auch ein dem wirklichen Tode vollkommen ähnlicher Zustand . . . Sein Bruder Andree hat berichtet, daß Fedor schon in jungen Jahren vor dem Einschlafen Zettelchen hinzulegen pflegte, er fürchte in der Nacht in den scheintodähnlichen Schlaf zu verfallen und bitte darum, man möge ihn erst nach fünf Tagen beerdigen lassen. („Dostojewski am Roulette", Einleitung Seite LX.) Wir kennen den Sinn und die Absicht solcher Todesanfälle. Sie bedeuten eine Identifizierung mit einem Toten, einer Person, die wirklich gestorben ist, oder die noch lebt und der man den Tod wünscht. Der letztere Fall ist der bedeutsamere. Der Anfall hat dann den Wert einer Bestrafung. Man hat einen anderen tot gewünscht, nun ist man dieser andere und ist selbst tot. Hier setzt die psychoanalytische Lehre die Behauptung ein, daß dieser Andere für den Knaben in der Regel der Vater ist, der — hysterisch genannte — Anfall also eine Selbstbestrafung für den Todeswunsch gegen den gehaßten Vater.

Der Vatermord ist nach bekannter Auffassung das Haupt- und Urverbrechen der Menschheit wie des Einzelnen.[1] Er ist jedenfalls die Hauptquelle des Schuldgefühls, wir wissen nicht, ob die einzige; die Untersuchungen konnten den seelischen Ursprung von Schuld und Sühnebedürfnis noch nicht sicherstellen. Er braucht aber nicht die einzige zu sein. Die psychologische Situation ist kompliziert und bedarf einer Erläuterung. Das Verhältnis des Knaben zum Vater ist ein, wie wir sagen, ambivalentes. Außer dem Haß, der den Vater als Rivalen beseitigen möchte, ist regelmäßig ein Maß von Zärtlichkeit für ihn vorhanden. Beide Einstellungen treten zur Vateridentifizierung zusammen, man möchte an Stelle des Vaters sein, weil man ihn bewundert, so sein möchte wie er und weil man ihn wegschaffen will. Diese ganze Entwicklung stößt nun auf ein mächtiges Hindernis. In einem gewissen Moment lernt

---

1) Siehe des Verf. „Totem und Tabu" (Ges. Werke, Bd. IX).

das Kind verstehen, daß der Versuch, den Vater als Rivalen zu beseitigen, von ihm durch die Kastration gestraft werden würde. Aus Kastrationsangst, also im Interesse der Bewahrung seiner Männlichkeit, gibt es also den Wunsch nach dem Besitz der Mutter und der Beseitigung des Vaters auf. Soweit er im Unbewußten erhalten bleibt, bildet er die Grundlage des Schuldgefühls. Wir glauben hierin normale Vorgänge beschrieben zu haben, das normale Schicksal des sogenannten Ödipuskomplexes; eine wichtige Ergänzung haben wir allerdings noch nachzutragen.

Eine weitere Komplikation stellt sich her, wenn beim Kinde jener konstitutionelle Faktor, den wir die Bisexualität heißen, stärker ausgebildet ist. Dann wird unter der Bedrohung der Männlichkeit durch die Kastration die Neigung gekräftigt, nach der Richtung der Weiblichkeit auszuweichen, sich vielmehr an die Stelle der Mutter zu setzen und ihre Rolle als Liebesobjekt beim Vater zu übernehmen. Allein die Kastrationsangst macht auch diese Lösung unmöglich. Man versteht, daß man auch die Kastration auf sich nehmen muß, wenn man vom Vater wie ein Weib geliebt werden will. So verfallen beide Regungen, Vaterhaß wie Vaterverliebtheit, der Verdrängung. Ein gewisser psychologischer Unterschied besteht darin, daß der Vaterhaß aufgegeben wird infolge der Angst vor einer äußeren Gefahr (der Kastration); die Vaterverliebtheit aber wird als innere Triebgefahr behandelt, die doch im Grunde wieder auf die nämliche äußere Gefahr zurückgeht.

Was den Vaterhaß unannehmbar macht, ist die Angst vor dem Vater; die Kastration ist schrecklich, sowohl als Strafe wie auch als Preis der Liebe. Von den beiden Faktoren, die den Vaterhaß verdrängen, ist der erste, die direkte Straf- und Kastrationsangst, der normale zu nennen, die pathogene Verstärkung scheint erst durch den anderen Faktor, die Angst vor der femininen Einstellung, hinzuzukommen. Eine stark bisexuelle Anlage wird so zu einer der Bedingungen oder Bekräftigungen der Neurose. Eine solche ist für Dostojewski sicherlich anzunehmen und zeigt sich in existenzmöglicher Form (latente Homosexualität) in der Bedeutung von Männerfreundschaften für sein Leben, in seinem sonderbar zärtlichen Verhalten gegen Liebesrivalen und in seinem ausgezeichneten Verständnis für Situationen, die sich nur durch verdrängte Homosexualität erklären, wie viele Beispiele aus seinen Novellen zeigen.

Ich bedaure es, kann es aber nicht ändern, wenn diese Ausführungen über die Haß- und Liebeseinstellungen zum Vater und deren Wandlungen unter dem Einfluß der Kastrationsdrohung dem der Psychoanalyse unkundigen Leser unschmackhaft und unglaubwürdig erscheinen. Ich würde selbst erwarten, daß gerade der Kastrationskomplex der allgemeinsten Ablehnung sicher ist. Aber ich kann nur beteuern, daß die psychoanalytische Erfahrung gerade diese Verhältnisse über jeden Zweifel hinaushebt und uns in ihnen den Schlüssel zu jeder Neurose erkennen heißt. Den müssen wir also auch an der sogenannten Epilepsie unseres Dichters versuchen. So fremd sind aber unserem Bewußtsein die Dinge, von denen unser unbewußtes Seelenleben beherrscht wird. Mit dem bisher Mitgeteilten sind die Folgen der Verdrängung des Vaterhasses im Ödipuskomplex nicht erschöpft. Es kommt als neu hinzu, daß die Vateridentifizierung sich am Ende doch einen dauernden Platz im Ich erzwingt. Sie wird ins Ich aufgenommen, stellt sich aber darin als eine besondere Instanz dem anderen Inhalt des Ichs entgegen. Wir heißen sie dann das Über-Ich und schreiben ihr, der Erbin des Elterneinflusses, die wichtigsten Funktionen zu.

War der Vater hart, gewalttätig, grausam, so nimmt das Über-Ich diese Eigenschaften von ihm an und in seiner Relation zum Ich stellt sich die Passivität wieder her, die gerade verdrängt werden sollte. Das Über-Ich ist sadistisch geworden, das Ich wird masochistisch, d. h. im Grunde weiblich passiv. Es entsteht ein großes Strafbedürfnis im Ich, das teils als solches dem Schicksal bereit liegt, teils in der Mißhandlung durch das Über-Ich (Schuldbewußtsein) Befriedigung findet. Jede Strafe ist ja im Grunde die Kastration und als solche Erfüllung der alten passiven Einstellung zum

Vater. Auch das Schicksal ist endlich nur eine spätere Vaterprojektion. Die normalen Vorgänge bei der Gewissensbildung müssen so ähnlich sein, wie die hier dargestellten abnormen. Es ist uns noch nicht gelungen, die Abgrenzung beider herzustellen. Man bemerkt, daß hier der größte Anteil am Ausgang der passiven Komponente der verdrängten Weiblichkeit zugeschrieben wird. Außerdem muß als akzidenteller Faktor bedeutsam werden, ob der in jedem Fall gefürchtete Vater auch in der Realität besonders gewalttätig ist. Dies trifft für Dostojewski zu, und die Tatsache seines außerordentlichen Schuldgefühls wie seiner masochistischen Lebensführung werden wir auf eine besonders starke feminine Komponente zurückführen. So ist die Formel für Dostojewski: ein besonders stark bisexuell Veranlagter, der sich mit besonderer Intensität gegen die Abhängigkeit von einem besonders harten Vater wehren kann. Diesen Charakter der Bisexualität fügen wir zu den früher erkannten Komponenten seines Wesens hinzu. Das frühzeitige Symptom der „Todesanfälle" läßt sich also verstehen als eine vom Über-Ich strafweise zugelassene Vateridentifizierung des Ichs. Du hast den Vater töten wollen, um selbst der Vater zu sein. Nun bist du der Vater, aber der tote Vater; der gewöhnliche Mechanismus hysterischer Symptome. Und dabei: jetzt tötet dich der Vater. Für das Ich ist das Todessymptom Phantasiebefriedigung des männlichen Wunsches und gleichzeitig masochistische Befriedigung; für das Über-Ich Strafbefriedigung, also sadistische Befriedigung. Beide, Ich und Über-Ich, spielen die Vaterrolle weiter. — Im ganzen hat sich die Relation zwischen Person und Vaterobjekt bei Erhaltung ihres Inhalts in eine Relation zwischen Ich und Über-Ich gewandelt, eine Neuinszenierung auf einer zweiten Bühne. Solche infantile Reaktionen aus dem Ödipuskomplex mögen erlöschen, wenn die Realität ihnen keine weitere Nahrung zuführt. Aber der Charakter des Vaters bleibt derselbe, nein, er verschlechtert sich mit den Jahren und so bleibt auch der Vaterhaß Dostojewskis erhalten, sein Todeswunsch gegen diesen bösen Vater. Nun ist es gefährlich, wenn die Realität solche verdrängte Wünsche erfüllt. Die Phantasie ist Realität geworden, alle Abwehrmaßregeln werden nun verstärkt. Nun nehmen Dostojewskis Anfälle epileptischen Charakter an, sie bedeuten gewiß noch immer die strafweise Vateridentifizierung, sind aber fürchterlich geworden wie der schreckliche Tod des Vaters selbst. Welchen, insbesondere sexuellen, Inhalt sie dazu noch aufgenommen haben, entzieht sich dem Erraten.

Eines ist merkwürdig: in der Aura des Anfalles wird ein Moment der höchsten Seligkeit erlebt, der sehr wohl den Triumph und die Befreiung bei der Todesnachricht fixiert haben kann, auf den dann sofort die um so grausamere Strafe folgte. So eine Folge von Triumph und Trauer, Festfreude und Trauer, haben wir auch bei den Brüdern der Urhorde, die den Vater erschlugen, erraten und finden ihn in der Zeremonie der Totemmahlzeit wiederholt. Wenn es zutrifft, daß Dostojewski in Sibirien frei von Anfällen war, so bestätigte dies nur, daß seine Anfälle seine Strafe waren. Er brauchte sie nicht mehr, wenn er anders gestraft war. Allein dies ist unerweisbar. Eher erklärt diese Notwendigkeit der Strafe für Dostojewskis seelische Ökonomie, daß er ungebrochen durch diese Jahre des Elends und der Demütigungen hindurchging. Dostojewskis Verurteilung als politischer Verbrecher war ungerecht, er mußte das wissen, aber er akzeptierte die unverdiente Strafe von Väterchen Zar, als Ersatz für die Strafe, die seine Sünde gegen den wirklichen Vater verdient hatte. An Stelle der Selbstbestrafung ließ er sich vom Stellvertreter des Vaters bestrafen. Man blickt hier ein Stück in die psychologische Rechtfertigung der von der Gesellschaft verhängten Strafen hinein. Es ist wahr, daß große Gruppen von Verbrechern nach der Strafe verlangen. Ihr Über-Ich fordert sie, erspart sich damit, sie selbst zu verhängen.

Wer den komplizierten Bedeutungswandel hysterischer Symptome kennt, wird verstehen, daß hier kein Versuch unternommen wird, den Sinn der Anfälle Dostojewskis über diesen Anfang hinaus zu ergründen.¹ Genug, daß man annehmen darf, ihr ursprünglicher Sinn sei hinter allen späteren Überlagerungen unverändert geblieben. Man darf sagen, Dostojewski ist niemals von der Gewissensbelastung durch die Absicht des Vatermordes frei geworden. Sie hat auch sein Verhalten zu den zwei anderen Gebieten bestimmt, auf denen die Vaterrelation maßgebend ist, zur staatlichen Autorität und zum Gottesglauben. Auf ersterem landete er bei der vollen Unterwerfung unter Väterchen Zar, der in der Wirklichkeit die Komödie der Tötung mit ihm einmal aufgeführt hatte, welche ihm sein Anfall so oft vorzuspielen pflegte. Die Buße gewann hier die Oberhand. Auf religiösem Gebiet blieb ihm mehr Freiheit, nach anscheinend guten Berichten soll er bis zum letzten Augenblick seines Lebens zwischen Gläubigkeit und Atheismus geschwankt haben. Sein großer Intellekt machte es ihm unmöglich, irgendeine der Denkschwierigkeiten, zu denen die Gläubigkeit führt, zu übersehen. In individueller Wiederholung einer welthistorischen Entwicklung hoffte er im Christusideal einen Ausweg und eine Schuldbefreiung zu finden, seine Leiden selbst als Anspruch auf eine Christusrolle zu verwenden. Wenn er es im ganzen nicht zur Freiheit brachte und Reaktionär wurde, so kam es daher, daß die allgemein menschliche Sohnesschuld, auf der sich das religiöse Gefühl aufbaut, bei ihm eine überindividuelle Stärke erreicht hatte und selbst seiner großen Intelligenz unüberwindlich blieb. Wir setzen uns hier dem Vorwurf aus, daß wir die Unparteilichkeit der Analyse aufgeben und Dostojewski Wertungen unterziehen, die nur vom Parteistandpunkt einer gewissen Weltanschauung berechtigt sind. Ein Konservativer

---

1) Siehe „Totem und Tabu". Die beste Auskunft über den Sinn und Inhalt seiner Anfälle gibt Dostojewski selbst, wenn er seinem Freunde Strachoff mitteilt, daß seine Reizbarkeit und Depression nach einem epileptischen Anfall darin begründet sei, daß er sich als Verbrecher erscheine und das Gefühl nicht los werden könne, eine ihm unbekannte Schuld auf sich geladen, eine große Missetat verübt zu haben, die ihn bedrücke („Dostojewskis Heilige Krankheit", S. 1188). In solchen Anklagen erblickt die Psychoanalyse ein Stück Erkenntnis der „psychischen Realität" und bemüht sich, die unbekannte Schuld dem Bewußtsein bekannt zu machen.

würde die Partei des Großinquisitors nehmen und anders über Dostojewski urteilen. Der Vorwurf ist berechtigt, zu seiner Milderung kann man nur sagen, daß die Entscheidung Dostojewskis durch seine Denkhemmung infolge seiner Neurose bestimmt erscheint. Es ist kaum ein Zufall, daß drei Meisterwerke der Literatur aller Zeiten das gleiche Thema, das der Vatertötung, behandeln: Der König Ödipus des Sophokles, der Hamlet Shakespeares und Dostojewskis Brüder Karamasoff. In allen dreien ist auch das Motiv der Tat, die sexuale Rivalität um das Weib, bloßgelegt. Am aufrichtigsten ist gewiß die Darstellung im Drama, das sich der griechischen Sage anschließt. Hier hat der Held noch selbst die Tat vollbracht. Aber ohne Milderung und Verhüllung ist die poetische Bearbeitung nicht möglich. Das nackte Geständnis der Absicht zur Vatertötung, wie wir es in der Analyse erzielen, scheint ohne analytische Vorbereitung unerträglich. Im griechischen Drama wird die unerläßliche Abschwächung in meisterhafter Weise bei Erhaltung des Tatbestandes dadurch herbeigeführt, daß das unbewußte Motiv des Helden als ein ihm fremder Schicksalszwang ins Reale projiziert wird. Der Held begeht die Tat unabsichtlich und scheinbar ohne Einfluß des Weibes, doch wird diesem Zusammenhang Rechnung getragen, indem er die Mutter Königin erst nach einer Wiederholung der Tat an dem Ungeheuer, das den Vater symbolisiert, erringen kann. Nachdem seine Schuld aufgedeckt, bewußt gemacht ist, erfolgt kein Versuch, sie mit Berufung auf die Hilfskonstruktion des Schicksalszwanges von sich abzuwälzen, sondern sie wird anerkannt und wie eine bewußte Vollschuld bestraft, was der Überlegung ungerecht erscheinen muß, aber psychologisch vollkommen korrekt ist. Die Darstellung des englischen Dramas ist indirekter, der Held hat die Handlung nicht selbst vollbracht, sondern ein anderer, für den sie keinen Vatermord bedeutet. Das anstößige Motiv der sexualen Rivalität beim Weibe braucht darum nicht verschleiert zu werden. Auch den Ödipuskomplex des Helden erblicken wir gleichsam im reflektierten

Licht, indem wir die Wirkung der Tat des anderen auf ihn erfahren. Er sollte die Tat rächen, findet sich in merkwürdiger Weise unfähig dazu. Wir wissen, es ist sein Schuldgefühl, das ihn lähmt; in einer den neurotischen Vorgängen durchaus gemäßen Weise wird das Schuldgefühl auf die Wahrnehmung seiner Unzulänglichkeit zur Erfüllung dieser Aufgabe verschoben. Es ergeben sich Anzeichen, daß der Held diese Schuld als eine überindividuelle empfindet. Er verachtet die anderen nicht minder als sich. „Behandelt jeden Menschen nach seinem Verdienst, und wer ist vor Schlägen sicher?" In dieser Richtung geht der Roman des Russen einen Schritt weiter. Auch hier hat ein anderer den Mord vollbracht, aber einer, der zu dem Ermordeten in derselben Sohnesbeziehung stand wie der Held Dmitri, bei dem das Motiv der sexuellen Rivalität offen zugestanden wird, ein anderer Bruder, dem bemerkenswerterweise Dostojewski seine eigene Krankheit, die vermeintliche Epilepsie, angehängt hat, als ob er gestehen wollte, der Epileptiker, Neurotiker in mir ist ein Vatermörder. Und nun folgt in dem Plaidoyer vor dem Gerichtshof der berühmte Spott auf die Psychologie, sie sei ein Stock mit zwei Enden. Eine großartige Verhüllung, denn man braucht sie nur umzukehren, um den tiefsten Sinn der Dostojewskischen Auffassung zu finden. Nicht die Psychologie verdient den Spott, sondern das gerichtliche Ermittlungsverfahren. Es ist ja gleichgültig, wer die Tat wirklich ausgeführt hat, für die Psychologie kommt es nur darauf an, wer sie in seinem Gefühl gewollt, und als sie geschehen, willkommen geheißen hat, und darum sind bis auf die Kontrastfigur des Aljoscha alle Brüder gleich schuldig, der triebhafte Genußmensch, der skeptische Zyniker und der epileptische Verbrecher. In den Brüdern Karamasoff findet sich eine für Dostojewski höchst bezeichnende Szene. Der Staretz hat im Gespräch mit Dmitri erkannt, daß er die Bereitschaft zum Vatermord in sich trägt und wirft sich vor ihm nieder. Das kann nicht Ausdruck der Bewunderung sein, es muß heißen, daß der Heilige die Versuchung, den Mörder zu verachten oder zu verabscheuen, von sich weist und sich darum vor ihm demütigt. Dostojewskis Sympathie für den Verbrecher ist in der Tat schrankenlos, sie geht weit über das Mitleid hinaus, auf das der Unglückliche Anspruch hat, erinnert an die heilige Scheu, mit der das Altertum den Epileptiker und den Geistesgestörten betrachtet hat. Der Verbrecher ist ihm fast wie ein Erlöser, der die Schuld auf sich genommen hat, die sonst die anderen hätten tragen müssen. Man braucht nicht mehr zu morden, nachdem er bereits gemordet hat, aber man muß ihm dafür dankbar sein, sonst hätte man selbst morden müssen. Das ist nicht gütiges Mitleid allein, es ist Identifizierung auf Grund der gleichen mörderischen Impulse, eigentlich ein um ein Geringes verschobener Narzißmus. Der ethische Wert dieser Güte soll damit nicht bestritten werden. Vielleicht ist dies überhaupt der Mechanismus der gütigen Teilnahme am anderen Menschen, den man in dem extremen Falle des vom Schuldbewußtsein beherrschten Dichters besonders leicht durchschaut. Kein Zweifel, daß diese Identifizierungssympathie die Stoffwahl Dostojewskis entscheidend bestimmt hat. Er hat aber zuerst den gemeinen Verbrecher, — aus Eigensucht, — den politischen und religiösen Verbrecher behandelt, ehe er am Ende seines Lebens zum Urverbrecher, zum Vatermörder, zurückkehrte und an ihm sein poetisches Geständnis ablegte.

Die Veröffentlichung seines Nachlasses und der Tagebücher seiner Frau hat eine Episode seines Lebens grell beleuchtet, die Zeit, da Dostojewski in Deutschland von der Spielsucht besessen war. („Dostojewski am Roulette.") Ein unverkennbarer Anfall von pathologischer Leidenschaft, der auch von keiner Seite anders gewertet werden konnte. Es fehlte nicht an Rationalisierungen für dies merkwürdige und unwürdige Tun. Das Schuldgefühl hatte sich, wie nicht selten bei Neurotikern, eine greifbare Vertretung durch eine Schuldenlast geschaffen und Dostojewski konnte vorschützen, daß er sich durch den Spielgewinn die Möglichkeit erwerben wolle, nach Rußland zurückzukommen, ohne von seinen Gläubigern eingesperrt zu werden. Aber das war nur Vorwand, Dostojewski war scharfsinnig genug, es zu erkennen, und ehrlich genug, es zu gestehen. Er wußte, die Hauptsache war das Spiel an und für sich, *le jeu pour le jeu.*¹ Alle Einzelheiten seines triebhaft unsinnigen Benehmens beweisen dies und noch etwas anderes. Er ruhte nie, ehe er nicht alles verloren hatte. Das Spiel war ihm auch ein Weg zur Selbstbestrafung. Er hatte ungezählte Male der jungen Frau sein Wort oder sein Ehrenwort gegeben, nicht mehr zu spielen oder an diesem Tag nicht mehr zu spielen, und er brach es, wie sie sagt, fast immer. Hatte er durch Verluste sich und sie ins äußerste Elend gebracht, so zog er daraus eine zweite pathologische Befriedigung. Er konnte sich vor ihr beschimpfen, demütigen, sie auffordern, ihn zu verachten, zu bedauern, daß sie ihn alten Sünder geheiratet, und nach dieser Entlastung des Gewissens ging dies Spiel am nächsten Tag weiter. Und die junge Frau gewöhnte sich an diesen Zyklus, weil sie bemerkt hatte, daß dasjenige, von dem in Wirklichkeit allein die Rettung zu erwarten war, die literarische Produktion, nie besser vor sich ging, als nachdem sie alles verloren und ihre letzte Habe verpfändet hatten. Sie verstand den Zusammenhang natürlich nicht. Wenn sein Schuldgefühl durch die Bestrafungen befriedigt war, die er selbst über sich verhängt hatte, dann ließ seine Arbeitshemmung nach, dann gestattete er sich, einige Schritte auf dem Wege zum Erfolg zu tun.²

Welches Stück längst verschütteten Kinderlebens sich im Spielzwang Wiederholung erzwingt, läßt sich unschwer in Anlehnung an eine Novelle eines jüngeren Dichters erraten. Stefan Zweig, der übrigens Dostojewski selbst eine Studie gewidmet hat („Drei Meister"), erzählt in seiner Sammlung von drei Novellen „Die Verwirrung der Gefühle" eine Geschichte, die er „Vierundzwanzig

---

1) „Die Hauptsache ist das Spiel selbst", schrieb er in einem seiner Briefe. „Ich schwöre Ihnen, es handelt sich dabei nicht um Habgier, obwohl ich ja freilich vor allem Geld nötig hatte."

2) Immer blieb er so lange am Spieltisch, bis er alles verloren hatte, bis er vollständig vernichtet dastand. Nur wenn sich das Unheil ganz erfüllt hatte, wich endlich der Dämon von seiner Seele und überließ dem schöpferischen Genius den Platz. (René Fülöp-Miller, „Dostojewski am Roulette" p. LXXXVI.)

Stunden aus dem Leben einer Frau" betitelt. Das kleine Meisterwerk will angeblich nur dartun, ein wie unverantwortliches Wesen das Weib ist, zu welchen es selbst überraschenden Überschreitungen es durch einen unerwarteten Lebenseindruck gedrängt werden kann. Allein die Novelle sagt weit mehr, stellt ohne solche entschuldigende Tendenz etwas ganz anderes, allgemein Menschliches oder vielmehr Männliches dar, wenn man sie einer analytischen Deutung unterzieht, und eine solche Deutung ist so aufdringlich nahe gelegt, daß man sie nicht abweisen kann. Es ist bezeichnend für die Natur des künstlerischen Schaffens, daß der mir befreundete Dichter auf Befragen versichern konnte, daß die ihm mitgeteilte Deutung seinem Wissen und seiner Absicht völlig fremd gewesen sei, obwohl in die Erzählung manche Details eingeflochten sind, die geradezu berechnet scheinen, auf die geheime Spur hinzuweisen. In der Novelle Zweigs erzählt eine vornehme ältere Dame dem Dichter ein Erlebnis, das sie vor mehr als zwanzig Jahren betroffen hat. Früh verwitwet, Mutter zweier Söhne, die sie nicht mehr brauchten, von allen Lebenserwartungen abgewendet, geriet sie in ihrem zweiundvierzigsten Jahr auf einer ihrer zwecklosen Reisen in den Spielsaal des Kasinos von Monaco und wurde unter all den merkwürdigen Eindrücken des Orts bald von dem Anblick zweier Hände fasziniert, die alle Empfindungen des unglücklichen Spielers mit erschütternder Aufrichtigkeit und Intensität zu verraten schienen. Diese Hände gehörten einem schönen Jüngling, — der Dichter gibt ihm wie absichtslos das Alter des ersten Sohnes der Zuschauerin, — der, nachdem er alles verloren, in tiefster Verzweiflung den Saal verläßt, voraussichtlich um im Park sein hoffnungsloses Leben zu beenden. Eine unerklärliche Sympathie zwingt sie, ihm zu folgen und alle Versuche zu seiner Rettung zu unternehmen. Er hält sie für eine der am Orte so zahlreichen zudringlichen Frauen und will sie abschütteln, aber sie bleibt bei ihm und sieht sich auf die natürlichste Weise genötigt, seine Unterkunft im Hotel und endlich sein Bett zu teilen. Nach dieser improvisierten Liebesnacht läßt sie sich von dem anscheinend beruhigten Jüngling unter den feierlichsten Umständen die Versicherung geben, daß er nie wieder spielen wird, stattet ihn mit Geld für die Heimreise aus und verspricht, ihn vor Abgang des Zuges auf dem Bahnhof zu treffen. Dann aber erwacht in ihr eine große Zärtlichkeit für ihn, sie will alles opfern, um ihn zu behalten, beschließt, mit ihm zu reisen, anstatt von ihm Abschied zu nehmen. Widrige Zufälligkeiten halten sie auf, so daß sie den Zug versäumt; in der Sehnsucht nach dem Verschwundenen sucht sie den Spielsaal wieder auf und findet dort entsetzt die Hände wieder, die zuerst ihre Sympathie entzündeten; der Pflichtvergessene ist zum Spiel zurückgekehrt. Sie mahnt ihn an sein Versprechen, aber von der Leidenschaft besessen, schilt er sie Spielverderberin, heißt sie gehen und wirft ihr das Geld hin, mit dem sie ihn loskaufen wollte. In tiefster Beschämung muß sie fliehen und kann später in Erfahrung bringen, daß es ihr nicht gelungen war, ihn vor dem Selbstmord zu bewahren.

Diese glänzend erzählte, lückenlos motivierte Geschichte ist gewiß für sich allein existenzfähig und einer großen Wirkung auf den Leser sicher. Die Analyse lehrt aber, daß ihre Erfindung auf dem Urgrund einer Wunschphantasie der Pubertätszeit ruht, die bei manchen Personen selbst als bewußt erinnert wird. Die Phantasie lautet, die Mutter möge selbst den Jüngling ins sexuelle Leben einführen, um ihn vor den gefürchteten Schädlichkeiten der Onanie zu retten. Die so häufigen Erlösungsdichtungen haben denselben Ursprung. Das „Laster" der Onanie ist durch das der Spielsucht ersetzt, die Betonung der leidenschaftlichen Tätigkeit der Hände ist für diese Ableitung verräterisch. Wirklich ist die Spielwut ein Äquivalent des alten Onaniezwanges, mit keinem anderen Wort als „Spielen" ist in der Kinderstube die Betätigung der Hände am Genitale benannt worden. Die Unwiderstehlichkeit der Versuchung, die heiligen und doch nie gehaltenen Vorsätze, es nie wieder zu tun, die betäubende Lust und das böse Gewissen, man richte sich zugrunde (Selbstmord), sind bei der Ersetzung unverändert erhalten geblieben. Die Zweigsche Novelle wird zwar von der Mutter, nicht vom Sohne, erzählt. Es muß dem Sohne schmeicheln zu denken: wenn die Mutter wüßte, in welche Gefahren mich die Onanie bringt, würde sie mich gewiß durch die Gestattung aller Zärtlichkeiten an ihrem eigenen Leib vor ihnen retten. Die Gleichstellung der Mutter mit der Dirne, die der Jüngling in der Zweigschen Novelle vollzieht, gehört in den Zusammenhang derselben Phantasie. Sie macht die Unzugängliche leicht erreichbar; das böse Gewissen, das diese Phantasie begleitet, setzt den schlechten Ausgang der Dichtung durch. Es ist auch interessant zu bemerken, wie die der Novelle vom Dichter gegebene Fassade deren analytischen Sinn zu verhüllen sucht. Denn es ist sehr bestreitbar, daß das Liebesleben der Frau von plötzlichen und rätselhaften Impulsen beherrscht wird. Die Analyse deckt vielmehr eine zureichende Motivierung für das überraschende Benehmen der bis dahin von der Liebe abgewandten Frau auf. Dem Andenken ihres verlorenen Ehemannes getreu, hat sie sich gegen alle ihm ähnlichen Ansprüche gewappnet, aber — darin behält die Phantasie des Sohnes Recht — einer ihr ganz unbewußten Liebesübertragung auf den Sohn war sie als Mutter nicht entgangen, und an dieser unbewachten Stelle kann das Schicksal sie packen. Wenn die Spielsucht mit ihren erfolglosen Abgewöhnungskämpfen und ihren Gelegenheiten zur Selbstbestrafung eine Wiederholung des Onaniezwanges ist, so werden wir nicht verwundert sein, daß sie sich im Leben Dostojewskis einen so großen Raum erobert hat. Wir finden doch keinen Fall von schwerer Neurose, in dem die autoerotische Befriedigung der Frühzeit und der Pubertätszeit nicht ihre Rolle gespielt hätte, und die Beziehungen zwischen den Bemühungen, sie zu unterdrücken, und der Angst vor dem Vater sind zu sehr bekannt, um mehr als einer Erwähnung zu bedürfen.[1]

---

[1] Die meisten der hier vorgetragenen Ansichten sind auch in der 1923 erschienenen trefflichen Schrift von Jolan N e u f e l d, „Dostojewski, Skizze zu seiner Psychoanalyse" (Imago-Bücher, Nr. IV), enthalten.

# DAS UNBEHAGEN
# IN DER KULTUR

# I

Man kann sich des Eindrucks nicht erwehren, daß die Menschen gemeinhin mit falschen Maßstäben messen, Macht, Erfolg und Reichtum für sich anstreben und bei anderen bewundern, die wahren Werte des Lebens aber unterschätzen. Und doch ist man bei jedem solchen allgemeinen Urteil in Gefahr, an die Buntheit der Menschenwelt und ihres seelischen Lebens zu vergessen. Es gibt einzelne Männer, denen sich die Verehrung ihrer Zeitgenossen nicht versagt, obwohl ihre Größe auf Eigenschaften und Leistungen ruht, die den Zielen und Idealen der Menge durchaus fremd sind. Man wird leicht annehmen wollen, daß es doch nur eine Minderzahl ist, welche diese großen Männer anerkennt, während die große Mehrheit nichts von ihnen wissen will. Aber es dürfte nicht so einfach zugehen, dank den Unstimmigkeiten zwischen dem Denken und dem Handeln der Menschen und der Vielstimmigkeit ihrer Wunschregungen.

Einer dieser ausgezeichneten Männer nennt sich in Briefen meinen Freund. Ich hatte ihm meine kleine Schrift zugeschickt, welche die Religion als Illusion behandelt, und er antwortete, er wäre mit meinem Urteil über die Religion ganz einverstanden, bedauerte aber, daß ich die eigentliche Quelle der Religiosität nicht gewürdigt hätte. Diese sei ein besonderes Gefühl, das ihn selbst nie zu verlassen pflege, das er von vielen anderen bestätigt gefunden und bei Millionen Menschen voraussetzen dürfe. Ein

Gefühl, das er die Empfindung der „Ewigkeit" nennen möchte,
ein Gefühl wie von etwas Unbegrenztem, Schrankenlosem, gleichsam „Ozeanischem". Dies Gefühl sei eine rein subjektive Tatsache,
kein Glaubenssatz; keine Zusicherung persönlicher Fortdauer knüpfe
sich daran, aber es sei die Quelle der religiösen Energie, die von
den verschiedenen Kirchen und Religionssystemen gefaßt, in bestimmte Kanäle geleitet und gewiß auch aufgezehrt werde. Nur
auf Grund dieses ozeanischen Gefühls dürfe man sich religiös
heißen, auch wenn man jeden Glauben und jede Illusion ablehne.

Diese Äußerung meines verehrten Freundes, der selbst einmal
den Zauber der Illusion poetisch gewürdigt hat, brachte mir nicht
geringe Schwierigkeiten.[1] Ich selbst kann dies „ozeanische" Gefühl
nicht in mir entdecken. Es ist nicht bequem, Gefühle wissenschaftlich zu bearbeiten. Man kann versuchen, ihre physiologischen
Anzeichen zu beschreiben. Wo dies nicht angeht, — ich fürchte,
auch das ozeanische Gefühl wird sich einer solchen Charakteristik
entziehen, — bleibt doch nichts übrig, als sich an den Vorstellungsinhalt zu halten, der sich assoziativ am ehesten zum Gefühl gesellt. Habe ich meinen Freund richtig verstanden, so meint er
dasselbe, was ein origineller und ziemlich absonderlicher Dichter
seinem Helden als Trost vor dem freigewählten Tod mitgibt:
„Aus dieser Welt können wir nicht fallen."[2] Also ein Gefühl der
unauflösbaren Verbundenheit, der Zusammengehörigkeit mit dem
Ganzen der Außenwelt. Ich möchte sagen, für mich hat dies eher
den Charakter einer intellektuellen Einsicht, gewiß nicht ohne
begleitenden Gefühlston, wie er aber auch bei anderen Denkakten
von ähnlicher Tragweite nicht fehlen wird. An meiner Person
könnte ich mich von der primären Natur eines solchen Gefühls

---

[1] Liluli, 1923. — Seit dem Erscheinen der beiden Bücher „La vie de Ramakrishna"
und „La vie de Vivekananda" (1930) brauche ich nicht mehr zu verbergen, daß der
im Text gemeinte Freund Romain Rolland ist.

[2] D. Chr. Grabbe, Hannibal: „Ja, aus der Welt werden wir nicht fallen. Wir
sind einmal darin."

nicht überzeugen. Darum darf ich aber sein tatsächliches Vorkommen bei anderen nicht bestreiten. Es fragt sich nur, ob es richtig gedeutet wird und ob es als „*fons et origo*" aller religiösen Bedürfnisse anerkannt werden soll.

Ich habe nichts vorzubringen, was die Lösung dieses Problems entscheidend beeinflussen würde. Die Idee, daß der Mensch durch ein unmittelbares, von Anfang an hierauf gerichtetes Gefühl Kunde von seinem Zusammenhang mit der Umwelt erhalten sollte, klingt so fremdartig, fügt sich so übel in das Gewebe unserer Psychologie, daß eine psychoanalytische, d. i. genetische Ableitung eines solchen Gefühls versucht werden darf. Dann stellt sich uns folgender Gedankengang zur Verfügung: Normalerweise ist uns nichts gesicherter als das Gefühl unseres Selbst, unseres eigenen Ichs. Dies Ich erscheint uns selbständig, einheitlich, gegen alles andere gut abgesetzt. Daß dieser Anschein ein Trug ist, daß das Ich sich vielmehr nach innen ohne scharfe Grenze in ein unbewußt seelisches Wesen fortsetzt, das wir als Es bezeichnen, dem es gleichsam als Fassade dient, das hat uns erst die psychoanalytische Forschung gelehrt, die uns noch viele Auskünfte über das Verhältnis des Ichs zum Es schuldet. Aber nach außen wenigstens scheint das Ich klare und scharfe Grenzlinien zu behaupten. Nur in einem Zustand, einem außergewöhnlichen zwar, den man aber nicht als krankhaft verurteilen kann, wird es anders. Auf der Höhe der Verliebtheit droht die Grenze zwischen Ich und Objekt zu verschwimmen. Allen Zeugnissen der Sinne entgegen behauptet der Verliebte, daß Ich und Du Eines seien, und ist bereit, sich, als ob es so wäre, zu benehmen. Was vorübergehend durch eine physiologische Funktion aufgehoben werden kann, muß natürlich auch durch krankhafte Vorgänge gestört werden können. Die Pathologie lehrt uns eine große Anzahl von Zuständen kennen, in denen die Abgrenzung des Ichs gegen die Außenwelt unsicher wird, oder die Grenzen wirklich unrichtig gezogen werden; Fälle, in denen uns Teile des eigenen Körpers, ja Stücke des eigenen

Seelenlebens, Wahrnehmungen, Gedanken, Gefühle wie fremd und dem Ich nicht zugehörig erscheinen, andere, in denen man der Außenwelt zuschiebt, was offenbar im Ich entstanden ist und von ihm anerkannt werden sollte. Also ist auch das Ichgefühl Störungen unterworfen und die Ichgrenzen sind nicht beständig.

Eine weitere Überlegung sagt: Dies Ichgefühl des Erwachsenen kann nicht von Anfang an so gewesen sein. Es muß eine Entwicklung durchgemacht haben, die sich begreiflicherweise nicht nachweisen, aber mit ziemlicher Wahrscheinlichkeit konstruieren läßt.[1] Der Säugling sondert noch nicht sein Ich von einer Außenwelt als Quelle der auf ihn einströmenden Empfindungen. Er lernt es allmählich auf verschiedene Anregungen hin. Es muß ihm den stärksten Eindruck machen, daß manche der Erregungsquellen, in denen er später seine Körperorgane erkennen wird, ihm jederzeit Empfindungen zusenden können, während andere sich ihm zeitweise entziehen — darunter das Begehrteste: die Mutterbrust — und erst durch ein Hilfe heischendes Schreien herbeigeholt werden. Damit stellt sich dem Ich zuerst ein „Objekt" entgegen, als etwas, was sich „außerhalb" befindet und erst durch eine besondere Aktion in die Erscheinung gedrängt wird. Einen weiteren Antrieb zur Loslösung des Ichs von der Empfindungsmasse, also zur Anerkennung eines „Draußen", einer Außenwelt, geben die häufigen, vielfältigen, unvermeidlichen Schmerz- und Unlustempfindungen, die das unumschränkt herrschende Lustprinzip aufheben und vermeiden heißt. Es entsteht die Tendenz, alles, was Quelle solcher Unlust werden kann, vom Ich abzusondern, es nach außen zu werfen, ein reines Lust-Ich zu bilden, dem ein fremdes, drohendes Draußen gegenübersteht. Die Grenzen dieses primitiven Lust-Ichs können der Berichtigung durch die Erfahrung nicht entgehen. Manches, was man als lustspendend nicht auf-

---

1) S. die zahlreichen Arbeiten über Ichentwicklung und Ichgefühl von F e r e n c z i, Entwicklungsstufen des Wirklichkeitssinnes (1913), bis zu den Beiträgen von P. F e d e r n 1926, 1927 und später.

geben möchte, ist doch nicht Ich, ist Objekt, und manche Qual, die man hinausweisen will, erweist sich doch als unabtrennbar vom Ich, als innerer Herkunft. Man lernt ein Verfahren kennen, wie man durch absichtliche Lenkung der Sinnestätigkeit und geeignete Muskelaktion Innerliches — dem Ich Angehöriges — und Äußerliches — einer Außenwelt Entstammendes — unterscheiden kann, und tut damit den ersten Schritt zur Einsetzung des Realitätsprinzips, das die weitere Entwicklung beherrschen soll. Diese Unterscheidung dient natürlich der praktischen Absicht, sich der verspürten und der drohenden Unlustempfindungen zu erwehren. Daß das Ich zur Abwehr gewisser Unlusterregungen aus seinem Inneren keine anderen Methoden zur Anwendung bringt, als deren es sich gegen Unlust von außen bedient, wird dann der Ausgangspunkt bedeutsamer krankhafter Störungen.

Auf solche Art löst sich also das Ich von der Außenwelt. Richtiger gesagt: Ursprünglich enthält das Ich alles, später scheidet es eine Außenwelt von sich ab. Unser heutiges Ichgefühl ist also nur ein eingeschrumpfter Rest eines weitumfassenderen, ja — eines allumfassenden Gefühls, welches einer innigeren Verbundenheit des Ichs mit der Umwelt entsprach. Wenn wir annehmen dürfen, daß dieses primäre Ichgefühl sich im Seelenleben vieler Menschen — in größerem oder geringerem Ausmaße — erhalten hat, so würde es sich dem enger und schärfer umgrenzten Ichgefühl der Reifezeit wie eine Art Gegenstück an die Seite stellen, und die zu ihm passenden Vorstellungsinhalte wären gerade die der Unbegrenztheit und der Verbundenheit mit dem All, dieselben, mit denen mein Freund das „ozeanische" Gefühl erläutert. Haben wir aber ein Recht zur Annahme des Überlebens des Ursprünglichen neben dem Späteren, das aus ihm geworden ist?

Unzweifelhaft; ein solches Vorkommnis ist weder auf seelischem noch auf anderen Gebieten befremdend. Für die Tierreihe halten wir an der Annahme fest, daß die höchstentwickelten Arten aus den niedrigsten hervorgegangen sind. Doch finden wir alle einfachen Lebensformen noch heute unter den Lebenden. Das Geschlecht der großen Saurier ist ausgestorben und hat den Säugetieren Platz gemacht, aber ein richtiger Vertreter dieses Geschlechts, das Krokodil, lebt noch mit uns. Die Analogie mag zu entlegen sein, krankt auch an dem Umstand, daß die überlebenden niedrigen Arten zumeist nicht die richtigen Ahnen der heutigen, höher entwickelten sind. Die Zwischenglieder sind in der Regel ausgestorben und nur durch Rekonstruktion bekannt. Auf seelischem Gebiet hingegen ist die Erhaltung des Primitiven neben dem daraus entstandenen Umgewandelten so häufig, daß es sich erübrigt, es durch Beispiele zu beweisen. Meist ist dieses Vorkommen Folge einer Entwicklungsspaltung. Ein quantitativer Anteil einer Einstellung, einer Triebregung, ist unverändert erhalten geblieben, ein anderer hat die weitere Entwicklung erfahren.

Wir rühren hiermit an das allgemeinere Problem der Erhaltung im Psychischen, das kaum noch Bearbeitung gefunden hat, aber so reizvoll und bedeutsam ist, daß wir ihm auch bei unzureichendem Anlaß eine Weile Aufmerksamkeit schenken dürfen. Seitdem wir den Irrtum überwunden haben, daß das uns geläufige Vergessen eine Zerstörung der Gedächtnisspur, also eine Vernichtung bedeutet, neigen wir zu der entgegengesetzten Annahme, daß im Seelenleben nichts, was einmal gebildet wurde, untergehen kann, daß alles irgendwie erhalten bleibt und unter geeigneten Umständen, z. B. durch eine so weit reichende Regression wieder zum Vorschein gebracht werden kann. Man versuche sich durch einen Vergleich aus einem anderen Gebiet klar zu machen, was diese Annahme zum Inhalt hat. Wir greifen etwa die Entwicklung der Ewigen Stadt als Beispiel auf.[1] Historiker belehren uns, das älteste Rom war die Roma quadrata, eine umzäunte Ansiedlung auf dem Palatin. Dann folgte die Phase des Septimontium, eine Vereinigung der Niederlassungen auf den einzelnen Hügeln, darauf die Stadt, die

---

[1] Nach The Cambridge Ancient History, T. VII. 1928. „The founding of Rome" by Hugh Last.

durch die Servianische Mauer begrenzt wurde, und noch später, nach all den Umwandlungen der republikanischen und der früheren Kaiserzeit die Stadt, die Kaiser Aurelianus durch seine Mauern umschloß. Wir wollen die Wandlungen der Stadt nicht weiter verfolgen und uns fragen, was ein Besucher, den wir mit den vollkommensten historischen und topographischen Kenntnissen ausgestattet denken, im heutigen Rom von diesen frühen Stadien noch vorfinden mag. Die Aurelianische Mauer wird er bis auf wenige Durchbrüche fast unverändert sehen. An einzelnen Stellen kann er Strecken des Servianischen Walles durch Ausgrabung zutage gefördert finden. Wenn er genug weiß, — mehr als die heutige Archäologie, — kann er vielleicht den ganzen Verlauf dieser Mauer und den Umriß der Roma quadrata ins Stadtbild einzeichnen. Von den Gebäuden, die einst diese alten Rahmen ausgefüllt haben, findet er nichts oder geringe Reste, denn sie bestehen nicht mehr. Das Äußerste, was ihm die beste Kenntnis des Roms der Republik leisten kann, wäre, daß er die Stellen anzugeben weiß, wo die Tempel und öffentlichen Gebäude dieser Zeit gestanden hatten. Was jetzt diese Stellen einnimmt, sind Ruinen, aber nicht ihrer selbst, sondern ihrer Erneuerungen aus späteren Zeiten nach Bränden und Zerstörungen. Es bedarf kaum noch einer besonderen Erwähnung, daß alle diese Überreste des alten Roms als Einsprengungen in das Gewirre einer Großstadt aus den letzten Jahrhunderten seit der Renaissance erscheinen. Manches Alte ist gewiß noch im Boden der Stadt oder unter ihren modernen Bauwerken begraben. Dies ist die Art der Erhaltung des Vergangenen, die uns an historischen Stätten wie Rom entgegentritt.

Nun machen wir die phantastische Annahme, Rom sei nicht eine menschliche Wohnstätte, sondern ein psychisches Wesen von ähnlich langer und reichhaltiger Vergangenheit, in dem also nichts, was einmal zustande gekommen war, untergegangen ist, in dem neben der letzten Entwicklungsphase auch alle früheren noch fortbestehen. Das würde für Rom also bedeuten, daß auf dem Palatin die Kaiserpaläste und das Septizonium des Septimius Severus sich noch zur alten Höhe erheben, daß die Engelsburg noch auf ihren Zinnen die schönen Statuen trägt, mit denen sie bis zur Gotenbelagerung geschmückt war, usw. Aber noch mehr: an der Stelle des Palazzo Caffarelli stünde wieder, ohne daß man dieses Gebäude abzutragen brauchte, der Tempel des Kapitolinischen Jupiter, und zwar dieser nicht nur in seiner letzten Gestalt, wie ihn die Römer der Kaiserzeit sahen, sondern auch in seiner frühesten, als er noch etruskische Formen zeigte und mit tönernen Antifixen geziert war. Wo jetzt das Coliseo steht, könnten wir auch die verschwundene Domus aurea des Nero bewundern; auf dem Pantheonplatze fänden wir nicht nur das heutige Pantheon, wie es uns von Hadrian hinterlassen wurde, sondern auf demselben Grund auch den ursprünglichen Bau des M. Agrippa; ja, derselbe Boden trüge die Kirche Maria sopra Minerva und den alten Tempel, über dem sie gebaut ist. Und dabei brauchte es vielleicht nur eine Änderung der Blickrichtung oder des Standpunktes von seiten des Beobachters, um den einen oder den anderen Anblick hervorzurufen.

Es hat offenbar keinen Sinn, diese Phantasie weiter auszuspinnen, sie führt zu Unvorstellbarem, ja zu Absurdem. Wenn wir das historische Nacheinander räumlich darstellen wollen, kann es nur durch ein Nebeneinander im Raum geschehen; derselbe Raum verträgt nicht zweierlei Ausfüllung. Unser Versuch scheint eine müßige Spielerei zu sein; er hat nur eine Rechtfertigung; er zeigt uns, wie weit wir davon entfernt sind, die Eigentümlichkeiten des seelischen Lebens durch anschauliche Darstellung zu bewältigen.

Zu einem Einwand sollten wir noch Stellung nehmen. Er fragt uns, warum wir gerade die Vergangenheit einer Stadt ausgewählt haben, um sie mit der seelischen Vergangenheit zu vergleichen. Die Annahme der Erhaltung alles Vergangenen gilt auch für das Seelenleben nur unter der Bedingung, daß das Organ der Psyche intakt geblieben ist, daß sein Gewebe nicht durch Trauma oder Entzündung gelitten hat. Zerstörende Einwirkungen, die man diesen

Krankheitsursachen gleichstellen könnte, werden aber in der Geschichte keiner Stadt vermißt, auch wenn sie eine minder bewegte Vergangenheit gehabt hat als Rom, auch wenn sie, wie London, kaum je von einem Feind heimgesucht wurde. Die friedlichste Entwicklung einer Stadt schließt Demolierungen und Ersetzungen von Bauwerken ein, und darum ist die Stadt von vorneherein für einen solchen Vergleich mit einem seelischen Organismus ungeeignet.

Wir weichen diesem Einwand, wenden uns unter Verzicht auf eine eindrucksvolle Kontrastwirkung zu einem immerhin verwandteren Vergleichsobjekt, wie es der tierische oder menschliche Leib ist. Aber auch hier finden wir das nämliche. Die früheren Phasen der Entwicklung sind in keinem Sinn mehr erhalten, sie sind in den späteren, zu denen sie den Stoff geliefert haben, aufgegangen. Der Embryo läßt sich im Erwachsenen nicht nachweisen, die Thymusdrüse, die das Kind besaß, ist nach der Pubertät durch Bindegewebe ersetzt, aber selbst nicht mehr vorhanden; in den Röhrenknochen des reifen Mannes kann ich zwar den Umriß des kindlichen Knochens einzeichnen, aber dieser selbst ist vergangen, indem er sich streckte und verdickte, bis er seine endgültige Form erhielt. Es bleibt dabei, daß eine solche Erhaltung aller Vorstufen neben der Endgestaltung nur im Seelischen möglich ist, und daß wir nicht in der Lage sind, uns dies Vorkommen anschaulich zu machen.

Vielleicht gehen wir in dieser Annahme zu weit. Vielleicht sollten wir uns zu behaupten begnügen, daß das Vergangene im Seelenleben erhalten bleiben kann, nicht notwendigerweise zerstört werden muß. Es ist immerhin möglich, daß auch im Psychischen manches Alte — in der Norm oder ausnahmsweise — so weit verwischt oder aufgezehrt wird, daß es durch keinen Vorgang mehr wiederhergestellt und wiederbelebt werden kann, oder daß die Erhaltung allgemein an gewisse günstige Bedingungen geknüpft ist. Es ist möglich, aber wir wissen nichts darüber. Wir dürfen nur daran festhalten, daß die Erhaltung des Vergangenen im Seelenleben eher Regel als befremdliche Ausnahme ist.

Wenn wir so durchaus bereit sind anzuerkennen, es gebe bei vielen Menschen ein „ozeanisches" Gefühl, und geneigt, es auf eine frühe Phase des Ichgefühls zurückzuführen, erhebt sich die weitere Frage, welchen Anspruch hat dieses Gefühl, als die Quelle der religiösen Bedürfnisse angesehen zu werden.

Mir erscheint dieser Anspruch nicht zwingend. Ein Gefühl kann doch nur dann eine Energiequelle sein, wenn es selbst der Ausdruck eines starken Bedürfnisses ist. Für die religiösen Bedürfnisse scheint mir die Ableitung von der infantilen Hilflosigkeit und der durch sie geweckten Vatersehnsucht unabweisbar, zumal da sich dies Gefühl nicht einfach aus dem kindlichen Leben fortsetzt, sondern durch die Angst vor der Übermacht des Schicksals dauernd erhalten wird. Ein ähnlich starkes Bedürfnis aus der Kindheit wie das nach dem Vaterschutz wüßte ich nicht anzugeben. Damit ist die Rolle des ozeanischen Gefühls, das etwa die Wiederherstellung des uneingeschränkten Narzißmus anstreben könnte, vom Vordergrund abgedrängt. Bis zum Gefühl der kindlichen Hilflosigkeit kann man den Ursprung der religiösen Einstellung in klaren Umrissen verfolgen. Es mag noch anderes dahinterstecken, aber das verhüllt einstweilen der Nebel.

Ich kann mir vorstellen, daß das ozeanische Gefühl nachträglich in Beziehungen zur Religion geraten ist. Dies Eins-sein mit dem All, was als Gedankeninhalt ihm zugehört, spricht uns ja an wie ein erster Versuch einer religiösen Tröstung, wie ein anderer Weg zur Ableugnung der Gefahr, die das Ich als von der Außenwelt drohend erkennt. Ich wiederhole das Bekenntnis, daß es mir sehr beschwerlich ist, mit diesen kaum faßbaren Größen zu arbeiten. Ein anderer meiner Freunde, den ein unstillbarer Wissensdrang zu den ungewöhnlichsten Experimenten getrieben und endlich zum Allwisser gemacht hat, versicherte mir, daß man in den Yogapraktiken durch Abwendung von der Außenwelt, durch Bindung

der Aufmerksamkeit an körperliche Funktionen, durch besondere Weisen der Atmung tatsächlich neue Empfindungen und Allgemeingefühle in sich erwecken kann, die er als Regressionen zu uralten, längst überlagerten Zuständen des Seelenlebens auffassen will. Er sieht in ihnen eine sozusagen physiologische Begründung vieler Weisheiten der Mystik. Beziehungen zu manchen dunklen Modifikationen des Seelenlebens, wie Trance und Ekstase, lägen hier nahe. Allein mich drängt es, auch einmal mit den Worten des Schillerschen Tauchers auszurufen:
„Es freue sich, wer da atmet im rosigen Licht."

## II

In meiner Schrift „Die Zukunft einer Illusion" handelte es sich weit weniger um die tiefsten Quellen des religiösen Gefühls, als vielmehr um das, was der gemeine Mann unter seiner Religion versteht, um das System von Lehren und Verheißungen, das ihm einerseits die Rätsel dieser Welt mit beneidenswerter Vollständigkeit aufklärt, anderseits ihm zusichert, daß eine sorgsame Vorsehung über sein Leben wachen und etwaige Versagungen in einer jenseitigen Existenz gutmachen wird. Diese Vorsehung kann der gemeine Mann sich nicht anders als in der Person eines großartig erhöhten Vaters vorstellen. Nur ein solcher kann die Bedürfnisse des Menschenkindes kennen, durch seine Bitten erweicht, durch die Zeichen seiner Reue beschwichtigt werden. Das Ganze ist so offenkundig infantil, so wirklichkeitsfremd, daß es einer menschenfreundlichen Gesinnung schmerzlich wird zu denken, die große Mehrheit der Sterblichen werde sich niemals über diese Auffassung des Lebens erheben können. Noch beschämender wirkt es zu erfahren, ein wie großer Anteil der heute Lebenden, die es einsehen müssen, daß diese Religion nicht zu halten ist, doch Stück für Stück von ihr in kläglichen Rückzugsgefechten zu verteidigen sucht. Man möchte sich in die Reihen der Gläubigen mengen, um den Philosophen,

die den Gott der Religion zu retten glauben, indem sie ihn durch
ein unpersönliches, schattenhaft abstraktes Prinzip ersetzen, die
Mahnung vorzuhalten: Du sollst den Namen des Herrn nicht zum
Eitlen anrufen! Wenn einige der größten Geister vergangener
Zeiten das gleiche getan haben, so darf man sich hierin nicht auf
sie berufen. Man weiß, warum sie so mußten.

Wir kehren zum gemeinen Mann und zu seiner Religion zurück,
der einzigen, die diesen Namen tragen sollte. Da tritt uns zunächst
die bekannte Äußerung eines unserer großen Dichter und Weisen
entgegen, die sich über das Verhältnis der Religion zur Kunst
und Wissenschaft ausspricht. Sie lautet:

„Wer Wissenschaft und Kunst besitzt,
hat auch Religion;
Wer jene beiden nicht besitzt,
der habe Religion!"[1]

Dieser Spruch bringt einerseits die Religion in einen Gegensatz
zu den beiden Höchstleistungen des Menschen, anderseits behauptet
er, daß sie einander in ihrem Lebenswert vertreten oder ersetzen
können. Wenn wir auch dem gemeinen Mann die Religion bestreiten
wollen, haben wir offenbar die Autorität des Dichters nicht
auf unserer Seite. Wir versuchen einen besonderen Weg, um uns
der Würdigung seines Satzes zu nähern. Das Leben, wie es uns
auferlegt ist, ist zu schwer für uns, es bringt uns zuviel Schmerzen,
Enttäuschungen, unlösbare Aufgaben. Um es zu ertragen, können
wir Linderungsmittel nicht entbehren. (Es geht nicht ohne Hilfskonstruktionen,
hat uns Theodor Fontane gesagt.) Solcher Mittel
gibt es vielleicht dreierlei: mächtige Ablenkungen, die uns unser
Elend gering schätzen lassen, Ersatzbefriedigungen, die es verringern,
Rauschstoffe, die uns für dasselbe unempfindlich machen. Irgendetwas
dieser Art ist unerläßlich.[2] Auf die Ablenkungen zielt Voltaire,

---

1) Goethe in den „Zahmen Xenien" IX (Gedichte aus dem Nachlaß).
2) Auf erniedrigtem Niveau sagt Wilhelm Busch in der „Frommen Helene"
dasselbe: „Wer Sorgen hat, hat auch Likör."

wenn er seinen „Candide" in den Rat ausklingen läßt, seinen Garten zu bearbeiten; solch eine Ablenkung ist auch die wissenschaftliche Tätigkeit. Die Ersatzbefriedigungen, wie die Kunst sie bietet, sind gegen die Realität Illusionen, darum nicht minder psychisch wirksam dank der Rolle, die die Phantasie im Seelenleben behauptet hat. Die Rauschmittel beeinflussen unser Körperliches, ändern seinen Chemismus. Es ist nicht einfach, die Stellung der Religion innerhalb dieser Reihe anzugeben. Wir werden weiter ausholen müssen.

Die Frage nach dem Zweck des menschlichen Lebens ist ungezählte Male gestellt worden; sie hat noch nie eine befriedigende Antwort gefunden, läßt eine solche vielleicht überhaupt nicht zu. Manche Fragesteller haben hinzugefügt: wenn sich ergeben sollte, daß das Leben keinen Zweck hat, dann würde es jeden Wert für sie verlieren. Aber diese Drohung ändert nichts. Es scheint vielmehr, daß man ein Recht dazu hat, die Frage abzulehnen. Ihre Voraussetzung scheint jene menschliche Überhebung, von der wir soviel andere Äußerungen bereits kennen. Von einem Zweck des Lebens der Tiere wird nicht gesprochen, wenn deren Bestimmung nicht etwa darin besteht, dem Menschen zu dienen. Allein auch das ist nicht haltbar, denn mit vielen Tieren weiß der Mensch nichts anzufangen — außer, daß er sie beschreibt, klassifiziert, studiert — und ungezählte Tierarten haben sich auch dieser Verwendung entzogen, indem sie lebten und ausstarben, ehe der Mensch sie gesehen hatte. Es ist wiederum nur die Religion, die die Frage nach einem Zweck des Lebens zu beantworten weiß. Man wird kaum irren zu entscheiden, daß die Idee eines Lebenszweckes mit dem religiösen System steht und fällt.

Wir wenden uns darum der anspruchsloseren Frage zu, was die Menschen selbst durch ihr Verhalten als Zweck und Absicht ihres Lebens erkennen lassen, was sie vom Leben fordern, in ihm erreichen wollen. Die Antwort darauf ist kaum zu verfehlen; sie streben nach dem Glück, sie wollen glücklich werden und so bleiben.

Dies Streben hat zwei Seiten, ein positives und ein negatives Ziel, es will einerseits die Abwesenheit von Schmerz und Unlust, anderseits das Erleben starker Lustgefühle. Im engeren Wortsinne wird „Glück" nur auf das letztere bezogen. Entsprechend dieser Zweiteilung der Ziele entfaltet sich die Tätigkeit der Menschen nach zwei Richtungen, je nachdem sie das eine oder das andere dieser Ziele — vorwiegend oder selbst ausschließlich — zu verwirklichen sucht.

Es ist, wie man merkt, einfach das Programm des Lustprinzips, das den Lebenszweck setzt. Dies Prinzip beherrscht die Leistung des seelischen Apparates vom Anfang an; an seiner Zweckdienlichkeit kann kein Zweifel sein, und doch ist sein Programm im Hader mit der ganzen Welt, mit dem Makrokosmos ebensowohl wie mit dem Mikrokosmos. Es ist überhaupt nicht durchführbar, alle Einrichtungen des Alls widerstreben ihm; man möchte sagen, die Absicht, daß der Mensch „glücklich" sei, ist im Plan der „Schöpfung" nicht enthalten. Was man im strengsten Sinne Glück heißt, entspringt der eher plötzlichen Befriedigung hoch aufgestauter Bedürfnisse und ist seiner Natur nach nur als episodisches Phänomen möglich. Jede Fortdauer einer vom Lustprinzip ersehnten Situation ergibt nur ein Gefühl von lauem Behagen; wir sind so eingerichtet, daß wir nur den Kontrast intensiv genießen können, den Zustand nur sehr wenig.[1] Somit sind unsere Glücksmöglichkeiten schon durch unsere Konstitution beschränkt. Weit weniger Schwierigkeiten hat es, Unglück zu erfahren. Von drei Seiten droht das Leiden, vom eigenen Körper her, der, zu Verfall und Auflösung bestimmt, sogar Schmerz und Angst als Warnungssignale nicht entbehren kann, von der Außenwelt, die mit übermächtigen, unerbittlichen, zerstörenden Kräften gegen uns wüten kann, und endlich aus den Beziehungen zu anderen Menschen. Das Leiden, das aus dieser Quelle stammt, empfinden wir vielleicht schmerzlicher als jedes

---

[1] Goethe mahnt sogar: „Nichts ist schwerer zu ertragen als eine Reihe von schönen Tagen". Das mag immerhin eine Übertreibung sein.

andere; wir sind geneigt, es als eine gewissermaßen überflüssige Zutat anzusehen, obwohl es nicht weniger schicksalsmäßig unabwendbar sein dürfte als das Leiden anderer Herkunft.

Kein Wunder, wenn unter dem Druck dieser Leidensmöglichkeiten die Menschen ihren Glücksanspruch zu ermäßigen pflegen, wie ja auch das Lustprinzip selbst sich unter dem Einfluß der Außenwelt zum bescheideneren Realitätsprinzip umbildete, wenn man sich bereits glücklich preist, dem Unglück entgangen zu sein, das Leiden überstanden zu haben, wenn ganz allgemein die Aufgabe der Leidvermeidung die der Lustgewinnung in den Hintergrund drängt. Die Überlegung lehrt, daß man die Lösung dieser Aufgabe auf sehr verschiedenen Wegen versuchen kann; alle diese Wege sind von den einzelnen Schulen der Lebensweisheit empfohlen und von den Menschen begangen worden. Uneingeschränkte Befriedigung aller Bedürfnisse drängt sich als die verlockendste Art der Lebensführung vor, aber das heißt den Genuß vor die Vorsicht setzen und straft sich nach kurzem Betrieb. Die anderen Methoden, bei denen die Vermeidung von Unlust die vorwiegende Absicht ist, scheiden sich je nach der Unlustquelle, der sie die größere Aufmerksamkeit zuwenden. Es gibt da extreme und gemäßigte Verfahren, einseitige und solche, die zugleich an mehreren Stellen angreifen. Gewollte Vereinsamung, Fernhaltung von den anderen ist der nächstliegende Schutz gegen das Leid, das einem aus menschlichen Beziehungen erwachsen kann. Man versteht: das Glück, das man auf diesem Weg erreichen kann, ist das der Ruhe. Gegen die gefürchtete Außenwelt kann man sich nicht anders als durch irgendeine Art der Abwendung verteidigen, wenn man diese Aufgabe für sich allein lösen will. Es gibt freilich einen anderen und besseren Weg, indem man als ein Mitglied der menschlichen Gemeinschaft mit Hilfe der von der Wissenschaft geleiteten Technik zum Angriff auf die Natur übergeht und sie menschlichem Willen unterwirft. Man arbeitet dann mit Allen am Glück Aller. Die interessantesten Methoden zur Leidverhütung sind aber die, die den eigenen Organismus zu beeinflussen versuchen. Endlich ist alles Leid nur Empfindung, es besteht nur, insofern wir es verspüren, und wir verspüren es nur infolge gewisser Einrichtungen unseres Organismus.

Die roheste, aber auch wirksamste Methode solcher Beeinflussung ist die chemische, die Intoxikation. Ich glaube nicht, daß irgendwer ihren Mechanismus durchschaut, aber es ist Tatsache, daß es körperfremde Stoffe gibt, deren Anwesenheit in Blut und Geweben uns unmittelbare Lustempfindungen verschafft, aber auch die Bedingungen unseres Empfindungslebens so verändert, daß wir zur Aufnahme von Unlustregungen untauglich werden. Beide Wirkungen erfolgen nicht nur gleichzeitig, sie scheinen auch innig miteinander verknüpft. Es muß aber auch in unserem eigenen Chemismus Stoffe geben, die ähnliches leisten, denn wir kennen wenigstens einen krankhaften Zustand, die Manie, in dem dies rauschähnliche Verhalten zustande kommt, ohne daß ein Rauschgift eingeführt worden wäre. Überdies zeigt unser normales Seelenleben Schwankungen von erleichterter oder erschwerter Lustentbindung, mit denen eine verringerte oder vergrößerte Empfänglichkeit für Unlust parallel geht. Es ist sehr zu bedauern, daß diese toxische Seite der seelischen Vorgänge sich der wissenschaftlichen Erforschung bisher entzogen hat. Die Leistung der Rauschmittel im Kampf um das Glück und zur Fernhaltung des Elends wird so sehr als Wohltat geschätzt, daß Individuen wie Völker ihnen eine feste Stellung in ihrer Libidoökonomie eingeräumt haben. Man dankt ihnen nicht nur den unmittelbaren Lustgewinn, sondern auch ein heiß ersehntes Stück Unabhängigkeit von der Außenwelt. Man weiß doch, daß man mit Hilfe des „Sorgenbrechers" sich jederzeit dem Druck der Realität entziehen und in einer eigenen Welt mit besseren Empfindungsbedingungen Zuflucht finden kann. Es ist bekannt, daß gerade diese Eigenschaft der Rauschmittel auch ihre Gefahr und Schädlichkeit bedingt. Sie tragen unter Umständen die Schuld daran, daß große Energiebeträge, die zur Verbesserung des menschlichen Loses verwendet werden könnten, nutzlos verloren gehen.

Der komplizierte Bau unseres seelischen Apparats gestattet aber auch eine ganze Reihe anderer Beeinflussungen. Wie Triebbefriedigung Glück ist, so wird es Ursache schweren Leidens, wenn die Außenwelt uns darben läßt, die Sättigung unserer Bedürfnisse verweigert. Man kann also hoffen, durch Einwirkung auf diese Triebregungen von einem Teil des Leidens frei zu werden. Diese Art der Leidabwehr greift nicht mehr am Empfindungsapparat an, sie sucht der inneren Quellen der Bedürfnisse Herr zu werden. In extremer Weise geschieht dies, indem man die Triebe ertötet, wie die orientalische Lebensweisheit lehrt und die Yogapraxis ausführt. Gelingt es, so hat man damit freilich auch alle andere Tätigkeit aufgegeben (das Leben geopfert), auf anderem Wege wieder nur das Glück der Ruhe erworben. Den gleichen Weg verfolgt man bei ermäßigten Zielen, wenn man nur die Beherrschung des Trieblebens anstrebt. Das Herrschende sind dann die höheren psychischen Instanzen, die sich dem Realitätsprinzip unterworfen haben. Hierbei wird die Absicht der Befriedigung keineswegs aufgegeben; ein gewisser Schutz gegen Leiden wird dadurch erreicht, daß die Unbefriedigung der in Abhängigkeit gehaltenen Triebe nicht so schmerzlich empfunden wird wie die der ungehemmten. Dagegen steht aber eine unleugbare Herabsetzung der Genußmöglichkeiten. Das Glücksgefühl bei Befriedigung einer wilden, vom Ich ungebändigten Triebregung ist unvergleichlich intensiver, als das bei Sättigung eines gezähmten Triebes. Die Unwiderstehlichkeit perverser Impulse, vielleicht der Anreiz des Verbotenen überhaupt, findet hierin eine ökonomische Erklärung.

Eine andere Technik der Leidabwehr bedient sich der Libidoverschiebungen, welche unser seelischer Apparat gestattet, durch die seine Funktion so viel an Geschmeidigkeit gewinnt. Die zu lösende Aufgabe ist, die Triebziele solcherart zu verlegen, daß sie von der Versagung der Außenwelt nicht getroffen werden können. Die Sublimierung der Triebe leiht dazu ihre Hilfe. Am meisten erreicht man, wenn man den Lustgewinn aus den Quellen psychischer und intellektueller Arbeit genügend zu erhöhen versteht. Das Schicksal kann einem dann wenig anhaben. Die Befriedigung solcher Art, wie die Freude des Künstlers am Schaffen, an der Verkörperung seiner Phantasiegebilde, die des Forschers an der Lösung von Problemen und am Erkennen der Wahrheit, haben eine besondere Qualität, die wir gewiß eines Tages werden metapsychologisch charakterisieren können. Derzeit können wir nur bildweise sagen, sie erscheinen uns „feiner und höher", aber ihre Intensität ist im Vergleich mit der aus der Sättigung grober, primärer Triebregungen gedämpft; sie erschüttern nicht unsere Leiblichkeit. Die Schwäche dieser Methode liegt aber darin, daß sie nicht allgemein verwendbar, nur wenigen Menschen zugänglich ist. Sie setzt besondere, im wirksamen Ausmaß nicht gerade häufige Anlagen und Begabungen voraus. Auch diesen Wenigen kann sie nicht vollkommenen Leidensschutz gewähren, sie schafft ihnen keinen für die Pfeile des Schicksals undurchdringlichen Panzer und sie pflegt zu versagen, wenn der eigene Leib die Quelle des Leidens wird.[1]

---

1) Wenn nicht besondere Veranlagung den Lebensinteressen gebieterisch die Richtung vorschreibt, kann die gemeine, jedermann zugängliche Berufsarbeit an die Stelle rücken, die ihr von dem weisen Ratschlag Voltaires angewiesen wird. Es ist nicht möglich, die Bedeutung der Arbeit für die Libidoökonomie im Rahmen einer knappen Übersicht ausreichend zu würdigen. Keine andere Technik der Lebensführung bindet den Einzelnen so fest an die Realität als die Betonung der Arbeit, die ihn wenigstens in ein Stück der Realität, in die menschliche Gemeinschaft sicher einfügt. Die Möglichkeit, ein starkes Ausmaß libidinöser Komponenten, narzißtische, aggressive und selbst erotische, auf die Berufsarbeit und auf die mit ihr verknüpften menschlichen Beziehungen zu verschieben, leiht ihr einen Wert, der hinter ihrer Unerläßlichkeit zur Behauptung und Rechtfertigung der Existenz in der Gesellschaft nicht zurücksteht. Besondere Befriedigung vermittelt die Berufstätigkeit, wenn sie eine frei gewählte ist, also bestehende Neigungen, fortgeführte oder konstitutionell verstärkte Triebregungen durch Sublimierung nutzbar zu machen gestattet. Und dennoch wird Arbeit als Weg zum Glück von den Menschen wenig geschätzt. Man drängt sich nicht zu ihr wie zu anderen Möglichkeiten der Befriedigung. Die große Mehrzahl der Menschen arbeitet nur notgedrungen, und aus dieser natürlichen Arbeitsscheu der Menschen leiten sich die schwierigsten sozialen Probleme ab.

Wenn schon bei diesem Verfahren die Absicht deutlich wird, sich von der Außenwelt unabhängig zu machen, indem man seine Befriedigungen in inneren, psychischen Vorgängen sucht, so treten die gleichen Züge noch stärker bei dem nächsten hervor. Hier wird der Zusammenhang mit der Realität noch mehr gelockert, die Befriedigung wird aus Illusionen gewonnen, die man als solche erkennt, ohne sich durch deren Abweichung von der Wirklichkeit im Genuß stören zu lassen. Das Gebiet, aus dem diese Illusionen stammen, ist das des Phantasielebens; es wurde seinerzeit, als sich die Entwicklung des Realitätssinnes vollzog, ausdrücklich den Ansprüchen der Realitätsprüfung entzogen und blieb für die Erfüllung schwer durchsetzbarer Wünsche bestimmt. Obenan unter diesen Phantasiebefriedigungen steht der Genuß an Werken der Kunst, der auch dem nicht selbst Schöpferischen durch die Vermittlung des Künstlers zugänglich gemacht wird.[1] Wer für den Einfluß der Kunst empfänglich ist, weiß ihn als Lustquelle und Lebenströstung nicht hoch genug einzuschätzen. Doch vermag die milde Narkose, in die uns die Kunst versetzt, nicht mehr als eine flüchtige Entrückung aus den Nöten des Lebens herbeizuführen und ist nicht stark genug, um reales Elend vergessen zu machen.

Energischer und gründlicher geht ein anderes Verfahren vor, das den einzigen Feind in der Realität erblickt, die die Quelle alles Leids ist, mit der sich nicht leben läßt, mit der man darum alle Beziehungen abbrechen muß, wenn man in irgendeinem Sinne glücklich sein will. Der Eremit kehrt dieser Welt den Rücken, er will nichts mit ihr zu schaffen haben. Aber man kann mehr tun, man kann sie umschaffen wollen, anstatt ihrer eine andere aufbauen, in der die unerträglichsten Züge ausgetilgt und durch andere im Sinne der eigenen Wünsche ersetzt sind. Wer in verzweifelter Empörung diesen Weg zum Glück einschlägt, wird in

---

[1] Vgl. „Formulierungen über die zwei Prinzipien des psychischen Geschehens", 1911, (Ges. Werke, Bd. VIII) und „Vorlesungen zur Einführung in die Psychoanalyse", XXIII (Ges. Werke, Bd. XI).

der Regel nichts erreichen; die Wirklichkeit ist zu stark für ihn.
Er wird ein Wahnsinniger, der in der Durchsetzung seines Wahns
meist keine Helfer findet. Es wird aber behauptet, daß jeder von
uns sich in irgendeinem Punkte ähnlich wie der Paranoiker benimmt, eine ihm unleidliche Seite der Welt durch eine Wunsch-
bildung korrigiert und diesen Wahn in die Realität einträgt. Eine
besondere Bedeutung beansprucht der Fall, daß eine größere Anzahl von Menschen gemeinsam den Versuch unternimmt, sich
Glücksversicherung und Leidensschutz durch wahnhafte Umbildung der Wirklichkeit zu schaffen. Als solchen Massenwahn müssen
wir auch die Religionen der Menschheit kennzeichnen. Den Wahn
erkennt natürlich niemals, wer ihn selbst noch teilt.

Ich glaube nicht, daß diese Aufzählung der Methoden, wie die
Menschen das Glück zu gewinnen und das Leiden fernzuhalten
bemüht sind, vollständig ist, weiß auch, daß der Stoff andere Anordnungen zuläßt. Eines dieser Verfahren habe ich noch nicht
angeführt; nicht daß ich daran vergessen hätte, sondern weil es
uns noch in anderem Zusammenhange beschäftigen wird. Wie
wäre es auch möglich, gerade an diese Technik der Lebenskunst
zu vergessen! Sie zeichnet sich durch die merkwürdigste Vereinigung von charakteristischen Zügen aus. Sie strebt natürlich auch
die Unabhängigkeit vom Schicksal — so nennen wir es am besten —
an und verlegt in dieser Absicht die Befriedigung in innere seelische
Vorgänge, bedient sich dabei der vorhin erwähnten Verschieb-
barkeit der Libido, aber sie wendet sich nicht von der Außenwelt ab, klammert sich im Gegenteil an deren Objekte und gewinnt das Glück aus einer Gefühlsbeziehung zu ihnen. Sie gibt
sich dabei auch nicht mit dem gleichsam müde resignierenden
Ziel der Unlustvermeidung zufrieden, eher geht sie achtlos an
diesem vorbei und hält am ursprünglichen, leidenschaftlichen
Streben nach positiver Glückserfüllung fest. Vielleicht kommt sie
diesem Ziele wirklich näher als jede andere Methode. Ich meine
natürlich jene Richtung des Lebens, welche die Liebe zum Mittel-

punkt nimmt, alle Befriedigung aus dem Lieben und Geliebtwerden erwartet. Eine solche psychische Einstellung liegt uns allen nahe genug; eine der Erscheinungsformen der Liebe, die geschlechtliche Liebe, hat uns die stärkste Erfahrung einer überwältigenden Lustempfindung vermittelt und so das Vorbild für unser Glücksstreben gegeben. Was ist natürlicher, als daß wir dabei beharren, das Glück auf demselben Wege zu suchen, auf dem wir es zuerst begegnet haben. Die schwache Seite dieser Lebenstechnik liegt klar zu Tage; sonst wäre es auch keinem Menschen eingefallen, diesen Weg zum Glück für einen anderen zu verlassen. Niemals sind wir ungeschützter gegen das Leiden, als wenn wir lieben, niemals hilfloser unglücklich, als wenn wir das geliebte Objekt oder seine Liebe verloren haben. Aber die auf den Glückswert der Liebe gegründete Lebenstechnik ist damit nicht erledigt, es ist viel mehr darüber zu sagen.

Hier kann man den interessanten Fall anschließen, daß das Lebensglück vorwiegend im Genusse der Schönheit gesucht wird, wo immer sie sich unseren Sinnen und unserem Urteil zeigt, der Schönheit menschlicher Formen und Gesten, von Naturobjekten und Landschaften, künstlerischen und selbst wissenschaftlichen Schöpfungen. Diese ästhetische Einstellung zum Lebensziel bietet wenig Schutz gegen drohende Leiden, vermag aber für vieles zu entschädigen. Der Genuß an der Schönheit hat einen besonderen, milde berauschenden Empfindungscharakter. Ein Nutzen der Schönheit liegt nicht klar zu Tage, ihre kulturelle Notwendigkeit ist nicht einzusehen, und doch könnte man sie in der Kultur nicht vermissen. Die Wissenschaft der Ästhetik untersucht die Bedingungen, unter denen das Schöne empfunden wird; über Natur und Herkunft der Schönheit hat sie keine Aufklärung geben können; wie gebräuchlich, wird die Ergebnislosigkeit durch einen Aufwand an volltönenden, inhaltsarmen Worten verhüllt. Leider weiß auch die Psychoanalyse über die Schönheit am wenigsten zu sagen. Einzig die Ableitung aus dem Gebiet des Sexualempfindens scheint gesichert; es wäre ein vorbildliches Beispiel einer zielgehemmten Regung. Die „Schönheit" und der „Reiz" sind ursprünglich Eigenschaften des Sexualobjekts. Es ist bemerkenswert, daß die Genitalien selbst, deren Anblick immer erregend wirkt, doch fast nie als schön beurteilt werden, dagegen scheint der Charakter der Schönheit an gewissen sekundären Geschlechtsmerkmalen zu haften.

Trotz dieser Unvollständigkeit getraue ich mich bereits einiger unsere Untersuchung abschließenden Bemerkungen. Das Programm, welches uns das Lustprinzip aufdrängt, glücklich zu werden, ist nicht zu erfüllen, doch darf man — nein, kann man — die Bemühungen, es irgendwie der Erfüllung näherzubringen, nicht aufgeben. Man kann sehr verschiedene Wege dahin einschlagen, entweder den positiven Inhalt des Ziels, den Lustgewinn, oder den negativen, die Unlustvermeidung, voranstellen. Auf keinem dieser Wege können wir alles, was wir begehren, erreichen. Das Glück in jenem ermäßigten Sinn, in dem es als möglich erkannt wird, ist ein Problem der individuellen Libidoökonomie. Es gibt hier keinen Rat, der für alle taugt; ein jeder muß selbst versuchen, auf welche besondere Fasson er selig werden kann. Die mannigfachsten Faktoren werden sich geltend machen, um seiner Wahl die Wege zu weisen. Es kommt darauf an, wieviel reale Befriedigung er von der Außenwelt zu erwarten hat und inwieweit er veranlaßt ist, sich von ihr unabhängig zu machen; zuletzt auch, wieviel Kraft er sich zutraut, diese nach seinen Wünschen abzuändern. Schon dabei wird außer den äußeren Verhältnissen die psychische Konstitution des Individuums entscheidend werden. Der vorwiegend erotische Mensch wird die Gefühlsbeziehungen zu anderen Personen voranstellen, der eher selbstgenügsame Narzißtische die wesentlichen Befriedigungen in seinen inneren seelischen Vorgängen suchen, der Tatenmensch von der Außenwelt nicht ablassen, an der er seine Kraft erproben kann. Für den mittleren dieser Typen wird die Art seiner Begabung und das Ausmaß der ihm möglichen Triebsublimierung dafür bestimmend werden, wohin er seine Interessen verlegen soll. Jede extreme Entscheidung wird sich dadurch strafen, daß sie das Individuum den Gefahren aussetzt, die die Unzulänglichkeit der ausschließend gewählten Lebenstechnik mit sich bringt. Wie der vorsichtige Kaufmann es vermeidet, sein ganzes Kapital an einer Stelle festzulegen, so wird vielleicht auch die Lebensweisheit raten, nicht alle Befriedigung von einer einzigen Strebung zu erwarten. Der Erfolg ist niemals sicher, er hängt vom Zusammentreffen vieler Momente ab, von keinem vielleicht mehr als von der Fähigkeit der psychischen Konstitution, ihre Funktion der Umwelt anzupassen und diese für Lustgewinn auszunützen. Wer eine besonders ungünstige Triebkonstitution mitgebracht und die zur späteren Leistung unerläßliche Umbildung und Neuordnung seiner Libidokomponenten nicht regelrecht durchgemacht hat, wird es schwer haben, aus seiner äußeren Situation Glück zu gewinnen, zumal wenn er vor schwierigere Aufgaben gestellt wird. Als letzte Lebenstechnik, die ihm wenigstens Ersatzbefriedigungen verspricht, bietet sich ihm die Flucht in die neurotische Krankheit, die er meist schon in jungen Jahren vollzieht. Wer dann in späterer Lebenszeit seine Bemühungen um das Glück vereitelt sieht, findet noch Trost im Lustgewinn der chronischen Intoxikation, oder er unternimmt den verzweifelten Auflehnungsversuch der Psychose.[1]

Die Religion beeinträchtigt dieses Spiel der Auswahl und Anpassung, indem sie ihren Weg zum Glückserwerb und Leidensschutz allen in gleicher Weise aufdrängt. Ihre Technik besteht darin, den Wert des Lebens herabzudrücken und das Bild der realen Welt wahnhaft zu entstellen, was die Einschüchterung der Intelligenz zur Voraussetzung hat. Um diesen Preis, durch gewaltsame Fixierung eines psychischen Infantilismus und Einbeziehung

---

1) Es drängt mich, wenigstens auf eine der Lücken hinzuweisen, die in obiger Darstellung geblieben sind. Eine Betrachtung der menschlichen Glücksmöglichkeiten sollte es nicht unterlassen, das relative Verhältnis des Narzißmus zur Objektlibido in Rechnung zu bringen. Man verlangt zu wissen, was es für die Libidoökonomie bedeutet, im wesentlichen auf sich selbst gestellt zu sein.

in einen Massenwahn gelingt es der Religion, vielen Menschen die individuelle Neurose zu ersparen. Aber kaum mehr; es gibt, wie wir gesagt haben, viele Wege, die zu dem Glück führen können, wie es dem Menschen erreichbar ist, keinen, der sicher dahin leitet. Auch die Religion kann ihr Versprechen nicht halten. Wenn der Gläubige sich endlich genötigt findet, von Gottes „unerforschlichem Ratschluß" zu reden, so gesteht er damit ein, daß ihm als letzte Trostmöglichkeit und Lustquelle im Leiden nur die bedingungslose Unterwerfung übriggeblieben ist. Und wenn er zu dieser bereit ist, hätte er sich wahrscheinlich den Umweg ersparen können.

## III

Unsere Untersuchung über das Glück hat uns bisher nicht viel gelehrt, was nicht allgemein bekannt ist. Auch wenn wir sie mit der Frage fortsetzen, warum es für die Menschen so schwer ist, glücklich zu werden, scheint die Aussicht, Neues zu erfahren, nicht viel größer. Wir haben die Antwort bereits gegeben, indem wir auf die drei Quellen hinwiesen, aus denen unser Leiden kommt: die Übermacht der Natur, die Hinfälligkeit unseres eigenen Körpers und die Unzulänglichkeit der Einrichtungen, welche die Beziehungen der Menschen zueinander in Familie, Staat und Gesellschaft regeln. In betreff der beiden ersten kann unser Urteil nicht lange schwanken; es zwingt uns zur Anerkennung dieser Leidensquellen und zur Ergebung ins Unvermeidliche. Wir werden die Natur nie vollkommen beherrschen, unser Organismus, selbst ein Stück dieser Natur, wird immer ein vergängliches, in Anpassung und Leistung beschränktes Gebilde bleiben. Von dieser Erkenntnis geht keine lähmende Wirkung aus; im Gegenteil, sie weist unserer Tätigkeit die Richtung. Können wir nicht alles Leiden aufheben, so doch manches, und anderes lindern, mehrtausendjährige Erfahrung hat uns davon überzeugt. Anders verhalten wir uns zur dritten, zur sozialen Leidensquelle. Diese wollen wir überhaupt nicht gelten lassen, können nicht einsehen, warum die von uns selbst geschaffenen Einrichtungen nicht vielmehr Schutz und Wohltat für uns alle sein sollten. Allerdings, wenn wir bedenken, wie schlecht uns gerade dieses Stück der Leidverhütung gelungen ist, erwacht der Verdacht, es könnte auch hier ein Stück der unbesiegbaren Natur dahinterstecken, diesmal unserer eigenen psychischen Beschaffenheit.

Auf dem Wege, uns mit dieser Möglichkeit zu beschäftigen, treffen wir auf eine Behauptung, die so erstaunlich ist, daß wir bei ihr verweilen wollen. Sie lautet, einen großen Teil der Schuld an unserem Elend trage unsere sogenannte Kultur; wir wären viel glücklicher, wenn wir sie aufgeben und in primitive Verhältnisse zurückfinden würden. Ich heiße sie erstaunlich, weil — wie immer man den Begriff Kultur bestimmen mag — es doch feststeht, daß alles, womit wir uns gegen die Bedrohung aus den Quellen des Leidens zu schützen versuchen, eben der nämlichen Kultur zugehört.

Auf welchem Weg sind wohl so viele Menschen zu diesem Standpunkt befremdlicher Kulturfeindlichkeit gekommen? Ich meine, eine tiefe, lang bestehende Unzufriedenheit mit dem jeweiligen Kulturzustand stellte den Boden her, auf dem sich dann bei bestimmten historischen Anlässen eine Verurteilung erhob. Den letzten und den vorletzten dieser Anlässe glaube ich zu erkennen; ich bin nicht gelehrt genug, um die Kette derselben weit genug in die Geschichte der menschlichen Art zurückzuverfolgen. Schon beim Sieg des Christentums über die heidnischen Religionen muß ein solcher kulturfeindlicher Faktor beteiligt gewesen sein. Der durch die christliche Lehre vollzogenen Entwertung des irdischen Lebens stand er ja sehr nahe. Die vorletzte Veranlassung ergab sich, als man im Fortschritt der Entdeckungsreisen in Berührung mit primitiven Völkern und Stämmen kam. Bei ungenügender Beobachtung und mißverständlicher Auffassung ihrer Sitten und Gebräuche schienen sie den Europäern ein einfaches, bedürfnisarmes, glückliches Leben zu führen, wie es den kulturell überlegenen Besuchern unerreichbar war. Die spätere Erfahrung hat manches Urteil dieser Art berichtigt; in vielen Fällen hatte man irrtümlich ein Maß von Lebenserleichterung, das der Großmut der Natur und der Bequemlichkeit in der Befriedigung der großen Bedürfnisse zu danken war, der Abwesenheit von verwickelten kulturellen Anforderungen zugeschrieben. Die letzte Veranlassung ist uns besonders vertraut; sie trat auf, als man den Mechanismus der Neurosen kennenlernte, die das bißchen Glück des Kulturmenschen zu untergraben drohen. Man fand, daß der Mensch neurotisch wird, weil er das Maß von Versagung nicht ertragen kann, das ihm die Gesellschaft im Dienste ihrer kulturellen Ideale auferlegt, und man schloß daraus, daß es eine Rückkehr zu Glücksmöglichkeiten bedeutete, wenn diese Anforderungen aufgehoben oder sehr herabgesetzt würden.

Es kommt noch ein Moment der Enttäuschung dazu. In den letzten Generationen haben die Menschen außerordentliche Fortschritte in den Naturwissenschaften und in ihrer technischen Anwendung gemacht, ihre Herrschaft über die Natur in einer früher unvorstellbaren Weise befestigt. Die Einzelheiten dieser Fortschritte sind allgemein bekannt, es erübrigt sich, sie aufzuzählen. Die Menschen sind stolz auf diese Errungenschaften und haben ein Recht dazu. Aber sie glauben bemerkt zu haben, daß diese neu gewonnene Verfügung über Raum und Zeit, diese Unterwerfung der Naturkräfte, die Erfüllung jahrtausendealter Sehnsucht, das Maß von Lustbefriedigung, das sie vom Leben erwarten, nicht erhöht, sie nach ihren Empfindungen nicht glücklicher gemacht hat. Man sollte sich begnügen, aus dieser Feststellung den Schluß zu ziehen, die Macht über die Natur sei nicht die einzige Bedingung des Menschenglücks, wie sie ja auch nicht das einzige Ziel der Kulturbestrebungen ist, und nicht die Wertlosigkeit der technischen Fortschritte für unsere Glücksökonomie daraus ableiten. Man möchte einwenden, ist es denn nicht ein positiver Lustgewinn, ein unzweideutiger Zuwachs an Glücksgefühl, wenn ich beliebig oft die Stimme des Kindes hören kann, das Hunderte von Kilometern entfernt von mir lebt, wenn ich die kürzeste Zeit nach der Landung des Freundes erfahren kann, daß er die lange, beschwerliche Reise gut bestanden hat? Bedeutet es nichts, daß es der Medizin gelungen ist, die Sterblichkeit der kleinen Kinder, die Infektionsgefahr der gebärenden Frauen so außerordentlich herabzusetzen, ja die mittlere Lebensdauer des Kulturmenschen um eine beträchtliche Anzahl von Jahren zu verlängern? Und solcher Wohltaten, die wir dem vielgeschmähten Zeitalter der wissenschaftlichen und technischen Fortschritte verdanken, können wir noch eine große Reihe anführen; — aber da läßt sich die Stimme der pessimistischen Kritik vernehmen und mahnt, die meisten dieser Befriedigungen folgten dem Muster jenes „billigen Vergnügens", das in einer gewissen Anekdote angepriesen wird. Man verschafft sich diesen Genuß, indem man in kalter Winternacht ein Bein nackt aus der Decke herausstreckt und es dann wieder einzieht. Gäbe es keine Eisenbahn, die die Entfernungen überwindet, so hätte das Kind die Vaterstadt nie verlassen, man brauchte kein Telephon, um seine Stimme zu hören. Wäre nicht die Schiffahrt über den Ozean eingerichtet, so hätte der Freund nicht die Seereise unternommen, ich brauchte den Telegraphen nicht, um meine Sorge um ihn zu beschwichtigen. Was nützt uns die Einschränkung der Kindersterblichkeit, wenn gerade sie uns die äußerste Zurückhaltung in der Kinderzeugung aufnötigt, so daß wir im ganzen doch nicht mehr Kinder aufziehen, als in den Zeiten vor der Herrschaft der Hygiene, dabei aber unser Sexualleben in der Ehe unter schwierige Bedingungen gebracht und wahrscheinlich der wohltätigen, natürlichen Auslese entgegengearbeitet haben? Und was soll uns endlich ein langes Leben, wenn es beschwerlich, arm an Freuden und so leidvoll ist, daß wir den Tod nur als Erlöser bewillkommnen können?

Es scheint festzustehen, daß wir uns in unserer heutigen Kultur nicht wohlfühlen, aber es ist sehr schwer, sich ein Urteil darüber

zu bilden, ob und inwieweit die Menschen früherer Zeiten sich
glücklicher gefühlt haben und welchen Anteil ihre Kulturbedin-
gungen daran hatten. Wir werden immer die Neigung haben, das
Elend objektiv zu erfassen, d. h. uns mit unseren Ansprüchen
und Empfänglichkeiten in jene Bedingungen zu versetzen, um
dann zu prüfen, welche Anlässe zu Glücks- und Unglücksempfin-
dungen wir in ihnen fänden. Diese Art der Betrachtung, die
objektiv erscheint, weil sie von den Variationen der subjektiven
Empfindlichkeit absieht, ist natürlich die subjektivste, die möglich
ist, indem sie an die Stelle aller anderen unbekannten seelischen
Verfassungen die eigene einsetzt. Das Glück ist aber etwas durchaus Subjektives. Wir mögen noch so sehr vor gewisssen Situationen
zurückschrecken, der des antiken Galeerensklaven, des Bauern im
30jährigen Krieg, des Opfers der heiligen Inquisition, des Juden,
der den Pogrom erwartet, es ist uns doch unmöglich, uns in
diese Personen einzufühlen, die Veränderungen zu erraten, die
ursprüngliche Stumpfheit, allmähliche Abstumpfung, Einstellung
der Erwartungen, gröbere und feinere Weisen der Narkotisierung
in der Empfänglichkeit für Lust- und Unlustempfindungen herbeigeführt haben. Im Falle äußerster Leidmöglichkeit werden auch
bestimmte seelische Schutzvorrichtungen in Tätigkeit versetzt. Es
scheint mir unfruchtbar, diese Seite des Problems weiter zu
verfolgen.

Es ist Zeit, daß wir uns um das Wesen dieser Kultur kümmern,
deren Glückswert in Zweifel gezogen wird. Wir werden keine
Formel fordern, die dieses Wesen in wenigen Worten ausdrückt,
noch ehe wir etwas aus der Untersuchung erfahren haben. Es
genügt uns also, zu wiederholen,[1] daß das Wort „Kultur" die
ganze Summe der Leistungen und Einrichtungen bezeichnet, in
denen sich unser Leben von dem unserer tierischen Ahnen entfernt und die zwei Zwecken dienen: dem Schutz des Menschen

---

1) Siehe: Die Zukunft einer Illusion, 1927. (Ges. Werke, Bd. XIV.)

gegen die Natur und der Regelung der Beziehungen der Menschen untereinander. Um mehr zu verstehen, werden wir die Züge der Kultur im einzelnen zusammensuchen, wie sie sich in menschlichen Gemeinschaften zeigen. Wir lassen uns dabei ohne Bedenken vom Sprachgebrauch, oder wie man auch sagt: Sprachgefühl, leiten im Vertrauen darauf, daß wir so inneren Einsichten gerecht werden, die sich dem Ausdruck in abstrakten Worten noch widersetzen.

Der Eingang ist leicht: Als kulturell anerkennen wir alle Tätigkeiten und Werte, die dem Menschen nützen, indem sie ihm die Erde dienstbar machen, ihn gegen die Gewalt der Naturkräfte schützen u. dgl. Über diese Seite des Kulturellen besteht ja am wenigsten Zweifel. Um weit genug zurückzugehen, die ersten kulturellen Taten waren der Gebrauch von Werkzeugen, die Zähmung des Feuers, der Bau von Wohnstätten. Unter ihnen ragt die Zähmung des Feuers als eine ganz außerordentliche, vorbildlose Leistung hervor,[1] mit den anderen schlug der Mensch Wege ein, die er seither immer weiter verfolgt hat, zu denen die Anregung leicht zu erraten ist. Mit all seinen Werkzeugen

---

[1] Psychoanalytisches Material, unvollständig, nicht sicher deutbar, läßt doch wenigstens eine — phantastisch klingende — Vermutung über den Ursprung dieser menschlichen Großtat zu. Als wäre der Urmensch gewohnt gewesen, wenn er dem Feuer begegnete, eine infantile Lust an ihm zu befriedigen, indem er es durch seinen Harnstrahl auslöschte. An der ursprünglichen phallischen Auffassung der züngelnden, sich in die Höhe reckenden Flamme kann nach vorhandenen Sagen kein Zweifel sein. Das Feuerlöschen durch Urinieren — auf das noch die späten Riesenkinder Gulliver in Liliput und Rabelais' Gargantua zurückgreifen — war also wie ein sexueller Akt mit einem Mann, ein Genuß der männlichen Potenz im homosexuellen Wettkampf. Wer zuerst auf diese Lust verzichtete, das Feuer verschonte, konnte es mit sich forttragen und in seinen Dienst zwingen. Dadurch daß er das Feuer seiner eigenen sexuellen Erregung dämpfte, hatte er die Naturkraft des Feuers gezähmt. Diese große kulturelle Eroberung wäre also der Lohn für einen Triebverzicht. Und weiter, als hätte man das Weib zur Hüterin des auf dem häuslichen Herd gefangengehaltenen Feuers bestellt, weil ihr anatomischer Bau es ihr verbietet, einer solchen Lustversuchung nachzugeben. Es ist auch bemerkenswert, wie regelmäßig die analytischen Erfahrungen den Zusammenhang von Ehrgeiz, Feuer und Harnerotik bezeugen.

vervollkommnet der Mensch seine Organe — die motorischen wie die sensorischen — oder räumt die Schranken für ihre Leistung weg. Die Motoren stellen ihm riesige Kräfte zur Verfügung, die er wie seine Muskeln in beliebige Richtungen schicken kann, das Schiff und das Flugzeug machen, daß weder Wasser noch Luft seine Fortbewegung hindern können. Mit der Brille korrigiert er die Mängel der Linse in seinem Auge, mit dem Fernrohr schaut er in entfernte Weiten, mit dem Mikroskop überwindet er die Grenzen der Sichtbarkeit, die durch den Bau seiner Netzhaut abgesteckt werden. In der photographischen Kamera hat er ein Instrument geschaffen, das die flüchtigen Seheindrücke festhält, was ihm die Grammophonplatte für die ebenso vergänglichen Schalleindrücke leisten muß, beides im Grunde Materialisationen des ihm gegebenen Vermögens der Erinnerung, seines Gedächtnisses. Mit Hilfe des Telephons hört er aus Entfernungen, die selbst das Märchen als unerreichbar respektieren würde; die Schrift ist ursprünglich die Sprache des Abwesenden, das Wohnhaus ein Ersatz für den Mutterleib, die erste, wahrscheinlich noch immer ersehnte Behausung, in der man sicher war und sich so wohl fühlte.

Es klingt nicht nur wie ein Märchen, es ist direkt die Erfüllung aller — nein, der meisten — Märchenwünsche, was der Mensch durch seine Wissenschaft und Technik auf dieser Erde hergestellt hat, in der er zuerst als ein schwaches Tierwesen auftrat und in die jedes Individuum seiner Art wiederum als hilfloser Säugling — *oh inch of nature!* — eintreten muß. All diesen Besitz darf er als Kulturerwerb ansprechen. Er hatte sich seit langen Zeiten eine Idealvorstellung von Allmacht und Allwissenheit gebildet, die er in seinen Göttern verkörperte. Ihnen schrieb er alles zu, was seinen Wünschen unerreichbar schien, — oder ihm verboten war. Man darf also sagen, diese Götter waren Kulturideale. Nun hat er sich der Erreichung dieses Ideals sehr angenähert, ist beinahe selbst ein Gott geworden. Freilich nur so, wie man nach allgemein menschlichem Urteil Ideale zu erreichen pflegt. Nicht vollkommen, in einigen Stücken gar nicht, in anderen nur so halbwegs. Der Mensch ist sozusagen eine Art Prothesengott geworden, recht großartig, wenn er alle seine Hilfsorgane anlegt, aber sie sind nicht mit ihm verwachsen und machen ihm gelegentlich noch viel zu schaffen. Er hat übrigens ein Recht, sich damit zu trösten, daß diese Entwicklung nicht gerade mit dem Jahr 1930 A. D. abgeschlossen sein wird. Ferne Zeiten werden neue, wahrscheinlich unvorstellbar große Fortschritte auf diesem Gebiete der Kultur mit sich bringen, die Gottähnlichkeit noch weiter steigern. Im Interesse unserer Untersuchung wollen wir aber auch nicht daran vergessen, daß der heutige Mensch sich in seiner Gottähnlichkeit nicht glücklich fühlt.

Wir anerkennen also die Kulturhöhe eines Landes, wenn wir finden, daß alles in ihm gepflegt und zweckmäßig besorgt wird, was der Ausnützung der Erde durch den Menschen und dem Schutz desselben vor den Naturkräften dienlich, also kurz zusammengefaßt: ihm nützlich ist. In einem solchen Land seien Flüsse, die mit Überschwemmungen drohen, in ihrem Lauf reguliert, ihr Wasser durch Kanäle hingeleitet, wo es entbehrt wird. Der Erdboden werde sorgfältig bearbeitet und mit den Gewächsen beschickt, die er zu tragen geeignet ist, die mineralischen Schätze der Tiefe emsig zu Tage gefördert und zu den verlangten Werkzeugen und Geräten verarbeitet. Die Verkehrsmittel seien reichlich, rasch und zuverlässig, die wilden und gefährlichen Tiere seien ausgerottet, die Zucht der zu Haustieren gezähmten sei in Blüte. Wir haben aber an die Kultur noch andere Anforderungen zu stellen und hoffen bemerkenswerterweise sie in denselben Ländern verwirklicht zu finden. Als wollten wir unseren zuerst erhobenen Anspruch verleugnen, begrüßen wir es auch als kulturell, wenn wir sehen, daß sich die Sorgfalt der Menschen auch Dingen zuwendet, die ganz und gar nicht nützlich sind, eher unnütz erscheinen, z. B. wenn die in einer Stadt als Spielplätze und Luftreservoirs notwendigen Gartenflächen auch Blumenbeete tragen, oder wenn die Fenster der Wohnungen mit Blumentöpfen geschmückt sind. Wir merken bald, das Unnütze, dessen Schätzung wir von der Kultur erwarten, ist die Schönheit; wir fordern, daß der Kulturmensch die Schönheit verehre, wo sie ihm in der Natur begegnet, und sie herstelle an Gegenständen, soweit seiner Hände Arbeit es vermag. Weit entfernt, daß unsere Ansprüche an die Kultur damit erschöpft wären. Wir verlangen noch die Zeichen von Reinlichkeit und Ordnung zu sehen. Wir denken nicht hoch von der Kultur einer englischen Landstadt zur Zeit Shakespeares, wenn wir lesen, daß ein hoher Misthaufen vor der Türe seines väterlichen Hauses in Stratford lagerte; wir sind ungehalten und schelten es „barbarisch", was der Gegensatz zu kulturell ist, wenn wir die Wege des Wiener Waldes mit weggeworfenen Papieren bestreut finden. Unsauberkeit jeder Art scheint uns mit Kultur unvereinbar; auch auf den menschlichen Körper dehnen wir die Forderung der Reinlichkeit aus, hören mit Erstaunen, welch üblen Geruch die Person des Roi Soleil zu verbreiten pflegte, und schütteln den Kopf, wenn uns auf Isola bella die winzige Waschschüssel gezeigt wird, deren sich Napoleon bei seiner Morgentoilette bediente. Ja, wir sind nicht überrascht, wenn jemand den Gebrauch von Seife direkt als Kulturmesser aufstellt. Ähnlich ist es mit der Ordnung, die ebenso wie die Reinlichkeit sich ganz auf Menschenwerk bezieht. Aber während wir Reinlichkeit in der Natur nicht erwarten dürfen, ist die Ordnung vielmehr der Natur abgelauscht; die Beobachtung der großen astronomischen Regelmäßigkeiten hat dem Menschen nicht nur das Vorbild, sondern die ersten Anhaltspunkte für die Einführung der Ordnung in sein Leben gegeben. Die Ordnung ist eine Art Wiederholungszwang, die durch einmalige Einrichtung entscheidet, wann, wo und wie etwas getan werden soll, so daß man in jedem gleichen Falle Zögern und Schwanken erspart. Die Wohltat der Ordnung ist ganz unleugbar, sie ermöglicht dem Menschen die beste Ausnützung von Raum und Zeit, während sie seine psychischen Kräfte schont. Man hätte ein Recht zu erwarten, daß sie sich von Anfang an und zwanglos im menschlichen Tun durchsetzt und darf erstaunen, daß dies nicht der Fall ist, daß der Mensch vielmehr einen natürlichen Hang zur Nachlässigkeit, Unregelmäßigkeit und Unzuverlässigkeit in seiner Arbeit an den Tag legt und erst mühselig zur Nachahmung der himmlischen Vorbilder erzogen werden muß.

Schönheit, Reinlichkeit und Ordnung nehmen offenbar eine besondere Stellung unter den Kulturanforderungen ein. Niemand wird behaupten, daß sie ebenso lebenswichtig seien wie die Beherrschung der Naturkräfte und andere Momente, die wir noch kennen lernen sollen, und doch wird niemand gern sie als Nebensächlichkeiten zurückstellen wollen. Daß die Kultur nicht allein auf Nutzen bedacht ist, zeigt schon das Beispiel der Schönheit, die wir unter den Interessen der Kultur nicht vermissen wollen. Der Nutzen der Ordnung ist ganz offenbar; bei der Reinlichkeit haben wir zu bedenken, daß sie auch von der Hygiene gefordert wird, und können vermuten, daß dieser Zusammenhang den Menschen auch vor der Zeit einer wissenschaftlichen Krankheitsverhütung nicht ganz fremd war. Aber der Nutzen erklärt uns das Streben nicht ganz; es muß noch etwas anderes im Spiele sein.

Durch keinen anderen Zug vermeinen wir aber die Kultur besser zu kennzeichnen, als durch die Schätzung und Pflege der höheren psychischen Tätigkeiten, der intellektuellen, wissenschaftlichen und künstlerischen Leistungen, der führenden Rolle, welche den Ideen im Leben der Menschen eingeräumt wird. Unter diesen Ideen stehen obenan die religiösen Systeme, auf deren verwickelten Aufbau ich an anderer Stelle Licht zu werfen versuchte; neben ihnen die philosophischen Spekulationen und endlich, was man die Idealbildungen der Menschen heißen kann, ihre Vorstellungen von einer möglichen Vollkommenheit der einzelnen Person, des Volkes, der ganzen Menschheit und die Anforderungen, die sie auf Grund solcher Vorstellungen erheben. Daß diese Schöpfungen nicht unabhängig voneinander sind, vielmehr innig untereinander verwoben, erschwert sowohl ihre Darstellung wie ihre psychologische Ableitung. Wenn wir ganz allgemein annehmen, die Triebfeder aller menschlichen Tätigkeiten sei das Streben nach den beiden zusammenfließenden Zielen, Nutzen und Lustgewinn, so müssen wir dasselbe auch für die hier angeführten kulturellen Äußerungen gelten lassen, obwohl es nur für die wissenschaftliche und künstlerische Tätigkeit leicht ersichtlich ist. Man kann aber nicht bezweifeln, daß auch die anderen starken Bedürfnissen der Menschen entsprechen, vielleicht solchen, die nur bei einer Minderzahl entwickelt sind. Auch darf man sich nicht durch Werturteile über einzelne dieser religiösen, philosophischen Systeme und dieser Ideale beirren lassen; ob man die höchste Leistung des Menschengeistes in ihnen sucht oder ob man sie als Verirrungen beklagt, man muß anerkennen, daß ihr Vorhandensein, besonders ihre Vorherrschaft, einen Hochstand der Kultur bedeutet.

Als letzten, gewiß nicht unwichtigsten Charakterzug einer Kultur haben wir zu würdigen, in welcher Weise die Beziehungen der Menschen zueinander, die sozialen Beziehungen, geregelt sind, die den Menschen als Nachbarn, als Hilfskraft, als Sexualobjekt eines anderen, als Mitglied einer Familie, eines Staates betreffen. Es wird hier besonders schwer, sich von bestimmten Idealforderungen frei zu halten und das, was überhaupt kulturell ist, zu erfassen. Vielleicht beginnt man mit der Erklärung, das kulturelle Element sei mit dem ersten Versuch, diese sozialen Beziehungen zu regeln, gegeben. Unterbliebe ein solcher Versuch, so wären diese Beziehungen der Willkür des Einzelnen unterworfen, d. h. der physisch Stärkere würde sie im Sinne seiner Interessen und Triebregungen entscheiden. Daran änderte sich nichts, wenn dieser Stärkere seinerseits einen einzelnen noch Stärkeren fände. Das menschliche Zusammenleben wird erst ermöglicht, wenn sich eine Mehrheit zusammenfindet, die stärker ist als jeder Einzelne und gegen jeden Einzelnen zusammenhält. Die Macht dieser Gemeinschaft stellt sich nun als „Recht" der Macht des Einzelnen, die als „rohe Gewalt" verurteilt wird, entgegen. Diese Ersetzung der Macht des Einzelnen durch die der Gemeinschaft ist der entscheidende kulturelle Schritt. Ihr Wesen besteht darin, daß sich die Mitglieder der Gemeinschaft in ihren Befriedigungsmöglichkeiten beschränken, während der Einzelne keine solche Schranke kannte. Die nächste kulturelle Anforderung ist also die der Gerechtigkeit, d. h. die Versicherung, daß die einmal gegebene Rechtsordnung nicht wieder zu Gunsten eines Einzelnen durchbrochen werde. Über den ethischen Wert eines solchen Rechts wird hiermit nicht entschieden. Der weitere Weg der kulturellen Entwicklung scheint dahin zu streben, daß dieses Recht nicht mehr der Willensausdruck einer kleinen Gemeinschaft — Kaste, Bevölkerungsschichte, Volksstammes — sei, welche sich zu anderen und vielleicht umfassenderen solchen Massen wieder wie ein gewalttätiges Individuum verhält. Das Endergebnis soll ein Recht sein, zu dem alle — wenigstens alle Gemeinschaftsfähigen — durch ihre Triebopfer beigetragen haben und das keinen — wiederum mit der gleichen Ausnahme — zum Opfer der rohen Gewalt werden läßt.

Die individuelle Freiheit ist kein Kulturgut. Sie war am größten vor jeder Kultur, allerdings damals meist ohne Wert, weil das Individuum kaum imstande war, sie zu verteidigen. Durch die Kulturentwicklung erfährt sie Einschränkungen und die Gerechtigkeit fordert, daß keinem diese Einschränkungen erspart werden. Was sich in einer menschlichen Gemeinschaft als Freiheitsdrang rührt, kann Auflehnung gegen eine bestehende Ungerechtigkeit sein und so einer weiteren Entwicklung der Kultur günstig werden, mit der Kultur verträglich bleiben. Es kann aber auch dem Rest der ursprünglichen, von der Kultur ungebändigten Persönlichkeit entstammen und so Grundlage der Kulturfeindseligkeit werden. Der Freiheitsdrang richtet sich also gegen bestimmte Formen und Ansprüche der Kultur oder gegen Kultur überhaupt. Es scheint nicht, daß man den Menschen durch irgendwelche Beeinflussung dazu bringen kann, seine Natur in die eines Termiten umzuwandeln, er wird wohl immer seinen Anspruch auf individuelle Freiheit gegen den Willen der Masse verteidigen. Ein gut Teil des Ringens der Menschheit staut sich um die eine Aufgabe, einen zweckmäßigen, d. h. beglückenden Ausgleich zwischen diesen individuellen und den kulturellen Massenansprüchen zu finden, es ist eines ihrer Schicksalsprobleme, ob dieser Ausgleich durch eine bestimmte Gestaltung der Kultur erreichbar oder ob der Konflikt unversöhnlich ist.

Indem wir uns vom gemeinen Empfinden sagen ließen, welche Züge im Leben der Menschen kulturell zu nennen sind, haben wir einen deutlichen Eindruck vom Gesamtbild der Kultur bekommen, freilich zunächst nichts erfahren, was nicht allgemein bekannt ist. Dabei haben wir uns gehütet, dem Vorurteil beizustimmen, Kultur sei gleichbedeutend mit Vervollkommnung, sei der Weg zur Vollkommenheit, die dem Menschen vorgezeichnet ist. Nun aber drängt sich uns eine Auffassung auf, die vielleicht anderswohin führt. Die Kulturentwicklung erscheint uns als ein eigenartiger Prozeß, der über die Menschheit abläuft, an dem uns manches wie vertraut anmutet. Diesen Prozeß können wir durch die Veränderungen charakterisieren, die er mit den bekannten menschlichen Triebanlagen vornimmt, deren Befriedigung doch die ökonomische Aufgabe unseres Lebens ist. Einige dieser Triebe werden in solcher Weise aufgezehrt, daß an ihrer Stelle etwas auftritt, was wir beim Einzelindividuum als Charaktereigenschaft beschreiben. Das merkwürdigste Beispiel dieses Vorganges haben wir an der Analerotik des jugendlichen Menschen gefunden. Sein ursprüngliches Interesse an der Exkretionsfunktion, ihren Organen und Produkten wandelt sich im Lauf des Wachstums in die Gruppe von Eigenschaften um, die uns als Sparsamkeit, Sinn für Ordnung und Reinlichkeit bekannt sind, die, an und für sich wertvoll und willkommen, sich zu auffälliger Vorherrschaft steigern können und dann das ergeben, was man den Analcharakter heißt.

Wie das zugeht, wissen wir nicht, an der Richtigkeit dieser Auffassung ist kein Zweifel.[1] Nun haben wir gefunden, daß Ordnung und Reinlichkeit wesentliche Kulturansprüche sind, obgleich ihre Lebensnotwendigkeit nicht gerade einleuchtet, ebensowenig wie ihre Eignung als Genußquellen. An dieser Stelle mußte sich uns die Ähnlichkeit des Kulturprozesses mit der Libidoentwicklung des Einzelnen zuerst aufdrängen. Andere Triebe werden dazu veranlaßt, die Bedingungen ihrer Befriedigung zu verschieben, auf andere Wege zu verlegen, was in den meisten Fällen mit der uns wohlbekannten **Sublimierung** (der Triebziele) zusammenfällt, in anderen sich noch von ihr sondern läßt. Die Triebsublimierung ist ein besonders hervorstechender Zug der Kulturentwicklung, sie macht es möglich, daß höhere psychische Tätigkeiten, wissenschaftliche, künstlerische, ideologische, eine so bedeutsame Rolle im Kulturleben spielen. Wenn man dem ersten Eindruck nachgibt, ist man versucht zu sagen, die Sublimierung sei überhaupt ein von der Kultur erzwungenes Triebschicksal. Aber man tut besser, sich das noch länger zu überlegen. Drittens endlich, und das scheint das Wichtigste, ist es unmöglich zu übersehen, in welchem Ausmaß die Kultur auf Triebverzicht aufgebaut ist, wie sehr sie gerade die Nichtbefriedigung (Unterdrückung, Verdrängung oder sonst etwas?) von mächtigen Trieben zur Voraussetzung hat. Diese „Kulturversagung" beherrscht das große Gebiet der sozialen Beziehungen der Menschen; wir wissen bereits, sie ist die Ursache der Feindseligkeit, gegen die alle Kulturen zu kämpfen haben. Sie wird auch an unsere wissenschaftliche Arbeit schwere Anforderungen stellen, wir haben da viel Aufklärung zu geben. Es ist nicht leicht zu verstehen, wie man es möglich macht, einem Trieb die Befriedigung zu entziehen. Es ist gar nicht so ungefährlich; wenn man es nicht ökonomisch kompensiert, kann man sich auf ernste Störungen gefaßt machen.

---

[1] S. Charakter und Analerotik, 1908 (Ges. Werke, Bd. VII) und zahlreiche weitere Beiträge von E. J o n e s u. a.

Wenn wir aber wissen wollen, welchen Wert unsere Auffassung
der Kulturentwicklung als eines besonderen Prozesses, vergleichbar
der normalen Reifung des Individuums, beanspruchen kann, müssen
wir offenbar ein anderes Problem in Angriff nehmen, uns die
Frage stellen, welchen Einflüssen die Kulturentwicklung ihren
Ursprung dankt, wie sie entstanden ist und wodurch ihr Lauf
bestimmt wurde.

## IV

Diese Aufgabe scheint übergroß, man darf seine Verzagtheit eingestehen. Hier das Wenige, was ich erraten konnte.

Nachdem der Urmensch entdeckt hatte, daß es — wörtlich so
verstanden — in seiner Hand lag, sein Los auf der Erde durch
Arbeit zu verbessern, konnte es ihm nicht gleichgültig sein, ob
ein Anderer mit oder gegen ihn arbeitete. Der Andere gewann
für ihn den Wert des Mitarbeiters, mit dem zusammen zu leben
nützlich war. Noch vorher, in seiner affenähnlichen Vorzeit, hatte
er die Gewohnheit angenommen, Familien zu bilden; die Mitglieder der Familie waren wahrscheinlich seine ersten Helfer. Vermutlich hing die Gründung der Familie damit zusammen, daß das
Bedürfnis genitaler Befriedigung nicht mehr wie ein Gast auftrat,
der plötzlich bei einem erscheint und nach seiner Abreise lange
nichts mehr von sich hören läßt, sondern sich als Dauermieter
beim Einzelnen niederließ. Damit bekam das Männchen ein Motiv,
das Weib oder allgemeiner: die Sexualobjekte bei sich zu behalten;
die Weibchen, die sich von ihren hilflosen Jungen nicht trennen
wollten, mußten auch in deren Interesse beim stärkeren Männchen
bleiben.[1] In dieser primitiven Familie vermissen wir noch einen

---

[1] Die organische Periodizität des Sexualvorgangs ist zwar erhalten geblieben, aber
ihr Einfluß auf die psychische Sexualerregung hat sich eher ins Gegenteil verkehrt.
Diese Veränderung hängt am ehesten zusammen mit dem Zurücktreten der Geruchsreize, durch welche der Menstruationsvorgang auf die männliche Psyche einwirkte.
Deren Rolle wurde von Gesichtserregungen übernommen, die im Gegensatz zu den

wesentlichen Zug der Kultur; die Willkür des Oberhauptes und Vaters war unbeschränkt. In „Totem und Tabu" habe ich versucht, den Weg aufzuzeigen, der von dieser Familie zur nächsten Stufe des Zusammenlebens in Form der Brüderbünde führte. Bei

---

intermittierenden Geruchsreizen eine permanente Wirkung unterhalten konnten. Das Tabu der Menstruation entstammt dieser „organischen Verdrängung" als Abwehr einer überwundenen Entwicklungsphase; alle anderen Motivierungen sind wahrscheinlich sekundärer Natur. (Vgl. C. D. Daly, Hindumythologie und Kastrationskomplex, Imago XIII, 1927.) Dieser Vorgang wiederholt sich auf anderem Niveau, wenn die Götter einer überholten Kulturperiode zu Dämonen werden. Das Zurücktreten der Geruchsreize scheint aber selbst Folge der Abwendung des Menschen von der Erde, des Entschlusses zum aufrechten Gang, der nun die bisher gedeckten Genitalien sichtbar und schutzbedürftig macht und so das Schämen hervorruft. Am Beginne des verhängnisvollen Kulturprozesses stünde also die Aufrichtung des Menschen. Die Verkettung läuft von hier aus über die Entwertung der Geruchsreize und die Isolierung der Periode zum Übergewicht der Gesichtsreize, Sichtbarwerden der Genitalien, weiter zur Kontinuität der Sexualerregung, Gründung der Familie und damit zur Schwelle der menschlichen Kultur. Dies ist nur eine theoretische Spekulation, aber wichtig genug, um eine exakte Nachprüfung an den Lebensverhältnissen der dem Menschen nahestehenden Tiere zu verdienen.

Auch in dem Kulturstreben nach Reinlichkeit, das in hygienischen Rücksichten eine nachträgliche Rechtfertigung findet, aber sich bereits vor dieser Einsicht geäußert hat, ist ein soziales Moment unverkennbar. Der Antrieb zur Reinlichkeit entspringt dem Drang nach Beseitigung der Exkremente, die der Sinneswahrnehmung unangenehm geworden sind. Wir wissen, daß es in der Kinderstube anders ist. Die Exkremente erregen beim Kinde keinen Abscheu, erscheinen ihm als losgelöster Teil seines Körpers wertvoll. Die Erziehung dringt hier besonders energisch auf die Beschleunigung des bevorstehenden Entwicklungsganges, der die Exkremente wertlos, ekelhaft, abscheulich und verwerflich machen soll. Eine solche Umwertung wäre kaum möglich, wenn diese dem Körper entzogenen Stoffe nicht durch ihre starken Gerüche verurteilt wären, an dem Schicksal teilzunehmen, das nach der Aufrichtung des Menschen vom Boden den Geruchsreizen vorbehalten ist. Die Analerotik erliegt also zunächst der „organischen Verdrängung", die den Weg zur Kultur gebahnt hat. Der soziale Faktor, der die weitere Umwandlung der Analerotik besorgt, bezeugt sich durch die Tatsache, daß trotz aller Entwicklungsfortschritte dem Menschen der Geruch der eigenen Exkremente kaum anstößig ist, immer nur der der Ausscheidungen des Anderen. Der Unreinliche, d. h. der, der seine Exkremente nicht verbirgt, beleidigt also den Anderen, zeigt keine Rücksicht für ihn, und dasselbe besagen ja auch die kräftigsten, gebräuchlichsten Beschimpfungen. Es wäre auch unverständlich, daß der Mensch den Namen seines treuesten Freundes in der Tierwelt als Schimpfwort verwendet, wenn der Hund nicht durch zwei Eigenschaften die Verachtung des Menschen auf sich zöge, daß er ein Geruchstier ist, das sich vor Exkrementen nicht scheut, und daß er sich seiner sexuellen Funktionen nicht schämt.

der Überwältigung des Vaters hatten die Söhne die Erfahrung gemacht, daß eine Vereinigung stärker sein kann als der Einzelne. Die totemistische Kultur ruht auf den Einschränkungen, die sie zur Aufrechthaltung des neuen Zustandes einander auferlegen mußten. Die Tabuvorschriften waren das erste „Recht". Das Zusammenleben der Menschen war also zweifach begründet durch den Zwang zur Arbeit, den die äußere Not schuf, und durch die Macht der Liebe, die von Seiten des Mannes das Sexualobjekt im Weibe, von Seiten des Weibes das von ihr abgelöste Teilstück des Kindes nicht entbehren wollte. Eros und Ananke sind auch die Eltern der menschlichen Kultur geworden. Der erste Kulturerfolg war, daß nun auch eine größere Anzahl von Menschen in Gemeinschaft bleiben konnten. Und da beide großen Mächte dabei zusammenwirkten, könnte man erwarten, daß sich die weitere Entwicklung glatt vollziehen würde, zu immer besserer Beherrschung der Außenwelt wie zur weiteren Ausdehnung der von der Gemeinschaft umfaßten Menschenzahl. Man versteht auch nicht leicht, wie diese Kultur auf ihre Teilnehmer anders als beglückend wirken kann.

Ehe wir noch untersuchen, woher eine Störung kommen kann, lassen wir uns durch die Anerkennung der Liebe als einer Grundlage der Kultur ablenken, um eine Lücke in einer früheren Erörterung auszufüllen. Wir sagten, die Erfahrung, daß die geschlechtliche (genitale) Liebe dem Menschen die stärksten Befriedigungserlebnisse gewähre, ihm eigentlich das Vorbild für alles Glück gebe, müßte es nahegelegt haben, die Glücksbefriedigung im Leben auch weiterhin auf dem Gebiet der geschlechtlichen Beziehungen zu suchen, die genitale Erotik in den Mittelpunkt des Lebens zu stellen. Wir setzten fort, daß man sich auf diesem Wege in bedenklichster Weise von einem Stück der Außenwelt, nämlich vom gewählten Liebesobjekt, abhängig mache und dem stärksten Leiden aussetze, wenn man von diesem verschmäht werde oder es durch Untreue oder Tod verliere. Die Weisen aller Zeiten haben darum nachdrücklichst von diesem Lebensweg abgeraten; er hat dennoch für eine große Anzahl von Menschenkindern seine Anziehung nicht verloren. Einer geringen Minderzahl wird es durch ihre Konstitution ermöglicht, das Glück doch auf dem Wege der Liebe zu finden, wobei aber weitgehende seelische Abänderungen der Liebesfunktion unerläßlich sind. Diese Personen machen sich von der Zustimmung des Objekts unabhängig, indem sie den Hauptwert vom Geliebtwerden auf das eigene Lieben verschieben, sie schützen sich gegen dessen Verlust, indem sie ihre Liebe nicht auf einzelne Objekte, sondern in gleichem Maße auf alle Menschen richten, und sie vermeiden die Schwankungen und Enttäuschungen der genitalen Liebe dadurch, daß sie von deren Sexualziel ablenken, den Trieb in eine zielgehemmte Regung verwandeln. Was sie auf diese Art bei sich zustande bringen, der Zustand eines gleichschwebenden, unbeirrbaren, zärtlichen Empfindens, hat mit dem stürmisch bewegten, genitalen Liebesleben, von dem es doch abgeleitet ist, nicht mehr viel äußere Ähnlichkeit. Der heilige Franciscus von Assisi mag es in dieser Ausnützung der Liebe für das innere Glücksgefühl am weitesten gebracht haben; was wir als eine der Techniken der Erfüllung des Lustprinzips erkennen, ist auch vielfach in Beziehung zur Religion gebracht worden, mit der es in jenen entlegenen Regionen zusammenhängen mag, wo die Unterscheidung des Ichs von den Objekten und dieser voneinander vernachlässigt wird. Eine ethische Betrachtung, deren tiefere Motivierung uns noch offenbar werden wird, will in dieser Bereitschaft zur allgemeinen Menschen- und Weltliebe die höchste Einstellung sehen, zu der sich der Mensch erheben kann. Wir möchten schon hier unsere zwei hauptsächlichen Bedenken nicht zurückhalten. Eine Liebe, die nicht auswählt, scheint uns einen Teil ihres eigenen Werts einzubüßen, indem sie an dem Objekt ein Unrecht tut. Und weiter: es sind nicht alle Menschen liebenswert.

Jene Liebe, welche die Familie gründete, bleibt in ihrer ursprünglichen Ausprägung, in der sie auf direkte sexuelle Befriedigung nicht verzichtet, sowie in ihrer Modifikation als zielgehemmte Zärtlichkeit in der Kultur weiter wirksam. In beiden Formen setzt sie ihre Funktion fort, eine größere Anzahl von Menschen aneinander zu binden und in intensiverer Art, als es dem Interesse der Arbeitsgemeinschaft gelingt. Die Nachlässigkeit der Sprache in der Anwendung des Wortes „Liebe" findet eine genetische Rechtfertigung. Liebe nennt man die Beziehung zwischen Mann und Weib, die auf Grund ihrer genitalen Bedürfnisse eine Familie gegründet haben, Liebe aber auch die positiven Gefühle zwischen Eltern und Kindern, zwischen den Geschwistern in der Familie, obwohl wir diese Beziehung als zielgehemmte Liebe, als Zärtlichkeit, beschreiben müssen. Die zielgehemmte Liebe war eben ursprünglich vollsinnliche Liebe und ist es im Unbewußten des Menschen noch immer. Beide, vollsinnliche und zielgehemmte Liebe, greifen über die Familie hinaus und stellen neue Bindungen an bisher Fremde her. Die genitale Liebe führt zu neuen Familienbildungen, die zielgehemmte zu „Freundschaften", welche kulturell wichtig werden, weil sie manchen Beschränkungen der genitalen Liebe, z. B. deren Ausschließlichkeit, entgehen. Aber das Verhältnis der Liebe zur Kultur verliert im Verlaufe der Entwicklung seine Eindeutigkeit. Einerseits widersetzt sich die Liebe den Interessen der Kultur, anderseits bedroht die Kultur die Liebe mit empfindlichen Einschränkungen.

Diese Entzweiung scheint unvermeidlich; ihr Grund ist nicht sofort zu erkennen. Sie äußert sich zunächst als ein Konflikt zwischen der Familie und der größeren Gemeinschaft, der der Einzelne angehört. Wir haben bereits erraten, daß es eine der Hauptbestrebungen der Kultur ist, die Menschen zu großen Einheiten zusammenzuballen. Die Familie will aber das Individuum nicht freigeben. Je inniger der Zusammenhalt der Familienmitglieder ist, desto mehr sind sie oft geneigt, sich von anderen abzuschließen, desto schwieriger wird ihnen der Eintritt in den größeren Lebenskreis. Die phylogenetisch ältere, in der Kindheit allein bestehende

Weise des Zusammenlebens wehrt sich, von der später erworbenen kulturellen abgelöst zu werden. Die Ablösung von der Familie wird für jeden Jugendlichen zu einer Aufgabe, bei deren Lösung ihn die Gesellschaft oft durch Pubertäts- und Aufnahmsriten unterstützt. Man gewinnt den Eindruck, dies seien Schwierigkeiten, die jeder psychischen, ja im Grunde auch jeder organischen Entwicklung anhängen.

Ferner treten bald die Frauen in einen Gegensatz zur Kulturströmung und entfalten ihren verzögernden und zurückhaltenden Einfluß, dieselben, die anfangs durch die Forderungen ihrer Liebe das Fundament der Kultur gelegt hatten. Die Frauen vertreten die Interessen der Familie und des Sexuallebens; die Kulturarbeit ist immer mehr Sache der Männer geworden, stellt ihnen immer schwierigere Aufgaben, nötigt sie zu Triebsublimierungen, denen die Frauen wenig gewachsen sind. Da der Mensch nicht über unbegrenzte Quantitäten psychischer Energie verfügt, muß er seine Aufgaben durch zweckmäßige Verteilung der Libido erledigen. Was er für kulturelle Zwecke verbraucht, entzieht er großenteils den Frauen und dem Sexualleben: das beständige Zusammensein mit Männern, seine Abhängigkeit von den Beziehungen zu ihnen entfremden ihn sogar seinen Aufgaben als Ehemann und Vater. So sieht sich die Frau durch die Ansprüche der Kultur in den Hintergrund gedrängt und tritt zu ihr in ein feindliches Verhältnis.

Von Seiten der Kultur ist die Tendenz zur Einschränkung des Sexuallebens nicht minder deutlich als die andere zur Ausdehnung des Kulturkreises. Schon die erste Kulturphase, die des Totemismus, bringt das Verbot der inzestuösen Objektwahl mit sich, vielleicht die einschneidendste Verstümmelung, die das menschliche Liebesleben im Laufe der Zeiten erfahren hat. Durch Tabu, Gesetz und Sitte werden weitere Einschränkungen hergestellt, die sowohl die Männer als die Frauen betreffen. Nicht alle Kulturen gehen darin gleich weit; die wirtschaftliche Struktur der Gesellschaft beeinflußt auch das Maß der restlichen Sexualfreiheit.

Wir wissen schon, daß die Kultur dabei dem Zwang der ökonomischen Notwendigkeit folgt, da sie der Sexualität einen großen Betrag der psychischen Energie entziehen muß, die sie selbst verbraucht. Dabei benimmt sich die Kultur gegen die Sexualität wie ein Volksstamm oder eine Schichte der Bevölkerung, die eine andere ihrer Ausbeutung unterworfen hat. Die Angst vor dem Aufstand der Unterdrückten treibt zu strengen Vorsichtsmaßregeln. Einen Höhepunkt solcher Entwicklung zeigt unsere westeuropäische Kultur. Es ist psychologisch durchaus berechtigt, daß sie damit einsetzt, die Äußerungen des kindlichen Sexuallebens zu verpönen, denn die Eindämmung der sexuellen Gelüste der Erwachsenen hat keine Aussicht, wenn ihr nicht in der Kindheit vorgearbeitet wurde. Nur läßt es sich auf keine Art rechtfertigen, daß die Kulturgesellschaft so weit gegangen ist, diese leicht nachweisbaren, ja auffälligen Phänomene auch zu leugnen. Die Objektwahl des geschlechtsreifen Individuums wird auf das gegenteilige Geschlecht eingeengt, die meisten außergenitalen Befriedigungen als Perversionen untersagt. Die in diesen Verboten kundgegebene Forderung eines für alle gleichartigen Sexuallebens setzt sich über die Ungleichheiten in der angeborenen und erworbenen Sexualkonstitution der Menschen hinaus, schneidet eine ziemliche Anzahl von ihnen vom Sexualgenuß ab und wird so die Quelle schwerer Ungerechtigkeit. Der Erfolg dieser einschränkenden Maßregeln könnte nun sein, daß bei denen, die normal, die nicht konstitutionell daran verhindert sind, alles Sexualinteresse ohne Einbuße in die offen gelassenen Kanäle einströmt. Aber was von der Ächtung frei bleibt, die heterosexuelle genitale Liebe, wird durch die Beschränkungen der Legitimität und der Einehe weiter beeinträchtigt. Die heutige Kultur gibt deutlich zu erkennen, daß sie sexuelle Beziehungen nur auf Grund einer einmaligen, unauflösbaren Bindung eines Mannes an ein Weib gestatten will, daß sie die Sexualität als selbständige Lustquelle nicht mag und sie nur als bisher unersetzte Quelle für die Vermehrung der Menschen zu dulden gesinnt ist.

Das ist natürlich ein Extrem. Es ist bekannt, daß es sich als undurchführbar, selbst für kürzere Zeiten, erwiesen hat. Nur die Schwächlinge haben sich einem so weitgehenden Einbruch in ihre Sexualfreiheit gefügt, stärkere Naturen nur unter einer kompensierenden Bedingung, von der später die Rede sein kann. Die Kulturgesellschaft hat sich genötigt gesehen, viele Überschreitungen stillschweigend zuzulassen, die sie nach ihren Satzungen hätte verfolgen müssen. Doch darf man nicht nach der anderen Seite irregehen und annehmen, eine solche kulturelle Einstellung sei überhaupt harmlos, weil sie nicht alle ihre Absichten erreiche. Das Sexualleben des Kulturmenschen ist doch schwer geschädigt, es macht mitunter den Eindruck einer in Rückbildung befindlichen Funktion, wie unser Gebiß und unsere Kopfhaare als Organe zu sein scheinen. Man hat wahrscheinlich ein Recht anzunehmen, daß seine Bedeutung als Quelle von Glücksempfindungen, also in der Erfüllung unseres Lebenszweckes, empfindlich nachgelassen hat.[1] Manchmal glaubt man zu erkennen, es sei nicht allein der Druck der Kultur, sondern etwas am Wesen der Funktion selbst versage uns die volle Befriedigung und dränge uns auf andere Wege. Es mag ein Irrtum sein, es ist schwer zu entscheiden.[2]

---

1) Unter den Dichtungen des feinsinnigen Engländers J. Galsworthy, der sich heute allgemeiner Anerkennung erfreut, schätzte ich früh eine kleine Geschichte, betitelt: „The Appletree". Sie zeigt in eindringlicher Weise, wie im Leben des heutigen Kulturmenschen für die einfache, natürliche Liebe zweier Menschenkinder kein Raum mehr ist.

2) Folgende Bemerkungen, um die oben ausgesprochene Vermutung zu stützen: Auch der Mensch ist ein Tierwesen von unzweideutig bisexueller Anlage. Das Individuum entspricht einer Verschmelzung zweier symmetrischer Hälften, von denen nach Ansicht mancher Forscher die eine rein männlich, die andere weiblich ist. Ebensowohl ist es möglich, daß jede Hälfte ursprünglich hermaphroditisch war. Die Geschlechtlichkeit ist eine biologische Tatsache, die, obwohl von außerordentlicher Bedeutung für das Seelenleben, psychologisch schwer zu erfassen ist. Wir sind gewohnt zu sagen: jeder Mensch zeige sowohl männliche als weibliche Triebregungen, Bedürfnisse, Eigenschaften, aber den Charakter des Männlichen und Weiblichen kann zwar die Anatomie, aber nicht die Psychologie aufzeigen. Für sie verblaßt der geschlechtliche Gegensatz zu dem von Aktivität und Passivität, wobei wir allzu unbedenklich die Aktivität mit der Männlichkeit, die Passivität mit der Weiblichkeit

## V

Die psychoanalytische Arbeit hat uns gelehrt, daß gerade diese Versagungen des Sexuallebens von den sogenannten Neurotikern nicht vertragen werden. Sie schaffen sich in ihren Symptomen Ersatzbefriedigungen, die aber entweder an sich Leiden schaffen

zusammenfallen lassen, was sich in der Tierreihe keineswegs ausnahmslos bestätigt. Die Lehre von der Bisexualität liegt noch sehr im Dunkeln, und daß sie noch keine Verknüpfung mit der Trieblehre gefunden hat, müssen wir in der Psychoanalyse als schwere Störung verspüren. Wie dem auch sein mag, wenn wir als tatsächlich annehmen, daß der Einzelne in seinem Sexualleben männliche wie weibliche Wünsche befriedigen will, sind wir für die Möglichkeit vorbereitet, daß diese Ansprüche nicht durch das nämliche Objekt erfüllt werden und daß sie einander stören, wenn es nicht gelingt, sie auseinander zu halten und jede Regung in eine besondere, ihr angemessene Bahn zu leiten. Eine andere Schwierigkeit ergibt sich daraus, daß der erotischen Beziehung außer der ihr eigenen sadistischen Komponente so häufig ein Betrag von direkter Aggressionsneigung beigesellt ist. Das Liebesobjekt wird diesen Komplikationen nicht immer soviel Verständnis und Toleranz entgegenbringen, wie jene Bäuerin, die sich beklagt, daß ihr Mann sie nicht mehr liebt, weil er sie seit einer Woche nicht mehr geprügelt hat.

Am tiefsten reicht aber die Vermutung, die an die Ausführungen in der Anmerkung S. 66 anknüpft, daß mit der Aufrichtung des Menschen und der Entwertung des Geruchssinnes die gesamte Sexualität, nicht nur die Analerotik, ein Opfer der organischen Verdrängung zu werden drohte, so daß seither die sexuelle Funktion von einem weiter nicht zu begründenden Widerstreben begleitet wird, das eine volle Befriedigung verhindert und vom Sexualziel wegdrängt zu Sublimierungen und Libidoverschiebungen. Ich weiß, daß Bleuler („Der Sexualwiderstand". Jahrbuch für psychoanalyt. und psychopathol. Forschungen, Bd. V, 1913) einmal auf das Vorhandensein einer solchen ursprünglichen abweisenden Einstellung zum Sexualleben hingewiesen hat. An der Tatsache des *„Inter urinas et faeces nascimur"* nehmen alle Neurotiker und viele außer ihnen Anstoß. Die Genitalien erzeugen auch starke Geruchsempfindungen, die vielen Menschen unerträglich sind und ihnen den Sexualverkehr verleiden. So ergäbe sich als tiefste Wurzel der mit der Kultur fortschreitenden Sexualverdrängung die organische Abwehr der mit dem aufrechten Gang gewonnenen neuen Lebensform gegen die frühere animalische Existenz, ein Resultat wissenschaftlicher Erforschung, das sich in merkwürdiger Weise mit oft laut gewordenen banalen Vorurteilen deckt. Immerhin sind dies derzeit nur ungesicherte, von der Wissenschaft nicht erhärtete Möglichkeiten. Wir wollen auch nicht vergessen, daß trotz der unleugbaren Entwertung der Geruchsreize es selbst in Europa Völker gibt, die die starken, uns so widrigen Genitalgerüche als Reizmittel der Sexualität hochschätzen und auf sie nicht verzichten wollen. (Siehe die folkloristischen Erhebungen auf die „Umfrage" von Iwan Bloch „Über den Geruchssinn in der vita sexualis" in verschiedenen Jahrgängen der „Anthroprophyteia" von Friedrich S. Krauß.)

oder Leidensquelle werden, indem sie ihnen Schwierigkeiten mit Umwelt und Gesellschaft bereiten. Das letztere ist leicht verständlich, das andere gibt uns ein neues Rätsel auf. Die Kultur verlangt aber noch andere Opfer als an Sexualbefriedigung.

Wir haben die Schwierigkeit der Kulturentwicklung als eine allgemeine Entwicklungsschwierigkeit aufgefaßt, indem wir sie auf die Trägheit der Libido zurückführten, auf deren Abneigung, eine alte Position gegen eine neue zu verlassen. Wir sagen ungefähr dasselbe, wenn wir den Gegensatz zwischen Kultur und Sexualität davon ableiten, daß die sexuelle Liebe ein Verhältnis zwischen zwei Personen ist, bei dem ein Dritter nur überflüssig oder störend sein kann, während die Kultur auf Beziehungen unter einer größeren Menschenanzahl ruht. Auf der Höhe eines Liebesverhältnisses bleibt kein Interesse für die Umwelt übrig; das Liebespaar genügt sich selbst, braucht auch nicht das gemeinsame Kind, um glücklich zu sein. In keinem anderen Falle verrät der Eros so deutlich den Kern seines Wesens, die Absicht, aus mehreren eines zu machen, aber wenn er dies, wie es sprichwörtlich geworden ist, in der Verliebtheit zweier Menschen zueinander erreicht hat, will er darüber nicht hinausgehen.

Wir können uns bisher sehr gut vorstellen, daß eine Kulturgemeinschaft aus solchen Doppelindividuen bestünde, die, in sich libidinös gesättigt, durch das Band der Arbeits- und Interessengemeinschaft miteinander verknüpft sind. In diesem Falle brauchte die Kultur der Sexualität keine Energie zu entziehen. Aber dieser wünschenswerte Zustand besteht nicht und hat niemals bestanden; die Wirklichkeit zeigt uns, daß die Kultur sich nicht mit den ihr bisher zugestandenen Bindungen begnügt, daß sie die Mitglieder der Gemeinschaft auch libidinös aneinander binden will, daß sie sich aller Mittel hiezu bedient, jeden Weg begünstigt, starke Identifizierungen unter ihnen herzustellen, im größten Ausmaße zielgehemmte Libido aufbietet, um die Gemeinschaftsbande durch Freundschaftsbeziehungen zu kräftigen. Zur Erfüllung dieser Ab-

sichten wird die Einschränkung des Sexuallebens unvermeidlich.
Uns fehlt aber die Einsicht in die Notwendigkeit, welche die Kultur
auf diesen Weg drängt und ihre Gegnerschaft zur Sexualität begründet. Es muß sich um einen von uns noch nicht entdeckten
störenden Faktor handeln.
   Eine der sogenannten Idealforderungen der Kulturgesellschaft
kann uns hier die Spur zeigen. Sie lautet: Du sollst den Nächsten
lieben wie dich selbst; sie ist weltberühmt, gewiß älter als das
Christentum, das sie als seinen stolzesten Anspruch vorweist, aber
sicherlich nicht sehr alt; in historischen Zeiten war sie den Menschen
noch fremd. Wir wollen uns naiv zu ihr einstellen, als hörten
wir von ihr zum ersten Male. Dann können wir ein Gefühl von
Überraschung und Befremden nicht unterdrücken. Warum sollen
wir das? Was soll es uns helfen? Vor allem aber, wie bringen
wir das zustande? Wie wird es uns möglich? Meine Liebe ist etwas
mir Wertvolles, das ich nicht ohne Rechenschaft verwerfen darf.
Sie legt mir Pflichten auf, die ich mit Opfern zu erfüllen bereit
sein muß. Wenn ich einen anderen liebe, muß er es auf irgend
eine Art verdienen. (Ich sehe von dem Nutzen, den er mir bringen
kann, sowie von seiner möglichen Bedeutung als Sexualobjekt für
mich ab; diese beiden Arten der Beziehung kommen für die Vorschrift der Nächstenliebe nicht in Betracht.) Er verdient es, wenn
er mir in wichtigen Stücken so ähnlich ist, daß ich in ihm mich
selbst lieben kann; er verdient es, wenn er so viel vollkommener
ist als ich, daß ich mein Ideal von meiner eigenen Person in ihm
lieben kann; ich muß ihn lieben, wenn er der Sohn meines Freundes
ist, denn der Schmerz des Freundes, wenn ihm ein Leid zustößt,
wäre auch mein Schmerz, ich müßte ihn teilen. Aber wenn er
mir fremd ist und mich durch keinen eigenen Wert, keine bereits
erworbene Bedeutung für mein Gefühlsleben anziehen kann, wird
es mir schwer, ihn zu lieben. Ich tue sogar unrecht damit, denn
meine Liebe wird von all den Meinen als Bevorzugung geschätzt;
es ist ein Unrecht an ihnen, wenn ich den Fremden ihnen gleich-

stelle. Wenn ich ihn aber lieben soll, mit jener Weltliebe, bloß weil er auch ein Wesen dieser Erde ist, wie das Insekt, der Regenwurm, die Ringelnatter, dann wird, fürchte ich, ein geringer Betrag Liebe auf ihn entfallen, unmöglich soviel, als ich nach dem Urteil der Vernunft berechtigt bin für mich selbst zurückzubehalten. Wozu eine so feierlich auftretende Vorschrift, wenn ihre Erfüllung sich nicht als vernünftig empfehlen kann? Wenn ich näher zusehe, finde ich noch mehr Schwierigkeiten. Dieser Fremde ist nicht nur im allgemeinen nicht liebenswert, ich muß ehrlich bekennen, er hat mehr Anspruch auf meine Feindseligkeit, sogar auf meinen Haß. Er scheint nicht die mindeste Liebe für mich zu haben, bezeigt mir nicht die geringste Rücksicht. Wenn es ihm einen Nutzen bringt, hat er kein Bedenken, mich zu schädigen, fragt sich dabei auch nicht, ob die Höhe seines Nutzens der Größe des Schadens, den er mir zufügt, entspricht. Ja, er braucht nicht einmal einen Nutzen davon zu haben; wenn er nur irgend eine Lust damit befriedigen kann, macht er sich nichts daraus, mich zu verspotten, zu beleidigen, zu verleumden, seine Macht an mir zu zeigen, und je sicherer er sich fühlt, je hilfloser ich bin, desto sicherer darf ich dies Benehmen gegen mich von ihm erwarten. Wenn er sich anders verhält, wenn er mir als Fremdem Rücksicht und Schonung erweist, bin ich ohnedies, ohne jene Vorschrift, bereit, es ihm in ähnlicher Weise zu vergelten. Ja, wenn jenes großartige Gebot lauten würde: Liebe deinen Nächsten wie dein Nächster dich liebt, dann würde ich nicht widersprechen. Es gibt ein zweites Gebot, das mir noch unfaßbarer scheint und ein noch heftigeres Sträuben in mir entfesselt. Es heißt: Liebe deine Feinde. Wenn ich's recht überlege, habe ich unrecht, es als eine noch stärkere Zumutung abzuweisen. Es ist im Grunde dasselbe.[1]

---

[1] Ein großer Dichter darf sich gestatten, schwer verpönte psychologische Wahrheiten wenigstens scherzend zum Ausdruck zu bringen. So gesteht H. H e i n e: „Ich habe die friedlichste Gesinnung. Meine Wünsche sind: eine bescheidene Hütte, ein Strohdach, aber ein gutes Bett, gutes Essen, Milch und Butter, sehr frisch, vor dem Fenster Blumen, vor der Tür einige schöne Bäume, und wenn der liebe Gott mich

Ich glaube nun von einer würdevollen Stimme die Mahnung zu hören: Eben darum, weil der Nächste nicht liebenswert und eher dein Feind ist, sollst du ihn lieben wie dich selbst. Ich verstehe dann, das ist ein ähnlicher Fall wie das *Credo quia absurdum.* Es ist nun sehr wahrscheinlich, daß der Nächste, wenn er aufgefordert wird, mich so zu lieben wie sich selbst, genau so antworten wird wie ich und mich mit den nämlichen Begründungen abweisen wird. Ich hoffe, nicht mit demselben objektiven Recht, aber dasselbe wird auch er meinen. Immerhin gibt es Unterschiede im Verhalten der Menschen, die die Ethik mit Hinwegsetzung über deren Bedingtheit als „gut" und „böse" klassifiziert. Solange diese unleugbaren Unterschiede nicht aufgehoben sind, bedeutet die Befolgung der hohen ethischen Forderungen eine Schädigung der Kulturabsichten, indem sie direkte Prämien für das Bösesein aufstellt. Man kann hier die Erinnerung an einen Vorgang nicht abweisen, der sich in der französischen Kammer zutrug, als über die Todesstrafe verhandelt wurde; ein Redner hatte sich leidenschaftlich für ihre Abschaffung eingesetzt und erntete stürmischen Beifall, bis eine Stimme aus dem Saale die Worte dazwischenrief: *„Que messieurs les assassins commencent!"*

Das gern verleugnete Stück Wirklichkeit hinter alledem ist, daß der Mensch nicht ein sanftes, liebebedürftiges Wesen ist, das sich höchstens, wenn angegriffen, auch zu verteidigen vermag, sondern daß er zu seinen Triebbegabungen auch einen mächtigen Anteil von Aggressionsneigung rechnen darf. Infolgedessen ist ihm der Nächste nicht nur möglicher Helfer und Sexualobjekt, sondern auch eine Versuchung, seine Aggression an ihm zu befriedigen, seine Arbeitskraft ohne Entschädigung auszunützen, ihn ohne seine Einwilligung sexuell zu gebrauchen, sich in den Besitz seiner Habe

---

ganz glücklich machen will, läßt er mich die Freude erleben, daß an diesen Bäumen etwa sechs bis sieben meiner Feinde aufgehängt werden. Mit gerührtem Herzen werde ich ihnen vor ihrem Tode alle Unbill verzeihen, die sie mir im Leben zugefügt — ja, man muß seinen Feinden verzeihen, aber nicht früher, als bis sie gehenkt werden."
(H e i n e, Gedanken und Einfälle.)

zu setzen, ihn zu demütigen, ihm Schmerzen zu bereiten, zu martern und zu töten. *Homo homini lupus*; wer hat nach allen Erfahrungen des Lebens und der Geschichte den Mut, diesen Satz zu bestreiten? Diese grausame Aggression wartet in der Regel eine Provokation ab oder stellt sich in den Dienst einer anderen Absicht, deren Ziel auch mit milderen Mitteln zu erreichen wäre. Unter ihr günstigen Umständen, wenn die seelischen Gegenkräfte, die sie sonst hemmen, weggefallen sind, äußert sie sich auch spontan, enthüllt den Menschen als wilde Bestie, der die Schonung der eigenen Art fremd ist. Wer die Greuel der Völkerwanderung, der Einbrüche der Hunnen, der sogenannten Mongolen unter Dschengis Khan und Timurlenk, der Eroberung Jerusalems durch die frommen Kreuzfahrer, ja selbst noch die Schrecken des letzten Weltkriegs in seine Erinnerung ruft, wird sich vor der Tatsächlichkeit dieser Auffassung demütig beugen müssen.

Die Existenz dieser Aggressionsneigung, die wir bei uns selbst verspüren können, beim anderen mit Recht voraussetzen, ist das Moment, das unser Verhältnis zum Nächsten stört und die Kultur zu ihrem Aufwand nötigt. Infolge dieser primären Feindseligkeit der Menschen gegeneinander ist die Kulturgesellschaft beständig vom Zerfall bedroht. Das Interesse der Arbeitsgemeinschaft würde sie nicht zusammenhalten, triebhafte Leidenschaften sind stärker als vernünftige Interessen. Die Kultur muß alles aufbieten, um den Aggressionstrieben der Menschen Schranken zu setzen, ihre Äußerungen durch psychische Reaktionsbildungen niederzuhalten. Daher also das Aufgebot von Methoden, die die Menschen zu Identifizierungen und zielgehemmten Liebesbeziehungen antreiben sollen, daher die Einschränkung des Sexuallebens und daher auch das Idealgebot, den Nächsten so zu lieben wie sich selbst, das sich wirklich dadurch rechtfertigt, daß nichts anderes der ursprünglichen menschlichen Natur so sehr zuwiderläuft. Durch alle ihre Mühen hat diese Kulturbestrebung bisher nicht sehr viel erreicht. Die gröbsten Ausschreitungen der brutalen Gewalt hofft sie zu verhüten, indem sie sich selbst das Recht beilegt, an den Verbrechern Gewalt zu üben, aber die vorsichtigeren und feineren Äußerungen der menschlichen Aggression vermag das Gesetz nicht zu erfassen. Jeder von uns kommt dahin, die Erwartungen, die er in der Jugend an seine Mitmenschen geknüpft, als Illusionen fallen zu lassen, und kann erfahren, wie sehr ihm das Leben durch deren Übelwollen erschwert und schmerzhaft gemacht wird. Dabei wäre es ein Unrecht, der Kultur vorzuwerfen, daß sie Streit und Wettkampf aus den menschlichen Betätigungen ausschließen will. Diese sind sicherlich unentbehrlich, aber Gegnerschaft ist nicht notwendig Feindschaft, wird nur zum Anlaß für sie mißbraucht.

Die Kommunisten glauben den Weg zur Erlösung vom Übel gefunden zu haben. Der Mensch ist eindeutig gut, seinem Nächsten wohlgesinnt, aber die Einrichtung des privaten Eigentums hat seine Natur verdorben. Besitz an privaten Gütern gibt dem einen die Macht und damit die Versuchung, den Nächsten zu mißhandeln; der vom Besitz Ausgeschlossene muß sich in Feindseligkeit gegen den Unterdrücker auflehnen. Wenn man das Privateigentum aufhebt, alle Güter gemeinsam macht und alle Menschen an deren Genuß teilnehmen läßt, werden Übelwollen und Feindseligkeit unter den Menschen verschwinden. Da alle Bedürfnisse befriedigt sind, wird keiner Grund haben, in dem anderen seinen Feind zu sehen; der notwendigen Arbeit werden sich alle bereitwillig unterziehen. Ich habe nichts mit der wirtschaftlichen Kritik des kommunistischen Systems zu tun, ich kann nicht untersuchen, ob die Abschaffung des privaten Eigentums zweckdienlich und vorteilhaft ist.[1] Aber

---

[1] Wer in seinen eigenen jungen Jahren das Elend der Armut verkostet, die Gleichgiltigkeit und den Hochmut der Besitzenden erfahren hat, sollte vor dem Verdacht geschützt sein, daß er kein Verständnis und kein Wohlwollen für die Bestrebungen hat, die Besitzungleichheit der Menschen und was sich aus ihr ableitet, zu bekämpfen. Freilich, wenn sich dieser Kampf auf die abstrakte Gerechtigkeitsforderung der Gleichheit aller Menschen berufen will, liegt der Einwand zu nahe, daß die Natur durch die höchst ungleichmäßige körperliche Ausstattung und geistige Begabung der Einzelnen Ungerechtigkeiten eingesetzt hat, gegen die es keine Abhilfe gibt.

seine psychologische Voraussetzung vermag ich als haltlose Illusion zu erkennen. Mit der Aufhebung des Privateigentums entzieht man der menschlichen Aggressionslust eines ihrer Werkzeuge, gewiß ein starkes, und gewiß nicht das stärkste. An den Unterschieden von Macht und Einfluß, welche die Aggression für ihre Absichten mißbraucht, daran hat man nichts geändert, auch an ihrem Wesen nicht. Sie ist nicht durch das Eigentum geschaffen worden, herrschte fast uneingeschränkt in Urzeiten, als das Eigentum noch sehr armselig war, zeigt sich bereits in der Kinderstube, kaum daß das Eigentum seine anale Urform aufgegeben hat, bildet den Bodensatz aller zärtlichen und Liebesbeziehungen unter den Menschen, vielleicht mit alleiniger Ausnahme der einer Mutter zu ihrem männlichen Kind. Räumt man das persönliche Anrecht auf dingliche Güter weg, so bleibt noch das Vorrecht aus sexuellen Beziehungen, das die Quelle der stärksten Mißgunst und der heftigsten Feindseligkeit unter den sonst gleichgestellten Menschen werden muß. Hebt man auch dieses auf durch die völlige Befreiung des Sexuallebens, beseitigt also die Familie, die Keimzelle der Kultur, so läßt sich zwar nicht vorhersehen, welche neuen Wege die Kulturentwicklung einschlagen kann, aber eines darf man erwarten, daß der unzerstörbare Zug der menschlichen Natur ihr auch dorthin folgen wird.

Es wird den Menschen offenbar nicht leicht, auf die Befriedigung dieser ihrer Aggressionsneigung zu verzichten; sie fühlen sich nicht wohl dabei. Der Vorteil eines kleineren Kulturkreises, daß er dem Trieb einen Ausweg an der Befeindung der Außenstehenden gestattet, ist nicht geringzuschätzen. Es ist immer möglich, eine größere Menge von Menschen in Liebe aneinander zu binden, wenn nur andere für die Äußerung der Aggression übrig bleiben. Ich habe mich einmal mit dem Phänomen beschäftigt, daß gerade benachbarte und einander auch sonst nahe stehende Gemeinschaften sich gegenseitig befehden und verspotten, so Spanier und Portugiesen, Nord- und Süddeutsche, Engländer und Schotten usw. Ich gab ihm den Namen „Narzißmus der kleinen Differenzen", der nicht viel zur Erklärung beiträgt. Man erkennt nun darin eine bequeme und relativ harmlose Befriedigung der Aggressionsneigung, durch die den Mitgliedern der Gemeinschaft das Zusammenhalten erleichtert wird. Das überallhin versprengte Volk der Juden hat sich in dieser Weise anerkennenswerte Verdienste um die Kulturen seiner Wirtsvölker erworben; leider haben alle Judengemetzel des Mittelalters nicht ausgereicht, dieses Zeitalter friedlicher und sicherer für seine christlichen Genossen zu gestalten. Nachdem der Apostel Paulus die allgemeine Menschenliebe zum Fundament seiner christlichen Gemeinde gemacht hatte, war die äußerste Intoleranz des Christentums gegen die draußen Verbliebenen eine unvermeidliche Folge geworden; den Römern, die ihr staatliches Gemeinwesen nicht auf die Liebe begründet hatten, war religiöse Unduldsamkeit fremd gewesen, obwohl die Religion bei ihnen Sache des Staates und der Staat von Religion durchtränkt war. Es war auch kein unverständlicher Zufall, daß der Traum einer germanischen Weltherrschaft zu seiner Ergänzung den Antisemitismus aufrief, und man erkennt es als begreiflich, daß der Versuch, eine neue kommunistische Kultur in Rußland aufzurichten, in der Verfolgung der Bourgeois seine psychologische Unterstützung findet. Man fragt sich nur besorgt, was die Sowjets anfangen werden, nachdem sie ihre Bourgeois ausgerottet haben.

Wenn die Kultur nicht allein der Sexualität, sondern auch der Aggressionsneigung des Menschen so große Opfer auferlegt, so verstehen wir es besser, daß es dem Menschen schwer wird, sich in ihr beglückt zu finden. Der Urmensch hatte es in der Tat darin besser, da er keine Triebeinschränkungen kannte. Zum Ausgleich war seine Sicherheit, solches Glück lange zu genießen, eine sehr geringe. Der Kulturmensch hat für ein Stück Glücksmöglichkeit ein Stück Sicherheit eingetauscht. Wir wollen aber nicht vergessen, daß in der Urfamilie nur das Oberhaupt sich solcher Triebfreiheit erfreute; die anderen lebten in sklavischer Unterdrückung. Der

Gegensatz zwischen einer die Vorteile der Kultur genießenden Minderheit und einer dieser Vorteile beraubten Mehrzahl war also in jener Urzeit der Kultur aufs Äußerste getrieben. Über den heute lebenden Primitiven haben wir durch sorgfältigere Erkundung erfahren, daß sein Triebleben keineswegs ob seiner Freiheit beneidet werden darf; es unterliegt Einschränkungen von anderer Art, aber vielleicht von größerer Strenge als das des modernen Kulturmenschen.

Wenn wir gegen unseren jetzigen Kulturzustand mit Recht einwenden, wie unzureichend er unsere Forderungen an eine beglückende Lebensordnung erfüllt, wie viel Leid er gewähren läßt, das wahrscheinlich zu vermeiden wäre, wenn wir mit schonungsloser Kritik die Wurzeln seiner Unvollkommenheit aufzudecken streben, üben wir gewiß unser gutes Recht und zeigen uns nicht als Kulturfeinde. Wir dürfen erwarten, allmählich solche Abänderungen unserer Kultur durchzusetzen, die unsere Bedürfnisse besser befriedigen und jener Kritik entgehen. Aber vielleicht machen wir uns auch mit der Idee vertraut, daß es Schwierigkeiten gibt, die dem Wesen der Kultur anhaften und die keinem Reformversuch weichen werden. Außer den Aufgaben der Triebeinschränkung, auf die wir vorbereitet sind, drängt sich uns die Gefahr eines Zustandes auf, den man „das psychologische Elend der Masse" benennen kann. Diese Gefahr droht am ehesten, wo die gesellschaftliche Bindung hauptsächlich durch Identifizierung der Teilnehmer untereinander hergestellt wird, während Führerindividualitäten nicht zu jener Bedeutung kommen, die ihnen bei der Massenbildung zufallen sollte.[1] Der gegenwärtige Kulturzustand Amerikas gäbe eine gute Gelegenheit, diesen befürchteten Kulturschaden zu studieren. Aber ich vermeide die Versuchung, in die Kritik der Kultur Amerikas einzugehen; ich will nicht den Eindruck hervorrufen, als wollte ich mich selbst amerikanischer Methoden bedienen.

---

1) Siehe: Massenpsychologie und Ich-Analyse, 1921. (Ges. Werke, Bd. XIII.)

## VI

Ich habe bei keiner Arbeit so stark die Empfindung gehabt wie diesmal, daß ich allgemein Bekanntes darstelle, Papier und Tinte, in weiterer Folge Setzerarbeit und Druckerschwärze aufbiete, um eigentlich selbstverständliche Dinge zu erzählen. Darum greife ich es gerne auf, wenn sich der Anschein ergibt, daß die Anerkennung eines besonderen, selbständigen Aggressionstriebes eine Abänderung der psychoanalytischen Trieblehre bedeutet.

Es wird sich zeigen, daß dem nicht so ist, daß es sich bloß darum handelt, eine Wendung, die längst vollzogen worden ist, schärfer zu fassen und in ihre Konsequenzen zu verfolgen. Von allen langsam entwickelten Stücken der analytischen Theorie hat sich die Trieblehre am mühseligsten vorwärts getastet. Und sie war doch dem Ganzen so unentbehrlich, daß irgend etwas an ihre Stelle gerückt werden mußte. In der vollen Ratlosigkeit der Anfänge gab mir der Satz des Dichterphilosophen S c h i l l e r den ersten Anhalt, daß „Hunger und Liebe" das Getriebe der Welt zusammenhalten. Der Hunger konnte als Vertreter jener Triebe gelten, die das Einzelwesen erhalten wollen, die Liebe strebt nach Objekten; ihre Hauptfunktion, von der Natur in jeder Weise begünstigt, ist die Erhaltung der Art. So traten zuerst Ichtriebe und Objekttriebe einander gegenüber. Für die Energie der letzteren, und ausschließlich für sie, führte ich den Namen Libido ein; somit lief der Gegensatz zwischen den Ichtrieben und den aufs Objekt gerichteten „libidinösen" Trieben der Liebe im weitesten Sinne. Einer von diesen Objekttrieben, der sadistische, tat sich zwar dadurch hervor, daß sein Ziel so gar nicht liebevoll war, auch schloß er sich offenbar in manchen Stücken den Ichtrieben an, konnte seine nahe Verwandtschaft mit Bemächtigungstrieben ohne libidinöse Absicht nicht verbergen, aber man kam über diese Unstimmigkeit hinweg; der Sadismus gehörte doch offenbar zum Sexualleben, das grausame Spiel konnte das zärtliche ersetzen. Die Neurose erschien als der Ausgang eines Kampfes zwischen dem Interesse der Selbstbewahrung und den Anforderungen der Libido, ein Kampf, in dem das Ich gesiegt hatte, aber um den Preis schwerer Leiden und Verzichte.

Jeder Analytiker wird zugeben, daß dies auch heute nicht wie ein längst überwundener Irrtum klingt. Doch wurde eine Abänderung unerläßlich, als unsere Forschung vom Verdrängten zum Verdrängenden, von den Objekttrieben zum Ich fortschritt. Entscheidend wurde hier die Einführung des Begriffes Narzißmus, d. h. die Einsicht, daß das Ich selbst mit Libido besetzt ist, sogar deren ursprüngliche Heimstätte sei und gewissermaßen auch ihr Hauptquartier bleibe. Diese narzißtische Libido wendet sich den Objekten zu, wird so zur Objektlibido und kann sich in narzißtische Libido zurückverwandeln. Der Begriff Narzißmus machte es möglich, die traumatische Neurose sowie viele den Psychosen nahestehende Affektionen und diese selbst analytisch zu erfassen. Die Deutung der Übertragungsneurosen als Versuche des Ichs, sich der Sexualität zu erwehren, brauchte nicht verlassen zu werden, aber der Begriff der Libido geriet in Gefahr. Da auch die Ichtriebe libidinös waren, schien es eine Weile unvermeidlich, Libido mit Triebenergie überhaupt zusammenfallen zu lassen, wie C. G. J u n g schon früher gewollt hatte. Doch blieb etwas zurück wie eine noch nicht zu begründende Gewißheit, daß die Triebe nicht alle von gleicher Art sein können. Den nächsten Schritt machte ich in „Jenseits des Lustprinzips" (1920), als mir der Wiederholungszwang und der konservative Charakter des Trieblebens zuerst auffiel. Ausgehend von Spekulationen über den Anfang des Lebens und von biologischen Parallelen zog ich den Schluß, es müsse außer dem Trieb, die lebende Substanz zu erhalten und zu immer größeren Einheiten zusammenzufassen,[1] einen anderen, ihm gegensätzlichen,

---

[1] Der Gegensatz, in den hierbei die rastlose Ausbreitungstendenz des Eros zur allgemeinen konservativen Natur der Triebe tritt, ist auffällig und kann der Ausgangspunkt weiterer Problemstellungen werden.

geben, der diese Einheiten aufzulösen und in den uranfänglichen, anorganischen Zustand zurückzuführen strebe. Also außer dem Eros einen Todestrieb; aus dem Zusammen- und Gegeneinanderwirken dieser beiden ließen sich die Phänomene des Lebens erklären. Nun war es nicht leicht, die Tätigkeit dieses angenommenen Todestriebs aufzuzeigen. Die Äußerungen des Eros waren auffällig und geräuschvoll genug; man konnte annehmen, daß der Todestrieb stumm im Inneren des Lebewesens an dessen Auflösung arbeite, aber das war natürlich kein Nachweis. Weiter führte die Idee, daß sich ein Anteil des Triebes gegen die Außenwelt wende und dann als Trieb zur Aggression und Destruktion zum Vorschein komme. Der Trieb würde so selbst in den Dienst des Eros gezwängt, indem das Lebewesen anderes, Belebtes wie Unbelebtes, anstatt seines eigenen Selbst vernichtete. Umgekehrt würde die Einschränkung dieser Aggression nach außen die ohnehin immer vor sich gehende Selbstzerstörung steigern müssen. Gleichzeitig konnte man aus diesem Beispiel erraten, daß die beiden Triebarten selten — vielleicht niemals — voneinander isoliert auftreten, sondern sich in verschiedenen, sehr wechselnden Mengungsverhältnissen miteinander legieren und dadurch unserem Urteil unkenntlich machen. Im längst als Partialtrieb der Sexualität bekannten Sadismus hätte man eine derartige besonders starke Legierung des Liebesstrebens mit dem Destruktionstrieb vor sich, wie in seinem Widerpart, im Masochismus, eine Verbindung der nach innen gerichteten Destruktion mit der Sexualität, durch welche die sonst unwahrnehmbare Strebung eben auffällig und fühlbar wird.

Die Annahme des Todes- oder Destruktionstriebes hat selbst in analytischen Kreisen Widerstand gefunden; ich weiß, daß vielfach die Neigung besteht, alles, was an der Liebe gefährlich und feindselig gefunden wird, lieber einer ursprünglichen Bipolarität ihres eigenen Wesens zuzuschreiben. Ich hatte die hier entwickelten Auffassungen anfangs nur versuchsweise vertreten, aber im Laufe

der Zeit haben sie eine solche Macht über mich gewonnen, daß
ich nicht mehr anders denken kann. Ich meine, sie sind theoretisch
ungleich brauchbarer als alle möglichen anderen, sie stellen jene
Vereinfachung ohne Vernachlässigung oder Vergewaltigung der
Tatsachen her, nach der wir in der wissenschaftlichen Arbeit
streben. Ich erkenne, daß wir im Sadismus und Masochismus
die stark mit Erotik legierten Äußerungen des nach außen und
nach innen gerichteten Destruktionstriebes immer vor uns gesehen haben, aber ich verstehe nicht mehr, daß wir die Ubiquität der nicht erotischen Aggression und Destruktion übersehen und versäumen konnten, ihr die gebührende Stellung in
der Deutung des Lebens einzuräumen. (Die nach innen gewendete Destruktionssucht entzieht sich ja, wenn sie nicht erotisch
gefärbt ist, meist der Wahrnehmung.) Ich erinnere mich meiner
eigenen Abwehr, als die Idee des Destruktionstriebs zuerst in
der psychoanalytischen Literatur auftauchte, und wie lange es
dauerte, bis ich für sie empfänglich wurde. Daß andere dieselbe Ablehnung zeigten und noch zeigen, verwundert mich
weniger. Denn die Kindlein, sie hören es nicht gerne, wenn
die angeborene Neigung des Menschen zum „Bösen", zur Aggression, Destruktion und damit auch zur Grausamkeit erwähnt
wird. Gott hat sie ja zum Ebenbild seiner eigenen Vollkommenheit geschaffen, man will nicht daran gemahnt werden, wie schwer
es ist, die — trotz der Beteuerungen der Christian Science —
unleugbare Existenz des Bösen mit seiner Allmacht oder seiner
Allgüte zu vereinen. Der Teufel wäre zur Entschuldigung Gottes
die beste Auskunft, er würde dabei dieselbe ökonomisch entlastende
Rolle übernehmen, wie der Jude in der Welt des arischen Ideals.
Aber selbst dann: man kann doch von Gott ebensowohl Rechenschaft für die Existenz des Teufels verlangen, wie für die des
Bösen, das er verkörpert. Angesichts dieser Schwierigkeiten ist es
für jedermann ratsam, an geeigneter Stelle eine tiefe Verbeugung
vor der tief sittlichen Natur des Menschen zu machen; es verhilft

einem zur allgemeinen Beliebtheit und es wird einem manches dafür nachgesehen.[1] Der Name Libido kann wiederum für die Kraftäußerungen des Eros verwendet werden, um sie von der Energie des Todestriebs zu sondern.[2] Es ist zuzugestehen, daß wir letzteren um so viel schwerer erfassen, gewissermaßen nur als Rückstand hinter dem Eros erraten und daß er sich uns entzieht, wo er nicht durch die Legierung mit dem Eros verraten wird. Im Sadismus, wo er das erotische Ziel in seinem Sinne umbiegt, dabei doch das sexuelle Streben voll befriedigt, gelingt uns die klarste Einsicht in sein Wesen und seine Beziehung zum Eros. Aber auch wo er ohne sexuelle Absicht auftritt, noch in der blindesten Zerstörungswut läßt sich nicht verkennen, daß seine Befriedigung mit einem außerordentlich hohen narzißtischen Genuß verknüpft ist, indem sie dem Ich die Erfüllung seiner alten Allmachtswünsche zeigt. Gemäßigt und gebändigt, gleichsam zielgehemmt, muß der Destruktionstrieb, auf die Objekte gerichtet, dem Ich die Befriedigung seiner Lebensbedürfnisse und die Herrschaft über die Natur verschaffen. Da seine Annahme wesentlich auf theoretischen Gründen ruht, muß

---

1) Ganz besonders überzeugend wirkt die Identifizierung des bösen Prinzips mit dem Destruktionstrieb in Goethes Mephistopheles:

„Denn alles, was entsteht,
Ist wert, daß es zu Grunde geht.

— — — — — — — —

So ist denn alles, was Ihr Sünde,
Zerstörung, kurz das Böse nennt,
Mein eigentliches Element."

Als seinen Gegner nennt der Teufel selbst nicht das Heilige, das Gute, sondern die Kraft der Natur zum Zeugen, zur Mehrung des Lebens, also den Eros.

— — — — — — — —

„Der Luft, dem Wasser, wie der Erden
Entwinden tausend Keime sich,
Im Trocknen, Feuchten, Warmen, Kalten!
Hätt' ich mir nicht die Flamme vorbehalten,
Ich hätte nichts Aparts für mich."

2) Unsere gegenwärtige Auffassung kann man ungefähr in dem Satz ausdrücken, daß an jeder Triebäußerung Libido beteiligt ist, aber daß nicht alles an ihr Libido ist.

man zugeben, daß sie auch gegen theoretische Einwendungen nicht voll gesichert ist. Aber so erscheint es uns eben jetzt beim gegenwärtigen Stand unserer Einsichten; zukünftige Forschung und Überlegung wird gewiß die entscheidende Klarheit bringen.

Für alles Weitere stelle ich mich also auf den Standpunkt, daß die Aggressionsneigung eine ursprüngliche, selbständige Triebanlage des Menschen ist, und komme darauf zurück, daß die Kultur ihr stärkstes Hindernis in ihr findet. Irgendeinmal im Laufe dieser Untersuchung hat sich uns die Einsicht aufgedrängt, die Kultur sei ein besonderer Prozeß, der über die Menschheit abläuft, und wir stehen noch immer unter dem Banne dieser Idee. Wir fügen hinzu, sie sei ein Prozeß im Dienste des Eros, der vereinzelte menschliche Individuen, später Familien, dann Stämme, Völker, Nationen zu einer großen Einheit, der Menschheit, zusammenfassen wolle. Warum das geschehen müsse, wissen wir nicht; das sei eben das Werk des Eros. Diese Menschenmengen sollen libidinös aneinander gebunden werden; die Notwendigkeit allein, die Vorteile der Arbeitsgemeinschaft werden sie nicht zusammenhalten. Diesem Programm der Kultur widersetzt sich aber der natürliche Aggressionstrieb der Menschen, die Feindseligkeit eines gegen alle und aller gegen einen. Dieser Aggressionstrieb ist der Abkömmling und Hauptvertreter des Todestriebes, den wir neben dem Eros gefunden haben, der sich mit ihm in die Weltherrschaft teilt. Und nun, meine ich, ist uns der Sinn der Kulturentwicklung nicht mehr dunkel. Sie muß uns den Kampf zwischen Eros und Tod, Lebenstrieb und Destruktionstrieb zeigen, wie er sich an der Menschenart vollzieht. Dieser Kampf ist der wesentliche Inhalt des Lebens überhaupt und darum ist die Kulturentwicklung kurzweg zu bezeichnen als der Lebenskampf der Menschenart.[1] Und diesen Streit der Giganten wollen unsere Kinderfrauen beschwichtigen mit dem „Eiapopeia vom Himmel"!

---

[1] Wahrscheinlich mit der näheren Bestimmung: wie er sich von einem gewissen, noch zu erratenden Ereignis an gestalten mußte.

## VII

Warum zeigen unsere Verwandten, die Tiere, keinen solchen Kulturkampf? Oh, wir wissen es nicht. Sehr wahrscheinlich haben einige unter ihnen, die Bienen, Ameisen, Termiten durch Jahrhunderttausende gerungen, bis sie jene staatlichen Institutionen, jene Verteilung der Funktionen, jene Einschränkung der Individuen gefunden haben, die wir heute bei ihnen bewundern. Kennzeichnend für unseren gegenwärtigen Zustand ist es, daß unsere Empfindungen uns sagen, in keinem dieser Tierstaaten und in keiner der dort dem Einzelwesen zugeteilten Rollen würden wir uns glücklich schätzen. Bei anderen Tierarten mag es zum zeitweiligen Ausgleich zwischen den Einflüssen der Umwelt und den in ihnen sich bekämpfenden Trieben, somit zu einem Stillstand der Entwicklung gekommen sein. Beim Urmenschen mag ein neuer Vorstoß der Libido ein neuerliches Sträuben des Destruktionstriebes angefacht haben. Es ist da sehr viel zu fragen, worauf es noch keine Antwort gibt.

Eine andere Frage liegt uns näher. Welcher Mittel bedient sich die Kultur, um die ihr entgegenstehende Aggression zu hemmen, unschädlich zu machen, vielleicht auszuschalten? Einige solcher Methoden haben wir bereits kennen gelernt, die anscheinend wichtigste aber noch nicht. Wir können sie an der Entwicklungsgeschichte des Einzelnen studieren. Was geht mit ihm vor, um seine Aggressionslust unschädlich zu machen? Etwas sehr Merkwürdiges, das wir nicht erraten hätten und das doch so nahe liegt. Die Aggression wird introjiziert, verinnerlicht, eigentlich aber dorthin zurückgeschickt, woher sie gekommen ist, also gegen das eigene Ich gewendet. Dort wird sie von einem Anteil des Ichs übernommen, das sich als Über-Ich dem übrigen entgegenstellt, und nun als „Gewissen" gegen das Ich dieselbe strenge Aggressionsbereitschaft ausübt, die das Ich gerne an anderen, fremden Individuen befriedigt hätte. Die Spannung zwischen dem gestrengen Über-Ich und dem ihm unterworfenen Ich heißen wir Schuldbewußtsein; sie äußert sich als Strafbedürfnis. Die Kultur bewältigt also die gefährliche Aggressionslust des Individuums, indem sie es schwächt, entwaffnet und durch eine Instanz in seinem Inneren, wie durch eine Besatzung in der eroberten Stadt, überwachen läßt.

Über die Entstehung des Schuldgefühls denkt der Analytiker anders als sonst die Psychologen; auch ihm wird es nicht leicht, darüber Rechenschaft zu geben. Zunächst, wenn man fragt, wie kommt einer zu einem Schuldgefühl, erhält man eine Antwort, der man nicht widersprechen kann: man fühlt sich schuldig (Fromme sagen: sündig), wenn man etwas getan hat, was man als „böse" erkennt. Dann merkt man, wie wenig diese Antwort gibt. Vielleicht nach einigem Schwanken wird man hinzusetzen, auch wer dies Böse nicht getan hat, sondern bloß die Absicht, es zu tun, bei sich erkennt, kann sich für schuldig halten, und dann wird man die Frage aufwerfen, warum hier die Absicht der Ausführung gleichgeachtet wird. Beide Fälle setzen aber voraus, daß man das Böse bereits als verwerflich, als von der Ausführung auszuschließen erkannt hat. Wie kommt man zu dieser Entscheidung? Ein ursprüngliches, sozusagen natürliches Unterscheidungsvermögen für Gut und Böse darf man ablehnen. Das Böse ist oft gar nicht das dem Ich Schädliche oder Gefährliche, im Gegenteil auch etwas, was ihm erwünscht ist, ihm Vergnügen bereitet. Darin zeigt sich also fremder Einfluß; dieser bestimmt, was Gut und Böse heißen soll. Da eigene Empfindung den Menschen nicht auf denselben Weg geführt hätte, muß er ein Motiv haben, sich diesem fremden Einfluß zu unterwerfen. Es ist in seiner Hilflosigkeit und Abhängigkeit von anderen leicht zu entdecken, kann am besten als Angst vor dem Liebesverlust bezeichnet werden. Verliert er die Liebe des anderen, von dem er abhängig ist, so büßt er auch den Schutz vor mancherlei Gefahren ein, setzt sich vor allem der Gefahr aus, daß dieser Übermächtige ihm in der Form der Bestrafung seine Überlegenheit erweist. Das Böse ist also anfänglich dasjenige, wofür man mit Liebesverlust bedroht wird; aus Angst vor diesem Verlust muß man es vermeiden. Darum macht es auch wenig aus, ob man das Böse bereits getan hat, oder es erst tun will; in beiden Fällen tritt die Gefahr erst ein, wenn die Autorität es entdeckt, und diese würde sich in beiden Fällen ähnlich benehmen.

Man heißt diesen Zustand „schlechtes Gewissen", aber eigentlich verdient er diesen Namen nicht, denn auf dieser Stufe ist das Schuldbewußtsein offenbar nur Angst vor dem Liebesverlust, „soziale" Angst. Beim kleinen Kind kann es niemals etwas anderes sein, aber auch bei vielen Erwachsenen ändert sich nicht mehr daran, als daß an Stelle des Vaters oder beider Eltern die größere menschliche Gemeinschaft tritt. Darum gestatten sie sich regelmäßig, das Böse, das ihnen Annehmlichkeiten verspricht, auszuführen, wenn sie nur sicher sind, daß die Autorität nichts davon erfährt oder ihnen nichts anhaben kann, und ihre Angst gilt allein der Entdeckung.[1] Mit diesem Zustand hat die Gesellschaft unserer Tage im allgemeinen zu rechnen.

Eine große Änderung tritt erst ein, wenn die Autorität durch die Aufrichtung eines Über-Ichs verinnerlicht wird. Damit werden die Gewissensphänomene auf eine neue Stufe gehoben, im Grunde sollte man erst jetzt von Gewissen und Schuldgefühl sprechen.[2] Jetzt entfällt auch die Angst vor dem Entdecktwerden und vollends der Unterschied zwischen Böses tun und Böses wollen, denn vor dem Über-Ich kann sich nichts verbergen, auch Gedanken nicht. Der reale Ernst der Situation ist allerdings vergangen, denn die neue Autorität, das Über-Ich, hat unseres Glaubens kein Motiv, das Ich, mit dem es innig zusammengehört, zu mißhandeln. Aber

---

[1] Man denke an Rousseaus berühmten Mandarin!

[2] Daß in dieser übersichtlichen Darstellung scharf getrennt wird, was sich in Wirklichkeit in fließenden Übergängen vollzieht, daß es sich nicht um die Existenz eines Über-Ichs allein, sondern um dessen relative Stärke und Einflußsphäre handelt, wird jeder Einsichtige verstehen und in Rechnung bringen. Alles Bisherige über Gewissen und Schuld ist ja allgemein bekannt und nahezu unbestritten.

der Einfluß der Genese, der das Vergangene und Überwundene weiterleben läßt, äußert sich darin, daß es im Grunde so bleibt, wie es zu Anfang war. Das Über-Ich peinigt das sündige Ich mit den nämlichen Angstempfindungen und lauert auf Gelegenheiten, es von der Außenwelt bestrafen zu lassen. Auf dieser zweiten Entwicklungsstufe zeigt das Gewissen eine Eigentümlichkeit, die der ersten fremd war und die nicht mehr leicht zu erklären ist. Es benimmt sich nämlich um so strenger und mißtrauischer, je tugendhafter der Mensch ist, so daß am Ende gerade, die es in der Heiligkeit am weitesten gebracht, sich der ärgsten Sündhaftigkeit beschuldigen. Die Tugend büßt dabei ein Stück des ihr zugesagten Lohnes ein, das gefügige und enthaltsame Ich genießt nicht das Vertrauen seines Mentors, bemüht sich, wie es scheint, vergeblich, es zu erwerben. Nun wird man bereit sein einzuwenden: das seien künstlich zurechtgemachte Schwierigkeiten. Das strengere und wachsamere Gewissen sei eben der ihn kennzeichnende Zug des sittlichen Menschen, und wenn die Heiligen sich für Sünder ausgeben, so täten sie es nicht mit Unrecht unter Berufung auf die Versuchungen zur Triebbefriedigung, denen sie in besonders hohem Maße ausgesetzt sind, da Versuchungen bekanntlich durch beständige Versagung nur wachsen, während sie bei gelegentlicher Befriedigung wenigstens zeitweilig nachlassen. Eine andere Tatsache des an Problemen so reichen Gebiets der Ethik ist die, daß Mißgeschick, also äußere Versagung die Macht des Gewissens im Über-Ich so sehr fördert. Solange es dem Menschen gut geht, ist auch sein Gewissen milde und läßt dem Ich allerlei angehen; wenn ihn ein Unglück getroffen hat, hält er Einkehr in sich, erkennt seine Sündhaftigkeit, steigert seine Gewissensansprüche, legt sich Enthaltungen auf und bestraft sich durch Bußen.[1] Ganze Völker haben sich ebenso benommen und

---

[1] Diese Förderung der Moral durch Mißgeschick behandelt M a r k T w a i n in einer köstlichen kleinen Geschichte: *The first melon I ever stole*. Diese erste Melone ist zufällig unreif. Ich hörte Mark Twain diese kleine Geschichte selbst vortragen. Nach-

benehmen sich noch immer so. Aber dies erklärt sich bequem aus der ursprünglichen infantilen Stufe des Gewissens, die also nach der Introjektion ins Über-Ich nicht verlassen wird, sondern neben und hinter ihr fortbesteht. Das Schicksal wird als Ersatz der Elterninstanz angesehen; wenn man Unglück hat, bedeutet es, daß man von dieser höchsten Macht nicht mehr geliebt wird, und von diesem Liebesverlust bedroht, beugt man sich von neuem vor der Elternvertretung im Über-Ich, die man im Glück vernachlässigen wollte. Dies wird besonders deutlich, wenn man in streng religiösem Sinne im Schicksal nur den Ausdruck des göttlichen Willens erkennt. Das Volk Israel hatte sich für Gottes bevorzugtes Kind gehalten, und als der große Vater Unglück nach Unglück über dies sein Volk hereinbrechen ließ, wurde es nicht etwa irre an dieser Beziehung oder zweifelte an Gottes Macht und Gerechtigkeit, sondern erzeugte die Propheten, die ihm seine Sündhaftigkeit vorhielten, und schuf aus seinem Schuldbewußtsein die überstrengen Vorschriften seiner Priesterreligion. Es ist merkwürdig, wie anders sich der Primitive benimmt! Wenn er Unglück gehabt hat, gibt er nicht sich die Schuld, sondern dem Fetisch, der offenbar seine Schuldigkeit nicht getan hat, und verprügelt ihn, anstatt sich selbst zu bestrafen.

Wir kennen also zwei Ursprünge des Schuldgefühls, den aus der Angst vor der Autorität und den späteren aus der Angst vor dem Über-Ich. Das erstere zwingt dazu, auf Triebbefriedigungen zu verzichten, das andere drängt, da man den Fortbestand der verbotenen Wünsche vor dem Über-Ich nicht verbergen kann, außerdem zur Bestrafung. Wir haben auch gehört, wie man die Strenge des Über-Ichs, also die Gewissensforderung, verstehen kann. Sie setzt einfach die Strenge der äußeren Autorität, die von ihr abgelöst und teilweise ersetzt wird, fort. Wir sehen nun, in welcher

---

dem er ihren Titel ausgesprochen hatte, hielt er inne und fragte sich wie zweifelnd: „*Was it the first*"? Damit hatte er alles gesagt. Die erste war also nicht die einzige geblieben.

Beziehung der Triebverzicht zum Schuldbewußtsein steht. Ursprünglich ist ja der Triebverzicht die Folge der Angst vor der äußeren Autorität; man verzichtet auf Befriedigungen, um deren Liebe nicht zu verlieren. Hat man diesen Verzicht geleistet, so ist man sozusagen mit ihr quitt, es sollte kein Schuldgefühl erübrigen. Anders ist es im Falle der Angst vor dem Über-Ich. Hier hilft der Triebverzicht nicht genug, denn der Wunsch bleibt bestehen und läßt sich vor dem Über-Ich nicht verheimlichen. Es wird also trotz des erfolgten Verzichts ein Schuldgefühl zustande kommen und dies ist ein großer ökonomischer Nachteil der Über-Ich-Einsetzung, wie man sagen kann, der Gewissensbildung. Der Triebverzicht hat nun keine voll befreiende Wirkung mehr, die tugendhafte Enthaltung wird nicht mehr durch die Sicherung der Liebe gelohnt, für ein drohendes äußeres Unglück — Liebesverlust und Strafe von Seiten der äußeren Autorität — hat man ein andauerndes inneres Unglück, die Spannung des Schuldbewußtseins, eingetauscht.

Diese Verhältnisse sind so verwickelt und zugleich so wichtig, daß ich sie trotz der Gefahren der Wiederholung noch von anderer Seite angreifen möchte. Die zeitliche Reihenfolge wäre also die: zunächst Triebverzicht infolge der Angst vor der Aggression der äußeren Autorität, — darauf läuft ja die Angst vor dem Liebesverlust hinaus, die Liebe schützt vor dieser Aggression der Strafe, — dann Aufrichtung der inneren Autorität, Triebverzicht infolge der Angst vor ihr, Gewissensangst. Im zweiten Falle Gleichwertung von böser Tat und böser Absicht, daher Schuldbewußtsein, Strafbedürfnis. Die Aggression des Gewissens konserviert die Aggression der Autorität. Soweit ist es wohl klar geworden, aber wo bleibt Raum für den das Gewissen verstärkenden Einfluß des Unglücks (des von außen auferlegten Verzichts), für die außerordentliche Strenge des Gewissens bei den Besten und Fügsamsten? Wir haben beide Besonderheiten des Gewissens bereits erklärt, aber wahrscheinlich den Eindruck übrig behalten, daß diese Erklärungen nicht bis zum Grunde reichen, einen Rest unerklärt lassen. Und hier greift endlich eine Idee ein, die durchaus der Psychoanalyse eigen und dem gewöhnlichen Denken der Menschen fremd ist. Sie ist von solcher Art, daß sie uns verstehen läßt, wie uns der Gegenstand so verworren und undurchsichtig erscheinen mußte. Sie sagt nämlich, anfangs ist zwar das Gewissen (richtiger: die Angst, die später Gewissen wird) Ursache des Triebverzichts, aber später kehrt sich das Verhältnis um. Jeder Triebverzicht wird nun eine dynamische Quelle des Gewissens, jeder neue Verzicht steigert dessen Strenge und Intoleranz, und wenn wir es nur mit der uns bekannten Entstehungsgeschichte des Gewissens besser in Einklang bringen könnten, wären wir versucht, uns zu dem paradoxen Satz zu bekennen: Das Gewissen ist die Folge des Triebverzichts; oder: Der (uns von außen auferlegte) Triebverzicht schafft das Gewissen, das dann weiteren Triebverzicht fordert.

Eigentlich ist der Widerspruch dieses Satzes gegen die gegebene Genese des Gewissens nicht so groß und wir sehen einen Weg, ihn weiter zu verringern. Greifen wir zum Zwecke einer leichteren Darstellung das Beispiel des Aggressionstriebes heraus und nehmen wir an, es handle sich in diesen Verhältnissen immer um Aggressionsverzicht. Dies soll natürlich nur eine vorläufige Annahme sein. Die Wirkung des Triebverzichts auf das Gewissen geht dann so vor sich, daß jedes Stück Aggression, dessen Befriedigung wir unterlassen, vom Über-Ich übernommen wird und dessen Aggression (gegen das Ich) steigert. Es stimmt dazu nicht recht, daß die ursprüngliche Aggression des Gewissens die fortgesetzte Strenge der äußeren Autorität ist, also mit Verzicht nichts zu tun hat. Diese Unstimmigkeit bringen wir aber zum Schwinden, wenn wir für diese erste Aggressionsausstattung des Über-Ichs eine andere Ableitung annehmen. Gegen die Autorität, welche das Kind an den ersten, aber auch bedeutsamsten Befriedigungen verhindert, muß sich bei diesem ein erhebliches Maß von Aggressionsneigung entwickelt haben, gleichgiltig welcher Art die geforderten Triebentsagungen waren. Notgedrungen mußte das Kind auf die Befriedigung dieser rachsüchtigen Aggression verzichten. Es hilft sich aus dieser schwierigen ökonomischen Situation auf dem Wege bekannter Mechanismen, indem es diese unangreifbare Autorität durch Identifizierung in sich aufnimmt, die nun das Über-Ich wird und in den Besitz all der Aggression gerät, die man gern als Kind gegen sie ausgeübt hätte. Das Ich des Kindes muß sich mit der traurigen Rolle der so erniedrigten Autorität — des Vaters — begnügen. Es ist eine Umkehrung der Situation, wie so häufig. „Wenn ich der Vater wäre und du das Kind, ich würde dich schlecht behandeln." Die Beziehung zwischen Über-Ich und Ich ist die durch den Wunsch entstellte Wiederkehr realer Beziehungen zwischen dem noch ungeteilten Ich und einem äußeren Objekt. Auch das ist typisch. Der wesentliche Unterschied aber ist, daß die ursprüngliche Strenge des Über-Ichs nicht — oder nicht so sehr — die ist, die man von ihm erfahren hat oder die man ihm zumutet, sondern die eigene Aggression gegen ihn vertritt. Wenn das zutrifft, darf man wirklich behaupten, das Gewissen sei im Anfang entstanden durch die Unterdrückung einer Aggression und verstärke sich im weiteren Verlauf durch neue solche Unterdrückungen.

Welche der beiden Auffassungen hat nun recht? Die frühere, die uns genetisch so unanfechtbar erschien, oder die neuere, welche die Theorie in so willkommener Weise abrundet? Offenbar, auch nach dem Zeugnis der direkten Beobachtung, sind beide berechtigt; sie widerstreiten einander nicht, treffen sogar an einer Stelle zusammen, denn die rachsüchtige Aggression des Kindes wird durch das Maß der strafenden Aggression, die es vom Vater erwartet, mitbestimmt werden. Die Erfahrung aber lehrt, daß die Strenge des Über-Ichs, das ein Kind entwickelt, keineswegs die Strenge der Behandlung, die es selbst erfahren hat, wiedergibt.[1] Sie erscheint unabhängig von ihr, bei sehr milder Erziehung kann ein Kind ein sehr strenges Gewissen bekommen. Doch wäre es auch

---

[1] Wie von Melanie Klein und anderen, englischen Autoren richtig hervorgehoben wurde.

unrichtig, wollte man diese Unabhängigkeit übertreiben; es ist nicht schwer sich zu überzeugen, daß die Strenge der Erziehung auch auf die Bildung des kindlichen Über-Ichs einen starken Einfluß übt. Es kommt darauf hinaus, daß bei der Bildung des Über-Ichs und Entstehung des Gewissens mitgebrachte konstitutionelle Faktoren und Einflüsse des Milieus der realen Umgebung zusammenwirken, und das ist keineswegs befremdend, sondern die allgemeine ätiologische Bedingung all solcher Vorgänge.[1]

Man kann auch sagen, wenn das Kind auf die ersten großen Triebversagungen mit überstarker Aggression und entsprechender Strenge des Über-Ichs reagiert, folgt es dabei einem phylogenetischen Vorbild und setzt sich über die aktuell gerechtfertigte Reaktion hinaus, denn der Vater der Vorzeit war gewiß fürchterlich und ihm durfte man das äußerste Maß von Aggression zumuten. Die Unterschiede der beiden Auffassungen von der Genese des Gewissens verringern sich also noch mehr, wenn man von der individuellen zur phylogenetischen Entwicklungsgeschichte übergeht. Dafür zeigt sich ein neuer bedeutsamer Unterschied in diesen beiden Vorgängen. Wir können nicht über die Annahme hinaus, daß das Schuldgefühl der Menschheit aus dem Ödipuskomplex stammt und bei der Tötung des Vaters durch die Brüdervereinigung erworben wurde. Damals wurde eine Aggression nicht unterdrückt, sondern ausgeführt, dieselbe Aggression, deren Unterdrückung beim

---

[1] Fr. Alexander hat in der „Psychoanalyse der Gesamtpersönlichkeit" (1927) die beiden Haupttypen der pathogenen Erziehungsmethoden, die Überstrenge und die Verwöhnung, im Anschluß an Aichhorns Studie über die Verwahrlosung zutreffend gewürdigt. Der „übermäßig weiche und nachsichtige" Vater wird beim Kinde Anlaß zur Bildung eines überstrengen Über-Ichs werden, weil diesem Kind unter dem Eindruck der Liebe, die es empfängt, kein anderer Ausweg für seine Aggression bleibt als die Wendung nach innen.. Beim Verwahrlosten, der ohne Liebe erzogen wurde, entfällt die Spannung zwischen Ich und Über-Ich, seine ganze Aggression kann sich nach außen richten. Sieht man also von einem anzunehmenden konstitutionellen Faktor ab, so darf man sagen, das strenge Gewissen entstehe aus dem Zusammenwirken zweier Lebenseinflüsse, der Triebversagung, welche die Aggression entfesselt, und der Liebeserfahrung, welche diese Aggression nach innen wendet und dem Über-Ich überträgt.

Kinde die Quelle des Schuldgefühls sein soll. Nun würde ich mich nicht verwundern, wenn ein Leser ärgerlich ausriefe: „Es ist also ganz gleichgültig, ob man den Vater umbringt oder nicht, ein Schuldgefühl bekommt man auf alle Fälle! Da darf man sich einige Zweifel erlauben. Entweder ist es falsch, daß das Schuldgefühl von unterdrückten Aggressionen herrührt, oder die ganze Geschichte von der Vatertötung ist ein Roman und die Urmenschenkinder haben ihre Väter nicht häufiger umgebracht, als es die heutigen pflegen. Übrigens, wenn es kein Roman, sondern plausible Historie ist, so hätte man einen Fall, in dem das geschieht, was alle Welt erwartet, nämlich, daß man sich schuldig fühlt, weil man wirklich etwas, was nicht zu rechtfertigen ist, getan hat. Und für diesen Fall, der sich immerhin alle Tage ereignet, ist uns die Psychoanalyse die Erklärung schuldig geblieben."

Das ist wahr und soll nachgeholt werden. Es ist auch kein besonderes Geheimnis. Wenn man ein Schuldgefühl hat, nachdem und weil man etwas verbrochen hat, so sollte man dies Gefühl eher R e u e nennen. Es bezieht sich nur auf eine Tat, setzt natürlich voraus, daß ein G e w i s s e n, die Bereitschaft sich schuldig zu fühlen, bereits vor der Tat bestand. Eine solche Reue kann uns also nie dazu verhelfen, den Ursprung des Gewissens und des Schuldgefühls überhaupt zu finden. Der Hergang dieser alltäglichen Fälle ist gewöhnlich der, daß ein Triebbedürfnis die Stärke erworben hat, seine Befriedigung gegen das in seiner Stärke auch nur begrenzte Gewissen durchzusetzen, und daß mit der natürlichen Abschwächung des Bedürfnisses durch seine Befriedigung das frühere Kräfteverhältnis wiederhergestellt wird. Die Psychoanalyse tut also recht daran, den Fall des Schuldgefühls aus Reue von diesen Erörterungen auszuschließen, so häufig er auch vorkommt und so groß seine praktische Bedeutung auch ist.

Aber wenn das menschliche Schuldgefühl auf die Tötung des Urvaters zurückgeht, das war doch ein Fall von „Reue", und damals soll der Voraussetzung nach Gewissen und Schuldgefühl

vor der Tat nicht bestanden haben? Woher kam in diesem Fall
die Reue? Gewiß, dieser Fall muß uns das Geheimnis des Schuldgefühls aufklären, unseren Verlegenheiten ein Ende machen. Und
ich meine, er leistet es auch. Diese Reue war das Ergebnis der
uranfänglichen Gefühlsambivalenz gegen den Vater, die Söhne
haßten ihn, aber sie liebten ihn auch; nachdem der Haß durch
die Aggression befriedigt war, kam in der Reue über die Tat die
Liebe zum Vorschein, richtete durch Identifizierung mit dem Vater
das Über-Ich auf, gab ihm die Macht des Vaters wie zur Bestrafung für die gegen ihn verübte Tat der Aggression, schuf die
Einschränkungen, die eine Wiederholung der Tat verhüten sollten.
Und da die Aggressionsneigung gegen den Vater sich in den folgenden Geschlechtern wiederholte, blieb auch das Schuldgefühl bestehen und verstärkte sich von neuem durch jede unterdrückte
und dem Über-Ich übertragene Aggression. Nun, meine ich, erfassen wir endlich zweierlei in voller Klarheit, den Anteil der Liebe
an der Entstehung des Gewissens und die verhängnisvolle Unvermeidlichkeit des Schuldgefühls. Es ist wirklich nicht entscheidend,
ob man den Vater getötet oder sich der Tat enthalten hat, man
muß sich in beiden Fällen schuldig finden, denn das Schuldgefühl
ist der Ausdruck des Ambivalenzkonflikts, des ewigen Kampfes
zwischen dem Eros und dem Destruktions- oder Todestrieb. Dieser
Konflikt wird angefacht, sobald den Menschen die Aufgabe des
Zusammenlebens gestellt wird; solange diese Gemeinschaft nur die
Form der Familie kennt, muß er sich im Ödipuskomplex äußern,
das Gewissen einsetzen, das erste Schuldgefühl schaffen. Wenn eine
Erweiterung dieser Gemeinschaft versucht wird, wird derselbe
Konflikt in Formen, die von der Vergangenheit abhängig sind, fortgesetzt, verstärkt und hat eine weitere Steigerung des Schuldgefühls
zur Folge. Da die Kultur einem inneren erotischen Antrieb gehorcht, der sie die Menschen zu einer innig verbundenen Masse
vereinigen heißt, kann sie dies Ziel nur auf dem Wege einer immer
wachsenden Verstärkung des Schuldgefühls erreichen. Was am

Vater begonnen wurde, vollendet sich an der Masse. Ist die Kultur der notwendige Entwicklungsgang von der Familie zur Menschheit, so ist unablösbar mit ihr verbunden, als Folge des mitgeborenen Ambivalenzkonflikts, als Folge des ewigen Haders zwischen Liebe und Todesstreben, die Steigerung des Schuldgefühls vielleicht bis zu Höhen, die der Einzelne schwer erträglich findet. Man gedenkt der ergreifenden Anklage des großen Dichters gegen die „himmlischen Mächte":

> „Ihr führt in's Leben uns hinein,
> Ihr laßt den Armen schuldig werden,
> Dann überlaßt Ihr ihn der Pein,
> Denn jede Schuld rächt sich auf Erden."[1]

Und man darf wohl aufseufzen bei der Erkenntnis, daß es einzelnen Menschen gegeben ist, aus dem Wirbel der eigenen Gefühle die tiefsten Einsichten doch eigentlich mühelos heraufzuholen, zu denen wir anderen uns durch qualvolle Unsicherheit und rastloses Tasten den Weg zu bahnen haben.

## VIII

Am Ende eines solchen Weges angelangt, muß der Autor seine Leser um Entschuldigung bitten, daß er ihnen kein geschickter Führer gewesen, ihnen das Erlebnis öder Strecken und beschwerlicher Umwege nicht erspart hat. Es ist kein Zweifel, daß man es besser machen kann. Ich will versuchen, nachträglich etwas gutzumachen.

Zunächst vermute ich bei den Lesern den Eindruck, daß die Erörterungen über das Schuldgefühl den Rahmen dieses Aufsatzes sprengen, indem sie zuviel Raum für sich einnehmen und ihren anderen Inhalt, mit dem sie nicht immer innig zusammenhängen, an den Rand drängen. Das mag den Aufbau der Abhandlung gestört haben, entspricht aber durchaus der Absicht, das Schuldgefühl

---

[1] Goethe, Lieder des Harfners in „Wilhelm Meister".

als das wichtigste Problem der Kulturentwicklung hinzustellen und darzutun, daß der Preis für den Kulturfortschritt in der Glückseinbuße durch die Erhöhung des Schuldgefühls bezahlt wird.[1] Was an diesem Satz, dem Endergebnis unserer Untersuchung, noch befremdlich klingt, läßt sich wahrscheinlich auf das ganz sonderbare, noch durchaus unverstandene Verhältnis des Schuldgefühls zu unserem Bewußtsein zurückführen. In den gemeinen, uns als normal geltenden Fällen von Reue macht es sich dem Bewußtsein deutlich genug wahrnehmbar; wir sind doch gewöhnt, anstatt Schuldgefühl „Schuldbewußtsein" zu sagen. Aus dem Studium der Neurosen, denen wir doch die wertvollsten Winke zum Verständnis des Normalen danken, ergeben sich widerspruchsvolle Verhältnisse. Bei einer dieser Affektionen, der Zwangsneurose, drängt sich das Schuldgefühl überlaut dem Bewußtsein auf, es beherrscht das Krankheitsbild wie das Leben der Kranken, läßt kaum anderes neben sich aufkommen. Aber in den meisten anderen Fällen und Formen von Neurose bleibt es völlig unbewußt, ohne darum geringfügigere Wirkungen zu äußern. Die Kranken glauben uns nicht, wenn wir ihnen ein „unbewußtes Schuldgefühl" zumuten; um nur halbwegs von ihnen verstanden zu werden, erzählen wir ihnen von einem unbewußten Strafbedürfnis, in dem sich das Schuldgefühl äußert. Aber die Beziehung zur Neurosenform darf nicht überschätzt werden;

---

[1] „So macht Gewissen Feige aus uns allen..."
Daß sie dem jugendlichen Menschen verheimlicht, welche Rolle die Sexualität in seinem Leben spielen wird, ist nicht der einzige Vorwurf, den man gegen die heutige Erziehung erheben muß. Sie sündigt außerdem darin, daß sie ihn nicht auf die Aggression vorbereitet, deren Objekt er zu werden bestimmt ist. Indem sie die Jugend mit so unrichtiger psychologischer Orientierung ins Leben entläßt, benimmt sich die Erziehung nicht anders, als wenn man Leute, die auf eine Polarexpedition gehen, mit Sommerkleidern und Karten der oberitalischen Seen ausrüsten würde. Dabei wird ein gewisser Mißbrauch der ethischen Forderungen deutlich. Die Strenge derselben würde nicht viel schaden, wenn die Erziehung sagte: So sollten die Menschen sein, um glücklich zu werden und andere glücklich zu machen; aber man muß damit rechnen, daß sie nicht so sind. Anstatt dessen läßt man den Jugendlichen glauben, daß alle anderen die ethischen Vorschriften erfüllen, also tugendhaft sind. Damit begründet man die Forderung, daß er auch so werde.

es gibt auch bei der Zwangsneurose Typen von Kranken, die ihr
Schuldgefühl nicht wahrnehmen oder es als ein quälendes Unbehagen, eine Art von Angst erst dann empfinden, wenn sie an
der Ausführung gewisser Handlungen verhindert werden. Diese
Dinge sollte man endlich einmal verstehen können, man kann es
noch nicht. Vielleicht ist hier die Bemerkung willkommen, daß das
Schuldgefühl im Grunde nichts ist als eine topische Abart der Angst,
in seinen späteren Phasen fällt es ganz mit der Angst vor dem
Über-Ich zusammen. Und bei der Angst zeigen sich im Verhältnis zum Bewußtsein dieselben außerordentlichen Variationen.
Irgendwie steckt die Angst hinter allen Symptomen, aber bald
nimmt sie lärmend das Bewußtsein ganz für sich in Anspruch,
bald verbirgt sie sich so vollkommen, daß wir genötigt sind, von unbewußter Angst oder — wenn wir ein reineres psychologisches
Gewissen haben wollen, da ja die Angst zunächst nur eine Empfindung ist, — von Angstmöglichkeiten zu reden. Und darum ist
es sehr wohl denkbar, daß auch das durch die Kultur erzeugte
Schuldbewußtsein nicht als solches erkannt wird, zum großen Teil
unbewußt bleibt oder als ein Unbehagen,. eine Unzufriedenheit zum
Vorschein kommt, für die man andere Motivierungen sucht. Die
Religionen wenigstens haben die Rolle des Schuldgefühls in der
Kultur nie verkannt. Sie treten ja, was ich an anderer Stelle nicht
gewürdigt hatte,[1] auch mit dem Anspruch auf, die Menschheit von
diesem Schuldgefühl, das sie Sünde heißen, zu erlösen. Aus der
Art, wie im Christentum diese Erlösung gewonnen wird, durch
den Opfertod eines Einzelnen, der damit eine allen gemeinsame
Schuld auf sich nimmt, haben wir ja einen Schluß darauf gezogen,
welches der erste Anlaß zur Erwerbung dieser Urschuld, mit der
auch die Kultur begann, gewesen sein mag.[2]

Es kann nicht sehr wichtig werden, mag aber nicht überflüssig
sein, daß wir die Bedeutung einiger Worte wie: Über-Ich, Ge-

---

[1] Ich meine: Die Zukunft einer Illusion (1927), enthalten in diesem Bande.
[2] Totem und Tabu (1912). (Ges. Werke, Bd. IX.)

wissen, Schuldgefühl, Strafbedürfnis, Reue erläutern, die wir vielleicht oft zu lose und eines fürs andere gebraucht haben. Alle beziehen sich auf dasselbe Verhältnis, benennen aber verschiedene Seiten desselben. Das Über-Ich ist eine von uns erschlossene Instanz, das Gewissen eine Funktion, die wir ihm neben anderen zuschreiben, die die Handlungen und Absichten des Ichs zu überwachen und zu beurteilen hat, eine zensorische Tätigkeit ausübt. Das Schuldgefühl, die Härte des Über-Ichs, ist also dasselbe wie die Strenge des Gewissens, ist die dem Ich zugeteilte Wahrnehmung, daß es in solcher Weise überwacht wird, die Abschätzung der Spannung zwischen seinen Strebungen und den Forderungen des Über-Ichs, und die der ganzen Beziehung zugrunde liegende Angst vor dieser kritischen Instanz, das Strafbedürfnis, ist eine Triebäußerung des Ichs, das unter dem Einfluß des sadistischen Über-Ichs masochistisch geworden ist, d. h. ein Stück des in ihm vorhandenen Triebes zur inneren Destruktion zu einer erotischen Bindung an das Über-Ich verwendet. Vom Gewissen sollte man nicht eher sprechen, als bis ein Über-Ich nachweisbar ist; vom Schuldbewußtsein muß man zugeben, daß es früher besteht als das Über-Ich, also auch als das Gewissen. Es ist dann der unmittelbare Ausdruck der Angst vor der äußeren Autorität, die Anerkennung der Spannung zwischen dem Ich und dieser letzteren, der direkte Abkömmling des Konflikts zwischen dem Bedürfnis nach deren Liebe und dem Drang nach Triebbefriedigung, dessen Hemmung die Neigung zur Aggression erzeugt. Die Übereinanderlagerung dieser beiden Schichten des Schuldgefühls — aus Angst vor der äußeren und vor der inneren Autorität — hat uns manchen Einblick in die Beziehungen des Gewissens erschwert. Reue ist eine Gesamtbezeichnung für die Reaktion des Ichs in einem Falle des Schuldgefühls, enthält das wenig umgewandelte Empfindungsmaterial der dahinter wirksamen Angst, ist selbst eine Strafe und kann das Strafbedürfnis einschließen; auch sie kann also älter sein als das Gewissen.

Es kann auch nichts schaden, daß wir uns nochmals die Widersprüche vorführen, die uns eine Weile bei unserer Untersuchung verwirrt haben. Das Schuldgefühl sollte einmal die Folge unterlassener Aggressionen sein, aber ein andermal und gerade bei seinem historischen Anfang, der Vatertötung, die Folge einer ausgeführten Aggression. Wir fanden auch den Ausweg aus dieser Schwierigkeit. Die Einsetzung der inneren Autorität, des Über-Ichs, hat eben die Verhältnisse gründlich geändert. Vorher fiel das Schuldgefühl mit der Reue zusammen; wir merken dabei, daß die Bezeichnung Reue für die Reaktion nach wirklicher Ausführung der Aggression zu reservieren ist. Nachher verlor infolge der Allwissenheit des Über-Ichs der Unterschied zwischen beabsichtigter und erfüllter Aggression seine Kraft; nun konnte sowohl eine wirklich ausgeführte Gewalttat Schuldgefühl erzeugen — wie alle Welt weiß — als auch eine bloß beabsichtigte — wie die Psychoanalyse erkannt hat. Über die Veränderung der psychologischen Situation hinweg hinterläßt der Ambivalenzkonflikt der beiden Urtriebe die nämliche Wirkung. Die Versuchung liegt nahe, hier die Lösung des Rätsels von der wechselvollen Beziehung des Schuldgefühls zum Bewußtsein zu suchen. Das Schuldgefühl aus Reue über die böse Tat müßte immer bewußt sein, das aus Wahrnehmung des bösen Impulses könnte unbewußt bleiben. Allein so einfach ist das nicht, die Zwangsneurose widerspricht dem energisch. Der zweite Widerspruch war, daß die aggressive Energie, mit der man das Über-Ich ausgestattet denkt, nach einer Auffassung bloß die Strafenergie der äußeren Autorität fortsetzt und für das Seelenleben erhält, während eine andere Auffassung meint, es sei vielmehr die nicht zur Verwendung gelangte eigene Aggression, die man gegen diese hemmende Autorität aufbringt. Die erste Lehre schien sich der Geschichte, die zweite der Theorie des Schuldgefühls besser anzupassen. Eingehendere Überlegung hat den anscheinend unversöhnlichen Gegensatz beinahe allzuviel verwischt; es blieb als wesentlich und gemeinsam übrig, daß es sich um eine nach innen verschobene Aggression handelt.

Die klinische Beobachtung gestattet wiederum, wirklich zwei Quellen für die dem Über-Ich zugeschriebene Aggression zu unterscheiden, von denen im einzelnen Fall die eine oder die andere die stärkere Wirkung ausübt, die im allgemeinen aber zusammenwirken. Hier ist, meine ich, der Ort, eine Auffassung ernsthaft zu vertreten, die ich vorhin zur vorläufigen Annahme empfohlen hatte. In der neuesten analytischen Literatur zeigt sich eine Vorliebe für die Lehre, daß jede Art von Versagung, jede verhinderte Triebbefriedigung eine Steigerung des Schuldgefühls zur Folge habe oder haben könnte.[1] Ich glaube, man schafft sich eine große theoretische Erleichterung, wenn man das nur von den a g g r e s s i v e n Trieben gelten läßt, und man wird nicht viel finden, was dieser Annahme widerspricht. Wie soll man es denn dynamisch und ökonomisch erklären, daß an Stelle eines nicht erfüllten erotischen Anspruchs eine Steigerung des Schuldgefühls auftritt? Das scheint doch nur auf dem Umwege möglich, daß die Verhinderung der erotischen Befriedigung ein Stück Aggressionsneigung gegen die Person hervorruft, welche die Befriedigung stört, und daß diese Aggression selbst wieder unterdrückt werden muß. Dann aber ist es doch nur die Aggression, die sich in Schuldgefühl umwandelt, indem sie unterdrückt und dem Über-Ich zugeschoben wird. Ich bin überzeugt, wir werden viele Vorgänge einfacher und durchsichtiger darstellen können, wenn wir den Fund der Psychoanalyse zur Ableitung des Schuldgefühls auf die aggressiven Triebe einschränken. Die Befragung des klinischen Materials gibt hier keine eindeutige Antwort, weil unserer Voraussetzung gemäß die beiden Triebarten kaum jemals rein, voneinander isoliert, auftreten; aber die Würdigung extremer Fälle wird wohl nach der Richtung weisen, die ich erwarte. Ich bin versucht, von dieser strengeren Auffassung einen ersten Nutzen zu ziehen, indem ich sie auf den Verdrängungsvorgang anwende. Die Symptome der Neurosen sind, wie wir ge-

---

1) Insbesondere bei E. J o n e s, Susan I s a a c s, Melanie K l e i n; wie ich verstehe, aber auch bei R e i k und A l e x a n d e r

lernt haben, wesentlich Ersatzbefriedigungen für unerfüllte sexuelle Wünsche. Im Laufe der analytischen Arbeit haben wir zu unserer Überraschung erfahren, daß vielleicht jede Neurose einen Betrag von unbewußtem Schuldgefühl verhüllt, der wiederum die Symptome durch ihre Verwendung zur Strafe befestigt. Nun liegt es nahe, den Satz zu formulieren: wenn eine Triebstrebung der Verdrängung unterliegt, so werden ihre libidinösen Anteile in Symptome, ihre aggressiven Komponenten in Schuldgefühl umgesetzt. Auch wenn dieser Satz nur in durchschnittlicher Annäherung richtig ist, verdient er unser Interesse.

Manche Leser dieser Abhandlung mögen auch unter dem Eindruck stehen, daß sie die Formel vom Kampf zwischen Eros und Todestrieb zu oft gehört haben. Sie sollte den Kulturprozeß kennzeichnen, der über die Menschheit abläuft, wurde aber auch auf die Entwicklung des Einzelnen bezogen und sollte überdies das Geheimnis des organischen Lebens überhaupt enthüllt haben. Es scheint unabweisbar, die Beziehungen dieser drei Vorgänge zueinander zu untersuchen. Nun ist die Wiederkehr derselben Formel durch die Erwägung gerechtfertigt, daß der Kulturprozeß der Menschheit wie die Entwicklung des Einzelnen auch Lebensvorgänge sind, also am allgemeinsten Charakter des Lebens Anteil haben müssen. Anderseits trägt gerade darum der Nachweis dieses allgemeinen Zuges nichts zur Unterscheidung bei, solange dieser nicht durch besondere Bedingungen eingeengt wird. Wir können uns also erst bei der Aussage beruhigen, der Kulturprozeß sei jene Modifikation des Lebensprozesses, die er unter dem Einfluß einer vom Eros gestellten, von der Ananke, der realen Not angeregten Aufgabe erfährt, und diese Aufgabe ist die Vereinigung vereinzelter Menschen zu einer unter sich libidinös verbundenen Gemeinschaft. Fassen wir aber die Beziehung zwischen dem Kulturprozeß der Menschheit und dem Entwicklungs- oder Erziehungsprozeß des einzelnen Menschen ins Auge, so werden wir uns ohne viel Schwanken dafür entscheiden, daß die beiden sehr ähnlicher Natur sind, wenn nicht überhaupt derselbe Vorgang an andersartigen Objekten. Der Kulturprozeß der Menschenart ist natürlich eine Abstraktion von höherer Ordnung als die Entwicklung des Einzelnen, darum schwerer anschaulich zu erfassen, und die Aufspürung von Analogien soll nicht zwanghaft übertrieben werden; aber bei der Gleichartigkeit der Ziele — hier die Einreihung eines Einzelnen in eine menschliche Masse, dort die Herstellung einer Masseneinheit aus vielen Einzelnen — kann die Ähnlichkeit der dazu verwendeten Mittel und der zustandekommenden Phänomene nicht überraschen. Ein die beiden Vorgänge unterscheidender Zug darf wegen seiner außerordentlichen Bedeutsamkeit nicht lange unerwähnt bleiben. Im Entwicklungsprozeß des Einzelmenschen wird das Programm des Lustprinzips, Glücksbefriedigung zu finden, als Hauptziel festgehalten, die Einreihung in oder Anpassung an eine menschliche Gemeinschaft erscheint als eine kaum zu vermeidende Bedingung, die auf dem Wege zur Erreichung dieses Glücksziels erfüllt werden soll. Ginge es ohne diese Bedingung, so wäre es vielleicht besser. Anders ausgedrückt: die individuelle Entwicklung erscheint uns als ein Produkt der Interferenz zweier Strebungen, des Strebens nach Glück, das wir gewöhnlich „egoistisch", und des Strebens nach Vereinigung mit den anderen in der Gemeinschaft, das wir „altruistisch" heißen. Beide Bezeichnungen gehen nicht viel über die Oberfläche hinaus. In der individuellen Entwicklung fällt, wie gesagt, der Hauptakzent meist auf die egoistische oder Glücksstrebung, die andere, „kulturell" zu nennende, begnügt sich in der Regel mit der Rolle einer Einschränkung. Anders beim Kulturprozeß; hier ist das Ziel der Herstellung einer Einheit aus den menschlichen Individuen bei weitem die Hauptsache, das Ziel der Beglückung besteht zwar noch, aber es wird in den Hintergrund gedrängt; fast scheint es, die Schöpfung einer großen menschlichen Gemeinschaft würde am besten gelingen, wenn man sich um das Glück des Einzelnen nicht zu kümmern brauchte. Der Entwicklungsprozeß des Einzelnen darf also seine besonderen Züge haben, die sich im

Kulturprozeß der Menschheit nicht wiederfinden; nur insofern dieser erstere Vorgang den Anschluß an die Gemeinschaft zum Ziel hat, muß er mit dem letzteren zusammenfallen.

Wie der Planet noch um seinen Zentralkörper kreist, außer daß er um die eigene Achse rotiert, so nimmt auch der einzelne Mensch am Entwicklungsgang der Menschheit teil, während er seinen eigenen Lebensweg geht. Aber unserem blöden Auge scheint das Kräftespiel am Himmel zu ewig gleicher Ordnung erstarrt; im organischen Geschehen sehen wir noch, wie die Kräfte miteinander ringen und die Ergebnisse des Konflikts sich beständig verändern. So haben auch die beiden Strebungen, die nach individuellem Glück und die nach menschlichem Anschluß, bei jedem Individuum mit einander zu kämpfen, so müssen die beiden Prozesse der individuellen und der Kulturentwicklung einander feindlich begegnen und sich gegenseitig den Boden bestreiten. Aber dieser Kampf zwischen Individuum und Gesellschaft ist nicht ein Abkömmling des wahrscheinlich unversöhnlichen Gegensatzes der Urtriebe, Eros und Tod, er bedeutet einen Zwist im Haushalt der Libido, vergleichbar dem Streit um die Aufteilung der Libido zwischen dem Ich und den Objekten, und er läßt einen endlichen Ausgleich zu beim Individuum, wie hoffentlich auch in der Zukunft der Kultur, mag er gegenwärtig das Leben des Einzelnen noch so sehr beschweren.

Die Analogie zwischen dem Kulturprozeß und dem Entwicklungsweg des Individuums läßt sich um ein bedeutsames Stück erweitern. Man darf nämlich behaupten, daß auch die Gemeinschaft ein Über-Ich ausbildet, unter dessen Einfluß sich die Kulturentwicklung vollzieht. Es mag eine verlockende Aufgabe für einen Kenner menschlicher Kulturen sein, diese Gleichstellung ins Einzelne zu verfolgen. Ich will mich auf die Hervorhebung einiger auffälliger Punkte beschränken. Das Über-Ich einer Kulturepoche hat einen ähnlichen Ursprung wie das des Einzelmenschen, es ruht auf dem Eindruck, den große Führerpersönlichkeiten hinterlassen haben, Menschen von überwältigender Geisteskraft oder solche, in denen eine der menschlichen Strebungen die stärkste und reinste, darum oft auch einseitigste, Ausbildung gefunden hat. Die Analogie geht in vielen Fällen noch weiter, indem diese Personen — häufig genug, wenn auch nicht immer — zu ihrer Lebenszeit von den anderen verspottet, mißhandelt oder selbst auf grausame Art beseitigt wurden, wie ja auch der Urvater erst lange nach seiner gewaltsamen Tötung zur Göttlichkeit aufstieg. Für diese Schicksalsverknüpfung ist gerade die Person Jesu Christi das ergreifendste Beispiel, wenn sie nicht etwa dem Mythus angehört, der sie in dunkler Erinnerung an jenen Urvorgang ins Leben rief. Ein anderer Punkt der Übereinstimmung ist, daß das Kultur-Über-Ich ganz wie das des Einzelnen strenge Idealforderungen aufstellt, deren Nichtbefolgung durch „Gewissensangst" gestraft wird. Ja, hier stellt sich der merkwürdige Fall her, daß die hierher gehörigen seelischen Vorgänge uns von der Seite der Masse vertrauter, dem Bewußtsein zugänglicher sind, als sie es beim Einzelmenschen werden können. Bei diesem machen sich nur die Aggressionen des Über-Ichs im Falle der Spannung als Vorwürfe überlaut vernehmbar, während die Forderungen selbst im Hintergrunde oft unbewußt bleiben. Bringt man sie zur bewußten Erkenntnis, so zeigt sich, daß sie mit den Vorschriften des jeweiligen Kultur-Über-Ichs zusammenfallen. An dieser Stelle sind sozusagen beide Vorgänge, der kulturelle Entwicklungsprozeß der Menge und der eigene des Individuums regelmäßig miteinander verklebt. Manche Äußerungen und Eigenschaften des Über-Ichs können darum leichter an seinem Verhalten in der Kulturgemeinschaft als beim Einzelnen erkannt werden.

Das Kultur-Über-Ich hat seine Ideale ausgebildet und erhebt seine Forderungen. Unter den letzteren werden die, welche die Beziehungen der Menschen zueinander betreffen, als Ethik zusammengefaßt. Zu allen Zeiten wurde auf diese Ethik der größte Wert gelegt, als ob man gerade von ihr besonders wichtige Leistungen erwartete. Und wirklich wendet sich die Ethik jenem

Punkt zu, der als die wundeste Stelle jeder Kultur leicht kenntlich ist. Die Ethik ist also als ein therapeutischer Versuch aufzufassen, als Bemühung, durch ein Gebot des Über-Ichs zu erreichen, was bisher durch sonstige Kulturarbeit nicht zu erreichen war. Wir wissen bereits, es fragt sich hier darum, wie das größte Hindernis der Kultur, die konstitutionelle Neigung der Menschen zur Aggression gegeneinander, wegzuräumen ist, und gerade darum wird uns das wahrscheinlich jüngste der kulturellen Über-Ich-Gebote besonders interessant, das Gebot: Liebe deinen Nächsten wie dich selbst. In der Neurosenforschung und Neurosentherapie kommen wir dazu, zwei Vorwürfe gegen das Über-Ich des Einzelnen zu erheben: Es kümmert sich in der Strenge seiner Gebote und Verbote zu wenig um das Glück des Ichs, indem es die Widerstände gegen die Befolgung, die Triebstärke des Es und die Schwierigkeiten der realen Umwelt nicht genügend in Rechnung bringt. Wir sind daher in therapeutischer Absicht sehr oft genötigt, das Über-Ich zu bekämpfen, und bemühen uns, seine Ansprüche zu erniedrigen. Ganz ähnliche Einwendungen können wir gegen die ethischen Forderungen des Kultur-Über-Ichs erheben. Auch dies kümmert sich nicht genug um die Tatsachen der seelischen Konstitution des Menschen, es erläßt ein Gebot und fragt nicht, ob es dem Menschen möglich ist, es zu befolgen. Vielmehr, es nimmt an, daß dem Ich des Menschen alles psychologisch möglich ist, was man ihm aufträgt, daß dem Ich die unumschränkte Herrschaft über sein Es zusteht. Das ist ein Irrtum, und auch bei den sogenannt normalen Menschen läßt sich die Beherrschung des Es nicht über bestimmte Grenzen steigern. Fordert man mehr, so erzeugt man beim Einzelnen Auflehnung oder Neurose oder macht ihn unglücklich. Das Gebot „Liebe deinen Nächsten wie dich selbst" ist die stärkste Abwehr der menschlichen Aggression und ein ausgezeichnetes Beispiel für das unpsychologische Vorgehen des Kultur-Über-Ichs. Das Gebot ist undurchführbar; eine so großartige Inflation der Liebe kann nur deren Wert herabsetzen, nicht die Not beseitigen. Die

Kultur vernachlässigt all das; sie mahnt nur, je schwerer die Befolgung der Vorschrift ist, desto verdienstvoller ist sie. Allein wer in der gegenwärtigen Kultur eine solche Vorschrift einhält, setzt sich nur in Nachteil gegen den, der sich über sie hinaussetzt. Wie gewaltig muß das Kulturhindernis der Aggression sein, wenn die Abwehr derselben ebenso unglücklich machen kann wie die Aggression selbst! Die sogenannte natürliche Ethik hat hier nichts zu bieten außer der narzißtischen Befriedigung, sich für besser halten zu dürfen, als die anderen sind. Die Ethik, die sich an die Religion anlehnt, läßt hier ihre Versprechungen eines besseren Jenseits eingreifen. Ich meine, solange sich die Tugend nicht schon auf Erden lohnt, wird die Ethik vergeblich predigen. Es scheint auch mir unzweifelhaft, daß eine reale Veränderung in den Beziehungen der Menschen zum Besitz hier mehr Abhilfe bringen wird als jedes ethische Gebot; doch wird diese Einsicht bei den Sozialisten durch ein neuerliches idealistisches Verkennen der menschlichen Natur getrübt und für die Ausführung entwertet.

Die Betrachtungsweise, die in den Erscheinungen der Kulturentwicklung die Rolle eines Über-Ichs verfolgen will, scheint mir noch andere Aufschlüsse zu versprechen. Ich eile zum Abschluß. Einer Frage kann ich allerdings schwer ausweichen. Wenn die Kulturentwicklung so weitgehende Ähnlichkeit mit der des Einzelnen hat und mit denselben Mitteln arbeitet, soll man nicht zur Diagnose berechtigt sein, daß manche Kulturen, — oder Kulturepochen, — möglicherweise die ganze Menschheit — unter dem Einfluß der Kulturstrebungen „neurotisch" geworden sind? An die analytische Zergliederung dieser Neurosen könnten therapeutische Vorschläge anschließen, die auf großes praktisches Interesse Anspruch hätten. Ich könnte nicht sagen, daß ein solcher Versuch zur Übertragung der Psychoanalyse auf die Kulturgemeinschaft unsinnig oder zur Unfruchtbarkeit verurteilt wäre. Aber man müßte sehr vorsichtig sein, nicht vergessen, daß es sich doch nur um Analogien handelt, und daß es nicht nur bei Menschen, sondern auch bei Begriffen gefährlich ist, sie aus der Sphäre zu reißen, in der sie entstanden und entwickelt worden sind. Auch stößt die Diagnose der Gemeinschaftsneurosen auf eine besondere Schwierigkeit. Bei der Einzelneurose dient uns als nächster Anhalt der Kontrast, in dem sich der Kranke von seiner als „normal" angenommenen Umgebung abhebt. Ein solcher Hintergrund entfällt bei einer gleichartig affizierten Masse, er müßte anderswoher geholt werden. Und was die therapeutische Verwendung der Einsicht betrifft, was hülfe die zutreffendste Analyse der sozialen Neurose, da niemand die Autorität besitzt, der Masse die Therapie aufzudrängen? Trotz aller dieser Erschwerungen darf man erwarten, daß jemand eines Tages das Wagnis einer solchen Pathologie der kulturellen Gemeinschaften unternehmen wird.

Eine Wertung der menschlichen Kultur zu geben, liegt mir aus den verschiedensten Motiven sehr ferne. Ich habe mich bemüht, das enthusiastische Vorurteil von mir abzuhalten, unsere Kultur sei das Kostbarste, was wir besitzen oder erwerben können, und ihr Weg müsse uns notwendigerweise zu Höhen ungeahnter Vollkommenheit führen. Ich kann wenigstens ohne Entrüstung den Kritiker anhören, der meint, wenn man die Ziele der Kulturstrebung und die Mittel, deren sie sich bedient, ins Auge faßt, müsse man zu dem Schlusse kommen, die ganze Anstrengung sei nicht der Mühe wert, und das Ergebnis könne nur ein Zustand sein, den der Einzelne unerträglich finden muß. Meine Unparteilichkeit wird mir dadurch leicht, daß ich über all diese Dinge sehr wenig weiß, mit Sicherheit nur das eine, daß die Werturteile der Menschen unbedingt von ihren Glückswünschen geleitet werden, also ein Versuch sind, ihre Illusionen mit Argumenten zu stützen. Ich verstünde es sehr wohl, wenn jemand den zwangsläufigen Charakter der menschlichen Kultur hervorheben und z. B. sagen würde, die Neigung zur Einschränkung des Sexuallebens oder zur Durchsetzung des Humanitätsideals auf Kosten der natürlichen Auslese seien Entwicklungsrichtungen, die sich nicht abwenden und nicht ablenken lassen, und denen man sich am besten beugt, wie wenn es Naturnotwendigkeiten wären. Ich kenne auch die Einwendung dagegen, daß solche Strebungen, die man für unüberwindbar hielt, oft im Laufe der Menschheitsgeschichte beiseite geworfen und durch andere ersetzt worden sind. So sinkt mir der Mut, vor meinen Mitmenschen als Prophet aufzustehen, und ich beuge mich ihrem Vorwurf, daß ich ihnen keinen Trost zu bringen weiß, denn das verlangen sie im Grunde alle, die wildesten Revolutionäre nicht weniger leidenschaftlich als die bravsten Frommgläubigen.

Die Schicksalsfrage der Menschenart scheint mir zu sein, ob und in welchem Maße es ihrer Kulturentwicklung gelingen wird, der Störung des Zusammenlebens durch den menschlichen Aggressions- und Selbstvernichtungstrieb Herr zu werden. In diesem Bezug verdient vielleicht gerade die gegenwärtige Zeit ein besonderes Interesse. Die Menschen haben es jetzt in der Beherrschung der Naturkräfte so weit gebracht, daß sie es mit deren Hilfe leicht haben, einander bis auf den letzten Mann auszurotten. Sie wissen das, daher ein gut Stück ihrer gegenwärtigen Unruhe, ihres Unglücks, ihrer Angststimmung. Und nun ist zu erwarten, daß die andere der beiden „himmlischen Mächte", der ewige Eros, eine Anstrengung machen wird, um sich im Kampf mit seinem ebenso unsterblichen Gegner zu behaupten. Aber wer kann den Erfolg und Ausgang voraussehen?

# ÜBER LIBIDINÖSE TYPEN

# ÜBER LIBIDINÖSE TYPEN

Unsere Beobachtung zeigt uns, daß die einzelnen menschlichen Personen das allgemeine Bild des Menschen in einer kaum übersehbaren Mannigfaltigkeit verwirklichen. Wenn man dem berechtigten Bedürfnis nachgibt, in dieser Menge einzelne Typen zu unterscheiden, so wird man von vorneherein die Wahl haben, nach welchen Merkmalen und von welchen Gesichtspunkten man diese Sonderung vornehmen soll. Körperliche Eigenschaften werden für diesen Zweck gewiß nicht weniger brauchbar sein als psychische; am wertvollsten werden solche Unterscheidungen sein, die ein regelmäßiges Beisammensein von körperlichen und seelischen Merkmalen versprechen.

Es ist fraglich, ob es uns bereits jetzt möglich ist, Typen von solcher Leistung herauszufinden, wie es später einmal auf einer noch unbekannten Basis gewiß gelingen wird. Beschränkt man sich auf die Bemühung, bloß psychologische Typen aufzustellen, so haben die Verhältnisse der Libido den ersten Anspruch, der Einteilung als Grundlage zu dienen. Man darf fordern, daß diese Einteilung nicht bloß aus unserem Wissen oder unseren Annahmen über die Libido abgeleitet sei, sondern daß sie sich auch in der Erfahrung leicht wiederfinden lasse und daß sie ihr Teil dazu beitrage, die Masse unserer Beobachtungen für unsere Auffassung zu klären.

Es ist ohne weiteres zuzugeben, daß diese libidinösen Typen auch auf psychischem Gebiet nicht die einzig möglichen zu sein brauchen, und daß man, von anderen Eigenschaften ausgehend, vielleicht eine ganze Reihe anderer psychologischer Typen aufstellen kann. Für alle solche Typen muß gelten, daß sie nicht mit Krankheitsbildern zusammenfallen dürfen. Sie sollen im Gegenteil alle die Variationen umfassen, die nach unserer praktisch gerichteten Schätzung in die Breite des Normalen fallen. Wohl aber können sie sich in ihren extremen Ausbildungen den Krankheitsbildern annähern und solcherart die vermeintliche Kluft zwischen dem Normalen und dem Pathologischen ausfüllen helfen.

Nun lassen sich je nach der vorwiegenden Unterbringung der Libido in den Provinzen des seelischen Apparats drei libidinöse Haupttypen unterscheiden. Deren Namengebung ist nicht ganz leicht; in Anlehnung an unsere Tiefenpsychologie möchte ich sie als den erotischen, den narzißtischen und den Zwangstypus bezeichnen.

Der erotische Typus ist leicht zu charakterisieren. Die Erotiker sind Personen, deren Hauptinteresse — der relativ größte Betrag ihrer Libido — dem Liebesleben zugewendet ist. Lieben, besonders aber Geliebtwerden, ist ihnen das Wichtigste. Sie werden von der Angst vor dem Liebesverlust beherrscht und sind darum besonders abhängig von den anderen, die ihnen die Liebe versagen können. Dieser Typus ist auch in seiner reinen Form recht häufig. Variationen desselben ergeben sich je nach der Vermengung mit einem andern Typus und dem gleichzeitigen Ausmaß von Aggression. Sozial wie kulturell vertritt dieser Typus die elementaren Triebansprüche des Es, dem die andern psychischen Instanzen gefügig geworden sind.

Der zweite Typus, dem ich den zunächst befremdlichen Namen Zwangstypus gegeben habe, zeichnet sich durch die Vorherrschaft des Über-Ichs aus, das sich unter hoher Spannung vom Ich absondert. Er wird von der Gewissensangst beherrscht an Stelle der Angst vor dem Liebesverlust, zeigt eine sozusagen innere Abhängigkeit anstatt der äußeren, entfaltet ein hohes Maß von Selbständigkeit und wird sozial zum eigentlichen, vorwiegend konservativen Träger der Kultur.

Der dritte, mit gutem Recht narzißtisch geheißene Typus ist wesentlich negativ charakterisiert. Keine Spannung zwischen Ich und Über-Ich, — man würde von diesem Typus her kaum zur Aufstellung eines Über-Ichs gekommen sein, — keine Übermacht der erotischen Bedürfnisse, das Hauptinteresse auf die Selbsterhaltung gerichtet, unabhängig und wenig eingeschüchtert. Dem Ich ist ein großes Maß von Aggression verfügbar, das sich auch in Bereitschaft zur Aktivität kundgibt; im Liebesleben wird das Lieben vor dem Geliebtwerden bevorzugt. Menschen dieses Typus imponieren den andern als „Persönlichkeiten", sind besonders geeignet, anderen als Anhalt zu dienen, die Rolle von Führern zu übernehmen, der Kulturentwicklung neue Anregungen zu geben oder das Bestehende zu schädigen.

Diese reinen Typen werden dem Verdacht der Ableitung aus der Theorie der Libido kaum entgehen. Man fühlt sich aber auf dem sicheren Boden der Erfahrung, wenn man sich nun den gemischten Typen zuwendet, die um so viel häufiger zur Beobachtung kommen als die reinen. Diese neuen Typen, der erotisch-zwanghafte, der erotisch-narzißtische und der narzißtische Zwangstypus, scheinen in der Tat eine gute Unterbringung der individuellen psychischen Strukturen, wie wir sie durch die Analyse kennengelernt haben, zu gestatten. Es sind längst vertraute Charakterbilder, auf die man bei der Verfolgung dieser Mischtypen gerät. Beim erotischen Zwangstypus scheint die Übermacht des Trieblebens durch den Einfluß des Über-Ichs eingeschränkt; die Abhängigkeit gleichzeitig von rezenten menschlichen Objekten und von den Relikten der Eltern, Erzieher und Vorbilder erreicht bei diesem Typus den höchsten Grad. Der erotisch-narzißtische ist vielleicht jener, dem man die größte Häufigkeit zusprechen muß. Er vereinigt Gegensätze, die sich in ihm gegenseitig ermäßigen können;

man kann an ihm im Vergleich mit den beiden anderen erotischen Typen lernen, daß Aggression und Aktivität mit der Vorherrschaft des Narzißmus zusammengehen. Der narzißtische Zwangstypus endlich ergibt die kulturell wertvollste Variation, indem er zur äußeren Unabhängigkeit und Beachtung der Gewissensforderung die Fähigkeit zur kraftvollen Betätigung hinzufügt und das Ich gegen das Über-Ich verstärkt.

Man könnte meinen, einen Scherz zu machen, wenn man die Frage aufwirft, warum ein anderer theoretisch möglicher Mischtypus hier keine Erwähnung findet, nämlich der erotisch-zwanghaft-narzißtische. Aber die Antwort auf diesen Scherz ist ernsthaft: weil ein solcher Typus kein Typus mehr wäre, sondern die absolute Norm, die ideale Harmonie, bedeuten würde. Man wird dabei inne, daß das Phänomen des Typus eben dadurch entsteht, daß von den drei Hauptverwendungen der Libido im seelischen Haushalt eine oder zwei auf Kosten der anderen begünstigt worden sind.

Man kann sich auch die Frage vorlegen, welches das Verhältnis dieser libidinösen Typen zur Pathologie ist, ob einige von ihnen zum Übergang in die Neurose besonders disponiert sind, und dann, welche Typen zu welchen Formen führen. Die Antwort wird lauten, daß die Aufstellung dieser libidinösen Typen kein neues Licht auf die Genese der Neurosen wirft. Nach dem Zeugnis der Erfahrung sind alle diese Typen ohne Neurose lebensfähig. Die reinen Typen mit dem unbestrittenen Übergewicht einer einzelnen seelischen Instanz scheinen die größere Aussicht zu haben, als reine Charakterbilder aufzutreten, während man von den gemischten Typen erwarten könnte, daß sie für die Bedingungen der Neurose einen günstigeren Boden bieten. Doch meine ich, man sollte über diese Verhältnisse nicht ohne besonders gerichtete, sorgfältige Nachprüfung entscheiden.

Daß die erotischen Typen im Falle der Erkrankung Hysterie ergeben, wie die Zwangstypen Zwangsneurose, scheint ja leicht zu erraten, ist aber auch an der zuletzt betonten Unsicherheit beteiligt. Die narzißtischen Typen, die bei ihrer sonstigen Unabhängigkeit der Versagung von seiten der Außenwelt ausgesetzt sind, enthalten eine besondere Disposition zur Psychose, wie sie auch wesentliche Bedingungen des Verbrechertums beistellen.

Die ätiologischen Bedingungen der Neurose sind bekanntlich noch nicht sicher erkannt. Die Veranlassungen der Neurose sind Versagungen und innere Konflikte, Konflikte zwischen den drei großen psychischen Instanzen, Konflikte innerhalb des Libidohaushalts infolge der bisexuellen Anlage, zwischen den erotischen und aggressiven Triebkomponenten. Was diese dem normalen psychischen Ablauf zugehörigen Vorgänge pathogen macht, bemüht sich die Neurosenpsychologie zu ergründen.

# ÜBER DIE
# WEIBLICHE SEXUALITÄT

# ÜBER DIE
# WEIBLICHE SEXUALITÄT

I

In der Phase des normalen Ödipuskomplexes finden wir das Kind an den gegengeschlechtlichen Elternteil zärtlich gebunden, während im Verhältnis zum gleichgeschlechtlichen die Feindseligkeit vorwiegt. Es macht uns keine Schwierigkeiten, dieses Ergebnis für den Knaben abzuleiten. Die Mutter war sein erstes Liebesobjekt; sie bleibt es, mit der Verstärkung seiner verliebten Strebungen und der tieferen Einsicht in die Beziehung zwischen Vater und Mutter muß der Vater zum Rivalen werden. Anders für das kleine Mädchen. Ihr erstes Objekt war doch auch die Mutter; wie findet sie den Weg zum Vater? Wie, wann und warum macht sie sich von der Mutter los? Wir haben längst verstanden, die Entwicklung der weiblichen Sexualität werde durch die Aufgabe kompliziert, die ursprünglich leitende genitale Zone, die Klitoris, gegen eine neue, die Vagina, aufzugeben. Nun erscheint uns eine zweite solche Wandlung, der Umtausch des ursprünglichen Mutterobjekts gegen den Vater, nicht weniger charakteristisch und bedeutungsvoll für die Entwicklung des Weibes. In welcher Art die beiden Aufgaben miteinander verknüpft sind, können wir noch nicht erkennen.

Frauen mit starker Vaterbindung sind bekanntlich sehr häufig; sie brauchen auch keineswegs neurotisch zu sein. An solchen Frauen habe ich die Beobachtungen gemacht, über die ich hier berichte und die mich zu einer gewissen Auffassung der weiblichen Sexualität veranlaßt haben. Zwei Tatsachen sind mir da vor allem aufgefallen. Die erste war: wo eine besonders intensive Vaterbindung bestand, da hatte es nach dem Zeugnis der Analyse vorher eine Phase von ausschließlicher Mutterbindung gegeben von gleicher Intensität und Leidenschaftlichkeit. Die zweite Phase hatte bis auf den Wechsel des Objekts dem Liebesleben kaum einen neuen Zug hinzugefügt. Die primäre Mutterbeziehung war sehr reich und vielseitig ausgebaut gewesen.

Die zweite Tatsache lehrte, daß man auch die Zeitdauer dieser Mutterbindung stark unterschätzt hatte. Sie reichte in mehreren Fällen bis weit ins vierte, in einem bis ins fünfte Jahr, nahm also den bei weitem längeren Anteil der sexuellen Frühblüte ein. Ja, man mußte die Möglichkeit gelten lassen, daß eine Anzahl von weiblichen Wesen in der ursprünglichen Mutterbindung stecken bleibt und es niemals zu einer richtigen Wendung zum Manne bringt.

Die präödipale Phase des Weibes rückt hiemit zu einer Bedeutung auf, die wir ihr bisher nicht zugeschrieben haben.

Da sie für alle Fixierungen und Verdrängungen Raum hat, auf die wir die Entstehung der Neurosen zurückführen, scheint es erforderlich, die Allgemeinheit des Satzes, der Ödipuskomplex sei der Kern der Neurose, zurückzunehmen. Aber wer ein Sträuben gegen diese Korrektur verspürt, ist nicht genötigt, sie zu machen. Einerseits kann man dem Ödipuskomplex den weiteren Inhalt geben, daß er alle Beziehungen des Kindes zu beiden Eltern umfaßt, anderseits kann man den neuen Erfahrungen auch Rechnung tragen, indem man sagt, das Weib gelange zur normalen positiven Ödipussituation erst, nachdem es eine vom negativen Komplex beherrschte Vorzeit überwunden. Wirklich ist während dieser Phase der Vater für das Mädchen nicht viel anderes als ein lästiger Rivale, wenngleich die Feindseligkeit gegen ihn nie die für den Knaben charakteristische Höhe erreicht. Alle Erwartungen eines glatten Parallelismus zwischen männlicher und weiblicher Sexualentwicklung haben wir ja längst aufgegeben.

Die Einsicht in die präödipale Vorzeit des Mädchens wirkt als Überraschung, ähnlich wie auf anderem Gebiet die Aufdeckung der minoisch-mykenischen Kultur hinter der griechischen.

Alles auf dem Gebiet dieser ersten Mutterbindung erschien mir so schwer analytisch zu erfassen, so altersgrau, schattenhaft, kaum wiederbelebbar, als ob es einer besonders unerbittlichen Verdrängung erlegen wäre. Vielleicht kam dieser Eindruck aber davon, daß die Frauen in der Analyse bei mir an der nämlichen Vaterbindung festhalten konnten, zu der sie sich aus der in Rede stehenden Vorzeit geflüchtet hatten. Es scheint wirklich, daß weibliche Analytiker, wie Jeanne Lampl-de Groot und Helene Deutsch, diese Tatbestände leichter und deutlicher wahrnehmen konnten, weil ihnen bei ihren Gewährspersonen die Übertragung auf einen geeigneten Mutterersatz zu Hilfe kam. Ich habe es auch nicht dahin gebracht, einen Fall vollkommen zu durchschauen, beschränke mich daher auf die Mitteilung der allgemeinsten Ergebnisse und führe nur wenige Proben aus meinen neuen Einsichten an. Dahin gehört, daß diese Phase der Mutterbindung eine besonders intime Beziehung zur Ätiologie der Hysterie vermuten läßt, was nicht überraschen kann, wenn man erwägt, daß beide, die Phase wie die Neurose, zu den besonderen Charakteren der Weiblichkeit gehören, ferner auch, daß man in dieser Mutterabhängigkeit den Keim der späteren Paranoia des Weibes findet.[1] Denn dies scheint die überraschende, aber regelmäßig angetroffene Angst, von der Mutter umgebracht (aufgefressen?) zu werden, wohl zu sein. Es

---

[1] In dem bekannten Fall von Ruth Mack Brunswick (Die Analyse eines Eifersuchtswahnes, Int. Zeitschr. f. PsA. XIV, 1928) geht die Affektion direkt aus der präödipalen (Schwester-) Fixierung hervor.

liegt nahe, anzunehmen, daß diese Angst einer Feindseligkeit entspricht, die sich im Kind gegen die Mutter infolge der vielfachen Einschränkungen der Erziehung und Körperpflege entwickelt, und daß der Mechanismus der Projektion durch die Frühzeit der psychischen Organisation begünstigt wird.

II

Ich habe die beiden Tatsachen vorangestellt, die mir als neu aufgefallen sind, daß die starke Vaterabhängigkeit des Weibes nur das Erbe einer ebenso starken Mutterbindung antritt und daß diese frühere Phase durch eine unerwartet lange Zeitdauer angehalten hat. Nun will ich zurückgreifen, um diese Ergebnisse in das uns bekanntgewordene Bild der weiblichen Sexualentwicklung einzureihen, wobei Wiederholungen nicht zu vermeiden sein werden. Die fortlaufende Vergleichung mit den Verhältnissen beim Manne kann unserer Darstellung nur förderlich sein.

Zunächst ist es unverkennbar, daß die für die menschliche Anlage behauptete Bisexualität beim Weib viel deutlicher hervortritt als beim Mann. Der Mann hat doch nur eine leitende Geschlechtszone, ein Geschlechtsorgan, während das Weib deren zwei besitzt: die eigentlich weibliche Vagina und die dem männlichen Glied analoge Klitoris. Wir halten uns für berechtigt anzunehmen, daß die Vagina durch lange Jahre so gut wie nicht vorhanden ist, vielleicht erst zur Zeit der Pubertät Empfindungen liefert. In letzter Zeit mehren sich allerdings die Stimmen der Beobachter, die vaginale Regungen auch in diese frühen Jahre verlegen. Das Wesentliche, was also an Genitalität in der Kindheit vorgeht, muß sich beim Weibe an der Klitoris abspielen. Das Geschlechtsleben des Weibes zerfällt regelmäßig in zwei Phasen, von denen die erste männlichen Charakter hat; erst die zweite ist die spezifisch weibliche. In der weiblichen Entwicklung gibt es so einen Prozeß der Überführung der einen Phase in die andere, dem beim Manne nichts analog ist. Eine weitere Komplikation entsteht daraus, daß sich die Funktion der virilen Klitoris in das spätere weibliche Geschlechtsleben fortsetzt in einer sehr wechselnden und gewiß nicht befriedigend verstandenen Weise. Natürlich wissen wir nicht, wie sich diese Besonderheiten des Weibes biologisch begründen; noch weniger können wir ihnen teleologische Absicht unterlegen.

Parallel dieser ersten großen Differenz läuft die andere auf dem Gebiet der Objektfindung. Beim Manne wird die Mutter zum ersten Liebesobjekt infolge des Einflusses von Nahrungszufuhr und Körperpflege, und sie bleibt es, bis sie durch ein ihr wesensähnliches oder von ihr abgeleitetes ersetzt wird. Auch beim Weib muß die Mutter das erste Objekt sein. Die Urbedingungen der Objektwahl sind ja für alle Kinder gleich. Aber am Ende der Entwicklung soll der Mann-Vater das neue Liebesobjekt geworden sein, d. h. dem Geschlechtswechsel des Weibes muß ein Wechsel im Geschlecht des Objekts entsprechen. Als neue Aufgaben der Forschung entstehen hier die Fragen, auf welchen Wegen diese Wandlung vor sich geht, wie gründlich oder unvollkommen sie vollzogen wird, welche verschiedenen Möglichkeiten sich bei dieser Entwicklung ergeben.

Wir haben auch bereits erkannt, daß eine weitere Differenz der Geschlechter sich auf das Verhältnis zum Ödipuskomplex bezieht. Unser Eindruck ist hier, daß unsere Aussagen über den Ödipuskomplex in voller Strenge nur für das männliche Kind passen, und daß wir recht daran haben, den Namen Elektrakomplex abzulehnen, der die Analogie im Verhalten beider Geschlechter betonen will. Die schicksalhafte Beziehung von gleichzeitiger Liebe zu dem einen und Rivalitätshaß gegen den anderen Elternteil stellt sich nur für das männliche Kind her. Bei diesem ist es dann die Entdeckung der Kastrationsmöglichkeit, wie sie durch den Anblick des weiblichen Genitales erwiesen wird, die die Umbildung des Ödipuskomplexes erzwingt, die Schaffung des Über-Ichs herbeiführt und so all die Vorgänge einleitet, die auf die Einreihung des Einzelwesens in die Kulturgemeinschaft abzielen. Nach der Verinnerlichung der Vaterinstanz zum Über-Ich ist die weitere Aufgabe zu lösen, dies letztere von den Personen abzulösen, die es ursprünglich seelisch vertreten hat. Auf diesem merkwürdigen Entwicklungsweg ist gerade das narzißtische Genitalinteresse, das an der Erhaltung des Penis, zur Einschränkung der infantilen Sexualität gewendet worden. Beim Manne erübrigt vom Einfluß des Kastrationskomplexes auch ein Maß von Geringschätzung für das als kastriert erkannte Weib. Aus dieser entwickelt sich im Extrem eine Hemmung der Objektwahl und bei Unterstützung durch organische Faktoren ausschließliche Homosexualität. Ganz andere sind die Wirkungen des Kastrationskomplexes beim Weib. Das Weib anerkennt die Tatsache seiner Kastration und damit auch die Überlegenheit des Mannes und seine eigene Minderwertigkeit, aber es sträubt sich auch gegen diesen unliebsamen Sachverhalt. Aus dieser zwiespältigen Einstellung leiten sich drei Entwicklungsrichtungen ab. Die erste führt zur allgemeinen Abwendung von der Sexualität. Das kleine Weib, durch den Vergleich mit dem Knaben geschreckt, wird mit seiner Klitoris unzufrieden, verzichtet auf seine phallische Betätigung und damit auf die Sexualität überhaupt wie auf ein gutes Stück seiner Männlichkeit auf anderen Gebieten. Die zweite Richtung hält in trotziger Selbstbehauptung an der bedrohten Männlichkeit fest; die Hoffnung, noch einmal einen Penis zu bekommen, bleibt bis in unglaublich späte Zeiten aufrecht, wird zum Lebenszweck erhoben, und die Phantasie, trotz alledem ein Mann zu sein, bleibt oft gestaltend für lange Lebensperioden. Auch dieser „Männlichkeitskomplex" des Weibes kann in manifest homosexuelle Objektwahl ausgehen. Erst eine dritte, recht umwegige Entwicklung mündet in die normal weibliche Endgestaltung aus, die den Vater als Objekt nimmt und so die weibliche Form des Ödipuskomplexes findet. Der Ödipuskomplex ist also beim Weib das Endergebnis einer längeren Entwicklung, er wird durch den Einfluß der Kastration nicht zerstört, sondern durch ihn geschaffen, er entgeht den starken feindlichen Einflüssen, die beim Mann zerstörend auf ihn einwirken, ja er wird allzuhäufig vom Weib überhaupt nicht überwunden. Darum sind auch die kulturellen Ergebnisse seines Zerfalls geringfügiger und weniger belangreich. Man geht wahrscheinlich nicht fehl, wenn man aussagt, daß dieser Unterschied in der gegenseitigen Beziehung von Ödipus- und Kastrationskomplex den Charakter des Weibes als soziales Wesen prägt.[1]

Die Phase der ausschließlichen Mutterbindung, die präödipal genannt werden kann, beansprucht also beim Weib eine weitaus größere Bedeutung, als ihr beim Mann zukommen kann. Viele Erscheinungen des weiblichen Sexuallebens, die früher dem Verständnis nicht recht zugänglich waren, finden in der Zurückführung auf sie ihre volle Aufklärung. Wir haben z. B. längst bemerkt, daß viele Frauen, die ihren Mann nach dem Vatervorbild gewählt oder ihn an die Vaterstelle gesetzt haben, doch in der Ehe an ihm ihr schlechtes Verhältnis zur Mutter wiederholen. Er sollte die Vaterbeziehung erben und in Wirklichkeit erbt er die Mutterbeziehung. Das versteht man leicht als einen naheliegenden Fall von Regression. Die Mutterbeziehung war die ursprüngliche, auf sie war die Vaterbindung aufgebaut, und nun kommt in der Ehe das Ursprüngliche aus der Verdrängung zum Vorschein. Die Überschreibung affektiver Bindungen vom Mutter- auf das Vaterobjekt bildet ja den Hauptinhalt der zum Weibtum führenden Entwicklung.

Wenn wir bei so vielen Frauen den Eindruck bekommen, daß ihre Reifezeit vom Kampf mit dem Ehemann ausgefüllt wird, wie

---

1) Man kann vorhersehen, daß die Feministen unter den Männern, aber auch unsere weiblichen Analytiker mit diesen Ausführungen nicht einverstanden sein werden. Sie dürften kaum die Einwendung zurückhalten, solche Lehren stammen aus dem „Männlichkeitskomplex" des Mannes und sollen dazu dienen, seiner angeborenen Neigung zur Herabsetzung und Unterdrückung des Weibes eine theoretische Rechtfertigung zu schaffen. Allein eine solche psychoanalytische Argumentation mahnt in diesem Falle, wie so häufig, an den berühmten „Stock mit zwei Enden" Dostojewskis. Die Gegner werden es ihrerseits begreiflich finden, daß das Geschlecht der Frauen nicht annehmen will, was der heiß begehrten Gleichstellung mit dem Manne zu widersprechen scheint. Die agonale Verwendung der Analyse führt offenbar nicht zur Entscheidung.

ihre Jugend im Kampf mit der Mutter verbracht wurde, so werden wir im Licht der vorstehenden Bemerkungen den Schluß ziehen, daß deren feindselige Einstellung zur Mutter nicht eine Folge der Rivalität des Ödipuskomplexes ist, sondern aus der Phase vorher stammt und in der Ödipussituation nur Verstärkung und Verwendung erfahren hat. So wird es auch durch direkte analytische Untersuchung bestätigt. Unser Interesse muß sich den Mechanismen zuwenden, die bei der Abwendung von dem so intensiv und ausschließlich geliebten Mutterobjekt wirksam geworden sind. Wir sind darauf vorbereitet, nicht ein einziges solches Moment, sondern eine ganze Reihe von solchen Momenten zu finden, die zum gleichen Endziel zusammenwirken.

Unter ihnen treten einige hervor, die durch die Verhältnisse der infantilen Sexualität überhaupt bedingt sind, also in gleicher Weise für das Liebesleben des Knaben gelten. In erster Linie ist hier die Eifersucht auf andere Personen zu nennen, auf Geschwister, Rivalen, neben denen auch der Vater Platz findet. Die kindliche Liebe ist maßlos, verlangt Ausschließlichkeit, gibt sich nicht mit Anteilen zufrieden. Ein zweiter Charakter ist aber, daß diese Liebe auch eigentlich ziellos, einer vollen Befriedigung unfähig ist, und wesentlich darum ist sie dazu verurteilt, in Enttäuschung auszugehen und einer feindlichen Einstellung Platz zu machen. In späteren Lebenszeiten kann das Ausbleiben einer Endbefriedigung einen anderen Ausgang begünstigen. Dies Moment mag wie bei den zielgehemmten Liebesbeziehungen die ungestörte Fortdauer der Libidobesetzung versichern, aber im Drang der Entwicklungsvorgänge ereignet es sich regelmäßig, daß die Libido die unbefriedigende Position verläßt, um eine neue aufzusuchen.

Ein anderes weit mehr spezifisches Motiv zur Abwendung von der Mutter ergibt sich aus der Wirkung des Kastrationskomplexes auf das penislose Geschöpf. Irgendeinmal macht das kleine Mädchen die Entdeckung seiner organischen Minderwertigkeit, natürlich früher und leichter, wenn es Brüder hat oder andere Knaben in der Nähe sind. Wir haben schon gehört, welche drei Richtungen sich dann voneinander scheiden: a) die zur Einstellung des ganzen Sexuallebens; b) die zur trotzigen Überbetonung der Männlichkeit; c) die Ansätze zur endgültigen Weiblichkeit. Genauere Zeitangaben zu machen und typische Verlaufsweisen festzulegen, ist hier nicht leicht. Schon der Zeitpunkt der Entdeckung der Kastration ist wechselnd, manche andere Momente scheinen inkonstant und vom Zufall abhängig. Der Zustand der eigenen phallischen Betätigung kommt in Betracht, ebenso ob diese entdeckt wird oder nicht, und welches Maß von Verhinderung nach der Entdeckung erlebt wird.

Die eigene phallische Betätigung, Masturbation an der Klitoris, wird vom kleinen Mädchen meist spontan gefunden, ist gewiß zunächst phantasielos. Dem Einfluß der Körperpflege an ihrer Erweckung wird durch die so häufige Phantasie Rechnung getragen, die Mutter, Amme oder Kinderfrau zur Verführerin macht. Ob die Onanie der Mädchen seltener und von Anfang an weniger energisch ist als die der Knaben, bleibt dahingestellt; es wäre wohl möglich. Auch wirkliche Verführung ist häufig genug, sie geht entweder von anderen Kindern oder von Pflegepersonen aus, die das Kind beschwichtigen, einschläfern oder von sich abhängig machen wollen. Wo Verführung einwirkt, stört sie regelmäßig den natürlichen Ablauf der Entwicklungsvorgänge; oft hinterläßt sie weitgehende und andauernde Konsequenzen.

Das Verbot der Masturbation wird, wie wir gehört haben, zum Anlaß, sie aufzugeben, aber auch zum Motiv der Auflehnung gegen die verbietende Person, also die Mutter oder den Mutterersatz, der später regelmäßig mit ihr verschmilzt. Die trotzige Behauptung der Masturbation scheint den Weg zur Männlichkeit zu eröffnen. Auch wo es dem Kind nicht gelungen ist, die Masturbation zu unterdrücken, zeigt sich die Wirkung des anscheinend machtlosen Verbots in seinem späteren Bestreben, sich mit allen Opfern von der ihm verleideten Befriedigung frei zu machen. Noch die Objektwahl des reifen Mädchens kann von dieser festgehaltenen Absicht beeinflußt werden. Der Groll wegen der Behinderung in der freien sexuellen Betätigung spielt eine große Rolle in der Ablösung von der Mutter. Dasselbe Motiv wird auch nach der Pubertät wieder zur Wirkung kommen, wenn die Mutter ihre Pflicht erkennt, die Keuschheit der Tochter zu behüten. Wir werden natürlich nicht daran vergessen, daß die Mutter der Masturbation des Knaben in gleicher Weise entgegentritt und somit auch ihm ein starkes Motiv zur Auflehnung schafft.

Wenn das kleine Mädchen durch den Anblick eines männlichen Genitales seinen eigenen Defekt erfährt, nimmt sie die unerwünschte Belehrung nicht ohne Zögern und ohne Sträuben an. Wie wir gehört haben, wird die Erwartung, auch einmal ein solches Genitale zu bekommen, hartnäckig festgehalten, und der Wunsch danach überlebt die Hoffnung noch um lange Zeit. In allen Fällen hält das Kind die Kastration zunächst nur für ein individuelles Mißgeschick, erst später dehnt es dieselbe auch auf einzelne Kinder, endlich auf einzelne Erwachsene aus. Mit der Einsicht in die Allgemeinheit dieses negativen Charakters stellt sich eine große Entwertung der Weiblichkeit, also auch der Mutter, her.

Es ist sehr wohl möglich, daß die vorstehende Schilderung, wie sich das kleine Mädchen gegen den Eindruck der Kastration und das Verbot der Onanie verhält, dem Leser einen verworrenen und widerspruchsvollen Eindruck macht. Das ist nicht ganz die Schuld des Autors. In Wirklichkeit ist eine allgemein zutreffende Darstellung kaum möglich. Bei verschiedenen Individuen findet man die verschiedensten Reaktionen, bei demselben Individuum bestehen die entgegengesetzten Einstellungen nebeneinander. Mit dem ersten Eingreifen des Verbots ist der Konflikt da, der von nun an die Entwicklung der Sexualfunktion begleiten wird. Es bedeutet auch eine besondere Erschwerung der Einsicht, daß man so große Mühe hat, die seelischen Vorgänge dieser ersten Phase von späteren zu unterscheiden, durch die sie überdeckt und für die Erinnerung entstellt werden. So wird z. B. später einmal die Tatsache der

Kastration als Strafe für die onanistische Betätigung aufgefaßt, deren Ausführung aber dem Vater zugeschoben, was beides gewiß nicht ursprünglich sein kann. Auch der Knabe befürchtet die Kastration regelmäßig von seiten des Vaters, obwohl auch bei ihm die Drohung zumeist von der Mutter ausgeht.

Wie dem auch sein mag, am Ende dieser ersten Phase der Mutterbindung taucht als das stärkste Motiv zur Abwendung von der Mutter der Vorwurf auf, daß sie dem Kind kein richtiges Genitale mitgegeben, d. h. es als Weib geboren hat. Nicht ohne Überraschung vernimmt man einen anderen Vorwurf, der etwas weniger weit zurückgreift: die Mutter hat dem Kind zu wenig Milch gegeben, es nicht lange genug genährt. Das mag in unseren kulturellen Verhältnissen recht oft zutreffen, aber gewiß nicht so oft, als es in der Analyse behauptet wird. Es scheint vielmehr, als sei diese Anklage ein Ausdruck der allgemeinen Unzufriedenheit der Kinder, die unter den kulturellen Bedingungen der Monogamie nach sechs bis neun Monaten der Mutterbrust entwöhnt werden, während die primitive Mutter sich zwei bis drei Jahre lang ausschließlich ihrem Kinde widmet, als wären unsere Kinder für immer ungesättigt geblieben, als hätten sie nie lang genug an der Mutterbrust gesogen. Ich bin aber nicht sicher, ob man nicht bei der Analyse von Kindern, die solange gesäugt worden sind wie die Kinder der Primitiven, auf dieselbe Klage stoßen würde. So groß ist die Gier der kindlichen Libido! Überblickt man die ganze Reihe der Motivierungen, welche die Analyse für die Abwendung von der Mutter aufdeckt, daß sie es unterlassen hat, das Mädchen mit dem einzig richtigen Genitale auszustatten, daß sie es ungenügend ernährt hat, es gezwungen hat, die Mutterliebe mit anderen zu teilen, daß sie nie alle Liebeserwartungen erfüllt, und endlich, daß sie die eigene Sexualbetätigung zuerst angeregt und dann verboten hat, so scheinen sie alle zur Rechtfertigung der endlichen Feindseligkeit unzureichend. Die einen von ihnen sind unvermeidliche Abfolgen aus der Natur der infantilen Sexualität, die anderen nehmen sich aus wie später zurechtgemachte Rationalisierungen der unverstandenen Gefühlswandlung. Vielleicht geht es eher so zu, daß die Mutterbindung zugrunde gehen muß, gerade darum, weil sie die erste und so intensiv ist, ähnlich wie man es so oft an den ersten, in stärkster Verliebtheit geschlossenen Ehen der jungen Frauen beobachten kann. Hier wie dort würde die Liebeseinstellung an den unausweichlichen Enttäuschungen und an der Anhäufung der Anlässe zur Aggression scheitern. Zweite Ehen gehen in der Regel weit besser aus.

Wir können nicht so weit gehen zu behaupten, daß die Ambivalenz der Gefühlsbesetzungen ein allgemeingültiges psychologisches Gesetz ist, daß es überhaupt unmöglich ist, große Liebe für eine Person zu empfinden, ohne daß sich ein vielleicht ebenso großer Haß hinzugesellt oder umgekehrt. Dem Normalen und Erwachsenen gelingt es ohne Zweifel, beide Einstellungen voneinander zu sondern, sein Liebesobjekt nicht zu hassen und seinen Feind nicht auch lieben zu müssen. Aber das scheint das Ergebnis späterer Entwicklungen. In den ersten Phasen des Liebeslebens ist offenbar die Ambivalenz das Regelrechte. Bei vielen Menschen bleibt dieser archaische Zug über das ganze Leben erhalten, für die Zwangsneurotiker ist es charakteristisch, daß in ihren Objektbeziehungen Liebe und Haß einander die Waage halten. Auch für die Primitiven dürfen wir das Vorwiegen der Ambivalenz behaupten. Die intensive Bindung des kleinen Mädchens an seine Mutter müßte also eine stark ambivalente sein und unter der Mithilfe der anderen Momente gerade durch diese Ambivalenz zur Abwendung von ihr gedrängt werden, also wiederum infolge eines allgemeinen Charakters der infantilen Sexualität.

Gegen diesen Erklärungsversuch erhebt sich sofort die Frage: Wie wird es aber den Knaben möglich, ihre gewiß nicht weniger intensive Mutterbindung unangefochten festzuhalten? Ebenso rasch ist die Antwort bereit: Weil es ihnen ermöglicht ist, ihre Ambivalenz gegen die Mutter zu erledigen, indem sie all ihre feindseligen Gefühle beim Vater unterbringen. Aber erstens soll man diese Antwort nicht geben, ehe man die präödipale Phase der Knaben eingehend studiert hat, und zweitens ist es wahrscheinlich überhaupt vorsichtiger, sich einzugestehen, daß man diese Vorgänge, die man eben kennen gelernt hat, noch gar nicht gut durchschaut.

## III

Eine weitere Frage lautet: Was verlangt das kleine Mädchen von der Mutter? Welcher Art sind seine Sexualziele in jener Zeit der ausschließlichen Mutterbindung? Die Antwort, die man aus dem analytischen Material entnimmt, stimmt ganz mit unseren Erwartungen überein. Die Sexualziele des Mädchens bei der Mutter sind aktiver wie passiver Natur, und sie werden durch die Libidophasen bestimmt, die das Kind durchläuft. Das Verhältnis der Aktivität zur Passivität verdient hier unser besonderes Interesse. Es ist leicht zu beobachten, daß auf jedem Gebiet des seelischen Erlebens, nicht nur auf dem der Sexualität, ein passiv empfangener Eindruck beim Kind die Tendenz zu einer aktiven Reaktion hervorruft. Es versucht, das selbst zu machen, was vorhin an oder mit ihm gemacht worden ist. Es ist das ein Stück der Bewältigungsarbeit an der Außenwelt, die ihm auferlegt ist, und kann selbst dazu führen, daß es sich um die Wiederholung solcher Eindrücke bemüht, die es wegen ihres peinlichen Inhalts zu vermeiden Anlaß hätte. Auch das Kinderspiel wird in den Dienst dieser Absicht gestellt, ein passives Erlebnis durch eine aktive Handlung zu ergänzen und es gleichsam auf diese Art aufzuheben. Wenn der Doktor dem sich sträubenden Kind den Mund geöffnet hat, um ihm in den Hals zu schauen, so wird nach seinem Fortgehen das Kind den Doktor spielen und die gewalttätige Prozedur an einem kleinen Geschwisterchen wiederholen, das ebenso hilflos gegen es ist, wie es selbst gegen den Doktor war. Eine Auflehnung gegen die Passivität und eine Bevorzugung der aktiven Rolle ist dabei unverkennbar. Nicht bei allen Kindern wird diese Schwenkung von der Passivität zur Aktivität gleich regelmäßig und energisch ausfallen, bei manchen mag sie ausbleiben. Aus diesem Verhalten des Kindes mag man einen Schluß auf die relative Stärke der Männlichkeit und Weiblichkeit ziehen, die das Kind in seiner Sexualität an den Tag legen wird.

Die ersten sexuellen und sexuell mitbetonten Erlebnisse des Kindes bei der Mutter sind natürlich passiver Natur. Es wird von ihr gesäugt, gefüttert, gereinigt, gekleidet und zu allen Verrichtungen angewiesen. Ein Teil der Libido des Kindes bleibt an diesen Erfahrungen haften und genießt die mit ihnen verbundenen Befriedigungen, ein anderer Teil versucht sich an ihrer Umwendung zur Aktivität. An der Mutterbrust wird zuerst das Gesäugtwerden durch das aktive Saugen abgelöst. In den anderen Beziehungen begnügt sich das Kind entweder mit der Selbständigkeit, d. h. mit dem Erfolg, daß es selbst ausführt, was bisher mit ihm geschehen ist, oder mit aktiver Wiederholung seiner passiven Erlebnisse im Spiel, oder es macht wirklich die Mutter zum Objekt, gegen das es als tätiges Subjekt auftritt. Das letztere, was auf dem Gebiet der eigentlichen Betätigung vor sich geht, erschien mir lange Zeit hindurch unglaublich, bis die Erfahrung jeden Zweifel daran widerlegte.

Man hört selten davon, daß das kleine Mädchen die Mutter waschen, ankleiden oder zur Verrichtung ihrer exkrementellen Bedürfnisse mahnen will. Es sagt zwar gelegentlich: jetzt wollen wir spielen, daß ich die Mutter bin und du das Kind, — aber zumeist erfüllt es sich diese aktiven Wünsche in indirekter Weise im Spiel mit der Puppe, in dem es selbst die Mutter darstellt wie die Puppe das Kind. Die Bevorzugung des Spiels mit der Puppe beim Mädchen im Gegensatz zum Knaben wird gewöhnlich als Zeichen der früh erwachten Weiblichkeit aufgefaßt. Nicht mit Unrecht, allein man soll nicht übersehen, daß es die Aktivität der Weiblichkeit ist, die sich hier äußert, und daß diese Vorliebe des Mädchens wahrscheinlich die Ausschließlichkeit der Bindung an die Mutter bei voller Vernachlässigung des Vaterobjekts bezeugt. Die so überraschende sexuelle Aktivität des Mädchens gegen die Mutter äußert sich der Zeitfolge nach in oralen, sadistischen und endlich selbst phallischen, auf die Mutter gerichteten Strebungen. Die Einzelheiten sind hier schwer zu berichten, denn es handelt sich häufig um dunkle Triebregungen, die das Kind nicht psychisch erfassen konnte zur Zeit, da sie vorfielen, die darum erst eine nachträgliche Interpretation erfahren haben und dann in der Analyse in Ausdrucksweisen auftreten, die ihnen ursprünglich gewiß nicht zukamen. Mitunter begegnen sie uns als Übertragungen auf das spätere Vaterobjekt, wo sie nicht hingehören und das Verständnis empfindlich stören. Die aggressiven oralen und sadistischen Wünsche findet man in der Form, in welche sie durch frühzeitige Verdrängung genötigt werden, als Angst, von der Mutter umgebracht zu werden, die ihrerseits den Todeswunsch gegen die Mutter, wenn er bewußt wird, rechtfertigt. Wie oft diese Angst vor der Mutter sich an eine unbewußte Feindseligkeit der Mutter anlehnt, die das Kind errät, läßt sich nicht angeben. (Die Angst, gefressen zu werden, habe ich bisher nur bei Männern gefunden, sie wird auf den Vater bezogen, ist aber wahrscheinlich das Verwandlungsprodukt der auf die Mutter gerichteten oralen Aggression. Man will die Mutter auffressen, von der man sich genährt hat; beim Vater fehlt für diesen Wunsch der nächste Anlaß.)

Die weiblichen Personen mit starker Mutterbindung, an denen ich die präödipale Phase studieren konnte, haben übereinstimmend berichtet, daß sie den Klystieren und Darmeingießungen, die die Mutter bei ihnen vornahm, größten Widerstand entgegenzusetzen und mit Angst und Wutgeschrei darauf zu reagieren pflegten. Dies kann wohl ein sehr häufiges oder selbst regelmäßiges Verhalten der Kinder sein. Die Einsicht in die Begründung dieses besonders heftigen Sträubens gewann ich erst durch eine Bemerkung von Ruth Mack Brunswick, die sich gleichzeitig mit den nämlichen Problemen beschäftigte, sie möchte den Wutausbruch nach dem Klysma dem Orgasmus nach genitaler Reizung vergleichen. Die Angst dabei wäre als Umsetzung der rege gemachten Aggressionslust zu verstehen. Ich meine, daß es wirklich so ist und daß auf der sadistisch-analen Stufe die intensive passive Reizung der Darmzone durch einen Ausbruch von Aggressionslust beantwortet wird, die sich direkt als Wut oder infolge ihrer Unterdrückung als Angst kundgibt. Diese Reaktion scheint in späteren Jahren zu versiegen.

Unter den passiven Regungen der phallischen Phase hebt sich hervor, daß das Mädchen regelmäßig die Mutter als Verführerin beschuldigt, weil sie die ersten oder doch die stärksten genitalen Empfindungen bei den Vornahmen der Reinigung und Körperpflege durch die Mutter (oder die sie vertretende. Pflegeperson) verspüren mußte. Daß das Kind diese Empfindungen gerne mag und die Mutter auffordert, sie durch wiederholte Berührung und Reibung zu verstärken, ist mir oft von Müttern als Beobachtung an ihren zwei- bis dreijährigen Töchterchen mitgeteilt worden. Ich mache die Tatsache, daß die Mutter dem Kind so unvermeidlich die phallische Phase eröffnet, dafür verantwortlich, daß in den Phantasien späterer Jahre so regelmäßig der Vater als der sexuelle Verführer erscheint. Mit der Abwendung von der Mutter ist auch die Einführung ins Geschlechtsleben auf den Vater überschrieben worden.

In der phallischen Phase kommen endlich auch intensive aktive Wunschregungen gegen die Mutter zustande. Die Sexualbetätigung dieser Zeit gipfelt in der Masturbation an der Klitoris, dabei wird wahrscheinlich die Mutter vorgestellt, aber ob es das Kind zur Vorstellung eines Sexualziels bringt und welches dies Ziel ist, ist aus meiner Erfahrung nicht zu erraten. Erst wenn alle Interessen des Kindes durch die Ankunft eines Geschwisterchens einen neuen Antrieb erhalten haben, läßt sich ein solches Ziel klar erkennen. Das kleine Mädchen will der Mutter dies neue Kind gemacht haben, ganz so wie der Knabe, und auch seine Reaktion auf dies Ereignis und sein Benehmen gegen das Kind ist dasselbe. Das klingt ja absurd genug, aber vielleicht nur darum, weil es uns so ungewohnt klingt.

Die Abwendung von der Mutter ist ein höchst bedeutsamer Schritt auf dem Entwicklungsweg des Mädchens, sie ist mehr als ein bloßer Objektwechsel. Wir haben ihren Hergang und die Häufung ihrer vorgeblichen Motivierungen bereits beschrieben, nun fügen wir hinzu, daß Hand in Hand mit ihr ein starkes Absinken der aktiven und ein Anstieg der passiven Sexualregungen zu beobachten ist. Gewiß sind die aktiven Strebungen stärker von der Versagung betroffen worden, sie haben sich als durchaus unausführbar erwiesen und werden darum auch leichter von der Libido verlassen, aber auch auf Seite der passiven Strebungen hat es an Enttäuschungen nicht gefehlt. Häufig wird mit der Abwendung von der Mutter auch die klitoridische Masturbation eingestellt, oft genug wird mit der Verdrängung der bisherigen Männlichkeit des kleinen Mädchens ein gutes Stück ihres Sexualstrebens überhaupt dauernd geschädigt. Der Übergang zum Vaterobjekt wird mit Hilfe der passiven Strebungen vollzogen, soweit diese dem Umsturz entgangen sind. Der Weg zur Entwicklung der Weiblichkeit ist nun dem Mädchen freigegeben, insoferne er nicht durch die Reste der überwundenen präödipalen Mutterbindung eingeengt ist.

Überblickt man nun das hier beschriebene Stück der weiblichen Sexualentwicklung, so kann man ein bestimmtes Urteil über das Ganze der Weiblichkeit nicht zurückdrängen. Man hat die nämlichen libidinösen Kräfte wirksam gefunden wie beim männlichen Kind, konnte sich überzeugen, daß sie eine Zeitlang hier wie dort dieselben Wege einschlagen und zu den gleichen Ergebnissen kommen.

Es sind dann biologische Faktoren, die sie von ihren anfänglichen Zielen ablenken und selbst aktive, in jedem Sinne männliche Strebungen in die Bahnen der Weiblichkeit leiten. Da wir

die Zurückführung der Sexualerregung auf die Wirkung bestimmter
chemischer Stoffe nicht abweisen können, liegt zuerst die Erwartung
nahe, daß uns die Biochemie eines Tages einen Stoff darstellen
wird, dessen Gegenwart die männliche, und einen, der die weibliche Sexualerregung hervorruft. Aber diese Hoffnung scheint nicht
weniger naiv als die andere, heute glücklich überwundene, unter
dem Mikroskop die Erreger von Hysterie, Zwangsneurose, Melancholie usw. gesondert aufzufinden.

Es muß auch in der Sexualchemie etwas komplizierter zugehen.
Für die Psychologie ist es aber gleichgültig, ob es einen einzigen
sexuell erregenden Stoff im Körper gibt oder deren zwei oder
eine Unzahl davon. Die Psychoanalyse lehrt uns, mit einer einzigen
Libido auszukommen, die allerdings aktive und passive Ziele, also
Befriedigungsarten, kennt. In diesem Gegensatz, vor allem in der
Existenz von Libidostrebungen mit passiven Zielen, ist der Rest des
Problems enthalten.

## IV

Wenn man die analytische Literatur unseres Gegenstandes ein-
sieht, überzeugt man sich, daß alles, was ich hier ausgeführt habe,
dort bereits gegeben ist. Es wäre unnötig gewesen, diese Arbeit
zu veröffentlichen, wenn nicht auf einem so schwer zugänglichen
Gebiet jeder Bericht über eigene Erfahrungen und persönliche
Auffassungen wertvoll sein könnte. Auch habe ich manches schärfer
gefaßt und sorgfältiger isoliert. In einigen der anderen Abhandlungen wird die Darstellung unübersichtlich infolge der gleichzeitigen Erörterung der Probleme des Über-Ichs und des Schuldgefühls. Dem bin ich ausgewichen, ich habe bei der Beschreibung
der verschiedenen Ausgänge dieser Entwicklungsphase auch nicht
die Komplikationen behandelt, die sich ergeben, wenn das Kind
infolge der Enttäuschung am Vater zur aufgelassenen Mutterbindung zurückkehrt oder nun im Laufe des Lebens wiederholt von
einer Einstellung zur anderen herüberwechselt. Aber gerade weil

meine Arbeit nur ein Beitrag ist unter anderen, darf ich mir eine eingehende Würdigung der Literatur ersparen und kann mich darauf beschränken, bedeutsamere Übereinstimmungen mit einigen und wichtigere Abweichungen von anderen dieser Arbeiten hervorzuheben. In die eigentlich noch unübertroffene Schilderung Abrahams der „Äußerungsformen des weiblichen Kastrationskomplexes" (Internat. Zeitschr. f. PsA., VII, 1921) möchte man gerne das Moment der anfänglich ausschließlichen Mutterbindung eingefügt wissen. Der wichtigen Arbeit von Jeanne[1] Lampl-de Groot[2] muß ich in den wesentlichen Punkten zustimmen. Hier wird die volle Identität der präödipalen Phase bei Knaben und Mädchen erkannt, die sexuelle (phallische) Aktivität des Mädchens gegen die Mutter behauptet und durch Beobachtungen erwiesen. Die Abwendung von der Mutter wird auf den Einfluß der zur Kenntnis genommenen Kastration zurückgeführt, die das Kind dazu nötigt, das Sexualobjekt und damit auch oft die Onanie aufzugeben, für die ganze Entwicklung die Formel geprägt, daß das Mädchen eine Phase des „negativen" Ödipuskomplexes durchmacht, ehe sie in den positiven eintreten kann. Eine Unzulänglichkeit dieser Arbeit finde ich darin, daß sie die Abwendung von der Mutter als bloßen Objektwechsel darstellt und nicht darauf eingeht, daß sie sich unter den deutlichsten Zeichen von Feindseligkeit vollzieht. Diese Feindseligkeit findet volle Würdigung in der letzten Arbeit von Helene Deutsch (Der feminine Masochismus und seine Beziehung zur Frigidität, Internat. Zeitschr. f. PsA., XVI, 1930), woselbst auch die phallische Aktivität des Mädchens und die Intensität seiner Mutterbindung anerkannt werden. H. Deutsch gibt auch an, daß die Wendung zum Vater auf dem Weg der (bereits bei der Mutter rege gewordenen) passiven Strebungen geschieht. In ihrem

---

1) Nach dem Wunsch der Autorin korrigiere ich so ihren Namen, der in der Zeitschrift als A. L. de Gr. angeführt ist.
2) Zur Entwicklungsgeschichte des Ödipuskomplexes der Frau. Internat. Zeitschr. f. PsA., XIII, 1927.

früher (1925) veröffentlichten Buch „Psychoanalyse der weiblichen Sexualfunktionen" hatte die Autorin sich von der Anwendung des Ödipusschemas auch auf die präödipale Phase noch nicht frei gemacht und darum die phallische Aktivität des Mädchens als Identifizierung mit dem Vater gedeutet.

Fenichel (Zur prägenitalen Vorgeschichte des Ödipuskomplexes, Internat. Zeitschr. f. PsA., XVI, 1930) betont mit Recht die Schwierigkeit, zu erkennen, was von dem in der Analyse erhobenen Material unveränderter Inhalt der präödipalen Phase und was daran regressiv (oder anders) entstellt ist. Er anerkennt die phallische Aktivität des Mädchens nach Jeanne Lampl-de Groot nicht, verwahrt sich auch gegen die von Melanie Klein (Frühstadien des Ödipuskonfliktes, Internat. Zeitschr. f. PsA., XIV, 1928 u. a. a. O.) vorgenommene „Vorverlegung" des Ödipuskomplexes, dessen Beginn sie schon in den Anfang des zweiten Lebensjahres versetzt. Diese Zeitbestimmung, die notwendigerweise auch die Auffassung aller anderen Verhältnisse der Entwicklung verändert, deckt sich in der Tat nicht mit den Ergebnissen der Analyse an Erwachsenen und ist besonders unvereinbar mit meinen Befunden von der langen Andauer der präödipalen Mutterbindung der Mädchen. Einen Weg zur Milderung dieses Widerspruches weist die Bemerkung, daß wir auf diesem Gebiet noch nicht zu unterscheiden vermögen, was durch biologische Gesetze starr festgelegt und was unter dem Einfluß akzidentellen Erlebens beweglich und veränderlich ist. Wie es von der Wirkung der Verführung längst bekannt ist, können auch andere Momente, der Zeitpunkt der Geburt von Geschwistern, der Zeitpunkt der Entdeckung des Geschlechtsunterschieds, die direkte Beobachtung des Geschlechtsverkehrs, das werbende oder abweisende Benehmen der Eltern u. a., eine Beschleunigung und Reifung der kindlichen Sexualentwicklung herbeiführen.

Bei manchen Autoren zeigt sich die Neigung, die Bedeutung der ersten ursprünglichsten Libidoregungen des Kindes zugunsten späterer Entwicklungsvorgänge herabzudrücken, so daß jenen —

extrem ausgedrückt — die Rolle verbliebe, nur gewisse Richtungen anzugeben, während die Intensitäten, welche diese Wege einschlagen, von späteren Regressionen und Reaktionsbildungen bestritten werden. So z. B. wenn K. Horney (Flucht aus der Weiblichkeit, Internat. Zeitschr. f. PsA., XII, 1926) meint, daß der primäre Penisneid des Mädchens von uns weit überschätzt wird, während die Intensität des später entfalteten Männlichkeitsstrebens einem sekundären Penisneid zuzuschreiben ist, der zur Abwehr der weiblichen Regungen, speziell der weiblichen Bindung an den Vater, gebraucht wird. Das entspricht nicht meinen Eindrücken. So sicher die Tatsache späterer Verstärkungen durch Regression und Reaktionsbildung ist, so schwierig es auch sein mag, die relative Abschätzung der zusammenströmenden Libidokomponenten vorzunehmen, so meine ich doch, wir sollen nicht übersehen, daß jenen ersten Libidoregungen eine Intensität eigen ist, die allen späteren überlegen bleibt, eigentlich inkommensurabel genannt werden darf. Es ist gewiß richtig, daß zwischen der Vaterbindung und dem Männlichkeitskomplex eine Gegensätzlichkeit besteht, — es ist der allgemeine Gegensatz zwischen Aktivität und Passivität, Männlichkeit und Weiblichkeit, — aber es gibt uns kein Recht anzunehmen, nur das eine sei primär, das andere verdanke seine Stärke nur der Abwehr. Und wenn die Abwehr gegen die Weiblichkeit so energisch ausfällt, woher kann sie sonst ihre Kraft beziehen als aus dem Männlichkeitsstreben, das seinen ersten Ausdruck im Penisneid des Kindes gefunden hat und darum nach ihm benannt zu werden verdient?

Ein ähnlicher Einwand ergibt sich gegen die Auffassung von Jones (Die erste Entwicklung der weiblichen Sexualität, Internat. Zeitschr. f. PsA., XIV, 1928), nach der das phallische Stadium bei Mädchen eher eine sekundäre Schutzreaktion sein soll als ein wirkliches Entwicklungsstadium. Das entspricht weder den dynamischen noch den zeitlichen Verhältnissen.

# DAS FAKULTÄTSGUTACHTEN
IM PROZESS HALSMANN

# DAS FAKULTÄTSGUTACHTEN IM PROZESS HALSMANN

*Der Professor der Rechte an der Universität Wien, Dr. Josef Hupka, hatte im Zuge seiner Bemühungen um die Rehabilitierung des Studenten Philipp Halsmann den Verfasser aufgefordert, sich zu dem Gutachten der Innsbrucker medizinischen Fakultät zu äußern. Die nachfolgende Äußerung, die der Verfasser Prof. Hupka zur Verfügung stellte, ist zuerst in „Psychoanalytische Bewegung", Bd. III, 1931 erschienen.*

Der Ödipuskomplex ist, soweit wir wissen, in der Kindheit bei allen Menschen vorhanden gewesen, hat in den Entwicklungsjahren große Veränderungen erfahren und wird bei vielen Individuen in wechselnder Stärke auch in reifen Zeiten gefunden. Seine wesentlichen Charaktere, seine Allgemeinheit, sein Inhalt, sein Schicksal wurden, lange vor der Zeit der Psychoanalyse, von einem scharfsinnigen Denker wie Diderot erkannt, wie eine Stelle seines berühmten Dialogs „Le neveu de Rameau" beweist. In Goethes Übersetzung dieser Schrift (Band 45 der Sophienausgabe) steht auf Seite 136 zu lesen: „Wäre der kleine Wilde sich selbst überlassen und bewahrte seine ganze Schwäche *(imbécillité)*, vereinigte mit der geringen Vernunft des Kindes in der Wiege die Gewalt der Leidenschaften des Mannes von dreißig Jahren, so bräch' er seinem Vater den Hals und entehrte die Mutter."

Wäre es objektiv erwiesen, daß Philipp Halsmann seinen Vater erschlagen hat, so hätte man allerdings ein Anrecht, den Ödipuskomplex heranzuziehen, zur Motivierung einer sonst unverstandenen Tat. Da ein solcher Beweis nicht erbracht worden ist, wirkt die Erwähnung des Ödipuskomplexes irreführend; sie ist zum mindesten müßig. Was die Untersuchung an Unstimmigkeiten zwischen Vater und Sohn in der Familie Halsmann aufgedeckt hat, ist durchaus unzureichend, um die Annahme eines schlechten Vaterverhältnisses beim Sohne zu begründen. Wäre es selbst anders, so müßte man sagen, von da bis zur Verursachung einer solchen Tat ist ein weiter Weg. Gerade wegen seiner Allgegenwärtigkeit eignet sich der Ödipuskomplex nicht zu einem Schluß auf die Täterschaft. Man würde leicht die Situation herstellen, die in einer bekannten Anekdote angenommen wird: Ein Einbruch ist geschehen. Ein Mann wird als Täter verurteilt, in dessen Besitz ein Dietrich gefunden wurde. Nach der Urteilsverkündigung befragt, ob er etwas zu bemerken habe, verlangt er auch wegen Ehebruchs bestraft zu werden, denn das Werkzeug dazu habe er auch bei sich.

In dem großartigen Roman Dostojewskis „Die Brüder Karamasoff" steht die Ödipussituation im Mittelpunkt des Interesses. Der alte Karamasoff hat sich seinen Söhnen durch lieblose Unterdrückung verhaßt gemacht; für den einen ist er überdies der mächtige Rivale bei dem begehrten Weibe. Dieser Sohn Dmitrij hat aus seiner Absicht, sich am Vater gewaltsam zu rächen, kein Geheimnis gemacht. Es ist darum natürlich, daß er nach der Ermordung und Beraubung des Vaters als sein Mörder angeklagt und trotz aller Beteuerungen seiner Unschuld verurteilt wird. Und doch ist Dmitrij unschuldig; ein anderer der Brüder hat die Tat verübt. In der Gerichtsszene dieses Romanes fällt der berühmt gewordene Ausspruch: die Psychologie sei ein Stock mit zwei Enden.

Das Gutachten der Innsbrucker medizinischen Fakultät scheint geneigt, dem Philipp Halsmann einen „wirksamen" Ödipuskomplex zuzuschreiben, verzichtet aber darauf, das Ausmaß dieser Wirksamkeit zu bestimmen, weil unter dem Druck der Anklage die Voraussetzungen für „eine rückhaltlose Aufschließung" bei Philipp Halsmann nicht gegeben sind. Wenn sie es dann ablehnt, auch im „Falle der Täterschaft des Angeklagten die Wurzel der Tat in einem Ödipuskomplex zu suchen", so geht sie ohne Nötigung in der Verleugnung zu weit.

In demselben Gutachten stößt man auf einen durchaus nicht bedeutungslosen Widerspruch. Der mögliche Einfluß der Gemütserschütterung auf die Gedächtnisstörung für Eindrücke vor und während der kritischen Zeit wird auf das Äußerste eingeschränkt, nach meinem Urteil nicht mit Recht; die Annahmen eines Ausnahmezustandes oder einer seelischen Erkrankung werden entschieden zurückgewiesen, aber die Erklärung durch eine „Verdrängung", die nach der Tat bei Philipp Halsmann eintrat, bereitwillig zugestanden. Ich muß sagen, eine solche Verdrängung aus heiterem Himmel bei einem Erwachsenen, der keine Anzeichen einer schweren Neurose bietet, die Verdrängung einer Handlung, die gewiß bedeutsamer wäre als alle strittigen Einzelheiten von Entfernung und Zeitablauf und die im normalen oder nur durch körperliche Ermüdung veränderten Zustand vor sich geht, wäre doch eine Seltenheit erster Ordnung.

# GOETHE-PREIS 1930

## GOETHE-PREIS 1930
### BRIEF AN DR. ALFONS PAQUET

*Der Goethe-Preis der Stadt Frankfurt a. M. wurde dem Verfasser im Jahre 1930 verliehen. Der Sekretär des Kuratoriums des Goethe-Preises, Dr. Alfons Paquet, hat den Verfasser in einem vom 26. Juli 1930 datierten Schreiben von der Verleihung in Kenntnis gesetzt;*[1] *nachfolgend die Antwort des Verfassers vom 5. August 1930 sowie die Ansprache im Frankfurter Goethe-Haus, die am 28. August 1930 von Anna Freud verlesen wurde.*

Ich bin durch öffentliche Ehrungen nicht verwöhnt worden und habe mich darum so eingerichtet, daß ich solche entbehren konnte. Ich mag aber nicht bestreiten, daß mich die Verleihung des Goethe-Preises der Stadt

---

[1] In diesem Schreiben heißt es unter anderm:

„... Nach der Ordnung für die Verleihung des Goethe-Preises soll der Preis einer mit ihrem Schaffen bereits zur Geltung gelangten Persönlichkeit zuerkannt werden, deren schöpferisches Wirken einer dem Andenken Goethes gewidmeten Ehrung würdig ist. ...

Indem das Kuratorium Ihnen, sehr verehrter Herr Professor, den Preis zuerkennt, wünscht es die hohe Wertung zum Ausdruck zu bringen, die es den umwälzenden Wirkungen der von Ihnen geschaffenen neuen Forschungsformen auf die gestaltenden Kräfte unserer Zeit beimißt. In streng naturwissenschaftlicher Methode, zugleich in kühner Deutung der von Dichtern geprägten Gleichnisse hat Ihre Forschung einen Zugang zu den Triebkräften der Seele gebahnt und dadurch die Möglichkeit geschaffen, Entstehen und Aufbau vieler Kulturformen in ihrer Wurzel zu verstehen und Krankheiten zu heilen, zu denen die ärztliche Kunst bisher den Schlüssel nicht besaß. Ihre Psychologie hat aber nicht nur die ärztliche Wissenschaft, sondern auch die Vorstellungswelt der Künstler und Seelsorger, der Geschichtsschreiber und

Frankfurt sehr erfreut hat. Es ist etwas an ihm, was die Phantasie besonders erwärmt und eine seiner Bestimmungen räumt die Demütigung weg, die sonst durch solche Auszeichnungen mitbedingt wird.

Für Ihren Brief habe ich Ihnen besonderen Dank zu sagen, er hat mich ergriffen und verwundert. Von der liebenswürdigen Vertiefung in den Charakter meiner Arbeit abzusehen, habe ich doch nie zuvor die geheimen persönlichen Absichten derselben mit solcher Klarheit erkannt gefunden wie von Ihnen und hätte Sie gern gefragt, woher Sie es wissen.

Leider erfahre ich aus Ihrem Brief an meine Tochter, daß ich Sie in nächster Zeit nicht sehen soll, und Aufschub ist in meinen Lebenszeiten immerhin bedenklich. Natürlich bin ich gern bereit, den von Ihnen angekündigten Herrn (Dr. Michel) zu empfangen.

Zur Feier nach Frankfurt kann ich leider nicht kommen, ich bin zu gebrechlich für diese Unternehmung. Die Festgesellschaft wird nichts dadurch verlieren, meine Tochter Anna ist gewiß angenehmer anzusehen und anzuhören als ich. Sie soll einige Sätze vorlesen, die Goethes Beziehungen zur Psychoanalyse behandeln und die Analytiker selbst gegen den Vorwurf in Schutz nehmen, daß sie durch analytische Versuche an ihm die dem Großen schuldige Ehrfurcht verletzt haben. Ich hoffe, daß es angeht, das mir gestellte Thema: „Die inneren Beziehungen des Menschen und Forschers zu Goethe" in solcher Weise umzubeugen, oder Sie würden noch so liebenswürdig sein, mir davon abzuraten.

---

Erzieher aufgewühlt und bereichert. Über die Gefahren monomanischer Selbstzergliederung und über alle Unterschiede geistiger Richtungen hinweg lieferte Ihr Werk die Grundlage eines erneuerten, besseren Verständnisses der Völker. Wie nach Ihrer eigenen Mitteilung die frühesten Anfänge Ihrer wissenschaftlichen Studien auf einen Vortrag von Goethes Aufsatz „Die Natur" zurückgehen, so ist im Letzten auch der durch ihre Forschungsweise geförderte, gleichsam mephistophelische Zug zum schonungslosen Zerreißen aller Schleier der unzertrennliche Begleiter der Faustischen Unersättlichkeit und Ehrfurcht vor den im Unbewußten schlummernden bildnerisch-schöpferischen Gewalten. Die Ihnen zugedachte Ehrung gilt im gleichen Maße dem Gelehrten wie auch dem Schriftsteller und dem Kämpfer, der in unserer, von brennenden Fragen bewegten Zeit dasteht als ein Hinweis auf eine der lebendigsten Seiten des Goetheschen Wesens.

Der Punkt 4 der vom Magistrat der Stadt Frankfurt errichteten Ordnung lautet: Die festliche Verleihung des Goethe-Preises geschieht jeweils am 28. August im Goethe-Haus, und zwar im Beisein der mit dem Preis ausgezeichneten Persönlichkeit . . . ."

## ANSPRACHE IM FRANKFURTER GOETHE-HAUS

Meine Lebensarbeit war auf ein einziges Ziel eingestellt. Ich beobachtete die feineren Störungen der seelischen Leistung bei Gesunden und Kranken und wollte aus solchen Anzeichen erschließen, — oder, wenn Sie es lieber hören: erraten, — wie der Apparat gebaut ist, der diesen Leistungen dient, und welche Kräfte in ihm zusammen- und gegeneinanderwirken. Was wir, ich, meine Freunde und Mitarbeiter, auf diesem Wege lernen konnten, erschien uns bedeutsam für den Aufbau einer Seelenkunde, die normale wie pathologische Vorgänge als Teile des nämlichen natürlichen Geschehens verstehen läßt.

Von solcher Einengung ruft mich Ihre mich überraschende Auszeichnung zurück. Indem sie die Gestalt des großen Universellen heraufbeschwört, der in diesem Hause geboren wurde, in diesen Räumen seine Kindheit erlebte, mahnt sie, sich gleichsam vor ihm zu rechtfertigen, wirft sie die Frage auf, wie er sich verhalten hätte, wenn sein für jede Neuerung der Wissenschaft aufmerksamer Blick auch auf die Psychoanalyse gefallen wäre.

An Vielseitigkeit kommt Goethe ja Leonardo da Vinci, dem Meister der Renaissance, nahe, der Künstler und Forscher war wie er. Aber Menschenbilder können sich nie wiederholen, es fehlt auch nicht an tiefgehenden Unterschieden zwischen den beiden Großen. In Leonardos Natur vertrug sich der Forscher nicht mit dem Künstler, er störte ihn und erdrückte ihn vielleicht am Ende. In Goethes Leben fanden beide Persönlichkeiten Raum nebeneinander, sie lösten einander zeitweise in der Vorherrschaft ab. Es liegt nahe, die Störung bei Leonardo mit jener Entwicklungshemmung zusammenzubringen, die alles Erotische und damit die Psychologie seinem Interesse entrückte. In diesem Punkt durfte Goethes Wesen sich freier entfalten.

Ich denke, Goethe hätte nicht, wie so viele unserer Zeitgenossen, die Psychoanalyse unfreundlichen Sinnes abgelehnt. Er war ihr selbst in manchen Stücken nahegekommen, hatte in eigener Einsicht vieles erkannt, was wir seither bestätigen konnten, und manche Auffassungen, die uns Kritik und Spott eingetragen haben, werden von ihm wie selbstverständlich vertreten. So war ihm z. B. die unvergleichliche Stärke der ersten affektiven Bindungen des Menschenkindes vertraut. Er feierte sie in der Zueignung der „Faust"-Dichtung in Worten, die wir für jede unserer Analysen wiederholen könnten:

> „Ihr naht euch wieder, schwankende Gestalten,
> Die früh sich einst dem trüben Blick gezeigt,
> Versuch' ich wohl, euch diesmal festzuhalten?"
>
> . . . . . . . . . . . . . . . . . . . . . . . . .
>
> „Gleich einer alten, halbverklungnen Sage
> Kommt erste Lieb' und Freundschaft mit herauf."

Von der stärksten Liebesanziehung, die er als reifer Mann erfuhr, gab er sich Rechenschaft, indem er der Geliebten zurief: „Ach, du warst in abgelebten Zeiten meine Schwester oder meine Frau."
Er stellte somit nicht in Abrede, daß diese unvergänglichen ersten Neigungen Personen des eigenen Familienkreises zum Objekt nehmen.

Den Inhalt des Traumlebens umschreibt Goethe mit den so stimmungsvollen Worten:

> „Was von Menschen nicht gewußt
> Oder nicht bedacht,
> Durch das Labyrinth der Brust
> Wandelt in der Nacht."

Hinter diesem Zauber erkennen wir die altehrwürdige, unbestreitbar richtige Aussage des Aristoteles, das Träumen sei die Fortsetzung unserer Seelentätigkeit in den Schlafzustand, vereint mit der Anerkennung des Unbewußten, die erst die Psychoanalyse hinzugefügt hat. Nur das Rätsel der Traumentstellung findet dabei keine Auflösung.

In seiner vielleicht erhabensten Dichtung, der „Iphigenie", zeigt uns Goethe ein ergreifendes Beispiel einer Entsühnung, einer Befreiung der leidenden Seele von dem Druck der Schuld, und er läßt diese Katharsis sich vollziehen durch einen leidenschaftlichen Gefühlsausbruch unter dem wohltätigen Einfluß einer liebevollen Teilnahme. Ja, er hat sich selbst wiederholt in psychischer Hilfeleistung versucht, so an jenem Unglücklichen, der in den Briefen Kraft genannt wird, an dem Professor Plessing, von dem er in der „Campagne in Frankreich" erzählt, und das Verfahren, das er anwendete, geht über das Vorgehen der katholischen Beichte hinaus und berührt sich in merkwürdigen Einzelheiten mit der Technik unserer Psychoanalyse. Ein von Goethe als scherzhaft bezeichnetes Beispiel einer psychotherapeutischen Beeinflussung möchte ich hier ausführlich mitteilen, weil es vielleicht weniger bekannt und doch sehr charakteristisch ist. Aus einem Brief an Frau v. Stein (Nr. 1444 vom 5. September 1785):

> „Gestern Abend habe ich ein psychologisches Kunststück gemacht. Die Herder war immer noch auf das Hypochondrischste gespannt über alles, was ihr im Carlsbad unangenemes begegnet war. Besonders von ihrer Hausgenossin. Ich ließ mir alles erzählen und beichten, fremde Untaten und eigene Fehler mit den

kleinsten Umständen und Folgen und zuletzt absolvirte ich sie und machte ihr scherzhaft unter dieser Formel begreiflich, daß diese Dinge nun abgethan und in die Tiefe des Meeres geworfen seyen. Sie ward selbst lustig darüber und ist würklich kurirt."

Den Eros hat Goethe immer hochgehalten, seine Macht nie zu verkleinern versucht, ist seinen primitiven oder selbst mutwilligen Äußerungen nicht minder achtungsvoll gefolgt wie seinen hochsublimierten und hat, wie mir scheint, seine Wesenseinheit durch alle seine Erscheinungsformen nicht weniger entschieden vertreten als vor Zeiten Plato. Ja, vielleicht ist es mehr als zufälliges Zusammentreffen, wenn er in den „Wahlverwandtschaften" eine Idee aus dem Vorstellungskreis der Chemie auf das Liebesleben anwendete, eine Beziehung, von der der Name selbst der Psychoanalyse zeugt.

Ich bin auf den Vorwurf vorbereitet, wir Analytiker hätten das Recht verwirkt, uns unter die Patronanz Goethes zu stellen, weil wir die ihm schuldige Ehrfurcht verletzt haben, indem wir die Analyse auf ihn selbst anzuwenden versuchten, den großen Mann zum Objekt der analytischen Forschung erniedrigten. Ich aber bestreite zunächst, daß dies eine Erniedrigung beabsichtigt oder bedeutet.

Wir alle, die wir Goethe verehren, lassen uns doch ohne viel Sträuben die Bemühungen der Biographen gefallen, die sein Leben aus den vorhandenen Berichten und Aufzeichnungen wiederherstellen wollen. Was aber sollen uns diese Biographien leisten? Auch die beste und vollständigste könnte die beiden Fragen nicht beantworten, die allein wissenswert scheinen.

Sie würde das Rätsel der wunderbaren Begabung nicht aufklären, die den Künstler macht, und sie könnte uns nicht helfen, den Wert und die Wirkung seiner Werke besser zu erfassen. Und doch ist es unzweifelhaft, daß eine solche Biographie ein starkes Bedürfnis bei uns befriedigt. Wir verspüren dies so deutlich, wenn die Ungunst der historischen Überlieferung diesem Bedürfnis die Befriedigung versagt hat, z. B. im Falle Shakespeares. Es ist uns allen unleugbar peinlich, daß wir noch immer nicht wissen, wer die Komödien, Trauerspiele und Sonette Shakespeares verfaßt hat, ob wirklich der ungelehrte Sohn des Stratforder Kleinbürgers, der in London eine bescheidene Stellung als Schauspieler erreicht, oder doch eher der hochgeborene und feingebildete, leidenschaftlich unordentliche, einigermaßen deklassierte Aristokrat Edward de Vere, siebzehnter Earl of Oxford, erblicher Lord Great Chamberlain von England. Wie rechtfertigt sich aber ein solches Bedürfnis, von den Lebensumständen eines Mannes Kunde zu erhalten, wenn dessen Werke für uns so bedeutungsvoll geworden sind?

Man sagt allgemein, es sei das Verlangen, uns einen solchen Mann auch menschlich näherzubringen. Lassen wir das gelten; es ist also das Bedürfnis, affektive Beziehungen zu solchen Menschen zu gewinnen, sie den Vätern, Lehrern, Vorbildern anzureihen, die wir gekannt oder deren Einfluß wir bereits erfahren haben, unter der Erwartung, daß ihre Persönlichkeiten ebenso großartig und bewundernswert sein werden wie die Werke, die wir von ihnen besitzen.

Immerhin wollen wir zugestehen, daß noch ein anderes Motiv im Spiele ist. Die Rechtfertigung des Biographen enthält auch ein Bekenntnis. Nicht herabsetzen zwar will der Biograph den Heros, sondern ihn uns näherbringen. Aber das heißt doch die Distanz, die uns von ihm trennt, verringern, wirkt doch in der Richtung einer Erniedrigung. Und es ist unvermeidlich, wenn wir vom Leben eines Großen mehr erfahren, werden wir auch von Gelegenheiten hören, in denen er es wirklich nicht besser gemacht hat als wir, uns menschlich wirklich nahe gekommen ist. Dennoch meine ich, wir erklären die Bemühungen der Biographik für legitim. Unsere Einstellung zu Vätern und Lehrern ist nun einmal eine ambivalente, denn unsere Verehrung für sie deckt regelmäßig eine Komponente von feindseliger Auflehnung. Das ist ein psychologisches Verhängnis, läßt sich ohne gewaltsame Unterdrückung der Wahrheit nicht ändern und muß sich auf unser Verhältnis zu den großen Männern, deren Lebensgeschichte wir erforschen wollen, fortsetzen.

Wenn die Psychoanalyse sich in den Dienst der Biographik begibt, hat sie natürlich das Recht, nicht härter behandelt zu werden als diese selbst. Die Psychoanalyse kann manche Aufschlüsse bringen, die auf anderen Wegen nicht zu erhalten sind, und so neue Zusammenhänge aufzeigen in dem Webermeisterstück, das sich zwischen den Triebanlagen, den Erlebnissen und den Werken eines Künstlers ausbreitet. Da es eine der hauptsächlichsten Funktionen unseres Denkens ist, den Stoff der Außenwelt psychisch zu bewältigen, meine ich, man müßte der Psychoanalyse danken, wenn sie auf den großen Mann angewendet zum Verständnis seiner großen Leistung beiträgt. Aber ich gestehe, im Falle von Goethe haben wir es noch nicht weit gebracht. Das rührt daher, daß Goethe nicht nur als Dichter ein großer Bekenner war, sondern auch trotz der Fülle autobiographischer Aufzeichnungen ein sorgsamer Verhüller. Wir können nicht umhin, hier der Worte Mephistos zu gedenken:

„Das Beste, was du wissen kannst,
Darfst du den Buben doch nicht sagen."

# GEDENKWORTE
# BRIEFE
# VORREDEN

## AN ROMAIN ROLLAND

Unvergeßlicher, durch welche Mühen und Leiden haben Sie sich wohl zu solcher Höhe der Menschlichkeit emporgerungen!

Lange Jahre, ehe ich Sie sah, hatte ich Sie als Künstler und als Apostel der Menschenliebe geehrt. Der Menschenliebe hing ich selbst an, nicht aus Motiven der Sentimentalität oder der Idealforderung, sondern aus nüchternen, ökonomischen Gründen, weil ich sie, bei der Gegebenheit unserer Triebanlagen und unserer Umwelt, für die Erhaltung der Menschenart für ebenso unerläßlich erklären mußte wie etwa die Technik.

Als ich Sie dann endlich persönlich kennen lernte, war ich überrascht zu finden, daß Sie Stärke und Energie so hoch einzuschätzen wissen und daß in Ihnen selbst so viel Willenskraft verkörpert ist.

Möge Ihnen das nächste Jahrzehnt nur Erfüllungen bringen.

Herzlichst Ihr
*Sigm. Freud*, aetat. 70.

# ERNEST JONES ZUM 50. GEBURTSTAG

Der Psychoanalyse fiel als erste Aufgabe zu, jene Triebregungen aufzudecken, die allen heute lebenden Menschen gemeinsam sind, ja die die heute Lebenden mit den Menschen der Vorzeit und der Urzeit gemeinsam haben. Es kostete sie also keine Anstrengung, sich über die Verschiedenheiten hinauszusetzen, die durch die Mehrheit der Rassen, der Sprachen, der Länder unter den Bewohnern der Erde hervorgerufen wurden. Sie war von Anfang an international, und es ist bekannt, daß ihre Anhänger eher als alle anderen die trennenden Einwirkungen des großen Krieges überwunden haben.

Unter den Männern, die sich im Frühjahr 1908 in Salzburg zum ersten psychoanalytischen Kongreß zusammenfanden, tat sich ein junger englischer Arzt hervor, der einen kleinen Aufsatz „*Rationalisation in Everyday Life*" zur Verlesung brachte. Der Inhalt dieser Erstlingsarbeit ist noch heute aufrecht; unsere junge Wissenschaft war durch sie um einen wichtigen Begriff und einen unentbehrlichen Terminus bereichert worden.

Von da an hat Ernest Jones nicht mehr gerastet. Zuerst in seiner Stellung als Professor in Toronto, dann als Arzt in London, als Gründer und Lehrer einer Ortsgruppe, als Leiter eines Verlags, Herausgeber einer Zeitschrift, Haupt eines Lehrinstitutes hat er unermüdlich für die Psychoanalyse gewirkt, durch öffentliche Vorträge ihren jeweiligen Besitzstand zur allgemeinen Kenntnis gebracht, durch glänzende, strenge, aber gerechte Kritiken sie gegen Angriffe und Mißverständnisse ihrer Gegner verteidigt, mit Geschick und Mäßigung ihre schwierige Stellung in England gegen die Ansprüche der *Profession* behauptet und bei all dieser nach außen gerichteten Tätigkeit in treuer Mitarbeiterschaft an der Entwicklung der Psychoanalyse auf dem Kontinent jene wissenschaftliche Leistung vollbracht, von der — unter anderem — seine „*Papers on Psycho-Analysis*" und „*Essays in Applied Psycho-Analysis*" Zeugnis ablegen. Jetzt, auf der Höhe des Lebens, ist er nicht nur als der unbestritten führende Mann unter den Analytikern des englischen Sprachgebiets, sondern auch als einer der hervorragendsten Vertreter der Psychoanalyse überhaupt anerkannt, eine Stütze seiner Freunde und noch immer eine Zukunftshoffnung unserer Wissenschaft.

Wenn der Herausgeber dieser Zeitschrift das Schweigen, zu dem ihn sein Alter verurteilt — oder berechtigt, durchbrochen hat, um den Freund zu begrüßen, so sei ihm gestattet, nicht mit einem Wunsch zu schließen, — wir glauben nicht an die Allmacht der Gedanken, — sondern mit dem Geständnis, daß er sich Ernest Jones auch nach seinem 50. Geburtstag nicht anders denken kann als vorher: eifrig und tatkräftig, streitbar und der Sache ergeben.

# BRIEF
## AN DEN HERAUSGEBER DER „JÜDISCHEN PRESSZENTRALE ZÜRICH"

„... Ich kann sagen, daß ich der jüdischen Religion so ferne stehe wie allen anderen Religionen, d. h., sie sind mir als Gegenstand wissenschaftlichen Interesses hochbedeutsam, gefühlsmäßig bin ich an ihnen nicht beteiligt. Dagegen habe ich immer ein starkes Gefühl von Zusammengehörigkeit mit meinem Volke gehabt und es auch bei meinen Kindern genährt. Wir sind alle in der jüdischen Konfession verblieben.

Meine Jugend fiel in eine Zeit, da unsere freisinnigen Religionslehrer keinen Wert auf die Erwerbung von Kenntnissen in der hebräischen Sprache und Literatur bei ihren Schülern legten. Meine Bildung ist daher auf diesem Gebiete recht zurückgeblieben, was ich später oftmals bedauert habe.

---

# TO THE OPENING OF
# THE HEBREW UNIVERSITY

Historians have told us that our small nation withstood the destruction of its independence as a State only because it began to transfer in its estimation of values the highest rank to its spiritual possessions, to its religion and its literature.

We are now living in a time when this people has a prospect of again winning the land of its fathers with the help of a Power that dominates the world, and it celebrates the occasion by the foundation of a University in its ancient capital city.

A University is a place in which knowledge is taught above all differences of religions and of nations, where investigation is carried on, which is to show mankind how far they understand the world around them and how far they can control it.

Such an undertaking is a noble witness to the development to which our people has forced its way in two thousand years of unhappy fortune.

I find it painful that my ill-health prevents me from being present at the opening festivities of the Jewish University in Jerusalem.

## BRIEF AN MAXIM LEROY
## ÜBER EINEN TRAUM DES CARTESIUS.

*Zuerst veröffentlicht in dem Werk von Maxim Leroy:
Descartes, le philosophe au masque. (Paris, Les Editions
Rieder, 1929.) Maxim Leroy hat dem Verfasser einen
Traum des Descartes zur Beurteilung vorgelegt;*[1] *der nach-
folgende Brief enthält die Antwort des Verfassers zu dem
ihm vorgelegten Material.*

En prenant connaissance de votre lettre me priant d'examiner quelques
rêves de Descartes, mon premier sentiment fut une impression d'angoisse,

---

1) Leroy gibt in seinem Buche folgenden Bericht über diesen Traum (Tom. I,
Chapitre VI, Les songes d'une nuit de Souabe):

«*Alors, dans la nuit, où tout est fièvre, orage, panique, des fantômes se lèvent devant le
songeur. Il essaie de se lever, pour les chasser. Mais il retombe, honteux de lui-même, en
sentant une grande faiblesse l'incommoder au côté droit. Brusquement, s'ouvre une fenêtre de sa
chambre. Epouvanté, il se sent emporté dans les rafales d'un vent impétueux, qui le fait pirouetter
plusieurs fois sur le pied gauche.*

«*Se traînant et titubant, il arrive devant les bâtiments du collège où il a été élevé. Il tente
un effort désespéré pour entrer dans la chapelle, afin d'y faire ses dévotions. A ce moment, des
passants arrivent. Il veut s'arrêter, leur parler; il remarque que l'un d'eux porte un melon.
Mais un vent violent le repousse vers la chapelle.*

«*Il ouvre alors les yeux, tiraillé par une vive souffrance au côté gauche. Il ne sait s'il rêve
ou s'il est éveillé. Mal éveillé, il se dit qu'un mauvais génie a voulu le séduire et il murmure
quelque prière, pour l'exorciser.*

«*Il se rendort. Un coup de tonnerre le réveille, remplissant sa chambre d'étincelles. Il se
demande une fois encore s'il dort ou s'il veille, si c'est rêve ou rêverie, ouvrant et fermant
les yeux pour trouver une certitude; puis, rassuré, il s'assoupit, la fatigue l'emportant.*

«*Le cerveau en feu, ces rumeurs et ces sourdes souffrances l'excitant, Descartes ouvre un
dictionnaire, puis un recueil de poésies. Ce marcheur intrépide rêve sur ce vers: Quod vitae
sectabor iter? Encore un voyage au pays des songes? Alors, soudain, un homme qu'il ne connaît
pas, survient, prétendant lui faire lire une pièce d'Ausone, commençant par ces mots: Est et
non. Mais l'homme disparaît, un autre survient. Le livre s'évanouit à son tour, puis revient,
orné de portraits en taille douce. La nuit s'apaise, enfin.»*

car travailler sur des rêves sans pouvoir obtenir du rêveur lui-même des indications sur les relations qui peuvent les relier entre eux ou les rattacher au monde extérieur — et c'est bien le cas lorsqu'il s'agit des rêves de personnages historiques — ne donne, en règle générale, qu'un maigre résultat. Par la suite, ma tâche s'est révélée plus facile que je ne m'y attendais; pourtant le fruit de mes recherches vous apparaîtra sans doute beaucoup moins important que vous n'étiez en droit de l'espérer.

Les rêves de notre philosophe sont ce que l'on appelle des «rêves d'en haut» (Träume von oben), c'est-à-dire des formations d'idées qui auraient pu être créées aussi bien pendant l'état de veille que pendant l'état de sommeil et qui, en certaines parties seulement, ont tiré leur substance d'états d'âme assez profonds. Aussi ces rêves présentent-ils le plus souvent un contenu à forme abstraite, poétique ou symbolique.

L'analyse de ces sortes de rêves nous amène communément à ceci: nous ne pouvons pas comprendre le rêve; mais le rêveur — ou le patient — sait le traduire immédiatement et sans difficulté, étant donné que le contenu du rêve est très proche de sa pensée consciente. Il reste alors encore quelques parties du rêve au sujet desquelles le rêveur ne sait que dire: ce sont, précisément, les parties qui appartiennent à l'inconscient et qui, sous bien des rapports, sont les plus intéressantes.

Dans le cas le plus favorable, on explique cet inconscient en s'appuyant sur les idées que le rêveur y a ajoutées.

Cette façon de juger les «rêves d'en haut» (et il faut entendre ce terme dans le sens psychologique, et non dans le sens mystique) est celle qu'il y a lieu d'observer dans le cas des rêves de Descartes.

Notre philosophe les interprète lui-même[1] et, nous conformant à toutes les règles de l'interprétation des rêves — nous devons accepter son ex-

---

1) Die hierauf bezüglichen Textstellen lauten (M. Leroy, l. c., p. 85 ss):

«*Il jugea que le* Dictionnaire *ne voulait dire autre chose que toutes les Sciences ramassées ensemble: et que le Recueil des Poésies intitulé le* Corpus Pœtarum, *marquait en particulier et d'une manière plus distincte la Philosophie et la Sagesse jointes ensemble. . . . . M. Descartes continuant d'interpréter son songe dans le sommeil, estimait que la pièce de Vers sur l'incertitude du genre de vie qu'on doit choisir, et qui commence par* Quod vitae sectabor iter, *marquait le bon conseil d'une personne sage, ou même la Théologie Morale . . .*

«*Par les Poètes rassemblés dans le Recueil, il entendait la Révélation et l'Enthousiasme, dont il ne désespérait pas de se voir favorisé. Par la pièce de vers* Est et Non, *qui est le* Oui *et le* Non *de Pythagore, il comprenait la Vérité et la Fausseté dans les connaissances humaines, et les sciences profanes. Voyant que l'application de toutes ces choses réussissait si bien à son*

plication, mais il faut ajouter que nous ne disposons pas d'une voie qui nous conduise au delà.

Confirmant son explication, nous dirons que les entraves qui empêchent Descartes de se mouvoir avec liberté nous sont exactement connues: c'est la représentation, par le rêve, d'un conflit intérieur. Le côté gauche est la représentation du mal et du péché et le vent celle du «mauvais génie» (*animus*).

Les différentes personnes qui se présentent dans le rêve ne peuvent naturellement être identifiées par nous, bien que Descartes, questionné, n'eût pas manqué de les identifier. Quant aux éléments bizarres, peu nombreux d'ailleurs, et presqu'absurdes, comme, par exemple, «le melon d'un pays étranger», et les petits portraits, ils restent inexpliqués.

Pour ce qui est du melon, le rêveur a eu l'idée (originale) de figurer de la sorte «les charmes de la solitude, mais présentés par des sollicitations purement humaines». Ce n'est certainement pas exact, mais ce pourrait être une association d'idées qui mènerait sur la voie d'une explication exacte. En corrélation avec son état de péché, cette association pourrait figurer une représentation sexuelle, qui a occupé l'imagination du jeune solitaire.

Sur les portraits, Descartes ne donne aucun éclaircissement.

---

*gré, il fut assez hardi pour se persuader, que c'était l'Esprit de Vérité qui avait voulu lui ouvrir les trésors de toutes les sciences par ce songe. Et comme il ne lui restait plus à expliquer que les petits Portraits de taille douce qu'il avait trouvés dans le second livre, il n'en chercha plus l'explication après la visite qu'un Peintre Italien lui rendit dès le lendemain.*

«*Ce dernier songe qui n'avait rien eu que de fort doux et de fort agréable, marquait l'avenir selon lui: et il n'était que pour ce qui devait lui arriver dans le reste de sa vie. Mais il prit les deux précédents pour des avertissements menaçants touchant sa vie passée, qui pouvait n'avoir pas été aussi innocente devant Dieu que devant les hommes. Et il crut que c'était la raison de la terreur et de l'effroi dont ces deux songes étaient accompagnés. Le melon dont on voulait lui faire présent dans le premier songe, signifiait, disait-il, les charmes de la solitude, mais présentés par des sollicitations purement humaines. Le vent qui le poussait vers l'Eglise du collège, lorsqu'il avait mal au côté droit, n'était autre chose que le mauvais Génie qui tâchait de le jeter par force dans un lieu, où son dessein était d'aller volontairement. C'est pourquoi Dieu ne permit pas qu'il avançât plus loin, et qu'il se laissât emporter même en un lieu saint par un Esprit qu'il n'avait pas envoyé: quoiqu'il fût très persuadé que c'eût été l'Esprit de Dieu qui lui avait fait faire les premières démarches vers cette Eglise. L'épouvante dont il fut frappé dans le second songe, marquait, à son sens, sa syndérèse, c'est-à-dire les remords de sa conscience touchant les péchés qu'il pouvait avoir commis pendant le cours de sa vie jusqu'alors. La foudre dont il entendit l'éclat, était le signal de l'esprit de vérité qui descendait sur lui pour le posséder.*»

# BRIEF
## AN DEN BÜRGERMEISTER DER STADT PŘIBOR

*Am 25. Oktober 1931 wurde in Freiberg (Přibor) in Mähren am Geburtshause des Verfassers eine Gedenktafel enthüllt. Der nachfolgende Brief des Verfassers an den Bürgermeister der Stadt wurde von Anna Freud bei der Enthüllungsfeier verlesen.*

Ich danke dem Herrn Bürgermeister der Stadt Přibor-Freiberg, den Veranstaltern dieser Feier und allen Anwesenden für die Ehre, die sie mir erweisen, indem sie mein Geburtshaus durch diese Gedenktafel aus Künstlerhand auszeichnen. Und dies schon zu meinen Lebzeiten und während die Mitwelt in der Würdigung meiner Leistung noch nicht einig ist.

Ich habe Freiberg im Alter von 3 Jahren verlassen, es mit 16 Jahren als Gymnasiast auf Ferien, Gast der Familie Fluss, wieder besucht und seither nicht wieder. Vieles ist seit jener Zeit über mich ergangen: ich habe viel Mühe gehabt, manches Leid erfahren, auch Glück und einigen Erfolg, wie es sich eben im Menschenleben vermengt. Es wird dem nun 75jährigen nicht leicht, sich in jene Frühzeit zu versetzen, aus deren reichem Inhalt nur wenige Reste in seine Erinnerung hineinragen, aber des einen darf ich sicher sein: tief in mir überlagert, lebt noch immer fort das glückliche Freiberger Kind, der erstgeborene Sohn einer jugendlichen Mutter, der aus dieser Luft, aus diesem Boden die ersten unauslöschlichen Eindrücke empfangen hat. So mag es mir vergönnt sein, mit einem herzhaften Glückwunsch für diesen Ort und seine Bewohner meine Danksagung zu beschließen

# JOSEF BREUER †

Am 20. Juni 1925 starb in Wien im vierundachtzigsten Lebensjahre Dr. Josef Breuer, der Schöpfer der kathartischen Methode, dessen Name darum unauslöschlich mit den Anfängen der Psychoanalyse verknüpft ist. Breuer war Internist, ein Schüler des Klinikers Oppolzer; in jüngeren Jahren hatte er bei Ewald Hering über die Physiologie der Atmung gearbeitet, später noch, in den spärlichen Mußestunden einer ausgedehnten ärztlichen Praxis beschäftigte er sich erfolgreich mit Versuchen über die Funktion des Vestibularapparates bei Tieren. Nichts an seiner Ausbildung konnte die Erwartung wecken, daß er die erste entscheidende Einsicht in das uralte Rätsel der hysterischen Neurose gewinnen und einen Beitrag von unvergänglichem Wert zur Kenntnis des menschlichen Seelenlebens leisten werde. Aber er war ein Mann von reicher, universeller Begabung und seine Interessen griffen nach vielen Richtungen weit über seine fachliche Tätigkeit hinaus.

Es war im Jahre 1880, daß ihm der Zufall eine besondere Patientin zuführte, ein ungewöhnlich intelligentes Mädchen, das während der Pflege seines kranken Vaters in schwere Hysterie verfallen war. Was er an diesem berühmten „ersten Fall" getan, mit welch unsäglicher Mühe und Geduld er die einmal gefundene Technik durchgeführt, bis die Kranke von all ihren unbegreiflichen Leidenssymptomen befreit war, was für Verständnis für die seelischen Mechanismen der Neurose er dabei gewonnen, das erfuhr die Welt erst etwa vierzehn Jahre später aus unserer gemeinsamen Publikation „Studien über Hysterie" (1895), leider auch dann nur in stark verkürzter und durch die Rücksicht auf ärztliche Diskretion zensurierter Form.

Wir Psychoanalytiker, die längst damit vertraut sind, einem einzelnen Kranken Hunderte von Stunden zu widmen, können uns nicht mehr vorstellen, wie neuartig eine solche Bemühung vor fünfundvierzig Jahren erschienen sein muß. Es mag ein großes Stück persönlichen Interesses und ärztlicher Libido, wenn man so sagen darf, dazu gehört haben, aber auch ein ziemliches Ausmaß von Freiheit des Denkens und unbeirrter Auffassung. Zur Zeit unserer „Studien" konnten wir uns bereits auf die Arbeiten von Charcot und auf die Untersuchungen von Pierre Janet beziehen, die damals einem Teil der Breuerschen Entdeckungen die Priorität entzogen hatten. Aber als Breuer seinen ersten Fall behandelte (1881/82), war von alledem noch nichts vorhanden. Janets „Automatisme Psychologique" erschien 1889, sein anderes Werk „L'état mental des Hystériques" erst 1892. Es scheint, daß Breuer durchaus originell forschte, nur durch die Anregungen geleitet, die ihm der Krankheitsfall bot.

Ich habe wiederholt — zuletzt in meiner „Selbstdarstellung" (1925) in Grotes Sammlung „Die Medizin der Gegenwart" — meinen Anteil an den gemeinsam veröffentlichen „Studien" abzugrenzen versucht. Mein Verdienst bestand im wesentlichen darin, bei Breuer ein Interesse, das erloschen schien, wieder belebt und ihn dann zur Publikation gedrängt zu haben. Eine gewisse Scheu, die ihm eigen war, eine innere Bescheidenheit, die an der glänzenden Persönlichkeit des Mannes überraschen mußte, hatten ihn bewogen, seinen erstaunlichen Fund durch so lange Zeit geheimzuhalten, bis dann nicht mehr alles an ihm neu war. Ich bekam später Grund zur Annahme, daß auch ein rein affektives Moment ihm die weitere Arbeit an der Aufhellung der Neurose verleidet hatte. Er war mit der nie fehlenden Übertragung der Patientin auf den Arzt zusammengestoßen und hatte die unpersönliche Natur dieses Vorganges nicht erfaßt. Zur Zeit, als er meinem Einfluß nachgab und die Publikation der „Studien" vorbereitete, schien sein Urteil über deren Bedeutung gefestigt. Er äußerte damals: Ich glaube, das ist das Wichtigste, was wir beide der Welt mitzuteilen haben werden.

Außer der Krankengeschichte seines ersten Falles hat Breuer zu den „Studien" einen theoretischen Aufsatz beigetragen, der weit davon entfernt, veraltet zu sein, vielmehr Gedanken und Anregungen birgt, die noch immer nicht genug ausgewertet worden sind. Wer sich in diese spekulative Abhandlung vertieft, wird den richtigen Eindruck von dem geistigen Format des Mannes davontragen, dessen Forscherinteresse sich leider nur während einer kurzen Episode seines langen Lebens unserer Psychopathologie zugewendet hat.

# KARL ABRAHAM †

Am 25. Dezember starb in Berlin Dr. K. Abraham, der Vorsitzende der von ihm gegründeten Berliner Gruppe und gegenwärtig Präsident der Internationalen Psychoanalytischen Vereinigung. Er erlag, noch nicht fünfzig Jahre alt, einem internen Leiden, gegen das sich sein kräftiger Körper schon seit dem Frühjahr 1925 zu wehren hatte. Auf dem letzten Kongreß in Homburg v. d. H. schien er zu unser aller Freude genesen; eine Rezidive brachte die schmerzliche Enttäuschung.

Mit diesem Manne —

*integer vitae scelerisque purus* —

begraben wir eine der stärksten Hoffnungen unserer jungen, noch so angefochtenen Wissenschaft, vielleicht ein uneinbringliches Stück ihrer Zukunft. Unter allen, die mir auf die dunklen Wege der psychoanalytischen Arbeit gefolgt waren, erwarb er eine so hervorragende Stellung, daß nur noch ein Name neben seinem genannt werden konnte. Das Vertrauen der Mitarbeiter und Schüler, das er in uneingeschränktem Maße besaß, hätte ihn wahrscheinlich zur Führerschaft berufen und sicherlich wäre er ein vorbildlicher Führer zur Wahrheitsforschung geworden, unbeirrt durch Lob und Tadel der Menge, wie durch den lockenden Schein eigener Phantasiegebilde.

Ich schreibe diese Zeilen für Freunde und Kollegen, die Abraham so gekannt und geschätzt haben wie ich. Diese werden leicht verstehen, was mir der Verlust des um so viel jüngeren Freundes bedeutet, und werden es verzeihen, daß ich keinen weiteren Versuch mache, schwer Sagbarem Ausdruck zu geben. In dieser unserer Zeitschrift wird ein anderer die Schilderung von Abrahams wissenschaftlicher Persönlichkeit und die Würdigung seiner Arbeiten unternehmen.

## GELEITWORT

zu *VERWAHRLOSTE JUGEND, Die Psychoanalyse in der Fürsorgeerziehung, Zehn Vorträge zur ersten Einführung von AUGUST AICHHORN (Internationale Psychoanalytische Bibliothek, Nr. XIX). Internationaler Psychoanalytischer Verlag, Leipzig - Wien - Zürich 1925.*

Von allen Anwendungen der Psychoanalyse hat keine so viel Interesse gefunden, so viel Hoffnungen erweckt und demzufolge so viele tüchtige Mitarbeiter herangezogen wie die auf die Theorie und Praxis der Kindererziehung. Dies ist leicht zu verstehen. Das Kind ist das hauptsächliche Objekt der psychoanalytischen Forschung geworden; es hat in dieser Bedeutung den Neurotiker abgelöst, an dem sie ihre Arbeit begann. Die Analyse hat im Kranken das wenig verändert fortlebende Kind aufgezeigt wie im Träumer und im Künstler, sie hat die Triebkräfte und Tendenzen beleuchtet, die dem kindlichen Wesen sein ihm eigenes Gepräge geben und die Entwicklungswege verfolgt, die von diesem zur Reife des Erwachsenen führen. Kein Wunder also, wenn die Erwartung entstand, die psychoanalytische Bemühung um das Kind werde der erzieherischen Tätigkeit zugute kommen, die das Kind auf seinem Weg zur Reife leiten, fördern und gegen Irrungen sichern will.

Mein persönlicher Anteil an dieser Anwendung der Psychoanalyse ist sehr geringfügig gewesen. Ich hatte mir frühzeitig das Scherzwort von den drei unmöglichen Berufen — als da sind: Erziehen, Kurieren, Regieren — zu eigen gemacht, war auch von der mittleren dieser Aufgaben hinreichend in Anspruch genommen. Darum verkenne ich aber nicht den hohen sozialen Wert, den die Arbeit meiner pädagogischen Freunde beanspruchen darf.

Das vorliegende Buch des Vorstandes A. Aichhorn beschäftigt sich mit einem Teilstück des großen Problems, mit der erzieherischen Beeinflussung der jugendlichen Verwahrlosten. Der Verfasser hatte in amtlicher Stellung als Leiter städtischer Fürsorgeanstalten lange Jahre gewirkt, ehe er mit der Psychoanalyse bekannt wurde. Sein Verhalten gegen die Pflegebefohlenen entsprang aus der Quelle einer warmen Anteilnahme an dem Schicksal dieser Unglücklichen und wurde durch eine intuitive Einfühlung in deren seelische Bedürfnisse richtig geleitet. Die Psychoanalyse konnte ihn praktisch wenig Neues lehren, aber sie brachte ihm die klare theoretische Einsicht in die Berechtigung seines Handelns und setzte ihn in den Stand, es vor anderen zu begründen.

Man kann diese Gabe des intuitiven Verständnisses nicht bei jedem Erzieher voraussetzen. Zwei Mahnungen scheinen mir aus den Erfahrungen und Erfolgen des Vorstandes Aichhorn zu resultieren. Die eine, daß der Erzieher psychoanalytisch geschult sein soll, weil ihm sonst das Objekt seiner Bemühung, das Kind, ein unzugängliches Rätsel bleibt. Eine solche Schulung wird am besten erreicht, wenn sich der Erzieher selbst einer Analyse unterwirft, sie am eigenen Leibe erlebt. Theoretischer Unterricht in der Analyse dringt nicht tief genug und schafft keine Überzeugung.

Die zweite Mahnung klingt eher konservativ, sie besagt, daß die Erziehungsarbeit etwas *sui generis* ist, das nicht mit psychoanalytischer Beeinflussung verwechselt und nicht durch sie ersetzt werden kann. Die Psychoanalyse des Kindes kann von der Erziehung als Hilfsmittel herangezogen werden. Aber sie ist nicht dazu geeignet, an ihre Stelle zu treten. Nicht nur praktische Gründe verbieten es, sondern auch theoretische Überlegungen widerraten es. Das Verhältnis zwischen Erziehung und psychoanalytischer Bemühung wird voraussichtlich in nicht ferner Zeit einer gründlichen Untersuchung unterzogen werden. Ich will hier nur Weniges andeuten. Man darf sich nicht durch die übrigens vollberechtigte Aussage irreleiten lassen, die Psychoanalyse des erwachsenen Neurotikers sei einer Nacherziehung desselben gleichzustellen. Ein Kind, auch ein entgleistes und verwahrlostes Kind, ist eben noch kein Neurotiker und Nacherziehung etwas ganz anderes als Erziehung des Unfertigen. Die Möglichkeit der analytischen Beeinflussung ruht auf ganz bestimmten Voraussetzungen, die man als „analytische Situation" zusammenfassen kann, erfordert die Ausbildung gewisser psychischer Strukturen, eine besondere Einstellung zum Analytiker. Wo diese fehlen, wie beim Kind, beim jugendlichen Verwahrlosten, in der Regel auch beim triebhaften Verbrecher, muß man etwas anderes machen als Analyse, was dann in der Absicht wieder mit ihr zusammentrifft. Die theoretischen Kapitel des vorliegenden Buches werden dem Leser eine erste Orientierung in der Mannigfaltigkeit dieser Entscheidungen bringen.

Ich schließe noch eine Folgerung an, die nicht mehr für die Erziehungslehre, wohl aber für die Stellung des Erziehers bedeutsam ist. Wenn der Erzieher die Analyse durch Erfahrung an der eigenen Person erlernt hat und in die Lage kommen kann, sie bei Grenz- und Mischfällen zur Unterstützung seiner Arbeit zu verwenden, so muß man ihm offenbar die Ausübung der Analyse freigeben und darf ihn nicht aus engherzigen Motiven daran hindern wollen.

### BEMERKUNG

*zu E. Pickworth Farrow's „Eine Kindheitserinnerung aus dem 6. Lebensmonat", veröffentlicht in „Internationale Zeitschrift für Psychoanalyse", XII. Band, 1926.*

Der Verfasser ist mir als Mann von starker und unabhängiger Intelligenz bekannt, der wahrscheinlich infolge einer gewissen Eigenwilligkeit mit den zwei Analytikern, mit denen er es versuchte, nicht zurechtkommen konnte. Er wandte sich dann zur konsequenten Anwendung des Verfahrens der Selbstanalyse, dessen ich mich seinerzeit zur Analyse meiner eigenen Träume bedient habe. Seine Resultate verdienen gerade wegen der Besonderheit seiner Person und seiner Technik Beachtung.

# VORREDE

*zur hebräischen Ausgabe von „TOTEM UND TABU". Jerusalem, Verlag Stybel, im Erscheinen.*

Keiner der Leser dieses Buches wird sich so leicht in die Gefühlslage des Autors versetzen können, der die heilige Sprache nicht versteht, der väterlichen Religion — wie jeder anderen — völlig entfremdet ist, an nationalistischen Idealen nicht teilnehmen kann und doch die Zugehörigkeit zu seinem Volk nie verleugnet hat, seine Eigenart als jüdisch empfindet und sie nicht anders wünscht. Fragte man ihn: Was ist an dir noch jüdisch, wenn du alle diese Gemeinsamkeiten mit deinen Volksgenossen aufgegeben hast?, so würde er antworten: Noch sehr viel, wahrscheinlich die Hauptsache. Aber dieses Wesentliche könnte er gegenwärtig nicht in klare Worte fassen. Es wird sicherlich später einmal wissenschaftlicher Einsicht zugänglich sein.

Für einen solchen Autor ist es also ein Erlebnis ganz besonderer Art, wenn sein Buch in die hebräische Sprache übertragen und Lesern in die Hand gegeben wird, denen dies historische Idiom eine lebende „Zunge" bedeutet. Ein Buch überdies, das den Ursprung von Religion und Sittlichkeit behandelt, aber keinen jüdischen Standpunkt kennt, keine Einschränkung zugunsten des Judentums macht. Aber der Autor hofft, sich mit seinen Lesern in der Überzeugung zu treffen, daß die voraussetzungslose Wissenschaft dem Geist des neuen Judentums nicht fremd bleiben kann.

Wien, im Dezember 1930.

# GELEITWORT

*zu „MEDICAL REVIEW OF REVIEWS", Vol. XXXVI, 1930.*

Dr. Feigenbaum hat mich aufgefordert, einige Worte für die von ihm übernommene Review zu schreiben, und ich benütze den Anlaß, seiner Tätigkeit besten Erfolg zu wünschen.

Ich höre oft, daß die Psychoanalyse in den U. S. sehr populär ist und daß sie dort nicht auf den gleichen hartnäckigen Widerstand stößt wie in Europa. Meine Befriedigung darüber wird aber durch mehrere Umstände getrübt. Mir scheint, daß die Popularität des Namens der Psychoanalyse in Amerika weder eine freundliche Einstellung zur Sache noch eine besondere Verbreitung oder Vertiefung ihrer Kenntnis bedeutet. Als Beweis fürs erste gilt mir, daß, obwohl in Amerika Geldmittel für alle wissenschaftlichen und pseudowissenschaftlichen Unternehmungen leicht und reichlich zu haben sind, doch für unsere psychoanalytischen Institutionen niemals eine Unterstützung erreicht werden konnte. Auch der zweite Satz ist nicht schwer zu beweisen. Obwohl Amerika mehrere tüchtige Analytiker und wenigstens eine Autorität wie Dr. A. A. Brill besitzt, sind die Beiträge zu unserer Wissenschaft aus diesem weiten Land doch spärlich und bringen wenig Neues. Psychiater und Neurologen bedienen sich häufig der Psychoanalyse als einer therapeutischen Methode, aber sie zeigen in der Regel wenig Interesse für ihre wissenschaftlichen Probleme und ihre kulturelle Bedeutung. Ganz besonders häufig zeigt sich bei amerikanischen Ärzten und Autoren eine sehr ungenügende Vertrautheit mit der Psychoanalyse, so daß sie nur den Namen und etliche Schlagworte derselben kennen, wodurch sie sich aber in der Sicherheit ihres Urteils nicht beirren lassen. Dieselben werfen auch die Psychoanalyse mit anderen Lehrsystemen zusammen, die sich aus ihr entwickelt haben mögen, aber heute mit ihr unverträglich sind. Oder sie schaffen sich einen Mischmasch aus

Psychoanalyse und anderen Elementen und geben dieses Vorgehen als Beweis ihrer *broadmindedness* aus, während es nur ihr *lack of judgment* beweist.

Viele dieser von mir mit Bedauern erwähnten Übelstände leiten sich gewiß davon ab, daß in Amerika die allgemeine Tendenz besteht, Studium und Vorbereitung zu verkürzen und möglichst rasch zur praktischen Verwendung zu kommen. Man zieht es auch vor, einen Gegenstand wie die Psychoanalyse nicht aus den originellen Quellen, sondern aus sekundären, oft minderwertigen Darstellungen zu studieren. Dabei muß die Gründlichkeit Schaden leiden.

Es ist zu hoffen, daß Arbeiten, wie Dr. Feigenbaum sie in seiner Review zu publizieren gedenkt, dem Interesse für die Psychoanalyse in Amerika eine mächtige Förderung bringen werden.

## VORWORT

*zur Broschüre „ZEHN JAHRE BERLINER PSYCHO-ANALYTISCHES INSTITUT". Wien, Internationaler Psychoanalytischer Verlag, 1930.*

Die nachstehenden Blätter schildern Einrichtung und Leistung des Berliner Psychoanalytischen Instituts, dem innerhalb der psychoanalytischen Bewegung drei bedeutsame Funktionen zugefallen sind: Erstens unsere Therapie jener großen Menge von Menschen zugänglich zu machen, die unter ihren Neurosen nicht weniger leiden als die Reichen, aber nicht imstande sind, die Kosten ihrer Behandlung aufzubringen, zweitens eine Stätte herzustellen, an der die Analyse theoretisch gelehrt und die Erfahrungen älterer Analytiker auf lernbegierige Schüler übertragen werden können, und endlich, unsere Kenntnis der neurotischen Erkrankungen und unsere therapeutische Technik durch Anwendung und Erprobung unter neuen Verhältnissen zu vervollkommnen.

Ein solches Institut war unentbehrlich, aber auf die Hilfe des Staates und das Interesse der Universität für seine Gründung hätten wir vergeblich gewartet. Die Tatkraft und Opferwilligkeit eines Einzelnen unter den Analytikern hat hier eingegriffen. Dr. Max Eitingon, gegenwärtig Präsident der „Internationalen Psychoanalytischen Vereinigung", hat vor nunmehr zehn Jahren ein solches Institut aus eigenen Mitteln geschaffen, es seitdem erhalten und mit eigener Mühe geleitet. Der Rechenschaftsbericht über dies erste Jahrzehnt des Berliner Instituts ist eine Huldigung für seinen Schöpfer und Leiter, ein Versuch, ihm öffentlich Dank zu sagen. Wer an der Psychoanalyse in irgend einem Sinne Anteil nimmt, wird in diesen Dank einstimmen.

# GELEITWORT

*zu „ELEMENTI DI PSICOANALISI" von EDOARDO WEISS.*
*Milano, Ulrico Hoepli 1931.*

Der Autor dieser Vorlesungen, mein Freund und Schüler Dr. Edoardo Weiß, hat gewünscht, daß ich seiner Arbeit einige empfehlende Worte mit auf den Weg gebe. Ich tue dies hiemit in voller Einsicht, daß eine solche Empfehlung überflüssig ist. Das Werk spricht für sich selbst. Wer den Ernst einer wissenschaftlichen Bemühung zu würdigen weiß, wer die Ehrlichkeit des Forschers schätzt, der Schwierigkeiten nicht verkleinern oder verleugnen will, wer an der Geschicklichkeit des Lehrers Genuß findet, der durch seine Darstellung Licht ins Dunkel und Ordnung ins Chaos bringt, der muß diesem Buch einen hohen Rang einräumen und meine Hoffnung teilen, daß es in den gebildeten und gelehrten Kreisen Italiens ein nachhaltiges Interesse für die junge Wissenschaft der Psychoanalyse erwecken wird.

# BIBLIOGRAPHISCHE ANMERKUNG

### NOTIZ ÜBER DEN „WUNDERBLOCK"
*In deutscher Sprache:*
1925   In „Int. Zeitschrift für Psychoanalyse", Band XI.
1925   In „Gesammelte Schriften", Band VI, Int. Psychoanalytischer Verlag, Leipzig, Wien, Zürich.
1931   In „Theoretische Schriften", Kleinoktavausgabe, im gleichen Verlag.

*In englischer Sprache:*
1940   Übersetzt von James Strachey in „The International Journal of Psycho-Analysis", Vol. XXI, S.469-477.

*In spanischer Sprache:*
1930   Übersetzt von Luis Lopez Ballesteros y de Torres, in „Obras Completas", Band XIV, Biblioteca Nueva, Madrid.

### DIE VERNEINUNG
*In deutscher Sprache:*
1925   In „Imago", Band XI.
1928   In „Gesammelte Schriften", Band XI, Int. Psychoanalytischer Verlag, Leipzig, Wien, Zürich.
1931   In „Theoretische Schriften", Kleinoktavausgabe, im gleichen Verlag.

*In englischer Sprache:*
1925   In „The International Journal of Psycho-Analysis", Vol. VI, S.367-371.

### EINIGE PSYCHISCHE FOLGEN DES ANATOMISCHEN GESCHLECHTSUNTERSCHIEDS
*In deutscher Sprache:*
1925   In „Int. Zeitschrift für Psychoanalyse", Band XI.
1928   In „Gesammelte Schriften", Band XI, Int. Psychoanalytischer Verlag, Leipzig, Wien, Zürich.
1931   In „Kleine Schriften zur Sexualtheorie und zur Traumlehre", Kleinoktavausgabe, im gleichen Verlag.

*In englischer Sprache:*
1927   In „The International Journal of Psycho-Analysis", Vol. VIII, S.133-142.

## „Selbstdarstellung"

*In deutscher Sprache:*

1925  Erschienen im IV. Band des Sammelwerkes „DieMedizin der Gegenwart in Selbstdarstellungen", herausgegeben von Prof. Dr. L. R. Grote, Verlag von Felix Meiner, Leipzig.
1928  In „Gesammelte Schriften", Band XI, Int. Psychoanalytischer Verlag, Leipzig, Wien, Zürich.
1934  In Buchform, im gleichen Verlag.
1936  Zweite durchgesehene und erweiterte Auflage, im gleichen Verlag.
1946  Neudruck im Verlag Imago Publishing Co., Ltd., London.

*In englischer Sprache:*

1927  Übersetzt von James Strachey (gemeinsam mit „The Problem of Lay-Analyses"), Brentano's, New York.
1935  Erschienen als No. 26 „The International Psycho-Analytical Library", The Hogarth Press, London, und als amerikanische Ausgabe bei W. W. Norton & Co., New York.

*In französischer Sprache:*

1928  Übersetzt von Marie Bonaparte in „Les documents bleus", No. 45, Librairie Gallimard, Paris.

*In japanischer Sprache:*

1932  Übersetzt von Kinji Kimura und Yosibuni Naito, Verlag Ars, Tokio.
1933  Übersetzt von Kenji Ohtsuki, Shunyodo Ausgabe, Tokio.
1939  Vierte Auflage.

*In spanischer Sprache:*

1924  Übersetzt von Luis Lopez Ballesteros y de Torres, in „Obras Completas", Band IX, Biblioteca Nueva, Madrid.

*In tschechischer Sprache:*

1936  Übersetzt von Dr. Otto Friedmann, Verlag Orbis, Prag.
1937  Zweite Auflage.

*In ungarischer Sprache:*

1925  Übersetzt von Ignotus in „Nyugat", Jahrgang 18, Budapest.
1936  Übersetzt von Vilma Kovacs, Verlag Pantheon, Budapest.

*Im Blindenpunktdruck:*

—  Verlag Hohe Warte, Wien.

## Die Widerstände gegen die Psychoanalyse

*In deutscher Sprache:*

1925  In „Imago", Band XI (nach Veröffentlichung in französischer Sprache in „La Revue Juive", März 1925).

1928   In „Gesammelte Schriften", Band XI, Int. Psychoanalytischer Verlag, Leipzig, Wien, Zürich.

*In französischer Sprache:*
1925   In „La Revue Juive".

*In norwegischer Sprache:*
1930   Übersetzt von Kristian Schjelderup, im Sammelband „Psykoanalysen I Praksis", Verlag Gyldendal Norsk, Oslo

## HEMMUNG, SYMPTOM UND ANGST
*In deutscher Sprache:*
1926   In Buchform, Int. Psychoanalytischer Verlag, Leipzig, Wien, Zürich.
1928   In „Gesammelte Schriften", Band XI, im gleichen Verlag.
1931   In „Schriften zur Neurosenlehre und zur psychoanalytischen Technik", Kleinoktavausgabe, im gleichen Verlag.

*In englischer Sprache:*
1927   Unter dem Titel „Inhibition, Symptom and Anxiety", in autorisierter und von L. Pierce Clark überprüfter Übersetzung. Mit einem Vorwort von S. Ferenczi. Verlag The Psychoanalytic Institute, Stamford, Conn.
1936   Übersetzt von H. A. Bunker, veröffentlicht unter dem Titel „The Problem of Anxiety". Verlag The Psychoanalytic Quarterly Press and W. W. Norton & Co., New York. Die gleiche Übersetzung wurde auch unter dem Titel „Inhibitions, Symptoms and Anxiety" in „The Psychoanalytic Quarterly" 1935, Vol. IV, No. 4, und 1936, Vol. V, No. 1-3, veröffentlicht.
1936   Übersetzt von Alix Strachey, The International Psycho-Analytical Library, No. 28, The Hogarth Press, London.

*In japanischer Sprache:*
1931   Übersetzt von Y. K. Yabe, Shunyodo Ausgabe, Tokio.
1932   Übersetzt von Hayasi Takasi, Ars-Ausgabe, Tokio.
1938   Dritte Auflage.

*In russischer Sprache:*
1926   Übersetzt von M. Wulff, Moskau.

*In spanischer Sprache:*
1926   Übersetzt von Luis Lopez Ballesteros y de Torres, in „Obras Completas", Band XI, Biblioteca Nueva, Madrid.

*Im Blindenpunktdruck:*
—   Verlag Hohe Warte, Wien.

## DIE FRAGE DER LAIENANALYSE
## UNTERREDUNGEN MIT EINEM UNPARTEIISCHEN

*In deutscher Sprache:*

1926 In Buchform, Int. Psychoanalytischer Verlag, Leipzig, Wien, Zürich.
1928 In „Gesammelte Schriften", Band XI, im gleichen Verlag.

*In englischer Sprache:*

1927 Übersetzt von A. Paul Marker-Branden. Veröffentlicht unter dem Titel „The Problem of Lay-Analyses", mit einem Vorwort von Dr. S. Ferenczi, Brentano's, New York.
1927 Nachwort zur Frage der Laienanalyse im „The International Journal of Psycho-Analysis", Vol. VIII, S. 392-398.
1947 Übersetzt von Nancy Procter-Gregg. Mit einem Vorwort von Ernest Jones, Imago Publishing Co., Ltd., London.

*In japanischer Sprache:*

1932 Übersetzt von Kimura Kinji and Naito Yosibumi, Ars-Ausgabe, Tokio.
1932 Übersetzt von Kenji Ohtsuki, Shunyodo Ausgabe, Tokio.
1936 Zweite Auflage.

*In französischer Sprache:*

1928 Übersetzt von Marie Bonaparte in „Les documents bleus", No. 45, Librairie Gallimard, Paris.

*In spanischer Sprache:*

1928 Übersetzt von Luis Lopez Ballesteros y de Torres, in „Obras Completas", Band XII, Biblioteca Nueva, Madrid.

## PSYCHO-ANALYSIS

*In deutscher Sprache:*

1934 In „Gesammelte Schriften", Band XII, Int. Psychoanalytischer Verlag, Leipzig, Wien, Zürich.

*In englischer Sprache:*

1926 Zuerst veröffentlicht mit einigen Abänderungen unter dem Titel „Psychoanalysis: Freudian School" in „Encyclopædia Britannica", XIIIth Edition, New Vol. III, London.
1929 In der gleichen Ausgabe, XIVth Edition, Vol. XVIII.

## FETISCHISMUS

*In deutscher Sprache:*

1927 In „Int. Zeitschrift für Psychoanalyse", Band XIII.
1928 In „Gesammelte Schriften", Band XI, Int. Psychoanalytischer Verlag, Leipzig, Wien, Zürich.
1931 In „Kleine Schriften zur Sexualtheorie und zur Traumlehre", Kleinoktavausgabe, im gleichen Verlag.

*In englischer Sprache:*
1928  Übersetzt von James Strachey, in „The International Journal of Psycho-Analysis", Vol. IX, S. 161-166.

*In japanischer Sprache:*
1933  Übersetzt von Hayasi Takasi, Ars-Ausgabe, Tokio.
1932  Übersetzt von Kenji Ohtsuki, Shunyodo Ausgabe, Tokio.
1938  Vierte Auflage.

NACHTRAG ZUR ARBEIT ÜBER DEN MOSES DES MICHELANGELO

*In deutscher Sprache:*
1927  In „Imago", Band XIII.
1928  In „Gesammelte Schriften", Band XI, Int. Psychoanalytischer Verlag, Leipzig, Wien, Zürich.

*In französischer Sprache:*
1927  Übersetzt von Marie Bonaparte, in „Revue Française de Psychanalyse", Band I.
1933  In „Essais de Psychanalyse Appliquée", „Les documents bleus", No. 54, Librairie Gallimard, Paris.

DIE ZUKUNFT EINER ILLUSION

*In deutscher Sprache:*
1927  In Buchform, Int. Psychoanalytischer Verlag, Leipzig, Wien, Zürich.
1928  Zweite Auflage, im gleichen Verlag.
1928  In „Gesammelte Schriften", Band XI, im gleichen Verlag.

*In englischer Sprache:*
1928  Übersetzt von W. D. Robson-Scott, The International Psycho-Analytical Library, No. 15, The Hogarth Press, London; Liveright, New York.

*In französischer Sprache:*
1932  Übersetzt von Marie Bonaparte, Denoël & Steele, Paris.

*In holländischer Sprache:*
1929  Übersetzt von Jos Van Veen, Uitgave Hoofdbestuur Vrijdenkersvereeniging „De Dageraad", Amsterdam.

*In japanischer Sprache:*
1931  Übersetzt von Kenji Ohtsuki, Shunyodo Ausgabe, Tokio.
1937  Zweite Auflage.
1932  Übersetzt von Kimura Kinji und Yosibuni Naito, Ars-Ausgabe, Tokio.

*In schwedischer Sprache:*
1928   Übersetzt von Signe Bratt, Albert Bonniers Förlag, Stockholm

*In spanischer Sprache:*
1930   Übersetzt von Luis Lopez Ballesteros y de Torres, in „Obras Completas"'
       Band XIV, Biblioteca Nueva, Madrid.

*In tschechischer Sprache:*
1929   Übersetzt von Harry Schütz und Dr. Fr. Navratil. Nakladatelstvi Volné
       Myslenky.

*In ungarischer Sprache:*
1945   Übersetzt von István Schönberger, Biblioteca, Budapest.

## DER HUMOR
*In deutscher Sprache:*
1928   In „Imago", Band XIV.
1928   In „Gesammelte Schriften", Band XI, Int. Psychoanalytischer Verlag,
       Leipzig, Wien, Zürich.

*In englischer Sprache:*
1928   Übersetzt von James Strachey, in „The International Journal of Psycho-
       Analysis", Vol. IX, S. 1-6.

*In französischer Sprache:*
1930   Übersetzt von Marie Bonaparte und Dr. M. Nathan, in „Le mot d'esprit
       et ses rapports avec l'inconscient", „Les documents bleus," No. 19,
       Librairie Gallimard, Paris.

*In japanischer Sprache:*
1931   Übersetzt von Kenji Ohtsuki, Shunyodo Ausgabe, Tokio.
1937   Zweite Auflage.

## EIN RELIGIÖSES ERLEBNIS
*In deutscher Sprache:*
1928   In „Imago", Band XIV.
1928   In „Gesammelte Schriften", Band XI, Int. Psychoanalytischer
       Verlag, Leipzig, Wien, Zürich.

*In englischer Sprache:*
1929   Übersetzt von James Strachey, in „The International Journal of
       Psycho-Analysis", Vol. X, S. 1-4.

*In spanischer Sprache:*
1930   Übersetzt von Luis Lopez Ballesteros y de Torres, in „Obras Completas",
       Band XIV, Biblioteca Nueva, Madrid.

### DOSTOJEWSKI UND DIE VATERTÖTUNG
*In deutscher Sprache:*
1928 Veröffentlicht als einleitende Studie des Bandes „Die Urgestalt der Brüder Karamasoff", herausgegeben von Fritz Eckstein und René Fülöp-Miller, Verlag R. Piper & Co., München.
1934 In „Gesammelte Schriften", Band XII, Int. Psychoanalytischer Verlag, Leipzig, Wien, Zürich.

*In englischer Sprache:*
1929 Übersetzt von D. F. Tait, The Realist, Vol. I, No. 4, London.
1945 In „The International Journal of Psycho-Analysis", Vol. XXVI, S. 1-8.
1945 „Partisan Review", Vol. XII, New York.

### DAS UNBEHAGEN IN DER KULTUR
*In deutscher Sprache.*
1930 In Buchform, Int. Psychoanalytischer Verlag, Leipzig, Wien, Zürich.
1931 Zweite Auflage, im gleichen Verlag.
1934 In „Gesammelte Schriften", Band XII, im gleichen Verlag.

*In englischer Sprache:*
1930 Übersetzt von Joan Riviere, The International Psycho-Analytical Library, No. 17, The Hogarth Press, London; Cape & Smith, New York.

*In japanischer Sprache:*
1932 Übersetzt von Isinaka Shioji, Ars-Ausgabe, Tokio.
1931 Übersetzt von Kenji Ohtsuki, Shunyodo Ausgabe, Tokio.
1937 Zweite Auflage.

*In schwedischer Sprache:*
1932 Übersetzt von S. J. S., Albert Bonniers Förlag, Stockholm.

*In spanischer Sprache:*
1936 Übersetzt von A. Novoda C., Ediciones Extra, Empresa Letras, Santiago de Chile.

### ÜBER LIBIDINÖSE TYPEN
*In deutscher Sprache:*
1931 In „Int. Zeitschrift für Psychoanalyse", Band XVII.
1934 In „Gesammelte Schriften", Band XII, Int. Psychoanalytischer Verlag, Leipzig, Wien, Zürich.

*In englischer Sprache:*
1932 Übersetzt von James Strachey, in „The International Journal of Psycho-Analysis", Vol. XIII, S. 277-280.

1932 Übersetzt von Edith B. Jackson, in „The Psychoanalytic Quarterly", Vol. I, p. 3-6.

## ÜBER DIE WEIBLICHE SEXUALITÄT

*In deutscher Sprache:*

1931 In „Int. Zeitschrift für Psychoanalyse", Band XVII.
1934 In „Gesammelte Schriften", Band XII, Int. Psychoanalytischer Verlag, Leipzig, Wien, Zürich.

*In englischer Sprache:*

1932 Übersetzt von James Strachey, in „The International Journal of Psycho-Analysis", Vol. XIII, S. 281-297.
1932 Übersetzt von Edith B. Jackson, in „The Psychoanalytic Quarterly", Vol. I, p. 191-209.

## DAS FAKULTÄTSGUTACHTEN IM PROZESS HALSMANN

*In deutscher Sprache:*

1931 In „Psychoanalytische Bewegung", Band III.
1934 In „Gesammelte Schriften", Band XII, Int. Psychoanalytischer Verlag, Leipzig, Wien, Zürich.

## GOETHE-PREIS 1930

*In deutscher Sprache:*

1930 In „Psychoanalytische Bewegung", Band II.
1934 In „Gesammelte Schriften", Band XII, Int. Psychoanalytischer Verlag, Leipzig, Wien, Zürich.

## AN ROMAIN ROLLAND

*In deutscher Sprache:*

1926 Erschienen in „Liber amicorum Romain Rolland" zu Rollands 60. Geburtstag, im Rotapfel Verlag, Zürich.
1928 In „Gesammelte Schriften", Band XI, Int. Psychoanalytischer Verlag, Leipzig, Wien, Zürich.

## ERNEST JONES ZUM 50. GEBURTSTAG

*In deutscher Sprache:*

1929 In „Int. Zeitschrift für Psychoanalyse", Band XV.
1934 In „Gesammelte Schriften", Band XII, Int. Psychoanalytischer Verlag, Leipzig, Wien, Zürich.

*In englischer Sprache:*

1929 In „The International Journal of Psycho-Analysis", Vol. X, S. 123-124.

## BRIEF
## AN DEN HERAUSGEBER DER „JÜDISCHEN PRESSZENTRALE ZÜRICH"

*In deutscher Sprache:*
1925 In „Jüdische Presszentrale Zürich", 26. Februar 1925.
1928 In „Gesammelte Schriften", Band XI, Int. Psychoanalytischer Verlag Leipzig, Wien, Zürich.

## TO THE OPENING OF THE HEBREW UNIVERSITY

*In englischer Sprache:*
1925 Veröffentlicht in der Halbmonatsschrift „New Judaea", 27.März 1925.
1928 In „Gesammelte Schriften", Band XI, Int. Psychoanalytischer Verlag Leipzig, Wien, Zürich.

## BRIEF AN MAXIM LEROY
## ÜBER EINEN TRAUM DES CARTESIUS

*In französischer Sprache:*
1929 Veröffentlicht in Maxim Leroy's „Descartes, le philosophe au masque", Les Editions Rieder, Paris.
1934 In „Gesammelte Schriften", Band XII, Int. Psychoanalytischer Verlag Leipzig, Wien, Zürich.

## BRIEF AN DEN BÜRGERMEISTER DER STADT PŘIBOR

*In deutscher Sprache:*
1931 In „Psychoanalytische Bewegung", Band III.
1934 In „Gesammelte Schriften", Band XII, Int. Psychoanalytischer Verlag, Leipzig, Wien, Zürich.

## JOSEF BREUER†

*In deutscher Sprache:*
1925 In „Int. Zeitschrift für Psychoanalyse", Band XI.
1928 In „Gesammelte Schriften", Band XI, Int. Psychoanalytischer Verlag, Leipzig, Wien, Zürich.

*In englischer Sprache:*
1925 In „The International Journal of Psycho-Analysis", Vol. VI, p. 459-460

## KARL ABRAHAM†

*In deutscher Sprache:*
1926 In „Int. Zeitschrift für Psychoanalyse", Band XII.
1928 In „Gesammelte Schriften", Band XI, Int. Psychoanalytischer Verlag, Leipzig, Wien, Zürich.

*In englischer Sprache:*
1926 In „The International Journal of Psycho-Analysis", Vol. VII, p. 1.

## Geleitwort
### zu August Aichhorns „Verwahrloste Jugend"

*In deutscher Sprache:*
1925 In „Verwahrloste Jugend, Die Psychoanalyse in der Fürsorgeerziehung, 10 Vorträge zur ersten Einführung" von August Aichhorn. Int. Psychoanalytische Bibliothek, No. 19, Int. Psychoanalytischer Verlag, Leipzig, Wien, Zürich.
1928 In „Gesammelte Schriften", Band XI, im gleichen Verlag.

*In englischer Sprache:*
1935 In „Wayward Youth" by A. Aichhorn, Viking Press, New York.
1936 Putnam & Co., Ltd., London.

## Bemerkung
### zu E. Pickworth Farrow's „Eine Kindheitserinnerung aus dem 6. Lebensmonat"

*In deutscher Sprache:*
1926 In „Int. Zeitschrift für Psychoanalyse", Band XII.

*In englischer Sprache:*
1942 In Pickworth Farrow's „A Practical Method of Self-Analysis". G. Allen & Unwin, London.

## Vorrede
### zur hebräischen Ausgabe von „Totem und Tabu"

*In deutscher Sprache:*
1934 In „Gesammelte Schriften", Band XII, Int. Psychoanalytischer Verlag, Leipzig, Wien, Zürich.

*In hebräischer Sprache:*
1939 Übersetzt v. J. Devosis. Verlag Kirjeith Zefer, Jerusalem.

## Geleitwort
### zu „Medical Review of Reviews"

*In deutscher Sprache:*
1934 In „Gesammelte Schriften", Band XII, Int. Psychoanalytischer Verlag, Leipzig, Wien, Zürich.

*In englischer Sprache:*
1930 In „Medical Review of Reviews", Vol XXXVI, 412th Issue, Psychopathology Number, Character Diseases and the Neuroses, edited by Dorian Feigenbaum, M.D., New York.

## Vorwort
### zu „10 Jahre Berliner Psychoanalytisches Institut"

*In deutscher Sprache:*
1930 Als Brochüre, im Int. Psychoanalytischer Verlag, Leipzig, Wien, Zürich.
1934 In „Gesammelte Schriften", Band XII, im gleichen Verlag.

GELEITWORT
ZU EDOARDO WEISS „ELEMENTI DI PSICOANALISI"

*In deutscher Sprache:*

1934    In „Gesammelte Schriften", Band XII, Int. Psychoanalytischer Verlag,
        Leipzig, Wien, Zürich.

*In italienischer Sprache:*

1931    Im Verlag Ulrico Hoepli, Milano.
1937    Dritte Auflage.

# INDEX

Abasie 115
Abfuhr i. Denken 14
Abfuhrvorgang, Angst i. 163
Abgrund u. Angst 201
Abraham, Karl 30, 80, 290, 535, 564
Abscheu g. Weib 24
Absurdität 351
Abwehr, Definition d. 196
  i.d. Hysterie 145
  organische 466
  u. Verdrängung 144, 195ff.
Abwehrkampf g.d. Symptom 158
Abwehrneurose 48
Adler, Alfred 25, 77, 79, 181, 293, 306
Affekt, Reproduktion d. 194
  u. Gedanke i.d. Aggression 147
  u. Intellekt 12
  Unlustcharakter 162
Affekte sind Erinnerungssymbole 120
  sind Reproduktionen 163
Affektersparnis im Humor 384
Affektive Epilepsie 404
Affektverwandlung aufgegeben 119
Affenprozess in Dayton 362
Aggression i. Witz 386
  Inhalt u. Impuls 147
  Introjektion d. 482
  rachsüchtige 489
  s.a. Wut
  unbewusste 146
  u. Erziehung 494
  u. Versagung 498
  Verschiebung 497
  Verwandlung 134
Aggressionslust 332, 532

Aggressionsneigung u. Kultur 470ff
Aggressionstrieb 476
Aggressiv oral 531
Agieren, Motiv Penisneid 24
Agoraphobie 138, 157
Aichhorn, August 490, 565
Akte, zweizeitige 150
Aktiv—passiv 529
Akropolis 347
Aktualneurose 50, 138, 171f, 193ff
Akzidentelle Einflüsse auf Entwicklung 536
Alchimisten 353
Alexander, Franz 490, 498
'Als ob' 221
Altruistisch-egoistisch 500
Ambivalenz 77, 130, 190, 492, 528
Ameisen 482
Amerika 210, 285, 341, 362, 475
Analcharakter u. Kultur 456
Analerotik, Sublimierung d. 146
Analität u. Aggressionslust 532
Analyse, Zukunft d. 19
Analytiker, Auswahl d. 250
  Persönlichkeit d. 249
Analytische Pädagogen 285
  Situation, Dritter i.d. 211
Ananke—Logos 378
  u. Eros 460
Anekdote v. Einbrecher 542
Angst als Empfindung 162
  aus Libido 137
  automatische 168
  biologische 194
  Definition d. 199f

Angst, d. Es 171
i. Dunkeln 166f
i. Über-Ich unbekannt 171
ist nicht Geburtsangst 121
ist nicht Symptom 131
neurotische u. Real- 198
Schmerz, Trauer 161
sinnlose 338
soziale 170, 484
unbewusste 495
u. Erwartung 197f
u. Es-Vorgänge 171
u. Furcht 198
u. Geburt 163
u. Gefahrsituation 159
u. Klystiere 531
u. Libido 193ff.
u. Ratlosigkeit 167
u. Symptombildung 160
u. Trauma 199
u. Verdrängung 121, 137
u. Wahrnehmung 156
v.d. Alleinsein 201
v.d. Autorität 486
v.d. Dunkelheit 201
v.d. Fremden 167
v.d. Mutter 519, 531
v.d. Psychoanalyse 107
v.d. Über-Ich 170, 487, 495
v. Gewitter 201
v. Höhe 201
v. kleinen Tieren 201
Angstbereitschaft d. Säuglings 167
Angstentwicklung u. Symptombildung 175ff
Angstfreiheit i.d. Konversionshysterie 140
Angstlähmung 198
Angstneurose, Begründung 49
Angstschutz u. Mutter 346
Angststätte u. Ich 120, 171

Angsttheorie, Revision 120, 170
Angsttier, Wahl d. 133
Animismus 338
Aphasien, Zur Auffassung d. 42
Apparat, seelischer 4
Zweckmässigkeit 380
Arbeit u. Glück 438
Arbeitshemmung 115
Arbeitszwang 331
Archaische Angst v. Objektverlust 201
Argument g.psych. Inhalt 23
Arisches Ideal 479
Aristoteles 548
Arzt, Unbefangenheit d. 278
u. Analyse 209ff
u. therapeut. Interesse 291
Ärztliches Diplom u. Patient 292
Asozial 330
Asozialität 331
Assoziation, freie 65
Ästhetik 441
Ätiologie d. Neurosen 277
Aura, epileptische 410
Aussen heisst fremd 13
—innen 424f
Aussenwelt, Gutes i.d. 13
Ausspucken 13
Autorität u. Schuldgefühl 496
Verinnerlichung d. 484

Baedeker 123
Baginsky, Ad. 38
Bamberger 39
Basedowsche Krankheit u. Neurose 101
Bauer u.d. Neue 99
Bedürfnis, spezialisiertes 169
Bedürfnisse, Befriedigung d. 435
Bedürfnisspannung b. Säugling 168
Befriedigungsobjekt 13
Begreifen, Methode d. 343
Behaarung, Genital- 314

Behandlung u. Zuhörer 67
Behaviourism 79
Beichte u. Analyse 215
Beissen (kl. Hans) 130
Bejahung 12
Beleidigung i.d. Analyse 11
Berliner Poliklinik 110
　Institut 260, 572
Bernfeld, S. 95
Bernheim 41, 45, 52
Beruf, Hemmung i. 116
"Berufen" 12
Berührung, Tabu d. 152
Besetzungsinnervationen 8
Besetzungsmengen i. Humor 387
Besetzungswandel 388
Betrug 333
Bettnässen, Rolle d. 22
Bewusstsein, Entstehung d. 5
Bienen 482
Biochemie 534
Biograph 550
Biologie u. Angst 164
　u. Weiblichkeit 533
Biologische Bedeutung d. Angst 194
Biologischer Faktor i.d. Neurosenbildung 187
　versus psychologischer Gesichtspunkt 169
Bipolarität d. Liebe 478
Bisexualität u. Kultur 465f
　u. Onanie 26
Bisexuelle Anlage i. Ödipuskomplex 21
Bleuler, E. 75, 305, 466
Breuer, Josef 43, 51, 74, 100, 299, 562
Brill, A. A. 80. 570
Brücke, v. 35, 290
Brust, Entwöhnung v.d. 527
　—Objekt 424
　u. Kastration 160
Brustwarze u. Fellatio 23

Budapest (Kongress) 81
Burghölzli 77
Burlington Magazine 321
Busch, Wilhelm 432

Caesar, Caius Julius 242
Cathexis 302
Charakter d. Weibes 29
　triebhafter 402
Charakterbildung d. Penisneid 25
Charcot 36, 44, 100, 299
Chinesen 317
Christian Science 269, 479
Chrobak 48
Cito, tuto, jucunde 301
Clitoris, s.a. Klitoris
　u. Brustwarze 23
Credo quia absurdum 350

Daly, C. D. 459
Dämonisches überschätzt 123
Darmeingiessungen 531
Darwin 34, 93, 109
Dauerspur 3f
Dauermoment i.d. Neurosen 180
Defäkation u. Kastration 160
Definition d. Abwehr 196
　d. Angst 199f
　d. Gewissens 496
　d. Kultur 448
　d. Schuldgefühls 496
　d. Strafbedurfnisses 496
　d. Über-Ichs 496
Delinquent 383
Dementia praecox 301, 312
Denkaufschub 14
Denken, Bereicherung d. 13
　Genese d. 344
　u. Motorik 14
Denkschwäche d. Erwachsenen 370
Denktätigkeit erotisiert 149

Depression u. Wut 117
Descartes, Traum d. 558ff
Desexualisierte Energie d. Ichs 125, 194
Desexualisierung d. Ödipuskomplexes 29
Destruktion u. Berührung 152
Destruktionstrieb, Einwand 478
   i.d. Verneinung 15
Destruktive Tendenzen 328
Deszendenztheorie 425f
Deuten, Verfahren 248
Deutsch, Helene 30, 519, 535
Deutschland, Laienanalyse in 210
Deutung d. Verneinung 11
Deutungskunst 66
Diagnose i.d. Analyse 273
Diderot 541
Diktator 336
Ding—Befriedigungsobjekt 13
Dirne, die unzugängl. Mutter 418
Dora, Fall 20
Dostojewski 397ff, 523, 542
Drama, griechisches 412
Durcharbeiten u. Widerstand 192
Dynamischer Gesichtspunkt 227

Edinger 36
Egoistisch—altruistisch 500
Ehe, zweite 528
Ehrgeiz u. Harnerotik 449
Eifersucht u. Penisneid 25
Eifersuchtswahn 519
Einsamkeit u. Judentum 110
Eitingon 80, 260, 306, 572
Ejaculatio praecox 114
Ekstase 386
Elektrakomplex 521
Elektrotherapie 40
Elementarkatastrophen 337
Elterninstanz, introjizierte 170
   Unpersönlichwerden d. 170
Embryo 429

Emden, van 80
Empfindung, Angst als 162
Encyclopaedia Britannica 299
Endokrinologie 294
Energiebesetzung, Quantität 388
Energieverarmung 117
Entbehrung 331
   d. Säuglings 527
Entfremdung gegen Genitale 313
Entstellung i.d. Erinnerung 3
Entwicklung, Faktoren d. 536
Entwöhnung 527
Enuresis u. Onanie 22
Epilepsie 402ff
Erbrechen 115
Erdbeben 336
Erde, Mutter 116
Erektionslosigkeit 114
Eremit 439
Erinnerung, 6. Lebensmonat 568
   u. Geschlechtsunterschied 23
Erinnerungsapparat 3
Erinnerungsspur 3
Erinnerungssymbole u. Affekte 120
Erniedrigung z. oralen Stufe 135
Erogene Zonen 424
Eros—Bejahung 15
   Tendenz d. 477
   u. Ananke 460
   u. Berührung 152
   u. Gemeinschaft 499
Erotischer Typus 510
Erotisierung d. Denktätigkeit 149
Erregungsmengen, Grenzen d. Bewältigung v. 180
Ersatzbildung—Symptombildung 176
Erstlingsfrucht, Reaktion a.d. 99
Erwartung u. Angst 197
Erziehbarkeit 330
Erziehung u. Aggression 494
   u. Onanie 27

u. Psychoanalyse 565
u. Über-Ich 490
zur Realität 373
Es-Angst 171, 194
Es, Einfluss a.d. Über-Ich 145
Konflikt m.d. Ich 116
u. Ich 223ff
Essen, Bedeutung 13
Esshemmung 114
Esslust, Steigerung d. 115
Esszwang 115
Ethik 501
Etruskergrab 339
Ewigkeit 422
Exterritorialität 125

Familie 461
Fechner, G.Th. 86
Federn, Paul 424
Feigenbaum, Dorian 570
Feigenblatt 316
Feindseligkeit g. Mutter 535
Fellatio u. Brustwarze 23
Feminine Bedeutung d. Masochismus 201
  Einstellung d. Knaben 21
Feministen 30
Feminität d. Mannes 30
Fenichel, Otto 536
Fenster, Angst u. 201
Ferenczi, S. 29, 76, 80, 93, 169, 424
Fetisch d. Primitiven 486
Fetischismus 311ff
Feuer 449
Fiktion 221, 351
Finden—wiederfinden 14
Fixierung führt z. Neurose 304
  d. Symptoms 127
  u. Kastration 24
Fluchtversuch 120
Fontane, Theodor 432

Formschönheit 90
Fortschritt (Nestroy) 220
Fötalsituation u. Mutterobjekt 169
Fötalzeit, Dauer 186
Fötus, objektlos 161
  psychische Situation d. 165, 169
Foucaultscher Pendelversuch 348
Franciscus von Assisi 461
Frankfurt a.M. 545
Frankreich, Laienanalyse in 210
  Psychoanalyse in 88
Französische Autoren 191
  Revolution 469
Frau, s. Weib
Frazer, J. G. 93
Freiberg (Pribor) 34, 561
Freiheit, individuelle 455
Fremd heisst schlecht 13
  Reaktion a.d. Fremde 99
Freud, Anna 96, 81, 545, 561
Freundschaft 462
Frigidität 535
Frommgläubige 506
Früherlebnisse, Interpretation 531
Frühphobie 167
Fühler d. Ubw. 8
Führer u. Massen 328
Führertypus 511
Führerpersönlichkeiten 501
Fülöp-Miller, René 401
Funktion, Hemmung d. 113
Furcht u. Angst 198
Furor prohibendi 268
Fuss d. Chinesinnen 317
Fussfetisch 314

Galsworthy, J. 465
Gang, aufrechter 466
Gebet 99
Geburt als Gefahr 194
  u. Kastration 161

Geburtstrauma 315
Geburtsvorgang, Erinnerung a.d. 166
Gedächtnis, Misstrauen g.d. 3
Gefahr 119
   verinnerlicht 177
Gefahrsituationen, drei 187
Gefressen werden 133, 531
Gefühlsvorgänge, Psychologie d. 202
Gegenbesetzung 55
   u. Widerstand 189
Gegensätze u. Fetischismus 316
Gegenwart, reale 67
Gehen 116
Gehstörung 115
Geisteswissenschaften 295
Gelüste, sexuelle 333
Gemeinschaftsneurosen 505
Genetische Verknüpfung d. Gefahren 195
Génie latin 88
   teutonique 88
Genitale, Entdeckung d. 23
Genitalorgan i.d. Mutterleibsphantasie 170
Genitalorganisation u. Verdrängung 155
Geringschätzung d. Weibes 24
Geruch 466
   u. Menstruation 458
Geschlechtsunterschied, anatom. 19
Gesellschaft, Klassen d. 333f
Gesellschaftsordnung u. Psychoanalyse 283
Gesetze, wissenschaftliche 379
Gesicht u. Geruch 458
Gesundheit, seelische 386
Gewissen, Definition 496
   Entstehung 484
   infantile Stufe 486
   u. Aggression 482
   u. Liebe 492
   u. Tugend 485

Gewissensangst, Inhalt 170
Gier d. Libido 527
Gingerbreadman 133
Gleichstellung d. Weibes m.d. Manne 25
Glück 433
God's own country 341
Goethe 34, 432, 434, 480, 493, 541, 543
Goethe-Preis 1930 543ff
Gott u. Vater 395
Götter waren Kulturideale 450
Gottesidee, Ursprung d. 339
Grenzen d. Bewältigung 180
Grenzstationen m. gemischter Besetzung 126
Grundregel 66
   i.d. Zwangsneurose 151
Gut u. Böse 483
   u. Ich 13

Haag (Kongress) 80
Habgier 333
Hall, G. Stanley 77, 306
Halluzination, früheste 167
   i.d. Konversionshysterie 140
Halluzinatorische Psychose 396
Halsmann, Prozess 539
Hamlet 89, 214
Hände u. Onanie 417
Handeln u. Denken 14
Handlungen, Motiv Penisneid 24
Hans, kleiner 129ff
Hansen ('Magnetiseur') 40
Harnerotik u. Ehrgeiz 449
Hass i. Hysterie 190
Havelock Ellis 49
Hebrew University 556
Heidenhain 40
Heilsarmee 285
Heine, H. 469
Helmholtz 403

# Index

Hemmung 113ff
Heuchelei, Kultur- 106
Hilflosigkeit, menschliche 340
  psychische u. motorische 201
  u. Religion 346
  u. Verwöhnung 200
Hindumythologie 459
Historisches Nacheinander 428
Hochschule, psychoanalytische 281
Höhenphobien 201
Homo homini lupus 471
Homosexualität 522
  (kl. Hans) 134
  u. Fetischismus 313
Horazisches Rezept 20
Horney, K. 30, 537
Hug-Hellmuth 95
Humor 383
Hupka, Josef 541
Hypnoidhysterie 47
Hypnose 40
  d. Laien 271
  u. Übertragung 68
Hypothesen u. Theorien 58
Hysterie, Abwehr i.d. 145
  Ausbruch d. 143
  Hass in 190
  Objektbeziehung i. 190
  Reaktionsbildung i. 190
  u. Arbeit 115
  u. Gegenbesetzung 190
  u. Liebesverlust 174
  u. Mutterbindung 519
  u. Weiblichkeit 174
Hysterische Abwehr 196f
  Konversion, Sonderstellung 125
  Symptome i.d. Zwangsneurose 143
  Symptome, primäre 126
Hysterischer Anfall u. Affekt 120
  Anfall, Zweckmässigkeit i. 164
Hysteroepilepsie 402

Ich, die Angststätte 171
  Einfluss a.d.Es 119
  Gutes im 13
  i.d. Konversionshysterie 141
  i.d. Zwangsneurose 147
  Isolierungstätigkeit d. 151
  Konflikt m.d. Es 116
  Lust-Ich u. Introjektion 13
  Real-Ich, Entwicklung 13
  Sträuben i.d. Regression 143
  u. Es 223ff
  u. Ödipuskomplex 29
  u. Symptom 125f
  u. Tod 409
  u. Triebvorgang 178
  u. Über-Ich im Humor 387
  u. Vorstellung 13
  u. Widerstand g. Wahrnehmungen 191
  u. Willenslähmung 148
  ungeteiltes 489
  Unüberwindlichkeit d. 386
Ich-Angst 194
Ich-Objekt 424f
Ichentleerung 387
Ichfremde Innenwelt 126
Ichfunktionen, Hemmung d. 114
Ichgefühl 423
Ichgrenzen 424
Ichschutz 197
Ichschwäche überschätzt 122
Ichveränderung inf. Gegenbesetzung 190
Ichverarmung 117
Identifizierung m.d. Toten 406
  m.d. Vater, präödipale 21.
Identifizierungsgefühle d. Kunst 335
Illusion im Humor 389
  u. Wahnidee 353
Impotenz u. Mutterleibsphantasie 170
  psychische 114

Indogermanen 353
Innen—aussen 13, 424f
Innenwelt, ichfremde 126
Innsbruck 542
Instinkt u. Gefahr 201
Intellekt u. Affekt 12
  u. Epilepsie 403
Intelligenz d. Kindes 370
Interpretation, nachträgliche 531
Inter urinas 468
Intoxikation u. Neurose 101
Intrauterinexistenz, Dauer 186
Introjektion d. Aggression 482
  d. Guten 13
Invalidenrente 126
Inzest 331
  in Ägypten 243
Iphigenie 548
Isaacs, Susan 498
Isolieren 149
Isolierung als Abwehr 196
Israel, Volk 486
Italien 573
Iwan d. Schreckliche 400

James, William 78
Janet, P. 37, 44, 56, 299
Jensen, W. 91
Jesus Christus 502
Jeu, Le jeu pour le jeu 415
Jew, an infidel- 394
Jones, Ernest 80, 90, 260, 321, 430, 457, 498, 537, 554f
Juden 474, 479
Judentum 569
  u. Psychoanalyse 110
Jüdische Presszentrale 556
Jugend, Verwahrloste 565
Jung, C. G. 75, 82, 92, 305, 477

Kandidaten d. Lehrinstitute 279

Kannibalismus 331
Karamasoff, Die Brüder 399
Kassowitz 38
Kastration, Abscheu v.d. 313
  Entdeckung d. 525
  u. Brust 160
  u. Defäkation 160
  u. Tod 160
  Verleugnung im Fetischismus 316
Kastrationsangst i.d. Tierphobien 136
  u. Realangst 137
Kastrationsdrohung, Folgen 23
  u. Mutterleibsphantasie 170
  u. Phobie 174
Kastrationskomplex—Onanie 21
  d. Weibes 522
  Übersehen d. 25
Kastrationsschreck 314
Katastrophe d. Ödipus-Komplexes 29
Katharsis 300
Kathartisches Verfahren 46
Katholische Geistliche u. Analyse 293
Kern d. Über-Ichs 170
Kind, Aggression 489
  Fortschritte i.d. Entwicklung 170
  =Penis 27
  u. Erwachsener 386
  u. Gefahr 201
  u. Über-Ich 489
  Verwöhnung 200
Kinderanalyse 244
Kinderneurosen 285
  Häufigkeit 179
Kindersterblichkeit 447
Kindesliebe i.d. Hysterie 190
Kindeswunsch, Ursprung 28
  v. Vater 22
Kindheit u. frühe Phobien 201
  u. Psychose 24, 315
Klassen, bevorzugte 334
  d. Gesellschaft 333

Klavierspielen, Hemmungen 116
Klein, Melanie 96, 498, 536
Kleopatra 242
Klitoris 317
  Schlagen d. 26
  Unzufriedenheit m.d. 522
Klystiere 531
Knochen 429
Koitus, kleine Epilepsie 404
  Symbole Schreiben u. Gehen 116
Koitusbeobachtung u. Onanie 22
Kokain 38
Koller, Carl 39
Kolumbus 353
Komik 388
Kommunion 94
Kommunisten 472
Konflikt, seelischer 55
Königstein, L. 39
Konstanz liegt am Bodensee 347
Kontraktur i.d. Konversionshysterie 140f
Konversion 300
Konversionshysterie ohne Angst 140
Konzentration, Funktion d. 151
Kopernikus 109
Körperorgane 424
Krampfanfall i.d. Konversionshysterie 141
Krankheitsgswinn, sekundärer 127
  Widerstand 193
Krauß, Friedrich S. 466
Krieg 332
Kriegsgefahr 506
Kriegsneurosen 172
Kriegsneurotiker 80
Kriegsverletzter 126
Krokodil 426
Kronos 133
Kultur, Definition 448
  Stützen d. 106

Unbehagen i.d. 419ff
  u. Eros 481
  weisse, christliche 341
Kultur-Über-Ich 502
Kulturen, Triebe i.d. 107
Kulturheuchelei 106
Kulturprozess, Ziel 500
Kulturschicksale 325ff
Kulturversagung 457
Kunst, Befriedigung 335
  Illusion i.d. 433, 439
  partielle Ableitung 105
  u. Psychoanalyse 283
Künstlerische Begabung 401
Kur u. Zuhörer 67
Kurpfuscher 210, 287

Laforgue 191, 312
Lähmung, hysterische 115
  i.d. Konversionshysterie 141
Laienanalyse 567
Lampl-de Groot, Jeanne 519, 535f
Latenz u. Kultur 64
  u. Zwangsneurose 143
Latenzzeit u. Gegenbesetzung 190
Leben, Zweck d. 433
Lebensangst v. Über-Ich 170
Lehranalyse 225
Lehranalytiker 284
Leiden 434
  u. Humor 385
Leistung, Stolz a.d. 334
Leonardo da Vinci 91, 547
Leroy, Maxim 558ff
Lessing 88
Libidinöse Typen 507ff
Libido 302
  Abwendung d. 114
  u. Angst 137, 193ff
Libidotheorie (Zusammenfassung) 60f
Libidoverschiebung 437

Liébault 41
Liebe, Bipolarität 478
Nächstenliebe 468
u. Glück 440
Liebesbedürfnis, biologische Wurzel 187
Liebeserfahrung u. Aggression 490
Liebesverlust, Angst v. 483
u. Hysterie 174
v. Über-Ich 170
Lindner 23
Literatur, 3 Meisterwerke 412
Livius 60
Logos u. Ananke 378
Lokomotion, Hemmung d. 114
London 429
Lehrinstitut 260
Looney, I.Th. 96
Lüge 333
Lust am Humor 383
am Komischen 389
Lust-Ich u. Introjektion 13
Lustprinzip 424
im Humor 385
Lutschen u. Penis 23

Mack Brunswick, Ruth 519, 531
Made in Germany 12
Magie 338
der Worte 214
negative 149
Männliche Reaktion auf Geschlechtsunterschied 23
Männlicher Hochmut 24
Männlichkeit u. Zwangsneurose 174
Männlichkeitskomplex 24
Märchen, Ablehung d. 351
Mark Twain 485
Masochismus (Dostojewski) 401f
i.d. Zwangsneurose 147
u. Triebangst 201

Masse, psychol. Elend d. 475
Massen, Trägheit d. 328
Massenneurose 505
Masturbation, s.a. Onanie
Verbot d. 525
Medizin u. Neurose 102
Medizinische Schulung 207ff
Melancholie u. Manie 388
u. Wut 117
Mensch u. Tier 132
Menstruation, Tabu d. 459
Mephisto 214
Messias 353
Methode, Vorteile d. analyt. 67
Meynert 35
Michelangelo 319ff
Migräne, Vorahnung d. 12
Milch 527
Miller, Orest 404
Minderwertigkeitsgefühl d. Weibes 25
Mitchell, H.P. 321
Möbius 40
Moira 339
Moralische, das 340
Morbus sacer 402
Mordlust 331
Moses des Michelangelo 319ff
Motilität i.d. Verdrängung 122
Motorik u. Affekt 163
u. Denken 14
Motorische Symbolik 149
Müdigkeit u. Wut 117
Multatuli 378
Muskelinnervation i.d. Konversionshysterie 141
Mutter, Angst v.d. 531
u. Angstschutz 346
u. Dirne 418
Vorwurf g.d. 527
Mutterbindung, Lockerung d. 26
Mutterleib, Regression i.d. 157

Mutterleibsphantasie, Deutung d. 170
Mutterobjekt u. Fötalsituation 169
Mystik 431
Mythos v. gefressen werden 133

Nachdrängen 121
Nacherziehung 566
Nahrungsverweigerung 115
Nancy (Schule v.) 40
Narzissmus d. kleinen Differenzen 474
   im Humor 385
   i.d. traumatischen Neurose 159
   natürlicher 337
   u. Glück 443
   u. Kultur 334
Narzisstische Kränkung d. Weibes 25
Narzisstischer Typus 511
Narzisstisches Interesse am Penis 21
Nase 311
Nationen, Feindseligkeit d. 334
Naturphilosophie 102
Naturwissenschaft, Ersatz 338
Naturwissenschaften 446
Naturzustand 336
Negativismus i.d. Psychose 15
Nein, Sinn d. 12
Nervenarzt 265
Nervensystem, autonomes 294
Nestroy über Fortschritt 220
Neue, Reaktion a.d. 99
Neufeld, Jolan 418
Neugeborenes, psychische Situation d. 165f
Neurasthenie, Sexualleben 49
Neurose, 3 Bedingungen 186ff
   Kern d. 82
   u. Normalität 180
   u. Psychose 315
   u. Schuldgefühl 499
   Unsicherheit d. Ätiologie 513
   woher kommt d.? 180

Neurosen, Gemeinschafts- 505
Neurosenlehre, analytische 303
   u. Medizin 101
Neurotiker ein Ärgernis 274
New Yorker Psa. Gesellschaft 288
Nicholas von Verdun 321
Nietzsche 86
Non liquet! 139
Normal u. pathologisch 388
Normale, das sittlich- 388
Nothnagel 36
Nürnberger Kongress 76

Objekt—Mutterbrust 424
Objektbesetzung u. Verliebtheit 387
   vorödipale 21
Objekte i.d. Realitätsprüfung 14
   u. Kern d. Über-Ichs 29
Objektloser Fötus 161
Objektverlust—Angst—Trauer 202
   u. Angst 160
   u. ökonomische Situation 168
Objektwahl d. Weibes 523
   in Psychoneurosen 190
   nach Anlehnungstypus 345
Objektwechsel b. Mädchen 533
Objektiv—subjektiv 14
Ödipuskomplex 242, 304
   d. kl. Hans 135
   d. Knaben 21
   d. Weibes 518
   eine sekundäre Bildung 23
   Entdeckung 60
   Halsmann 541
   Vorgeschichte 22
   Vorverlegung 536
Ödipussituation u. Religion 395
Ohnmacht u. Ubw. 160
Okkulte Phänomene 271
Ökonomie, Veränderung d. seel. 68

Ökonomische Situation u. Objektverlust 168
Störung u. Gefahr 168
Onanie als Organbetätigung 22
  früheste ohne psych. Inhalt 23
  i.d. Agoraphobie 158
  Intoleranz b. Weibe 26
  s.a. Masturbation
  u. Enuresis 22
  u. Erziehung 27
  u. Kastrationsdrohung 21
  u. Kindeswunsch 23
  u. Spielsucht 417
  u. Zwangshandlung 144
Onaniegeständnis 26
Onaniephantasie d. Mädchens 25
Onanieversuchung i.d. Latenz 145
Open to revision 221, 303
Oral, Sprache d. Oralen 13
Orale Strebungen g. Mutter 531
  Stufe, Erniedrigung z. 135
Organ u. Erogenität 116
Organisation, Zweckmässigkeit d. psych. 380
Orgasmus, Hemmung d. 114
Österreich, Laienanalyse in 210
Oxford, Kongress 321
Ozeanisches Gefühl 422

Pädagogik 285
Pädagogische Analytiker 285
'Pansexualismus' 105
Paquet, Alfons 545
Paralyse, hysterische 115
Paranoia 440
  d. Weibes 519
  Frühentstehung 387
  s.a. Psychose
  Therapie 301
  Wert d. f.d. Ich 127
Parapsychisch 271

Passivität d. kl. Hans 134
Pathologie d. kultur. Gemeinschaften 505
Patient, Freiheiten d. 67
Pelz als Fetisch 314
Penis als Objekt 167
  d. Weibes 313
  = Kind 27
  u. Brustwarze 23
Penisneid d. Mädchens 537
  3 Folgen 24f
  Entstehung 23
  u. Eifersucht 25
Person u. Umwelt 68
Personifizierung d. Naturkräfte 344
Pferdephobie 129ff
Pfister, O. 80, 95
Phallische Phase d. Knaben 21
Phase d. Mädchens 23
  Strebungen g.d. Mutter 531
Phallus d. Weibes 312
Phantasie i.d. Paranoia 127
  v.d. Verführung 59
  v. Tode 409
Phantasielose Masturbation 525
Philosophie u. Psychoanalyse 103
  u. Ubw. 57
Phobie, eine Projektion 156
  Frühphobien 167
  Gegenbesetzung i. 191
  u. Kastrationsdrohung 174
  u. Lokomotion 115
Phobien d. frühen Kindheit 201
Phylogenetischer Faktor i.d. Neurosenbildung 187
Phylogenetisches Vorbild 339
Physiologie d. Angst 163
Physiologische Latenz 64
Pickworth Farrow 568
Plato 49, 105
Plebejer 334

Plessing 548
Polarität d. Urteils 15
Politik des *laissez faire* 272
Präödipale Phase 518
Pribor (Freiberg) 561
Primärvorgang 313
Primitive Reaktion a.d. Neue 100
　Schuld b. Primitiven 486
Privateigentum u. Aggression 473
Probehandeln 14
Projektion d. Beleidigung 11
　d. Über-Ichs 170
　frühe 520
　i.d. Phobie 156
　i.d. Zwangsneurose 158
　i. Schicksal 409
Propheten 486
Protestantische Geistliche 293
Psychiatrie, Lehrbücher d. 283
　u. Neurose 86
　u. Psychoanalyse 305
Psychische Erfassung frühester Erlebnisse 531
Psychischer Inhalt d. ersten Onanie 23
Psychisches, Erhaltung im 426
Psychoanalyse, Einseitigkeit d. 263
　Hauptbestandteile 65
　Leistungen d. 300
　Mehrdeutigkeit 96
　Studium d. 109
　u. populäres Denken 222
　u. Psychologie 289
　Unterricht i.d. 226
　Zukunft d. 286
Psychoanalytische Hochschule 281
Psychogene Ursachen d. Neurose 275
Psychologie, Beschreibung i.d. 222
　Funktion 338
　Stock m. 2 Enden 413
　u. Psychoanalyse 289

Freud XIV.

Psychologischer Faktor i.d. Neurosenbildung 187
　u. biologischer Gesichtspunkt 169
Psychoneurosen, Angst i.d. 171f
Psychose, Entstehung u. Heilung 388
　halluzinatorische 396
　Mangel an Übertragung 68
　u. Fetischismus 316
　u. narzisstischer Typus 513
　Verleugnung i.d. 24
Psychosen u. Psychoanalyse 301
Psychotherapie 293
　u. Analyse 19
Psychotische Nahrungsverweigerung 115
Ptolemäus 243
Pubertät u. Zwangsneurose 146
　weibliche 27
Pubertätsideale 472
Pubertätsphantasie v. Inzest 417
Puppe 530
Putnam, James J. 78

Quantität 388
　u. Urverdrängung 121

Rache u. Aggression 134
Rank, Otto 77, 80, 90, 95, 166f, 182, 194
Rationalisation 554
Ratlosigkeit, Ausdruck d. Angst 167
Rausch u. Leiden 386
Rauschgifte 433
Reaktionär 411
Reaktionsbildung i. Hysterie 190
　u. Ambivalenzkonflikt 130
　u. Gegenbesetzung 190
Realangst v.d. Kastration 137
Reales—Draussen 13
Realgefahr, zwei Reaktionen 198
Real-Ich, Entwicklung 13
Realität d. Vaters 409
　d. Vorgestellten 14

40

Realität i.d. Analyse 67
i.d. Verdrängung 122
psychische 411
u. Ödipuskomplex 409
u. Urteil 13
Realitätsprinzip 424
Realitätsprüfung, Entwicklung d. 13
u. Trauer 205
Rechtsgefühl b. Weibe 30
Regression i.d. Mutterleib 157
u. Humor 385
u. Triebentmischung 143
u. Verdrängung 134
z. Männlichkeitskomplex i.d. Weiblichkeit 28
zwei Ursachen 143
Reik, Th. 80, 94, 287, 367, 498
Reinlichkeitsgewöhnung 22
Reiz u. Angst 168
Reizhunger u. Neues 99
Reizschutz, äusserer 6
äusserer, u. Angst 160
i. Wunderblock 6
u. Urverdrängung 121
Religion als Massenwahn 444
u.d. Neue 99
u. Illusion 335
u. Psychoanalyse 283
Religionspsychologie 92
Religiosa, La Conversione 396
Religiöse Ideen u. Wahn- 354
Religiöses Erlebnis 393
Religiosität 421
Reminiszenzen, historische 366
Reproduktion d. Erinnern 3
Reue u. Schuldgefühl 491, 497
Revolutionäre 506
Rie, Oskar 41
Rindenschichten 222
Rivalität, Fehlen d. 21
u. Penisneid 25

Robertson Smith 93
Robespierre 369
Roi Soleil 452
Róheim, G. 94
Rom 426
Romain Rolland 422, 533
Rousseau 484
Russland 330, 369

Sachs, H. 77, 80
Sadistische Strebungen g. Mutter 531
Salpêtrière 37
Salzburg (Tagung in) 75
Samt als Fetisch 314
Sante de Sanctis 396
Säugling, Angstbereitschaft d. 167
Bedürfnisse d. 168
Hifllosigkeit d. 169
Ich d. 424
psychisches Erleben d. 531
Reaktion a.d. Fremde 99
s. auch 'Neugeborenes'
Schmerz d. 203, 424
Säuglingsangst 169
Scherz 384
Schicksal 337
Vaterprojektion 409
Schicksalsmächte u. Über-Ich 160, 170
Schiefertafel 3
Schiller 431, 476
Schlafzustände, lethargische 405
Schlecht, fremd, aussen 13
Schmerz d. Säuglings 203, 424
i.d. Konversionshysterie 140
Seelen- u. Körperschmerz 205
u. Angst 161, 202f
u. Gefahr 201
Schmerzaffekt 178
Schmerzlichkeit d. Trauer 202
Schönheit, Reinlichkeit u. Ordnung 453
u. Glück 441

Schopenhauer 86, 105
Schreck u. Epilepsie 403
Schreiben 116
Schreien d. Säuglings 424
Schuhfetisch 314
Schuldbewusstsein 494
  i.d. Zwangsneurose 147
  u. Widerstand 193
  2 Formen 496
Schuldenlast 414
Schuldgefühl 484
  Definition 496
  Steigerung 493, 498
  u. Ambivalenz 492
  u. Kultur 494
  u. Liebe 492
  u. Reue 491
  2 Wurzeln 486
Schwachsinn, physiologischer 371
Schwimmhose 316
Schwindel als Arbeitshemmung 115
Schwindelzustände 403
Seelsorger, weltlicher 293
Selbstanalyse 225
Selbstmord u. Onanie 417
Sexualhemmung 114
Sexualinteresse d. Kinder 24
Sexualität, infantile 58ff
  weibliche 517ff
  Wirkung a.d. Ich 187
Sexualleben u. Wissenschaft 234ff
  zweizeitiger Ansatz 239, 304
Sexualspiel d. Mädchens 532
Sexuelle Gelüste 333
Shakespeare 90, 96, 399, 412, 452, 549
Sicherheit u. Glück 474
Signalangst 195
Simmel, E. 47
Simplex sigillum veri 181
Simplicissimus 294
Singen im Dunkeln 123

Sinnesphysiologie 218
Sinneswahrnehmungen u. Denken 14
Sittlichkeit d. Weibes 29
Sittlichkeit ist Triebeinschränkung 106
Skeptizismus i.d. Wissenschaft 100
Skotomisation 191, 312
Social workers 285
Somatogene Ursachen d. Neurose 275
Somnambulismus 41
Sophokles 412
Sorgenbrecher 436
Sowjet-Union 330
Soziale Angst 484
  Beziehungen 454
  Leidensquellen 444
  Ordnung, partielle Ableitung d. 105
Sozialisten 504
Sozialistische Gesellschaft 293
Spiel 200
  Doktorspiel 290
  d. Kinder 529
  m.d. Säugling 203
Spielleidenschaft 414
Spiritisten 350
Sprache d. Oralen 13
Sprachforschung 283
Spucken, Ausspucken 13
Standesbewusstsein, ärztliches 273
Stein, Frau von 548
Stekel, W. 77, 80
Stigma indelebile 313
Stimmen, innere 396
Strachoff, Nikolai 401
Strafbedürfnis, Definition 496
  d. Verbrecher 410
  u. Widerstand 193
Strafbefriedigung 409
Strafe des Über-Ichs 170
  u. Reue 496
Strümpell 48
Subjektives—Innen 13

Sublimierung 438
u. Zeremoniell 146
Suggestion i.d. Analyse 68, 216
u. Elektrotherapie 40
Sünde u. Schuldgefühl 495
Suworin 404
Symbole, des Penis 314
Schreiben u. Gehen f. Koitus 116
Symbolik, motorische 149
Symptom, Abwehrkampf g.d. 158
Funktionen d. 126
sekundärer Abwehrkampf g.d. 127
u. Gefahrsituation 159
Unterschied v. Hemmung 113
Symptombildung 118
u. Angstentwicklung 175ff
Synthese im Ich 125
i.d. Zwangsneurose 142
Syphilisphobie 179
System W—Bw 4

Tabes dorsalis 353
Tabu d. Berührung 152
Takt d. Analytikers 250
Tasten, motorisches 14
Technik, Entwicklung d. 65
u. Wissenschaft 450
Teufel 479
Theorien u. Hypothesen 58
Therapeutische Reaktion, negative 193
Therapeutisches Interesse 291
Therapie, psychoanalytische 186
Thymusdrüse 429
Tier, Gefressenwerden v. 133
Interessen d. 105
Schimpfname 459
u. Kultur 482
u. Mensch 132, 344
Tiere, Angst d. 164
Tod als Erlöser 447
Fortdauer nach d. 393

Rätsel d. 337
u. Ubw. 160
Todesanfälle 406
Todesangst ist Kastrationsangst 160
u. Über-Ich 170
Todesnachricht 410
Todestrieb, Aufstellung d. 478
u. Kultur 481
Todeswunsch g. d. Mutter 531
Topischer Gesichtspunkt 58
Totemismus 344
Trance 431
Trauer u. Angst 161, 202f
u. Ichverarmung 117
u. Triumph 410
Traum, Person im 11
Versuch z. Wunscherfüllung 73
Trauma u. Affekt 120
u. Angst 199
u. Humor 385
Traumatische Neurose, Angst i.d. 159
Szene 45
Traumdeutung, Die 20, 73
Traumlehre 70
'Trieb' u. moderne Sprachen 227
Trieb-Angst 194
Triebabfuhr in Epilepsie 403
Triebe, kein Reizschutz g. 121
Triebeinschränkung u. Kultur 106
Triebentmischung im Negativismus 15
i.d. Regression 143
Trieblehre 83
dualistisch 105
Entwicklung d. 476f
Triebmischungen 155, 498
Triebregression u. Verdrängung 134
Triebregungen, dunkle 531
Sprache d. 13
Triebverzicht, Lohn f. 449
u. Autorität 487
Triebvorgang v. Ich beeinflusst 178

Triumph u. Trauer 410
Trotz im Humor 385
Tugend u. Gewissen 485
Turm, Angst v. 201
Typen, libidinöse 442
Tyrann 336

Über-Ich, Abhängigkeit v. Es 145
Angst u. Zwangsneurose 174
Definition 496
ein Kulturbesitz 332
hat keine Angst 171
i.d. Zwangsneurose 145f
im Humor 387
Kern d. 29, 170
Konflikt m.d. Ich 117
kulturelles 501
Nachteil d. Bildung d. 487
überschätzt i.d. Verdrängung 121
u. Erziehung 490
u. Gefahrenschutz 160
weibliches 29
Widerstand 192f
Zorn, Strafe, Liebesverlust d. 170
Übertragung 258, 305
Charaktere d. 67
i.d. Psychose 68
Übertragungswiderstand 68, 192
Ubw., Begründung d. 57
Fühler d. 8
s.a. Unbewusstes
Todesvorstellung im 160
Vorbilder, Anziehung d. 192
Umwelt u. Person 68
Unbewusstes, Nein im 15
ohne Ödipuskomplex 29
s.a. Ubw.
Ungarische Psa. Gesellschaft 288
Ungeschehenmachen 142, 149
als Abwehr 197
Unheimlich 338

University, Hebrew 557
Unlust u. Impotenz 114
Unlustcharakter v. Affekten 162
Unlustsignal u. Modifizierung d.Es 119
Unterbewusstsein 225
Unterdrückte, Identifizierung d. 335
Urangst d. Säuglings 167
Urinieren u. Feuer 449
Urphantasien u. Onanie 22
Urschuld 495
Ursprungszertifikat, Nein als 12
Urteilsfunktion, Ursprung d. 12
Urvater 491
Urverdrängung 121

Vagina, Entdeckung d. 28, 520
Vaihinger 221, 351
Vater als Rivale 21
Präödipale Identifizierung m.d. 21
Tod d. 315
u. Gott 395
Vaterbindung d. Weibes 22, 518
Vateridentifizierung d. Weibes 28
im Fetischismus 317
u. Humor 386
Vaterliebe d. Weibes 28
Vatersehnsucht u. Religion 346
Vatertötung 397ff
Verantwortlich 252
Verbot 331
Verbrecher 400
u. Strafe 410
Verdrängtes, Änderungen am 173
i.d. Verneinung 12
Verdrängung, Entdeckung 54
missglückte 122
organische 459
Prozess Halsmann 542
Theorie d. 189
Überschätzung d. Über-Ichs 121
u. Abwehr 144, 195ff

Verdrängung, u. Angst 137
u. Erregungsablauf 118
u. Genitalorganisation 155
u. Regression 134
u. Schuldgefühl 499
u. Wiederholungszwang 185
Vermeiden d. 116
Verdrängungen, früheste 171
Verdrängungsvorgang, Aufheben d. 12
Verdrängungswiderstand 192
Vererbung, gekreuzte 30
Verführung, Phantasie v.d. 525
Rolle d. 59
Vergiftungswahn 115
Verhütung 150
Verinnerlichung d. Gefahr 177
Verleugnung d. Geschlechtsunter-
schieds 23f
im Fetischismus 311ff
Verleumdung 333
Verliebtheit 387
Verlockungsprämie 90
Verneinung, Die 9
—Destruktion 15
Verneinungssymbol 12
Vernunftwidrigkeit 351
Versagung 331
u. Aggression 498
Verschiebung u. Symptom 131
Verstümmelung, Vorstellung v. 24
Versuchungsangst—Agoraphobie 138
Verurteilung 12
Verwahrloste Jugend 565ff
Verwahrloster 490
Verwöhnung 200
Viereck, G.S. 393
Volk, das auserwählte 341
Voltaire 432, 438
Vorbewusst 57
Vorsicht 150
Vorstellung, Abstammung d. 14

Wahn, Funktion d. 440
Vergiftungswahn 115
Wahnidee u. Illusion 353
Wahnsinn u. Leiden 385
Wahrhaftigkeit u. Psychoanalyse 107
Wahrnehmung, gefährliche 191
innere 119
u. Angst 156
u. Vorstellung 14
Wahrnehmungslust 90
Wahrnehmungssystem 5
Wanderer i.d. Dunkelheit 123
Wäsche als Fetisch 315
Wasserfluten 336
W-Bw, System 4
Weib, Geringschätzung d. 522
Phallus d. 312
u. Kultur 463
u. Objektverlust 173
u. Sittlichkeit 29
Vaterbindung d. 22
Weibliche Eifersucht 25
Feindseligkeit g.d. Mutter 535
Onanie 26
phallische Phase 23
Pubertät 27
Sexualentwicklung 64
Sexualität 517ff
Vaterbindung 518
Weiblicher Charakter 29
Ödipuskomplex 22
Weibliches Über-Ich 29
Weiblichkeit, Entwertung d. 526
u. Hysterie 174
verdrängte 409
Weiss, Edoardo 573
Weltanschauung 357, 411
psychoanalytische 123
Werkzeuge 449
Wernicke-Lichtheim 42
Werturteile, Ursprung 505

Widerstand d. Ich 191f
  d. Ubw. 192
  Entdeckung d. 54
  5 Arten 192
  u. Durcharbeiten 192
  u. Gegenbesetzung 189
Widerstände g. d. Analyse 99
Wiedererleben i.d. Übertragung 68
Wiederfinden—finden 14
Wiederholung i.d. Neurose 150
Wiederholungszwang 477
  u. Verdrängung 185
  u. Widerstand 192
Wien, Psa. in 286
Wiener Behörde 287
Wiener Psa. Institut 110, 260, 268
Willenslähmung i.d. Zwangsneurose 148
Wirklichkeit u. Kastration 24
Wissenschaft keine Offenbarung 218
  u.d. Neue 100
Witz, Technik d. 91
Wolfsmann 133f
Worte, Macht d. 214
Wunder 339
Wunderblock 3
Würde im Humor 386
Wut u. Klystiere 531
  u. Müdigkeit 117

Zärtlichkeit i. Hysterie 190
  Lockerung d. 26
  z. Vater 21
Zauberei, Analyse als 214
Zauberhandlungen 149
Zeitvorstellung, Entstehung d. 8
Zeremoniell u. Analerotik 146
  u. Sublimierung 146
Zerstörungssucht 331
Zopfabschneider 317
Zorn d. Über-Ichs 170
Zuhörer i.d. Analyse 67
Zukunft, Urteil ü.d. 325
Zwang an Stelle v. Lust 122
  d. Lustprinzips 15
  im Leben 329
  Verinnerlichung 332
  z. Konzentration 152
  z. Onanie 27
Zwangshandlung u. Onanie 144
Zwangsneurose, Allgemeinhemmung 117
  Ausbruch d. 143
  innerer Widerspruch i.d. 144
  Objektwahl i.d. 190
  ohne Schuldbewusstsein 147
  Probleme d. 142
  Projektion i.d. 158
  u. Arbeit 115
  u. Gegenbesetzung 190
  u. hysterische Symptome 143
  u. Männlichkeit 174
  u. Tabu 152
  u. Über-Ichangst 174
  Wert f.d. Ich 127
Zwangsneurotische Abwehr 196f
Zwangssymptome 142
Zwangstypus 510
Zwangsvorstellung, Bewusstheit d. 146
  Selbstdeutung d. 11
Zweckmässigkeit d. Angst 201
  im psych. Apparat 380
Zweig, Stefan 401, 415

# INHALT DES VIERZEHNTEN BANDES
## Werke aus den Jahren 1925–1931

Seite

Notiz über den „Wunderblock" . . . . . . . . . . . . 1
Die Verneinung . . . . . . . . . . . . . . . . . . 9
Einige psychische Folgen des anatomischen Geschlechtsunterschieds 17
„Selbstdarstellung" . . . . . . . . . . . . . . . . 31
Die Widerstände gegen die Psychoanalyse . . . . . . . . . 97
Hemmung, Symptom und Angst . . . . . . . . . . . . 111
Die Frage der Laienanalyse . . . . . . . . . . . . . 207
Psycho-Analysis . . . . . . . . . . . . . . . . . 297
Fetischismus . . . . . . . . . . . . . . . . . . . 309
Nachtrag zur Arbeit über den Moses des Michelangelo . . . . 319
Die Zukunft einer Illusion . . . . . . . . . . . . . . 323
Der Humor . . . . . . . . . . . . . . . . . . . 381
Ein religiöses Erlebnis . . . . . . . . . . . . . . . 391
Dostojewski und die Vatertötung . . . . . . . . . . . 397
Das Unbehagen in der Kultur . . . . . . . . . . . . 419
Über libidinöse Typen . . . . . . . . . . . . . . . 507
Über die weibliche Sexualität . . . . . . . . . . . . 515
Das Fakultätsgutachten im Prozess Halsmann . . . . . . . 539
Goethe-Preis 1930—Brief an Dr. Alfons Paquet. Ansprache im Frankfurter Goethe-Haus . . . . . . . . . . . . . . . 543

Gedenkworte, Briefe, Vorreden

An Romain Rolland . . . . . . . . . . . . . . . 553
Ernest Jones zum 50. Geburtstag . . . . . . . . . . . 554
Brief an den Herausgeber der „Jüdischen Presszentrale Zürich" . . . 556
To the Opening of the Hebrew University . . . . . . . . 556
Brief an Maxim Leroy über einen Traum des Cartesius . . . . 558
Brief an den Bürgermeister der Stadt Příbor . . . . . . . 564
Josef Breuer† . . . . . . . . . . . . . . . . . . 562
Karl Abraham† . . . . . . . . . . . . . . . . . 564
Geleitwort zu „Verwahrloste Jugend" von August Aichhorn . . . 565
Bemerkung zu E. Pickworth Farrow's „Eine Kindheitserinnerung aus dem 6. Lebensmonat" . . . . . . . . . . . . . . . . 568
Vorrede zur hebräischen Ausgabe von „Totem und Tabu" . . . 569
Geleitwort zu "Medical Review of Reviews", Vol. XXXVI, 1930 . . . 570
Vorwort zu „Zehn Jahre Berliner Psychoanalytisches Institut" . . . 572
Geleitwort zu „Elementi di Psicoanalisi" von Edoardo Weiss . . . 573
Bibliographische Anmerkung . . . . . . . . . . . . 575
Index . . . . . . . . . . . . . . . . . . . . . 587

Kunstbeilagen

Sigm. Freud, Medaillon 58
Sigm. Freud, Zeichnung, Prof. Schmutzer (1926) 90
Moses-Statuette des Nicholas von Verdun 321

# INHALTSVERZEICHNIS

## DER GESAMMELTEN WERKE VON SIGM. FREUD

### 1. Band, (1892–1899) mit einer Kunstbeilagen

*Inhalt:* Vorwort der Herausgeber,
Ein Fall von hypnotischer Heilung, nebst Bemerkungen über die Entstehung hysterischer Symptome durch den „Gegenwillen".
Charcot.
Quelques Considérations pour une Étude Comparative des Paralysies Motrices Organiques et Hystériques.
Die Abwehr-Neuropsychosen. Versuch einer psychologischen Theorie der akquirierten Hysterie, vieler Phobien und Zwangsvorstellungen und gewisser halluzinatorischer Psychosen.
Studien über Hysterie:
Über den psychischen Mechanismus hysterischer Phänomene.
Krankengeschichten.
 Frau Emmy v. N. . . . ., vierzig Jahre, aus Livland.
 Miss Lucy R., dreißig Jahre.
 Katharina.
 Fräulein Elisabeth v. R. . . .
Zur Psychotherapie der Hysterie.
Über die Berechtigung, von der Neurasthenie einen bestimmten Symptomenkomplex als „Angstneurose" abzutrennen.
Klinische Symptomatologie der Angstneurose.
Vorkommen und Ätiologie der Angstneurose.
Ansätze zu einer Theorie der Angstneurose.
Beziehungen zu anderen Neurosen.
Obsessions et Phobies. Leur Mechanisme Psychique et leur Étiologie.
Zur Kritik der „Angstneurose".
Weitere Bemerkungen über die Abwehr-Neuropsychosen.
Die „spezifische" Ätiologie der Hysterie
Wesen und Mechanismus der Zwangsneurose.
Analyse eines Falles von chronischer Paranoia.
L'Hérédité et L'Etiologie des Névroses.
Zur Ätiologie der Hysterie.
Inhaltsangaben der wissenschaftlichen Arbeiten des Privatdocenten Dr. Sigm. Freud. (1877–1897).
 (a) Vor Erlangung der Docentur.
 (b) Seit Erlangung der Docentur.
Die Sexualität in der Ätiologie der Neurosen.
Über Sexualität in der Ätiologie der Neurosen.
Zum psychischen Mechanismus der Vergeßlichkeit.
Über Deckerinnerungen.
ZUSATZ ZUM VII. BANDE: Vorwort zur ersten Auflage der „Sammlung kleiner Schriften zur Neurosenlehre aus den Jahren 1893–1906"
ZUSATZ ZUM XIV. BANDE: Einige Nachträge zum Ganzen der Traumdeutung.
 (a) Die Grenzen der Deutbarkeit.
 (b) Die sittliche Verantwortung für den Inhalt der Träume.
 (c) Die okkulte Bedeutung des Traumes.

## 2. u. 3. Band, (1900-1901)

*Inhalt:* Die Traumdeutung. (Mit den Zusätzen bis 1935.)
Über den Traum.

## 4. Band, (1904)

*Inhalt:* Zur Psychopathologie des Alltagslebens.

## 5. Band, (1904-1905)

*Inhalt:* Die Freudsche psychoanalytische Methode.
Über Psychotherapie.
Drei Abhandlungen zur Sexualtheorie.
Meine Ansichten über die Rolle der Sexualität in der Ätiologie der Neurosen.
Bruchstück einer Hysterie-Analyse.
Psychische Behandlung (Seelenbehandlung).

## 6. Band, (1905)

*Inhalt:* Der Witz und seine Beziehung zum Unbewußten.

## 7. Band, (1906-1909)

*Inhalt:* Tatbestandsdiagnostik und Psychoanalyse.
Zur sexuellen Aufklärung der Kinder.
Der Wahn und die Träume in W. Jensens „Gradiva".
Zwangshandlungen und Religionsübungen.
Die „kulturelle" Sexualmoral und die moderne Nervosität.
Über infantile Sexualtheorien.
Hysterische Phantasien und ihre Beziehung zur Bisexualität.
Charakter und Analerotik.
Der Dichter und das Phantasieren.
Der Familienroman der Neurotiker.
Allgemeines über den hysterischen Anfall.
Analyse der Phobie eines fünfjährigen Knaben.
Bemerkungen über einen Fall von Zwangsneurose.
Vorwort zu „Nervöse Angstzustände und ihre Behandlung" von Dr. Wilhelm Stekel.
Vorwort zu „Lélekelemzés, értekezések a pszichoanalizis köreböl, irta Dr. Ferenczi Sándor".
*Enthalten im 1. Bande:* Vorwort zur ersten Auflage der „Sammlung kleiner Schriften zur Neurosenlehre aus den Jahren 1893-1906"

## 8. Band, (1909-1913) *mit einer Kunstbeilage*

*Inhalt:* Über Psychoanalyse.
Zur Einleitung der Selbstmord-Diskussion. Schlußwort.
Beiträge zur Psychologie des Liebeslebens:
  I. Über einen besonderen Typus der Objektwahl beim Manne.
  II. Über die allgemeinste Erniedrigung des Liebeslebens.
Die psychogene Sehstörung in psychoanalytischer Auffassung.
Die zukünftigen Chancen der psychoanalytischen Therapie.
Über „wilde" Psychoanalyse.
Eine Kindheitserinnerung des Leonardo da Vinci.
Über den Gegensinn der Urworte.

Brief an Dr. Friedrich S. Krauss über die „Anthropophyteia".
Beispiele des Verrats pathogener Phantasien bei Neurotikern.
Formulierungen über die zwei Prinzipien des psychischen Geschehens.
Psychoanalytische Bemerkungen über einen autobiographisch beschriebenen Fall von Paranoia (Dementia paranoides).
Über neurotische Erkrankungstypen.
Zur Einleitung der Onanie-Diskussion. Schlußwort.
Die Bedeutung der Vokalfolge.
Die Handhabung der Traumdeutung in der Psychoanalyse.
„Gross ist die Diana der Epheser."
Zur Dynamik der Übertragung.
Ratschläge für den Arzt bei der psychoanalytischen Behandlung
Das Interesse an der Psychoanalyse.
Zwei Kinderlügen.
Einige Bemerkungen über den Begriff des Unbewußten in der Psychoanalyse.
Die Disposition zur Zwangsneurose.
Zur Einleitung der Behandlung.

## 9. BAND, (1912)

*Inhalt:* Totem und Tabu.

## 10. BAND, (1913–1917) *mit einer Kunstbeilage*

*Inhalt:* Marchenstoffe in Träumen.
Ein Traum als Beweismittel.
Das Motiv der Kästchenwahl.
Erfahrungen und Beispiele aus der analytischen Praxis.
Zur Geschichte der psychoanalytischen Bewegung.
Über Fausse Reconnaissance („Déjà raconté") während der psychoanalytischen Arbeit.
Erinnern, Wiederholen und Durcharbeiten.
Zur Einführung des Narzißmus.
Der Moses des Michelangelo.
Zur Psychologie des Gymnasiasten.
Triebe und Triebschicksale.
Mitteilung eines der psychoanalytischen Theorie widersprechenden Falles von Paranoia.
Die Verdrängung.
Das Unbewußte.
Bemerkungen über die Übertragungsliebe.
Zeitgemäßes über Krieg und Tod.
Vergänglichkeit.
Einige Charaktertypen aus der psychoanalytischen Arbeit.
Eine Beziehung zwischen einem Symbol und einem Symptom.
Mythologische Parallele zu einer plastischen Zwangsvorstellung.
Über Triebumsetzungen, insbesondere der Analerotik
Metapsychologische Ergänzung zur Traumlehre
Trauer und Melancholie
Geleitwort zu „Die psychanalytische Methode" von Dr. Oskar Pfister Zürich.
Vorwort zu „Die psychischen Störungen der männlichen Potenz" von Dr. Maxim. Steiner.

Geleitwort zu „Der Unrat in Sitte, Brauch, Glauben und Gewohnheitsrecht der Völker" von John Gregory Bourke.
Brief an Frau Dr. Hermine von Hug-Hellmuth.

## 11. BAND, (1916–1917) mit zwei Kunstbeilagen

*Inhalt:* Vorlesungen zur Einführung in die Psychoanalyse
    I. Die Fehlleistungen.
    II. Der Traum.
    III. Allgemeine Neurosenlehre.

## 12. BAND, (1917–1920)

*Inhalt:* Eine Schwierigkeit der Psychoanalyse.
Eine Kindheitserinnerung aus „Dichtung und Wahrheit".
Aus der Geschichte einer infantilen Neurose.
Beiträge zur Psychologie des Liebeslebens
    III. Das Tabu der Virginität.
Wege der psychoanalytischen Therapie.
„Ein Kind wird geschlagen".
Das Unheimliche.
Über die Psychogenese eines Falles von weiblicher Homosexualität.
Gedankenassoziation eines vierjährigen Kindes.
Zur Vorgeschichte der analytischen Technik.
James J. Putnam†.
Victor Tausk†.
Einleitung zu „Zur Psychoanalyse der Kriegsneurosen".
Vorrede zu „Probleme der Religionspsychologie" von Dr. Theodor Reik.
Psychoanalytischer Verlag u. Preiszuteilungen für psychoanalytische Arbeiten.

## 13. BAND, (1920–1924)

*Inhalt:* Jenseits des Lustprinzips.
Massenpsychologie und Ich-Analyse.
Traum und Telepathie.
Über einige neurotische Mechanismen bei Eifersucht, Paranoia und Homosexualität.
„Psychoanalyse" und „Libidotheorie".
Das Ich und das Es.
Die infantile Genitalorganisation.
Bemerkungen zur Theorie und Praxis der Traumdeutung.
Eine Teufelsneurose im siebzehnten Jahrhundert.
Josef Popper-Lynkeus und die Theorie des Traumes.
Der Realitätsverlust bei Neurose und Psychose.
Das ökonomische Problem des Masochismus.
Neurose und Psychose.
Der Untergang des Ödipuskomplexes.
Kurzer Abriß der Psychoanalyse.
Nachschrift zur Analyse des kleinen Hans.
Dr. Anton v. Freund.
Preface to Addresses on Psycho-Analysis by J. J. Putnam.

Geleitwort zu J. Varendonck. Über das vorbewußte phantasierende Denken.
Vorwort zu Max Eitingon, Bericht über die Berliner psychoanalytische Poliklinik.
Brief an Luis Lopez-Ballesteros y de Torres.
Dr. Ferenczi Sandor (Zum 50. Geburtstag).
Zuschrift an die Zeitschrift, Le Disque Vert.

## 14. BAND, (1925–1931) mit drei Kunstbeilagen

Inhalt: Notiz über den „Wunderblock".
Die Verneinung.
Einige psychische Folgen des anatomischen Geschlechtsunterschieds
„Selbstdarstellung".
Die Widerstände gegen die Psychoanalyse.
Hemmung, Symptom und Angst.
Die Frage der Laienanalyse.
Psycho-Analysis.
Fetischismus.
Nachtrag zur Arbeit über den Moses des Michelangelo.
Die Zukunft einer Illusion.
Der Humor.
Ein religiöses Erlebnis.
Dostojewski und die Vatertötung.
Das Unbehagen in der Kultur.
Über libidinöse Typen.
Über die weibliche Sexualität.
Das Fakultätsgutachten im Prozess Halsmann.
Goethe-Preis 1930—Brief an Dr. Alfons Paquet. Ansprache im Frankfurter Goethe-Haus.
An Romain Rolland.
Ernest Jones zum 50. Geburtstag.
Brief an den Herausgeber der „Jüdischen Preßzentrale Zürich".
To the Opening of the Hebrew University.
Brief an Maxim Leroy über einen Traum des Cartesius.
Brief an den Bürgermeister der Stadt Pribor.
Josef Breuer†.
Karl Abraham†.
Geleitwort zu „Verwahrloste Jugend" von August Aichhorn.
Bemerkung zu E. Pickworth Farrow's „Eine Kindheitserinnerung aus dem 6. Lebensmonat".
Vorrede zur hebräischen Ausgabe von „Totem und Tabu".
Geleitwort zu "Medical Review of Reviews", Vol. XXXVI, 1930.
Vorwort zu „Zehn Jahre Berliner Psychoanalytisches Institut".
Geleitwort zu „Elementi di Psicoanalisi" von Edoardo Weiss.
*Enthalten im I. Bande:*
Einige Nachträge zum Ganzen der Traumdeutung.
Die grenzen der Deutbarkeit.
Die sittliche Verantwortung für den Inhalt der Träume.
Die okkulte Bedeutung des Traumes.

## 15. BAND, (1932)

Inhalt: Neue Folge der Vorlesungen zur Einführung in die Psychoanalyse.

## 16. BAND, (1932–1939)

*Inhalt:* Zur Gewinnung des Feuers.
Warum Krieg?
Nachschrift zur Selbstdarstellung
Die Feinheit einer Fehlhandlung.
Konstruktionen in der Analyse.
Die endliche und die unendliche Analyse.
Der Mann Moses und die monotheistische Religion.
Thomas Mann zum 60. Geburtstag.
Brief an Romain Rolland (Eine Erinnerungsstörung auf der Akropolis).
Meine Berührung mit Josef Popper-Lynkeus.
Sandor Ferenczi†.
Lou Andreas Salomé†.
Geleitwort zu „Allgemeine Neurosenlehre auf psychoanalytischer Grundlage" von Hermann Nunberg.
Vorrede zur hebräischen Ausgabe der „Vorlesungen zur Einführung in die Psychoanalyse".
Vorwort zu „Edgar Poe, étude psychanalytique" par Marie Bonaparte.

## 17. BAND, (SCHRIFTEN AUS DEM NACHLASS: 1892–1939)

*Inhalt:* Vorwort.
Brief an Josef Breuer.
Zur Theorie des hysterischen Anfalles (Gemeinsam mit Josef Breuer).
Notiz „III".
Eine erfüllte Traumahnung.
Psychoanalyse und Telepathie.
Das Medusenhaupt.
Ansprache an die Mitglieder des Vereins 'B'nai B'rith (1926).
Die Ichspaltung im Abwehrvorgang.
Abriss der Psychoanalyse.
Some Elementary Lessons in Psycho-Analysis.
Ergebnisse, Ideen, Probleme.

## 18. BAND

INDEX DER BÄNDE 1–17